THiNKr
新思

新 一 代 人 的 思 想

珍宝中的
日本精神

にほんせいしんし

从绳到镰文仓时代代前期

[日]长谷川宏 著

周以量 译

中信出版集团 | 北京

图书在版编目（CIP）数据

珍宝中的日本精神. 从绳文时代到镰仓前期 / (日)
长谷川宏著；周以量译. -- 北京：中信出版社，
2021.1
　　ISBN 978-7-5217-2166-9

　　Ⅰ. ①珍… Ⅱ. ①长… ②周… Ⅲ. ①文化史—研究
—日本 Ⅳ. ①K313.03

中国版本图书馆CIP数据核字(2020)第159985号

珍宝中的日本精神——从绳文时代到镰仓前期

著　　者：[日]长谷川宏
译　　者：周以量
出版发行：中信出版集团股份有限公司
　　　　　（北京市朝阳区惠新东街甲4号富盛大厦2座　邮编　100029）
承 印 者：河北鹏润印刷有限公司

开　　本：880mm×1230mm　1/32　　　　印　　张：16.5
插　　页：8　　　　　　　　　　　　　　字　　数：330千字
版　　次：2021年1月第1版　　　　　　　印　　次：2021年1月第1次印刷
京权图字：01-2020-5974
书　　号：ISBN 978-7-5217-2166-9
定　　价：148.00元（全二册）

あしのやの玉のいきまれ……しゃん乃

しきやん人をかくこゝんとは

人々しゑぬたりしをすくのなから

気のやこてそゝなりまし

ことゝゝゝきゝゝぬたくやゝの

気うきゝゝゝ人へへしん

目录

前言

作为一个学哲学的人，长期以来，我一直从事着研究欧洲文化和思想的工作。近十几年，我开始对我所处国家的文化和思想进行探究，从历史的角度追索它们的演变，本书就是这样一个成果。我把它称作"日本精神史"*。

何谓精神？

如果非要给它下个定义的话，那么，人类与自然共存，并在社会中存活下去的力量和姿态就是精神。精神既存在于个体之中，也存在于由少数人构成的团体之间，还存在于更大的团体或共同体中。各式各样精神的延续和变化形成一个巨大的洪流，我们可以从绳文时代一直追寻到江户时代末期，这就是我设定的课题。它与政治史或社会史并不是完全重合的，在其底层有着与政治或社会的变动截然不同的韵律和速度。在本书中，我想对这种持续并发展着的人们的意志、情绪和观念的历史进行探究。

作为考察对象，我选取了涉及美术、思想和文学三个领域的文物和文献。我年轻时就熟知的日本的工艺品和书籍，主要都属于这几个领域，如果将目光投向这三个领域的话，或许就可以得出与政

---

* 这本书的日本原版书名为《日本精神史》。——编者注

治史、社会史不同类型的时代精神。在这里，我虽然主要论及三个领域的工艺品或书籍，但仅仅是选取多少有点名气的东西，其数量就相当多。我究竟应当从中选择哪些作为探究的对象呢？这个问题令人困扰。如果大家看了目录的话，应该会了解我的选择的大概结果。回过头来思考，作品本身的伟大、适合论述时代的精神，这两点是我选择的标准。我难以取舍时，会再一次去观赏美术作品或重新阅读书籍及其相关资料，这种情况出现了不下五六次。

　　通过有形的美术作品和书籍，去探究蕴含在作品深处的人们的思想——我每天重复着这样的行为而完成了本书。在写作过程中，我认识到可以将人们的思想分为不同的类型。如果用意识的类型来表示的话，人们的思想大致可以分为四种类型：宗教意识、历史意识、伦理意识和审美意识。这四种类型之间并没有明确的分界线，而且兼具两种或三种类型的意识也并非不存在，但如果探究思想的核心的话，那么，大多可以归类于这四种意识中的一种。本书中宗教意识等词语随处可见，这是因为，从这四种类型的区分当中，我感受到日本精神史的不同状态。尤其是其中的审美意识更加广泛深入地触及人们的内心，在日本精神史上，它的发展更加丰富多彩，更具有生命力。我写完本书不久，对此有着深切的感触。特记之。

第一章

三内丸山遗址

———

面对巨大物体的共同体意识

如果将日本列岛从东到西，即以北阿尔卑斯山脉*至伊势湾的一条线进行划分的话，绳文时代的遗址绝大多数位于东日本。进入弥生时代后，水稻农耕技术从大陆传来，很快便推广到整个日本列岛。但在未进入稻作历史时期的绳文时代，东日本的生活和文化一直凌驾于西日本之上。

三内丸山遗址（青森市）位于本州北部，在1994年的考古调查中，人们在此发现了6根柱子的柱穴，引起世人广泛的关注。

从日本铁道青森车站坐20分钟巴士，就来到了一处占地35公顷的高地，这就是三内丸山遗址。

从西南门进入，来到一个广场，我们可以看到6根高达15米的粗柱子屹立在西北方向。柱子的上、中、下3处有连接6根柱子的横木。这是人们在发掘遗址时复原的一座建筑物。

走近建筑物，我们会为柱子的粗壮高大所震撼。人们会情不自禁地提出疑问：4 500年前的绳文时代的人们为什么要建造这么巨大的建筑物呢？他们当时已经有能力建造这样的建筑物了吗？

复原后的建筑物修建在距离原来的地方数十米开外处。在原来的地方，有6个柱坑，横二纵三，构成一个长方形，间隔相同，上

---

* 北阿尔卑斯山脉又名"飞驒山脉"，位于日本中部地区，因为其地貌与欧洲的阿尔卑斯山脉相似而得名。——编者注

面覆盖着屋顶。每个坑都很大，直径有两米，深度也有两米。绳文时代的人们究竟花费了多长时间和多大的劳力才挖成这样的坑？六个柱坑向我们展示出气势宏大的集体想象力，展示出竖穴式住宅中的围炉生活不同的一面。

走出柱坑小屋，我们又一次看到六根柱子的高大建筑物。六根柱子被牢固地埋在深坑里，用架起来的横木稳稳地连接起来，其坚固程度可以抵挡暴风雨。挖掘直径两米、深两米的六个坑是非常艰巨的工作，在此基础上建造六根柱子的高大建筑物是更加困难的一件事。人们砍下大小相当、高低相近的六棵栗树，去除枝叶，做成柱子，并将这些柱子运至深坑处，高高地立起来。这个过程如果缺少众人的合作、高超的技术以及恰当的指挥，是无法进行下去的。绳文时代中期生活在三内丸山的绳文人已经掌握了这种高超的建筑技术，并把这种技术运用于集体劳动之中。

人们为什么要建造如此巨大的建筑物呢？

这样的疑问之所以不由自主地涌上心头，是因为这六根柱子的建筑物与其周边的竖穴建筑形成鲜明的对比。在三内丸山遗址，现在我们可以看到的竖穴建筑遗址超过了 800 个。这些建筑绝大部分占地面积只有 10 平方米，四五个人待在里面就会感到拥挤。从复原后的建筑物可以看到，入口处很小，必须弯下身子才能够进去。建筑物里面的空间也很狭小，让人憋屈，身体很难伸展得开。这就是三内丸山的绳文人日常的生活空间。

我们很难把眼前的六根柱子的巨大建筑物与绳文人的日常生活联系在一起。这就引起我们的疑问：为什么他们会建造这样的建筑物？为了回答这个疑问，我们必须将这个巨大的建筑物当作集体共

三内丸山遗址，复原后的大型立柱建筑物（来源：663highland）

同努力的结果，它是合作精神的结晶。

　　这一巨大建筑物建成时期的部落大概已经达到数百人居住的规模了，他们的合作思想和行动以具体的形态表现出来，就是这六根柱子的建筑物。共同的努力和精神力量既是个体的努力和精神的集合体，又超越了个人的努力和个体的精神。这些异乎寻常的努力和精神同时存在，并作用于每个个体。在回应这种作用的过程中，每个人都付出了或大或小的努力和精力。人们找到六棵巨大的栗树，把它们砍倒后做成柱子，使其形成几何形状，高高地立在地上，并用横木连接起来，以建造一座巨大的建筑物。这种想法、将这种想法付诸实践的决心以及实现这个决心的行为都超越了个体，而成为人们共同的想法、共同的决心和共同的行为。而且，为了使这些想法、决心和行为成为人们所共同拥有的东西，共同建造的建筑物的形象必须是能够被实现的，这个建筑物还必须具有魅力，以激起人们建造它的欲望。

　　在本州北部的绳文部落里，六根柱子的巨大建筑物被建造出来了，这意味着对绳文人来说，他们相信自己可以实现这个愿望，而且与这个建筑物相关的想法乃至形象对他们而言是颇具魅力的，使他们产生了想要建造的欲望。当我们看到它与几乎伏地而建的小型竖穴建筑之间的落差时，我们可以想象，绳文人刻意挑战前所未有的计划并测试自己能力的冒险精神，或许也是激发他们建筑欲望的一个要素。通过狩猎、捕鱼、采集以及栽培等，人们从长期的合作劳动中积累经验。在合作的过程中，人们主动地尝试未曾有的体验，并实际感受到合作的力量和精神。作为远远超越个人力量的合作尝试，他们设想并下定决心建造了一座六根柱子的巨大建筑物。

无论是在设想阶段，还是在建造时，或是在建成后，这座建筑物的最大特色在于其高大。埋入地下的六根柱子的底面呈长方形，占地长8.4米，宽4.2米，据推测，柱子高为14—21米。一眼看到它，人们就会感觉到它的高大，不由得仰视。想必建造这个建筑物的人们每次看到它时，一定也会往上瞧。非凡的高度是这座建筑物的力量和美丽之处。

这个高度不是住家所具有的高度，它超越了住家的规格。

实际上，三内丸山遗址内建筑物的安排，不是将一座六根柱子的高层建筑孤零零地立在四处的小型竖穴建筑当中。在高层建筑和小型竖穴建筑中间还存在着状似高脚仓库的建筑物，以及长度超过10米的大型竖穴建筑等。在六根柱子的高层建筑物旁边，有一栋复原的大型建筑物，长有30米，宽有10米，面积达90坪*，非常宏大，一次性可容纳200—300人。建筑物里面非常宽敞，而且屋顶也高，火炉也大，供四五人居住的竖穴建筑与此不可同日而语。在这样的空间里面，人们不必弯腰就可以活动，没有局促感，可以自由自在地来回走动。关于这种建筑物的用途，人们有许多说法，如这里是很多人居住的地方，或是人们的集会场所，或是人们共同劳动的地方，等等。无论是把它看作家庭住宅还是公共设施，置身其中的人们会获得与生活在小型竖穴建筑中不同的感受，可以说他们体会到了另一种共性。从这个意义上来说，大型竖穴建筑体现出与六根柱子的建筑物相通的共性。

不过，大型竖穴建筑与六根柱子的建筑之间有根本性的差

---

* 坪是日本的面积单位，1坪约相当于3.306平方米。——译者注

异——是否是住家。

长 30 米、宽 10 米的大型竖穴建筑有柱子，有墙壁，有屋顶，呈现出的正是"家"的形式。对人们来说，所谓"家"就是从大自然中保护人类的一种建筑物，这个建筑物的内部空间与外部空间截然不同，人们只要待在内部空间里，就会体会到相互之间的亲近感。面积只有 10 平方米的狭小、局促的竖穴建筑毫无疑问就是"家"。

但是，六根柱子的巨大建筑物不是"家"。六根柱子，从其高度和粗细程度来看，无法与墙壁组合起来从大自然中保护人类，即便在复原的建筑物上加上原来没有的屋顶，也无法抵挡风雨对建筑内部的侵袭。建筑物本身并没有明确区分内外，内外空间的性质都是相同的，它只是用横木连接六根巨大柱子形成的一种建筑物。这种建筑物的内部并没有提供安稳的空间，人们从中感觉到的是合作的力量和精神。

建筑物本身是实现共同理想并将共同的意志变成实体的产物。这种建筑物必须壮观，让仰望它的人们感受到合作之力的强大。每当人们看到这座建筑物时，它必须让他们想起在建造的过程中实际体会到的合作之力和精神。高 20 米上下的六根柱子的坚固木建筑正是作为这样一种存在矗立在那里的。

牢牢扎根于地下并不断向高处延展的建筑物之所以能够成为合作之力和精神的象征，应与人类立足大地、以双脚行走这一事实紧密相关。对人类来说，从地上站立起来，朝天仰望，意味着生存能力的提高。从古至今的东西方历史上有着很多令人仰望的高耸建筑物。这表明双脚行走的身体感觉至今依然作为生存能力深藏在我们内心。蕴藏于我们身体内部的生命力与耸立的建筑物的形象之间产生了共鸣。

让我尝试着从历史上举出一些高大建筑物的例子。以日本来说，我们可以举出吉野之里遗址的瞭望楼、佛寺中的佛塔、城郭中的天守阁，进入近代之后的大都市里的钟塔、高层建筑、东京塔以及前些年建成的天空树等等。以国外来说，我们可以举出古埃及的方尖碑、美洲原住民的图腾柱、欧洲中世纪的哥特式大教堂、19世纪巴黎的埃菲尔铁塔、20世纪纽约的摩天大楼等等。不同建筑物修建的场所、用途以及建造它的某个团体的文化、技术，虽然各不相同，但笔直地延伸至空中的形象中蕴含着根本性的力量，这种力量超越差异性，震撼人们的内心。当我们将视线投向建筑物顶端时，随着视线的上升，我们的内心也朝着广阔的天空，得以释放。以不断向上延伸的建筑物为中介，站立在地面上的某个生命与广阔的天空之间产生了某种奇特的交流。这种交流之中存在着近于"苍茫"或"无限"的感觉。

作为绳文时代中期人们共同意志和共同行为的成果，六根柱子的巨大建筑物中也具有上述的力量。建筑物在拥有超越人们日常生活的神秘幻想性的同时，还给予观者以原始的释放感。这是因为对人们来说，建筑物中所包含的这种合作之力是深藏在血液中的。

更进一步说，矗立在地面上、笔直向上延伸的建筑物的外形会促使人们对集体的力量及人的身体感觉产生思考，同时，让人们不得不将目光投向外界的大自然和建筑物的关系上。也就是说，在高高耸立的建筑物之中蕴藏着对抗大自然，努力生存下去的人的强烈意志。

仔细想来，大自然中最为普遍的力量是重力，这是将地面上所有的东西吸引到地面、拉回地面的一种力量。人类以双脚行走，正是为了对抗这种自然之力，充满了扩展行动范围的意志和愿望。从地面向上延伸的建筑物中蕴含着同样的意志和愿望。这可以称之为人的生命力，这是对抗大自然并寻求与其共存的生命力。

柱子的材料源自附近的树林，是人们将栗树砍倒制作而成的，因此，与其说这是与大自然相抗衡，毋宁说是利用大自然。但是，这种将高度相同、粗细一致的树木埋入等距且直径和深度都一样的大坑里，并在地上高高立起六根柱子，形成长方形造型，这种行为已经不止于对大自然的利用、对大自然的模仿的层面上了。这种行为基于这样一种想法，即制作出独立于大自然的某个确切的物体。整齐排列在地面上的六个圆形的坑，显示出 4 500 年前的人类已经拥有了缜密的抽象思维能力及高超的土木工程技术。这些绳文时代的人在运用这些思维和技术的同时，深切体会到与大自然较量以求得生存的合作之力，并感受到创造出独特建筑时的喜悦。

在加工粗大的栗树时，人们就已经运用了他们的抽象思维和技术。他们从许多栗树中挑选出六根笔直的粗大树木，把它们砍伐下来，去除枝叶，做成柱子。这一系列行为蕴含的能力，与挖掘六个圆形的坑需要的缜密的思维能力和高超的技术能力不相上下。栗树是生长于自然界中的、自然的东西，将它们做成六根柱子并组合，这种思维及实际操作的过程之中，蕴含着人们生活于大自然中并与大自然较量的精神力量。更进一步讲，将六根柱子按照等距离放置并建造出向上延伸、整齐划一的建筑物的构想和实际操作过程中亦蕴含着一种精神力量，这就是对外形的力量和美的追求。六根柱子的巨大建筑物可以说是这种精神力量发展到极致的产物。

　　绳文时代的人们在大自然的环绕中经营其生活。大自然仿佛无限宽广，给人们带来衣、食、住等方面的恩惠，是极为重要的存在，同时，它又威胁人的生命，是让人感到恐惧的对象。这种恩惠和恐惧，让绳文人的身心时刻都能够感受到大自然的强大。

　　与如此强大的大自然较量的力量一直存在于人们的精神之中。正由于有这样的力量，人们一方面是自然的产物，另一方面又创造出超越自然的文明，而且现在依然在不断创造着。从这种力量的普遍性来说，人类的历史甚至可以说就是人与自然之间相互转换的历史。三内丸山的巨型建筑物向我们展示出悠久历史中最显著的部分。

　　为了与强大的大自然相抗衡——更加郑重地说，为了使人们能够感受到，足以与自然相抗衡的集体的力量或许就存在于自身——依靠集体的力量与精神所创造出来的建造物就必须庞大且坚固。若仅仅是创造出与大自然不一样的、属于人自身的东西，那么小而弱的东西也足够了，但如果要与大自然相抗衡的话，人们就必须创造出屹立在大自然之中的大而强的东西。

　　高约 20 米的坚固建筑物必定会给观看者留下庞大且有力的印象。简单的圆柱形的六根柱子笔直地往上延伸，呈现出简洁的几何学长方体，这更加深了其庞大有力的印象。但是，雄浑的建筑物仅仅在几何学的形式上雄浑还不足以成为庞大有力之物。为了使建筑物能够成为庞大且有力的存在，人们必须使其雄浑的样子能够长时间地保存下来。如果这个形态不能够持久，很快便发生变化或完全坍塌的话，那么，人与大自然相抗衡的规模与力度便得不到认可。

　　当我们将世间万物看作大自然时，认为持续保持同一种形态就是自然的本质，这种看法或许有所偏颇。因为变化中有持续、持续中有变化是大自然的实际状况。例如季节的更替便是这样。但是，从人类观察大自然的角度来说，持续和变化的价值不是对等的。尤其是对在大自然中与自然共存、吃穿住宿都极度依赖大自然之恩惠的古代人来说，大自然的持续性，或者说持续的大自然才是人们生活的支撑。古代人将山川、湖泊、大树、岩石尊崇为神的例子在世界各地不胜枚举。这些自然信仰的对象无疑都是持续存在的。大自然的庞大有力正是被认可为一种持续存在的象征。

如此看来，人们从庞大有力的建筑物中寻求持续性，可以说是大自然本身所促成的。一般情况下，人们不会认为不持续的或无法持续的东西是庞大有力的。实际上，在日常生活中，古代人随处可以感受到庞大有力的事物与持续性之间的关系。辛辛苦苦修建的竖穴式住宅的屋顶被狂风掀起，住宅的柱子倾斜，或者埋在土里的柱子底部腐烂。面对住宅的变形或坍塌，人们切身体会到建筑物弱不禁风，说到底，也就是人们面对大自然时感受到了自身的弱小。在失落以及挫败感中，古代人强烈期望建造出更加具有持续性或更加牢固的东西。

从象征着整个部落共同性的巨大建筑物来看，古代人肯定体会到了同样的失落、挫败感以及追求持续性的渴望。在与三内丸山遗址中六根柱子的建筑物不同方向的一个角落里，人们发现了另外一个建筑物的遗址，据说这个遗址中有几个大柱坑相互重叠在一起。这表明这个遗址的建筑物的柱子被多次重建。这说明建筑物立在地上的时间长短不一，每当这个遗址物倾斜或坍塌时，人们很自然地会对它进行修补或重建，想要使它成为一座能够长久存在的新建筑。我们看到，土坑里遗留下来的六根柱子的残迹，其底部及其周边都留有用来防腐蚀的火烧痕迹。很显然，这表明人们希望这个建筑物持久地保存下去。

如果说六根圆柱向上延伸的姿态展现了空间上的庞大和力量的话，那么使建筑的形状完整地延续下来，可以说展现了时间层面上的庞大和力量。而且，当这个集空间上与时间上的庞大有力于一体的建筑物，以简洁的几何学形态持续呈现在眼前时，人们会从中感受到超越个人思想和力量的、集体的力量和精神，同时也会感受到壮丽之美。尽管绳文时代的人们从白云、高山、森林等大自然的风景中，从随季节变化的红花绿树中，从自己制作的工具、装饰品、陶器中发现了美，但他们从矗立于部落一角的极为高大、有力、简洁的巍巍建筑物中发现的美应该更加特别、与众不同。这一高大的建筑物看上去充满了与大自然竞天地的气概，似乎在向人们宣告人类的可能性是无限的。它美丽至极，足以让观看者感动万分。这种凝聚了集体的物质和精神上的巨大努力而建成的建筑物，只要矗立在那里，就给人以生存的动力。生存之动力与建筑物之美是一脉相承的。应该说，它呈现出巨大建筑物原始的美。它作为人们共同的生命力和精神力量的结晶矗立在那里，与此同时，它又作为赋予人们生存动力的美丽造型艺术，让人们既可以近看，又可以远观。

这样的建筑物的出现，足以展现绳文时代精神的一环。

火焰陶器和土偶

——

泥土中蕴含的审美与祈祷

　　所谓绳文时代，是指拥有绳文（绳子的纹样）的陶器被制作出来的时代。按照形状、纹样和制作方法的标准，绳文陶器可以分为草创期、早期、前期、中期、后期和晚期六个时期。这种分期方法同样被运用于对时代的划分之中。由此可见时代与陶器的联系十分紧密。在时长将近一万年的整个绳文时代，绳文陶器的形状、纹样和制作方法不断变化并被长期采用着。

　　陶器的差异不仅随着时代的变化而产生，还有地域方面的差异，尤其是在纹样方面，由于地域的不同而产生的差异非常显著。例如，绳文陶器中最华丽的火焰陶器只出产于以新潟县为中心的北陆地区。陶器扎根于地域，受到地域传统的影响不断被制作出来，并被应用于生活之中。

　　陶器是人们日常生活中的工具。陶器中呈现出的显著的地域差异说明，绳文人的生活与地域性紧密相关。人们在周边的地域范围内相互交流，由此展开并维持日常生活。虽然有证据表明也存在越过周边的地域，与远处的人进行交流的情况，如在青森县的遗址里出土的长野县的黑曜石，但毫无疑问与周边的人们进行交流是更为常见的现象。

　　通过与周边的人们之间的交流，各种知识和技术，如制作烹饪用的深钵的技术得以传播。很快，在陶器上加绳子纹样的技术传播开来。按照上述的时代划分，草创期初期深钵就已经出现，到了草创期后期，深钵上被人们加了绳子的纹样。进入下一个时期后，陶器上的纹样出现地域性差异，在关东地区出现了用捻线制出的捻丝纹陶器，在近畿地区则出现了用木棒制出的押型纹陶器。

人们用深钵烹煮肉类、野生薯类及贝类等。通过烹煮，食材更加容易消化，且不容易腐烂。从饮食生活的角度来说，深钵以及其他陶器的出现具有划时代的意义。在人们的日常生活中，陶器是非常有用的工具。

但是，陶器上的纹样与实用性并没有直接关系。纹样不能提升陶器的实用性。纹样的出现并非出于以下这些目的，如方便将食材放入陶器中，或让陶器易于放在炉火上，或有助于火的燃烧。我们应当从实用性乃至功能性之外的角度，寻找纹样的价值。

当我们将目光投向不同时代的纹样的变化时，我们可以看出随着时代的发展，纹样逐渐变得多样、细致、有序。从另一方面来看，草创期的纹样虽然看上去十分稚拙，但当我们仔细观察那些纹样的线条、指痕以及绳文时，我们可以感觉到陶器制作者的强烈的造型意识。它超越了陶器作为烹煮工具的范畴，我们能够感受到制作者想要制作出具有魅力的陶器的意识。这种意识里的确蕴含着某种超越实用性的东西——我很想将它们称作游戏、余裕或者美。

一万年前的绳文人曾实际感受到这种超越实用价值的东西。如果没有这种感受的话，他们是制作不出如此多姿多彩的纹样的。人们之所以能够创造出隆线纹、爪形纹、捻丝纹、押型纹等纹样的历史，就是因为他们具有极力爱护日常生活中不可或缺的工具的精神，以及他们所共同拥有的审美意识，这是关注陶器上的纹样、欣赏纹样并对新纹样的出现感到欣喜的意识。延续了一万年的纹样的历史就是在这种审美意识的帮助和激励下不断地向前发展的，同时，纹样的历史又使这种审美意识不断地向前发展。

·

对陶器的审美与陶器制作者熟练的技术相结合的成果中，最引人注目的是一组被称为火焰陶器的东西。以时代界定的话，它们是绳文时代中期（公元前 3000—前 2000 年）的陶器；从地理的角度来说，它们仅出土于以新潟县为中心的北陆地区。在绳文时代的陶器中，这些陶器最为豪华，也最具有活力。

这些陶器在形状上与草创期或早期的深钵一脉相承。早期之后是前期，这时，除了烹煮用的深钵外，还出现了装盘用的浅钵。不过，火焰陶器更接近于深钵。其圆圆的平底向外延展，下半部分略呈圆筒形。这与深钵的形状一模一样。但其上半部分如火焰燃烧的形状，与深钵大相径庭。作为烹煮工具，复杂的火焰形状反而不方便。火焰陶器虽然依照深钵的制作法制成，但其造型却与深钵的用途背道而驰。如前所述，从草创期或早期的陶器中我们可以发现纹样的形状明显具有超越实用性的游戏、余裕和美的因素。火焰陶器中的这种造型意识不仅表现在陶器的表面，而且还体现在陶器本身的形状之上。

造型意识的这种发展征兆在浅钵出现的前期就已经显现。有一定深度的陶器在向浅、平、宽发展的过程中，陶器的口部渐渐变得不再是单纯的圆形，而是有上下起伏的波浪形状。浅钵在向宽而平的方向发展时，其变化的旨趣也影响到深钵顶部的变化。这个时期不仅仅出现了绳子的纹样，而且直线、曲线、隆线、凹线复杂地组合在一起的纹样也开始出现，不久之后便成为主流。人们在欣赏多种多样的纹样的同时，也开始欣赏陶器形状的变化。

与三内丸山遗址的巨型建筑物连续几年甚至几十年都保持同样的形式，矗立在同一个地方有所不同，能够用双手捧起来的大型陶器，在制作和使用过程中，其形状逐渐发生了变化。正是在陶器纹样和形状的变化中蕴含着人们共同的愿望。这就是陶器中反映出的绳文人的精神史。

火焰陶器出现于这一时期的精神史中。其造型意识得以充分发挥，远远超过了实用性的层面。作为一种完整的造型作品，火焰陶器具有强烈的存在感。

火焰陶器分布于北陆地区很狭小的范围之内，每个的大小和形状大致相同。高30多厘米，下半部分呈简洁的圆筒形，粗粗的纽状隆线呈纵向排布，上下部分连接处为横向的旋涡状曲线。在上半部分，旋涡状曲线向外溢出，向上下左右的方向起伏，很是大胆，在圆周的四等分处各有一个巨大的波峰，往上延展。波峰与波峰之间排列着一些横着的、尖角向上的三角形，构成波状的曲线。陶器自下而上的中间部分，探出许多仿佛要将积蓄的力量迸发出来的向外向上的凸起，还有向上向外的富有动感的、回旋的纹样，这种动态的造型与其火焰的名字极其吻合。烹煮时使用的深钵当然是与火密不可分的工具，但这种以深钵为原型并将火之能量纳入其中的火焰陶器，超越了与火的密切关系，看上去更像是火本身在运动。

化为火的物体让观看者思考这样一个问题：何为火？

火焰陶器（来源：克利夫兰艺术博物馆）

21 世纪，我们所接触到的火，能够用一个开关点燃或熄灭。在火燃烧的时候，人们可以管理它，如使它保持一定的火力，或者用一个旋钮来调节火力。

绳文时代的人们所接触到的火与我们所接触到的不一样。那时，人们要使火燃烧起来很费事，为了不让火熄灭必须十分小心。那时的火不是用开关或旋钮就能够自由自在地控制的，而是将从山上或树林里汇集来的树叶、树枝点燃后生成的火，这是一种更加接近于大自然的火。火极其重要，如果没有火，人们的生活将无法维持下去。但另一方面，火又是一种极其危险的东西。一不小心，火就会蔓延开来，或许会摧毁人们的生活，夺去人们的性命。竖穴住宅的正中央修建着火炉，炉中的火每天都不熄灭。人们在生活中时常感受到火的重要和危险。

当人们面对重要且危险的火的时候，升起的火苗引人注目，有时会让人为之震撼。有的时候，变化无常的、运动着的火看上去就像是活着的生物一样。暗夜里，当炉中的火成为住宅里唯一的光源时，人们或许从火苗的摇曳中感觉到生命的跃动，有时或许又感受到火是有情感的。

在这种人与火的日常相处中，人们有时会联想到大火燃烧的情形——大火焚烧田地、附近的山火蔓延、火山爆发等。这是因为人们能够从日常生活的火苗里感受到火的烈性，这种烈性与山火蔓延或火山喷发是相通的。单从形式上看，炉中的火苗也与山火或火山爆发的大火极为相似，实际上，如果炉中的火燃烧到住宅的房顶时，有时会引发山火。

关于火山之火具有将山与人联系在一起的力量这一点，益田胜实在《火山列岛的思想》一书中有精辟的分析。

　　对原始时期或古代的祖先们来说，山就是神。这并不是因为山为清净之物，而是由于山乃神秘不可测的"愤怒"之物。首先，山作为火之神，属于神明的范畴……位于南九州有明海两岸的肥前（火之前）、肥后（火之后）被称为环抱云仙、阿苏

等火山的 "火之国"，这是人们所熟知的。但从大隅的大己贵
神*［海底喷火之神］的例子中，我们可以知道，并非只有与火
山相关的真正意义上的 "火之国" 才能被称为 "火之国"。日
本人一直以 "火之神" 信仰的形式祭祀山岳，可以说这是日本
人的特征。山并非普通的山。

　　　　　　　　　　（《火山列岛的思想》，筑摩书房，第 59 页）

　　与火山喷发没有任何关系的各种大小山脉也能成为一种信仰，
从这个角度来说，完全将山的神圣与火联系到一起是有点牵强的。
以山乃火之神来论证山的神圣性，这或许还是有疑问的。

　　尽管存有上述疑问，但由于山能够喷发出火来，因而它成为人
们极力崇敬的对象，这一点是无可置疑的。对在日常生活中感受到
火之恩惠和危险的人们来说，比炉中的火强几百乃至上千倍的火，
震撼着大地，咆哮着冲天喷发。其冲击性之大，让人们觉得这是神
在发威。

　　绳文时代的人们，无论作为个人，还是作为集体，他们都积累
了大大小小各式各样与火相关的体验——从炉中火到火山喷发。其
中既有痛苦的经历、悲伤的经历，也有快乐的经历、喜悦的经历。
日常生活的经历与非日常生活的经历共同存在，从日常到非日常，
或反过来说，从非日常到日常，对火的经验伴随着他们的感官或情
感经验。

　　火焰陶器将这种广泛、深刻的经验以陶器的形式固定下来。它

------

*　　大己贵神，大国主神的别称之一。——编者注

将恩惠与危险共存、自然之恩惠和恐怖融为一体的对火的经验以完整的陶器的形式表现出来，其造型十分罕见。

陶器的形式将本质上有运动和变化的火表现为固定的，这既非自然之事，亦非轻而易举之事。在固定不动的形式中表现出运动和变化，火焰陶器的制作者尝试着挑战这种矛盾，而完成后的作品则完美地解决了这种矛盾。

下面，我试图从纹样和形状两个方面分析一下这种矛盾是如何被克服的。

火焰陶器是一种深钵型陶器。深钵型陶器基本上呈现出一种平稳安定的形状，运动和变化是多余的。但是，纹样却不一样。虽然从实用性上来说，运动和变化不是这种陶器的本质，但是只要不损害实用性，在纹样中呈现出运动和变化是被允许的。实际上随着时间的流逝，深钵型陶器的纹样逐渐呈现出运动和变化。这样，运动和变化就与游戏或美感联系在一起。将搓好的绳子直接印在陶器的表面，或者绑在木棍上，在陶器上来回刻印，这样形成的绳文本身就给人以动感。由于它是由抽象的直线或曲线构成的纹样，所以更加强调其动感。纹样的多样化和复杂化表明了这样一个事实，即人们非常喜爱运动和变化。

运动和变化并非只停留在纹样的层面，它甚至还影响到陶器的形状，火焰陶器由此诞生。作为深钵型陶器，火焰陶器是一个罕见的例子。我们可以说，当时表现出火的形状的造型意识极为强烈，以至于偏离了陶器的实用性的范围。陶器的形状和纹样相互融合，相互碰撞，由此形成的立体物体中鲜明地呈现出火的形象。它看上去保持着不变的形状立在那里，但无尽的生命力从其内部喷涌而出。

4 500 年前，这种动静结合的作品就已经被制作出来了。我们不得不为当时人们的造型意识之强烈、想象力之丰富、技术之高超而感到惊讶。

再次强调，运动和静止的碰撞和统一之中，强烈地表达出火的矛盾特质——既带来恩惠，又具有危险性。从草创期到晚期的数不胜数的陶器中，火焰陶器在形状奇崛、壮丽、跃动感强等方面大放异彩。如果古代人没有深刻、强烈的与火相关的经历的话，火焰陶器的美丽且特殊的造型是很难实现的。由于其造型异乎寻常地奇特，并颇具跃动感和壮丽的色彩，其本身就是火的象征。

· ·

用黏土做成人形，经烧制而成的器物就是土偶。从绳文时代的草创期到晚期的一万年间，人们一直都在制作土偶。全日本出土的土偶总数约达 1.7 万—1.8 万个。与绳文陶器一样，它是绳文时代颇具代表性的造型作品。

不过，同样是陶制品，两者却不能混为一谈。因为陶器是生活用具，可以用来做饭、储藏、盛装食物，而土偶却并不是直接与生活相关的用具。在考古学家或古代史学家之间，土偶被当作咒术用具、仪式用具、祭祀用具等。将土偶看作与绳文人的愿望、祈祷、信仰、世界观相关的用具应该没有错。如此一来，我们就必须要探究其中蕴含着的、绳文人的精神乃至宗教上的认识。

土偶很小。长度不到 30 厘米的土偶占绝大多数。随着时代的发展，土偶虽然尺寸变大，但形态并没有太大的变化。尽管从技术上

马高遗迹出土的土偶（来源：京
都大学综合博物馆，图片摄影：
Saigen Jiro）

说，制作大的土偶不是难事，但当时的人们没有必要去制作大土偶。
他们没有将重点放在土偶的大小上。

　　而且，在草创期、早期以及前期的 7 000 年间，他们只制作出
板状土偶——在黏土板上加上乳房、眼睛、鼻子、嘴巴等。板状土
偶无法直立放置，人们只能将它们平放，或者靠立在什么地方，或
者吊起来。

　　很显然，无论从大小还是其平板的形状来判断，土偶都不是用
来参拜的。其大小非常适合用手拿或放在手里欣赏。即便其中蕴含
着宗教性的含义，这种宗教性的含义也与土偶的小巧简朴很般配，
应该没有超越日常生活的范围。

　　绳文时代中期，双足站立的土偶立像开始出现，不过都是些粗
陋的、小型的立像。其中蕴含着的人们的想法依然是简单质朴的。

现在出土的土偶基本上都不完整，故意被损毁并被扔掉的土偶不在少数，这个事实也间接证明了上述的想法。如果人们是因为战争的胜利等与整个共同体有关的事件，才制作土偶并把它们当神像来崇拜的，他们一定不会故意损毁它们并扔到陶器堆积地。综合考虑土偶的形状之小、数量之多、制作之方便还有抛弃的方式等，我们很难说土偶是集许多人的想法为一体的、崇高的崇拜对象。绳文时代中期，三内丸山部落聚集了数十人乃至数百人，他们过着集体定居的生活，但土偶并非汇集了数十人乃至数百人想法的造物。它作为人们的身边之物，分散在竖穴住宅的各个地方。某次机缘巧合下，土偶的制作中融入了一个人或几个人的想法。土偶应该就是这样一种物品。

土偶绝大部分是女性形象，而且这些女性大多腹部隆起，由此，人们将它与妊娠、分娩以及育儿联系起来。妊娠、分娩和育儿是普通家庭中反复出现的情形，是日常生活的一环，为祈愿这种生活能够顺利地进行下去，小巧的土偶被制作出来，非常符合这种愿望。与六根柱子的大型建筑物以及火焰陶器中蕴含着的共同意识和决心的性质不同，土偶里蕴藏着使用它的人们的情思。

可以与土偶之小、之轻、之崇高相提并论的另一个重要的方面是，土偶的形象是扭曲的。这个本质特征不能被忽视。

草创期、早期和前期的板状土偶绝大部分都是在黏土板上削去或增添泥土，做成细腰、丰胸、细颈的形象，使之看上去像一个人。这些土偶很多都没有脸、手和脚，即便有脸，也只是一个轮廓。与其说土偶是扭曲了的人体，毋宁说它更接近于有缺陷的人体。土偶只要某个地方像人体就足够了，这就是草创期、早期和前期制作的土偶的造型。

　　中期以后出现了立像土偶。这一时期，土偶的造型基本上采取了人的形状，这个形状被扭曲或一部分被夸大，看上去是人体的变形。有趣的变形成为土偶作品的魅力，后来的人们给土偶起的名字也都源于其变形的方式，比如说"心形土偶"。这种土偶两肩高耸，双手左右伸开，腰线弯曲，身体细长，而与上身刚好相反的是，一双粗腿弯成罗圈状站在那里。在姿势僵硬的躯体上接着的是心形的头颅，脸部微微向上仰。脸部平坦，眼睛和鼻子突出，无疑这是一个人的样子，但其身体的形状非同寻常，脸部也不一般。

　　再比如说"遮光器土偶"。这种土偶的身体左右对称，呈现完全直立的姿势。身体两侧各有一条手臂，全身布满了左右对称的复杂纹样。没有纹样的手臂的下半部分和双腿又粗又短，连接手和脚的地方呈圆弧状，弧线的下方分别是一双小手和小脚。脸部有两只圆圆的大眼睛，它们占据了脸的大部分地方。头顶有高高的发髻，就像是头饰盘在头发上。在两只左右对称的大眼睛中间刻有一条笔直的横线，这种眼睛的形状与生活在雪乡的因纽特人戴在眼睛上的遮光器十分相似，因而人们给它起名为遮光器土偶。但绳文时代的人们与因纽特人没有任何的交流。

　　土偶与变形的表现手法密不可分。当奇形怪状接二连三地映入人们的眼帘时，人们会期待看到平衡协调的形状，但人们在这一时代并未发现形状平衡协调的土偶。随着时代的演变，土偶的形状也并未逐渐变得更接近人体的形状。眼睛极度变形的遮光器土偶已是绳文时代晚期的作品。

　　总之，写实的人体并非土偶制作者所追求的。同时，制作者也

遮光器土偶，青森县龟冈
遗迹出土

并不想制作超越人体的更加神圣的土偶。变形是将局部夸大，甚至
有可能破坏整个人体的平衡协调。从中我们很难看出当时的人们对
神圣的统一性的观照以及对理想造型的追求。从这一点来说，土偶
与火焰陶器的造型倾向不同。在经历了各式各样火的体验的基础上，
人们试图用陶器的形式表现出鲜明的火的形象，希望呈现火的本质
特征，从而制作出火焰陶器。土偶的制作过程与此不同，人们并没
有在土偶中融入人体的本质特征乃至追求理想化形态的造型意识。
只要土偶看上去像个人的形状即可，他们并不想如实地刻画实际生

活中的人的形象。在人们抛弃写实的准确性和整体的统一性、均衡
性并更加关注局部的时候，就出现了既可以称之为奇怪，又可以称
之为玄妙的变形。而且我以为，这种变形的随意性和自由性，源自
人们融入土偶中的愿望的随意性和自由性。除了妊娠、分娩、育儿
的愿望外，土偶里还融入了农业丰收、渔业丰产、疾病治愈、姻缘
美满等各式各样的愿望。当我们看到绳文时代制作的数量庞大、没
有定型的土偶中呈现出各式各样不同的变形时，我们不禁会想到绳
文时代的人们在土偶里寄予了大大小小、点点滴滴、种类繁多的想
法、意愿、祈望。各式各样的土偶的变形反映出当时人们的随意、
纷繁的精神生活，这与人们追求统一共同性的意识和决心相比，在
本质上截然不同。

　　在这里，我们重新回顾一下前面提到的三个主题——六根柱子
的巨型建筑物、火焰陶器和土偶中蕴含着的人们的精神活动，其大
致特征分别可以进行如下的叙述：在数百人规模的部落里过着定居
生活的人们，他们拥有集体力量的意识，使他们去追求能够与大自
然相抗衡的庞大有力的辉煌形式，由此，他们建造出六根柱子的巨
型建筑物；在对生活有帮助的实用性的陶器制作中，工匠们发现了
造型的乐趣，其审美意识使他们去追求似像非像的火的形象，由此，
他们制作出形态与纹样完美统一的火焰陶器；在日常生活不同场合
下产生的强度不一的宗教意识——愿望和祈求——使人们将各自的
意愿分别融入不同的对象中，由此，人们制作出各式各样的、纷繁
复杂的土偶。

　　然而，关于土偶的叙述不能就此结束。在轻巧、粗陋占据主流
的土偶中存在着一些极品，尽管数量极少，却十分引人瞩目。最具

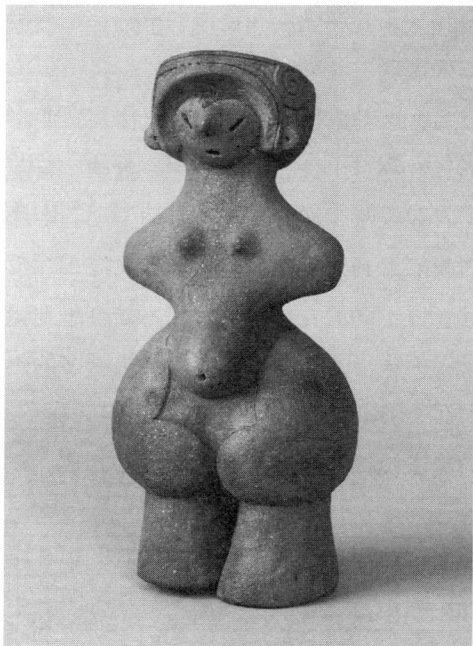

绳文的维纳斯（茅野市尖石绳文
考古馆藏）

代表性的就是长野县茅野市棚畑遗址出土的女性土偶，它被人们命名为"绳文的维纳斯"。

这个女性土偶由头部、胸（臂）部、腹部和脚部这四部分构成。刻有旋涡和直线纹样的冠将头发完全盖住，脸部呈心形，眼角向上吊起，鼻子朝上凸起，嘴巴微微张开。大大的头部下方，脖子、胸、手臂形成一体，呈现出屋顶的形状。平滑的身体表面有两个小小的乳房，微微凸起。再往下是腹部，与扁平的胸（臂）部形成对比，前后左右圆鼓鼓的，十分丰满。肚脐附近凸出来，呈现出怀孕的状态，腹部外围的丰满更明显，就像是将腹部包围起来似的。外围丰满的部分不仅仅出现在人像正面，其两侧和背面也都十分明显。给人的感觉是，这个女性土偶的关键之处就在于其丰满。再下面是像树干似的一双粗腿，稳稳地承受着上方的重量。

无论是上吊的眼角、扁平的胸（臂）部，还是浑圆的腹部、粗短的双腿，女性土偶的形状与实际的人体相去甚远。它并不是出于写实的目的而制作出来的，这与其他的土偶并无二致。但是，制作者在自由自在地运用变形手法的同时，并没有让各个夸张的部分彼此孤立，而是从整体上将各个部分有机地结合在一起，从这一点来说，它与其他的土偶有所不同。

在追求整体上的统一性的造型意识背后，我想一定存在着由陶器制作传统培育出来的工匠的审美意识。人们将制作中锤炼出的审美意识与融入了各自的想法并传播开来的宗教意识重叠在一起的时候，就制作出了著名的"绳文的维纳斯"。

这个女性土偶背部的曲线尤其令人印象深刻。弧形的曲线一直延伸到腰部，在腰部略微向里收，然后向外弯曲，形成一个大的凸面。这个弯曲面的下方是呈球面的丰满的臀部。这个女性土偶的奇特而平滑的曲面具有跃动感和分量感，使人产生想要触摸的冲动。绳文时代的人们实际触摸到这个土偶时，一定生出了怜爱的感情。从这个女性土偶的正面，我们丝毫看不出背部的曲线和臀部的丰满曲面，然而就在这种看不见的地方也有极其优美的造型，反而能让我们窥见制作者高涨的审美意识。

连接腹部的是一双又粗又短的腿，其中也蕴含着制作者细微的审美意识。除腿之外，女性土偶的其他部分都是左右对称的，但双腿却微微打破了这种对称。双腿的上端略微分离，与躯体相连接，往下则逐渐变得圆润，直至双腿下端紧挨在一起。在双腿下端的连接处，右腿稍微抬起，紧挨着左腿，由此我们可以感受到土偶微妙的变化和动感。当我们将视线重新往上移动，从整体上观看女性土偶时，我们感觉到这个丰满的女性土偶栩栩如生。

再次强调，我们必须承认，与一般的土偶不同，从这个女性土偶中我们可以感受到统一性、形态的流动感以及生命感，这是一个极特殊的例外。与"绳文的维纳斯"的审美意识相似的土偶还有两三例，如山形县舟形町西之前遗址出土的土偶立像、青森县八户市风张遗址出土的合掌形态的土偶等。由此看来，具有统一审美意识的土偶的出现，与其说表现了绳文时代人们共同的意识和决心，不如说只是得益于制作者个人的功劳，制作者偶尔将自己的审美情感融入土偶的造型当中。尽管制作火焰陶器的地域非常狭小，但是在杰出的作品出现之前，人们已有制作陶器的历史。我们可以发现在同一时代有着类似的陶器，这让我们想象到，人们的共同意识和决心构成了制作和欣赏这些陶器的基础。但是，我们很难想象土偶中也存在着类似的共同意识和决心。我们可以说，土偶中蕴含着的祈愿的宗教意识，是不拘泥于形态上的美丑的。

绳文时代的陶器随着制作技术的提高，追求形态之美的意识也广泛而深入地普及开来。但土偶的历史则不同，土偶的历史体现了随意性、扩散性很强的宗教意识，它很难与具有集中性和持续性、追求对象之美的审美意识相结合。这也是绳文时代精神史的另一个侧面。

第三章

铜铎

———

弥生人的共性

公元前 300 年左右，日本列岛迎来巨大的转变期。水稻种植技术从大陆传来，迅速在日本西部扩散开来。弥生时代由此开始。

仅在短短 50 年左右的时间里，水稻种植技术就传播到九州、中国 *、四国、近畿等地。这是因为绳文时代晚期的日本西部已经形成了接受水稻种植新文化的根基。此前，在日本西部，杂谷种植的稻耕技术已经流行，以此技术和文化为基础，日本西部开始向水稻种植方向发展。

水稻种植技术的传入与普及不仅仅给农耕形式带来变化，而且给生活和文化等广泛的领域带来巨大变化。从绳文时代草创期到晚期的 1 万年的时间里，人们一直都制作着土偶，进入弥生时代，很快便不制作这种土偶了；在陶器方面，以火焰陶器为高峰的奔放、华丽的绳文陶器，开始向均衡、平稳、朴素的弥生陶器发展。陶器的质地由厚而软变为薄而硬，色泽由黑褐色变为赤褐色乃至淡褐色，这显示了陶器制作技术的进步，与此同时，人们的审美意识也发生了变化。

在水稻种植技术传入的同时，石刀、石镰、青铜器、铁器、养蚕技术、丝织技术、石架墓、圆壕挖掘技术等也悉数传入。自远古

---

*   此处的"中国"指日本本州岛的中国地方。——编者注

时期至 21 世纪，外来文化、思想、风俗习惯多次涌入日本列岛，人们在接受它们的同时，创造了自身特有的文化、思想、风俗习惯。绳文时代至弥生时代传入的以水稻种植技术为中心的新器物、新技术以及新习俗，是日本形成自身文化的较早案例之一。被人们称为铜铎的青铜器，就是在大陆文化的巨大影响下产生的弥生文化中极具代表性的文物之一。

下面，我将以大量出土且状态极佳的铜铎为线索，分析弥生时代的人们在接受外来文化过程中的精神状态。

铜铎是与铜剑、铜矛、铜戈相媲美的青铜器。只不过铜剑、铜矛、铜戈是战争时使用的武器，而铜铎是祭器。我们并不清楚它是在什么祭祀条件下使用以及如何使用的，但人们认为它们被用于某些部落的祭祀，且被赋予了一定的地位和功能。

所谓青铜器是指将铜与锡混合制作而成的武器或祭器，在绳文时代完全没有这种合金的制作痕迹。青铜器与水稻种植技术一道从大陆传入，终于在日本也被制作了出来。

铜铎是参照高约 10 厘米的朝鲜小铜铎的样式制作而成的，经过长时期发展，成为一种日本独有的铜铎。其大小从数十厘米到 1 米以上，表面还刻着各式各样的纹样。在中国、朝鲜都看不到类似的铜铎。

现在我们能看到的铜铎，其表面由于生锈而呈现绿色，但刚刚制作出来的青铜器会散发金色的光辉。在众人聚集的祭祀场合，铜铎被吊挂在众人面前，当人们摇动铜铎内悬挂着的摆子（铜舌）时，铜铎会发出清亮的声响，给众人以巨大的冲击。其优美的曲线、凸起的边缘，都是人们未曾看到过的形状；其金色的光泽直射人们的眼睛，其清脆的金属声响既不同于大自然中的风声、水声，也与虫鸣鸟叫有所区别。这一切都是人们未曾有的体验。如果说具有这种形状、色泽、音色的青铜器漂洋过海传入日本，给人们带来完全未知的、未曾体验过的某种启示，这一点也不奇怪。

不仅是最初的遭遇给人以冲击。此后的数百年间，人们一直制作并使用着铜铎。直至进入古坟时代，其身影一直存在。铜铎与弥生文化的关系密不可分。

铜铎与弥生时代的关系在铜铎的形态变化过程中表现得很明显。一开始，铜铎较小（高约 20—40 厘米），后来逐渐变大，在公元 1 世纪至 2 世纪时，其变大的速度突然加剧（约 80—134 厘米）。随着铜铎的放大，其纹样也开始出现多样化的态势，铜铎的周边加上了鳍、饰耳等，装饰性不断增强。这使人联想到水田得到进一步开发、村落逐渐扩大、祭祀的规模也开始变大等情形。急剧变大的铜铎成为放置在地上或祭坛上让人观看的器具。人们不再摇动里面悬挂的摆子了，这或许是因为人们在祭祀时不再让铜铎发出金属声响了，抑或是人们想出了其他发出声响的方法。

铜铎表面的纹样既有流水纹似的曲线，也有纵、横、斜向的直线，井然有序。我们在弥生陶器的纹样和器形中也可以感受到相同的几何学形式的秩序感及样式的繁复。铜铎和弥生陶器虽为不同的类型，但它们都是弥生时代具有代表性的造型器具，二者透露出的审美意识与绳文时代的器具大相径庭。这一现象向我们展示了以水稻种植技术为中心的外来文化的巨大冲击。同时，它也向我们展现了这样一个事实，即接受这种冲击并从本土和外来文化的碰撞中产生了新的审美意识的弥生人，拥有的精神上的灵活性。

大型化的铜铎的表面后来出现了图画。人们把筒形的表面分为四部分或六部分，在每一部分里，都画有草图风格的图画，其中最典型的例子就是袈裟襷纹铜铎。其表面绘有杵臼图，还有地板高架房屋图。这些都是与水稻种植密切相关的图画。除此之外，还有猎鹿、猎野猪、捕鱼场景的图画，也有蜻蜓、乌龟以及调解纠纷的人的图画。人们将身边的事物和场景描绘下来欣赏。也许人们还有这样一个目的，即四幅或六幅图画连起来能够讲述一个故事。我以为，众人在祭祀的场合共同享有一个故事，与弥生人规模变大了的共同生活非常吻合。

正如近几十年来原始时期研究、古代史研究所呈现的那样，绳文时代的人们已经过上了定居的生活，但毫无疑问，水稻种植技术的传入使得规模较大的、安定的集体生活成为可能，这是前一个时代所无法比拟的。每年，人们在同一块水田里可以获得一定数量的大米，且收获的大米可以长时间地存储，这对人们饮食生活的稳定乃至所有生活的稳定都具有划时代的意义。另一方面，从开荒、平整秧田、插秧、除草、割稻，一直到脱粒为止的农业生产活动使得人们的劳动走向集体化、集中化，并具有计划性。于是人们开始根据不同的季节从事集体劳动。开垦荒地、开辟水田、追求更加稳定的生活，这是人们自然的欲求，为此，人们有必要更加有计划地从事集体劳动和集体作业。

在这种集体劳动和有计划的作业的基础上，人们品尝到共同作业的喜悦和辛劳，为了更好地劳作，人们开始举办能够加强集体意识的祭祀活动，如果这种想象与实际相符的话，那么，作为祭祀用具的祭器，铜铎的出现就非常合乎情理。放置于地面或地板上的四

袈裟襷纹铜铎，滋贺县野洲市大岩山遗迹出土（来源：天理大学附属天理参考馆，图片摄影：Saigen Jiro）

平八稳、颇具威严的器具，它的形状保持了左右对称的规律性，又有自然流动的流水、旋涡的纹样，四部分或六部分中绘制的图画令人感到幽默和自在，这种绘画表现方式与以水稻种植为中心的集体生活的稳定性是相符的。

但是，集体劳动和生活的稳定性并不足以概括弥生时代的特性。相反，争执、战争、杀戮才是这个时代的现实。

弥生时代的墓穴中出土了许多铜剑、铜戈以及石剑、石戈的尖部，这些是刺入战争中的战士尸体里武器的一部分。有的战士的尸体上还被刺入几个乃至十几个石镞。水稻种植技术传入的同时，头部尖锐的石器、青铜器、铁器等也从大陆传入。这些是杀人或伤人的武器，且它们正是为了杀人或伤人而被制作出来的。外来文化以水稻种植为中心，这种文化传入以后，村落与村落之间围绕着水田的开发、稻米的收获，产生紧张和对立关系，也产生了用武力来解决争端的必要性。

部落周围的壕沟也是以战争为前提而挖掘的。挖壕沟是为了将入侵的敌人阻挡在壕沟之外，以保护自身的生命和财产。水田的扩大以及农业技术的发展增加了大米的产量，产量的增加又促进了人口的增长，但村落的繁荣并没有使壕沟消失，与外敌的紧张和对立反而更加激烈，壕沟的规模也越来越大，在关键的地方，人们还修建了瞭望楼。

水田耕作与御敌作战是性质完全不同的两种行为，但它们复杂地交错在一起，双方互相补充，这是弥生时代社会的实际状况。但是，铜铎的出现与这种社会实际状况并不完全重合。我们再来看一下铜铎上描绘的内容——鹿、鹭、野猪、犬、鱼、蜘蛛、蜻蜓等动物，还有猎人、渔夫、打谷的人等，都与战争相去甚远。随着时代的发展，越来越大型的铜铎并没有显示出其与战争的关系越走越近。不仅仅是铜铎，随着时间的流逝，其他那些本来作为武器被制作出来的铜剑、铜矛、铜戈等，也开始远离战争。它们的尖部变钝、变圆，丧失战斗的功能。其形状也开始向大型化发展，它们逐渐成为被观赏的"武器"。无论是将它们横置，还是直立，其曲线之柔美，形态之圆润，都非常吸引人。它们成为造型优美的器具。其中呈现出的审美意识可以说与战斗的紧张与血腥，基本上是不同性质的。

　　审美意识与战斗的紧张、兴奋、激动相结合，完全有可能产生有利于战争的美丽武器或美丽器具，但是，铜铎、铜矛中蕴含着的审美意识却不是那样的。它们呈现出与季节变换、身边的动植物及日常生活密切相关的、安稳的审美意识。这种审美意识不同于战争的激烈、勇敢和热情。它与在大自然中平稳地度过每一天的感觉十分吻合，或者说，它是反映了祈求这种感觉的生活持久地延续下去的一种审美意识。没有发生变化的铜铎的形态，以及描绘了人们身边的动植物和人类本身的绘画，反映出人们从平安无事的生活而来，又想回归那种生活的心理。

　　作为蕴含着人们日常的祈愿的造型作品，绳文时代出现了土偶。这与弥生时代的造型作品究竟有何不同？

　　应该说，以土偶为核心形成的集体，和以铜铎为核心形成的集体，它们的共同性乃至向心力存在着极大的差异。

　　土偶是将女性形象局部地夸张并以符号的形式呈现出来的作品。它们被大量地制作出来，并融入了一个人或几个人的愿望和向往。其中的核心思想是对女性生殖能力的尊崇。人们认为女性的生殖能力是自然具备的能力，因此，土偶中蕴含的愿望和向往大多是祈祷大自然的恩惠和帮助。

　　铜铎并非由一人或数人就能轻易处理的。它们是以村落为单位，或以许多村落组成的国家为单位举行祭祀的时候使用的祭器。对于祭器来说，集体规模的大小改变了蕴含其中的共同愿望。祭器里蕴含的并非一个人或若干人的愿望，它蕴含了数十人或数百人的共同愿望。为了实现这种共同愿望，这个愿望就必须是数十人或数百人所共有的。共同拥有一个愿望的许多人必须心怀这一共同愿望集中在同一个地方。这种所谓的集中在同一个地方就是共同的祭祀，将人们导向一个集中地方的祭器就是铜铎。

与绳文时代相比，从大陆传入的以水稻种植为中心的新生活、新文化使得规模巨大的村落成为可能，也让强大的共同意识成为可能。这种共同意识源于居住在村落里的所有人都能够参加的祭祀活动。按照四季的变化，不同规模的集体活动增强了人们的共同意识，每次活动中的人与人之间的交流更加促进了相互之间的密切关系。遇到困难并加以克服时的成功与失败的经验，让人们自觉意识到集体的强大力量。集体的力量甚至可以让人们确立并实施开垦周边荒地的计划。

就像这样，共同意识得到培育，一些情形下，例如水稻收割工作告一段落时，人们会把铜铎搬出来，聚集在一起。人们感谢大自然的馈赠，并祈祷今后大自然一如既往地给予人们恩惠，与此同时，人们对于从开始到收获过程中，人类自身共同的努力和成果感到喜悦，祈愿集体的力量能够延续。这时，人们获得同心协力的感觉，铜铎正是这种感觉的象征。铜铎变得巨大，并富有装饰性，这与人们共同意识的深化和扩展是相呼应的。大型化的、极富装饰性的铜铎里蕴含的，不仅仅有人们对自然之力、自然之恩惠的愿望和祈盼，还有人们对集体之力量的愿望和祈盼。如果我们将人们的集体力量称为文明的话，那么，作为祭器的铜铎则是人们面前的文明象征，呈现在人们的面前。

在公元前后的五六百年间一直频繁出现的铜铎，在公元 2 世纪末的日本列岛销声匿迹，而且此后再也没有出现过。在记录了 3 世纪前叶日本情况的中国史书《魏志·东夷传》"倭人"条里，我们找不到关于铜铎的记述，而且在 3 世纪中叶开始出现的古坟里，我们也看不到铜铎作为陪葬品出现，也不存在以铜铎为祭祀对象的神社。

而且，我们几乎无法从村落中或在村落附近发现铜铎。我们只能从距离部落、墓地较远的山丘顶上、山腰或谷底深处找到集中埋藏的铜铎。例如我们在滋贺县野洲市小篠原遗址发现了 24 个铜铎，从兵库县神户市樱之丘遗址中发现了 14 个铜铎，从岛根县出云市荒神谷遗址中发现了 6 个铜铎，从岛根县云南市加茂岩仓遗址中发现了 39 个铜铎。从奈良县橿原市坪井遗址、大福遗址周边沟壕的墓地里也出土了铜铎，这是十分罕见的例子。

造型极为细致、美丽的铜铎集中埋在远离村落的地方，这似乎告诉我们当时的人们已经向铜铎告别，而且放置铜铎进行祭祀的活动已不复存在。铜铎被集中埋在一个地方是意味着某次祭祀活动中使用了数量众多的铜铎，还是意味着在各地举行的祭祀活动中使用过的铜铎被集中安放在了一个地方？不管是哪种情况，有一点是非常明确的，那就是以铜铎为祭器举行祭祀活动的时代已经走向终结。铜铎已不再是一个村落或一个国家的人们共同性的象征了。人们也不再将自身的共同意识投射到铜铎上。

历史向古坟时代迈进。

第四章

古坟

国王的威信

人们自 3 世纪中叶至 7 世纪修筑的巨大坟墓被称为古坟。在日本历史中，此前及此后，都没有出现过如此数量众多的巨大坟墓。从这一点来说，古坟成为这个时代的明显特征，因而人们将弥生时代之后的时代，称为古坟时代。在这个时代，大和政权在畿内诞生，它统治了自九州地区至东北地区的广大区域。

·

什么是古坟？根据词典的定义，它的意思是"埋葬国家或地区统治者的巨大坟墓"。

从精神史的角度来看，最值得关注的现象是个人成为共同体祭祀的对象。人们为怀念被埋葬的某个人而修筑了古坟，为怀念某个人而参加他的葬礼，为怀念某个人而眺望巨大的坟堆。由此，人们的共同意识集中在一个个体身上。坟墓与蕴含了人们愿望和祈愿的陶制品（土偶）或金属制品（铜铎）有着本质上的差异。很显然，这个时代出现了代表共同体的个人，也就是掌权者、统治者。

这个时代的掌权者是在政治对立与斗争、联合与统一的不断反复中出现的。邪马台国的女王卑弥呼就是这种掌权者之一。《魏志》中记述了女王的出现，译成现代文是这样的：

倭国原以男性为王，统治国家长达七八十年。然而，倭国动乱，战事连连，遂诸国共同拥立一女子为王，即卑弥呼。卑弥呼善巫术，有蛊惑人心之力。其年事渐高，然无夫。卑弥呼之弟助其统治国家。卑弥呼自封王之后极少与人会面，有上千侍女侍奉其左右。其中仅有一人为男性，伺候其饮食，负责传话，可出入女王之居室。宫室、瞭望楼、城墙威耸，士兵持武器守卫于此。

（《魏志倭人传及其他三篇》，岩波文库，第49页）*

倭国动乱，战事连连，于是许多国家共同拥立女王卑弥呼。卑弥呼善巫术，在弟弟的帮助下完美地结束了纷争。《魏志》的作者就这样以倭国使者的报告为基础，记述了邻国的情况。

当国家动乱，小国相争时，人们祈求位于诸人之上的女王平定纷争。《魏志》中记述了3世纪的日本政治、军事方面的情况。这段记述显示了这样一种想法：男性之王统治的崩溃，是因为统治方法出了问题；在卑弥呼时代，国家之所以能够妥善地得到治理，是因为卑弥呼具有出色的统治能力。这是倭国的使者——服务于国家的高官——的国家观、国王观。无论国家发生动乱还是得到妥善治理，既不是因为自然条件的优劣，也不是因为超人的神力，作为统治者的国王的资质和力量是问题的关键。这种国家观、国王观在不断地普及。

---

* 《魏志》"倭人"条原文为："其国本亦以男子为王，住七八十年，倭国乱，相攻伐历年，乃共立一女子为王，名曰卑弥呼，事鬼道，能惑众，年已长大，无夫婿，有男弟佐治国。自为王以来，少有见者。以婢千人自侍，唯有男子一人给饮食，传辞出入。居处宫室楼观，城栅严设，常有人持兵守卫。"——编者注

　　如果没有拥有强大权力的统治者的话，这种想法不会出现，也无从出现。在战争中，国与国的对立被不断激化，与此同时，成为同盟的国家间的联系不断加强，由此产生强大的军事和政治统治者。掌握权力的统治者想让手中的权力变得更加强大。权力并非只在战争期间才能变得强大。在平时扩大水田、提高水稻种植技术都可以提高共同体的经济力量，也就强化了军事力量和政治力量。作为军事和政治权力的拥有者，统治者不仅凌驾于民众之上，发挥其力量，而且作为经济力量的拥有者君临天下，以提高其统治地区的生产力为目标，进而强化自身的权力并维持权力的稳定，发挥统治能力。国家的军事力量、政治力量和经济力量因此得以强化，与此同时，位于众人之上的统治者的权力也变得更加强大。关于卑弥呼，史书中说她善巫术（原文为"事鬼道"）。在那个时代，参与象征性的仪式以及拥有通灵界的能力，与统治权的强化是联系在一起的。而且，卑弥呼向万里之遥的中国派遣使者，得到了魏明帝授予的"亲魏倭王"紫绶金印、铜镜及其他物品。与大海彼岸的庞大帝国缔结友好关系，也与女王本人的统治权的扩大和稳定相关。

　　关于卑弥呼的记述以卑弥呼之死结束。

　　　　卑弥呼薨。造大墓。

　　　　　　　　　　　　　　　　　　　　（出处同上，第 53 页）*

　　从当时许多地区都在修筑的埋葬统治者的"大墓"的意思来看，

---

*　《魏志》"倭人"条原文为："卑弥呼以死，大作冢。"——编者注

卑弥呼的墓可以说就是古坟，或是接近古坟的一种墓。从时间上推测，卑弥呼死亡的那一年（公元 248 年左右），在北九州、濑户内海及近畿一带，前期古坟已经出现，而且与卑弥呼之死同时期或在其死亡后最多 50 年内，日本就已经建造了最早的前方后圆的巨大坟墓，这就是奈良县樱井市的箸墓古坟（长 280 米，高 29 米）。诸多国家逐渐联合起来形成一个大国，统治者拥有强大的权力，成为国王，这个过程与古坟大型化的过程是重合的。

在这里，我想重新审视巨大坟墓意味着什么的问题。对活着的人们来说，已故的人结束其一生，从这个世界上消失，坟墓是确认了这个事实的建筑。同时，它又是哀悼死者、追思死者的场所。坟墓是区分死者和生者的场所和建筑，同时也是联系死者和生者的场所和建筑。无论是在绳文时代，还是在弥生时代，人们一直都在修建坟墓来埋葬死者。

有权有势者的墓修建得很大，这与共同体内部的变化，即统治阶级的出现是相吻合的。随着生产力的提高，财富集聚，人们开始争夺财富，出现了贫富差别。同时也出现了操纵、整合共同体的政治行为和宗教行为。在战争中，统率人们战斗的人与亲身战斗的人之间出现了差别。这种在各种场合下出现的统治与服从的关系，随着时间的流逝，逐渐固定下来，由此产生了少数人组成的统治阶层。其中一人处于统治阶层的最顶层。

一个统治者拥有巨大的权力，共同体的行为和功绩都是由这个统治者的力量来实现的，这种想法如果固定下来，那么，当这个统治者去世的时候，活着的人们会极其自然地想到为这个统治者修筑巨大的坟墓。统治者的能力、力量和努力使得共同体变得强大、富饶，如果人们都这么认为的话，那么，当这个统治者死去时，人们修建巨大的坟墓以赞颂其个人生前的丰功伟绩就是合乎常理的。如果说坟墓是其一生终结的标识，那么，大多数人肯定都会认可，用坟墓的大小来表达共同体对统治者个人的想法。

但是，古坟的规模之大，应该说超过了埋葬死者的人们自发的精神活动。以个体的死亡为契机，人们埋葬其尸体、哀悼其死亡、追思其生平、彰显其作为统治者的功绩，为此还修筑了长 280 米、高 29 米的坟墓，这究竟有没有必要？我在这里列举的数字是古坟时代前期具有代表性的箸墓古坟的大小，此后诸王的古坟更加巨大，最大的大仙陵古坟（位于大阪府堺市）竟长达 486 米。尽管这表明被埋葬者具有无比强大的权力，但作为一个人的坟墓来说，其规模之大，不得不让我们去思考其中可能还有别的力量在发挥作用。

这种超越了埋葬死者层面的力量，应该是一种统治阶层在面对国家共同体时极力发挥的统治意识的力量。少数人组成的统治阶层和多数人组成的被统治阶层逐渐固定下来，统治阶层修筑古坟，以表明强大的权力意识。我们很难从土偶和铜铎中感受到阶级意识，但从古坟中，我们可以很清晰地感受到统治阶级的意识。

· ·

在古坟修建的过程中，统治阶级的意识也极其充分地反映在古坟的形态以及为此举行的仪式当中。

数以万计的古坟，分布在从九州地区到东北地区的广大区域内，它们的大小形状千差万别。但它们并不是从小的开始修建，然后越修越大的。在古坟时代前期（3世纪中期至4世纪），以畿内为中心，从九州地区到中部地区，小规模的古坟零星散落在各处，但在奈良盆地的东南部，却建造了数处巨大的古坟，箸墓古坟就是其中之一。大和政权的形成促成了巨大古坟的建造。

掌握大和政权的是自九州至中部地区的各国聚集到一起的首领或首领代理们。他们相互提携，想构筑一个统一的国家，这是他们的共同意志。政令传达到地方上不同的国，人们按照政令从事活动，这是这些首领想要构筑的统治体制。

修筑巨大的古坟是举国之事业，它反映了这种统治体制在现实中对人和物的调度。依照掌权者制订的计划，人们从事活动，让客观事物发生变化，让计划逐渐变成现实。这种变化的过程就是国家形成和统治体制强化的过程。古坟的建造体现了新诞生的国家的威信。

如此一来，古坟的大小及其建造工作，与其说要与死去的统治者个人的资质、力量、人品和功绩相吻合，不如说必须与国家的威信相吻合。执政者的统治意识更多地强调国家的威信，而非埋葬死者。要想修筑巨大古坟，即便调动数以千计的劳动力，也要花费数月甚至数年的时间，但人数的多少以及时间的长短并不能成为改变计划的理由。古坟的建造如果半途而废，国家的威信就会受到巨大伤害，一旦计划顺利实现，那么人数的多少和时间的长短都会成为显示统治权强大的标志，这反而会让人感到骄傲。仅从巨大古坟的角度来说，等到古坟时代中期，坟墓更加巨大，甚至出现了周边挖了几重壕沟以及有好几个陪冢（附属的古坟）的古坟。这令人意识到，统治者追求扩大并深化权力的意志是多么强烈。

　　然而，仅仅出于强烈的统治意志，是无法完成建造巨大古坟这项大工程的。政权统治下的绝大多数人如果不接受这个计划，不承担实现该计划所需的巨大的劳动量的话，计划也是无法完成的。对生活在小村庄里的人们来说，在大和建造巨大的古坟是远离他们日常生活的活动。一定会有不少人对这项严酷又与自身无关的工程感到不满。与积极地投身到这项工程中的人相反，肯定会有人消极参与，甚至会出现个人或集体逃跑的事件。

　　但就在这个过程中，自 3 世纪后半叶至 5 世纪，长度超过 200 米的巨大古坟一个接一个地被建造出来。可以说，凝聚在巨大古坟修筑中的大和政权执掌者的统治意志逐步地坚定起来。在巨大古坟变得更大型的过程中，我们或许可以看出统治阶层的自信。虽然建造古坟是一项大工程，需要花费巨大的劳力、时间和资源，但是，一旦计划变成现实，统治者就会向更加大型的工程迈进，这就是统治意志。

　　不仅如此，在政权中心建造巨大古坟的同时，在地方上，人们也相继修建了规模不等的古坟。地方上的国家或共同体的首领们效仿中央的统治者，开始修建前方后圆坟。古坟的建造是统治意识的起因，也是统治意识的结果，这种意识也为地方首领、周边统治阶层的人们所共同拥有。中央统治阶层的统治意识原原本本地为地方首领们所接受，再向下继续传播，这种通过具体工程的形式来传播统治意识的状况，非常符合他们的意愿。以国王的巨大古坟为起点，各国、各地区的大大小小的前方后圆坟构成一个广阔的古坟网，这使得大和国的统治体制的密度变得很大。地方上修筑了大量古坟，而中央的巨大古坟应该具有引领它们的力量，必须凌驾于它们之上。

从这一点来说，古坟的大型化是必然的。

促使古坟大型化的力量不仅是大和国内部向政权中心施压的结果，与东亚各国的交流也是促进古坟大型化的主要因素之一。

4 世纪后半叶之后，大和政权几度出兵朝鲜。根据高句丽好太王碑的记载，"倭国（日本）自 391 年以来，渡海而来，灭百济、新罗，使其俯首称臣。"国力的殷实和统一政权的确立，使得统治者决心出兵海外。此后，战争持续，有输有赢。面对朝鲜，大和政权为了处于有利地位，还向中国派遣了使者。大阪湾成为通向朝鲜和中国的海路的起点，大阪港被建为出海港口。而且，为了与修建大阪港的步调相一致，此前集中修建于大和盆地内的古坟也开始沿着大阪湾修建起来了。日本最大的大仙陵古坟（长 486 米）、第二大的誉田山古坟（长 425 米）和第三大的上石津古坟（长 365 米）都是 5 世纪在大阪湾附近建造的前方后圆坟。人们还可以从海上眺望沿着海岸修建的大仙陵古坟和上石津古坟，修建它们的目的就是让人们能够从海上眺望它们。经过濑户内海，向大和政权的所在地进发的外国使节或从事贸易的人们，一定会为这些古坟的巨大而感到震惊。

国王坟墓的巨大和古坟从政权中心向地方的传播，强烈地表达了大和国的统治阶层的意志，与此同时，巨大古坟长时期保持着一定的形状，也充分显示了他们的统治意志。统治阶层在扩大和细化统治空间的同时，肯定也会强调时间上的持续性。巨大古坟在拥有压倒性的体积的同时，还必须是不会崩塌的、坚固且安稳的建筑物。

对古坟稳定性的考量，很好地体现在如控制其高度的修筑方法上。从古坟的前后长度和左右宽度上，我们可以感受到当时的人们

大仙陵古坟［来源：
National Land Image
Information (Color
Aerial Photographs),
Ministry of Land,
Infrastructure, Transport
and Tourism］

十分热衷于这种建筑方式，甚至可以说达到了狂热的地步，但他们并不追求高度。堆土修筑而成的坟丘，其高度越高，高处的部分就越容易在风雨的吹打下崩塌。当时的人们在修建古坟时必须要避免坍塌事故的发生。

用石头铺就的坟丘的坡面呈阶梯状，这种加固坟丘的方法也可以看作追求稳定性的表现。这可以防止因雨水渗入泥土让其松动而发生崩塌。"前方"的部分完全是平坦的，而"后圆"的部分则是弧面的斜坡，斜坡上石头闪闪发光，使得古坟产生引人注目的效果。

在修筑好的坟丘周围挖出壕沟，其目的之一也是增强古坟的持久性。壕沟的修建是为防止来自外部的人为力量使古坟遭到破坏。壕沟里灌上水，更加突出了古坟的美丽，这种设计应该是在计划之内的。巨大古坟的周围有时会挖出两重或三重壕沟。

　　在无穷无尽的大型化意志的引领下，统治阶层着手建造稳定的、坚固的巨大古坟，这时，古坟与埋葬在里面的国王个人之间的关系得到了重新审视。试想一下，为埋葬一个人，国家动员了成千上万的劳力，花费数月或数年，建造一个巨大的坟墓，这是有悖于常理的。这种有悖于常理的工程持续了两百多年，而且工程的规模不断地扩大。被埋葬在坟墓里的国王与普通人截然不同，也就是说，我们可以认为，国王是作为一个超脱于常理的人而被埋葬的。那么，埋葬在巨大古坟里的国王究竟是什么人呢？

· · ·

　　使用了大量沙土和石料堆积而成的、巨大的前方后圆坟完工后，死去的国王就会被埋葬在里面。葬礼是将巨大的坟墓与去世的国王结合在一起的仪式。死者在众人的目送下被埋进"后圆"部分的中心，也即坟丘的中心。经由埋葬仪式，众人确认了死者与坟墓合为一体的事实。巨大的坟丘就是死者，而死者之伟大又以坟丘为象征，两者的关系由此确立。这既可以说是伟大的共同幻想，也可以说是观念上的妄想。但是，4世纪和5世纪的大和国统治阶层，从这种共同幻想中寻求统治的根据，为了将它变为现实，动用自身最大限度的统治能力，推进了建造古坟的国家工程。其统治下的民众也都完全接受了这种共同幻想和国家工程。巨大坟丘与国王合为一体的观念十分抽象，可以说这种共同幻想极大地支配了不断走向统一的古代大和国。

普通的死者只会被埋葬在长 2 米、宽 1 米左右的坟墓里，而一国的统治者却埋葬在花费数月或数年才能建造成的、长达数百米的巨大坟丘里。埋葬在坟丘里的死者不是普通的人，毫无疑问，巨大坟丘是让人们实际体会到这一点的建筑，其建造过程本身就是一种仪式。将死者升华的共同体的精神，从其凝聚而持久的特征来说，可以说是一种神格化的力量。自远古以来，日本人就从各式各样的物质或现象中感受到神力，他们将各式各样的、耳闻目睹的东西或现象称作神。对古坟时代的人们来说，埋葬在巨大古坟中的国王与神的名号非常吻合。

日本的神，无论在内容上还是形式上，都不属于一神教的神。绝对唯一的神统治整个世界的思维是不适用的。只要满足了一定的条件，任何事物，都可以成为神。此前我们所说的三内丸山六根柱子的建筑物、火焰陶器、土偶、铜铎等，都可以说是与神有关系的事物，而且根据视角的不同，它们有时也可以被当作神本身。但是，如果我们随随便便地将它们与神联系在一起的话，令人瞩目的事物中所蕴含的精神，反而会变得含糊不清，因此，我们刻意地避开了认为它们与神有关的叙述方式。

然而，彰显死者功绩的巨大古坟的建造和葬礼，其中呈现出的神的形象与此前我们所说的与遗址、遗物相关的神的形象截然不同。从中我们可以看出合乎神格化这一名称的形象。

毋庸赘言，巨大古坟更加大型，其形状固定下来而局部变得精致，古坟周围挖有二三重壕沟，其周边还建造有若干个陪冢，各地修建有大小各不相同的同类型坡度缓缓延伸的古坟——这些古坟修筑过程中的细节都非常符合将巨大古坟中死者神格化的条件。

从"前方"部分的最上方至"后圆"部分的最上方，还立着许多埴轮*。这些埴轮以圆筒埴轮为主，还有盾形和箭袋形状的器物埴轮、房屋形状的埴轮、人物和动物形象的埴轮等。它们都是祭祀死去国王的祭器，既表示埋葬国王的小丘乃特殊之地，也表示守护死去的国王，甚至还有象征奉献给国王之物的含义。现在，我们只能够在博物馆里看到集中展示的一些完整保存下来的圆筒埴轮、形象埴轮等，却无法看到许多埴轮排列在一起长达数百米的景象。排列得很长的埴轮行列，无论从远处望去，还是近距离观察，它们所具有的威严和壮丽都会让我们肃然起敬。据说，最初埴轮是面朝内排列的，后来改为面朝外排列了。不管是面朝内还是面朝外，它们使这个地方充满了威严的神圣性的作用是不变的。

而且，埴轮环绕的"后圆"的中心部分有洞穴，里面放置了死者的木棺或石棺，棺椁内外还埋有与死者相关的各式各样的随葬品。在古坟时代前期，这些埋葬品多为铜镜、剑、管玉、勾玉等颇具巫术意味的宗教物品；在古坟时代中期，埋葬品多为铁制武器、铠甲、马鞍等。这表明国王由祭祀性的统治者向武装性的统治者转变。不过，由于洞穴内部一般不为人们所见，因此，这并不是统治者意志的明确表达，而是统治者身边的人所表达的对死者的个人想法，可能是他们选择了这些埋葬品。当然，国王身边的人有可能是统治阶层的重要成员，或者在统治阶层周边活动的侍从，因此，尽管我们说那是个人的想法，但这个想法是牢固地建立在统治意识基础之上的。

---

* 埴轮，日本古坟顶部和坟丘四周排列的陶器。——编者注

埴轮，形象为巫女

　　国王的遗体与埋葬品一道被放入"后圆"部的洞穴里，小小的遗体与巨大的坟丘在空间上合为一体，但这并非将死者神格化这一行为的结束。在遗体埋入地下之后，或者以埋葬行为为核心，人们会举行葬礼。这个仪式可以说是人们给花费了几个月甚至几年的坟丘建造工程画龙点睛的行为。死去的国王至高无上的伟大被凝聚在这座坟丘里，向人们华丽而严肃地展现其威严。

　　这个仪式同时也是展示国家统治的仪式，是统治阶级向被统治阶级展现其意志的极为重要的国家仪式之一。它必须向人们展现出，死去国王的伟大；既是国王个人的伟大，也是国家的伟大。如果仪式仅仅停留在展现国王个人的伟大的层面上，那么随着国王的死去，其伟大也会消失。然而，古代专制统治下的国王是代代延续的，巨大的古坟并不是为了证明其伟大的消失而修建的。当国王死去时，由坟丘空间的巨大和时间的延续性来象征其伟大的同时，还必须展现出国家之伟大。这就是自古坟建造开始至葬礼结束，甚至在结束之后都一直贯彻着的大和国的统治意志。

但是，不管国王多么伟大，其形象如何被神圣化，死亡依旧会来临。死去的肉体不会重生，人们也无法使其重生。身心合一的个人的一生，因死亡而终结。个人体现出的神圣的威信要如何超越死亡，转移到国家的威信上来呢？

葬礼可以说是将死者神格化的一项活动，同时，它又是将死者神圣化的威信转移到国家层面的威信上来的一个过程。在坟丘最上方整齐排列的埴轮，将葬礼场所神圣化了，它们在将死者个人神圣化的同时，将在这个场所举行的转移国家威信的仪式也神圣化了。

由死去的国王转移威信，人们耳闻目睹的形式即是继任的国王继承死去国王的王权。通过对刚刚亡故的国王威信的继承，后任的国王才能够成为国家最高权力的拥有者。这就是葬礼中所蕴含的王权继承的结构。而且这个结构中最关键的地方在于，后任的国王是作为葬礼仪式的主持者出现的。

日本自古以来的信仰认为神灵是可以附在物体或人身上的。当神附在物上时，被附着之物称为"依代"；当神附在人身上时，被附着的人称为"凭坐"。可以这么说，绳文时代的土偶和弥生时代的铜铎都是在这个信仰的影响下，被广泛运用且被制度化了的"依代"。《魏志》中，卑弥呼被认为"事鬼道，能惑众"，她可以说是被神灵附身的"凭坐"般的人物，她由各国首领选举出来，被立为女王。神灵附体既是一个小共同体中的小现象，也是一个大国共同体中的大现象，为人们所信仰、所追求。

当继任的国王作为死去的国王葬礼上的主持者出现时，人们期待被祭祀的、神圣化的死者的神灵，会降临到主持者身上。自古以来，人们所相信的会附在物或人身上的神灵，是暧昧模糊、难以捉摸的对象，而被神灵附着的"依代""凭坐"则截然不同，能够真切地出现在人们的眼前。神圣化的前国王的神灵，如果与当前的国王化为一体，人们就能很容易想象它的存在。而且，人们也很容易相信，这个神灵是由前任国王转移到现任国王身上的。现任国王威仪堂堂，被人群簇拥着，作为仪式主持者出现在威严、壮丽的仪式现场，这为人们形成上述印象发挥了重要的作用，这是毋庸赘言的。

由此，国家的威信并没有因集威信于一身的国王之死而消失殆尽，而是为后代国王所继承。国王个人代表国家，是国家的体现和象征，这种专制制度下的大和国，因此避开了国王之死所带来的巨大矛盾，避免了国家的危机。巨大古坟的建造表达了统治阶层试图克服这种矛盾及国家危机的强烈意志。国王的陵墓变得更加巨大，形式相同的前方后圆坟在各地的扩散，表明了克服危机的过程同时也是国家权力和权威不断扩大和深化的过程。

建造坟墓和举行葬礼仪式来避免国王之死带来的国家统治的中断，这种方法定型下来以后，也由此产生了在国王生前建造坟墓的想法。寿陵就是一个例子。《日本书纪》"仁德纪"中有这样的记录：

六十七年冬十月，庚辰朔甲申，幸河内石津原，定陵地。丁酉，始筑陵。

（"岩波日本古典文学大系"《日本书纪　上》，第 414 页）

这则记录讲述了，仁德天皇在 67 岁那年冬天，10 月 5 日，前往河内石津原，选定了坟墓的地点，10 月 18 日，开始坟墓的建造工程。"仁德纪"在多大程度上反映了史实，还需要我们打个大问号，但国王在生前就开始建造坟墓这个事实应该是不可否认的。同样，在"仁德纪"中还提到，仁德天皇于 87 岁时去世。因此，他产生建造寿陵的想法的时间，应当在其去世前 19 年。这是因为天皇本人想在王权转移中发挥自己的主导权而提前做好了准备，还是因为国家统治稳定，建造坟墓和葬礼仪式在政治上的意义变得不那么重要了呢？

不管出于什么原因，4 世纪末至 5 世纪初，大和地区以及河内地区的前方后圆坟向大型化方向发展，但进入 6 世纪，却开始小型化了。这种倾向遍及全国，地方上的古坟的规模也缩小了很多。将强烈的统治阶层意志寄托于古坟、以古坟来表达国家威信的时代就此结束。

古坟规模的缩小同时发生了一个变化，此前一直是竖穴式的坟墓石屋变成了横穴式的。当石屋变成横穴式后，从坟丘侧面通往内部的隧道状的道路（"羡道"）开始出现，因此，往坟墓里添加棺椁也就变得可能。实际上，横穴式的石屋里埋葬着若干具骸骨，它不是一个人的坟墓，而是一个家庭的坟墓。至此，为了彰显居于万人之上的国王之威信的坟丘发生了质的变化。象征着国家共同体威信的巨大古坟开始向象征着血缘共同体关系的家庭式的坟墓方向发展。

在横穴式的石屋中还可以看到许多细节，如石与石之间整齐的接缝，打磨得十分平整的石头表面等。此外，还可以看到石头上涂着颜色、画着图画或纹样等。这些非常细致的做法从外面是看不到的，它表明死者与埋葬者之间的关系非常亲密。由此，我们也可以看出，坟墓的建造及葬礼的仪式并不是对外的、公开的，而成了内部的、私密的行为。

古坟时代，巨大古坟是国家威信的象征，当这种共同的幻想破灭时，这个时代便宣告结束。古坟时代后期的 6 世纪，虽然人们还在建造小规模的古坟，但进入 7 世纪后，前方后圆坟就不再出现，此后，大型古坟也不再被建造出来。

当然，这并不意味着大和国的消亡，也不意味着王权继承的消失。大和国虽然矛盾重重，但俨然存在，王权和统治阶层在内政和外交方面都发挥着其统治作用。古坟之所以消失，是因为统治阶层不再将其统治意志倾注于古坟的建造方面了。巨大古坟实际上已经失去了政治上的意义。建造古坟成为政治统治一大支柱的时代已经结束。此后，随着统治结构的扩大和深化，统治权力拥有者试图从其他行为、事业和象征中寻求支柱，以维持并强化他们的权力。

第五章

佛教的传播

——

灵魂信仰与佛像崇拜

　　见濑丸山古坟（位于奈良县橿原市）是最后一座大型前方后圆古坟。在建造这座古坟的同一时期，百济的圣明王向日本的钦明天皇传播佛教。《元兴寺缘起》中认为这一年是 538 年，而在《日本书纪》中则为 552 年。佛教是这样传入日本宫廷的。据说，圣明王送来佛像、佛具和佛典。

　　外来的新宗教在大和朝廷得到接受的过程并不顺利。钦明天皇向贵族们询问是否应该接受新宗教，而在贵族们之间形成尖锐对立的两派，一派主张接受，一派主张排斥。根据《日本书纪》的记载，认为应该接受的"崇佛派"的首领是苏我稻目，而与此相对立的"排佛派"的首领则是物部尾舆。

　　毫无疑问，他们之间的对立并不是宗教思想上的对立。贵族与贵族之间的对立并不在于是否接受佛教的教化：除却烦恼，抵达悟的境地，自身生活在融通无碍的世界里，同时也引导他人进入清净无垢的世界。印度的佛典在中国被翻译成汉语，这些汉译经典经由朝鲜传入日本时，让日本人理解与日本自古以来的神灵观和生死观相异的佛教思想，并非一件容易的事。产生宗教思想上的对立的前提，是对立双方对于该宗教思想必须有一定的共通理解。大和的贵族们虽然通过与外来人的接触，多多少少理解了中国、朝鲜的文化，但他们无法通过阅读汉语的佛典来判断佛典是对是错。那么，崇佛派和排佛派是为了什么而对立起来的？我们把《日本书纪》（钦明十三年）中的一节翻译成现代文：

> 钦明天皇面对群臣，一一问道："由西面的国家送来的佛像，其面孔匀整美丽。我从未见过如此佛像。是否应该供奉起来？"大臣*苏我稻目说道："在西面的国家，到处都供奉着佛像。唯独日本不供奉，这不大好吧？"大连**物部尾舆和连***中臣镰子说道："日本的大王至今都以祭祀诸国之神为业，现如今，如果供奉外国之神，会引起国神的愤怒。"天皇道："佛就赐给稻目家，让他们供奉吧。"大臣苏我稻目很高兴，跪受佛像，供奉在位于飞鸟的家里……不久，国内疫病流行，许多年轻人死去。死者逐渐增多，人们却无能为力。大连物部尾舆和连中臣镰子二人说道："由于你们没有听从我们此前的建议，出现了许多的死者。如果回到从前的状态的话，[事情]就会遂心如意。赶紧把佛像扔掉，祈福吧。"天皇说："就这么做吧。"因此，官人们将佛像扔到难波的水渠里，而将寺院里的佛像一把火烧掉了。然而，在一个无风又无云的日子里，天皇居住的宫殿失火了。
>
> （"岩波日本古典文学大系"《日本书纪　下》，第102页）

《日本书纪》是720年编撰的，上述内容记录的是成书前一百

---

* "大臣"是大和朝廷中参与国政中枢的最高长官，和"大连"一起参与国政管理。——编者注
** "大连"是大和朝廷最高执政官。——译者注
*** "连"是大和政权赐予最有势力氏族"伴造系"的一个姓。——译者注

多年实际发生的事情。这是以传说为基础编撰的完整的故事，我们很难将它看作事实。

　　但是，崇佛派与排佛派之间的对立在于是否供奉外国之神，也就是佛，这在佛教刚刚传入的时期是极有可能发生的。与日本自古以来供奉自然神、祖先神的信仰相反，供奉佛（佛像）很显然是不同性质的信仰。宫廷中的绝大多数人应该都觉察到了二者之间的区别。在此基础上，是否供奉外国的神就成为关键。苏我稻目主张应该供奉，而物部尾舆和中臣镰子则主张不应该供奉。

　　在事情的发展过程中有一点显得很不自然，崇佛派和排佛派的对立是在觉察到佛教的特殊性之后立刻发生的。当与旧的神灵信仰不同的信仰传来时，人们没有深入探寻其间的差别究竟为何，立刻就分为崇佛派和排佛派，这是极不自然的。考虑到两派的对立是在统治阶层的中心也即宫廷中发生的，"是否供奉佛"表面上是宗教性质的对立，实则是宫廷内部已经存在的政治上的对立。开明的苏我家族采取了供奉外来神的立场，而保守的物部家族和中臣家族则站在了传统的供奉国神的立场上。由此，掺入宗教意味的政治上的对立格局浮出水面。

　　对立的两派此后的行为给人留下更强烈的充满政治色彩的印象。当疫病传播时，物部尾舆和中臣镰子认为疫病流行的原因在于供奉佛，他们将佛像扔到难波的水渠里，将寺院里的佛像一烧了之。于是，报应出现，天皇的宫殿失火。在当时，凡出现灾祸，就被认为是国神作祟，而疾病则被认为是佛作祟。根据《日本书纪》的记载，此后也不断发生灾祸和疾病。每当出现这种情况，两派中的一派就会发起战争，终于，587 年，苏我马子得到厩户皇子（圣德太子）等人的帮助，消灭了物部守屋。两派之间的对立以崇佛派的胜利宣告结束。而且，588 年，苏我马子开始建造日本第一座真正的寺院——飞鸟寺（法兴寺）。此后，随着时间的流逝，佛教在日本社会里扎下根来。

在崇佛派和排佛派的政治对立中，虽然崇佛派凭借武力上的胜利宣告政治上的成功，但是，考虑到此后长时期的日本精神史中佛教的地位，我们必须承认 6 世纪佛教的传入在思想上和文化上的意义远远超过了其政治上的意义。对日本精神史来说，佛教的传播具有怎样的意义呢？我们必须对此加以追问。而且，在追问这个问题的同时，我们还必须考察佛教与佛教传入日本之前日本的固有信仰之间的差别。

·

如前所述，百济的使者携带佛像、佛具和佛典来到日本时，绝大多数宫廷中的人员都隐约感觉到自古以来的固有信仰与佛教之间的差异。钦明天皇与群臣面对佛像时的对话就很好地说明了这一点。天皇这样询问道："送来的佛像，其面孔匀整美丽。我从未见过如此佛像。是否应该供奉起来？"崇佛派的苏我稻目回答说，西方邻国供奉的东西，我们也要供奉；而排佛派的物部尾舆和中臣镰子则回答说，"如果供奉外国之神，会引起国神的愤怒。"供奉金光闪闪的佛像的做法与此前的信仰无法自然而然地对接，对他们来说这是一种具有不协调感的信仰，因此他们必须讨论究竟要不要接受它。

回顾我们此前提及的原始时期和古代的、各式各样的宗教意识和审美意识，我们很难找到类似于供奉并祭拜匀整、美丽佛像的信仰。无论是三内丸山的六根柱子建筑物中蕴含着的共同体意识，还是融入火焰陶器纹样中的与火相关经验的本质，或者是在变形的土偶里寄托的个人祈愿，又或者是放置铜铎的村落里的共同祭祀，甚至是彰显了国家最高权力拥有者的神圣威力并由后任者继承此威力的巨大古坟及其相关仪式，都很难与祭拜有着不变的安详目光的镀金铜质佛像联系在一起。在将人的形象作为供奉和祭拜的对象这一点上，我们虽然可以在土偶和佛像之间找到共通之处，但是，在制作和使用土偶时，人们只是将它们当作便利的工艺品，几乎不关注其美丑。即便是较为罕见的、造型匀整的著名土偶，也都经过了巨大的变形，它与模仿人却又追求超越人的形象的高贵美丽的佛像，是无法相提并论的。制作具有安详表情的镀金铜制人形塑像，将其作为崇拜的对象，还要将它放置于宏伟的建筑物中来崇拜，这种信仰是日本人从未体验过的。

要想从人的精神深处把握佛教带来的新鲜感和不协调感，我们必须深入古代人的内心深处去考察日本固有信仰的模式。

古代人的信仰对象被人们广泛地命名为"神"。对古代人来说，什么是"神"？本居宣长在《古事记传》中对"神"是这样定义的：

提起何为神，人们首先会说到古代文献中出现的天界和地界中各式各样的神，神社中祭祀的御灵也是神。此外，人也是如此。鸟、兽、木、草、海、山等等，无论什么东西，只要它具有不平常的特殊的威力，给人以恐惧感，就是神。（所谓特殊，并非特指在尊贵、善良、建立功绩等好的方面是特殊的，

邪恶的东西、令人不明真相的东西、不寻常的令人感觉逼仄的
东西也被称作神……)

（大野晋、大久保正编集校订《本居宣长全集 第 9 卷》，
筑摩书房，第 125 页）

对古代日本人来说，无论是善良的东西，还是邪恶的东西，只
要是具有特殊的威力、使人产生敬畏感的东西，就是"神"。实际
上，在《古事记》中，不论是山川草木、动物还是人类，当他们发
挥特殊威力时，就被称作神。繁复多样的神存在于天地间的四面八
方，这种多神教的世界，甚至可以说是泛神教的世界，就是古代人
生活中的信仰世界。耸立在奈良盆地东方的三轮山，不论是晴天还
是雨天，其美丽的身姿一直都在那里，如果人们感到它很特殊的话，
那么，对感受到它的大和国的人们来说，三轮山就是神。同样，北
九州玄界滩的冲之岛在暴风雨和波涛的冲击下一直保持原状，如果
人们为此感到惊异，那么，对感知到它的沿岸地区的人们来说，冲
之岛就是神。高山、岛屿、森林、丘陵、巨石、大树、河流、湖泊、
水池、太阳、月亮……只要人们对它们抱有尊崇的想法，那么，它
们就是神。

然而，如果让神与人关联起来的是不同寻常的特殊威力，那么
神与人的关系就难以用"神在彼方，人在此处"这一结构来概括。
无论是善良的还是邪恶的，特殊的威力都会波及人的生活和世界，
人们必须应对它。如果是善良的威力，人们祈愿其发挥力量，而如
果是邪恶的威力，人们则祈愿这个力量不会波及自身。带着这种愿
望与神的交流，就是供奉神。具体来说，这种行为就是清扫周边，

奉上供品，奏起音乐，双手合十，俯首礼拜。由这些行为来引出或镇定神的威力就是供奉神。

自古以来人们就用"振魂"和"镇魂"的说法来表达在精神层面与神进行交流的情况。到了更晚一些的时候，"振魂"或"镇魂"成为专指触动或镇定人的灵魂的行为。实际上，人们一直认为，无论在人类社会还是自然界，使有威力的神发挥力量就是"振魂"，抑制其威力就是"镇魂"。古代人将神具有的非凡威力称作"魂"，当人面对善良之魂，要使其发挥力量，面对邪恶之魂，要极力安抚它以封闭其力量。"神"是有形的存在（本居宣长认为，神是"体言"，即有形的东西），与此相对，"魂"指的是像无形的灵气一样的东西，它存在于神的内部，也出现于神的外部。

感知或试图感知像灵气一样的魂的力量的行为，构成了古代人信仰生活的基础。供奉神与试图感知神溢出的灵之力量的行为，是没有区别的。益田胜实认为，《播磨国风土记》里有关地名的故事中，饭盛嵩"是因为大汝命*把自己的饭盛成那个样子，所以叫饭盛嵩"，而糠冈"是因为大汝命让村民舂米时，飞散的米糠形成了这座山岗，所以叫糠冈"。他这样说道：

> 他们［古代播磨人］在**日常**生活里，来到野外，仰望到的是树林茂密的高山，而非其他。但是，在举办**节日**庆典的庭院里，人们眼中的山成了诸神登场的舞台和使用道具的场所。当人们在庭院中的篝火旁，眺望明月升起的夜空中浮现的群山剪

---

* 　大汝命，大国主神的别称之一。——编者注

影时，远处的群山成为大汝命捏的饭团，而近处的山岗是大汝命春米后的米糠堆积而成的。所谓幻视，是在举办**节日**庆典的庭院中，人心中的神秘产生的景象，正因如此，这与人们**日常**看到的景象以及基于生活体验得到的认知不会产生抵触。从时间上来说，那是属于夜晚时分的。

　　……

　　举办活动的庭院必定成为诸神的世界。人们一旦身处举办节日庆典的庭院里，一切都会发生变化。在掌握咒术的人看来，从一切物质、一切事情中都可以察觉到灵力的存在。

（《火山列岛的思想》，筑摩书房，第 28—30 页）

　　对古代人来说，节日（举办活动的日子）与日常（工作日）、夜晚和白天，是否泾渭分明，还是存有疑问的。但是，在举办庆典的节日的夜晚，人们充分感觉到神灵的力量，因此眼前浮现出神秘的景象，这是人们的真实体验。这是因为，举办庆典的庭院具有某种紧张和高涨的气氛，促使人们的身心处于能观看到神圣景象的状态之中，夜晚的黑暗缩小了人们的视野，这反而磨炼了人们对灵力的感知能力。在紧张感和放松感同时存在的庆典之夜，远处的群山成为神捏的"饭团"，近处的山岗则成为神"春米后的米糠堆积而成的"山岗。就这样，灵力带来了人们的幻视。在举办庆典的夜晚，神具有的非凡威力变成"魂"，四处飘荡，遇到人、碰到物后，便产生了神圣的景象。这就是灵的世界。

　　这种与灵之间的交流以及神圣景象的出现，在日常生活的世界中是无法长时间持续的。神捏的饭团变回树林茂密的群山，米糠堆积的景象则变回现实中的山岗。但是，与灵进行交流的体验和神圣景象的幻视，在人们回到日常生活的世界之后，依然残留在人们的记忆之中。因为这是人们共同拥有的特殊体验和特殊景象，而且记忆中举办庆典的夜晚，是与日常生活截然不同的、充满灵气的世界。相反，进行劳作的日常的白天，则被人们认为是灵气稀薄的世界。

人们身心状态不同时，也可以感知到这样的差别。人们在举办庆典的夜晚的庭院，处于一种身心极易感受灵气的状态，而在一心一意投入工作的日常生活的世界则处于难以感受灵气的状态。某个场所充满了灵气的话，人的身心就会敏感地感受到它，而灵气稀薄时，身心对灵气的感受也变得迟钝。这种关系是存在的，反过来也是一样。当身心灵气高涨时，周围就充满了灵气，而当身心处于难以感受灵力的状态时，周围的灵气就会变稀薄。

每当人们从节日的世界转向日常生活的世界，或者从日常生活的世界转向节日的世界时，灵气的浓淡、灵力的强弱以及身心感受灵气能力的强弱等，都会被人们有意识或无意识地体验到。在反复获得这种体验时，人们还获得了这样一种认知，即灵气并非一成不变地充满世界，而是起伏多变、有涨有消的。与此同时，人们还认识到，身心感受灵气的能力也会随着时间、场所的不同，而产生较大的差异。

如果我们将灵气充斥世界以及身心或多或少地感受灵气的状况，称作灵的存在论的话，那么，这个存在论是紧随季节变化，与自然节奏深深契合的。从秋天入冬时，落叶林里的树木掉光叶子变成枯树，天气越来越寒冷，动物和人的活动减少，这与灵气衰弱和人的身心状态相吻合；当春季来临，树木发芽，满眼绿色，天气变暖，鸟鸣蝶舞，这与灵气充斥的状态相重合。对与大自然共同生活的古代人来说，他们极其自然地接受了灵气因时节不同而产生的或浓或淡的变化。

"振魂"和"镇魂"的"魂"是存在于大自然中的、人们的身心能够感受到的一种东西。如果说"神"如本居宣长所说是体言的话，那么，"魂"就是不定形的灵威或灵气——与其说它是为人们所见的东西，不如说它是由人们的身心感受到的一种东西。而且，它存在于自然界和人类社会里繁杂共生的、各式各样的神之中，当时涨时消的灵威被人们的意识变成某种对象时，古代社会中人们共同拥有的宗教精神，就会变得格外稳定。在人们举办庆典的地方，当人们献上供品，双手合十，俯首礼拜，载歌载舞时，他们相信，彼此都感受到了同一种灵威和灵气。即便是在灵力稀薄的日常生活中，人与灵的交流非常不明显，但人们相信这种交流是存在的。

精灵（魂）的存在既深远又广阔，虽然它时涨时消，但绝不可能归于无，只要人们调整呼吸，尽力去感受其威力的话，他们的共同意识中就会有与灵交流的感受。这就是构成古代人精灵信仰的情感基础。由于人眼看不到精灵（魂），精灵（魂）反倒无处不在，或强或弱地为人们所感知。

但是，当小共同体之间发生接触，产生交流并且相互结合之后，共同体的规模变大。此时，由于各个小共同体拥有的生活经验并不相同，大共同体中不是所有人都同样感受到了人眼看不到的精灵（魂）。这时，人们要去寻求超越感受的、人眼能看到的标准。比如说，人们砍倒曾被作为神来祭祀的大树，将它立在庭院里供奉。如果这么做比较困难的话，人们会立起其他的东西来替代大树。例如，搬一块大石头放置在庭院里，或者放置一块抛光的玉，或者放置一面闪闪发光的镀金铜镜。灵会附着在大树、石头、玉石以及镜子上面。

如上一章所述，人们将这种灵附着其上的东西称作依代。最重要的是，依代并非构成信仰核心的本体。当小共同体结合在一起，形成一个大共同体时，人们都相信时涨时消的、人眼看不到的灵的存在。不过，人们对灵的感受方式以及与灵相互感应的方式，存在着各式各样的差异。但大共同体为了维持其作为共同体的整体性，必须将信仰统一起来。为此，必须供奉全体人员所相信的灵，以便统一人心。依代就是这个统一的象征。灵附着在依代之上。对此，人们深信不疑，从而讴歌、祭祀依代。如此一来，人们的心便凝聚在一起。为了增加凝聚力，依代必须以确切的形象出现在人们眼前，人们必须一起对它进行礼拜。

然而，象征毕竟是象征，它并不是信仰的本体。例如，在日本新年时，家家户户都会装饰门松作为迎接岁神的依代，但古往今来，门松并非信仰的本体。本体是掌管家庭安全、五谷丰登的岁神。岁神既无形，也无影，但它作为具有灵威的神，于新年之际造访各家各户，人们对此是确信无疑的，因此，门松作为依代就具有了意义。人们认为身心可以感受到的灵之流动是广泛存在的，在此信仰的基础上，当人们认为有必要清晰地确认信仰本体客观存在时，灵附着于物的信仰就形成了。

不定形的灵构成了日本自古以来信仰的本体，这是柳田国男在《祖先的故事》中屡次强调的。

　　此前，人们是这样看待日本人的祖先的……人死之后，过了一定的年限，此后便融入一种受人尊崇的灵体，它被叫作祖先大人或祖灵大人。这对主张神也有人格的今人来说，是难以理解的，也是常常为人们所质疑的。但是，我基本上可以证明，至少过去曾经有过那样的事实。首先，在同族的本家，即一族的中心，每年举行的祭祖活动就是一个例子。如果有人问，你家的祖先是谁？很多情况下，祭祀者本人都无法回答。

　　　　　　　　　（《定本柳田国男集　第十卷》，筑摩书房，第45页）

　　人们认为，过了一定的年月之后，祖灵会舍弃个性，融为一体。

　　　　　　　　　　　　　　　　　　　　（同上，第95页）

　　我们并不清楚"主张神也有人格的今人"具体是指哪个或哪些人。但在近代日本的宗教思想中，这种想法已成为主流。柳田国男认为，日本固有的祖先崇拜站在与此相反的方向上。经过了一定的年月之后，有名有姓、面貌清晰、个性和人格鲜明的祖先，失去了姓名和样貌，也失去了个性和人格，融入一种叫作祖灵的灵体，这时死者就成为适合祭祀的祖先大人或祖灵大人。这是柳田国男认为的日本自古以来就有的祖先崇拜的形式。与此同时，柳田国男还这样强调道：

　　我在这本书 [《祖先的故事》] 中努力想要说明的一个问题是，日本人对于死后的观念，即灵永远滞留在这方土地上而不

去远方的信仰，恐怕自原始社会起，至少到今天为止，都一直
根深蒂固地存在着。

（出处同上，第 42 页）

柳田国男认为，随着时间的流逝，死去的祖先的灵魂融入一种
被称为祖灵的灵体，且这个灵魂或灵体并没有前往遥远的他乡——
比如相隔十万亿佛土的极乐净土——而是停留在子子孙孙生活的乡
土附近。他认为这才是构成日本自古以来祖先崇拜的基础。

《祖先的故事》出版于 1946 年，而在此前一年，即太平洋战争
末期。走向战争失败的日本，正处于荒废、凋敝、危机的状态，这
本书试图从自古以来的祖先崇拜信仰中寻找某种精神上的凭依，是
一部忧国忧民之作。因此，书中叙述的虽然都是关于祖灵的问题，
但其中提出的祖灵的特征却超越祖灵的范围，反映出自古以来的、
普遍的灵魂信仰乃至灵魂观。此前，我们一直反复提到，古代人所
信仰的灵时涨时消，是一个流动体，与其说它是一种人眼看到的东
西，不如说是一种身心感受到的东西。随着时间的流逝，它融入一
个大灵体，无论何时都流连在人身边的祖灵，与古代人认为灵可飘
浮于世界，可附着于自然现象、动植物、人类，亦可游离于他们的
普遍认知的想法完美契合。

下面，我们再引用一个类似的观点。宗教学家山折哲雄曾就古
代人信仰中神与灵（魂）的紧密关系进行过以下论述。从这个叙述
中我们可以了解到这样一种观点，即不仅仅是祖先，所有的神都会
融入一个灵体。

实际上，我国原始神道中的诸神作为人眼看不到的祖灵或精灵游走于空间之中，而且人们曾经意识到它们是附着于山间、森林、树木的灵体。《古事记》和《日本书纪》的神话中出现的原始诸神中并非没有造化神和自然神，但是，占绝大多数的是祖灵和神灵，它们被视为与祖神、族神一样的神。不仅如此，记纪［《古事记》和《日本书纪》］神话中还常常出现"国魂之神""生魂之神"等，由这些神名我们可以知道，"神"同时又是"魂"，这一点值得注意。这些作为神灵和祖灵的"神"可以被无限地分割，不受空间限制，可以回应请神之人的祈愿和意向，并坐镇于特定的事物或场所。

（《岩波讲座　东洋思想 15　日本思想 1》，第 10 页）

当山折哲雄说到神的时候，尽管没有明说，他似乎认为它具有人或物的轮廓。但如果我们设想这样一种状态，即轮廓消失，也就是神融入灵的流动的状态，那么我们可以认为，这就是古代人灵（魂）信仰中最基本的东西。能够感受到这种灵的存在，或试图感受到它的存在，这对古代人来说就是对灵的信仰。无论是在铜铎面前祈求水稻的丰收和共同体的安全，还是面对巨大古坟参加王权的继承仪式，人们都感受到了充斥其间的灵威。

· ·

6 世纪中叶，佛像、佛具和佛典传入日本，出现在拥有着灵（魂）信仰的人们面前。外来物中最使人们震惊和迷茫的是佛像。

日本自古以来，在以灵（魂）信仰为基础的信仰中，礼拜人形的塑像等，是一种延绵不断的宗教形式。以无形的、人眼看不见的、只能感受的灵（魂）为本体的信仰，与以匀整、美丽的镀金铜像为本体的信仰，既有相似又有不同。钦明天皇问群臣"是否应该供奉"是理所应当的，因为国王本人对于突然出现在面前的佛像，感到惊讶和迷茫。

如前所述，在灵（魂）信仰中，作为附着灵的依代，人们运用了大树、石头、玉石和镜子，但人们从来没有使用过人像作为依代。而且，与依代不同，人们将灵附着于人的情况称作凭坐，但成为凭坐的大多是童子或童女，已经开悟了的人及其塑像是不会成为凭坐的。说到与宗教多多少少有点关联的人形塑像，我们可以举出古代的土偶和埴轮。但正如前面所说的那样，极具象征性的、带有符号性质的土偶和具有朴素稚拙气质的埴轮，与佛像的趣味是截然不同的。

实际上，在佛教传入之前，无论塑像是否具有宗教性，人们从来都没有制作、礼拜过与实际生活中的人同等大小的塑像，这对常常能够在寺院、美术馆以及公共场所看到佛像、人物塑像的我们来说是难以想象的。就在这个时候，脸部匀整、散发出光芒、反映了实际生活中人的形象的镀金铜像传入日本。我们不难想象，以国王为首的大和朝廷里的当权者们，在佛像面前瞠目结舌。钦明天皇说"由西面的国家送来的佛像，其面孔匀整美丽。我从未见过如此佛像"，应该代表了在场所有的当权者的共同想法。

面部匀整、仪表堂堂的佛像并不是身上附着了灵气之后，被神圣化的一个形象。佛像本身就已经是一种高贵、美丽的存在。佛像并不是因灵气附体而变得神圣的，而是本来就具有灵气，是一个神圣之物。佛像立在那里，是灵气自然形成的形象。面对佛像的当权者惊叹道："从未见过如此佛像。"从这一言谈我们可以看出，以灵为本体的信仰，因兼具美丽和崇高的佛像而产生动摇，人们的疑惑可想而知。佛像从大海彼岸来到日本，这并不是说给灵气附着的依代乃至凭坐增添了一种新的样式，而是一个给人们的信仰方式带来巨大变化的事件。"是否应该（将佛像）供奉起来"的询问是在政治权力发生斗争的时候提出来的，在以武力解决权力斗争的情况下，这个询问最终会有个结果。不管在场的当权者是否意识到，这个询问已触及古代日本人宗教意识的核心。

我们已经无法确认百济的圣明王赠送的佛像究竟是哪一座，但是，如果我们研究此后日本飞鸟时期和白凤时期的佛像的变化，我们可以推测，佛像传入日本后，给日本人的宗教意识带来了巨大的冲击。

法隆寺大宝藏院中收藏的几尊飞鸟时期的佛像，其腹部突出，呈现出稚拙的形象，令人感觉到它是模仿其他塑像制作的，给人以类型化的感觉。但是，法隆寺的百济观音像、中宫寺的半跏思惟像（菩萨半跏像）以及广隆寺的半跏思惟像就摆脱了类型化，以安详而平稳的姿态站立（百济观音像）或端坐（半跏思惟像）。时间再往后一点，药师寺东院堂的圣观音像和金堂药师三尊像，依然带有平稳的安定感，且佛像具有仪表堂堂的威严感。尤其是金堂药师三尊像，是佛教传入日本一百多年后，制作者和礼拜者的愿望寄托在佛像身上的最完美的体现。

上面列举的塑像都是人的形象，但它们表现的不是一般的人。

金堂药师三尊像
（小川晴旸摄于 1942 年）

这些塑像并不像是按照一个人站在（或坐在）身边的样子而制作的。法隆寺的百济观音像为直立像，右臂从手肘处开始向前伸出，呈直角形；左臂向前方略略倾斜，食指和中指间夹着一个水瓶。无论从前方和后方看，还是从侧面看，观音像笔直地站立在那里，没有丝毫的松懈感。另一方面，坐在台子上的中宫寺的半跏思惟像，右腿弯曲，搭在左腿上，左手放在弯曲的右腿上，右手指尖轻轻地搭在脸颊上。一般情况下，这种形象只能从前方看得到，但人们看到的是整体都十分精细、无比安详的形象。药师寺的金堂药师三尊像，每一尊像都给人以稳定感，中央的坐像和左右两边略微修身的立像制造出广阔的空间感，有一种流动的跃动感，给人以祥和的印象。

左　百济观音像（法隆寺藏）
右　半跏思惟像，据说是如意轮
观音（小川晴旸摄，中宫寺藏）

当人们看到这些塑像，即便他们不了解佛教教义，也会从中感觉到它们是超越人类的人像。观看它们时，人们不禁俯首合十，这种情况并不稀奇。

表情安详、毫无松懈感的佛像可以说具有超越时代的特征。它给人以永远保持稳定、自足的感觉。人是不会永远生存下去的，很快就会面临死亡，走向死亡的人时时刻刻都在发生变化。人是运动、变化的，不会一直保持一种姿态。但是，稳定、自足的佛像，即便是我们一直观看，或者经过一段时间之后观看，都感觉不到它运动或运动过的痕迹。放置在那里的不变化、不运动的佛像让观看者浮想联翩，其形象超越时间，走向遥远的未来。对于这样暗示着永恒的佛像，用"超越了人类的人"来形容非常合适。

佛像呈人形，却又超越了人类。其之所以有这样的特征，主要原因在于其安详、自足的稳定性，以及不拘泥于细节的造型手法。前面我们列举的飞鸟佛像和白凤佛像，其脸部和手的制作之精妙最引人瞩目，不论哪一座佛像，它们的脸部和手上都看不出短暂的感情波动和内心的动摇。尽管如此，这些佛像给人的感觉也不是完全凝固的。我们从它们的脸上可以看到似乎是微笑的表情。它们的手指柔软、灵活，身体柔和、保持着匀称感。可以说，它们的形态呈现出人类站姿或坐姿的理想状态。

我们之所以能够感受到佛像是没有多余之处的匀称的理想形态，是因为它们身上有一种坚定的精神。这是这样一种精神——虽然对周边世界深切关注，但不拘泥于个别的事物，而是冷静、超脱地面对一切。无论一个人的人格多么优秀，在各式各样不同的场合下，其感情会发生波动，内心会发生变化，无法冷静、超脱地面对所有的事情，但是，当佛像以理想形象出现在他的眼前时，他可能会产生这样一种想法：在这里有一种遇万事都不动摇的坚定精神。这就是佛像被称为超越人的形象的原因所在。可以说，坚定的精神赋予了佛像崇高和美丽。上述稳定、自足形象的永恒性，以及我们刚刚谈及的坚定精神所赋予它的崇高、美丽，使得佛像既模仿人类，又超越了人类。

我们很难判定，6世纪中叶，佛像由百济传入日本之际，宫廷里的人们在多大程度上感受到它的永恒性、崇高和美丽。但是，在此后佛教传播的历史过程中，佛像作为超越人类的人像被雕塑出来并被接受，其形象正是证实这一点的证据。而且，佛像被制作并被人们接受的过程本身也是古代日本人的宗教意识发生巨大变化的过程。

如前所述，佛教传入之前，日本的固有信仰是以身心感受人眼看不见的或涨或消的灵为基础的。这种信仰形式与人们从眼前的佛像中看到永恒性、崇高和美丽，并面对佛像俯首合十的情况大不相同。

人们站在或坐在佛像前，便可观望其身姿和形象。当人们看到佛像稳定且自足的姿态、微笑的表情、柔软且优雅的手指的动作时，会认为其中蕴含着崇高、美丽的精神。这是通过观看而构成的一种关系。

在以感受为主体的灵（魂）信仰中，人们并不去观看信仰的对象。作为依代的大树、石头、玉石、镜子虽然是特殊的东西，但人们从其形状和姿态中并没有看到崇高，而是在神灵附着其上的意义上，认为它们是特殊的东西。而且，为了使神灵附着其上，人们必须通过共同的活动，采取各式各样的手段和方法。在这些手段和方法中，观看对象并不是重点，感受灵气才是最为重要的。从人们认为举办活动的夜晚才是人与灵交流最适宜的时候这一点来看，感受灵的存在，实际上是在不去观看对象或看不见对象的条件下进行的一种集体活动。

对生活在上述信仰世界中的人们来说，从正面观看佛像，从其姿态和形象中感受崇高和美丽的精神，并将自身的思想投射到佛像上，这样的信仰是难以接受的。水稻耕作技术、青铜器、铁器、印章、汉字、骑马术、儒教等传入日本之后，古代人充分了解到大陆文化、文物的先进和优越，尽管如此，人们还是难以消除对礼拜佛像的信仰的不适应。《日本书纪》"钦明天皇"条目中记述了佛教传入日本的来龙去脉："官人们将佛像扔到难波的水渠里，而将寺院里的佛像一把火烧掉了。"这一方面显示了政治对立的激烈程度，另一方面又说明了面对佛像、佛寺，当时的人们在宗教上的不适应是多么强烈。

不适应的根源在于，佛像是作为具有崇高精神的不动的形象被放置在人们面前的。由于佛像已经具有某种精神，所以神圣的灵就没有必要附着其上。佛像就在眼前，其本身已经具有了崇高、美丽的精神。人们清楚地看到佛像就在眼前。佛像是一个特殊存在，它具有明确的形象，与周围的世界截然不同。佛像就这样占据着信仰的中心。

如果说这样的佛像构成了信仰的本体的话，那么，流动的、飘浮的、人眼看不到的灵的信仰就不得不退居后台。从佛像的姿态和形象中看到崇高精神性的宗教意识，与身心同飘浮流动的灵相互感应的宗教意识，是不相容的。相比于认为佛像具有永恒性和崇高精神性的宗教意识，在人的身边时涨时消的灵，被迫失去影响力而走向消亡。针对迫使灵（魂）信仰退居后台的佛像崇拜，崇尚灵（魂）的一方所能够采取的反击方式就是扔掉佛像、烧毁佛寺。

然而，以自古以来的灵（魂）信仰为依据的排佛派，并没有彻底打倒崇佛派。毫无疑问，排佛派和崇佛派的权力斗争，不是通过宗教思想的强弱较量就能决出胜负的，武力才是决定性的手段。在6世纪后半叶的权力斗争中，崇佛派最终获得胜利，以物部守屋为首的排佛派被消灭。此后，崇拜佛像的信仰形式成为重要的宗教形态之一，一直活跃于日本的精神史之中。

虽然如此，苏我马子创建的日本最早的真正意义上的佛寺——飞鸟寺——却不是以佛像为中心的建筑物，而是以佛舍利（释迦牟尼的遗骸）塔为中心修建的寺院。进入中门之后，塔就在正前方，塔的左右和后方，修建了三座金堂，其周围还修有回廊。这是飞鸟寺的伽蓝*分布情况，被人们称作一塔三金堂形式。它是模仿6世纪高句丽的伽蓝结构修建的。修建飞鸟寺的主要工人和技师，有些是由百济的威德王派遣过来的，有些是东汉氏**统管的渡来系的成员，因此，朝鲜半岛的寺院形式被原封不动地搬到了飞鸟寺。

此后，随着时代从飞鸟向白凤、天平过渡，日本寺院的伽蓝结构从以塔为中心向以金堂为中心发生了变化。塔中放置的是佛舍利，而金堂中放置的是佛像，因此，可以说日本寺院由以佛舍利为中心向以佛像为中心发生了变化。佛像具有仪表堂堂的面貌，这种变化

---

* 伽蓝也被称为"僧伽蓝摩"，是僧众居住并进行佛道修行的清净场所，一般指寺院的建筑物。——编者注
** 东汉氏是日本古代渡来系的氏族之一，是东汉灵帝刘宏的后代。——编者注

极其符合宗教性和艺术性高度发展的过程。这种变化也可以说表现出崇拜佛像的信仰形式正一点一滴地渗透进人们的宗教生活。反过来，也可以说通过佛像的制作方法和佛寺修筑方式的变化和发展，佛教信仰正逐渐渗透到社会中去。

由于佛像被放置于壮丽的金堂之中，佛像"超越人类之人"的本质逐渐被强化了。如果说我们从佛像中已经能够看到永恒、崇高的精神性，那么，环抱佛像的建筑物就使得佛像身上的精神性更加稳固，更加有力量。金堂屋顶的瓦锃亮，柱子上红、绿、蓝的色彩耀眼，这些与建筑物里放置的佛像的神圣相辅相成，即便是从远处眺望金堂的人们，也会从中感受到这里是特殊的精神空间。佛像一旦被放入壮丽的金堂，就远离了飘浮、流动在人类社会和自然界的灵。人们居住的建筑物是用来避风雨、挡严寒、遮阳光的，正如房屋是用来庇护人的一样，金堂是保护放置其中的佛像的。即使是灵，也无法进入其中。于是，与灵（魂）信仰截然不同的另一种神圣空间便出现了。在渡来人领导下开始的修建寺庙、铸造佛像的事业，与日本人改变宗教意识是同时进行的。

佛的崇高精神性并非产生于飘浮的灵附着于佛身上之后。崇高的精神存在于稳定、自足的美丽佛像内部，由此向外部散发着光芒。置身于金堂的人之所以能够感受到崇高的气氛，并非由于接触到飘浮而来的灵，而是由于接触到佛身上散发出的神圣的威力。这种威力弥漫于整个金堂，更弥漫在为回廊所环绕的整个内部空间，使这里成为一个神圣的空间。但灵威是源于佛像的，这与自古以来的灵（魂）信仰有着明显的区别。神圣本源以"超越人类的人"的形象出现，采用的是人眼看得见的形式。如此一来，信仰佛教首先就必须

马形埴轮

《二月堂烧经》，以银泥书写的《华严经》。1667 年，东大寺二月堂失火，人们从废墟中找到了这卷经，虽然被烧毁了一部分，但其银色的笔迹散发出独特的美感

偈頌曰

普為三界一切眾　於諸法中為法王

具足無量眾妙色　悲眼十方無不照

佛身一切諸毛孔　普放光明不可量

映蔽一切日光明　遍照十方輝不起

如來大聖尊在世　光照一切諸法界

法身示現無崖際　來現一切眾生前

佛音清淨甚深時　普振十方諸世界

柔軟微妙和雅音　滅除眾生煩惱縛

十方三界諸宮殿　承眼悲現於彼眾

一一佛所無量眾　導師眾中為說法

法海無量无可盡　眾水隨順聞巷入

分別一切諸法眾　眾水便現門巷入

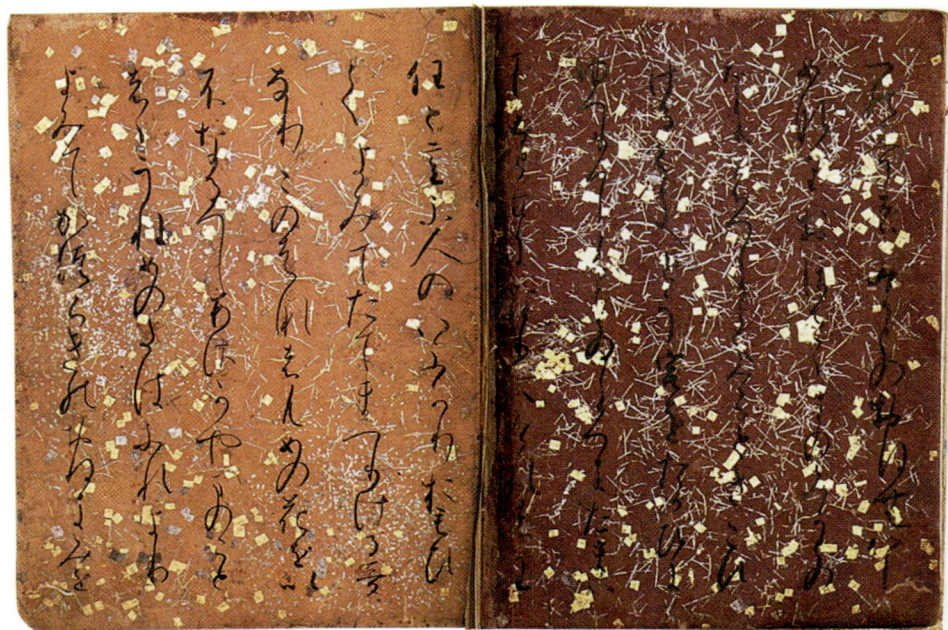

元永本《古今和歌集》（局部），平安时代末期的
古抄本，是假名书法的杰作，纸上饰有金箔、银
箔，十分华丽

《地狱草纸》中的一部分，用醒目的朱红色颜料描
绘了云火雾地狱

鉴真和尚坐像

重源上人坐像，与鉴真像并称于世，但两尊塑像给我们
的印象却形成鲜明的对比（东大寺藏）

描绘着《伊势物语》的屏风，江户时代作品

《伴大纳言绘词》的开头部分，呈现出富于动感的画面
（详见第十四章）

《信贵山缘起绘卷》局部（详见第十四章）

《信贵山缘起绘卷尼公之卷》局部，整幅绘卷弥漫着宁静的气息，上图是尼公在问路，下图是尼公旅途中的山与云（详见第十四章）

人们绘制了很多阿弥陀圣
众来迎图，这幅作品绘制
于 14 世纪晚期

面对佛像、崇敬佛像。佛像则必须具有值得崇敬的稳定性、自足性和崇高、美丽的精神。此外，佛像的崇高和美丽超越了本身，甚至影响到其周边的庄严环境以及建筑物的美丽造型，这便是现存的飞鸟美术、白凤美术中诸多杰作的典型。

. . .

　　然而，信仰佛教不仅仅是面对佛像、敬仰佛像。这只是与佛教相关的各式各样做法的一个侧面而已，有人甚至认为这不是佛教信仰的主要行为。有人认为，一字一句地认真阅读佛典，准确理解佛典之教义才是最重要的；也有人认为，发自内心的修行以达到悟的境地才是佛教之精髓。6—7世纪的日本佛教史中，我们看到人们集中精力建寺、造佛，留下许多优秀的作品，但很少能够看到他们在理解佛典、思索宗教、修行佛道等方面有令人瞩目的活动。过去，人们根据《日本书纪》《上宫圣德法王帝说》等叙述，认为圣德太子是飞鸟时代杰出的佛教思想家，但近年来，在圣德太子研究界，学者们明确指出，此前一直被认为是圣德太子所创作的《十七条宪法》和《三经义疏》，前者是后世的伪作，后者是来自中国的文献，圣德太子参与的佛教活动仅仅在于协助苏我马子打倒排佛派的物部守屋和修建四天王寺、法隆寺两个方面而已。对佛法的理解、研究以及佛道的实践要到8世纪以后才正式出现，而要说举得出名字的佛教研究和实践者，要等到9世纪初最澄和空海出现的时候。

　　对佛教的理解、研究和实践的时间之晚，并不是一件令人惊讶的事。6世纪和7世纪的时候，《古事记》《日本书纪》《万叶集》

都还没有出现，书籍也只有从中国传入日本的。佛教的人类观、世界观新鲜而复杂，汉译佛典十分深奥，戒律非常繁杂，这些宗教思想和宗教实践难以被人们理解是理所当然的。在那个时代，通过文字学习知识这件事本身才刚开始，深入探讨世事和人生的宗教思想和宗教实践是遥不可及的。

虽然当时的日本在理解、研究佛法和实践佛道方面没有值得一提的地方，在建造佛寺和佛像方面却大不相同。许多佛寺、佛像令人惊叹，其中蕴含的审美意识之卓越、造型技术之高超，经过了一千多年岁月的洗礼，至今仍具震撼力。在思想和实践层面，人们对佛教的接受虽然不得不一直处于低空飞行的状态，但在造型美术层面很早便达到了很高的水准。

毫无疑问，传入日本的佛像姿态之优美以及渡来人的技术之高超，是壮观的佛寺和佛像诞生的根源，但是，如果古代日本人缺乏对佛寺和佛像的崇高和美丽的感知以及学习外来技术的能力，飞鸟时代、白凤时代是建造不出如此壮美的寺院和佛像的。

从世界范围来看，飞鸟时代、白凤时代的佛像的美也达到了一个很高的水平。在欧洲美术史上，古希腊的神像至今仍被认为是美的典范。人们经常以它们所拥有的匀整形态和由神像内部散发出的崇高的精神性为例，认为它们是理想的艺术表现形式。我们可以这样说，以上我们列举的佛像，以及法隆寺金堂的四天王像、兴福寺的山田寺佛头、法隆寺大宝藏院的梦违观音像等飞鸟时代和白凤时代的著名佛像，它们拥有的美和精神性的统一，丝毫不逊色于古希腊的神像。古代日本人将高超的审美意识和造型技术，与大陆传入的佛像、佛寺相结合，人们从中发现了未知的、未曾体验过的某种东西，并在其引导下建造佛像、修建佛寺，在这个过程中，达到了表达精神性的独特高度。

重申一次，艺术上的高度精神性并不等于思想和实践层面的高度精神性。到那时，还没有能与高度的审美意识和造型技术相对应的高度的宗教思想和宗教实践。与佛寺、佛像等罕见的艺术精神性相对应的宗教形式，不是佛教思想和实践，而是自古以来的现世主义信仰——向善恶各异的诸神祈求消除灾难、带来幸福。在建造佛寺、佛像的艺术领域，人们承认佛教的精神性具有触发审美意识和表现欲的独特力量和价值，但在思想和实践层面，人们对佛教精神性的承认还停留在旧有的现世主义信仰的水平上。

例如，崇佛派的厩户皇子（圣德太子）和苏我马子在与排佛派的物部守屋进行斗争时，曾这样寻求佛教的庇护。下面我们从《日本书纪》中引用其中的一节。

> [厩户皇子]自语道：“我们也许会失败的。如果不许愿的话，我们是赢不了的。”于是，他令人砍倒一棵叫作盐肤木的灵木，赶忙建造了四天王像，指发宣誓道：“如若让我战胜敌人，我就给四天王修建寺院。”苏我马子也宣誓道：“诸天王、大神王啊，你们若助我赢得胜利的话，我必定为你们建造寺院，弘扬佛教。”他们宣誓完毕，率领军队出发……兵乱平定之后，皇子在摄津国修建了四天王寺……苏我大臣也按照宣誓所言，在飞鸟地区建造了法兴寺（飞鸟寺）。
>
> （“岩波日本古典文学大系”《日本书纪 下》，第163—164页）

　　这不禁令人想到，同样是在《日本书纪》，它在记录佛教传入情况的部分将佛称作"外国之神"。厩户皇子和苏我马子用和对日本之神宣誓相同的心情，向四天王和大神王宣誓，当事情正如宣誓的那样进展顺利时，为了感谢神，他们修建了寺院。毋庸赘言，这种对待佛的行为，与理解佛法和修行佛道的性质是截然不同的。

　　但这是古代日本人接受佛教的自然形态。通过建造佛寺和佛像，日本人一方面获得了追求表达精神性这一新课题的艺术感，另一方面，从放置于壮丽华美的建筑物中的稳定、美丽的佛像里，感受到神圣的威力以及自古以来就有的朴素信仰，也就是祈求这种威力可以给自己带来现世的幸福和利益的信仰。《日本书纪》中记载的厩户皇子和苏我马子的例子表明了朴素的信仰存在于有权势的人们当中。在比《日本书纪》晚了将近一百年的平安时代的《日本灵异记》中，可以发现这种信仰也广泛存在于下层民众中。《日本灵异记》中汇集了许多将人们带入佛教世界的灵验故事，可以说，这是极为有力的证据之一。在9世纪上半叶的民间，人们相信佛具有不可思议的灵力，他们还祈求能够看到佛的灵验。自古以来，流动在灵（魂）信仰的最底层的现世主义愿望，即去祸求福的想法，即便在面对佛像的新宗教形态时，也根深蒂固地延续着。

第六章

《古事记》

———

其文学性和思想性

　　《古事记》成书于 712 年，这是律令制国家体制成形的时期。

　　以大化改新为界，大和政权从氏姓制度*下摆脱出来，开始走向中央集权制国家。大和政权以制定律令和建造都城为两大支柱，着手建设新体制。大和政权的律令经过了从《近江令》《飞鸟净御原令》《大宝律令》到《养老律令》的四次制定和修订，而都城的建设则在持统天皇都城的基础上建造了日本第一个真正意义上的都城——藤原京。不久之后，大和政权又建设了平城京。律令的制定也好，都城的建设也好，都是以中国的为模范的。中央政权的目标就是模仿隋和唐，建设律令制国家。

　　此外，中央政权的重大课题是为天皇的国家统治提供依据，为其统治的正当性编撰书籍。这与法律和官僚机构的设置以及宫城、宫廷的营造是并驾齐驱的。编撰成的书籍就是《古事记》和《日本书纪》。《古事记》的序中记述了天武天皇编撰该书的抱负：

　　　　天皇说道："我听说，家家户户流传的《帝纪》和《旧辞》已远离实际，且添加了许多虚妄的内容。因此，我想如果不修正这些谬误的话，若干年后，真实的情况可能会无人知晓。《帝

---

* 氏姓制度是古代日本的社会组织和政治制度。以氏区分贵族血统，以姓鉴别等级高下，以此维护统治秩序。——编者注

纪》和《旧辞》是国家结构之根本，是天皇统治之基础。因此，我想重新调查《帝纪》和《旧辞》，删除谬误，厘定事实，重加撰写，流传后世。"

（"小学馆新编日本古典文学全集"《古事记》，第 21—22 页）

这段话非常好地反映出《古事记》这本书的一个特性。天武天皇认为，明确天皇的谱系、各个时代的事迹以及神代传说的真伪，是他作为最高权力拥有者的任务。天武天皇在壬申之乱中获得了胜利，他是一个试图率领各豪族建立强大皇权的专制统治者，这段话出自他口中是理所当然的。他所厘定的"事实"通过书写成文字，不久之后将会成为不可置疑的事实。从统治者一方来说，撰写《古事记》是这样一种尝试，即明确天皇的谱系、事迹和传说的真伪，由此为天皇统治的正统性提供依据。

在《古事记》中，这种尝试具体是怎样实现的呢？

·

《古事记》分为上、中、下三卷。这三卷的内容将天、地的形成以及在天、地的世界里发生的各式各样的事情，与天皇统治紧密地联系在一起。

上卷讲述的是神代故事。首先，天之御中主神等神出现于高天原。最后出现的伊耶那歧命和伊耶那美命两个神降临地上，结为连理，生下地上各国、各个岛屿以及海神、风神、树神和其他诸神。但在生火神时，伊耶那美命的阴部被烧，她在死后前往黄泉国。伊

画中描绘的是伊耶那歧命和伊耶那美命诞生国家的神话，西川祐信绘

耶那歧命随后赶往黄泉国，但看到伊耶那美命的丑相后，他逃离了黄泉国。他以水净身时，生下诸神。在诸神诞生的最后阶段，伊耶那歧命从左眼中生出天照大御神，从右眼中生出月读命，从鼻子中生出须佐之男命，分别让他们统治高天原、夜之食国和海原。

　　须佐之男命拒绝统治海原，吵闹着要去根之坚州国。在前往根之坚州国之前，他先去了姐姐天照大御神所在的高天原。在这里，他干出许多坏事。对须佐之男命的恶行感到恐惧的天照大御神躲进了天之石屋，这时，世界变得一片漆黑。诸神发挥他们的聪明才智，将天照大御神从天之石屋中引诱了出来，世界又变得光明起来。但做了坏事的须佐之男命被流放到出云国。在出云国，须佐之男命击退了八俣大蛇，定居下来，结婚生子。大国主命作为须佐之男的六世孙诞生后，经历了他的兄弟及须佐之男命设下的种种考验，成为出云国的统治者。在少名毗古那神的帮助下，他最终完成了建造苇原中国的工作。

天照大御神认为，建造好的苇原中国应该由自己的子嗣统治，于是，她派遣使者，迫使大国主命让位。然而，让位的进展并不顺利。在勇武有力的建御雷神的帮助下，让位得以实现。天孙迩迩艺命从高天原降临到苇原中国。迩迩艺命与山神之女木花之佐久夜毗卖结婚，生下火远理命。火远理命与海神之女丰玉毗卖命结婚，生下鹈葺草葺不合命。鹈葺草葺不合命与其姨母玉依毗卖命结婚，生下神倭伊波礼毗古命。神倭伊波礼毗古命，后来成为第一代天皇——神武天皇。就这样，高天原诸神与地上天皇的血统就联系了起来。上卷就此结束。

中卷自神武天皇至应神天皇，共记述了 15 代天皇的故事。天皇平定了国家之后，建立天皇统治的秩序，这个过程构成了中卷的主线。只不过这 15 代天皇的故事所占比重各不相同。自神武天皇之后的绥靖天皇至开化天皇的 8 代天皇的故事只记述了他们最主要的一些事项，即天皇的名字、皇宫的所在地、后妃的名字、天皇子女的名字、以皇族为祖先的氏族的名字、天皇的享年、天皇陵的所在地，而且这些事项常常就按照上述的顺序一一罗列。与他们不同的是神武天皇和倭建命，他们的英雄事迹被描述得栩栩如生。

　　神武与其兄长五濑命一道，从日向前往筑紫，在筑紫的冈田宫停留了一段时间之后，乘船经过濑户内海，向东行驶，在安艺的多祁理宫住了七年，在吉备的高岛宫又住了八年，之后赶往浪速。他们在浪速港与登美能那贺须泥毘古的军队开战，五濑命遭受重创，神武取海路，经纪伊半岛南下，在熊野登陆。途中，五濑命因伤去世。神武从熊野经吉野朝大和进发，在八咫乌的引导下，越过险峻道路。进入大和之后，神武与兄宇迦斯交战，在取得忍坂之战以及与登美毘古、兄师木、弟师木之战的胜利之后，在亩傍橿原宫登基，成为天皇。

　　神武的故事讲述的是神武从九州向东，平定大和地区后建立国家统治基础的故事。倭建命的故事讲述的是，倭建命为打倒不愿归顺大和政权的各地的叛逆者，前往西国、东国，走上征讨之路的故事。西部的最大敌人是九州的熊曾建和出云国的出云建。面对熊曾建兄弟，倭建命男扮女装出现在宴会上，采取了伺机拔刀、出其不意的策略，杀死熊曾建兄弟二人；而面对出云建，倭建命用准备好的木刀与对方的真刀交换，然后挑衅对方，轻而易举地将拔不出刀来的对方杀死。景行天皇十分厌恶善用谋略的、残忍而野蛮的倭建命，当倭建命刚刚西征回来，景行天皇就让这位武将马不停蹄地东征。在尾张、骏河、相模等地与叛敌连续交战之后，倭建命经由甲斐、信浓回到尾张，与出战前就定下婚约的美夜受比卖结婚。但倭建命在伊吹山遭遇冰雨，不省人事，从那之后他便失去了此前残忍野蛮的劲头，也不再使用谋略，来回辗转于美浓、伊势、三重等地，最终病死在能烦野。听到倭建命死去的噩耗，身在大和的他的后妃和子女们来到能烦野，陷入悲痛之中。倭建命则化为白鸟，升天而去。

倭建命征讨西国、东国之后，成务天皇设立国造（臣服于大和朝廷的地方首领），划定地区分界并设置县主（大和政权地方行政组织县的长官），完善了地方统治。此后，在仲哀天皇和应神天皇的故事中，天皇的统治超出了大八岛国的范围，远至新罗、百济。中卷就此结束。

上卷叙述了世界的起源和王权的由来，是神代的故事；中卷叙述了天皇统一国家，使国家走向秩序的事迹，这是治理国家的故事；下卷以围绕王位继承权的斗争为主题。王位的继承很不顺利，到处都是血腥的斗争。实际上，提议撰写《古事记》的天武天皇之所以能够登上王位，也是因为在其兄长天智天皇死后，与天智天皇的嫡子大友皇子斗争，并将大友皇子逼上死路（壬申之乱）。

《古事记》下卷自安康天皇的条目开始，围绕王位继承的斗争变得格外激烈。安康天皇派遣使者到仁德天皇的皇子大日下王处，提出将其妹妹嫁给自己的弟弟大长谷王子（即后来的雄略天皇）的愿望。大日下王答应这桩婚事，但安康天皇却相信了使者的谗言，杀害了大日下王，并夺取大日下王的正妻长田大郎女，封她为皇后。大日下王和长田大郎女之间生有一子，名叫目弱王。在一次偶然的情况下，目弱王知道了自己的父亲是被安康天皇杀害的，于是拔刀亲手砍下安康天皇的首级，之后逃到都夫良意富美的家里。大长谷王子听说哥哥被杀害的消息，去和另外两个哥哥商议，但看到这两个哥哥犹豫的态度后，他一怒之下杀了二人，跑到都夫良意富美的家里，将目弱王和都夫良意富美都逼上死路。进而，大长谷王子邀请王位竞争者市边之忍齿王去打猎，将其杀害。于是，他继承了父亲的王位，成为雄略天皇……

· ·

　　以上是《古事记》上、中、下三卷的大概内容。当为了给天皇统治国家的正统性提供依据，虚实相间的传说和故事在统治者的授意下被编撰成书时，历史上的过去就这样浮出水面了。我们从这部日本最早的史书中，究竟能够读到怎样的思想性和文学性呢？

　　若要读取思想性和文学性，仅仅追寻主张编撰《古事记》的专制国家统治者的想法是不够的。我们必须将目光转向故事本身，探讨这些故事如何在吸纳了统治者想法的同时，又违背了统治者的意志、偏离了其意志。因为，在创作者的想法与对其想法的超越之间，才蕴藏着这部书的思想性和文学性。

　　以下卷一开始的仁德天皇的故事为例，正如仁德天皇的名字所显示的那样，书中描绘的他是一个充满仁慈心、道德高尚的圣帝形象。书中讲到，当他登到高山上，眺望国土时，发现家家户户都没有飘起炊烟，于是，他认为人们过着贫穷的生活，下令免除人民三年的赋税和劳役。他居住的宫殿漏雨，但他坚持住在里面，从没有想要去修葺它。后来，他眺望国土时，看到炊烟袅袅，于是又开始征收赋税。这是一段有点肉麻的传说故事，显示出作者想要将天皇塑造成一个儒家思想浓厚的明君的意图。

　　如果都是像这样以统治者为本位的不现实的故事，那么，可能很少会有人去阅读《古事记》，这本书可能会令人感到谄媚、枯燥无味。但《古事记》没有成为这样的一本书。圣帝仁德天皇的故事草草结束了，紧接着是风流的仁德天皇为皇后的嫉妒而感到烦恼的故事。在《古事记》中，风流故事随处可见。书中描绘了皇后激烈而执着的嫉妒心，以及巧妙地平息嫉妒而得遂其愿的仁德天皇的风流，都极具人性，趣味盎然。同样是虚构的故事，但在文学性和思想性方面，与前面描绘的圣帝的故事相比，后者要有趣得多。考虑到天皇统治的正当化和赞美天皇才是编撰者的用意所在，那么，编撰者描绘风流天皇的前提是有一种统治阶层中通行的想法，即这种风流趣事是值得肯定的，其次，这种统治者的形象是被广泛接受并认可的，虽然天皇与诸多女性保持着关系，她们之间会发生争执、产生怨恨、生出嫉妒和无限烦恼，但天皇能够圆满地解决这些问题，并实现所有人的和谐，这才是王者之德。在这种统治者形象背后，作者乃至传承故事的集体创作者们发挥力量，以好奇的眼光来看男女之间各式各样的行为、生动地讲述故事，正因如此，《古事记》的文学性和思想性才获得了保障。

《古事记》下卷允恭天皇的故事中出现的轻太子和轻大郎女的故事是全书文学性和思想性发挥到极致的故事之一。整个故事在叙述人生在世的现实以及喜怒哀乐时，采用了首尾完整的悲剧形式。

允恭天皇死后，轻太子本应继承王位，但因与同母异父的妹妹轻大郎女有不当关系，导致人心背离，王位由弟弟穴穗御子（即后来的安康天皇）继承。为避免受到迫害，轻太子逃亡到大前小前宿祢大臣的家里。穴穗御子的军队前来包围，大前小前宿祢大臣捉住轻太子，将他交给穴穗御子。穴穗御子将其流放到伊予。流亡之时，轻太子吟咏道：

我今流放至小岛，不日乘船必将归。

我的座席不要收，虽言座席归原状，实说我妻待我回。

（出处同上，第 324、325 页）

轻大郎女则为轻太子献歌一首：

夏草枯萎，途径阿比泥海滩，

不要踩着贝壳呀，天明再去也不迟。

（出处同上，第 325 页）

但是，后来轻大郎女实在难以抑制心中的思恋，唱道：

君已走，日子过无数，去相迎，实难等得住。

（出处同上，第 325 页）

然后她踏上了前往伊予的旅程。两人相会，非常高兴，但不久便双双自杀。

古代人对风流之人非常宽容，但不能容忍同母异父的兄妹之间的恋爱。犯此禁忌的轻太子由于人心的背离而无法继承王位，这种情况可以说是理所当然的。而且，作为臣子的大前小前宿祢大臣捉住逃亡而来的轻太子，将他交给穴穗御子，这可以说也是理所应当的政治判断，是一种政治行为。

但是，《古事记》将这种离经叛道的行为看作一对男女之间的恋爱行为，既不认为它是一件令人憎恶的事，也没有将它描绘成一件令人憎恶的事。两人之间的恋情通过互相吟诗的形式表现了出来，与《万叶集》中的相闻歌一样，这种恋情充满了朴素、率真的情感。下面引用的两首和歌都是轻太子第一次与轻大郎女同床共枕之后吟咏的。

> 山田高，挖沟引水走地道。
> 我妹暗自恋，屏气忍声独自怜，今夜安然触肌肤。
>
> （出处同上，第 319、320 页）

> 雪珠打竹叶，沙沙似有声，
> 如若共枕寝，不惜与君别。
> 如若有情共枕寝，心乱如麻不在乎。
>
> （出处同上，第 321 页）

当事人也意识到了两人的相恋是离经叛道的行为。但无论别人怎么看，轻太子是有决心将背离正道的恋情进行到底的。轻大郎女也有着同样的决心。这种决心以及支撑决心的率真的恋情，赋予背离正道的恋爱以人性的光辉。所谓恋情，具有使恋人们超越社会伦理的局限并打破规范的力量，正是这种力量将恋情以悲剧性的和歌物语的形式，完美地表达了出来。叙述继承王位正统性的政治故事与深深扎根于情感中的恋爱故事相融合，这个恋爱悲剧具有超越时代的真实感，正由于这个故事中蕴含着这样的真实感，我们才得以从政治作品《古事记》中读到超越政治的文学性和思想性。

· · ·

　　这是描写一对男女心理活动的恋爱故事，它朝着违背国家统治秩序和社会伦理的方向发展，表现的不是国家、社会层面，而是人的真实生活，与此相反，描写邪恶与暴力的故事则朝着与统治秩序和社会伦理紧密地联系在一起的方向发展。邪恶和暴力，与国家和社会发生激烈碰撞，且国家和社会无法单方面地将它们去除掉，它们还被当作社会发展的根本动力乃至威力。前面我们提到的《古事记》下卷中安康天皇和雄略天皇在争夺王位过程中的果断的言行，就极其浓郁地散发出邪恶和暴力的臭气，下面我们再回到《古事记》的神代部分，分析一下如何从天照大御神的弟弟须佐之男命身上发现邪恶和暴力。

　　须佐之男命是伊耶那歧命最后生出的孩子，为三贵子之一。伊耶那歧命命令他去治理海原。须佐之男命不听从命令，放声大哭。

　　　　其哭声使得青山枯黄，成为枯萎之山，还使得河流、海洋的水都干涸了。于是，恶神们喧哗骚动起来，地上充满了他们的喧嚣之声，一切灾难都发生了。伊耶那歧命说道："为什么你不去治理国家而放声哭泣呢？"须佐之男命回答道："因为我想去亡母生前的国家根之坚州国，所以哭泣。"伊耶那歧命勃然大怒道："这样的话，你就不要住在这个国家了。"说完，便将须佐之男命流放了。

（出处同上，第 55 页）

　　须佐之男命没有遵从试图建立稳定秩序的伊耶那歧命的命令，这或许是有悖于正义的行为。但是，须佐之男命身上没有所谓的权力欲。因为他并非对治理海原感到不满而想获得更大的权力，而是想前往已故的母亲曾居住的根之坚州国。实际上，须佐之男命与伊耶那歧命之间并没有感情上的纠葛。而且，我们也找不到令须佐之男命在道德上变得邪恶的原因，实际上，须佐之男命本来就没有被描绘成道德上的恶人。

　　书中描绘的是须佐之男命性格暴烈、气势万钧的形象。这个须佐之男命说自己不愿意去治理海原，而想去亡母曾居住的国家，因此，在他的哭泣下，青翠的高山变成枯木丛生的样子，江河海洋的水都干涸了。与其说他是一个恶神，不如说他是一个具有充足的情感和能量甚至有点孩子气的任性之神。书中说："于是，恶神们喧哗骚动起来，地上充满了他们的喧嚣之声，一切灾难都发生了。"我们从中读不出这是须佐之男命有意为之的。尽管这是令人感到困扰的一件事，但我们感觉不到其中有阴险的恶意。不仅是须佐之男命自身，他的周边都充斥着充沛的能量。

　　接下来，被流放了的须佐之男命在前往根之坚州国之前，想告诉天照大御神事情的原委，于是，他前往高天原。天照大御神心想"弟弟是不是要抢夺我的王位呢"，便提高了警惕。天真无邪的须佐之男命试图通过"誓愿"这种语言咒术来证明自己的清白。《古事记》中并没有明确记录"誓愿"的结果如何，但须佐之男命认为自己的清白已被证明，因此乘胜追击，做出暴力的行为。

　　乘着胜利，须佐之男命破坏了天照大御神的田埂，堵塞水渠，在准备举行大尝祭的御殿中大便，并将粪便到处泼洒。但是，天照大御神并没有追究他的暴行，而是为他掩饰道："看似粪便的东西应该是弟弟喝醉酒呕吐出来的东西。他破坏田埂、堵塞水渠，可能是因为他觉得土地比较珍贵的缘故吧。"然而，须佐之男命的暴行并没有结束，而是变本加厉了。天照大御神让人在忌服屋织神衣时，他在忌服屋的屋顶上开了个洞，倒剥了一匹有花纹的马的皮，从屋顶的洞扔了进去。织衣的女子大吃一惊，梭子扎入阴部而死去。

（出处同上，第 63 页）

这里具体描写了须佐之男命的暴行，人们可能会觉得须佐之男命已经踏上邪恶之路了。但是，须佐之男命趁他在"誓愿"中获胜而使用了暴力，这样的描写反而给人以天真无邪的印象。天照大御神对须佐之男命的行为毫不介意的描写也给人以须佐之男命极其天真的印象。破坏田埂、堵塞水渠、泼洒粪便、倒剥马皮投入屋内的一系列行为，虽然可以称作恶行，但如果我们将这些行为置于整个故事的发展中来看的话，这些行为与其说表达了须佐之男命的恶毒和卑劣，不如说呈现了他的粗暴和野蛮。

须佐之男命并非彻头彻尾的恶人，在他被驱逐出高天原、来到出云国的描写中，这个形象逐渐清晰。须佐之男命沿着斐伊川向上游走去，看到一对老夫妻相对而泣，两人之间是他们的女儿。他上去一打听，这才知道是八俣大蛇每年都来，已经有八个少女被献给大蛇，成为大蛇的供品。今年，这条大蛇又要来到这里，而两位老人的女儿栉名田比卖被迫成为献给大蛇的供品。须佐之男命决心击

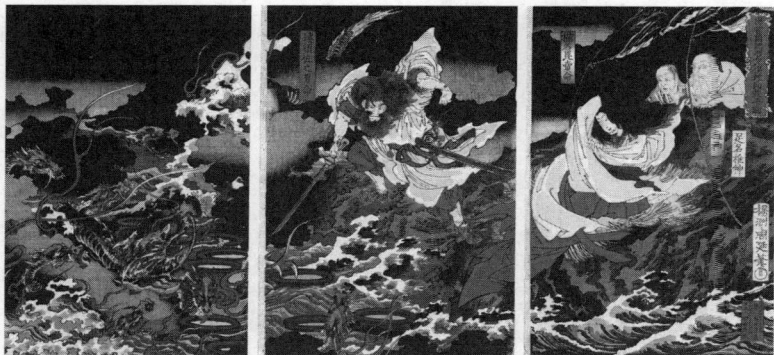

须佐之男命退治八俣大蛇，丰原周延（1838—1912 年）绘

退八俣大蛇，救下栉名田比卖。他命令老夫妻准备八个容器，里面装上烈酒。当拥有八个头的大蛇喝下八个容器里的酒后，便醉倒了。乘着大蛇入睡时，须佐之男命砍下大蛇的头，大蛇被消灭。须佐之男命吟咏道：

> 云乱起，出云国的宫殿哟，
> 为了妻子好入住，建造宫殿哟。这座宫殿哟。

（出处同上，第 73 页）

于是，他与栉名田比卖结婚。

在这里，须佐之男命的身上既没有政治、社会的阴影，也没有道德上的阴影，他作为一个善良的英雄堂堂正正地登场。曾经的粗暴而野蛮之人在这里发挥其特殊的力量，消灭了凶残的畸形怪物，给人类社会带来秩序和幸福。

在此，我们能够想到的是本居宣长的关于"神"的定义。让我们再一次引用前面已经引用过的一部分内容。

> 人也是如此。鸟、兽、木、草、海、山等等，无论什么东西，只要它具有不平常的特殊的威力，给人以恐惧感，就是神。（所谓特殊，并非特指在尊贵、善良、建立功绩等好的方面是特殊的，邪恶的东西、令人不明真相的东西、不寻常的令人感觉逼仄的东西也被称作神……）

在大自然中，人们度过一天又一天，刻骨铭心地感受到大自然的恩惠和大自然的危险，对大自然抱有敬畏之心生活，这是原始人类的生活。在古代神话中，原始人类像这样的自然观化作神的故事而出现。在《古事记》里，八俣大蛇虽然没有被称作神，但根据上述本居宣长的定义，它具有被命名为神的资格。因为它具有特殊的威力，能够使人将少女作为供品献给它。

那么，当我们认为自然界的动植物、大海、河流、高山具有特殊的力量的时候，我们能否将这种力量用非善即恶的二元对立的形式来区分呢？这是一个难题。在一些场合，非善即恶的情况不在少数，但是，我们很难用善或恶来区分大自然本身。例如，河流可以给人带来水的恩惠，当其泛滥时又会冲毁农作物和房屋；凶猛的野兽会伤人，但一旦被人们捕获就会成为人们享用的食物。所谓在大自然中与大自然共生存，就是与既善又恶，或者说既能够成为善又能够成为恶的自然事物打交道，并生存下去。

在这种原始的自然观和自然信仰依然存在的世界里，人类也无法用非善即恶的方法区分。须佐之男命在伊耶那歧命的面前，不遵从命令，扰乱秩序，从这个意义上讲，他是略微带点恶的、不听话的孩子气的人；在高天原，他是接二连三、一心一意使用暴力的人；在出云国，他是充分发挥机智，消灭人人害怕的怪物的英雄。在古代神话的世界里，须佐之男命绝非前后矛盾的、拙劣的人物形象。正如"须佐之男命"的名字来源于"狂野"一样，构成这个人物的核心是力量的爆发、充沛的能量。按照人们日常生活的习惯和伦理，我们发现，他的力量和能量既可以顺从习惯和伦理，也可以违背它。从这个意义上讲，与狂野的大自然一样，狂野之神须佐之男命是令人恐惧的，但同时又是令人感激的。自然之力不是非善即恶的，同样，狂暴之人的力量也不是非善即恶的，这是一种混沌之力。拥有这种力的人们发挥它，可以建立秩序，这就是古代神话的世界。顺便说一句，在《古事记》中卷里，在大八岛国四处奔走，征讨逆贼的倭建命，是另一个难以用善恶来区分的狂暴英雄。

· · · ·

自然界和人类社会中都存在超越善恶界限的狂野之力，这种力量极大地左右着人们的生活。人们祈愿这种力量朝着有益于自己的方向发挥，不要给自己带来不利。这种祈愿促使人们共同的活动模式的形成，这就是祭神活动和季节性活动。在活动中，人们面对非凡的大自然和神力，奉上真挚的祈祷，不仅如此，面对难以应对的大自然和神力时，人们不只是衷心祈祷或战战兢兢，而且还以笑声来与之打交道。《古事记》中可以看到多种多样的笑声，它让人们

感受到，人们的自然观和世界观中，出现了某种轻松愉悦心态和独
立精神的萌芽。

天照大御神对须佐之男命的暴行无能为力，只好躲进天之石屋
里。在这个场景中，《古事记》是这样描述笑声的：

> ……天宇受卖命将天之香具山上的日荫蔓斜披在身上，将
> 真析葛装饰在头上，手里拿着采自天之香具山的竹叶，在天之
> 石屋的门口，将桶倒扣起来，以脚踏之，发出声响，神灵附体
> 后，露出乳房，衣服带子一直垂至阴部。于是，高天原上一片
> 骚动，诸神开怀大笑。

> 此时，天照大御神觉得很奇怪，便将天之石屋的门打开
> 一个小缝说道："我隐藏了起来，天界应该变黑，苇原中国应
> 该漆黑一片，为什么天宇受卖命会载歌载舞，诸神们放声大笑
> 呢？"这时，天宇受卖命说道："来了位比你还高贵的神，我
> 非常高兴，于是又唱又跳了起来。"话音未落，天儿屋命和布刀
> 玉命拿出八咫镜，让天照大御神看。天照大御神越发觉得奇怪，
> 一点点将门打开，探出身子，去看镜子。就在这时，躲藏在一
> 边的天手力男神抓住她的手，将她拖出来，说时迟那时快，布
> 刀玉命在天照大御神身后拉起界绳，说道："从此再也不能让
> 你进去了。"由此，天照大御神离开天之石屋，高天原和苇原中
> 国也自然而然地变得明亮起来。

（出处同上，第 65—67 页）

这段叙述语气轻松，十分顺畅，这是《古事记》中屈指可数的

令人感到愉悦、风趣的场景。书中对每个人的行为的描述简洁、准确，描绘的场景栩栩如生。上文的引用是从天宇受卖命的出场开始的，其实，在此之前，书中描写了诸神聚集在一起，商议如何将天照大御神从天之石屋里引诱出来，为此每个神都预备了工具。就在大家准备好了的时候，天宇受卖命自信满满地出场，表演起滑稽且略带猥亵的一场戏，诸神看到这样的表演，哄堂大笑。

我们只能通过文字的叙述来了解这段故事，但这段令人感到愉悦的故事在用文字记录下来之前，是作为在观众面前表演的一场戏，或者作为向听众讲述的一段口头故事而流传下来的。表演者或讲述者可能是边笑边表演或讲述的，而观看或听故事的人也同样欢笑一堂，人们共同享受着这段快乐的时光。天宇受卖命的滑稽的表演与神灵附体的状态是极不相称的，诸神们看到其表演开怀大笑。诸神的笑声既是表演者或讲述人的笑声，也是观众或听众的笑声，而且这笑声传入藏身于天之石屋里的天照大御神耳中，打动了女神的那颗坚定的心。具有特殊威力的既善又恶的诸神是值得崇拜、敬仰和赞美的，同时，又是令人感到惶恐的。人们将笑声融入这种与诸神的关系中，在笑声之中，人们与诸神或精灵进行交流。这种笑声和行为显示了古代人精神上的包容性。这种包容性通过文字表达出来，书中描写的场景也能引起 21 世纪读者的会心一笑。从这里，我们可以看到《古事记》所拥有的高度的文学价值。

伊耶那歧命和伊耶那美命的神话，或许也可以从表达精神包容性的引人发笑的角度来阅读（至今我还没有看到将这个场景与笑声联系起来的书）。

两位神从天降临到淤能棋吕岛的故事是这样的：

伊耶那歧命向妻子伊耶那美命询问道："你的身体是如何长成的？"伊耶那美命回答道："我的身体长成后，还有一处不完整的地方。"于是，伊耶那歧命说："我的身体长成后，有一处多余的地方，所以，我想用我身体多余的地方塞进你身体里缺一块的地方，来生产国土，如何？"伊耶那美命回答说："可以呀。"于是伊耶那歧命说："那我们俩绕着这根天之御柱，相遇后交合吧。"两人说好后，伊耶那歧命说："你从右往左，跟我会面；我从左向右，跟你会面。"说完，两人绕着柱子前行，伊耶那美命首先说："啊，你真是个好男子啊。"然后，伊耶那歧命说："啊，你真是个好女子啊。"两人分别说完后，伊耶那歧命说："女人先开口说，不好。"但两人还是在这个结婚的地方交合、生子。两人生出的孩子是异形的水蛭子，因此，孩子被放进芦苇做成的船里，顺水漂走了。此后，两人生出淡岛，但这个孩子也没有被算入子嗣中。

（出处同上，第31—34页）

如果我们忠实于原文，按照原文描述男女身体特征的话，女神伊耶那美命这样说道："我的身体长成后，还有一处不完整的地方"，听说此言，男神伊耶那歧命说道："我的身体长成后，有一处多余的地方，所以，我想用我身体多余的地方塞进你身体里缺一块的地方，来生产国土，如何？"说得有点拐弯抹角，但男神试图客观地描述事情的经过，这种姿态很清晰地展现在我们面前。言语的客观性与男女性关系的感官性互相矛盾，这种落差引人发笑。伊耶那美命和伊耶那歧命的对话是否可以这样解读呢？当人们听到用语言表达这一类的事情，会哄堂大笑，这应该是自然而然的反应。

笑声与国土诞生这种联系到国家之根本的严肃行为，变得浑然一体。这就是古代神话的包容和趣味。古代人的世界，无论是在日常生活的场合下，还是在与内外敌人斗争以保持共同体秩序的政治场合下，是绝不可能充分享受这种包容和趣味的，但是，正由于此，人们在集体讲述（有讲述人，有听讲人）或者集体表演（有表演者，有观众）的时候才会沉浸于趣味盎然的、毫无顾忌的笑声之中。

求爱时遭受挫折也常会引发笑声。男子首先开口，女子随后应答，这是惯例，然而，女神伊耶那美命却先说："啊，你真是个好男子啊。"男神伊耶那歧命随后应答道："啊，你真是个好女子啊。"读到这里，人们可能已笑出声来。即便没有出声，内心也已乐不可支。就像是要回应人们内心的乐不可支，《古事记》非常直截了当地做了以下的说明："但两人还是在这个结婚的地方交合、生子。两人生出的孩子是异形的水蛭子。"人们对两人生出有缺陷的孩子感到会心一笑的时候，书中接着总结道："因此，孩子被放进芦苇做成的船里，顺水漂走了。"人们的笑声就此停止。

这里的笑声并非嘲弄似的冷笑，天之石屋的笑声也是如此。被笑的对象伊耶那美命和伊耶那歧命并没有因人们的笑而损失尊严，发出笑声的人们也并非带着某种优越感才笑的。而且，这也不是掩饰自卑感的笑声。通过笑声，集体的氛围得以活跃，人与人之间的纽带更加牢固。这是古代神话中笑声的基础。联想到古代人不遂心如意的生活以及苛刻残酷的政治，在这种背景下，人们还能够共同拥有包容的笑，可以说这显示了古代人精神上的坚韧不拔。

关于这种出人意料的笑声，我们再从《古事记》上卷（神代）刚刚进入中卷（人皇时代）时出现的战争歌谣《久米歌》中举一个例子。

> 宇陀之高城，捕鹬张好网。
> 我在等候呀，鹬却不入网。
> 哎呀没想到，鲸却投罗网。
> 珠黄老妻呀，你若想佳肴，
> 削尽肉少处；
> 年少美妻呀，你若想美食，
> 多削肉厚处。
> 啊啊，就要这么做，
> 啊啊，干得好开心。

（出处同上，第153页）

从歌谣的内容看，整首歌是由随口而出的话组成的，荒唐得让人目瞪口呆。开头的三行歌词是说，本打算捕鹬的，却捕到了鲸鱼。它追求的是偏离常识的落差和变化的滑稽感。紧接着的歌词，风格一变，以人老珠黄的老妻与光鲜美丽的少妻做对比。面对两人，男子内心的秤砣自然而然地倒向一方，歌谣饶有趣味地表达了这种卑劣的行径。而且，在完全相反的两人的对比中，歌谣以最后两行的感叹结束。

军事集团久米家族的歌谣后来成为宫廷歌谣，这就是所谓的"久米歌"。前面引用的这首歌谣，不论我们将它看作战争歌谣，还是仪礼歌谣，其中蕴含的幽默感是它的生命力。在《古事记》中，这首歌谣被当作兄宇迦斯被打败时，天皇歌唱的胜利之歌。但是，歌词里却没有表现出战斗中激烈、血腥的场面。引人发笑才是这首歌谣的目的。一边歌唱，一边哄堂大笑，战争胜利的氛围肯定达到了最顶峰。

在高天原的天之石屋前，诸神们欢笑一堂；在伊耶那歧命和伊耶那美命生下国土的神话里，听众和观众笑声不断；在战争获得胜利的宴会上，歌唱久米歌的人和在一旁起哄的人放声大笑。每一种笑声都是酣畅淋漓的高声欢笑。欢笑的诸神、欢笑的人都充分领略了现场的欢乐氛围，通过欢笑实际感受到人与人之间的纽带关系。在《古事记》中，这种毫无忌惮的笑声随处可见。

只有人们接纳被笑的人、行为和事件，才会笑。笑声中蕴含着人们对眼前的事实加以肯定的精神。如果是哄堂大笑的话，人们眼前的事实不仅得到肯定，生活在笑声中的人们的生活方式，也被赋予了积极的能量。毫无疑问，从《古事记》里随处可见的笑声中，我们能够发现这部日本最早的史书里蕴含着肯定现世的特质。

・・・・・

我们不仅能够从笑声中发现《古事记》肯定现世的特点，天界（高天原）与地上世界（苇原中国）共存的世界构图，还有自神代向人皇时代过渡的历史构图中，肯定现世的特点也一览无余。在这里，我们可以发现，在古代人的世界观的形成过程中，肯定现世的精神所起到的作用。

　　如前所述，《古事记》分为三卷，上卷叙述了以高天原为舞台的诸神的故事，中、下卷讲述了以苇原中国为舞台的一代代天皇的故事。但高天原和苇原中国以及神代和人皇时代并非完全不相干的世界。在高天原和苇原中国之间，神可以自由来回，人却不能够自由来回。比如说须佐之男命可以自由来回于天界和地上世界。此外，这并非意味着高天原就是神圣、清净的世界，而苇原中国就是世俗的、充满污秽的世界。在高天原，伊耶那歧命和伊耶那美命生出国土时，也曾失败过；须佐之男命胡作非为；在天之石屋前，诸神因天宇受卖命猥亵的表演而哄堂大笑。在这些场景中，诸神并非人类高不可攀的高贵、神圣的存在，而是充满人性的、与人平起平坐的。其实，当我们阅读以高天原为舞台的上卷时，故事渐入佳境，描绘得越来越生动，我们也越来越感觉到诸神与我们地上的人的亲近。居住在高天原的诸神与其说是值得人们尊崇的神，毋宁说是与人亲近的、同类一般的存在。

　　从空间秩序的角度来说，天界是诸神居住的世界，地上是人类居住的世界。地上各个国家的稳定和秩序是在诸神的指示和安排下实现的，《古事记》编撰的目的是让天皇统治正当化，从这一点来说，这种结构是一定要保持下去的。但是，与地上世界相对应的天界的超越性和统治不是绝对的，《古事记》中讲述的诸神的故事既有善，也有恶，既有胡作非为，也有失败，还有笑声，带有强烈的人类的气息。书中讲述的猥亵故事大多都有原型，它们自古以来就已经流传。这些故事广泛深入地流传于古代社会，以至于统治者们也不得不接受。

　　从空间上来看，天界和地上世界虽然是上下有别的，但从根本性质来说，它们之间是不存在神圣与世俗、纯粹与不纯等明确差异的。那么，从神代至人皇时代，在这个时间轴上的秩序又是怎样的呢？

根据《古事记》的叙述方式，神代结束之后，就开始讲述一代代人的故事。在神代故事的最后，迩迩艺命自高天原降临到苇原中国，与木花之佐久夜毘卖结婚，生下火照命、火须理势命和火远理命。第三个出生的火远理命与海神之女丰玉毘卖命结婚，生下鹈茸草茸不合命。鹈茸草茸不合命与玉依毘卖命结婚，生下神武天皇。由此，中卷的天皇的故事开始。此后，地上的苇原中国一直都是故事的舞台。高天原的世界以及居住在这里的诸神，在之后的故事中再也没有出现。

但是，高天原的世界并没有消失，诸神也没有死亡。当《古事记》的读者按照中卷以后一代代人的故事阅读下去时，很容易忘记高天原的世界和诸神的存在。尽管人们忘却了这些，但人们并没有失去阅读故事的兴趣。在《古事记》所构思的世界中，天界是将地上的天皇统治正当化并赋予天皇权威性的根源，是不能够随着地上世界故事的开始而消失的。虽然表面上天界在故事中并没有出现，但在叙述一代代人的故事时，作为地上世界的支撑，神的世界必须存在下去。关于这一点，西乡信纲在《古事记的世界》中指出：

> 神代是绝对的过去，这个世界所有的秩序都源自它。同时，神代又是一个会魔术般地出现在现在的、超越时间的世界。这种时间观念具象化地集中体现在君主新上任时举行的仪式——大尝祭中。在这个仪式中，时间被消解，新君主变身为他们祖

先的原型火琼琼杵（迩迩艺命的别称），降临在芦苇哗哗响的
国土上。

（《古事记的世界》，岩波书店，第 198 页）

西乡信纲所理解的《古事记》的典型特点之一，就是将天皇神
话与大尝祭紧密地联系在一起。关于大尝祭，我在后文会提及，在
这里，我想就"绝对的过去"是"超越时间的世界"这一从时间角
度讲述世界构成的问题，引用一段相关的论述，这就是大隅和雄在
《日本史的书写》中的一段话：

　　神代的诸神即便在天皇时代，也绝不会死亡或消失。诸神
可以说是不会消亡的，与生生死死的人不同，神的世界作为超
越时间的世界，覆盖了人类所在的历史的世界。当我们说到神
代与人皇时代的关系，并不能认为当神代作为一个时间段而结
束时，便进入了人皇时代。人类的历史开始之后，诸神的世界
并没有结束。

　　历代天皇出生于有历史的世界，并在这个世界里死去。当
然，天皇是逃脱不了生老病死的。但是，因为他的谱系源于神，
所以如果往前追溯的话，这个谱系在其起源阶段就与神代相连
接。因此，为了更好地说明天皇的谱系，在其起源阶段就要叙
述神的世界，但诸神的世界是超越时间的世界，覆盖于我们的
世界之上，在诸神的世界下面，人的世界随着时代的推移而发
生变化。

（《日本史的书写》，弘文堂，第 17—18 页）

正是因为天皇是高天原天神的子孙，所以天皇才能够成为苇原中国的君主。从这种天皇统治的逻辑出发，神代必须是绝对的过去，同时必须是魔术般的现在，还必须作为超越时间的世界覆盖于人的世界之上。以天武天皇为首的统治阶层明确地意识到这一点，为使天皇统治正当化，他们策划了编撰《古事记》的国家工程。但是，我们很难说这种统治者的逻辑渗透到了故事的内部，并贯穿于整个故事。从故事内容来看，天界的高天原看上去并没有超越地上世界的苇原中国，也没有被描述成高高在上、遥不可及、伟大的神圣世界。诸神看上去并不是睥睨天下的绝对的存在，也不会不管青红皂白地以力量命令人们，或训导、支援、救济人们。综观世界神话，诸神的超自然性，首先在于创造、移动、改变物和人，通过这种绝对的物质上或精神上的力量呈现出来；其次在于明确辨别善恶、正邪、真伪，通过制定规范的力量呈现出来。但《古事记》中的诸神，既没有被描绘成物质和精神上的绝对力量的拥有者，也没有被描绘成制定规范的力量的拥有者。

如此看来，虽说诸神的世界和神代超越了地上的人类世界和人皇时代，但我们不得不承认，这种超越并不彻底。并不是因为诸神的世界矗立在人类世界之上，这个世界才存在，事件才有发生与变化，神圣不可侵犯的善恶、正邪、真伪的规范才出现。当人们要叙述诸神的世界和神代的故事时，不由得倾向于采用讲述人类世界的故事形式，这是人们依据自身的经验，讲述完整故事的形式。就这样，诸神向人类靠近，神的世界与人的世界、神代与人皇时代无缝连接。于是，肯定神的世界的观点就影响到了人类世界，神与人相接的世界得到了肯定。《古事记》肯定现世这一特点的根基就在这里。诸神世界的超自然性的不完备，无论从空间上，还是从时间上，都将诸神世界与人类世界顺畅地联系在一起，并使得整个故事向肯定蕴含着善恶、正邪、真伪的现世的方向发展。

西乡信纲在对《古事记》的理解中，认为大尝祭作为连接高天原与新任君主的纽带具有重要的意义，可以说从一个侧面呈现出《古事记》肯定现世的特点。诸神作为绝对的存在君临世界，统治、指导、庇护并救济人类。从天皇个人的角度来说，神赋予了天皇统治地上世界的权力。在《古事记》神话当中，这种观念以世俗的现世行为呈现出来。新任天皇与天界的联系，与绝对的统治观念和伦理观念具有本质差异。新天皇即位时举行的大尝祭活动，就是这种现世行为。仪式的核心是新天皇躺卧在神殿（尝殿）的神座上。关于这种行为的意义，西乡信纲这样解释道：

> 尝殿中央覆盖衾被的神座为何物？……从用处来说，它只能是睡觉时用的东西。国王用完圣餐之后，钻入衾被，躺卧在这里……而且，通过躺卧这个动作，国王成为天照大神的嫡子，也就是说，他作为具有统治日本能力的君主再次诞生……国王躺卧在尝殿的神座上品尝稻子刚刚抽出的穗，随着作为天照大神之子重生，他掌握了成为天皇的资格。
>
> （《古事记研究》，未来社，第 146、147 页）

天皇通过与天照大神共寝，而作为天照大神之子重生，并获得天皇的资格。从处于权力中枢地位的人举行庄严仪式的角度看，这种行为未免太朴素、太直接了。神的超自然性很不清晰，神的世界和人的世界之间的界线很难判断。在两个世界似乎相互混杂在一起的世界构图下，让神作为神座，现出具体的身影，将神与天皇结合起来，以此使天皇神圣化，即便这个行为看上去过于朴素、直接。与神共寝，然后作为神之子诞生，与这种朴素且直接的神格化行为相对应的是《古事记》中、下卷中关于所有天皇谱系的记录。当关于一个天皇的记述结束时，书中会列举出该天皇与几个后妃之间所生的皇子、皇女的名字。而且，在记述的最后，挑选出一个皇子或皇女，描写他（她）治理天下的事情。再往后，就描写下一任天皇的故事。这种写法没有变化，如出一辙。由此可见，高天原诸神的权威并非通过理念和观念，或通过契约和约定、思想性和精神性、道德和伦理为新一任天皇所继承的，而是具体且明确地通过血缘关系继承的。

提起谱系，埼玉县行田市稻荷山古坟出土的铁剑上就有用金子镶嵌的铭文，上面记录了侍奉天皇的地方上的家族祖先一代代人的名字。《古事记》的天皇谱系很长，但被人们细心地传承了下来。朴素直率的血统观念与天和地、神代和人皇时代的构想联系在了一起。如果试图从逻辑上梳理这种联系的话，那么，这个谱系会破绽百出。天皇统治的逻辑与肯定现世的故事，两者的目的与方法截然不同，逻辑和故事共存，却又随处发出不协调的声音，由此，我们可以看出古代人精神上充满了矛盾。《古事记》就是这样一本书。

第二章

抄
经

———

对汉字字形和意思的崇拜

现在的人们写日语时，一般情况下使用汉字、平假名和片假名三种文字。汉字是中国的文字。古代日本引入了汉字，借此书写日语。平假名由人们利用汉字的草书字体创造而成，片假名则是采用汉字的一部分创造而成的。三种文字结合起来书写而成的日语文章，我们叫它"汉字假名混合文"。

写日语时使用平假名和片假名的情况是平安时代之后（9世纪后半叶之后）出现的，因此，上一章我们探讨的《古事记》以及同时代的《日本书纪》《万叶集》等最初都不是汉字假名混合文，而是纯用汉字写成的。《古事记》上卷一开始的原文是这样的：

> 天地初发之时，于高天原成神名，天之御中主神。次高御产巢日神。次神产巢日神。此三柱神者，并独神成坐而隐身也。

虽然这段文字完全是用汉字写成的，但它并非用汉语写成的汉文。虽然使用了汉字，但表达的却是日语的意思。当人们出声读它时，发音是日语。如果不精通汉字的意思和发音，又不精通日语的话，人们难以正确读出这一段文字。《古事记》（太安万侣写的"序"除外）无论在读音、意思、语法方面，都不符合汉文的规范。大多数情况下，人们将它称作"变体汉文"。

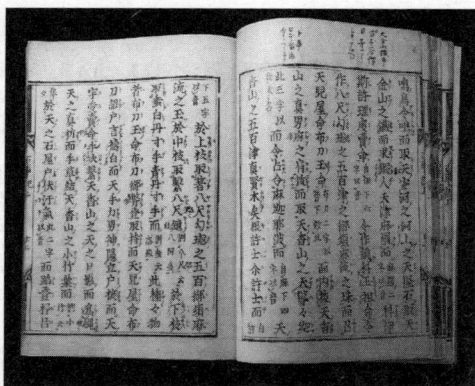

以汉字书写的《古事记》（国学院大学古事记中心藏）

　　《古事记》《万叶集》的书写方式，可以说是用汉字记录日语的方法的一种成熟境地，但要到达这一境地经过了数百年的时间。

　　在古代东亚地区，有文字的国家只有中国，中国使用的文字有甲骨文和隶书等。公元前后，朝鲜和日本被纳入中国的册封体系之中，在与中国的交往过程中，以国书传达本国的意愿是不可或缺的方法，于是，朝鲜和日本开始使用汉字。著名的"汉委奴国王"金印就是中国皇帝赐给奴国国王的，奴国国王回应赐印的文书想必也呈送给了中国皇帝。

　　在与中国进行外交时使用的文字很快便在日本国内传播开来。较早的例子有从江田船山古坟（熊本县）中出土的铁刀上的铭文，以及稻荷山古坟出土的铁剑上的铭文。据说，这些铭文是5世纪时书写的。记录了"获加多支卤大王"（雄略天皇）与其臣下关系的两个铭文，表明文字的使用与王权的结构化紧密地联系在一起。据说，《古事记》的基础《帝纪》和《旧辞》于 6 世纪中叶出现，但这些资料并没有保存下来。

　　文字资料急剧增加的情况出现在 7 世纪后半叶。尤其是用墨在上面书写汉字的木片——木简——的出土数量十分庞大。1988 年，在平城京长屋王宅邸遗址的发掘过程中，人们从扔垃圾用的土坑里出土了近 5 万枚木简，从南北的长大土坑中出土了大约 10 万枚木简。除此之外，在藤原宫、平城宫等地也出土了大量的木简。以都城为中心出土的大量木简表明，7 世纪后半叶基本上已经成形的律令制国家，试图朝着基于文书来治理国家的方向发展。

　　稳定国家之根本的律令本身就是用文字书写而成的，而且必须有明文规定。律令是由禁止事项以及罚则的"律"和必行之事"令"构成的。其内容不易记忆，只听一遍很能立即理解其主旨。只有将律令写成文字，人们才有可能看到全文，并根据不同的情况，决定适用的条款。此时中国早已有了律令，日本人以此为范本，考虑日本的国情之后，重新加以改订，便形成了日本古代的律令。但为了使写成文字的法规能够成为国家的基本法，统治阶层内部就必须有一定数量的能够读写文字（即汉字）的知识分子。而且，人们还必须相信，将来能够读写文字的人不限于统治阶层，还能广泛地出现在其他阶层。

　　按照文书进行国家统治的律令制国家，不仅相信文字普及的可能性，而且还试图让可能成为现实。数量庞大的木简大致可分为文书木简和付札木简两种，前者是官僚们联络事务的记录，后者是系在进贡物品上的。无论哪一种木简，都是用来管理和运营与国家事务相关的人与物的。其数量之庞大说明了试图确立文书体制的统治阶层及其周边人们的强烈愿望。此前从未接触过文字的大多数人不得不阅读、书写外来的汉字，并试图理解汉字的意思。人们对此倾注了极大的智慧。或许也出现了诸多的失败、错误和不适应的情况，但一旦以文书为基础的国家运营机制开始启动，其势头是不可阻挡的。人们使用外来的汉字书写日语，为了使这种书写方式合理有效，人们费尽了心思，由此，文书体制便深入广泛地固定下来。

在木简的日语表达方式中，对于物品名称的表达，一是用汉字表音，一是用汉字表意，这是最显而易见的表达技巧。用汉字表音的情况如，"伊加"（いか，墨鱼）、"伊委之"（いわし，沙丁鱼）、"佐米"（さめ，鲨鱼）、"乃利"（のり，海苔）等 *；用汉字表意的情况有，"年鱼"（あゆ，鲇鱼）、"鲭"（さば，鲭鱼）、"水母"（くらげ，水母）、"紫菜"（むらさきのり，紫菜）、"小豆"（あずき，赤豆）等。能够掌握如此技巧的人仅限于通晓汉字、汉文的极少数知识分子和渡来人。其他人通过亲身接触这些书写的文字，逐渐熟悉了这种用汉字书写日语的方式。这些汉字本来是由中国人创造来书写汉语的，就这样渐渐地为日语所吸收，成为日本人书写日语的工具。

从这种情况看，我们或许可以说，古代日本人借用或转用中国的汉字，在他们书写日语时发挥了极大的作用。当我们仔细观察在平假名和片假名出现之前，只使用密密麻麻的汉字书写的木简和《古事记》与《万叶集》时，我们能清楚地看到，为了解决用汉字记录日语的难题，古代人付出了长期的、各式各样的努力和艰辛。

---

*　这里所选汉字的日语读音与括注中的假名读音类似。——编者注

我们深深感受到，文字的借用或转用，是集体的智慧和训练的结果。

然而，对古代日本人来说，只是借用或转用汉字、熟练地使用汉字还不够，汉字的价值还要更大。汉字对应的是中国这个值得学习的国家的文化和制度，汉字作为文化力量，它达到的精神高度也是值得学习的。这完全超越了汉字作为有用的、便利的工具的层面，汉字本身就散发着文化的光芒。

汉字散发出文化光芒的最典型的例子就是抄经的工作。7 世纪后半叶到 8 世纪，抄经事业在国家的倡导下十分兴盛。

古代律令制国家为普及佛教而大力提倡建造佛寺、佛像。与此同时，也下大力提倡诵读和抄写佛典。让我们按纪年的方式来看：首先在 673 年，飞鸟的川原寺展开抄写 "一切经"* 的工作；接着在 694 年，人们完成了抄写一百部《金光明经》的工作，并将它分送到各个地区；进入 8 世纪，抄经的工作逐渐繁盛，成为与建造东大寺、国分寺（国分尼寺）并驾齐驱的国家重大项目。由于抄经需要纸，7 世纪时纸的产量急剧增加。在 7 世纪和 8 世纪时，生产出来的纸张大部分都用在抄写经典上。710—772 年，仅抄写 "一切经" 的次数就高达 17 次。抄写卷数庞大经典的情况还有 712—728 年长屋王发愿抄写《大般若经》的事情，总共抄写了 600 卷。

吉田一彦在《日本古代社会与佛教》一书中对上述抄经的盛况做了如下的叙述：

> 在古代，和熟读经典、理解其内容相比，抄写其文字（抄

---

* "一切经"原为一切佛教圣典之总称，后专指汇集经、律、论及其他佛典而成的丛书。——编者注

经）或朗读经典（读经、诵经）更加受到重视。实际上，古代的抄经工作十分活跃，在国家层面和民众层面都很流行，就像是一股潮流……人们用抄经行为本身去寻求宗教的意义。人们并不是为了熟读经典而抄写它的。书写行为本身就是一种信仰之心……此外，读经、诵经也完全一样，与其说人们是想理解所读文章的内容，不如说朗读行为本身就是信仰之心。

（《日本古代社会与佛教》，吉川弘文馆，第 231—232 页）

在抄录汉字这一点上，抄经可以说是与在木片（木简）上写字以及抄录《古事记》相似的行为。但是，抄经并不是使用汉字来记录日语，也不是借用或转用汉字来书写日语，而是将用汉文写成的经文原封不动地抄写到其他纸上。这是一种彻头彻尾的模仿行为。用汉字一模一样地抄写原作的汉文，而非利用汉字书写日语，这就是抄经。

在 7—8 世纪的日本社会里，人们策划并实施了这种作为国家重大项目的模仿行为。

原封不动地抄写汉字或汉文究竟有什么意义？又有什么价值呢？

· ·

不管怎么说，用汉字写成的汉文本身就具有价值。

往前回溯，我们来思考一下文字从其他国家进入没有文字的民族国家时的情况。文字传入之初，这个民族可能甚至都不了解文字表达了话语。纵横交错的线自上而下，看上去可能就像是富有动感的奇妙图案一般。当人们习惯了这个形状，发现同一形状出现多次，就会思考同一形状的背后是不是隐含着相同的意思。人们推论，话语的声音和意思之间的关系，也存在于文字和意思之间。于是，话语和文字就结合在一起。人们了解到，话语除了声音外，还有文字。文字表达了话语。

这种了解一定伴随着惊讶。三根竖线组合而成的"川"字表达了水从高处向低处或缓或急地流动的样子。此外，向左撇的一个斜线和向右捺的一个斜线在上方相交构成的"人"字表达了在田野里劳动、在都城执掌政务的双脚行走的男女老少。像这样，对不了解文字的人来说，竖、横、斜的几根线构成的图形与所有东西的形象都能结合起来，这是多么令人头晕目眩。三根线的"川"字与生活中的水流既有相似，又有不同——人们印象中的水流是一旦泛滥起来就会给生活带来危险的存在。两根线斜向相交构成的"人"字与具有喜怒哀乐情感的、过着日常生活的理性动物之间，也是相似又不同的。这种表达似像非像的线条的图形陆续出现。这就是汉字。为什么会是这样？开始理解汉字背后的事物的人们，紧盯着由线组成的图形，肯定感到遇见了奇妙的事物。

这时，人们首先联想到的是言灵思想——话语中蕴藏着不可思议的灵力的思想。古代人相信灵是流动的、易变的，可以隐藏于任何事物之中，所以，灵隐藏在话语之中再正常不过了。如果考虑到灵信仰的远古性，言灵信仰一定在汉字传入日本很久之前就已经存在了。人们相信，祈祷的话语中蕴含着灵威，如果诚心诚意地说话，话语中蕴含的灵威就会发挥作用。

从话语中可以感受到灵威，这是古代人共同拥有的感受。在接受汉字的过程中，汉字与事物的形象结合在一起，这一灵威又重新被人们唤醒，起到崭新的作用。话语的声音瞬时便消失了，但记录了话语的文字却不会消失。如果说这种文字中蕴藏着灵威的话，那么这个灵威不仅具有持续性，而且文字中还散发着灵的光芒。这可以说是以文字为机缘的新言灵信仰的形式。当线的形状和似像非像的形象结合起来时，形状和形象之间会深深嵌入相信言灵的共同感受。人们会将汉字推向神灵的地位。究竟是汉字吸纳了事物的形象，还是事物的形象吸纳了汉字、附在汉字之上？这难以判断。但毫无疑问，在人们把两者结合在一起的过程中，对灵的信仰的感知力和想象力都发生了作用。由此，人们赋予文字以神圣性。

在古代，阅读、书写汉字的行为，是无法与对灵的感知力和想象力截然分开的。熟悉汉字、利用汉字、将汉字用于书写日语的过程，虽然远离信仰上的感知力和想象力，是客观而实用的，但是，人们还是远远没完全将汉字看作一种手段或工具。

古代的抄经行为不仅由尊崇汉字的感情支撑，而且加深了这种感情。

在抄经过程中，不仅所抄写的汉字是尊崇的对象，用汉字写成的也是不平凡的经文，这种想法使得眼前的汉字更加熠熠生辉。从当时的教养水平来说，要想理解经文的内容可能是非常困难的。尽管不了解内容，但人们认为经文里面写的都是重要的东西，是崇高的东西。从多多少少对中国文明和佛教有一点了解的人的言谈之中，或者从小心翼翼地对待文书的人的态度当中，人们都不知不觉地感知到这些。竖线、横线、斜线的形状背后隐藏着某种严肃、庄严的东西——当人们有如此感受时，眼前的汉字就变得更加不平凡。

　　人们抄写这种不平凡的汉字时，面对着抄写台的人的身体和拿笔的手，都会产生一种紧张感，这是理所当然的。人们认为汉字和经文的灵力会转移到书写人的身体中和手上。而灵力转移正是抄经者的愿望所在。尽管人们不大清楚一个个汉字的读法和意思，也无法很好地理解罗列的汉字所表达的思想和意义，但在集中精力抄经的过程中，汉字和经文中蕴含着的庄严灵力会附着在各个抄经者的身上和心中。对此，人们有着切身的体会。在 7 世纪后半叶至 8 世纪，这种切身体会是一种集体幻想，支撑着抄经这一国家重大项目。吉田一彦所说的 "人们用抄经行为本身去寻求宗教的意义……书写行为本身就是一种信仰之心" 从另一个角度叙述了集体幻想的形式。

　　当抄写蕴含着不平凡思想和意义的庄严的汉字时，人们也想赋予抄写的文字以相同的庄严。这是抄经者们自然而然的愿望。因此，他们所抄写的文字必须尽可能接近原来的文字。越像原来的文字，抄写的文字中就能凝聚越多神圣的灵力。一笔一画、一丝不苟的抄写行为逐渐拥有了力量。人们认为，模仿得越像，其信仰就越坚定。在抄经工作作为国家项目得到推进的奈良时代，官方设立了抄经所，在经师（抄经者）、校生（校对者）和装裱者三方的协力下，人们从事着制作汉字佛典的工作。在这里，校生是一个专门的职位，他将经师抄写的文字与原文进行对照，纠正经师的错误。此外，经师抄错或漏抄的话，还有相应的惩罚制度。这反映了这样一个事实，即在抄经过程中，模仿的正确性最为重要。

· · ·

在现存所抄写的经文中，可以确定抄写年代最古老的经文是686 年抄写的《金刚场陀罗尼经》。经文的末尾写有抄写者的名字：教化僧宝林。一字一句用楷书工整书写，字的大小几乎一模一样，且横竖整齐，这是最常见的抄经方式。经文之间虽然有时会出现不常见的汉字，但即便对千百年之后的我们来说，基本上也都能够看得懂是什么字。

据说，《金刚场陀罗尼经》的书法与中国初唐的书法家欧阳询及欧阳通的书法极为相似。根据石川九杨的《日本书法史》中的记述，欧阳询及欧阳通的书法具有以下特点：

一、竖笔比横笔要长；

二、两个点写得长；

三、竖笔有点翘笔，具有流动之感；

四、字头的第一笔写得有点直。

（《日本书法史》，名古屋大学出版会，第 56—58 页）

而在《金刚场陀罗尼经》中我们可以清楚地看到上述一些特点。书法的相似当然是模仿的结果。抄经者不满足于一字一句、工工整整地准确抄写，而且还极力模仿下笔的方式、运笔的方法甚至收笔的姿势。经文抄写完毕后，有三行跋文，写有抄写的年月、抄写的动机。这三行自己写的跋文没有模仿的对象，字体略小，但与经文的字体完全一样。让人有一种抄写者运笔自如，将模仿进行到底的感觉。

有一都名为《紫纸金字金光明最胜王经》的经文，它虽然不是

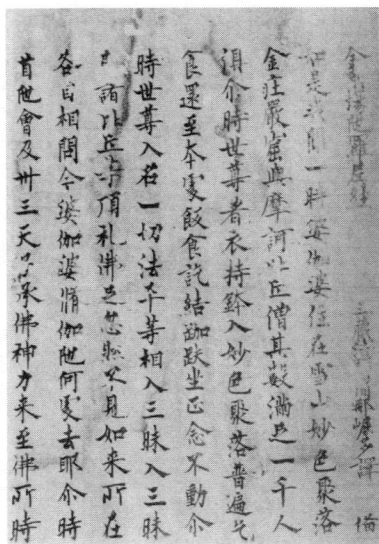

《金刚场陀罗尼经》

欧阳询、欧阳通的书法，但与《金刚场陀罗尼经》一样，也是每行七个字，每个字都一笔一画抄写得十分工整。与用墨书写的《金刚场陀罗尼经》的题名不同，它是在紫纸上用金泥书写的颜色鲜艳的经文。深紫色的纸张和金色文字的排列构成了美丽色彩的交响，这是一幅优秀的作品。

7—8 世纪的抄经，即便是写在白色抄纸或略带黄色的纸上，经师屏息凝神、用心书写的每一个字都保持着格调高雅的美丽，令人正襟危坐。而用紫纸金泥抄写的经，紫色与金色似乎散发出神秘的光芒，格外美丽。无论是对参与抄经工作的经师、校生、装裱者来说，还是对看到抄好的经卷的人来说，他们都实际感受到了无与伦比的美。用金泥抄经的时候，纸张必须弄平整。这时一种叫莹生的特殊匠人会加入其中。他们用野猪牙来打磨纸张的表面。无论多麻烦，人们也要呈现出文字的金色和纸张的深紫色交相辉映的美丽，这么做是有价值的。

前面，我们已经分析了飞鸟、白凤时代的佛像造型艺术中宗教精神和审美意识相互融合的状况。奈良时代的《紫纸金字金光明最胜王经》堪称巅峰之作，从中我们也能够看出宗教精神和审美意识交错、融合产生的美。占据执笔抄经者内心的是对汉字和经文的敬意。从中国和朝鲜传入日本的经典是蕴含着崇高思想和意义的崇高文书，抄写这种文书被认为是一种崇高的行为。一笔一划都毫不懈怠的运笔手法，非常好地呈现出抄经者的内心世界。一心一意从事模仿工作的抄经者的内心世界，可以说是充满了宗教精神，而这种宗教精神的支柱则是许多人尊崇佛教的宗教信仰。正如前述内容，佛教是以佛寺、佛像、佛典为中介从大陆传入日本的。

在抄经过程中，人们使用了由特殊染料制成的紫色纸张，而且使用野猪牙打磨纸面，将金粉溶于胶水制成金泥，这种复杂手法虽然没有违背宗教精神，但显示出人们对美的追求，而这是难以用宗教精神概括的。在抄经所，经师、校生、装裱者都身着净衣，不吃五辛（像大蒜这样的具有辛辣气味的五种蔬菜），在供奉礼佛方面从不懈怠，一心一意投入抄经工作之中。但在色彩艳丽的紫色纸张上书写金字这项工作，可能会让人觉得其豪华、艳丽是与佛教的斋戒、礼拜不同性质的。后来，人们不仅将抄经的纸张染得特别艳丽，而且还出现了绘有蝶、鸟、草、花等华美图案的装饰经文。

然而，天平时代的紫纸金泥经并没有流于华美。审美意识没有抛弃宗教精神独自飞翔。与在白色和茶色的纸张上用墨书写的情况相比，紫纸金字经的艳丽一目了然，但金色文字既没有凸显于紫纸之上，也没有洇入纸中。纸和字处于同一平面，使经文的表面保持着沉稳的雅致之美。抄经者和鉴赏者双方的审美意识中，既有对不平凡的佛教的崇敬，表达着与佛教相称的沉稳雅致之美，又能在其中得到享受。

由此，崇高的、不平凡的、外来的文字和外来的宗教，与日本固有的审美意识融合起来。通过融合，人们感受到与外来文字和宗教的亲近。正如第五章所叙述的那样，在人们以建造佛寺、佛像为中介，逐渐接受外来佛教的过程中，人们的审美意识起到了重要的作用。在以抄经为中介将佛教经典日本化的过程中，我们必须承认，审美意识也起到了巨大作用。在古代，当人们接触到外来的高雅文化时，试图将它转化为身边的文化，在他们发挥自身精神作用的过程中，审美意识、追求美的意识绝非不重要。当时的宗教精神认为抄经行为本身是宗教性的。如果说这种宗教精神的本质是崇敬、接近并试图准确模仿外来的文字、教导和真理的话，那么，试图优美地塑造尊崇对象，其中的审美意识可以说能使高深的外来思想和文化更好地融入日本精神。在追求美的姿态方面，古代人在建造佛寺、佛像以及抄经时所发挥的集体的审美意识中，包含了将佛教日本化、本土化的志向。

《紫纸金字金光明最胜王经》共十卷，全长 8.66 米。完美制作如此长的经卷究竟需要多少技术和劳动力呢？尤其是抄写汉字这种最基本的工作，准确模仿最为关键。彻底模仿就是与汉字打交道、学习汉字。极其忠实地完成这个课题是抄经的精神之所在。

古代人在与汉字打交道的时候，一方面要忠实地模仿，另一方

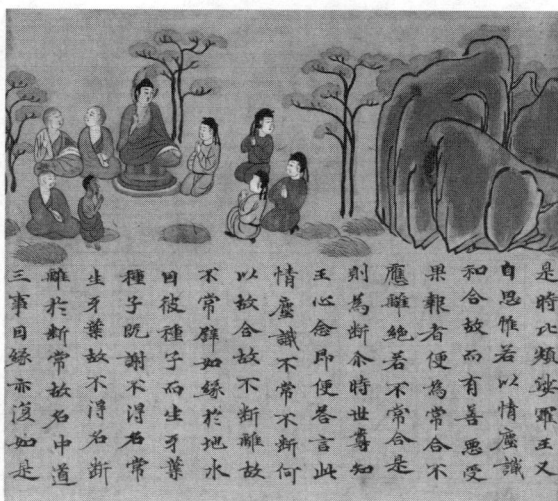

8世纪中叶绘有图画的《过去未来因果经绘卷》（来源：大都会艺术博物馆）

面要巧妙使用汉字来记录日语，也就是将汉字当作方便的工具充分利用。7世纪后期至8世纪，古代人在面对汉字、与汉字打交道时完全两极分化。有些原封不动地接受汉字，有些自由奔放地将汉字改头换面。这种灵活性让人十分惊讶。如果接受汉字的人没有相应的知识和文化的话，这种灵活性是难以实现的。

外来的汉字以各式各样的文书的形式传入日本时，它作为一种书写文字已经具有很高的完成度，并形成一个巨大的体系，重新建立与此相对应的独立的书写体系，可能是难以实现的。但当古代日本人以同样是中国邻国的朝鲜为范本，并决心将汉字作为本国的文字加以运用时，产生了两种不同的想法，一种是对形成了巨大体系的汉字表示赞叹，一种是从功能主义角度出发，认为汉字的竖线、横线、斜线的形状，与声音、形象、观念结合在一起，它可以被当成便利的工具巧妙地加以运用。如果我们将书写文字看作日本面对汉字时的时代精神的象征，那么，可以说《紫纸金字金光明最胜王经》中的大量文字和从都城出土的成千上万的木简极为贴切地表达了其广泛性。正由于古代日本人接触到如此广泛、多元的汉字，所以能够将汉字转化为自身的书写文字，也能够以汉字为基础创造出平假名和片假名来。

　　人们常说，从国外接受优秀文化和文物的日本，与其说它善于独创，不如说它善于模仿。我们承认这句话从某个方面点到了问题的实质。但是，这只是在某个方面而已。将中国的文字汉字作为书写日语的文字，这样巨大的变革绝不是仅依靠模仿就能够实现的。经过许多人数百年的各式各样技术、实践和经验的积累——这既可以说是独创，也可以说是模仿——汉字最终作为书写日语的文字被确定了下来。

　　在下一章中，我们将叙述 8 世纪最重要、最优秀的文字作品《万叶集》。这部和歌集是假名出现之前，仅仅依靠汉字来记述日语的尝试的顶峰。

第八章

《万叶集》

———

多样的主题、多样的表达

　　《万叶集》是一部内容繁多的和歌集，其中混杂了许多的要素。当你阅读它时，很难不知不觉地跟着它的步调阅读。我们很难从总共 20 卷的结构中，找到一个一以贯之的主题。每一卷中的和歌为什么会以某种顺序排列，这首和歌的后面为什么会是那首和歌？有很多这样令人一头雾水的情况。

　　不过，我们改换一下思路，可以说《万叶集》的最大魅力也在于此。这是混合的魅力。在乘上阅读之船且水流不稳定的情况下，途中我们会遇到各式各样的和歌，河水会生发出各式各样的旋涡或难以预料的波纹。与其在前途未定的河流中强行寻找线路，还不如面对取具体的事物，观看河流中出现的大大小小的旋涡和波纹，这更加有意思。当我们仔细观看时，我们会逐渐感觉到内容繁杂的和歌集所具有的丰富性。正由于这部和歌集缺乏总体上的统一，它的各个部分就显得十分有可读性。不同部分之间有时会统一，有时又出现不统一。根据不同的情况，我们有时从正面与和歌对峙，有时又仿若与和歌融为一体，这样的体验十分有趣。长时间以来，《万叶集》为人们所欣赏，比起整体结构的稳定性，其中个别部分之间的联系更让人觉得煞是有趣。这种文学意识作为日本人精神上的特质存在，在人们阅读欣赏的过程中，这个特质变得更加意义深刻。

　　《万叶集》中收录的和歌大约有 4 500 首，比《古今和歌集》

的 1 100 首和《新古今和歌集》的 2 000 首都要多。和歌的种类也可以分为长歌、短歌、旋头歌等。在《万叶集》之前，我们只知道书名的和歌集有《柿本朝臣人麻吕歌集》、《类聚歌林》（山上忆良编）等。据说，大伴家持利用这些和歌集加上自己收集的和歌，编集成册，就形成了共二十卷的庞大和歌集——《万叶集》。大伴家持将此前具有各式各样地位、身份、境遇的人们在公共场所或私人场所吟咏的和歌汇集起来，编撰了这部和歌集。下面，我们将引用具有代表性的和歌，分析其中蕴含着的作者的文学意识以及支撑这种意识的时代精神。

．

卷一的第一首和歌是这样的：

> 竹篮哟，漂亮的竹篮哟，
> 竹铲哟，好看的竹铲哟，
> 来此山岗上，采菜少女忙，
> 家住在何处，赶忙与我讲，
> 辽阔大和国，
> 统统都归我掌握，
> 一切全由我执掌，
> 放声对我讲，家住何处名哪样。

（"岩波日本古典文学大系"《万叶集 一》，第 9 页）

　　这首和歌的"和歌序"*说它是由雄略天皇吟咏的。如果这个情况属实的话，这首和歌应该创作于《万叶集》成书的 300 年前（5世纪后半叶）。因为当时流传着关于雄略天皇的传说，因此编者回溯遥远的过去，将这首古朴的、具有歌谣风格的长歌置于卷首。

　　这首和歌令人想起舞台上的一个场景。美丽的姑娘在春日的原野上，左手提着篮子，右手拿着竹铲，正在采菜。这时，一个王者风范的男子出场，向女子询问道："你家住在哪里？"这是在求爱。面对一声不吭的女子，男子宣称，自己是这片土地的主人。他再次问道："你家住在哪里？叫什么名字？"观众的目光首先投向女子，在叙述到"辽阔大和国"时，观众的目光又转向男子，最后一句再回到女子身上。

　　与歌谣风格的恬静气氛相对应，舞台的气氛也应是明朗、欢快的。在这样的气氛中，观众也以极其放松的心情观看舞台上的表演。

　　"竹篮哟""竹铲哟"，这首和歌直接以采菜的工具开头。这些工具是女子手上拿着的，因此，它象征着女子的劳作。"篮子""竹铲"仿佛成为女子身体的一部分，随着女子身体的移动而摆动。男子从女子的身上感受到无限的魅力，因而说出求爱的话。作为统治一国的王者，男子虽说可能没有亲自参加农业活动，但从劳动工具的摆动中仿佛体验到了农业活动的节奏感，勾起他身体里残留着的对劳动的记忆。这种身体中残留的记忆的亲切感，让他坦诚地向女子打了招呼。

　　在打招呼的天皇和被打招呼的女子之间是有着阶级差异的。男

---

*　　和歌序，和歌正文前叙述该和歌创作背景的一段文字。——译者注

女二人并非平等地面对面，这是不可否认的。不过，天皇并非高高在上地面对女子。尽管有阶级差异，但一对男女是在魅力的相互吸引之下试图接近彼此的。天皇打招呼的方式十分自然，采菜的女子也极其自然地听着天皇所说的话。

男女之间的交流融入周边的情景之中，犹如舞台上的一个场景。这是《万叶集》开卷第一首和歌的特点。"此山岗"和"大和国"的名字出现在和歌里，包括它们在内的大自然在周边延伸。就在这个大自然中，女子努力采菜，天皇则快乐地观看着女子劳作的身姿。"竹篮"和"竹铲"是连接大自然与人的劳动工具，和歌中一开始吟咏的劳动工具如同在人们眼前摆动一般，给人以人与大自然亲近、和谐的印象。如前所述，天皇观看女子的动作并非旁观的，其身体的感觉使他不知不觉地被女子的动作吸引，由此，我们可以知道，天皇的身心已与大自然融为一体。"（大和国）统统都归我掌握，一切全由我执掌"的诗句看上去似乎给人以威严的感觉，但从上下文来看，这绝不是高高在上的表达方式。因为，天皇从在大自然中劳作的女子身上看到了美，十分期待这个女子向自己靠拢。以上内容是在讲述自己所拥有的权力，如果一个掌权者的自夸中不包含他自身天然的魅力的话，这种求爱的方式是起不到任何作用的。我们设想一对青年男女在广阔的原野上第一次相遇时，男子自豪地说"（大和国）统统都归我掌握，一切全由我执掌"，从这句台词中，我们一定会听出幽默的意味。

作为十分接近大自然的男子，天皇与乡村女子打招呼，我们从这样的结构中可以窥探到和歌古朴的风格。另一方面，和歌的古朴风格也体现在长歌音节的不完整的形式上。一般情况下，长歌是5

个音节和 7 个音节按照 5—7—5—7 的形式排列的，最后以 5—7—7 结束。《万叶集》中大多数长歌采用的都是这个形式，但卷首第一首和歌却不是。我们从第一句到最后一句按照音节数来表示的话，它是这样的：3—4—5—6—5—5—5—4—4—7—5—6—5—6—6—3—7（此处指和歌日语原文的音节数）。和歌从舞蹈、戏剧表演中脱离出来，从集体的祭祀活动和仪式中脱离出来，作为独立的诗歌为人们所关注，再通过文字被记录下来，逐渐成为形式统一的文学样式。以"竹篮哟，漂亮的竹篮哟……"为开头的和歌或许还残留着这种文学样式形成之前的古朴的歌唱形式。对于将它置于《万叶集》卷首的编者来说，他清楚地意识到这首和歌很久以前就被吟咏出来了，他试图回溯到那久远的过去。编者的想法清晰地呈现在我们面前。

· ·

在据传为雄略天皇所作的第一首和歌之后，是舒明天皇的"望国"和歌。

> 大和国里，群山多，
> 群山之首，天之香具山。
> 登此高山，眺望国土：
> 平原上，炊烟袅袅；
> 海面上，海鸥群舞。
> 好国家呀，丰饶之地大和国。

（出处同上，第 9、10 页）

《万叶集》第一首和歌的作者据说是雄略天皇，他是 5 世纪后半叶的人，因此，距离上述第二首和歌的作者舒明天皇已经过去了 150 年的时间。从 5—7—5—7……的完整句式中，我们也很容易推测到，第二首和歌与第一首相距一段时间，是新形式的和歌。此时的天皇已不再融入大自然，而是从略微远离大自然的地方凝视自己居住的场所。给他提供居住场所的是共同体的力量，对此，舒明天皇是有自觉的。

这是一首典型的"望国"和歌。关于"望国"行为的共同体意义，日本文学家古桥信孝这样说道：

> 一般情况下，"望国"是指农耕社会里预祝五谷丰登的仪式。我们可以将它看作建村、立国的起源。人们的祖神为寻求适宜建村的土地，四处漂泊，从高处往下看，从而找到适合建村的土地。立国也是如此。最早建村的时代是神的时代，为神所发现的土地是丰饶的土地。因此，"望国"就被看作是预祝五谷丰登的仪式。

> （《万叶和歌的形成》，讲谈社学术文库，第 70 页）

眺望国家、吟咏"望国"之歌的舒明天皇是否具有与神的时代相连接的历史意识，对此加以判断还需谨慎。但和歌具有将人带入神的时代的包容性，这一点应该是没有疑问的。尤其是"平原上，炊烟袅袅；海面上，海鸥群舞"几句中蕴含的辽阔、清澈的意象以及吟咏和歌的怡然自得的姿态，令人感慨万千。由于平地上炊烟升起，所以那里一定居住了许多人，当然，距离建村或立国之初已经过去了很长的时间，尽管如此，和歌鲜明的表达方式给人以新鲜感——绵延不断的土地呈现在眼前，就好像第一次看到这样的土地一样。因而，我们也就能够率直地接受"好国家呀"这样赞美国家的句子。

人们居住在这样一个大和国里，也许是在祖神的引导下得以实现的。但现在眼前绵延一片的是家家户户升起炊烟的景象，人们的工作与生活与周围的群山和水面飞翔的群鸥融为和谐的整体。如果没有这种集体工作和生活，也就不会有"望国"的行为。"望国"是对集体工作和生活的深层意义加以确认的一种仪式。舒明天皇登到可以一览大和国的香具山上，赞美大和国的自然景象，赞美平原和海面，同时又赞美了人们的集体生活。大自然与共同体紧密地联系在一起，赞美大自然就是赞美共同体。在这个层面上，舒明天皇吟咏了这首和歌。从第一句到最后一句，一直保持着悠扬、平缓的节奏，给人以大自然与共同体幸福地联系在一起的印象。

当然，对共同体来说，大自然肯定不是始终带来恩惠的对象。大自然中也存在给共同体带来不幸和灾难的恶神，这种情况并不罕见。不过，人们经历不幸和灾难之后，克服了不幸和灾难，共同体因此而延续了下来，这也是事实。而且，只要共同体存在，就不知道什么时候不幸和灾难会再降临。正由于有了这样的恐惧和不安，炊烟袅袅的平原和海鸥飞舞的海面等幸福的景象更使人觉得珍贵。人们将这种想法融入共同体首领吟咏的旋律优美的和歌之中，这就是"望国"之歌。从吟咏和歌的人的角度来说，祈愿和歌中神灵常在，且这个神灵会阻止未来不幸和灾难的发生，这并不奇怪。"望国"是集中体现了共同体思维的一种仪式，正由于此，"望国"之歌具有了预先祝贺的意义，这是十分自然的。

后文会讲到，随着时代的发展，《万叶集》中的和歌表达作者个人情怀的倾向越发强烈，不过，这首表达"望国"意义的和歌的作者舒明天皇并不是作为个人，而是将集体意识作为自己的意识来吟咏的。和歌中涉及个人行为的只有"登"和"眺望"两个词，而且这两个词并非为了凸显自己，而是接近于客观描述与集体的仪式相关的事实。天皇位于"望国"这一集体仪式的中心，他吟咏着与仪式相关的和歌。虽然和歌作者不可能被当作共同体中的无名氏，但作者是在充分把握了集体意识的基础之上吟咏的，这是毋庸置疑的。古代和歌中的包容性和悠闲自得的精神，借着工整的韵律，在直率地表达集体意识的过程中形成了。

· · ·

《万叶集》卷一的第三首和歌是由长歌和反歌*组合而成的作品，这首和歌非常著名。

> 统治八方者，我们的大君。
> 清晨，用手抚，
> 傍晚，倚身旁。
> 喜爱使用的，我的梓木弓，
> 弓弦绷得直，一拉发声响。

---

* 　反歌，续在长歌后面的歌，其形式为短歌或旋头歌。——编者注

早起，去狩猎，

晚归，狩猎忙。

喜爱使用的，我的梓木弓，

弓弦绷得直，一拉发声响。

反歌

灵魂绕，宇智大平原，策马疾驰过。

清晨踏荒野，野地草木深。

（"岩波日本古典文学大系"《万叶集　一》，第 11 页）

　　这首和歌通俗易懂。"我们的大君"指的是上一首和歌的作者舒明天皇。当天皇在宇智狩猎时，他身边的宫廷人吟咏了这首和歌。

　　与前两首和歌不同的是，诗中出现的人物并非和歌的吟咏者。这首和歌的"和歌序"中这样写道："天皇于宇智之野狩猎之时，命中皇命间人连老献歌。"有人认为这首和歌的作者是中皇命，也有人认为是间人连老。但不管怎么说，这是天皇身边宫廷中的人在天皇狩猎时吟咏的一首和歌，这一点是没有争议的。

　　这首长歌将率领一群随从、出外狩猎的天皇的勇猛形象寄托于其喜欢使用的梓木弓上，抒发诗情。诗中重复吟咏了"喜爱使用的，我的梓木弓，弓弦绷得直，一拉发声响"的句子，具有强烈的效果。相同语句的重复经常出现在民谣、民间故事中，在这首长歌中，语句的重复既起到了调整语调，又起到了强调内容的作用。西乡信纲在《万叶私人笔记》中对此有着精彩的评述。

　　弓发出的声响非常有节奏，就像是在耳边响起一样。……
"御執らしの、梓弓の、長弭の"［喜爱使用的，我的梓木弓，
弓弦绷得直］句中连续几个"の"*[no] 音，后面一句"音すな
り"［一拉发声响］以"音"[oto] 字开始，然后再以"なり"**[nari]
加以强调，告一段落。其节奏似乎就出自这里。如果是一般的
长歌的话，其结构应为 5—7 音交错，但这里却以"長弭の、音
すなり"（弓弦绷得直，一拉发声响）的 5—5 音突然结束。如
果为 5—7 音的话，虽然在意思上一句话结束，但从声音的流动
情况来说，它自然而然地引起下一句的 5—7 音，这种连续性是
无法中止的，但以"音すなり"的 5 个音节强制终止的话，在
音韵学上就起到了一个休止的作用。而且，音韵学上的这种休
止反过来又变成了一种否定的力量，只留下弓弦的声响，或者
说只留下那跃动的声音。通过抑制和由否定带来的激昂，就好
像清澈见底的流水突然间拐了个弯，遇上浅滩，发出了声响，
而人们只听见这个声响一样。

（《万叶私人笔记》，未来社，第 41 页）

　　这段评述文字深入声响的细节，试图讲述语言的力量，既犀
利，又细致。我没有什么需要补充的地方。读完这首长歌，低低的
弓弦声似乎还在耳边回响。

　　反歌一开始，在弓弦发出含混不清的声响的过程中，明亮的あ

---

* の，相当于汉语"的"。——译者注
** なり，在古日语中相当于汉语中表判断的"是"。——译者注

段（a 段）*音た（ta）、ま（ma）、わ（wa）和锐利的い段（i 段）音き（ki）连续排列的枕词**"たまきわる"（tamakiwaru，灵魂绕）首先出现，宇智原野在眼前宽阔地延伸，几十匹骏马奔驰在原野上，马上的勇士们手里紧紧握住巨弓。时间正是清晨，朝阳升上东方的天空，朝露打湿了草木。在嘶鸣的马群和勇士前方是一片深草覆盖的原野。

通过倾听弓弦发出的声响而聚集起来的力量，随着反歌的吟咏，不断地往前、往外极力地扩张。与长歌的静相比，反歌是动态的，这个对比十分鲜明。

尽管如此，反歌里的动并非恣意奔驰的动。我们虽然能真切地感受到一群马和人的运动，但此处的并非人马合一、急速奔驰的即时的狩猎运动。在反歌中，运动停留在预感的层面。最后一句的"野地草木深"是个省略句，加快速度的省略句形给人以勇敢跑向原野的人马不断运动的感觉。草木深深的原野里隐藏着许多猎物，清晨壮观的狩猎之后等待着人们的是极大的满足感和喜悦。

当我们按照由长歌到反歌的阅读过程来探寻诗句的流动时，我们可以知道，这首和歌与上一首和歌"大和国里，群山多……"一样，具有强烈的预先祝贺的意思。狩猎与农耕一样，是以大自然为对象进行的集体行动，为自然状况所左右。为了取得更多的收获，猎人们进行英勇的集体行动时必须具有良好的自然条件。和歌中蕴含着对自然的祈愿。古代人面向大自然祈愿时，一般采取召唤隐藏

---

*　日语五十音图是由日语假名排列出来的表格，相当于中国的汉语拼音，是学习日语的基础。表中，纵向称为"段"，每段 10 个假名，共有 5 段。横向称为"行"，每行 5 个假名，共有 10 行。"a"段为其中一段。——编者注

**　枕词，日语古诗文中的一种修辞手法。尤其是在和歌里，将枕词置于某个词前，以起到导入这个词或调整语调的作用。一般情况下，枕词与其被导入的词一旦被固定下来，是不会被改变的，且枕词具有 5 个音节的情况最多。——译者注

于大自然中的灵的形式。当人们用和歌的形式来向大自然进行召唤时，他们相信，语言中隐藏着的灵与大自然中隐藏着的灵是能够相互交流的。

反歌中吟咏"野地草木深"时，浮现于人们的脑海之中的宇智原野覆盖着深草，既非现实的景象，又非想象中的景象，生活于 21 世纪的我们，从中也可以读到呼唤大自然的作者那近似于祈愿的真切情感。无论是长歌中反复吟咏的"喜爱使用的，我的梓木弓，弓弦绷得直，一拉发声响"，还是反歌中吟咏的"策马疾驰过，清晨踏荒野，野地草木深"，我们都可以感受到那种生动，这与从外部观望景色的第三者的客观描写有着本质的区别。我们之所以能够感受到它们的生动，是因为一连串的诗句里蕴含着唤醒大自然的新鲜的力量。大自然不是客观观望和客观描述的对象。在人与大自然之间，是有灵的交流的。这种交流的最强有力的媒介之一就是语言，尤其是具有韵律的诗歌中的语言。上述三首和歌都属于初期万叶和歌里的优秀作品。在人们集体意识的基础上被创作出来的初期万叶和歌中，有许多与大自然进行交流的、巫术性很强的和歌。

· · · · ·

前面我们按照《万叶集》一开始的长歌、长歌、长歌加反歌的顺序进行了分析，下面我们换个方向，来思考位于《万叶集》卷二中间的两首"挽歌"。这两首和歌是这样的：

有间皇子自伤结松枝歌两首

磐代海滩边，松树枝茂繁，系结松树间，

倘若身安全，还来松间看。

在家时，盛饭用饭笥，

旅途上，露宿在野地，

盛饭唯用米槠叶。

（"岩波日本古典文学大系"《万叶集　一》，第87页）

有间皇子是孝德天皇的皇子。658年，在苏我赤兄的唆使下，企图反叛，但为赤兄所背叛，被抓了起来。后来，他被带到齐明天皇巡幸的地方——纪州汤崎温泉，在这里她受到中大兄皇子的审讯。两天后，有间皇子被带往藤白之坂，被处以绞刑。

有间皇子被带往纪州的途中，在磐代这个地方，预感到自己的死期将临，于是吟咏了这两首和歌。给树枝打结是古代的一种祈祷生命安全的方法，从后两句的"倘若身安全，还来松间看"来看，有间皇子多多少少相信自己能够获救。

第二首和歌的关键在于"家"和"旅途"、"饭笥"与"米槠叶"的对照上。特别是"饭笥"和"米槠叶"，用具体的事物进行对比，以呈现失意旅途上的苦闷情绪，给人以深刻印象。此外，在和歌流畅的吟咏中，加入略带停顿的"旅途上"一词，很好地起到了在加了点曲折情绪之后又往下连接的作用。

从和歌中涉及的意象的角度来说，人物和事物并没有融入大自然，也没有在共同体的背景下、极力强调与共同体的交流，这一点与此前我们提到的和歌有极大的差异。这种差异究竟源自何处？

因为这是一首与死亡相关的和歌，所以它与大自然和共同体的关系非常薄弱，这是近代以来的想法。死者回归自然，比如说回归土地，这是自古以来日本人的想法，而且埋葬死者是自古以来共同体中非常重要的工作。我们恐怕不能简单地认为死亡本身与自然的关系、与共同体的关系是非常薄弱的。我们回想一下巨型古坟的情况就可以了解到，如何将死亡纳入共同体中，这是关乎国家命运的重大事件。巨型古坟中埋葬的死去的国王，融入大自然之中，与共同体紧密地联系在一起。

有间皇子也是一个有权有势的人。上述两首和歌中吟咏的死亡，与巨型古坟中的国王的死相去甚远。有间皇子的死不仅为大自然所抛弃，而且也为共同体所抛弃。但他的死以美丽的诗句吟咏了出来。在充分表达与大自然的融合以及与共同体的和谐的和歌里，看到人的价值和美丽，另一方面，从既被大自然抛弃，又被共同体抛弃的令人感到悲哀的死亡之中，也可以看到人的价值和美丽，并将其用5—7—5—7—7的韵律优美地吟咏出来，这是万叶和歌中人们的集体意识。

关于有间皇子在19岁时就被处以绞刑的情况，在《日本书纪》"齐明天皇四年"的条目中有记载。可能这是在大和朝廷及周边地区广为人知的事件。面对中大兄皇子的"何故谋反"的询问，有间皇子回答道："只有天知、赤兄知。我根本不知道有此事。"这个回答充满了刚毅和果敢的感觉。中大兄皇子是如何回应他的呢？《日本书纪》中并没有记录其内心活动。但过了两天，有间皇子被处以绞刑。从这个记载来看，有一点是可以确认的，即中大兄皇子认为有间皇子的言行是不可饶恕的。

从这些描述中，我们可以知道这样的史实，即当时的掌权者之间产生了根深蒂固的对立和矛盾，由此发展成谋反，但是，谋反的计划在实施之前就已经败露，主谋者被判刑。在权力拥有者之间，这样的斗争其实并不罕见，《古事记》和《日本书纪》中描述了一些与此类似的事件，其描述手法具有一定的客观性。关于有间皇子事件的记录，叙述者在事件的主要人物有间皇子、苏我赤兄和中大兄皇子三个人之间，并没有特别地偏向于哪一个人。至少叙述者并没有采用哀伤、悼念有间皇子之死的写法。

在《万叶集》中，这种写法发生了巨大变化。虽然卷二"挽歌"一开始的两首和歌描述了谋反事件的史实，但没有将视线投向权力拥有者之间的斗争方面，而是放在了被迫走向死亡之路的人的精神层面，试图用文字将其精神记录下来。

谋反的企图败露后遭到逮捕的有间皇子在被带往中大兄皇子处的途中，路过一个叫作磐代的村庄。在那里，他给海滩边的松树枝打上结，吟咏道：如果还活着的话，就再来看一次松树吧。此外，他还吟咏道：在旅途中，没有盛饭的器具，只好用米楮树的树叶来盛食物。在这两首和歌中，权力之争退隐到背景深处，面临死亡的有间皇子的失意和悲伤被推向舞台中央。有间皇子被抓之后被送往中大兄皇子之处，此时他依然是权力拥有者之一，正因为如此，他必定要遭到抹杀。两首和歌中描述的是一个远离权力斗争、面临死亡的普通人的形象。从这样一个普通人的形象中，我们可以看到人的价值。更进一步说，通过将这个形象用 5—7—5—7—7 的韵律吟咏出来，可以使人们从中发现诗意美。因而，这两首和歌被置于卷二"挽歌"的开头部分。

　　用仅有 31 个音节的短诗的形式是无法详细叙述与有间皇子死亡相关的史实的。即便只抓其要点进行叙述也很困难。那么，在人的情绪表达方面又如何呢？从叙述情绪的角度来说，过少的字数在表达方面一定会有很大的限制。31 个音节的短诗是无法一一叙述人的情绪的。死亡的悲哀可以延续好几天，或好几个月，有时是好几年。而且，在这期间，悲哀的程度、承受悲哀的能力以及排解悲哀的方式都会多次发生变化。以具有 5—7—5—7—7 韵律的短歌表达这样的情绪时，情绪与语词之间必定会产生激烈的搏斗。叙述者必须对情绪加以分解、切割、消除、凸显、压缩、对照和重组之后，将之化为语言。这时，叙述者还必须对涌上心头的词进行否定、压缩、修正或用其他的词替换。情绪和词之间的搏斗不仅在某个歌人（擅长或专门吟咏和歌的人被称作"歌人"）的内心展开，而且还在和歌创作、吟咏、欣赏等集体活动中，在诗歌被传承的历史中展开。

　　在情绪和词相互角力的吟咏挽歌的传统中，有间皇子的这两首和歌表达了面对死亡的悲伤，这已经成为鲜明的典故被固定了下来。打了结的松树枝、旅途中用米槠叶盛装的饭中融入了面临死亡之人内心的痛苦。打了结的松树枝和用米槠叶盛装的饭都不是与死亡直接相关联的东西，但在有间皇子被绞死的史实的基础上，我们再阅读这两首和歌时，就会感受到死亡与和歌紧密相关、不可分割，而松树枝和用米槠叶盛装的饭中凝聚着死亡的悲伤。由此，人们阅读、传颂这两首和歌，并将这两首和歌置于《万叶集》卷二"挽歌"的开头部分。人们如何面对死亡？如何接受死亡的悲伤？如何共同忍受并从中解脱出来？这是从古至今东西方国家的人们所面临的巨大课题。在《万叶集》中，"挽歌"是与"杂歌""相闻"并列的三大分类之一。无论是从精神史的观点去看，还是从文学史的观点去看，这个分类的形成以及用浓缩的 31 个音节来表达死亡这一形式的形成，都具有深远的意义。这两首和歌之后，《万叶集》的编者紧接着排列了与给磐代的松树枝打结相关的 4 首和歌。这种排列方式就好像是在述说，歌人们的共同愿望和共同创作确立了挽歌的形式。

磐代海岸边，松树枝头繁，打结松枝间，人若再归还，是否松枝看？

磐代海水急，松树野中立，松结无人解，我心无人理，往事浮心底。

鸟飞翔，皇子魂飘摇。望松枝，人不晓，松树定知道。

以后来看吧，打结松枝梢，在磐代，松树高，还会再来瞧？

（出处同上，第 87—89 页）

有间皇子的"磐代海滩边，松树枝茂繁……"的和歌本身就是一首音调工整、朴实以及形象鲜明的挽歌，而后来的歌人们从皇子的和歌中读出死亡的悲伤，从表达死亡的诗句中发现了人的价值和美丽，这更加赋予了这首挽歌以光辉。

· · · · ·

658 年，有间皇子因谋反被捕、处以绞刑之后，过了 28 年，即 686 年，同样因谋反罪而遭到逮捕的大津皇子，在被捕第二天就被处死了。当时，大津皇子 24 岁。这依然是围绕皇位继承权发生的权力斗争招致的死亡事件。

《万叶集》卷三共收录了三首大津皇子的挽歌。

大津皇子赐死之时，磐余池陂流涕御作歌一首
数到百，磐余池畔，鸭鸣声，
今日听罢不再闻，云中去隐身。

（出处同上，第 199 页）

"数到百"是枕词。据说是因为在数到一百的过程中，要数五十，所以它成为导入"磐余"的一个枕词 *。"云隐"是在诗歌中表达死亡的一个词，是以死去的人的灵魂升上天空、直入云霄的形象为基础被创造出来的。这首和歌的大概意思是"磐余的池塘边，一群鸭子在鸣叫。今天是能够看到这些鸭子身影的最后一天，明天我就要离开这个人世了"。

与有间皇子的两首挽歌相比，这首和歌中描写的死亡的紧迫感更胜一筹。预示死亡的"云中去隐身"一句放在和歌的最后，在以此句结束全诗的同时，无意见与池畔鸣叫的鸭子形成了鲜明

---

* "五十"在古日语里读作"い"（i），因此它成为导入"磐余"（iware）的一个枕词。——译者注

的对比。这既是生与死的对比，又是自然与人事（政治）的对比。面临死亡的大津皇子亲手创造出这种对比，将其用和歌的形式表达了出来。作为一个人，这种面对死亡的从容不迫使人感觉到不凡的气质，由此创作出的格调高雅的和歌也能打动人心。从有间皇子的挽歌到大津皇子的挽歌的变化之中，我们可以看到，死亡变得更加贴近个人、更具紧迫感了。我们可以举出许多造成这种变化的外部因素，如政治环境的不同、权力斗争的构成不一样、两位皇子的素质和性格差异等，但从挽歌的形式来说，可以说作者逐渐变得情绪化，发自内心地认为迎接死亡是一种必然。因为当作者用 31 个音节的和歌来吟咏死亡时，作者一方面沉浸于面对死亡的悲哀之中，同时又苦苦推敲诗句，应该说这种表现手法是最符合人之常情的。由于深深陷入面临死亡时的悲伤，池中鸣叫的鸭子与天上飞翔的（像鸟一样的）魂交相呼应，这样的表现手法便应运而生。

在《万叶集》中，大津皇子自身面临死亡而吟咏的挽歌只有这一首，但大津皇子同父异母的姐姐大来皇女哀悼弟弟之死的挽歌有4 首，一并收录在《万叶集》卷二中。下面我们引用其中的后两首。

移葬大津皇子尸于葛城二上山之时，大来皇女哀伤御作歌二首

此世活着的，是我啊，
自打明天起，二上山，就是我弟弟。

岸石旁，马醉木生长，折一枝递君望，

哪曾想，你已不在此世上。

（出处同上，第 95—97 页）

　　"移葬二上山"指的是，将人死后即在殡宫（正式埋葬前，临时放置棺椁的地方）祭祀的遗骸，经过半年至两年后移葬到墓地的情况。大津皇子的墓地在二上山的雄岳山顶附近。上面两首和歌吟咏了移葬大津皇子时，大来皇女再次依依告别弟弟的遗骸的情景。

　　第一首和歌的意思是，"活在这个世上的我，从明天起是不是就要将那座二上山当成弟弟来眺望了呢？"这首和歌表达了这样一个愿望，即虽然不能够与活着的弟弟见面，但由于作者相信弟弟的魂在二上山附近飘荡，所以通过眺望二上山来缓解心中的悲伤。

　　第二首和歌的意思是，"我虽然想折一枝生长在岸边石头上的马醉木给你看看，你却已经不在人世了。"马醉木的花盛开时聚集在一起，形状像小小的水壶，将人与人之间细微情感的交流寄托在这个花上是十分恰当的。

　　有间皇子的两首挽歌和大津皇子的一首挽歌，分别吟咏了临近死亡时自我感伤的情景，而大来皇女的两首挽歌则是表达对他人之死的悲伤。毫无疑问，挽歌一般都是哀悼他人之死的，而对自己的死进行哀悼的是特例。之所以出现这样的特例，可能是因为人们的内心深处有一种集体意识，当人们吟咏和歌时，多多少少可以像哀悼他人之死一样，去哀悼自己的死吧。

　　在日本最早的和歌总集《万叶集》中，哀悼他人之死的挽歌已经呈现出其广泛性和深刻性。根据死者的地位、身份、境遇、死亡的方式和由死亡引起的波动等情况的不同，以及根据死者与挽歌作者的关系和交流情况的不同，挽歌会发生巨大的或微妙的变化。包含各种大小不同的变化在内的所有的挽歌，在哀悼人之死这一点上是完全相同的。"挽歌"之所以成为与"杂歌""相闻"并列的《万叶集》三大分类之一，是因为死亡之悲伤强烈地震撼着古代人的内心，促使人们运用31个音节来表达哀伤之情。除了《万叶集》中收录的各式各样的挽歌外，一定还有许多挽歌因佚失而没有收录。

　　当亲近的人死去时，人会产生悲哀的心情。这是自然而然的人的内心的变化。更进一步，人会流泪、放声哭泣。这也是自然而然的人的内心变化。然而，用31个音节的短歌来表达悲哀之情就不是自然而然的内心活动了。尽管许多人会采取创作挽歌的形式，但这属于超越自然的文化活动。7—8世纪，人们用和歌表达对死亡的哀悼之情，试图创造出一种文化——悼念死者、忍受悲伤、进入悲伤的世界并与其他人共享悲伤之情。而实际上，人们也创造出了这种文化。死亡之悲伤以及对死者的追思，不是挽歌唯一的表现内容。在殡宫或墓地举行各式各样仪式的过程中，或者在人的死亡前后，周围的人们在进行各式各样的叙述过程中，死亡之悲伤和对死者的追思也已经得到表达。我们翻阅《万叶集》中所有的挽歌，就会发现与死亡相关的情绪和观念在挽歌中被表达得多姿多彩，这是毫无疑问的。当阅读这些挽歌时，我们对古代人与死亡相关的精神世界的深远广阔，会有一个清晰的认识。由于挽歌采取的是5—7—5—7—7的文学形式，所以围绕死亡的精神世界可以说变得更加广阔和深远了。

　　前面我们分析的大来皇女的两首挽歌吟咏的是同父异母的姐姐哀悼弟弟之死的情景。大来皇女还吟咏了两首与此不同的著名和歌，这是她为表达对还在人世的大津皇子的关心时吟咏的，也收录在《万叶集》里。

> **大津皇子偷偷前往伊势神宫回来时，大伯皇女御作歌二首**
> 我的弟弟哟，送你回归大和地。
> 夜已阑，晓露滴，目送直至衣打湿。
>
> 两人行，已艰难，秋山高且远。
> 你一人，又如何，独自越过此高山。
>
> （出处同上，第 71 页）

这两首和歌收录在《万叶集》卷二的"相闻"中，但不是恋歌。大津皇子心怀谋反的计划，前去拜访伊势斋宫*的姐姐。之所以说"偷偷前往"，可能是因为大津皇子要谋反的消息已经传了出来。结束拜访之后，大津皇子回到京城。对弟弟的未来感到不安的大来皇女吟咏了上面两首和歌。

第一首和歌用"送"这样一个带有主动意愿的词，充分表达了作者不情愿的心情。远去的弟弟与衣服都被夜露淋湿了却依然站在那里的姐姐相互对照，悲痛之情无与伦比。

第二首和歌虽然直截了当地表达了大来皇女担心弟弟归途中的寂寥与艰辛的心情，但实际上她更加关心弟弟回到都城后的危险处境。之所以能够这么理解，当然是因为和歌中融入了谋反的史实。

---

* 所谓"斋宫"是指以天皇的名义被派往伊势神宫的皇女，或者这个皇女居住的地方。天皇即位后，会从未婚的内亲王或王女中选择一位派遣到伊势神宫去。后文有详细的解释。——译者注

由于"和歌序"中已经对这个史实做了暗示，可以说是编者要求我们这么理解的。

死亡的悲哀和对死者的追思具有广泛性，甚至延伸到了"挽歌"之外的类型之中。

· · · · · ·

在这里，我们必须要提及《万叶集》中颇为著名的歌人之一——柿本人麻吕。

此前我们提及的和歌的作者都是位于权力中心的天皇或皇族成员，与他们不同，从身份上来说，柿本人麻吕是一位六位之下的下层官吏。但在和歌创作方面，天皇、皇族成员基本上都是业余歌人，与他们不同，人麻吕根据宫廷的需要创作和歌，他是一个专业歌人。人麻吕的创作时间是从 7 世纪末至 8 世纪初，有大约 20 年。从持统天皇时代到文武天皇时代的宫廷生活和文化中，吟咏和歌、欣赏和歌的活动非常重要且兴盛，以至于当时产生了专门的歌人。人麻吕在这样的时代里磨炼诗艺，充分发挥了其文学上的才华。《万叶集》中收录的人麻吕的和歌有长歌 18 首，短歌 67 首。

> 轻皇子宿于安骑野时，柿本朝臣人麻吕作歌
> 统治天下呀，我的大王哟。
> 光辉灿烂呀，太阳之皇子。
> 你就是神啊，庄严又神圣，
> 伟大君临者，离开其都城。

隐约看得见，泊濑山峡谷，
巨树高且直，崎岖山中路。
绕过大岩石，躲过高树木，
坂鸟鸣不已，拂晓终越过。
黄昏已来临，如玉放光辉，
阿骑原野上，大雪落纷飞。
积雪压不住，芒草细竹枝，
以草为枕头，露宿在旅途，
怀旧并思古。

短歌

阿骑原野间，旅人宿野田。
一切随从人，但难安入眠，旧事古情涌心间。

草茂繁，阿骑荒原间，
似黄叶飘落，君去也，只留身影淡。

东边天，原野间，曙光初出现，
回首看，明月挂西天。

日并皇子，在马侧，
去狩猎，又是拂晓时。

（出处同上，第33—35页）

　　轻皇子是后来的文武天皇。他是日并皇子（草壁皇子）的儿子，其父亲死后，在其父亲留给他的土地阿骑野狩猎时，作为随从的柿本人麻吕吟咏了上面的一首长歌和四首短歌。

　　长歌开头的四行——"统治天下呀，我的大王哟。光辉灿烂呀，太阳之皇子。你就是神啊，庄严又神圣，伟大君临者，离开其都城。"将轻皇子视为神是极具礼节性的说法。作为一个专门为宫廷服务的歌人，当他吟咏皇族成员的活动时，是不可能脱离政治的。在仪礼歌中，轻皇子必须被描写成神一样的存在。

　　第五行"隐约看得见，泊濑山峡谷"之后，歌人在按照仪礼歌的形式进行吟咏的同时，尽管描写的是狩猎过程中的一个场景，然而还是想真实地描绘出皇子的形象。狩猎的一行人越过泊濑山，前往阿骑野。山上树木长得非常繁盛，人们走在岩石崎岖的山路上，越过这座山，就会来到芒草、翠竹丛生的原野。傍晚时分，一行人抵达原野，不巧的是，天上大雪纷飞。在原野的一角，轻皇子临时留宿。他脑海中不断回想起父亲（日并皇子）生前的许多往事。

　　在 5—7—5—7 的音律的变化下，风景流动，时间流逝。日落之际，人们睡觉休息，但是往日的情景使得人们无法安睡。和歌似乎并没有完结。和歌韵律感十足，结尾处却余音袅袅，这种创作手法增强了长歌的文学性。人麻吕的创作远远超过了宫廷歌人仪礼歌的创作水准，从中我们可以看出作者冷静的观察和文学上的想象力。

　　"露宿在旅途，怀旧并思古"给人以余音袅袅之感，以强有力的表达让余音安定下来的是后面的四首短歌。

　　第一首短歌直接延续了长歌最后两行的情绪。它吟咏了露宿在阿骑野的人们因陷入对往事的回忆之中，所以无法安然入睡。此次

柿本人麻吕，歌川国芳绘

狩猎的场景与往日里日并皇子的狩猎场景重合在一起。这首短歌对此情形重新加以确认。或许人麻吕本人就露宿在这里，实际体会了这种情形。

第二首短歌，在时间上稍微回溯过去，吟咏了踏遍荒野的情形。"黄叶"是"去"的枕词，"君去也"是说日并皇子已经故去。在这首和歌中，第三句之后的内容都与曾经的狩猎紧密相关。

第三首短歌吟咏了黎明时分的大自然。东方的天空中现出光芒，将大自然唤醒，人们也从睡梦中醒来。人麻吕站在原野中间，观望着大自然的景象出现在眼前。遥望天地间，当目光转向西边的天空时，看到淡淡的月亮正往下落。这首短歌是人麻吕的代表作之一，正如人们所评价的那样，它是一首雄浑、壮丽的著名和歌。随着太阳的升起，大自然开始苏醒。不知什么时候，大自然苏醒的气息与作者的心跳节拍重合在了一起。

在赞美宏伟壮丽大自然的第三首和歌之后，是以大自然为背景，歌唱雄壮的狩猎景象的第四首短歌。"日并皇子"这个名词第一次出现在这首和歌中。从此前的三首短歌来看，已故父亲的身影与儿子轻皇子的身影完全重合，轻皇子的狩猎行为不仅仅为大自然所祝福，而且也为往事所祝福。过去的"去狩猎"的行为以"又是拂晓时"的表达形式强势回归。这种略带曲折的表现手法值得玩味。至此，长歌的袅袅余音戛然而止。

上述人麻吕创作的一首长歌和四首短歌延续了仪礼歌（向身份高贵的人献上的歌）的样式，同时，人麻吕也充分展现了其作为歌人的能力。尤其是四首短歌中的自由不羁和恰到好处的着眼点、顺畅流利的语言以及环环相扣的结构都令人玩味。律令制统治结构正在重组之际的古代国家正处于这样一个时期——神话性的自然观和人类观与源自个人的情绪、思维和行为既对立又共存的时期。作为一个下层官吏，人麻吕服务于这样一个古代国家的中枢机构——宫廷，创作出在具有共同性的表达方式中融入了个人情绪和思考的独具特色的作品。

　　人麻吕的作品多为仪礼歌，但除仪礼歌之外，他也创作了一些抒发个人情怀的和歌作品。比如下面这首和歌。

柿本朝臣人麻吕从石见国别妻上来时歌

石见海，角浦回，

人们好像都在说，没有泊船好海湾，

也无采藻之浅滩，人们似乎都在谈，

哎呀呀，没有好海湾，

哎呀呀，没有浅海滩。

海湾好捕鲸，面对海岸边，

和多津哟，荒石滩，

绿油油的，漂亮海藻一片。

清晨海鸟振翅飞，海风轻拂面，

傍晚海鸟振翅飞，波浪层层卷。

乘波浪，海藻涌海滩，

如同海藻般，依稀妹妹依身边，

好似霜露降，落至我眼前。

此路行，路途多艰险，

多少次，回首看，

去故里，更遥远，

越过山，高山入云端。

如夏草，情思蔫，

妹想我，我想再过妹门前。

让开吧，这群山。

反歌两首

石见国，高角山，树林长一片，

妹从树林间，看我挥袖身已远？

竹叶细，风吹沙沙响，路上散零乱，

思妹在心间，离别在眼前。

　　仪礼歌是人麻吕站在为持统天皇和文武天皇服务的立场上吟咏的。他曾离开大和国，前往石见国做官。上面的一首长歌和两首反歌是他离开石见国回京城时，为与和他一起生活的妻子分别感到悲伤而吟咏的。与仪礼歌不同，他不需要放低身姿。

　　这首长歌以"石见海"开始吟咏，叙述了作者离开石见国海边的风景。海边似乎看不到海湾和浅海滩，然而，虽然没有海湾和浅海滩，但海岸边的乱石上生长着美丽的、碧绿的海藻。清晨，海风吹拂，像海鸟振翅发出的声响一样，那么温柔；傍晚，海浪冲击，像海鸟振翅发出的声响一样，那么轻缓。随着翻滚的波浪，美丽的海藻漂动着，就像睡梦中的妻子依偎着"我"一样。吟咏到这里，全诗最关键的主题终于出现。从和歌的修辞角度来说，从第一句的

"石见海"到"如同海藻般"的11行共22句诗被称作序词*,是修饰性的表达。大海既没有海湾又没有浅水滩的情况下,作者将目光投向乱石上生长的美丽海藻。随着风浪摇曳的美丽海藻成为特写,同与分别的妻子同枕共寝的情景相重叠,这样的诗句的流动绝不是仅仅用"修饰性"就能够概括的。人们与万物之间有一种灵魂上的交流,这种神话般的世界观至今还深刻地影响着人们。

自第24句"梦中妹妹依身边"被吟咏出来之后,诗风一变,转为直接吟咏自己和妹妹(妻子)的关系。客观的风景也从大海转为高山。从和歌的表现手法来说,随着场景从海边转移到山上,此次旅行的目的也得以明确地表达,即这是与妻子分别的一次旅行。在崎岖山路上旅行的艰辛同与亲密爱人分别时的痛苦重叠在一起,形成一股急流。此外,在"如夏草"(枕词)后的诗句中,作者的想象一下子从眼前的山路,跳跃到思恋故乡妻子的深深的痛苦之中。最后,作者写下激昂的、带有命令口吻的"让开吧,这群山"一句,长歌到此结束。从作者对群山发出强烈命令的诗句中,我们可以感觉到,巫术性的语言观——认为语言中有灵魂,能够撼动大自然——依然存在。

第一首反歌的意思是,妻子是不是正从石见国高角山的树林中看着我,挥着衣袖呢?挥衣袖是分别时的动作。这个动作中蕴含着对分别之妻的情感。最后一句的"看我挥袖身已远?"表达了作者强烈的意愿,他希望自己的情感也能够传达给妻子。

第二首反歌叙述了进入山路之后,作者觉察到自己的情感已经

---

* 序词,在和歌或其他韵文前,为引导出某个词语而使用的修辞性的词语。与枕词一样,序词也具有修饰功能,不同于枕词的是,序词没有长短等方面的限制,比较自由。——译者注

不能够传达给妻子了。这不是说由于思恋而想象对方的情景，而是说知道自己的情感无法传达给对方，只好面对因思恋而感到孤独的内心。开头的三句诗，以さ（sa）音的交叠来暗示一片竹林中的竹叶随风发出声响的情景。诗句随之一转，将视线转向内心世界，表达了离别的痛苦之情。这种前后的对比十分鲜明，与上一首反歌相比，这首诗的抒情气息更加浓郁。

毫无疑问，鲜明的对比展现出人麻吕文学上的功力。换个角度来看，可以说这首诗反映了这样一种事实，即以共同性为基础的和歌向表达个人情感的和歌方向转变。过去，人们从山上竹叶的沙沙声响中可以感受到大自然的灵的运动，人们的内心也为大自然所包围，并回应大自然。但现在，歌人的内心已不再直率地与大自然同步，歌人甚至刻意将目光转向人与大自然的矛盾之处，由此试图表达人内心的变化。细竹的沙沙声响与对妻子的思恋无论如何无法统一。"零乱"一词极端地表达出这种矛盾。

通过自觉地意识矛盾并深入地挖掘矛盾，抒情的"相闻"和"挽歌"的世界得以拓展。

· · · · · · · ·

神话、民谣、民歌继承了人们的集体意识，柿本人麻吕在此基础上，深入发掘个人的情绪和情感，将个人情绪和情感中蕴含着的各式各样的思想、形象和情调，转变为自己独特的表现形式，因此，他成为迁都奈良（710 年）之前，代表万叶前期的最著名的歌人。此后，和歌在集体场合下表达集体观念和幻想的内容减弱，开始向表达人的内心方面极度倾斜。

与这种诗歌表达上的倾向略微不同的是山部赤人的叙景诗。柿本人麻吕吟咏大自然的诗歌里依然保存着与万物有灵的大自然相融合的感觉。与人麻吕相比，赤人的诗歌可以说具有一种重要的特点，即赤人与眼前的自然隔着一段距离，客观地观看大自然，并用清逸的语言表现它。例如他跟随天皇巡幸吉野时吟咏的这首和歌：

> 漆黑一片，夜更阑，
> 梓树生，清澈河滩边，
> 群鸟鸣叫声不断。
>
> （"岩波日本古典文学大系"《万叶集 二》，第 139 页）

歌人将梓树、河滩以及群鸟的叫声从眼前的大自然中分离出来，将它们作为夜色中的景物，用 31 个音节吟咏出来。与其说歌人想叙述与大自然的感应，不如说歌人想将作为风景的自然景象，用语言表达出来，叙景诗的色彩十分浓郁。从这个意义上讲，或许歌人面对的是属于自己的独特的风景。

不过，我们要想理解《万叶集》中柿本人麻吕之后的和歌表现的多样性，必须将目光投向与山部赤人同时代的山上忆良和大伴旅人的创作上。

首先，我们来看看山上忆良。《万叶集》卷三中有这样一首和歌：

山上忆良臣罢宴歌一首

忆良啊，如今要离席，

儿子在哭泣，孩子妈，亦等我归去。

（"岩波日本古典文学大系"《万叶集　一》，第 177 页）

　　这是在宴会中途，歌人要离席时吟咏的一首致歉的和歌。和歌的意思是说，"我这就要离开了，家里的孩子们在哭泣，孩子的母亲正等着我回去呢。"

　　这是作者在地方做官、生活在九州时创作的一首和歌。当时，大伴旅人是大宰帅*，山上忆良与他交情甚厚。《万叶集》中，紧接着这首和歌的是大伴旅人创作的 13 首赞酒歌，由此可见编者对两人进行比较的意图。此次宴会的主办者很有可能是大伴旅人。

　　无论是过去还是现在，宴会中途离席都不是一件面子上过得去的事。或者再三表示抱歉，或者悄然离开，除此之外，好像没有其他方法。但山上忆良却不是这样。他堂堂正正地提出离席的正当性，而且还是在应该给宴会锦上添花的时候吟咏的。

　　这首诗的背后呈现出作者对贵族奢侈生活的反抗情绪。而且，这种反抗是站在念及家中孩子哭泣、家中等自己回去的妻子的立场上吟咏出来的，这种劳动者的立场非常独特。在与现实发生冲突时，作者没有将内心的想法表现为激昂的情感，而是表现为生活上的矛盾，这一点十分独特。人们认为与其说这是一首抒情诗，不如说是一首表达思想的诗，其原因就在这里。避免流于感情用事是这首和

---

*　大宰帅，律令制国家中主掌大宰府的长官。——译者注

歌最大的特点。

尽管如此，山上忆良不是每天都去田野里劳作的农民，而是出席宴会的官吏和创作和歌的知识分子。他站在劳动者的立场上，在一定程度上否定了自己。在"忆良啊……"的诗中，这种否定以双重否定的形式呈现出来。一种是对象征着贵族生活之风雅的宴会的否定，一种是对装点贵族生活的风雅行为——和歌创作——的否定。双重否定是与作为地方官吏的忆良的官方地位不相符的，但通过和歌的创作，忆良试图继续留在那种不相符的地位上。

对于让大家接受山上忆良的立场，作为大宰帅位于北九州贵族世界中心地位的、与忆良竞相创作和歌的大伴旅人对他帮助很大。或许，对了解忆良性格的人们来说，"忆良啊……"这首和歌会随着他们的笑声——"又是这个人啊……"——而得到认可，忆良对此也心领神会，因此创作了这首充满谐谑气息的和歌。我们从第四句的"孩子妈"这个极其口语化的句子中也能够感受到这种轻盈的谐谑精神。但是，如果我们将它当作谐谑的诗来阅读，又会感到其中蕴含的某种反抗精神是极为罕见的。

山上忆良真切地表达热爱其子女的和歌是《万叶集》卷五中的"思子歌"。

> 食瓜呀，吾子忆心头，
> 食栗子呀，更添思子愁，
> 孩子从何处，来我身边游。
> 在眼前，到处走，
> 难以安眠不能休。

反歌

金和银，还有珠玉哟，有何用？

最珍贵的宝贝，亦不及吾子。

（"岩波日本古典文学大系"《万叶集　二》，第 63 页）

从这两首和歌中，我们可以看出山上忆良对他孩子的爱非同一般。在吟咏男女爱情的恋歌占绝大多数的万叶时代，我们应该承认，父亲思念子女的和歌开辟了新天地。但是，和歌并非理大于情的产物。理性占上风的话，欣赏和歌的心情就会减弱。长歌一开始的"吃瓜的时候，我会想起我的孩子，吃栗子的时候，我更会想念我的孩子"的吟咏还给人以悠闲自得的气氛，但后面的诗句氛围一转，好像观念发生了一百八十度的转弯。"孩子是从哪里来的"的疑问不像是由对孩子的爱而产生的，而"孩子们的身影在眼前晃来晃去，让人难以入睡"的吟咏听上去好像是在批判不管孩子的人似的。

反歌只能说是借着和歌的形式而进行的说教。作者举出金、银和玉，向人们追问，它们和孩子哪一个更重要？这种问询方式显得十分俗气。

或许我们可以说，"思子歌"体现了作者反抗贵族生活和贵族统治的姿态，是从观念上跨越了和歌界限的一个例子。山上忆良的反抗并没有将内心的情绪化为抒情性的表现形式并将它升华，而是胸怀内心的情绪，直面外部世界，试图表达出现实社会中的矛盾。但这种思想态度很难用以 5—7—5—7 音为基础的和歌的形式表现出来。忆良的这种反抗，如果只试图用和歌的形式表现出来，那必定是孤立无援的。

然而，山上忆良终身进行着质疑风雅的孤立无援的斗争。《万叶集》卷五收录的长歌《贫穷问答歌》是忆良步入七十岁之后的作品。

夹杂着狂风，雨水如泻的夜晚，
夹杂着大雨，大雪纷飞的黑夜，
实无法抵御，侵身的严寒。
粗盐黑又硬，取以用舌舔，
拿出糟糠酒，慢慢口中抿，
咳嗽声不停，鼻涕流不断。
并非我娇情，抚须开口言，
世上除我外，没人能这般。
虽然可夸口，浑身依旧寒，
取出麻布被，直往身上盖，
尽找出布衣，都往身上缠，
一层加一层，寒夜度艰难。
比起我而言，更有人贫寒，
他们的父母，腹中饥饿打寒战，
他们的妻子，乞食声声空抽咽。
此时此刻间，你该如何度，
贫寒之斯年？

（出处同上，第 99—101 页）

这是长歌的前半部分。风吹、雨打、雪纷飞的寒冷的夜晚，既没有吃也没有穿的贫苦人家虽然自负，却难以忍受饥饿和严寒。这时，作者想到比自己更加贫困人家的境遇：饥饿、寒冷的父母亲和哭泣着要食物的妻儿围抱在一起。他不禁问道："你又是如何生活的呢？"至此，长歌告一段落。

忆良吟咏的穷人的实际生活阴暗、凄惨，在《万叶集》中没有类似的作品。这种罕见的题材是这首和歌最大的特点。与此同时，我们还应该注意到，阴暗、凄惨题材及其表现手法都是与和歌的风雅尖锐对立的。在这一章中，我们从西乡信纲的论述中获得了很多启发，关于《贫穷问答歌》，西乡信纲在《万叶私人笔记》中有过论述。

首先是关于词语的独特性的问题。

　　值得注意的是，和歌中大胆运用了粗盐、糟糠酒等词语。粗盐是又黑又硬的盐……在古代，除了忆良外，没有和歌作者使用过这个词。糟糠酒是将酒糟放进水里融化后形成的。它是贫民喝的一种酒，多多少少有一些酒精成分，喝了它，身体可能会发热。在历史上，只有忆良一人使用这个词语。此外，在平安时代的物语中，像舔、抿、咳嗽等日常性的词语也只是偶尔出现，在万叶时代使用这些词语的人也只有忆良一人。

（《万叶私人笔记》，未来社，第 286 页）

山上忆良没有避开使用日常用语、俗语以及粗俗的词语。不，他极其主动地使用这些词语，试图建构一个并不风雅的世界。这就是独具思想性的歌人忆良的创作意识。

　　在关注到词语的独创性的同时，西乡信纲还关注到这首和歌在词语表达上的特点，即语调缺乏流畅性。

　　　　我们只要读一下由（《贫穷问答歌》上半部分的）17 行 33
　　句构成的和歌的"问"的部分，就可以感觉到它与人麻吕和歌
　　的语调截然不同。人麻吕和歌的语调是"波动的"、"音乐性
　　的"和"连续性的"，打动读者的心弦，像咒语似的。而忆良
　　的和歌是非连续性的、有点喘息似的，非常稚拙地想将某种观
　　念性的东西融进世俗的世界。……以人麻吕的"波动的"、"音
　　乐性的"和"连续性的"语调是根本无法表达忆良的主题的。
　　忆良和歌的主题中有着某种粗糙的散文性的东西，而且作者对
　　此十分清醒，忆良绝不是步人麻吕之后尘的二流歌人的原因也
　　在于此。

　　　　　　　　　　　　　　　　　　（出处同上，第 290 页）

　　我们尤其能够从"咳嗽声不停，鼻涕流不断。并非我矫情，抚
须开口言，世上除我外，没人能这般。虽然可夸口，全身依旧寒"
的 4 行 8 句中感受到非连续性的、粗糙的语调。

　　《贫穷问答歌》后半部分的主人公是比前半部分更加贫困的男
子，这部分是对前半部分末尾的提问"你是如何生活着的呢？"所
进行的回答。

　　　　天与地啊，虽说很广大，
　　　　于我而言，却是又窄又狭。

日与月啊，虽说很明亮，
对我来说，照不到我身上。
人皆如此，还是我独然？
我特别想，活得像普通人一般，
跟他人一样，从事农活与生产。
破旧棉衣裳，里面没有棉，
破烂身上垂，如同海松缠，
披在肩膀上，褴褛不堪言。
破庐风中摇，庐破将要倒，
庐中土地上，铺就一层草。
父亲与母亲，草上躺一边，
妻子和儿女，躺在另一边，
大家围一起，忧愁并哀叹。
炉子里，火不燃，
甑子中，蛛丝缠。
点火做饭事，早已忘天边，
恰似斑鸠叫，呻吟声不断。
尤其是，将短棍，
截去头，短更短，
里长手持棍，放声大叫唤，
喊声传屋内，屋内呼声高，
如此这般样，可有办法逃？
这就是世道。

　　人世间，充满着，忧愁和烦恼，

　　无法躲避无法逃，人非鸟。

　　　　　（"岩波日本古典文学大系"《万叶集　二》，第 101 页）

　　山上忆良虽然是下层官吏，但为朝廷做事，也曾作为遣唐使的一员去过中国。晚年，他还当过筑前守。他肯定没有像和歌中吟咏的那样，为贫困的生活而痛苦过。但是，在和歌中，他还是在很大程度上真实地描写了并不属于自己的贫困生活。和歌对忍受贫困而活着的人们的生活细节描写得非常到位，触及人们的心灵深处。从忆良的社会地位来说，他更加接近于和歌中出现的里长，而不是为贫困所痛苦的人。但很显然，歌人忆良站在为里长所压迫的贫困者一边。在《贫穷问答歌》中，里长作为最底层的有权势的人出现，由此，赋予了和歌相对立的社会矛盾。

　　通过客观、冷静地观察社会矛盾，以及给予苦于这个矛盾的人们以同情——这超越了作者的身份局限，忆良开拓了一个极其罕见的领域，即创作具有思想性和伦理精神的和歌。但在和歌的世界里，忆良不可避免地成为一个异端分子。在忆良之后的万叶歌人中，再也没有出现过与忆良处于同一境地、追求和歌的思想性和伦理精神的歌人，而且后来的《古今和歌集》《新古今和歌集》中也都没有出现过。追求风雅的和歌与追求思想性、伦理精神是截然对立的，正是这种追求风雅的和歌广泛且深入地统治着自平安时代至镰仓时代的和歌世界。从这个发展情况来看，《万叶集》中收录的忆良的11 首长歌和 53 首短歌应该说显示了这部日本最早的和歌集具有丰富的题材和宽广的胸怀。

· · · · · · · ·

大伴旅人虽然对穷人没有共鸣，但他也是具有思想性和伦理精神的歌人，这一点与山上忆良相同。如前所述，两人都远离都城，在九州这个地方结下友谊。两人的共同点在于，年岁已高却还在和歌创作方面热情不减，以及他们的创作中具有与中国诗歌的思想相通的特性。他们的创作态度是有变化的，从彰显和确认处于大自然环境中的共同体的集体观念和意识，转向深入个人内心，细腻、准确地表达变幻无常的情感。他们在抒情性极强的和歌中融入具有普遍性的思想性和伦理，背后有丰富的人生经验和对异国的文学、思想的熟悉作为支撑。此外，或许身处远离中央的偏僻之地的自我意识也促使他们去关注偏离和歌主流的思想性和伦理。

《万叶集》中收录的大伴旅人的和歌有七十多首，在偏离主流这一点上，"赞酒歌十三首"的特殊性格外引人瞩目。我们将这十三首和歌列举如下：

比起笨拙地沉思，
端起杯，饮浊酒，最合乎心事。

给酒起个名，圣字最合适，
古中国的大圣人，就是这么称呼的。

古时候，连七贤人
都想得到的，好像就是酒。

大伴旅人，菊池容斋绘

贤明人，与其开口言，
不如饮酒欢，醉中哭泣声，胜过人言谈。

说什么，做什么，
这世上，似乎再没有比酒珍贵的东西。

索性不要再做什么人，
变身成酒壶，

整日酒中浸。

啊啊多难看，摆起一副架子来，
不喝酒的人，定睛仔细观，跟猿差不远。

虽说是，无价宝，
岂能比，一杯浊酒，
价值高？

虽是夜光玉
怎能及，一杯酒，
释怀并消愁。

人世间，风流事，若难觅，
还不如，醉中放声泣。

此世间，若能快乐每一天，
在来世，即使变虫鸟，心也甘。

有生者，终将踏上不归路，
活着时当快乐度。

默默然，看似人聪慧，
却依然，不如饮一杯，

醉中放声泣。

（"岩波日本古典文学大系"《万叶集 一》，第177—179页）

第二首和歌引用了中国魏朝的故事——魏太祖曾发出禁酒令，对此，嗜酒的人就以圣人来称呼酒；第三首和歌举出竹林七贤，可以看出歌人在中国诗文方面的造诣；第十一首和歌吟咏的"在来世，即使变虫鸟，心也甘"中具有浓厚的佛教轮回转生的思想。这些教养和知识似乎给人以炫耀之嫌，但在十三首和歌中，这些教养和知识融入开玩笑似的赞美酒的轻快语调之中，并不令人感到不愉快。与山上忆良强烈的反抗和批判社会的意识相比，旅人的创作显得要温和、镇定得多。

将这十三首和歌按顺序阅读，我们会产生这样的深刻印象，即其中有许多重复的地方，有几首和歌的主题是一样的，它们是草率、即兴的吟咏等。这种和歌的创作手法与喝酒后的恍恍惚惚有共通之处，因此，在创作和歌时，大伴旅人本人可能意识到了这一点。在恍恍惚惚地创作和歌的过程中，歌人既有幽默感，也有讽刺精神。这就是这些作品引人瞩目的原因。

在这些和歌中，讲了三次醉泣。这是大伴旅人认可的喝酒方式。喝醉酒后，放声哭泣。哭泣后，胸中的闷闷不乐便云消雾散。这是大伴旅人认为的酒之德。从醉中醒来之后，人可能会重新陷入闷闷不乐之中。这时，只要再次端起酒杯，一醉之后，放声哭泣便可。这就是大伴旅人认可的喝酒方式，是一种处世哲学。

这种处世哲学十分含糊，从反抗的角度来看，这是一种不彻底的反抗。但是，我们决不能因此说赞酒歌本身就是含糊的、不彻底的。醉中放声哭泣是一种含混的处世方法，反映出一种不彻底的反抗精神，与此相对应，其中蕴含的思想性也只能是含混不清、不彻底的。不如说，值得我们注意的是不彻底的思想性一成不变地贯穿于 13 首和歌之中。正由于和歌中保持着这种一贯性，所以我们从含混的处世哲学和不彻底的反抗意识中有时能够看到幽默感，有时能够看到讽刺精神。可以说，大伴旅人作为歌人的力量由此也呈现在我们眼前。

山上忆良强烈的批判社会的态度并没有被平安、镰仓时代的歌人们继承下来。大伴旅人的具有温和思想和伦理精神的和歌在平安、镰仓时代也找不到后继者。有点驳杂的《万叶集》作品的世界的广泛包容性并没有向更加大的范围扩展，而是被限制、被整合、被单一化之后才为后来的人们所继承。从文学表现形式的角度来说，或者从精神史的角度来说，这里面隐藏着的问题十分重大。关于这一点，我想在说到《古今和歌集》和《新古今和歌集》的时候再加以论述。

· · · · · · · · ·

下面，我们分析一下大伴家持。他是继别具特色的歌人——山上忆良和大伴旅人——之后代表万叶末期的著名歌人。

大伴旅人是大伴家持的父亲，《万叶集》中屈指可数的女歌人大伴坂上郎女是大伴家持的婶母。家持成长在贵族家庭。在这个环境里，人们以和歌为教养，认为和歌是社交场合中不可或缺的工具。从其父亲大伴旅人之后，大伴家族在政治上衰落，由此促使家持向和歌创作方向发展。

在奈良时代中期众多的有名、无名的歌人中，对和歌创作的热情使得大伴家持成为一名出人头地的歌人。

《万叶集》中收录的家持的和歌，包括长歌、短歌在内，共有479首。其中不乏平庸的、同一类型的作品，但也有不少可以称为名作的作品。诸多歌人、诗歌爱好者以及研究者经常提及的是《万叶集》十九卷开头的十几首作品以及末尾的三首作品。应该说，这些作品都是获得大家一致认可的作品。

首先，我们来看一下《万叶集》十九卷开头的几首和歌。

> 春苑里，红色眩，桃花开烂漫，
> 映照树下径，少女立婷婷。
>
> （"岩波日本古典文学大系"《万叶集 四》，第311页）

这首和歌吟咏了这样的情景——春天的庭园里，红色的桃花美丽地绽放，红色映照到树下，一位少女站在那里。整首诗充满了明亮、艳丽的色彩。从这一点来说，这是一首具有浓郁气息的作品。用词和韵律都很精炼，绝无累赘之感。最末句"少女"出场，给人以呼之欲出的感觉。这首和歌的"和歌序"中写道"眺瞩春苑桃李花作"，并没有提及少女。和歌中的少女是现实当中就有的，还是作者想象中的少女呢？无论哪一种情况，这都是如同绘画一般的美丽景象。如果是现实中的景象的话，那么，作者将这如同绘画般的美丽景象从现实生活中提炼了出来；如果是想象中的景象的话，那么，通过吟咏，作者描绘了一个如同绘画般的美丽景象——或许这就是作者的目的。

> 春日里，无端心凄清，
> 夜色阑，鹬鸟振翅鸣，
> 谁家田中住？

（出处同上，第 321 页）

入春之后，人们仍处于凄冷的思绪之中。这时，夜已经很深了，鹬鸟一边扇动着翅膀，一边鸣叫。这只鹬鸟究竟住在谁家的田里呢？与上一首和歌吟咏春天的繁华景象截然不同，这首和歌吟咏了春天悲凉的心情。诗中吟咏的世界并非人们能够看得见的绘画一般的世界，而是人们听得到的声音世界。在夜深人静的时候，耳朵里传来鹬鸟扇动翅膀和鸣叫的声音。作者悲凉的情感投射在以声音连接起来的鹬鸟的形象之中。最后的询问"谁家田中住？"给人一种鹬鸟无助的感觉。这时，鹬鸟也成为悲凉世界中的一员。最后一句"谁家田中住"极具伤感情绪，将鹬鸟的振翅声和鸣叫声上升到自己孤独的情感的层面，这种表达伤感的手法体现了大伴家持的独创性。

> 一群群，少女哟，汲水声声忙不断，
> 寺中泉井旁，猪牙花盛绽。

（出处同上，第 321 页）

早春时节，猪牙花盛开，开出六个花瓣的淡紫色的花。少女们欢快谈笑的模样与可爱的猪牙花形成对比，十分鲜明，也如同绘画一般。与第一首"春苑里"散发出的浓厚气息不同，这首和歌可以说追求的是平淡的美。作者蕴含在"一群群，少女哟"和"汲水声声忙不断"的措辞中的情感十分细腻。我们认为，和歌的表现手法似乎形成了一个基础，在这个基础之上，家持得到反复的训练。然而，当这种表现手法足够完美工整时，欣赏和歌的人就会不知不觉地产生这样一个疑问：仅仅追求完美的形式就可以了吗？

> 群山高，八峰上，雄鸟声声四方传，
> 黎明曙光现，见此心悲酸。

（出处同上，第 323 页）

"八峰"是许多山峰的意思。这首和歌的大意是：在许多山峰上，雄鸟鸣叫，那叫声传遍四方。当黎明的曙光出现在眼前时，一股悲酸之情涌上心头。

这也是一首伤感的诗。家持的创作并不是吟咏宴会上相互唱和的情景，而是想将自己独自一人的情绪融入诗歌之中。当他试图这么做时，更容易突出悲伤的心情。静静地沉浸在独自一人的无来由的悲伤之中，这可能是走向衰落的、不得志的一家之主终于从和歌创作中找到的慰藉。

> 朝未起，侧耳听远声，
> 射水河上，
> 早起摇着橹，舟子唱歌声。

（出处同上，第 323 页）

　　清晨，作者还睡在床上，耳朵里却听着远远传来的船歌。随着船夫的歌声，黎明到来，这是一个令人感到十分清爽的景象。"侧耳听远声"一句使人的视野一下子宽阔了许多，印象很鲜明。前后重复的两个"け"（ke）音虽然有点刺耳*，但这反而加强了景象寂静的感觉。

　　流动的射水河，河上飘浮的船只以及摇船唱歌的人可以说都是单纯的景象，但从睡梦中醒来的大伴家持的心却不平静，他的内心似乎并没有从悲伤中逃脱出来。上一首和歌的最后两句"黎明曙光现，见此心悲酸"的影子似乎还存在，作者的心绪虽然飞向远方，但他依旧感受到某种空虚，这是不可否定的。收录在《万叶集》十九卷末尾的"春愁三首"的情况大致也是如此。这三首和歌被称为家持的绝唱。

　　"春愁三首"列举如下：

　　　　春日原野间，晚霞飞，暗伤悲，
　　　　暮光里，黄莺声声啼。

　　　　屋前生疏竹，风吹起，
　　　　风打叶声细，在今夕。

　　　　朗朗春日，照和煦，云雀高飞时，
　　　　心中伤悲起，独自陷深思。

（出处同上，第387页）

* 　这一句的原文是：聞けば遥けし。——编者注

"暮光"是傍晚时的光亮。"疏竹"指的是一<u>丛</u>不茂密的竹子。

这三首和歌，无论哪一首都表达了忧愁的氛围，作者的情思似乎深深地陷入无尽的悲伤之中。"春日原野间，晚霞飞"以及"朗朗春日，照和煦"的诗句看上去似乎很温和、闲适，具有将读者带入朝气蓬勃的氛围之中的因素，但再往后读下去，读者就会不知不觉地沉浸于令人忧郁的愁思之中。为这种悲伤情绪所吸引，绝非一件心情舒畅的事情。但作者却一直沉浸在这种情绪中，费尽心思地将这种情绪固定在由 31 个音节组成的和歌里，这反而打动了读者的心。仅仅"春日原野间……"这一首和歌无法固定这种情绪，于是，作者继续吟咏了第二首"屋前……"的和歌。即便如此，这种情绪依然得不到固定，（根据和歌前的小序）两天后，作者又创作了一首"朗朗春日……"的和歌。悲伤的情绪和叙景的短歌表现手法复杂地交织在一起，发生共鸣。在这个过程中，代表万叶末期的细腻、微妙情感的和歌诞生了。

在这三首和歌之后，大伴家持用汉语写下这样的注释：

> 春日迟迟，鸧鹒正啼。悽惆之意，非歌难拨耳。仍作此歌，试展缔绪。
>
> （出处同上，第 388 页）

（晴朗的春天里，云雀在鸣叫。悲痛的心情只能通过诗歌来排解。因此，我创作了上面几首和歌，以缓解我郁闷的心情。）

只能通过和歌来排解内心的悲伤情绪，而且为了排解这种情绪，沉浸在自己的内心深处进行和歌创作——家持面对的似乎是强调个人生活的现代人所特有的情绪。通过创作和歌，家持究竟在多大程度上缓解了内心的苦闷呢？由此，我们可以看出，家持具有深深的孤独。

当我们似乎从大伴家持的和歌中看到了像现代人一样的孤独时，我想重新回到《万叶集》的编者大伴家持的时代，分析一下《万叶集》的多样性。

创作和歌时，家持的孤独不断加深，并在表达孤独情绪方面开辟了新境地。但当他编集《万叶集》时，却坚持着这样一个方针——将目光投向以贵族阶层为中心的在各种机遇下广泛传播于制度与习惯中的和歌，如果和歌达到了一定的水准，就尽可能多地收录进去。收录进《万叶集》中的和歌，有口头传承的和歌、此前的和歌集（《柿本朝臣人麻吕歌集》《高桥虫麻吕歌集》《类聚歌林》等）中的和歌、家持的笔记或日记中记录下来的和歌等，其出处各式各样。家持究竟在多大程度上参与了编集工作还有待讨论，但《万叶集》之所以能够成为长达 100 多年的古代和歌的集大成之作，精通和歌的历史和传统的家持所具有的宽广视野以及对编集事业的极大热情，都起到了巨大的作用，这一点是毋庸置疑的。对家持来说，开拓细腻、悲伤的和歌的境地以及从广阔、深远的角度承接和歌的传统，便是他一生与和歌相处的方式。

紧接着《万叶集》十九卷末尾的、吟咏孤独情绪的三首绝唱之后，是《万叶集》的最后一卷，第二十卷。在这一卷里，收录了大量的防人（戍边之人）之歌。这些诗基本上都是在 755 年 2 月创作的。奈良时代，朝廷最后一次从坂东征用防人时，被征用的东国地区的人们吟咏了许多和歌。时任兵部少辅的大伴家持命令他们创作和歌，并从中挑选出一些作品，收录进《万叶集》。家持也想将地方上的农民创作的和歌收进《万叶集》中。下面，我们引用几首比较引人瞩目的和歌。

> 我妻思念我，思念非一般，
> 饮水时，见妻影，难忘却。

（出处同上，第 411 页）

> 弯路弯，一路走往前，
> 还要再，越诸岛，分别再见难。

（出处同上，第 419 页）

> 旅途上，衣裳添又添，寝难安，
> 依旧身上寒，妻不在身边。

（出处同上，第 419 页）

> 家乡风，天天吹不断，
> 却无人，将妹话，带到我耳畔。

（出处同上，第 421 页）

> 若有人，去我家，
> 道一声，旅途上，一路多艰辛。

（出处同上，第 439 页）

　　诗中夹杂着东国地区的方言，与生活在宫廷中的人吟咏的和歌相比，这些作品显得非常质朴。农民几乎从来没有离开过自己的家，在中央政府的命令下，他们远赴他乡。与妻子别离的痛苦、旅途的艰辛，他们都有切身的体会，必须要吟咏出来。从这一系列朴素的作品中，我们能够感受到没有留下姓名的农民的痛苦心情。

　　《万叶集》十四卷中收录的东歌也吟咏了地方民众质朴的情感，这些作品中大都混杂了东国地区的方言，语言比较粗俗。古代的和歌是以贵族及其周边的人们为主体创作出来的文学，但编者并没有毫不留情地排斥地方民众的创作和方言的表达。在身份差别极其严格的社会里，在和歌的表达中，追求超越身份差别的普遍性，这种意识不仅存在于文学创作者身上，而且存在于文学接受者身上。如果不是这样的话，防人歌和东歌就不会出现，也不会被收录进《万叶集》之中。

　　由于普通人的表达也囊括在里面了，所以《万叶集》就成为古代人和歌创作的集大成之作。

第九章

阿修罗像和鉴真和尚像

奈良时代后期（770年左右）形成的《万叶集》收录了大约
4 500首和歌，是一部数量庞大的和歌集。这些和歌是由上至宫廷贵
族下至底层农民等各式各样的人创作出来的。不过，在这些和歌中，
我们几乎看不到佛教性的思维。6世纪中叶从百济传来的佛教，虽
然经过了曲折的发展，但从大的方向来说，它是以上层的人们为中
心被广泛接受的。奈良时代中期，虽然建造东大寺、国分寺（国分
尼寺）等国家重大项目被提上议事日程，但是，这些佛教项目并没
有影响到和歌的创作。在创作和歌的时候，歌人们将思绪带入佛教
思想和观念之中的情况非常罕见。在第七章"抄经——对汉字字形
和意思的崇拜"中，我们认为抄写经文作为国家重大项目得以推进，
抄经与编撰《万叶集》虽然在记录汉字这一点上是相通的，但在思
想层面，两者几乎没有任何相通之处。

为什么会出现这种情况？按照上一章的叙述，古代的长歌和短
歌都不是表达思想和观念的最恰当的形式，这是原因之一。和歌的
创作过程发生了大大小小、各式各样的变化，除了山上忆良和大伴
旅人外，几乎没有人努力尝试过用长歌和短歌来表达思想和观念。
如果我们将生活在共同体中人们的集体愿望、祈愿和意志称为思想
乃至观念的话，那么，这种思想和观念被吟咏进和歌中的例子，尤
其是在万叶前期的作品中，的确不少见。但个人反抗集体意识并与

它相对立而产生的明确的思想和观念，却极少通过和歌被吟咏出来。这种创作欲望随着和歌创作背景的固定化和习惯化，反而衰退了。吟咏四季的叙景和歌、相闻歌、挽歌都极力贴近源自作者内心的情绪和伤感。在从认知的角度去消化外来思想乃至观念，并用自身的语言去表达这一点上，信仰佛教的人们还处于非常不成熟的阶段。即便假设佛教的表达已经达到了一定的成熟度，它被吟咏成和歌的可能性也极低。

关于 7 世纪末至 8 世纪非常兴盛的抄经工作，我们与其将它称作构筑思想的行为，不如说是追求美的造型的行为。在这一章中我们将要提及的天平时代的雕塑，完全继承了飞鸟、白凤时代佛像的传统，也是对美的造型的追求。对奈良时代的人们来说，从语言层面接近佛教是一件非常困难的事，但将对佛教的想法融入佛像雕塑和肖像雕塑之中，并从完成的塑像中感受佛教精神，则是一件简单直接的事。天平时代的佛像雕塑较之于飞鸟、白凤时代的佛像，其完成度更高，也更加精益求精。人们从这些塑像中以更加明确的形式感受到佛教的崇高精神。

下面，我们将论述代表天平时代雕塑的两件作品——兴福寺的阿修罗像和唐招提寺的鉴真和尚像。

·

710 年，当都城从飞鸟的藤原京向奈良的平城京迁移时，藤原京及其周边的大官大寺、飞鸟寺、药师寺等大的寺院也相继迁到了平城京。佛寺是都城不可或缺的机构。

　　兴福寺作为处于权力中心的藤原家族的祖寺，在 710 年都城迁往平城京的同时，就开始建造了。以藤原家族的庞大势力为背景，兴福寺的建造采用了唐代最新的建筑样式，其规模之大不亚于官方的寺院。寺院的建造从中金堂和北圆堂开始，紧接着是建造东金堂和五重塔，直至 734 年，供奉有阿修罗像的西金堂完工。这是光明皇后为其母亲橘三千代祈冥福时，发愿建造的一座堂。

　　西金堂的里面以一丈六（一丈约等于 3.33 米）高的本尊释迦三尊像为中心，两边是梵天、帝释天、四天王、十大弟子和八部众，围绕着释迦三尊像。堂内共有塑像 28 尊。阿修罗像是八部众中的一尊。（在 28 尊像中，留存至今的有 8 尊八部众像，6 尊十大弟子像，共 14 塑像。现在，这些塑像已全部被指定为国宝。）

　　所谓八部众，原是古代印度的 8 位异教神，后来作为佛法的守护神被吸纳进佛教。与如来像、菩萨像相比，它们作为佛像的地位较低。其中的阿修罗像原本并不起眼，在实际制作过程中，阿修罗像的范例不多，留存至今的只有两尊，即法隆寺五重塔北面的释迦涅槃群像中的坐像——这是天平时代的佛像——以及兴福寺的这尊像。法隆寺五重塔北面的阿修罗像坐在释迦脚趾略微靠后一点的地方。这是一尊又黑又大、处于永远的睡眠之中的塑像。与位于前面的为释迦之死而感到悲痛欲绝的十大弟子相比，阿修罗像显得十分收敛。

　　兴福寺的阿修罗像作为 28 尊塑像之一被置于西金堂，与五重塔北面的阿修罗坐像一样，似乎没有受到人们的关注。它的大小只有正面本尊的二分之一或三分之一，类似的塑像共有 8 尊，它只是其中的一尊而已。由此可以知道，这尊塑像并没有引起人们的注意。

对于使这个供养的场所更加华丽、以彰显光明皇后的权威，这些塑像可能起到了一定的作用，但是，要想从中引申出更加深刻的含义是很困难的。我们习惯于将这个塑像看作天平时代屈指可数的著名塑像，甚至将它看作日本雕塑史上罕见的杰作，我们很难想象它在一群塑像中不起眼的样子。但是，当我们将阿修罗像作为奈良时代精神史的一个组成部分进行思考时，我们必须直接面对这种困难的想象。

开始建造西金堂的同时，大小28尊佛像的制作工作也启动了。佛像雕塑师将军万福的名字为人们所熟知，在他的领导下，许多没有留下姓名的佛像雕塑师齐心协力，共同从事着雕塑工作。一年之后，供养仪式得以举行。由此可以推测，金堂的建造工作和佛像的雕塑工作都是在紧张的气氛中进行的。这个建造过程以及西金堂中的阿修罗像并不显眼的情况是无可争议的事实，但当我们看着这些经过了一千多年时间的洗礼留存至今的三头六臂的塑像时，我们禁不住会对它们的完美造型与上述事实间的落差感到惊讶。

阿修罗像的两腿微微向两边张开，笔直地站立，脚上穿着厚木板上系着带子的像拖鞋一样的鞋子，其站姿十分挺拔，毫不松懈。系在其腰间的衣服一直拖到膝盖下方，款款地包住下半身。衣服上刻有八个大大的莲花纹样。其上半身赤裸，从左肩到右腰挎着宽宽的布帛，此外还有头饰和手饰。紧绷着的身体上下延伸，这似乎是一个年轻人的形象。

在八部众的塑像中，阿修罗像的制作十分独特。其他七尊像（其中五部净像只留下头部和胸部，因此，严格地说，是六尊像）身穿铠甲，手臂和腿部都带有保护装置，脚上穿着鞋，一直延伸到脚踝。裸露出来的地方只有脖子以上的部分和手的部分。与这些塑像不同，阿修罗像的身上完全没有武装，上半身和小腿肚以下的部分都是裸露的。与士兵形象的七尊（严格来说，是六尊）像相比，它以一种完全自然、放松的姿态面对人们。当我们观看这些塑像时，阿修罗像给人以更容易亲近的感觉。尤其是它赤足穿着平底拖鞋的脚，极其真实地反映出阿修罗与人们是没有隔阂的。本来，阿修罗像是作为八部众之一被制作出来的，却又与其他七尊像不同，好像获得了特殊的对待似的。这种感觉与它没有采取士兵的形象、容易使人亲近有很大关系。

然而，关于阿修罗像，我们只谈这些是非常不够的。因为阿修罗像的最大特色在于三头六臂的造型。要想将阿修罗像的魅力呈现在一张照片上，摄影师们一定要仔细琢磨，是拍摄头部，还是拍摄手臂？这么做是有原因的。

阿修罗像的六条手臂形成三对。一对手臂的手肘微微张开，两臂向外伸展，肘部弯曲，两手在胸前合并，呈合掌的形状；另一对手臂在合掌形的手后面从略高的地方向外伸出，肘部呈直角弯曲后，略微前倾，朝上方伸出去，好像要在空中抓住什么似的；最后一对手臂从肩部后面略微向上伸出，肘部弯曲后，小臂几乎是笔直地向上伸展，在手腕处又一次弯曲，手掌朝上水平地张开，就像是托着天似的。

六条手臂保持着完美的平衡，或向前、或向旁边、或向上延伸。它们都不是写实的形象。六条手臂已然超出了写实的范围，无论哪条手臂与身体的长度相比，都长得过分，手臂的形状从肩部到手腕几乎是同样粗细的圆柱，丝毫感受不到肌肉的存在。小臂的正

阿修罗像（小川晴旸摄，
兴福寺藏）

中间有三根略微复杂的装饰线，手腕处也有单线的装饰，但这与其
说是追求写实，不如说是在努力增加装饰性——想在单纯的手臂的
几何学造型中加上一定的装饰。

　　实际上，圆柱形的六条手臂带有几何学上的直线并保持前后、
左右、上下的平衡伸展的样式，看上去似乎是在三维空间中绘制抽
象的运动轨迹，但对观看者来说，追寻这种抽象的运动轨迹是一种
心情舒畅的事情。从肩到手指尖，或相反，从手指尖到肩，以此来

追寻它们的运动的话，观看者的视线会极其顺畅地在三维空间里移动。而且，随着视线的移动，我们会发现，六条手臂之间并没有强弱的差别，它们非常均衡地、自在地伸展在周围的空间里。从前到后，从左至右，从上往下，六条手臂从各个方向看都是轻巧的。

与法隆寺五重塔北面的（释迦涅槃群像中的）阿修罗像相比，它的自在更加明显。五重塔北面的阿修罗像的其中一对手臂给人以深刻的印象。这对手臂从肩部向左右笔直地延伸出来，肘部弯曲，微微打开，朝上方伸展，与另外两对手臂之间没有保持平衡。前面一对放置在盘膝而坐的膝盖上的手臂虽然有一定的存在感，但紧贴着它们的身后的一对手臂非常短，给人以接上去的感觉。从与周边的关系来看，从肩部笔直地向左右伸出的一对手臂将空间从上往下一分为二，让人很难形成呈几何学形状的六条手臂自在地在空间中伸展的整体印象。说起来，从抽象的线条与空间的关系角度去看，用直线来分割空间，是极其自然的。由此，兴福寺的阿修罗像的造型或许可以说具有超越自然的自然性。

其实，兴福寺像的六条手臂虽然在空间中延伸，却没有切割空间。六条手臂延伸的造型中有一定的韵律感，带着这种韵律感，六条手臂之间似乎在相互对话。这种对话的气氛向外扩张，似乎也将周围的空间也带入对话之中。可以说，通过两条手臂的运动，无生命的空间中产生了生命力。

此外，在六条手臂交错的空间中央，有一个具有三张年轻面孔的头。朝向正前方的是一张略带红色的少年的脸，另外两张脸各自朝向左和右。朝向正前方的脸蹙着眉，从睁开的细长的眼睛周围，我们可以看到忧愁的表情。这张脸上的鼻子略小，但挺拔、笔直，嘴巴紧闭。整个脸部呈紧绷着的圆形，与脸部相比，自然状态下的上半身和下半身更加提高了脸部的紧张感。舒畅的六条手臂的运动也在具有紧张感的脸部的对照下似乎增添了活力。但是，清纯少年的脸色没有丝毫的强人所难的感觉。它蹙着眉头、表情严肃，虽说不能够用天真无邪、纯洁无瑕来形容，但是，我们在观看的时候，心中会油然升起一种亲切感。

阿修罗像左边的脸是上牙齿咬着下嘴唇的形象。这似乎是抑制怒气的一种表情。不仅仅是天平时代的塑像，即便是在日本佛像雕塑史上，好像也找不到其他咬嘴唇的佛像。是不是因为佛像雕塑师不愿意制作与正面的脸一样的造型，才这样做的呢？对比流畅的自然形态的上半身和下半身以及从几何学上来说完美保持着均衡的六条手臂，这个造型暴露出的感情有些多了，或许由于咬嘴唇的这张脸是侧脸，所以才能这样做。

与其他两张脸相比，右边的脸要显得沉稳得多。这是一张纯净、匀称的脸，其表情稳重，给观看者以消除戒备心的感觉。它与左边的脸之间形成有趣的对照，这也许又是佛像雕塑师的刻意安排。

如果没有一种叫作"干漆法"的佛像制作方法的话，阿修罗像脸部微妙的表情是难以表现出来的。干漆法是从中国传入日本的，在奈良时代被广泛运用。它分为脱干漆和木心干漆两大类。阿修罗像运用的是脱干漆的方法。首先，人们立一根心木，在其周边糊上泥巴，做成一个大致的形象。在黏土充分干燥之后，在上面贴上麻布，再涂上漆加固。干燥后，再贴一层麻布，再涂上漆加固。重复若干次，干燥之后，在头的后部和身体背后开出一个长方形的"窗户"，将里面的土掏出来。土掏干净了之后，为了不使像的造型崩塌，人们在像的内部填入木条，加以固定。然后，将"窗户"封死。最后，给佛像贴上金箔，涂上颜色。这是干漆法的制作过程。木心干漆法，即不使用黏土，而是用木头制成像的造型，在上面贴上麻布，用漆涂抹若干次，进行加固。之后（并不取掉中间的木头）施以金箔和色彩，最后完工。

许多著名的佛像都是用干漆法制作的，如兴福寺的十大弟子像、包括阿修罗像在内的八部众像、东大寺法华堂的不空绢索观音像、唐招提寺金堂的庐舍那佛像、药师如来像、千手观音像、圣林寺的十一面观音像等。自飞鸟、白凤时代以来，在佛教的本土化过程中，寺院的建造和佛像的制作起到了巨大的推进作用。在天平时代，本土化进程更进一步，佛像的美丽在质的方面有了极大的提升。干漆像的杰作是这种提升的最重要的指标。其中艺术和宗教因素的结合起了重要的作用。

从艺术方面来说，我们可以举出的因素有：干漆这种新的制作佛像的技术为人所掌握并灵活运用。漆是一种昂贵的材料，但兴福寺西金堂的建造得到与天皇家族联姻后获得强大势力的藤原家族大力支援，堂内所有的28尊佛像都是用干漆法制作而成的。佛像雕塑师们热情高涨，经过多方努力和坚持，建造出留存至今的6尊大弟子像和8尊八部众像。无论哪尊塑像，毫无疑问都是杰作。在此前100年以上的建造木制和铜制佛像的传统基础上，佛像雕塑师们继承并充分发挥审美意识和技术特长，在佛像制作过程中加入干漆法细腻、微妙的表现手法，其成果就是我们现在能够看到的14尊优秀的佛像作品。

在这些佛像作品中，首屈一指的就是阿修罗像。从与干漆法相关的角度来说，三张脸的表情之间有差异，或许就是因为用干漆法进行塑造的缘故。我们并不清楚佛像的哪张脸最先被塑造出来，假设是按照正面、左边和右边的顺序制作的，为了与略带忧愁的正面形象相区别，人们塑造了左边咬着下嘴唇的、略带怒气的面孔。此外，右边的脸，又与忧愁和发怒的脸不同，人们将它制作成一张抑制感情的、沉稳的脸。将麻布涂上漆加固的技法，可以使佛像的表面变得很柔美，因此，如果活用这种特色，给三张不同的脸赋予表情变化，这种制作方法显得非常恰到好处。在艺术表达中，人们打破制约，实现了制作有三个复合表情的阿修罗形象的构思，也就是那美丽的拥有三张面孔的形象。

随着在继承审美意识的同时采用新技法的艺术热情的高涨，人们通过泥土、麻布和漆制作出人的形象以表达崇高和永不磨灭的精神。从以阿修罗为代表的天平时代的干漆像中，我们能够感受到这种高涨的宗教热情。

如前所述，阿修罗像并不是一尊置于中央位置的、自然而然就能博取人们关注的塑像。西金堂中央放置着比阿修罗像大好多倍的释迦如来像，以吸引人们的注意。在其周围的各个塑像中，占主要地位的是两尊侍像、四天王像、金刚力士像等，阿修罗像是位于它们之后的次要地位的塑像。

这尊阿修罗像是一尊无可挑剔的崇高杰作。其手臂塑造之精确、设计感之优秀都令人自然而然地感受到佛像雕塑师浓郁的宗教精神。

佛教传来之后，人们制作了大量的如来像、菩萨像，作为本尊，放置在寺院和佛堂中。在不断积累经验的过程中，佛像制作技艺提高，审美意识也得到磨炼。日本人在向中国和朝鲜学习佛像样式的同时，制作出符合自己审美的佛像。这些佛像以美丽、庄严的形象出现在人们眼前。人们从中看到了"超越人类的人"的形象。宗教的精神性与其说是作为教义、思想或实践出现于人们的面前的，毋宁说是作为人们看得见的形象出现在人们面前的。

本尊所体现的宗教的精神性当然也能从侍像、四天王像以及其他形象上看出。正由于此，众多佛像并列的堂内就成为神圣的空间。28 尊佛像并列的兴福寺西金堂正是这种神圣的空间。佛像制作技艺之精湛、审美意识之凝练以及宗教精神之崇高，使得这 28 尊佛像中的每一尊佛像都具有美丽、神圣的造型，说明当时的人们已经达到了很高的水平。

但是，与如来像、菩萨像和四天王像不同，人们很少制作阿修罗像，可以说当时几乎没有可以参照的先例。那么，人们又是如何制作出这样美丽、神圣的形象的呢？佛像雕塑师们对这个问题的完美的回应，就是现在我们眼前的这尊阿修罗像。

六条手臂自在的动作向空间中注入了生命力，同时，又从宗教的角度表达了阿修罗具有超人的力量和意志。但是，阿修罗超人的力量和意志既不是居高临下的，也不是激进的，它与外界之间保持着和谐。这与如来像和菩萨像身上体现出来的稳重是一脉相承的。它的手臂格外地长，却很好地保持着平衡，其自由自在、流畅的运动感丝毫没有动摇其稳定性。

阿修罗像三个面孔的神圣性丝毫不亚于其六条手臂。法隆寺五重塔北面的阿修罗像不是少年的形象，没有人规定阿修罗的脸一定是少年的脸，但是，西金堂的佛像雕塑师选择了少年的脸。天真无邪、纯洁无瑕的脸上究竟能够在多大程度上体现精神上的内涵？选择雕塑少年面庞的佛像雕塑师一定是全力以赴地去解决这个问题的。雕塑师用不同的表情来表现三个面孔，给每一个面孔都赋予对少年来说堪称罕有的严肃性，这可以说是佛像雕塑师的一种尝试，他们试图用塑像表达出宗教精神。与制作成几何造型的六条手臂相比，三个面孔的表情要更加写实。人们乍一看，会觉得这个少年好像就生活在某个地方。然而，事实并非如此。三个面孔，无论哪一个都不是取材于现实中的少年的。当人们观看塑像时，会感受到崇高精神和永恒性，这是在日常生活中的人们身上体会不到的。即使是放置在本尊周边的地位较低的塑像，也是"超越人类的人"的形象。佛像雕塑师并不想制作一个少年的面孔。他们想制作的塑像，虽然具有少年的姿容，但身上具有永恒的精神，是"超越人类的人"的形象。在这之前，永恒的精神大多用壮年的如来形象、壮年或青年的菩萨形象来表现，而在这里，雕塑师们却用少年的形象来表达永恒的精神。及至天平时代，佛像呈现出了这般广泛性，而佛像雕塑师们则掌握了呈现佛像广泛性的技术和精神上的力量。

· ·

下面，我们再论述另一个天平时代具有代表性的雕塑：鉴真和尚像。

众所周知，鉴真是唐代的高僧，他应遣唐留学僧之邀，决心来日本，虽然五次航海失败，却没有气馁，距离他第一次计划来日本过去 12 年之后，在 753 年他才抵达日本。鉴真和尚像是其临死之前被制作出来的。从抵达日本到死去，鉴真的言行与其在周边的活动是反映当时佛教状况的一面镜子。在叙述鉴真和尚像之前，我们大致梳理一下他在日本的活动情况。

鉴真作为具备三师七证（三个得戒和尚和七个见证的僧人）的、可以正式举行授戒仪式的大师应邀来到日本。授戒是正式成为僧人的非常重要的仪式，此前，日本都是以简略的形式来举行授戒仪式的。但随着律令制国家与佛教的结合更加紧密，采取仿照中国的正式的授戒仪式的呼声越来越高，于是鉴真受到了邀请。鉴真来日本时有一个愿望，即通过授戒仪式，在日本培育专心致力于真正佛道的僧人，以此使佛法扎根于日本社会。鉴真来到日本，历经 5 次航海失败也没有屈服，而且还经历了失明的难关，这种不屈不挠的行为象征着鉴真对佛教所具有的巨大热情。

到达日本后，鉴真立刻向他的友人良辨僧人提出请求，希望他能够借给自己一部《华严经》以及其他重要的大乘佛典。他想亲自了解日本人究竟使用着怎样的佛典。他将重点放在讲解、传授佛典方面，从这一点看，他与奈良朝廷希望通过佛法守护国家和稳定秩序的统治思想之间存在差距，这值得注意。

754 年，受到人们极大欢迎的鉴真进入平城京，同年 3 月，他接受圣武太上天皇的敕令，由他授戒并传授戒律。4 月，在东大寺大佛殿前，他给圣武太上天皇、光明皇太后、孝谦天皇授戒，紧接着，他又给 440 个沙弥授戒。这个仪式的意图十分明显：政治掌权者们期望建立以中国为范本的国家秩序，他们将来到日本的高僧奉为权威，并试图利用这个权威强化对佛教势力的统治。举行仪式的东大寺大佛殿于 2 年前建成，这项国家项目花费了 8 年的时间才完成。在这个巨大的建筑物里，曾举行过隆重的开眼供养仪式。

　　755 年 10 月，东大寺的戒坛院建成，此后，这里成为鉴真为人们授戒的场所。圣武太上天皇于 756 年去世，其死后，鉴真的优厚待遇没有改变。20 天后，他被任命为大僧都。圣武太上天皇的夫人光明皇太后以及藤原仲麻吕都是鉴真强有力的支持者。

　　掌权者们对鉴真的支持，当然引起了与政治势力相对立的佛教势力的反对。鉴真虽然亲身体会到政治势力与宗教势力的对立，以及这个对立延展开以后僧人对自己的不满和反对，但他还是作为大僧都继续在东大寺戒坛院举行授戒仪式。或许他认识到了传播戒律的重要性，但同时也深切地感受到传播戒律的困难。由于佛教作为保护国家的思想被纳入权力结构当中，所以在僧人集团中广泛流行着权力思想，这是理所当然的。授戒仪式与其说加深了僧人们的自觉性，不如说在大多数情况下，它被看作是进入官僧行列、向更高的地位爬升的阶梯。由国家主导的授戒仪式恰恰违背了授戒本来的目的——将僧人集团从国家统治中解放出来，使其成为一个自主独立的团体，反而是将僧人集团纳入国家统治结构中去的动向更为明显。在中国，鉴真长期以来都在远离政治的地方专心钻研佛教思想和实践，对他来说，在日本作为大僧都从事授戒的活动并不符合他的心意。

　　758 年，鉴真被解除大僧都的职务，被授予大和尚的称号。第二年，唐招提寺建成，鉴真住在这里，为受过戒的僧人们指导戒律的实践和修行工作。

　　作为一种制度，授戒仪式是步入官僧行列的一个阶梯，但作为修行佛道的一个过程，它是一个人生转折点般的仪式，即在三师七证面前，发誓守护戒律，在实际生活中遵守戒律，度过求道的每一天，以重新做人。仪式本身虽然也非常重要，但是，举行完仪式之后，他们成为被传授了戒律的僧人，即比丘或比丘尼，继续追求佛道也是非常重要的，其重要性不亚于仪式本身。被传授戒律的僧人该如何度过每一天？僧人与僧人之间如何经营共同的生活？如何诵读并理解经典？如何探究佛法？——这些问题是对戒律的实践，是修行。在唐招提寺，鉴真指导着人们如何去实践、去修行。从当时日本佛教界的思想水平来看，鉴真的想法很难实现。实际上，在唐招提寺，一心一意致力于实践和修行的僧人并不多，但有志于将一生都投入佛道之中的鉴真并没有为此而动摇。最能说明鉴真的这种崇高精神的便是鉴真和尚像。

758 年，鉴真被授予大和尚的称号。759 年，鉴真移居到唐招提寺。4 年后，他逝世于 76 岁，时为 763 年 6 月 21 日。鉴真和尚像于其临死之前制作而成。关于这尊塑像的制作过程，鉴真的传记《唐大和尚东征传》中有如下记载。

763 年的春天，弟子忍基做了一个不吉祥的梦：唐招提寺讲堂的柱子折断了。忍基意识到这是鉴真临死的征兆，于是，招呼众弟子，要制作鉴真的塑像。这一年的 6 月 21 日，鉴真面朝西方，以结跏趺坐的姿势去世。鉴真平日里常常对弟子思托说："我死的时候想要坐着死。"

所谓结跏趺坐，是指坐禅时盘腿坐的方式，即右脚放在左腿上，左脚放在右腿上的一种形式。这么坐可以定下心来，陷入冥想，这是修行佛道的基本方法之一。鉴真希望至死都能贯彻修行，并且实现了这个愿望。

鉴真和尚像如实地反映出鉴真人品的高洁。弟子们回应忍基的建议，着手制作鉴真像，他们的崇高愿望直接投射在塑像上。这尊塑像被视为日本肖像雕塑的滥觞。弟子们试图将人活着的形象，原封不动地塑造为一个理想的人的形象。我们为这尊塑像所达到的高度而感到惊讶。在制作佛像的历史过程中培育起来的审美意识、细腻且精致的干漆技艺、对鉴真和尚的人品和言行怀有的无比崇高的敬意，这些东西融合在一起，共同发挥作用，产生了这个著名的作品。虽然日本佛教思想的水平仍然没有达到理解鉴真的戒律思想的高度，但是，在用佛像和人物塑像表达崇高和永恒精神方面已达到了过去不可比拟的高度。

无论从正面、右面、左面甚至是背后观看鉴真和尚像，我们都可以发现这尊像呈现出安详、稳重的姿态。从肩部到背部的徐缓的圆弧轮廓、稍微向前突出的头部，它们虽然给人以上了年纪的感觉，但是这种上了年纪的感觉与软弱、衰老、脆弱是截然不同的。紧闭着的双眼和嘴唇、突出的眉毛、高高隆起的光头，都呈现出不屈不挠的意志。鉴真像的脸上没有一丝皱纹。短粗的脖子稳稳地支撑着头颅，上半身具有很强的稳定感和力量感，丝毫感觉不到这是一个老人的塑像。无论其手臂，还是其躯干，法衣遮蔽下的肉体中蕴含着某种意志力，这是人们能感受得到的力量。鉴真像给人的感觉是，肉体并非被衣服遮蔽，而是强有力的肉体上披着合体的衣服。

整个坐像，从腰、腿、膝到脚，都被法衣遮蔽，下半身丝毫没有暴露出肌肉，但双膝弯曲的圆润感以及右脚放在左腿上、左脚放在右腿上的结跏趺坐的方式，都能够透过法衣看出来。干漆的微妙的曲线十分准确地勾勒出衣服下面身体的动作。写实手法被完美地呈现出来。由此我们可以看出，坐像的细节十分细腻，呈坐姿的整

鉴真和尚坐像（唐招提寺）

个下半身稳稳地坐在台子上。上半身也非常稳定，但下半身的稳定感更强。结跏趺坐的腰、腿、膝、脚，就像是几十厘米的平台一样，具有稳定感，徐缓地支撑着躯干、头部和手。结跏趺坐被称为圆满安坐之相。这尊鉴真和尚像具有绝对的稳定感。

鉴真和尚像是在人们知道了其死期将至的基础上制作出来的。参与制作的僧人、佛像雕塑师，想将鉴真和尚真正的形象做成塑像，留存下来。但是，何谓真正的形象？鉴真在追求佛法的道路上不断前行，即使死期临近时也不停步，而且他身上具有佛一般的崇高精神，这样的求道之人的形象难道不是鉴真和尚真正的形象吗？当我们长时间地面对这尊安详感十足的坐像时，就会深深陷入这样的沉思之中。这尊坐像既是求道之人鉴真和尚的形象，同时又是成佛的鉴真形象。人们制作出来的究竟是人，还是佛？这种区分几乎没有任何意义，鉴真和尚恐怕正是在这样的环境下被制作出来的。

鉴真和尚像的特点是，它既是一尊写实的塑像，同时又是一尊超越现实的理想的塑像。这个特点源自制作者——鉴真的弟子们眼中的鉴真形象是似人非人、似佛非佛的。

刻画出来的衣服的纹理，呈现出细腻、柔和的一面，可以说达到了写实的顶峰。制作者敏锐的观察力和准确的造型技术，被发挥得淋漓尽致。而且从脖子到胸部的皮肤表面的纹路、凹凸以及肋骨突出的造型等，都原原本本地表现了鉴真肉体的形态。

不过，整个坐像呈现的姿态并非从头到脚都是写实的。面对着一生都诚恳地追求佛法的高僧，制作者希望用干漆像的形式再现其崇高的形象的想法贯彻始终。为了完成这样一个理想的形象，他们认为安详、稳定的结跏趺坐的姿态——让人感到这个人永远都在这里的姿态——是最合适的。他们没有必要原原本本地刻画出鉴真和尚肉体的状态以及临近死亡的身体姿态。超越死亡、永垂不朽的肉体极其稳重，没有任何的多余之处，具有强大的力量，这才是最符合高僧的形象。而且从脸部表情来说，它所呈现出的高昂的精神更是超越了身体。不管怎么说，超越死亡和消亡的肉体继续生存下去的就是精神。

坐像的脸部呈现出稳重中带有严肃的表情。对制作它的弟子们来说，这才是最像鉴真的面部表情。额头、眉毛、眼睛、鼻子、嘴巴、耳朵、脸颊、下颚等，似乎是按照原型写实地刻画出来的，但是，当我们面对坐像时，视线不会深究脸部细节，很难从其整体上的稳重且严肃的表情上游离开。这是制作者想要表达的，鉴真和尚的精神就在这里。前面我们提到，坐像的脸上没有一丝皱纹，至此，我们再一次感受到，坐像脸部的造型不拘泥于细节，而是极力刻画出其主要的特征，制作者所关心的是鉴真的人格或品格，从而专心致志地刻画其追求佛法的精神状态。仔细看的话，坐像的脸部和身体是老年人的脸和身体，但当人们定睛观看时，年龄的界限消失了，呈现在我们眼前的是永恒的脸、永恒的身体。人们之所以会有这样的想法，是因为这尊塑像中蕴含着崇高的精神。

在上一节中，我们论述了兴福寺的阿修罗像，由于它将写实的少年形象融入三头六臂的超自然的形象之中，表现出了无与伦比的美。阿修罗虽然不是如来，也不是菩萨，但在佛的世界里，它是守护如来和菩萨的佛的从属，以少年形象呈现在人们眼前的兴福寺的阿修罗像，可以说拉近了佛与人之间的距离。或许我们可以说，鉴真和尚像采用了一种相反的手法，走的是从人到佛的路线。

在鉴真即将死去时，他的坐像开始被制作。其生前的形象被原原本本地用干漆的形式表现了出来，以留至后世。酷肖本人的形象，这是前提条件，是写实的起点。

从塑像的形式来说，人们采用呈现鉴真修行模样的结跏趺坐的形象是理所当然的。不过，这也是悟道而安详地进入极乐世界的如来的形象。自从佛教传入日本之后，不论是在都城，还是在地方，佛像雕塑师们制作出许多结跏趺坐的美丽造像，放在相继建造而成的寺院中，人们试图在这些塑像的身上融入崇高的精神和存在的永恒性。

在他们进行写实的创作之前，这种想法首先促使他们塑造理想中的人的形象。坐像的制作者们经常能够感受到鉴真作为僧人之伟大及其精神之崇高。应该如何将这种感受用塑像的形式体现出来呢？这是个问题。当人们心怀这种疑问望向坐着的鉴真，或者在脑海里浮现出鉴真坐着的样子时，或许从中看到了崇高的精神和存在的永恒性。然而，看到与制作并不是一回事。鉴真本人乃至其形象中所具有的崇高的精神和存在的永恒性必须在塑像中呈现出来。对制作者来说，制作塑像就是在思考什么是精神，什么是永恒。由此，对鉴真的弟子们来说，制作肖像的工作应该说就是直接参与到追求佛法的过程中去。

有机地融写实性和宗教精神于一体的这座天平时代的著名塑像使我们浮想联翩：鉴真的弟子们不知道听过多少回鉴真讲经，也不知道多少次诵读、默读并抄写过经典；或许僧人们之间相互讨论过问题，或直接向鉴真提出过问题；他们或许努力度过严守戒律的禁欲生活，也许在做不到的情况下感到过后悔，也许对继续生活在佛法的世界里产生过疑问；他们也许对僧人的集体生活产生过喜怒哀乐之情，有时会感受到作为僧人的充实生活，有时会感到不满足。如果说这些寺院里的生活状况展现了参悟佛道的全过程的话，那么，为鉴真像注入新的生命、制作出体现崇高精神和存在永恒性的塑像，这项工作绝不亚于参悟佛道的过程。这是高尚的、诚心诚意求道的一种尝试。

　　鉴真就是鉴真。为了回应弟子们的诚意和热情，在死亡到来之际，他丝毫不为之心慌意乱，超然地、稳稳地端坐在那里。就像制作塑像的弟子们努力将鉴真塑造为僧人或者普通人的理想的形象那样，静坐在那里、陷入冥思状态的鉴真也如同往常一样，作为一个佛道修行者，努力追求着理想的境地。在塑像制作者和鉴真之间，一直都是心灵相通的。在流动的时间中，稳重、严肃的鉴真和尚像被制作了出来。

第十章

最澄、空海与《日本灵异记》

———

求道与灵验

794 年，桓武天皇将都城从奈良迁移至京都。平安时代开始了。

精神史的时代划分并不一定与政治史的时代划分相一致。进入平安时代之后，在精神史上，各式各样的变化也相继出现。下面，我们将按照时间顺序叙述这个时代的大的变化。首先，我们要叙述的是平安时代初期出现的两个新的佛教流派——最澄的天台宗和空海的真言宗——和一部佛教故事集。

.

最澄是日本天台宗的开山鼻祖。767 年，他出生于近江国滋贺郡。据说，他的父亲三津首氏属于汉人的渡来氏族。

12 岁时，最澄进入近江的国分寺，成为大国师行表的弟子。14 岁时，削发为僧。

785 年 5 月，最澄 19 岁时，在东大寺戒坛院受具足戒，成为大僧（正式的僧人）。

受戒三个月之后，最澄登上比叡山，开始严酷的山林修行生活。

他出生于近江国的渡来氏族的家庭，少年时代成为国分寺著名僧人的弟子，14 岁剃度，19 岁受戒，这个经历应该说是非常顺利的。

最澄像（原载《艺术新潮》
1974 年 10 号）

受戒之后，最澄应该受到了南都僧人集团或地方上大寺院的重视。

但是，最澄受戒三个月之后，突然间决意在比叡山开始修行生活，并践行了这个愿望。此后，直至 797 年被任命为宫中的内供奉一职的 11 年间，他都深居在比叡山过着修学和修行的生活。他为什么要深居山中度过修学、修行的生活呢？

有一篇题为《愿文》的短文记述了最澄进入比叡山度过修行生

活的心境和决心。文章的前半部分感叹人世间的无常，紧接着是劝诫僧人不应怠惰和安逸的文字，此后，内容一变，转向强烈的自省，发了五个愿。

以自我反省开始的后半部分的内容是这样的：

回首往事，我是愚人中间最愚蠢的人，是微不足道的最坏的人。违背佛教的教义，违反国家的法律，既不孝，也不注重礼。在这里，我带着迷狂之心，立下五个誓愿。决心毫不退缩，不为任何事物所约束地向前进，以实现至高无上的佛法。

其一，不达到六根（眼、耳、鼻、舌、身、意）清净的地步，我绝不下山，融入人世。

其二，不获得脱离迷妄、看透真理之心，绝不投身于才艺。

其三，不达到遵从戒律、直面生活的地步，绝不参与到由施主施舍的法会中去。

其四，不达到悟道的境地，绝不从事俗世的工作。如果感觉变得清净了，另当别论。

其五，努力做到将在这个世界上积攒的功德不仅有利于自己，还要惠及他人，让所有的人都达到悟道的境地。

我一心一意想要得到的，不是自己一人享受在解脱的境地获得的安乐，而是要让所有的人都达到相同的境地，享受到相同的安乐。如果此愿得以实现，六根清净、得五种神通力的话，我也不会满足于自己进入悟道的境地，不会执着于任何事物。我愿在涉及所有生命的菩萨四个誓愿的引导下，走向广阔的世界，弘扬佛的教义，带领人们进入悟道的境地，为佛法的实行鞠躬尽瘁。

　　　　　　　　　　（"岩波日本思想大系"《最澄》，第 287、288 页）

　　文章的字里行间充满了青春的霸气。

　　我们可以将最澄的誓愿分为两大部分，一是极力纠正此前自己的"极愚"（毫无学问可言）和"极顽"（极其缺乏修行）之处，从现在起，回心转意，深居山中，勤奋修学、修行，无论如何也要达到悟道的境地；二是如能达到悟道的境地，不是自己独自享受这个成果，而是要普惠众人，将众人引向无比幸福的觉悟之境地。从我们现在的佛教观乃至宗教观来看，这两个誓愿非常符合佛僧的想法，是极其正当的誓愿。不过，自佛教传入日本二百多年来，我们很难看到如此明确的表达，即将专心致力于弘扬佛法和救济众生作为一个佛僧自觉的决心，并付诸实践。此前的佛教只是作为通行于世俗世界的一种宗教。它使得拥有政治权力的人们不得不在崇佛还是排佛方面做出选择，使得佛寺、佛像呈现出庄严、美丽。它能够治病、减轻人们的苦痛，能够让人们一字一句地正确抄写用汉语记述的语言，能够守护国家的安宁，能够成为保证具有高深知识的人出人头地的一种制度。在不同的场合下，佛教都受到人们的关注。但是，把佛教看作超越世俗的真正的生存之道，换句话说，把佛教看作通过严格的修学和修行，能够达到至高无上、至纯无瑕境地的教义或理论，在那时才终于成为可能。最澄和空海生活的奈良时代末期至平安时代初期是一个划时代的时期，在这个时期，明确出现了应该通过修学和修行这种主体性活动参与佛教的宗教思想。

最澄在近江的国分寺剃度之后，成为僧人，在东大寺受具足戒后成为大僧，但他并没有停留在近江和奈良。不是没有停留，而是无法停留。在近江或奈良，他难道不能够度过修学和修行的每一天吗？

因为他认为在那里无法修学和修行，所以他去了比叡山。而且，他发誓说，直至六根清净之前，绝不下山与世俗打交道。

无论是僧人还是俗人，佛教教导人们不要为欲念、情欲所驱使，要追求清净的生活。对于僧人，佛教尤其强调这一点。人会有困扰、搅乱、迷惑身心的欲望、情感、爱憎，这些总称为烦恼。尤其对僧人来说，从烦恼中解放出来是最大的目标。尽管如此，人们的日常生活为各式各样的烦恼所包围，要想从烦恼中解放出来，离开俗世是最重要的手段。因此，僧人居住的寺院建造在与俗世多少有一点距离的地方是有道理的。

然而，佛教传入日本之初，就与权力紧密结合，与世俗的利益密切相关。在后来的很长时间里，佛教及僧界和俗界之间的联系也非常强，两者之间很难保持一定的距离。从表面上看，佛法与世俗的权力和权威泾渭分明，是以确立独立的精神世界和超越眼前的利益为崇高理想的，但实际上佛法主动地与权力、权威相结合，根本不会以服从于世俗的利害关系为耻，这就是现实生活中僧人团体的状况，是当时日本佛教界的实情。作为政府主导的大工程，僧人们在地方上修建了国分寺和国分尼寺，在奈良则修建了东大寺。此外，皇族以及有权势的豪族率先推行抄经的工作等，积极地向佛教靠拢。其结果就是佛教界的势力急剧扩大，寺院、僧人团体被赋予了各式各样的特权和特殊的利益。为了获得更大的势力，滥用这些特权和特殊利益的倾向也的确在佛教界内部扩展开来。禅师道镜与女帝孝谦相勾结，成为法王和太政大臣，滥用手中的权力，可以说是佛教世俗化以及佛教走向颓废的最极端的例子。从奈良时代末期至平安时代初期，光仁天皇、桓武天皇屡次采取了整顿僧尼之纲纪以及没收寺院之财产的行动，这如实地向人们展示出，佛教势力的扩大和专横对政治权力产生了极大的冲击。

在这种情况下，最澄下决心闭居在比叡山中。

《愿文》中最引人注目的是，进入比叡山修行一事，是最澄面对自我，为了寻找自我生存的价值而做的决定。

很显然，最澄清晰地看到了佛教界的颓废和堕落。佛教界的这种惨不忍睹的现状，使得最澄不屑作为"高僧"生活在世上，于是，他下定决心进入偏远的深山，度过十二年的修行生活。

但最澄并不是全然将佛寺的世俗化和僧人集团的颓废当作别人的事情。他认为自己也置身其中，同样为世俗化和颓废所侵蚀。如果说佛教界在走向世俗化、腐败和堕落的话，那么，最澄自 12 岁以来就生活在这个佛教世界里，作为僧人走上一帆风顺的道路并且受戒，他也不可避免地遭受到世俗化、腐败和堕落的侵蚀。如此看来，最澄面对现实所射出的批判之矢就掉转回来刺向了自己。对其他人的批判同时也是对自己的批判。"愚中之极愚，狂中之极狂，尘秃之有情，底下之最澄"是其最严厉的自我批判，这显示了当批判之矢掉转头朝向自己时，会变得更加锋利。

当然，当批判深入到这个程度时，最澄就不得不自我追问如何生存的问题。包括是否继续当僧人，他需要从根本上追问该如何生存。作为其追问的回答，最澄提出了比叡山的修行生活和五个誓愿。

最澄闭门隐居山中的生活，不仅有着与世俗的、受到玷污的佛教界诀别的否定性意义，而且也拥有从理论和实践方面体验佛法之真性的意义。对年仅 19 岁的最澄来说，清晰地描绘出究竟何为悟道之境地，是一件困难的事，他也没有抵达悟道之境地的明确方法，但他心中具有不屈不挠的决心——在修行的道路上摸索前进，绝不半途而废，这一点是非常明确的。这种决心逐渐成为身体力行之事，促使他在深山之间修行了 12 年的时间。

关于最澄在山中闭门隐居的生活状态，直接的资料现在已不存在，但与此相关的材料有《山家学生式》，后来，它成为天台宗弟子必须遵守的规则。其中有这样的记载，即被简称为"八条式"的第四条。

> 天台宗的僧人在得度之后，立刻被授予大乘戒。受戒后 12 年间，不出山门，勤勉修学。最初的 6 年间，学习的中心在于听讲，并且进行思索和实践。一日之中，学习佛教之学和佛教之外的学问的时间比例为 2 比 1，并长时间地讲授佛典、论说佛法。后 6 年期间，学习的中心是思索和实践，并且听讲……
>
> （出处同上，第 197 页）

在 12 年里不出山门，聆听教谕，反复思索，不断实践，学习佛教之外的教导，长时间地进行讲授和说教——仅凭想象，我们就可以知道这是多么令人难以喘息的求道之路，但最澄还是将这种严厉的规则传授给了弟子们。他之所以能够做到这一点，是因为他于青壮年时期决意在山中进行这样的修行，度过了 12 年的时间，由此深刻地参悟了佛道，于是对此有着确定的信心。将这种苦行僧的生活作为义务加在弟子身上，虽然有令人感到疑惑之处，但是，当后来人们回顾最澄在年轻时闭门隐居山中的探索生活时，感到这种苦行僧的生活让最澄本人接触到了佛法的核心意义，同时作为僧人获得了生存的自信，这是毋庸置疑的。最澄与时局尖锐对立，其脱俗的闭居山中的苦行僧生活在佛教思索和日常实践方面结出了丰硕的果实。

最澄下山后，随着基于新宗教思想的天台教团的成立，它与既存宗教思想及南都教团之间发生了斗争。这个斗争一开始采取了较量、竞争的形式，后来逐渐具有了思想上和理论上尖锐对立的色彩。最澄的代表作《守护国界章》《决权实论》《显戒论》都是在思想和理论对立的过程中产生的战斗性论著。

最澄与南都教团的对立逐年加深，但从总体上讲，直至最澄去世，他与平安京的朝廷之间的关系都是比较良好的。结束了 12 年闭居山中的修行生活，下山之后不久，最澄就被任命在宫中内道场担任内供奉的职位。802 年（最澄 36 岁时），最澄和南都的高僧一道被邀请参加了和气弘世、真纲举办的高雄山寺的法会，在这个法会上，最澄讲授天台宗的教义并让天皇和东宫随喜。804 年，最澄与遣唐使的一行人一道抵达大唐，学习天台宗。他之所以能够做到这一点，是因为他得到了桓武天皇的授意。

在大唐，最澄接受了道邃、行满、顺晓的教诲，回国后，为了普及天台宗并使天台教团从南都旧宗中独立出来，他开始了真正的宗教活动。以桓武天皇为首的朝廷的支持，对最澄展开宗教活动具有极大的帮助。

最澄回国后做的令人瞩目的一件事是，806年正月，他向朝廷提出，要向各个宗派公平地分配年度得度人员名额，而这个申请在获得僧纲的赞同后，被朝廷认可。所谓的年度得度人员是指在每年正月举行的御斋会上得度的人。此前，每年只有10人得度，此时，增加到12人，其中华严宗2人，天台宗2人，律宗2人，三论宗3人（包括成实宗1人）、法相宗3人（包括俱舍宗1人），这是最澄申请的内容。这个申请是天台宗为了能够与南都六宗并驾齐驱、获得年度得度人员的配额、寻求朝廷对天台宗的认可而提出的。在南都教团强有力统治的背景下，僧纲却对最澄的申请表示赞同，意味着最澄与南都教团间并没有产生极端的对立。

最澄与南都旧宗的对立完全浮出水面，发生在他与会津的僧人德一之间的"三一权实"论争中，还有他与南都僧纲之间关于设立大乘戒坛的论争。虽说只是两场论争，但对立的双方都针锋相对地驳斥对方，使之成为日本佛教史上罕见的激烈论争。

我们先来看一下德一与最澄的关于三一权实的论争。

德一原本在奈良东大寺学习佛法，20岁左右移居到日本东部，是法相宗的僧人。在其著作《佛性抄》中，他对《法华经》进行了批判，论争由此开始。田村晃祐在《最澄》一书中简明扼要地叙述了这场论争。

　　根据我们现在所知道的情况，这场论争发端于德一的著作《佛性抄》。……〔其内容是〕《法华经》是释尊根据其特定的目的，即作为引导人们了解真实的手段而讲述的权宜性的教诲，因此，释尊不是原封不动地叙述自身的悟道体验，而是根据不同的教诲对象的程度进行说教，将对象提升至真实境地，如此而已。

这与天台宗的教学思想恰恰相反。天台宗认为《法华经》才是所有佛教经典中最高的经典，其中叙述了释尊关于真实的教诲。德一的观点显示了法相宗的传统观点。

与此相对，最澄在日本东部旅行期间创作了一卷反驳性的论著《照权实镜》。

（《最澄》，吉川弘文馆人物丛书，第 161、162 页）

这场论争持续了四年时间。德一创作出《中边义镜》《遮异见章》《慧日羽足》等，展开对天台宗、一乘的批判，而最澄则创作出《守护国界章》《决权实论》《法华秀句》，对法相、三乘进行了批判。

正如"三一权实"的名称所显示的那样，两人论争的焦点在于，在三乘之教诲（按素质、能力将众生引向悟道之境地的三种教诲）和一乘之教诲（将一切众生引向悟道之境地的唯一的教诲）中，哪一个是真实的教诲，哪一个是权宜的教诲。德一站在法相宗的立场上，认为一乘之教诲是权宜的教诲，而三乘之教诲才是真实的；最澄则站在天台宗的立场上，提出三乘之教诲是权宜的教诲，而一乘之教诲才是真实的。

很显然，在两者对立的立场深处，关于人们如何达到悟道之境地的思考方法是不同的。站在天台宗立场上的最澄根据《法华经》中一切众生悉皆成佛的叙述，认为所有的人都可以达到悟道之境地，可以成佛；而站在法相宗立场上的德一则认为，众生先天性地具有五种不同的素质和能力，其悟道之境地不仅有三种区别（三乘），而且还有人无法达到悟道之境地（没有佛性）。两者对人的看法针锋相对、互不相容，他们都固执己见，因此论争一直没有结果。而且，从第三方来看，无法将手中决定胜负的一票投向任何一方。

虽然无法决定胜负，但从佛教思想史来说，这场论战显示出很高的水平。两名当事人——德一和最澄——在经过深刻、严肃的思考之后，真诚地对待经典，在看透我与他人之间的差异的同时，反复思索，寻求表达的准确性，磨炼思维的逻辑性，保持这种对决的姿态十分重要。在他们的论争中，虽然我们可以随处看到对对方的贬低、嘲讽——这是论争中常见的手法——但德一也罢，最澄也罢，都直面对方的观点，竭尽全力试图驳倒对方，这种态度贯彻始终。正是由于这种态度，他们在四年的时间内相继写出反驳对方的论著，对双方当事人来说，这场论争在思想上具有极大的意义。在论争的发展过程中，无论是对德一的一乘方便、三乘真实和五性各别的观点和主张，还是对最澄的三乘方便、一乘真实和一切众生悉皆成佛的观点和主张，他们都能深刻切实地体会到其中所蕴含的重要意义。他们对佛典中的表述详加思考，运用缜密的逻辑思维，一句一句地构思文章，并试图从中呈现出统一的世界观、人类观。可以说，经由这场论争中双方的努力，在解读经典方面开拓出一片新的境地。

与德一在思想上的对决并不能够直接转化为现实中的成果，但最澄与南都僧纲之间关于设立大乘戒坛的另一场论争就不一样了。在比叡山新建立一座大乘戒坛必须获得天皇的允诺，因此，论争就在明确的现实目的下展开，即要获得天皇的允诺。

　　因为比叡山没有戒坛，所以为了经营天台教团，最澄陷入苦思冥想之中。一年两名天台宗年度得度人为了受戒必须前往东大寺，但当时，下山前往南都的僧人为了更好地安身立命，很多情况下就定居在南都的东大寺里了。好不容易培养出来的弟子因受戒而流失了。对天台教团来说，这是一个十分严重的问题。

　　然而，如果在比叡山另设一座戒坛的话，就可以防止弟子的流失，这是眼前的目的。比这个目的更加重要的是，追问对佛教徒来说何为授戒和受戒。深入探究这个问题是最澄思想上的觉悟。

　　向朝廷提出的在比叡山设立大乘戒坛的申请书有三种，它们被总称为《山家学生式》。在申请书里，最澄着重提出了与南都小乘戒不同性质的大乘戒的理念。继与德一的三一权实论争之后，最澄提出在比叡山授予与一乘真实的天台宗相符合的大乘戒的想法。针对南都的小乘戒只授予出家僧人的情况，最澄的大乘戒既授予出家人，也授予在家人，他们之间不做区分，只是受戒的僧人有义务在山中修行12年。此外，最澄还强调，不仅仅要自我抵达悟道之境地，还必须实践利他的修行。当我们阅读这部简明扼要、充满长年宗教实践和宗教探索精神的《山家学生式》时，我们会了解到最澄在佛教思想上的抱负，以及他对它会被社会上的人们所接受的自信心。

　　在收到《山家学生式》后，朝廷将它出示给南都的僧纲，向他征求意见。僧纲虽然无视《山家学生式》开头的"六条式"和第二个"八条式"，但对最后"四条式"中的四条——加以反驳，强烈反对设立大乘戒坛。僧纲的意见书被送给最澄阅览，最澄详细论述了建立属于自己的大乘戒坛的理念，以再反驳的形式创作了三卷《显戒论》。

　　围绕大乘戒，僧纲的看法与最澄的看法针锋相对，双方毫不妥协。对此两人心知肚明，在此基础上，双方试图彻底地驳倒对方。"四条式"的正式名称为"天台法华宗年度得度者回小向大式"，它的意思是，想要在比叡山修行的僧人必须遵守禁止小乘戒（回小）、授予大乘戒（向大）的规定。《显戒论》中提出，南都的戒坛为小乘戒，比叡山僧人应当否定它，而符合大乘戒的戒坛将首次在比叡山设立。这可以说是针对南都教团的不折不扣的挑战书。

　　僧纲也不示弱。他极其详尽地反驳道，"四条式"中叙述的大乘戒的想法不符合佛理，违背了授戒的传统。下面，我们引用相当于序文后半部分的内容。

　　　　在日本，钦明天皇戊午年间，百济王传来佛法。天皇崇拜佛教的情况此后一直延续了下来。道照、道慈等僧人前往大唐，在良师的门下进修学业。印度的菩提仙那、唐朝的鉴真等人有感而来到日本，弘扬教义。他们是德高望重之人，却没有一人对戒律提出异议。然而，僧人最澄没有去过唐朝的都城，只是游历于周边的地区，回到日本后，如今随心所欲地向朝廷提出制定大乘戒的规则。

　　　　其文章粗鄙，不通文理。只是扰乱佛法，违背僧尼令。应召唤其本人，依照佛法，判定正邪。如此，玉与石、清与浊自会分明。

　　　　　　　　　　　　　（"岩波日本思想大系"《最澄》，第15—17页）

　　因为这是单方面的说法，所以我们不必全盘接受这个说法。不过，我们认为这个说法还是有一定的道理的。从南都旧宗一方来说，最澄的"四条式"扰乱了长期从印度、中国、日本继承下来的授戒的传统，其设立新戒坛的想法是随心所欲的，依照佛法，其过错十分显著。

最澄也意识到，设立属于自己的大乘戒坛的想法有悖于传统的戒坛模式和戒律的理解方法。但是，从另一方面来说，较之于传统的戒坛和戒律，自己的戒律思想和戒坛结构才是符合佛法的，最澄对此是有自信心的。对最澄来说，南都僧纲对"四条式"的反驳给自己提供了展现自己的戒律思想和戒坛结构的绝佳机会，回应反驳的《显戒论》虽然涉及烦琐的议论，却成为最澄的大乘思想乃至天台思想的集大成之作。

对这场论争，我现在不想涉及过细。关于南都旧宗和最澄之间的区别，最澄在批判当时宫中出家得度的惯例时，写下的一段文字表述得极为清晰，下面我想引用这段文字。

僧纲在奏疏中提出："为什么宫中的出家是不清净的？"

对此，我回答。宫中虽是德高、清净的场所，但被允许出家的僧人还很难说是清净的。在比叡山的年度得度人当中，有人嫌弃山林，追求安乐。他们都是违背教义、逃避佛法、懈于追求真实、不惧来世之恶果、追求富贵和名声之人。在这种状态下，释迦的教义被埋没，神圣的佛法不会显现……因此，在中国的五台山的五座寺院里，出家僧人住在山里；在兴善寺的两院中，规定僧人要轮流诵读护国之经典。得度前，居住在山里，习惯于山中的修行，并对山中修行产生好感，得度后，在山中度过 12 年的闭居生活，这才称得上是清净的出家。

（出处同上，第 139 页）

最澄依然保持着青年时期决心进入比叡山修行时的志向，没有发生变化。其贯彻自我思想的行为，呈现出佛教徒最澄将一生投入新的实践和真理之中的姿态。而且，为这种思想所支撑的最澄的观点，在平安时代初期的贵族和僧侣世界里似乎具有一定的说服力。在最澄去世后 7 天，以大乘戒为基础的天台僧人培育制度得到天皇的允诺。天台教团名副其实地从南都旧宗中独立了出来。

· ·

真言宗的开山鼻祖空海于 774 年出生于赞岐国多度郡。比最澄小 7 岁。

空海 15 岁时前往京都，跟随舅舅阿刀大足学习《论语》《孝经》等，后进入大学，学习《毛诗》《春秋左氏传》《尚书》等。在这里，他遇见一位沙门，得到虚空藏求闻持法的教诲。这是一种通过念诵虚空藏菩萨以获得超人记忆力的修行方法，空海决心自我实践这种修行方法，于是中止了大学的课程，投身于山林修行之中。他游历了阿波的大泷山、土佐的室户岬等地，不断重复着严酷的修行。

最澄也曾尝试过山林修行。这是日本自古以来的山岳信仰与外来的脱离世俗的佛道修行相结合的一种修行方法。空海通过鞭挞身体以提高精神集中力，由此确信了佛教的卓越性之后，于 797 年（平安京迁都 3 年后）也就是 24 岁时完成了处女作《三教指归》。

空海

　　"三教"是指儒教、道教和佛教的三种教义，"指归"是指教义的内涵。空海创作这部著作的目的在于，通过比较三种教义的内容，明确指出道教比儒教优越，而佛教则比儒教和道教都优越的观点。

　　这部宗教性著作是用汉语写作的。空海并没有采取陈述自己的观点的形式，而是采用了对话体的戏曲形式。舞台背景是一个叫兔角公的人的家里。兔角公为自己的外甥——放荡的蛭牙公子——感到十分头疼，于是请求儒家的龟毛先生开导其外甥。龟毛先生向蛭牙公子讲述忠孝、立身、出人头地的儒教道德，听完龟毛先生的教海后，蛭牙公子回心转意，上卷就此结束。在中卷，在蛭牙公子身边大智若愚的虚亡隐士开口说话，他从道教的立场批判儒教的世俗道德，宣扬试图实现长生不死的仙道。龟毛、蛭牙和兔角公对虚亡隐士的话感到心服口服，至此，中卷结束。下卷的叙述者是一个叫假名乞儿的人，关于这个人物，书中首先介绍道，他是一个弃世之人，具有非同一般的风度样貌，生活在极其困苦的环境里。然后，假名乞儿否定了追求世俗之名利和追求神仙之脱俗，认为只有向众生灌输佛教之解脱的实践活动，才是最高的德行。在场的人们都为假名乞儿的观点所折服，于是假名乞儿吟咏"十韵之诗"，以示全书结束，下卷的大幕落下。

《三教指归》运用了中国六朝至唐代流行的四六骈俪体的形式，在关键之处插入了颂、诗、赋。空海将其掌握的汉语知识很好地融入文章之中。通过比较三教来论述优劣的形式，模仿了中国隋唐时期的范本，但无论是从设置人物的方法来看，还是从议论内容的结构来看，《三教指归》丝毫没有为范本所约束的迹象，相反，空海从容自在的表达能力给人们留下深刻的印象。这种从容自在的能力向我们展现出空海少年老成的天才形象，同时，也向我们展示出空海用汉语表达并理解客观事实、体验、脑海里的形象、思想和情感的能力，体现出他所在的知识阶层的表达能力和理解力水平之高。

这个时代的人们还处于无法用日语自由书写心中感受的阶段。虽然用一个汉字表达一个音的万叶假名的书写方式已经成熟，但万叶假名只是用于歌谣的创作，如果人们想要用散文的形式书写事件和思想，还只能凭借汉语。人们还无法用日语将所说所想完整地书写下来。人们只能做出这样的选择——或者用日语思考，将其翻译成汉语来记载，或者一开始就不用日语，直接用汉语来思考并记录下来。其中，《古事记》的记录手法是个例外，它采用的书写形式，是修改汉语以接近日语的形式。因此，《古事记》的文体被称作"变体汉文"。而《日本书纪》《续日本纪》《怀风藻》《文华秀丽集》等用的都是外来的书写方式，即汉语写成的。上一节我们提及的最澄的《决权实论》《山家学生式》《显戒论》也是如此，空海的许多著作也是用汉语书写而成的。

在这些著作中，空海的汉语文章尤其华丽、流畅。空海不仅具有很高的汉语阅读和书写的能力，而且其文章具有汉文的韵律。非常遗憾的是，我不具备体会其文章之高妙的汉语知识水平，但即便是阅读其文章的训读，我也能够体会到年轻的空海自由自在地运用汉语创作出对话剧的高超文学水平。《三教指归》以如何说服浪荡公子的形式开始，这是空海试图将思想置于日常生活之中的巧妙的构思。在叙述过程中，空海插入了引自汉籍的文字，这些文字与空海的叙述相互照应，没有丝毫的滞碍之处。此外，高谈阔论的龟毛先生、虚亡隐士、假名乞儿的人物形象，都与其论述的儒教、道教、佛教的内容相吻合。这是作者试图将这部对话剧写得更加现实而采用的手段。包括假名乞儿在其叙述过程中插入韵文体的颂、诗、赋的技巧在内，这些手法的使用让人充分享受到阅读文章的快乐，空海已经远远地超出了吃力地使用汉语的层次。

《三教指归》的主题，是对在中国、朝鲜和日本具有众多信徒的儒教、道教、佛教进行比较，阐明优劣。从这个角度来说，《三教指归》并非一部成功之作，因为它缺乏思想性著作中不可或缺的批判性和逻辑性。

在上卷，作者论述了儒教；在中卷，作者阐述了道教；在下卷，作者叙述了佛教。信仰不同教义的人物以各自固定的名字出现在舞台之上，不断地围绕着谁是谁非的问题展开议论。上卷里，三个出场人物中的两人为聆听者，所以这两个角色——兔角公和蛭牙公子——称赞了龟毛先生的儒教论后，上卷结束。但在中卷，当虚亡隐士阐述道教时，上卷里的三个人依然在场。这样一来，道教阐述完毕时，龟毛先生应该从儒教的立场出发进行反驳，但龟毛先生与后来的两人一道，跪在虚亡隐士面前，对其阐述称赞不已。这令人难以释怀。在下卷结尾的地方出现了同样的情况。听完假名乞儿的关于佛教的叙述之后，龟毛先生和虚亡隐士也都轻描淡写地放下了矛头，说道："孔子的儒教和老子、庄子的道教是多么浅薄的、带有偏见的教义啊。"

空海的目的十分明显，即贬低儒教和道教，抬高佛教。但在没有互相批判的情况下，一方就屈服于另一方，这有怎样的思想意义呢？尽管我们能够充分地享受到人物设定之巧妙、修辞手法之高超，但议论的实质却是结论先行，无非是想从情感的层面引导读者而已。最澄的《决权实论》采用了展示德一对自己观点的反驳，然后再反驳德一的形式。《显戒论》则采用了逐一引用南都僧纲的大乘戒坛无用论，再对此进行批判的形式。如果我们考虑到这一点，就不得不说空海的叙述方式与最澄是截然不同的。

尽管如此，《三教指归》并非唯佛教为尊，而不顾其他教义的气量狭隘的著作。儒家（龟毛先生）从情感上对道教心服口服，儒家（龟毛先生）和道家（虚亡隐士）从情感上对佛教心服口服。这种对话剧的展开，反过来可以让人们认为，三教之间呈现出这样一种关系：道教融儒教为一体，佛教融儒教和道教为一体。在《三教指归》中，论述的展开极为感性，既看不到批判精神的表露，也看不到理论上的对决。作为思想著作而言，它是温和的、不成熟的，但当我们将空海此后的思想发展纳入视野中进行思考时，上面提到的联为一体的关系便构成了空海的实践和思考的本质。顺带说一句，当我们从更加广阔的视野下观察日本精神史时，与磨炼批判理论的最澄的叙述方法相比，或许空海的互相包容的叙述方法才是主流。

话说回来，24 岁时创作了《三教指归》的空海在 7 年后，也即 804 年加入遣唐使，前往大唐。在这一行人中还有最澄。但在大唐，两人并没有一道行动。空海前往长安，跟从惠果学习密教。

回国后，空海作为密教僧人受到天皇的重用。812 年，他在高雄山寺举行结缘灌顶仪式（密教的结佛缘的仪式）；819 年，他在高野山着手建立金刚峰寺；823 年，嵯峨天皇赠予他东寺，他将该寺命名为教王护国寺，定为密教的总道场。

最澄也参加了 812 年举办的结缘灌顶仪式，这是证明空海与最澄有交往的事实。两人的朋友关系始于最澄向空海借阅密教的经典，但这种关系并没有持续很久。两人从结交到反目的过程中夹杂着各式各样的个人理由，但不可否定的是，两人在宗教思想上的差异，决定了他们之间的朋友关系难以为继。

在与世俗的联系方面，密教中的加持祈祷可以带来现世利益，所以受到许多人的尊敬和支持。加持祈祷的效验可以带来诸多的利益，诸如降雨、治愈疾病、顺产、降魔、国家平定、家庭安稳等。空海曾中止在大学的学习，为掌握虚空藏求闻持法前往偏远的地方刻苦修行。在中国留学期间，跟随惠果学习密教之前，他就热衷于加持祈祷等。

但是，密教并非只有追求现世利益的加持祈祷。在加持祈祷背后隐藏着宏大的形而上学的理论体系。其教义以《大日经》和《金刚顶经》为最主要的经典。空海从大唐的高僧惠果那里学习教义，他将教义融会贯通，开创了真言宗。

空海自身将这种融会贯通的教义形诸笔墨，就形成了他的即身成佛论。所谓即身成佛指的是，以活着的肉身抵达悟道之境地，成为佛。空海认为，在现实中这是可以实现的。如何才能够实现呢？阐明其根据的就是《即身成佛义》。这是将万物之本形和人类身心之运动纳入大视野下的宇宙论、精神论和身体论。

世界的构成原理表现为"六大"（地、水、火、风、空、识）。地、水、火、风、空是物质的原理，识是精神的原理。而且"六大无碍而常为瑜伽"，即六个原理可以自由自在地相互交往，保持着调和。万物调和，人类也包含其中，处于悠闲、稳定的状态之中。这就是整个宇宙的本来面目。此为空海的第一命题。

这种调和的景象加上对诸佛、诸尊的描绘就形成了曼荼罗，它有四大类，"四种曼荼各自相依"，即四个种类的曼荼罗互补，象征着唯一的整个宇宙。如果将"六大"命名为本体，将曼荼罗命名为现象的话，指出本体和现象的统一就是第二个命题。

第三个命题指"三密加持则速显"，三密（身、口、意的玄妙运动）如果能够在佛与众生之间获得感应，即身成佛就得以完成。如果能够做到手结佛之印契（身密）、口诵佛之真言（口密）、心达佛之心境（意密）的话，佛就成为我，我就成为佛，即身成佛就变成了现实。

　　我们在第五章"佛教的传播——灵魂信仰与佛像崇拜"中曾指出，随着佛教传入日本，出现了一种新的信仰形式，即礼拜崇高且美丽的人的形态的塑像。我们还指出，佛像以及安置佛像的佛殿、佛阁作为神圣的空间，被与日常生活的空间明确区分开。

　　我们必须说，空海的即身成佛论是逆日本佛教历史长河而行的一种观点。如果我们将佛寺和佛像的神圣化以及人们虔诚礼拜佛像的行为看作此前日本佛教最基本的信仰形式的话，那么，空海的即身成佛论就把包括人类在内的整个宇宙神圣化了。可以说，它是使神圣的佛与世俗的人之间的距离无限接近的一种宗教思想。

　　这种宗教思想集中表现在真言密教教主大日如来的身上。与释迦如来、药师如来、阿弥陀如来等一样，大日如来是理想中的人的形象——但他不是如来形象，而是菩萨形象。他被人们画成图像，或制作成塑像。不过，这只不过是假借的形象，本来，宇宙原理才是大日如来。也就是说，地、水、火、风、空、识等"六大"本身就是大日如来，处于"六大"之根源，发动、调和并统一"六大"，这也是大日如来。作为宇宙原理的大日如来遍布全世界，因此，可以说，山川草木等一切物质——当然也包括人类在内——都是大日如来。

　　这种大日如来与作为佛像被呈现出来的佛的形象很难联系在一起。应该说，他更加接近于日本自古以来的信仰中为人们所感知的、流动的灵。说起来，灵气（灵）也是充满整个宇宙的、自由自在的、变幻莫测的。

　　在神灵信仰中，神灵如果附着在活人身上，那这个人就成了神。即身成佛也采取了相似的结构。所谓的"三密加持则速显"指的就是这一点。通过活人的主体性实践，佛与人成为一体——即身成佛便得以实现。

即身成佛的最大的特点是，通过主体的全身心的行为，一体化便可以实现。对提出即身成佛教义的空海来说，他一定实际体验过自身与佛的一体化。为了实现一体化，人必须具有超人的身心集中的力量。空海年轻时在山中修行也是其身心集中力量的体现。自大唐回国后，空海即便在宫廷及贵族社会里得到优待，他也要在偏远的高野山设立道场。在密教仪式中，他将图像、法具摆满昏暗的法会现场，点燃火把，使烟雾缭绕，音响不绝于耳，诵经声此起彼伏，从这些表现形式中，我们可以看到，注重主体性实践的空海的宗教思想，以及与此相对应的空海的身心力量高度集中的情况。如果我们说，最澄在山林中修行是直面经典和教理的话，那么，空海在山林中修行就是面对外部，与宇宙合一。

与宇宙合一，是内部生命力向外溢出的形式。向外溢出的越多，其内部的生命力就越能够得到提升。手结印契、口诵真言、心观本尊的三业，正是这种提升生命力的尝试。这种提升引导主体与外界合一。如果我们能够从中感受到无限的合一的可能性的话，那么，与外界合一可谓实现了与佛、宇宙之原理的合一。空海是一个能够实际体验到自身内部生命力溢出的宗教思想家。所谓即身成佛，就是将某个人的特殊感受提升到普遍的佛教理念的高度。大日如来超越了佛像的限制，扩展到宇宙的各个角落，空海将其作为宇宙之原理重新认知，从这一过程中我们可以看至空海实际感受到的内部生命力之大。

如果说《即身成佛义》给人留下空海生命力横溢的印象的话，那么，其晚年的代表作《秘密曼荼罗十住心论》（下面简称为《十住心论》）可以说是显示空海构筑观念的能力的一部佛教著作。该书从真言宗的立场将人的心划分为十大类，由低级阶段向高级阶段排列，然后逐一解释。十大类的顺序是这样的：

一、异生羝羊心——"异生"即凡人，指凡人的心像羊一样愚蠢的状态。

二、愚童持斋心——愚蠢的孩童开始遵守人伦之道时的状态。

三、婴童无畏心——虽然还是孩童，但追求天上的幸福而修行时的状态。

四、唯蕴无我心——相信只有五蕴（色、受、想、行、识）存在、实体的自我不存在的状态。

五、拔业因种心——逃离恶业，观十二因缘，脱离生死之苦的状态。

六、他缘大乘心——并非自我悟道，而是生发出救济其他众生之慈悲心的状态。

七、觉心不生心——觉悟到一切存在都是不生不灭的状态。

八、一道无为心——站在唯一绝对的立场上，超越由因缘而形成的有为世界的状态。

九、极无自性心——指显教中穷极的阶段，觉悟到一切存在乃无自性的状态。

十、秘密庄严心——自身以肉身的形态与大日如来一体化的状态。

第十阶段的"秘密庄严心"是真言宗所追求的悟道的最高境界，众生之心与佛教之世界都向最高境界的方向流动，整个世界井然有序。具体来说，一、二、三是佛教以前的境地，逐渐地，伦理性、宗教性不断提高，四、五相当于小乘佛教的声闻阶段和缘觉阶段。之后的五个阶段分别对应大乘佛教五个宗派的立场：六是法相宗，七是三论宗，八是天台宗，九是华严宗，十是真言宗。

将自己开创的真言宗立场置于宗教心的最高阶段，让人不禁感觉到空海的宗派理念，但《十住心论》的实际内容与宗派之论毫无关系，并非抬高自身的宗派、贬低其他的宗派，而是客观地探究人的内心的实际状态。我们在《三教指归》中看到的向外扩张的知识方面的好奇心在这本书中进一步增加了力度和密度，其叙述的内容不断地、自由自在地向外延伸。空海创作《十住心论》的缘起是，淳和天皇敕令空海针对法相、三论、华严、律、天台、真言六宗写出自己宗派的教义。空海超越佛教各个宗派之间的对比，笔墨触及世俗的伦理道德、迷妄以及恶的世界，由此，我们可以看出，空海在知识方面的好奇心十分旺盛，在构建观念的能力十分强大。空海并没有将佛教之外的论述当作附录随意处置，而是与论述佛教内容一样，倾注了同样的热情和力量。

下面，我们引用一段论述迷妄与恶的世界的"异生羝羊心"的开头部分。

　　所谓异生羝羊心，指的是凡人不辨善恶，陷入迷妄之中，愚人不信因果报应之理而执着于物质的状态。他们常常拘泥于自我及自我之物，在错误的判断下行动。他们追求海市蜃楼，永不回头；拂拭已燃之火，而引火烧身。这与羊只考虑吃草、幼童喜爱水中之月一模一样。由于不了解自我的本性，他们根本无法认知佛法之真实。正由于无法认知，所以他们违背佛之教理，一直生活在没有光明的世界里……

　　由此，他们沉湎于陆地和水中的美味之中，沉浸在华丽的生活之中。他们驱鹰走犬，猎杀鸟类，以获得美食；他们在马上引弓放箭以捕杀兽类，来品尝美味。他们竭泽而渔，伐树捕鸟，以围捕猎物为乐，以收获之多而邀功请赏。他们没有解网以释放猎物之善心，更无见罪人而泣的夏禹的仁爱之心。他们欲望无限，每天沉溺于欢愉之中，掠夺他人的财产，侵犯他人的妻妾。他们不为妄语、两舌、恶口、绮语而感到羞耻，染贪、嗔、痴之三毒，诽谤人所必守之准则，播撒恶之种子。他们每时每刻行恶，不忠也不孝，无义又无情。虽有仁、义、礼、智、信的五常之教义也难以规训他们，无法让他们搭上声闻乘、缘觉乘、菩萨乘其中之一乘。他们跟从邪师，寄身于邪教，不思逃离烦恼，只顾眼前之利益。我把这样的众生称作异生羝羊。

　　　　　　　　　　　（"岩波日本思想大系"《空海》，第14—15页）

　　这是一段简明扼要地说明"异生羝羊心"的文字。在这段文字之后，作者就这里出现的佛教词汇、思维方式，引用经典中的文字，一一详尽解释。这段文字很好地呈现出空海自由自在地游走于现实和经典之间的状况。空海思维的多元性毫无保留地得以发挥。作者充分说明了第一阶段的"异生羝羊心"之后，话题马上转入"愚童持斋心"的阶段。

下面我想引用"愚童持斋心"概论部分的一段文字，这段文字很好地显示了空海思维中的从容不迫。

> 所谓愚童持斋心，显示出人心向善、凡人归于心之源头的第一步。求佛之永远的种子在春雷声中冲出地表，向善之心在雨润下发出嫩芽。他们为节食而感到喜悦，开始乐于施舍他人，抑制欲望，生出知足之心。他们尊敬德高望重之人，以雅乐实施供奉。他们知过而必改，见贤者而思齐。他们相信因果报应，接受罪福之业报，尽孝亲、报国之忠。《论语》中说见善如不及，见不善如探汤。无论内外，他们均产生皈依佛法僧之心情，而开始行人界与天界之十善。《大日经》中所说疱、叶、华、果、受用、无畏、殊胜、决定等十心相继出现。如果说第一阶段的羝羊为冬之树的话，那么此时春花美丽地开放，凡人之石田结出秋日之稻穗。人界、天界之十心之路始为开。声闻乘、缘觉乘、菩萨乘之三乘相继出现。
>
> （出处同上，第62页）

人似乎来了个一百八十度的大变身，从迷妄和恶之境地走向善之境地。但这只是空海运用巧妙的修辞给人以这样的感觉罢了。从上述第十个真正悟道之境地的角度来看，愚童持斋心只不过是人们开始直面的第二个阶段而已。

　　不过，空海绝对没有将它看作毫无意义的阶段。作者极其详细地对愚童持斋心进行解释，包括对它的局限性加以说明，这种解释和说明与其说是从宗教的角度进行的，不如说是从道德的角度进行的。而且，这种写法贯穿于整个《十住心论》，实际上，在叙述第一阶段充满了欲望、恶心和恶行的异生羝羊心的境地时，空海的观察视野十分广阔，能够准确地把握住事态的发展，运笔流畅、通达、自由自在。

　　宗教之心真正出现于第三阶段的"婴童无畏心"，在这之后，空海的论述更加自由自在。由此，《十住心论》成为从总体上把握人的内心活动和状态的著作。作为日本思想方面的著作，它有着罕见的体系性。空海认为真言宗乃佛教之精髓并信奉它，他将大日如来作为宇宙之原理呈现出来，以即身成佛为身心的终极境地。但一旦论及佛之教义以及佛家之心时，空海的论述就无法停留在其信奉的真言宗之内了。他的论述涉及华严宗、天台宗、三论宗、法相宗，甚至还涉及小乘佛教的声闻、缘觉的心境。不仅如此，其旺盛的知识上的好奇心以及构造整体观念的能力，超越了佛教内外各式各样的佛说和佛心，他还将笔触伸向世俗的伦理道德、恶心、恶业的世界。这通过前面引用的"异生羝羊心"和"愚童持斋心"的文字可见一斑。

　　知识上的好奇心和构造观念的力量不断地向外扩张，空海的这种思维方式与最澄的思维方式形成鲜明的对比。最澄通过与站在对立面的旧佛教思想进行激烈的论争，巩固自己的立足点并磨炼自己的思想。平安时代初期两位佛教思想家的思维方式，既形成对照，也显示出日本佛教明显地走出了参考并阐释印度、中国思想范本的阶段。而且，两人的思想各自成为天台教团和真言教团的基石，这也显示出不仅仅是最澄和空海两人，日本佛教界整体也正从印度、中国的影响下走出来，创造出独具特色的佛教思想。无论在实践方面还是在思想方面，最澄积极投身于与其他宗派的激烈对抗的过程之中，他以对抗为动力，巩固并加深自己思想的深刻性；与此相对，空海通过提升自己的身心到极端紧张的状态，获得与整个宇宙相互融合的、一体化的感受。与此同时，通过自由自在地发挥知识上的好奇心和构造力，空海试图建构超越佛教范围的思想体系。

空海在晚年时于东寺附近修建了一座学校——综艺种智院。这正显示出空海丰富的知识。综艺种智院的教育课程中当然有佛教和儒教的内容，也包含印度的各种科学和整个东亚的学术和思想。这些课程由僧俗共同学习。空海的活动更是超出了学术和思想研究的范围。作为书法家，空海的书法非常优秀，被列为三笔之一；作为文学家，空海著有汉诗文批评之作《文镜秘府论》。在日本精神史上，空海的知识、思维和活动范围之广前无古人。

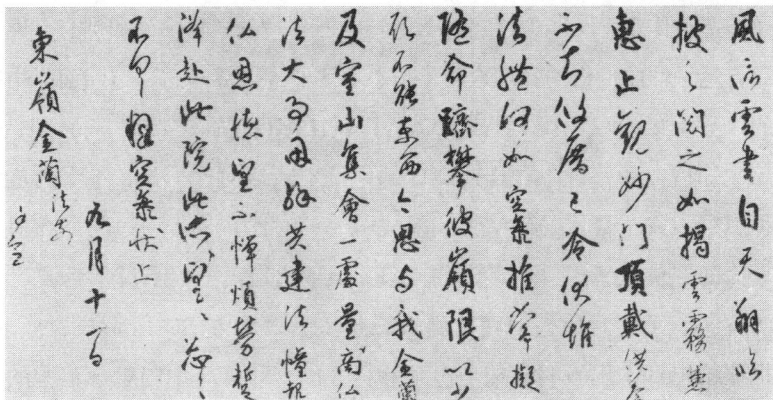

空海的书法作品《风信帖》（东寺藏）

. . .

　　无论在行为方面，还是在著述方面，最澄与空海都具有这样的品格，即追求佛法之真实，严格遵守身心之戒律，知行合一，试图达到佛家之理想境地。在佛教自百济传入日本后将近 250 年的时候，日本佛教史上出现了真正的佛教思想家。这二人不仅仅是优秀的僧人，而且他们将自我的知与行传承给其他人，在同样立志走向佛道之路的朋友和弟子的帮助下，他们以一定的教义和规范，创立了经营共同生活的教团。在来自海外的华丽佛像的冲击下，政治上相互对立的崇佛派和排佛派相互敌对，崇佛派大获全胜，在此之后，佛寺、佛像的修建以及抄经活动从中央向地方上扩展。在平安时代初期，日本佛教直面多种多样的经典，获得了追问这些经典教义的本质的能力，还有思考如何按照教义生存的能力。最澄与空海的出现显示，修行与修学最终在佛教中占据了中心地位。

　　但是，这种状况只出现在笃志于佛道、试图通过佛法规范自我生活的僧尼之间。对佛道并未怀有特殊情感的世俗之人，或者虽有特殊情感却出于各种情况无法踏上出家之路的庶民，无法切身体会到佛教界发生的情况——对于最澄与空海的出现，以及以二人的思想为核心席卷南都旧宗的僧尼、宫廷贵族和知识分子的佛教界活动，都不了解。对世俗之人或庶民来说，最澄在山中度过了 12 年禁欲的修行生活、经历三乘和一乘的权实之争、面对大乘戒坛的设立引发的新旧教团的对立，还有空海的儒道释的优劣论、即身成佛的教义和咒术、显教与密教的判别及排序等，都是发生在遥远世界里的事情。

但与此不同的是，庶民们在日常生活中有属于他们自己的可以感知佛教的形式。这就是佛教故事。对庶民们来说，要想理解具有高度概念性和体系性的佛教教义并不是那么容易的。然而，从庶民们的日常生活中取材、以趣味性为本的佛教故事很好地融合了教育训导，非常平易近人，让人豁然开朗。读者在欢笑声中就能获得某种生存的力量。人们将佛寺、佛像当作十分珍贵的东西，合十膜拜；诵经时，人们丝毫不懂经文的含义，就像是念诵咒语一般；而当他们听到佛教故事时，却会产生一种亲近感——原来佛教教义是这么一回事呀。

正是景戒将这样的佛教故事汇集成册，也即《日本灵异记》。景戒是与最澄和空海生活于同一个时代的药师寺的僧人。

与最澄和空海不同，景戒并非一位高僧。在历史上，人们只知道景戒是《日本灵异记》的作者，对他的其他情况一无所知。景戒的生卒年也不详。在成为药师寺僧人之前，他似乎作为私度僧生活着，私度僧是自己随意出家，没有得到官方的认可的僧人。在律令中有禁止私度僧的条例，违背条例的人要受到刑罚（杖一百）。可以想见，私度僧的数量应该有很多，都到了需要明令禁止的程度。当然，与官度僧相比，在僧人的世界里，私度僧是很难获得稳固地位的，但正因为这一点，他们可能与庶民们走得更近。《日本灵异记》能够在普通民众中传播佛教，与景戒的生活经历密不可分。

《日本灵异记》的全称是《日本国现报善恶灵异记》。所谓"现报"的意思是在现世（而非来世）获得报应。因此，其全称的含义就是，记录下发生在日本的奇异故事，这些故事都与人在这个世界里行善或行恶的报应相关。作者景戒在序文中明确指出其写作的动机：“如果不呈现出产生善恶之报应的情景，又如何能够匡恶心、定是非呢？如果不阐明因果之报应，又如何改正恶心、勤于善道呢？”（岩波日本古典文学大系《日本灵异记》，第55页）

我们且不谈作者劝导人们行善的目的，这部日本最早的佛教故事集的魅力，是贴近庶民生活的叙述形式中的趣味性。阅读《日本灵异记》的乐趣在于：读者切身体会到，佛教是以这样的形式存在于人们的日常生活之中的，人们可以通过这样的形式接受佛教、与佛教共生存。

《日本灵异记》上卷有这样一则故事（第31则）：

圣武天皇时代，御手代东人在吉野山修行、求福。三年过去了，他诵观音菩萨的名号，对观音菩萨行礼道：“请赠我一万贯铜钱、一万石白米和大量的美女。”刚好那个时候，任从三位官位的粟田朝臣的女儿尚未结婚，在位于广濑的家中突患重病，痛苦不堪，不能痊愈。粟田朝臣让侍从四面八方去寻求出家僧人或在家僧人的帮助的时候，遇见东人，便恭敬地将他迎进家中，让他念诵咒语。咒语非常灵验，粟田朝臣的女儿痊愈。这时女子对东人产生爱慕之心，最终两人同床共寝。女子的家人将东人绑起来，关在塔楼里。女子无法抑制对东人的恋慕之情，整日哭泣、思恋，不愿意离开塔楼一步。家人们商量之后，决定放开东人，让两人结为夫妻，并把家里的所有财产都分给了他们，而且，东人还被赐予五位的官位。若干年过后，女子临终的时候，对她的妹妹说：“我很快就要死去，想求你一件事，你答应吗？”妹妹答道：“你说来我听听。”于是，姐姐说道：“我时刻不能忘记东人给予我的恩情，我想让你把你的女儿嫁给东人，并照顾好家庭。"妹妹听从姐姐的遗言，将自己的女儿嫁给东人，并让他掌管自己的家财。东人在这个世界里获得巨大的福德，这都是修行得来的，托观音菩萨的福。我们怎能不相信？

（出处同上，第147—149页）

这难道就是佛教故事吗？

诚然，在这则故事中有一个僧人模样的人出现，他在吉野山修行，学会了咒术。不过，这个僧人的愿望——"一万贯铜钱、一万石白米和大量的美女"，应该不是佛教性质的。他胸怀这种愿望，修行了三年时间，这的确很好笑，在现实世界里一定也会有这样的修行僧，但是，从佛教理念来说，这种深深的欲望是不值得提倡的。故事中的东人通过其咒术，治愈了女子的重病，为女子所爱慕，既获得财产，又得到地位，过上了幸福的婚后生活。女子在临终之前，还留下遗言，让妹妹的女儿嫁给他，他们后来也一直过着幸福美满的生活。

这真是一则令人茫然不知所措的故事。作为一则佛教故事，其中的安闲的精神的确非同寻常。从《日本灵异记》全书116则故事来看，这么安闲自得的故事应该是个例外。无论是依靠佛的力量摆脱危机，还是因为佛的惩罚遭遇厄运，这些故事通常要更加严酷、残忍，都讲述了佛之力引起的超自然、超人类的奇迹。

然而，当我们换个角度来看的话，这则故事安闲而通俗的精神正是生命力和趣味性的源泉。如果说最澄、空海攀登佛法之高峰的坚韧意志力是他们的活力的话，那么，为人民大众所传诵的佛教故事，可以说从庶民的日常生活和内心感动中获得了活力。

尽管如此，佛教故事不仅是故事。它们是以传授佛教教义为目的的故事，与庶民的日常生活和心理联系密切，同时，这些故事必须让人们了解并理解佛教教义的崇高性。因为它们追求的是，将深深扎根于庶民生活和心理中的凡俗的生命力，与佛教教义的崇高融合并统一在一起。它们与叙述者在思想上和文学上的能力相关。

前面我们引用的故事中充溢着庶民生活的通俗精神，好像要推翻佛法的崇高似的。从严谨的佛教角度来看，其通俗精神可能是不合乎佛教教义的，但这则故事的内容很有趣，给人以欢乐。

僧人和女子因病而相遇。被僧人治好病的女子爱上僧人，克服了家人的阻挠，两人结为连理。濒临死亡之际，女子不忘治病的恩情，通过自己的安排，使得僧人在自己死后也能有财运和女人运。

这则故事的结局过于完美，不过女子自然的行为却赋予了故事发展的活力。故事虽短，但女子笃信恩义、情义深厚、直爽的性格跃然纸上，读者很想为这样的女子所爱，也为僧人获得如此爱情而感到羡慕。女子的妹妹在姐姐死后将女儿嫁给僧人，反映了妹妹也有姐姐直爽的性格。故事发展到最后，作者对遇见这样的女子、为这样的女子所爱的男人的运气评论道："这是修行所赐，源于观音菩萨的威德。"其理由有点牵强附会，这且不去说，当观音菩萨的名字出现时，读者可以感觉到深深爱着男人的女子像观音一样纯洁。

很显然，"一万贯铜钱、一万石白米和大量的美女"是现世的利益。仅仅为了这个现世利益而皈依佛、祈求佛，是有悖于佛道的。但是，尽管人们不了解经典或经典义疏的内容，庶民还是从佛寺及佛像的美丽和崇高、佛教仪式的严谨中感受到佛的伟大和宝贵，通过对佛祈愿，期望获得某种现世的利益，这是人们极其自然的内心活动。《日本灵异记》就是由此而产生的佛教故事集。

在这些佛教故事中，佛教理念和庶民生活、情绪逐渐相互融合在一起。相同类型的故事不断产生，逐步完善，方便人们倾听和讲述。由此，许多动人的故事、令人发笑的故事也大量出现。经验的累积给讲述者和听讲者双方带来欣赏故事的乐趣和自由。上述故事中出现的世俗欲念似乎将佛教理念抛诸一旁，虽然这些欲念具有浓郁的庸俗色彩，但还是为佛教添加了趣味，由此我们可以看出讲述者的包容性。《日本灵异记》中的许多故事的个性，都与以禁欲、节制为宗旨的佛教思想相差甚远——换句话说，具有很大的随意性。但如果讲述者和听讲者双方没有享受故事的包容精神的话，这种随意性是不会产生的。

总共收录了116则故事的《日本灵异记》呈现出多样性。下面，我们引用两则故事，一窥其多样性。一是中卷的第8则故事。

置染臣鲷女是奈良美登寺德高的比丘尼法迩的女儿。她勤于修行佛道，从未与男子打过交道。她整天热衷于采菜，从不离开高僧行基的身旁。一天，她进山采菜，看见一条大蛇吞食一只大青蛙。鲷女对大蛇说道："请把那只青蛙给我吧。"但蛇不听，继续吞食。于是，鲷女又说道："我嫁给你做妻子，你把青蛙给我吧。"大蛇听罢此言，昂起头来，盯着女子，将青蛙吐了出来。女子与蛇约定道："你七天后来找我。"七天到了，女子闭居家中，把所有的洞都封死，待在屋里，动也不敢动。大蛇按照约定，来到女子的家，用尾巴敲击墙壁。鲷女十分恐

惧，第二天把这件事告诉了行基。住在生驹山寺院里的行基
说："你无法逃避，只能坚守戒律。"于是，女子皈依三宝，受
五戒，回到家里。在回家的路上，她遇见一位陌生的老人，手
里拿着一只巨大的螃蟹。"你是谁？"她问，"请把你的螃蟹送
给我吧。"老人说："我居住在摄津国兔原，名字叫画问迩麻吕，
马上就要七十八岁了。我没有子孙，无法生活下去。在前往难
波的途中，得到这只螃蟹，但因有约在先，不能将它给你。"女
子脱去上衣，交给老人，但老人还是不肯将螃蟹给女子。女子
再脱去一件衣服交给老人，老人这才将螃蟹给了女子。女子带
着螃蟹回到家，请行基来叩拜之后，将螃蟹放生了。行基感慨
道："你做了一件大好事呀。"第八天晚上，大蛇又来到女子的
家，爬上屋顶，从茅草铺就的房顶进入屋里。女子十分恐慌，
只听见地板上有什么东西吧嗒吧嗒乱跳的声音。第二天，女子
看见屋里有一只巨大的螃蟹，还有一条被分割得乱七八糟的大
蛇。她知道，这是放生的螃蟹来报恩了，也就是受戒取得了成
效。为了了解究竟，她以名字为线索，寻访老人，但没有找到。
由此，她明白了这位老人是尊者的化身。这是一件非常奇特的
事情。

（出处同上，第201—203页）

这属于动物报恩一类的故事，大蛇、青蛙、螃蟹都没有被赋予
人类的情感，故事始终只有简单的客观描写，这或许保留了古时候
的叙述风格。

历史上的人物行基出现在这则故事里，他是奈良时代的僧人，

是私度僧的代表性人物，对《日本灵异记》的作者景戒来说，行基是亲切的高僧。从行基致力于教化民众、从事社会事业的行为来看，他是一位适合出现在佛教故事里的、为庶民所喜爱的人物。他的名字出现在《日本灵异记》中的许多故事里。

这则故事的趣味性在于，在重复叙述青蛙和螃蟹获救场景的基础上，两个不同场景中发生的事情出人意料地结合在一起，救青蛙一命之后处于困境的女子，因其救助螃蟹而从困境中摆脱出来。故事中虽然没有描写大蛇与螃蟹厮杀的场景，但对这个场景的印象却清晰地印刻在读者的脑海里。

顺便提一下，这则故事中出现的三种动物——蛇、青蛙、螃蟹，都是古代人日常生活中常见的动物，这也使得这则故事很容易为人们所接受。在故事中，蛇是邪恶的强者，而青蛙和螃蟹则扮演了被捕杀的弱者的角色，这也是人们平常所见的蛇、青蛙和螃蟹的形象和状态，它们的出现都是顺理成章的。

皈依了佛法的鲷女身上也呈现出本土化特征。鲷女为了救助青蛙，与大蛇订下不打算遵守的结婚协议。在约定的日期到来之时，大蛇践约而来，女子却紧闭门户，不让蛇进来。如果从戒妄语（谎言）的佛教理论来说，这是不可饶恕的行为。但是，故事并没有让鲷女感到这是罪恶的，行基面对前来商量的鲷女，也没有谴责她的违约行为。在这里，蛇的邪恶强者的本土化特征一览无余，不妄语的戒律完全被埋没于故事之中。这一点十分有趣。正由于从逻辑上无法将这一点截然分开，本土化的蛇的形象中的不吉利感，给人留下深刻的印象。故事的最后，处于弱势地位的螃蟹将这不吉利的强者切割得四分五裂，故事在这种形象的转变中落下帷幕。

　　人们一般将佛教与日本固有的信仰相结合的情况称作"神佛习合"。《日本灵异记》中出现的佛教理念与本土化世界（庶民的生活和情感）的接近与融合，也可以被认为是在形象的继承和变迁方面，呈现出人们向往或接受神佛习合的内心活动。人们在愉悦地欣赏故事形象的继承和变化的同时，接受着它，后来这种为人们所喜闻乐见的故事被继承了下来。与鲷女、蛇、青蛙、螃蟹的故事十分相像的其他故事，不仅出现在《日本灵异记》中卷的第12则故事里，而且还在《三宝绘词》（984年）、《法华验记》（1040—1044年）、《今昔物语集》（12世纪上半叶）、《古今著闻集》（1254年）、《元亨释书》（1322年）等著作中被继承了下来。

　　下面再引用一则与讲述佛的恩惠的故事截然相反的，讲述佛的惩罚的故事。这是《日本灵异记》下卷第36则故事。

　　　　任正一位官位的藤原永手是光仁天皇时代的太政大臣。延历元年（782年），他的儿子、任从四位上官位的家依做了个噩梦，他把梦中的情景告诉父亲说："一群大约三十人的不知来历的士兵将其父亲拉走了。这是不祥之事的前兆，应该驱邪消灾。"以提醒父亲注意。但其父亲并没有将此事放在心上。不久，他的父亲就过世了。而家依则从此长期为疾病所扰。他召集出家僧人和在家僧人来念咒语，病情却不见好转。其中一位高僧发誓说道："皈依佛法，勤勉修行，以拯救他人的性命，这是我最大的意愿。现在，我想用我的生命去换回病人的健康。如果佛法真正存在的话，病人的生命将得以存续。"说罢此言，这位高僧拼命祈祷，在手心里放上燃烧得火红的炭，用这个炭火点上高香，口诵《陀罗尼经》，绕着大佛行走。突然间，他奔跑起来，跌倒在地。这时，一灵魂依附在病人身上，开口说道："我是永手。我曾打翻法华寺的经幢，将西大寺的八角塔改成了四个角，将七层塔的设计改作五层。因这些罪孽，阎王爷把我带走，让我抱火柱，将弯曲的钉子放在我的手上，一边拷问，一边敲打钉子。现在，阎王爷的殿内烟雾弥漫，阎王爷问道：'这是什么烟雾？'我回答道：'我的儿子家依遭受病痛，念诵咒语的高僧在手上焚香，这就是香的烟雾。'说完，阎王爷就宽赦了我，将我放还世上。但是，我的肉体已亡，灵魂没有着落，因而迷茫于天空之中。"听罢此言，不曾进食的病人让人端来饭食，吃罢，病人痊愈，从床上爬起身来。实际上，经幢可以带来转轮王的因果报应，塔是安置佛的过去、现在、未来的舍利的地方，因此，永手打翻经幢，弄低塔高，造下罪孽。真令人惊恐。这是最近发生的事。

（出处同上，第 425—427 页）

《日本灵异记》中的故事是按照由古及今的顺序排列的，因此，倒数第 4 则的这个故事讲述的是新发生的事情。作者景戒没有将它当作传统的故事，而是将它作为刚刚出现不久的新鲜故事收录进这部书里的。此外，出现于这则故事中的藤原永手、家依是藤原房前（藤原北家）的儿子和孙子。永手（故事中说他是"太政大臣"）生前曾高升至左大臣正一位的官位，其死后，被追赠为太政大臣，他是一个掌握政治权力的人。由此可见，在现实生活中，人们已经接受了佛力波及政权中心的状况。

　　打翻寺院里的经幢、改变塔的形状或高度，只有拥有权势的人才能够做出这样的事情。佛力之强大，不仅可以惩罚当时有权势的人，而且因果报应的道理没有高低贵贱之分，平等地统治着过去、现在和未来，人们对此深信不疑。由此可见，佛教正广泛地向社会各个阶层渗透。

　　永手打翻的经幢是法华寺的经幢，改变设计的塔是西大寺的塔，这则故事十分注重这些细节。在讲述地狱之苦时，这则故事又涉及具体的情况，如"火柱""弯曲的钉子"等。在描写祈祷的僧人的行为时，极为细致地描绘出这样的情景："在手心里放上燃烧得火红的炭，用这个炭火点上高香，口诵《陀罗尼经》，绕着大佛行走。突然间，他奔跑起来，跌倒在地。"毫无疑问，这给故事增添了紧张感，在吸引听众方面下足了功夫。在这则故事中，讲述者的这种努力不仅使得故事更加生动有趣，而且给现实的讲述过程增添了极大的吸引力。祈祷僧人忍受着火烧手心的痛苦，施行咒术，这可能是现实存在的情况。在咒术的引导下，灵魂依附于病人，讲述其承受地狱之苦的境遇，这在现实中也被认为是极有可能发生的情况。十分具体、细致的叙述方式非常符合与佛教相关的现实和世界观，具有促使人们强烈感受佛力现实性的作用。故事继续发展，阎王爷大殿里弥漫着的烟雾源于祈祷的僧人手掌上燃烧的香，这种奇特情节会使人觉得，这正是现实中发生的情况，或者说人们希望这是现实中发生的情况。对于接受并膜拜从大海彼岸传入日本的宝贵教义的古代日本人来说，这种感觉极其自然。在古代，佛教将人们带入超越日常的想象世界的同时，也是人们畏惧和崇拜的对象——它在精神和物质领域，发挥着统治现实世界的威力。

　　如果我们将最澄和空海的实践和理论，看作平安时代初期佛教的山巅的话，那么，《日本灵异记》中讲述的佛教与现实世界相互交流的故事，可谓构成了山巅下方广阔的山坡。山坡的广大与丰饶，自然而然地反映在《日本灵异记》涉及的古今、远近、贵贱的诸多故事中。佛教传入日本之后的 250 年的历史是佛教稳固地渗透并扎根于古代社会的历史。这个形势是《日本灵异记》里收录的多彩多姿的故事的能量源泉。与此同时，《日本灵异记》还具有将其获得的能量传向未来的冲击力。这种冲击力足以将藤原永手、家依父子置于佛法的统治之下。在现实的权力之争中，这种冲击力难免会与暴力、阴谋联系在一起，但在充满庶民生活的包容和随性的佛教故事中，却常常蕴含着健全的幽默精神。在这个时代，佛教为庶民的生活提供了润滑剂，至少当时的人是这样看待并接受佛教的。

第十一章

《古今和歌集》与《伊势物语》

———

风雅的世界

　　为了记录下所思所想，最澄和空海使用了汉字，他们的文章是用流利的汉语写成的汉文。《日本灵异记》也是用汉字（汉语）记录的流传于民间的故事集。9世纪中期，平假名还没有被创造出来，因此，记录思想、故事只能使用汉字（汉语或变体汉语）。

　　10世纪初期，以汉字夹杂着平假名的书写方式来记录日语的书籍开始出现，这就是《古今和歌集》。这部和歌集编撰完成于905年，由此可以判断，9世纪后半叶，由草书体汉字变化而来的平假名出现，以平假名和汉字相结合的形式来书写日语的方法已经形成，这种书写方法与用汉字（汉语）的方法不同。相对于汉字被称作"男手"，人们将平假名称作"女手"；相对于汉字为"真名"，人们将新创造的文字称作"假名"。一旦假名形成，汉字与假名混合书写的形式就将日语的表现能力带入广阔的未知的世界。

　　纪贯之是《古今和歌集》的编者之一，他非常相信日语表现能力的可能性，并亲自大步跨入这个未知的世界。《古今和歌集》有两篇序，一篇是用汉字夹杂平假名的形式写成的"假名序"，一篇是用汉字（汉语）写成的"真名序"，它们的内容几乎是一样的。"假名序"的作者是纪贯之。这篇序论述了何谓和歌以及如何创作和歌的问题。其视野宽阔，论述了和歌的意义和价值，还叙述了上

一代的六歌仙 *（遍照、在原业平、文屋康秀、喜撰、小野小町、大友黑主）创作和歌的特点，并加以评价，内容大气十足。这些内容以汉字夹杂假名的日语形式书写，其书写方式的气势丝毫不让内容。此前只能用汉字（汉语）表达的内容，这时可以用人们熟悉的日语进行记录，但不可否认的是，口语和书面语之间还有相当大的距离。作者没有采用异国的表达方式，而是采用了本国的表达方式。从字里行间，我们似乎可以感受到这种前所未有的尝试中透露出来的紧张感和喜悦。

此后，纪贯之依然保持着对新书写方式的喜爱和开拓新书写方式的可能性的愿望。写出"假名序"后三十年，纪贯之在《土佐日记》的开头这样写道："据说，此前只有男子才写日记，而作为女子的我也想尝试着写日记。"他以一个女子的口吻创作了全篇用女手（假名文字）书写的日记，而此前的日记文学均是用汉字（汉语）写作的。在这之后，继承《土佐日记》的写作手法，《蜻蛉日记》（藤原道纲母）、《和泉式部日记》、《紫式部日记》、《更级日记》（菅原孝标女）等女性创作的日记相继出现。

在平假名广泛传播的历史基础上，《古今和歌集》和《伊势物语》出现了，它们分别是和歌集和物语集。

·

《万叶集》问世 130 年后，《古今和歌集》编撰成书。它汇集了

---

* 　歌仙，创作出优秀和歌的人。——译者注

《万叶集》之后的和歌，是一部敕撰和歌集。《古今和歌集》的编者有四人，他们是纪友则、纪贯之、凡河内躬恒、壬生忠岑。

《古今和歌集》共收录了大约 1 100 首和歌，这些和歌按分类排列在 20 卷中。这部和歌集的主体部分由春夏秋冬四季歌和恋歌构成。与《万叶集》相比，《古今和歌集》在和歌的选择和排列方面十分缜密，给人一种在统一的审美意识统治下编撰而成的印象，而《万叶集》则收录了不同阶层的人——上至天皇，下至农民、防人——创作的和歌，歌集中包含大量仪式性的或叙事性的长歌，而且还汇集了夹杂有东国方言的和歌。从阅读方面来说，《万叶集》的排列让人难以捉摸，阅读起来十分费力，而《古今和歌集》在阅读的过程中会产生一种韵律感，很容易阅读。当然，读者有时会感到无趣，只按照顺序机械地阅读下去。

纪贯之的"假名序"被放在卷首，它以高昂的语气称赞了和歌的价值。下面引用其开头的一段文字。

> 所谓和歌，是以人心为根基，将各式各样的现象用语言表达出来的一种东西。世人经历了许多事情，当他们看到某种情景或听说某些事情时，会将心中的想法表达出来。人们听见黄莺在花间啼鸣、河鹿在水中鸣叫时，他们都会明白，所有的生物都会吟咏。和歌是这样一种东西，不用力却能撼动天地神明，感动人眼看不见的鬼神，和谐男女之关系，慰藉勇士之心灵。
>
> （"岩波日本古典文学大系"《古今和歌集》，第 93 页）

这个开头让人感受到奉天皇之命编撰和歌集的人们的势头。较

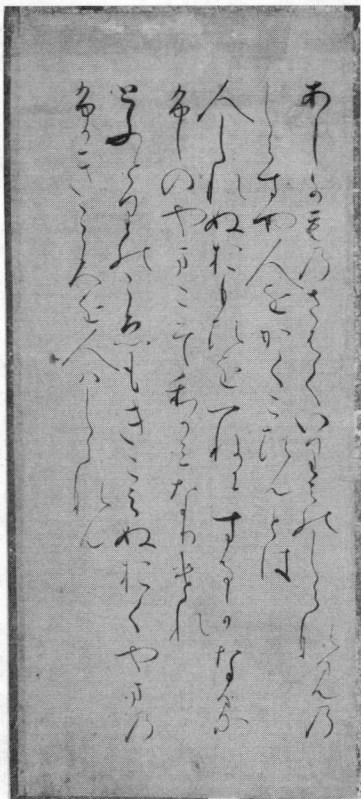

《古今和歌集》断简

之于"假名序"中提到的堂皇、有力的和歌,《古今和歌集》中更
多的是情感细腻、优美的和歌。这是平安时代前期歌人们的风格和
趣味。这也是人们称《古今和歌集》有"纤柔之风"的缘故,它与
《万叶集》的"阳刚之风"形成对比。我们从《古今和歌集》"卷
第一 春歌 上"中引用三首和歌以说明其风格和趣味。

立春之日吟咏　纪贯之

掬水水浸袖，湿袖已冻透。今日东风至，化我冻袖否？

（出处同上，第 105 页）

宽平时，后宫赛歌时吟咏　源宗于朝臣

松常翠，春来时，色彩更明丽。

（出处同上，第 109 页）

于渚院赏樱时吟咏　在原业平朝臣

世间若无樱，春日安闲度。

（出处同上，第 114 页）

　　第二首源宗于吟咏的和歌的"和歌序"中出现了"赛歌时吟咏"的说法。在《古今和歌集》的时代，贵族之间常常举行咏歌比赛。赛歌的基本规则是：参加者分左右两队，左队和右队各吟咏一首和歌，以竞赛其优劣。《古今和歌集》时代的赛歌会是一种官方的仪式，十分热闹。许多贵族聚集在一起，赛歌时的形式和程序极其完整，且具有浓烈的游戏氛围。和歌不仅仅是一种优秀的文艺形式，而且要起到和谐聚会氛围的作用。《古今和歌集》的四位编者参与过许多赛歌会，是赛歌会的主要吟咏者。

　　《古今和歌集》细腻、优美的风格与赛歌会的集体性聚会的氛围密不可分。上文引用的三首和歌显示出和歌格调的高雅和贵族社会聚会的高水平。纪贯之的和歌吟咏了夏日里掬水时湿了衣袖，进入冬天后，打湿的衣袖结成冰，但春天到来时，冰又化为水的情形，这种季节感呈现出贵族阶层的欣赏态度——以审美的眼光观察自然的变化。源宗于的和歌则将目光放在绿色发生微妙变化的常青松上。在原业平则想象了一个落花无常的场景，在此基础上吟咏了樱花的美丽。这三首和歌并没有直面吟咏的对象，而是刻意拉开一段距离，将自己的审美意识融入其中，反映出作者的游戏心理。这与《万叶集》直接表达感情的、朴素的风格大不相同。两者相较而言，《古今和歌集》的风格极具理智性和技巧性。这部和歌集中有许多理智占上风的和歌，例如下面两首和歌可以说是其中具有代表性的。

阴历六月末时吟咏　　躬恒

夏秋交，高天处，凉风吹来否？

（出处同上，第 135 页）

年终时吟咏　　春道列树

昨日到今日，今日成明日，飞鸟川水急，岁月如水逝。

（出处同上，第 167 页）

通过这两首和歌，我们可以了解到当时人们按照历法生活的都市社会的景象。在第一首和歌里，歌人从历法上了解到季节由夏入秋，于是发挥想象力，认为秋天到来时，凉爽的风可能会吹过吧。第二首和歌吟咏了一年的最后一天，表达了岁月流逝之快。在这首和歌中，"飞鸟（川）"与"明日"是双关词*。或许这两首和歌都在共同意识的基础上，期待着获得同样过着都市生活的贵族们的共鸣和赞许吧。拥有共同生活感受和社会意识的人们，也许很顺畅地接受了这种理智占据上风的和歌。

之所以这么说，是因为《古今和歌集》中的和歌是在极为强烈的共同感受和共同意识的基础上被创作出来的。这与《万叶集》中不同风格的和歌混杂在一起，散见于不同的地方，发出不协调音的情况截然不同。正由于此，赛歌会式的聚会成为可能，在多次举办赛歌会的过程中，人们的共同意识深化和扩大。在"假名序"中，纪贯之曾——评价六歌仙，简洁且尖锐地指出他们的特点和问题所在。当我们按照顺序阅读《古今和歌集》时，与其说六歌仙中每个人的特殊个性给我们留下深刻印象，不如说为时代氛围所浸染的歌人的共性给我们留下的印象更加深刻。这并不局限于六歌仙。拿《古今和歌集》四个编者的和歌来说，其个性的差异也是建立在共同风格和趣味性的基础上的，是隐隐约约的差异。从这一点来看，只有31个音节的和歌之短小起到了决定性作用。与其说和歌是用来自我表达的，歌人们或许更愿意认为，和歌是用来表达共同意识的。在赛歌会上，双方竞争和歌之优劣的做法，也是因人与人之间广泛存在"和歌是这样的"这样一种共同意识而实现的。

共同的生活感受和趣味使歌人能够将游戏的感觉带入和歌创作之中。贵族阶层在能够相互理解游戏感的情况下，轻松地投入游戏

---

* 双关词是日语韵文中较为常见的修辞手法之一，即利用相同的音赋予一个词以多元的含义。日语称作"挂词"。在这里，"飞鸟（川）"与"明日"同音，都读作"あす"（asu）。——译者注

之中。例如,《古今和歌集》"卷第八 离别歌"中有这样的和歌:

　　无题　在原行平朝臣

　　我将离别,去因幡,山中松树繁,诸君若等我,我定即

刻返。

(出处同上,第 174 页)

　　友人前往越国数年后来到京城,再次返回越国时吟咏

　　凡河内躬恒

　　何谓归之山? 非谓君归来,君归不长住,又回归时地。

(出处同上,第 178 页)

　　贵族被任命为地方官,离开京城,这种景象并不罕见。《古今和歌集·卷第八》中收录了许多像这样在分别时创作的和歌,或许是因为惜别之情,上面两首和歌通过巧妙的表达方式试图缓解分别时的痛苦。第一首和歌中的"因幡"与"去(往)"、"松"与"等(待)"都是常见的双关词*。在一首和歌中,含义的双重性略微起到了舒缓痛苦心情的作用。关于第二首和歌中的"归之山",通过全诗或许我们能够感受到其中的幽默精神。在第二句中,歌人加入了含义上的分隔**,或许这体现出了诙谐的技巧。

　　幽默感被带入了和歌之中,接受者肯定也体会到了这一点。轻

---

*　"因幡"在日语里读作"いなば"(inaba),"往"读作"いぬ"(inu),"松"读作"まつ"(matsu),"待"读作"まつ"(matsu)。——译者注

**　这一技巧仅限于日语原文,在译文中无法体现出来。——译者注

松、愉快的社交活动因此得以展开。和歌就成为这种社交活动的工具。下面我们引用两首对话体的和歌，它们可以说是这方面典型的例子。

宗岳大赖自越国来京城，看到大雪纷飞，说道"我对你的思念就像是眼前的雪一样越积越深"时所咏   凡河内躬恒

君之思，似雪积，令人有所疑，只因春日到，雪消无踪迹。

（出处同上，第300页）

返歌   宗岳大赖

思君直到今，越国之白山，宁有雪融时？

（出处同上，第300页）

《古今和歌集》的作者绝大部分是下层贵族、僧侣以及宫中的女性。如果说这些作者共同拥有一定的诗情和游戏精神，那么在《古今和歌集》中与四季歌同样占据重要地位的恋歌，是如何被创作出来的呢？

在这部和歌集中，恋歌有360首，占据了超过三分之一的数量，它们分别被安排在"恋歌 一"至"恋歌 五"的五卷当中。当我们观察前后排列的、具有相似措辞和趣味的和歌时，可以推测它们是按照一定的意图编集在一起的。但与四季歌一样，我们很难明确看出其中的意图。由于这些和歌都将重心放在了主观情绪的表达方面，因此，和歌中吟咏的多样化的恋情自然而然地给人以强烈的不拘一

格的印象。如果我们将《万叶集》看作朴素、直率地表达情感的作品集的话，那么，《古今和歌集》的恋歌部分——不，尤其是这些恋歌——或许可以说是理智的、技巧性的。《万叶集》中的人们为恋情的成功而感到喜悦，或为被恋情伤害而感到悲伤，而《古今和歌集》则是一部在恋情中夹杂着怀疑和不安、在喜悦中夹杂着悲伤的和歌集。或许我们可以将这种表达方式称为优美、细腻，也可以称之为不确定、不明了。这就是平安时代初期歌人眼中的恋情，他们试图吟咏的也是这种恋情。

下面，我们引用《古今和歌集·恋歌 二》开头的两首和歌。

　　无题　小野小町
　　思君入梦境，梦中君在旁。若知此为梦，长眠不愿醒。

（出处同上，第 213 页）

　　正假寐，看见君，从此爱上睡梦时。

（出处同上，第 213 页）

恋情与睡梦的交叉与重合十分符合《古今和歌集》的风格。恋情就像梦一样难以实现，恋情也像梦一样真切。小野小町就是这样看待并吟咏恋情的。通过吟咏，恋爱是走向成功，还是更加渺茫？是更加浓烈，还是逐渐消失？歌人就是在这样一种若即若离的情绪中，观察爱情和吟咏爱情。然而，通过观察和吟咏，爱情反而变成模糊的、令人难以捉摸的东西。人们甚至怀疑起爱情本身来。在《古今和歌集》的恋歌中，我们可以看到这种危险的情感。小野小町尤其擅长创作恋歌。恋情之缥缈、危险是许多歌人共同怀有的印象。例如：

> **壬生忠岑**
> 秋风吹，琴声鸣，缥缈恋君情。
>
> （出处同上，第 218 页）

> **纪贯之**
> 思君情，君不知，此情更难堪。我感叹，唯有我熟谙。
>
> （出处同上，第 222 页）

壬生忠岑的和歌以随着秋风传来的琴声比拟恋情的无常。"琴""声""恋"的三个音都以"こ"（ko）开头*，使得琴声和恋情的结合更加流畅。

纪贯之和歌的后半句"我感叹，唯有我熟谙"中两个"我"重复使用，这非常独特。"我"在和歌中是常见的词，但像这首和歌中"我感叹，唯有我熟谙"这样具有明显的反省意识的用法非常罕见。可以说这是理智的、技巧性的吟咏方法体现在常用词语"我"上的一个例子，不过我们没有必要从中寻找客体化的自我与主体化的自我相互分裂的现代性的反省意识。实际上，我们应该找寻的是恋情的不稳定性——对恋情的感叹并没有传达给对方，只能自我承受。这种不稳定性绝非近现代的反省意识、近现代的自我所拥有的

---

*　在古日语里，"琴"读作"こと"（koto），"声"读作"こえ"（koe），"恋"读作"こひし"（kohishi），三个词都以"こ"开头。——译者注

特性，而是《古今和歌集》中的歌人们普通共同拥有的特性。他们不仅共同拥有这个特性，而且还通过吟咏和歌这种行为，试图将这种不稳定性当作彼此之间的共同意识加以确认，并将自身的恋爱之心朝着不稳定的方向深入。"我感叹，唯有我熟谙"的独特用法也是从这种共同意识和感性的土壤中产生的。

恋爱是无依无靠的，是无常的，是孤独寂寞的。小野小町、壬生忠岑和纪贯之如此吟咏的背后，充斥着生存在这个世界上的"倦怠感"。而且，这种倦怠感的氛围可以说是流淌在整部《古今和歌集》底层的暗流。我们之前论述了这部敕撰和歌集中以四位编者为首的歌人们的共同意识，而处于这种共同意识最深处的就是倦怠感。我们很难断定，以下层贵族、僧侣和宫中女性为主体的歌人们的实际生活是否也为这种倦怠感所冲击。他们似乎也感受到了与倦怠感相对立的开朗精神，但是，从具有数百年传统的和歌表达的主题看，对他们来说，较之于开朗精神，他们觉得倦怠感更加符合和歌的主题。他们的审美意识朝着表达倦怠感的方向大步迈进。在表现手法方面，他们认为和歌的本质在于运用敏锐、细腻的感性，发挥多姿多彩的表达能力。即便是充满游戏性、社交性的和歌，其构成基础依然是倦怠感。

下面，我们引用几首充分表达倦怠心情的和歌。

吟咏樱花落 纪友则

春日里，春光好，樱花落缤纷，此心亦难平。

（出处同上，第 120 页）

小野小町

花色凋，雨潇潇，无奈忧世时，我颜亦渐老。

（出处同上，第 124 页）

吟咏吉野河岸旁盛开的棣棠花　纪贯之

吉野河岸边，棣棠花正艳，风吹花影动，花飞影亦散。

（出处同上，第 126 页）

无题　吟咏者不详

世间何物曾常住？恰似飞鸟川，昨日是深渊，今日变浅滩。

（出处同上，第 291 页）

人世间，未曾活多年，如同海人割海藻，为何心意乱。

（出处同上，第 291 页）

大雁飞，山间朝雾浓，心神难安定，世间多艰辛。

（出处同上，第 291 页）

前三首和歌选自《古今和歌集·春歌下》，后三首和歌引自《古今和歌集·杂歌下》的开头。这六首和歌都蕴含着忧愁的氛围。

时间流逝，世事变化。这些和歌反复吟咏这个题材。但是，在这些流逝和变化中，既没有产生新的东西，人们也无法体会到新的东西。在时间流逝之中，有些东西消失了，在世事变化之间，有些东西散失了。消失、散失并非令人欢欣鼓舞之事，但是流逝和变化是人们无法阻止的。人们只能眼看着无法停下脚步的时间的推移。这时，人们内心或许就会萌生出倦怠感。

　　樱花刚刚绽放就凋谢了，是最具倦怠感象征意义的花。从季节轮回的角度来说，万物枯萎的冬季结束，地上的生物就会被注入生命的气息，迎接春天的到来。歌人们通过反复吟咏樱花，试图在春季里也感受倦怠感。由人们对樱花的关注中出现了这样一种模式：提起花，指的就是樱花；提起樱花，就是无常的象征。另一方面，我们还注意到，田地、水稻、农耕等几乎没有成为和歌吟咏的题材。居住在城市里的歌人们对田地、水稻等非常疏远，这是它们未能成为和歌题材的最大的原因。构成人们生活基础的田地、水稻、农耕，难以与倦怠感、无常的情调相关联，它们是另一个世界的东西，是另一种生活方式，这也是它们难以成为和歌主题的一个很大的原因。

　　从和歌的数量来看，值得注意的是，在《古今和歌集》中，相当于《万叶集》中"挽歌"的"哀伤歌"的数量很少。相当于《万叶集》中"相闻"的"恋歌"的数量达360首之多，而"哀伤歌"仅有34首，还不到"恋歌"的十分之一。《古今和歌集》的"哀伤歌"的内容几乎都是敷衍了事的，或者说是逃避性的，缺乏真挚的情感。自《万叶集》以来，和歌创作基本上处于加强集体性娱乐和社交倾向的环境之中，因此，吟咏悲哀死亡的"哀伤歌"应该说是与这个环境不相符的一种心理表达形式。不仅如此，虽然倦怠感、无常情绪看上去似乎与死亡的悲哀是相通的，但只要它们还被人们当作情绪或情调，它就会与用31个音节表达面对具体的人的死亡的感受格格不入。

较之于"哀伤歌","恋歌"与倦怠感、无常情绪要亲近得多。

· ·

《古今和歌集》中蕴含着的贵族社会的集体娱乐、社交氛围以及倦怠感和无常精神,为后来出现的"歌物语"所继承,这就是《伊势物语》。这部"歌物语"汇集了125段短小的故事,主要讲述了恋爱的故事。故事的主人公使人联想到六歌仙之一的在原业平。《伊势物语》采用了叙述主人公一生事迹的形式。这个男子与各式各样的女子坠入爱河。女子的身份或高或低,其年龄或长或少,她们有的住在京城,有的住在乡村……故事就围绕着这些恋情展开。《伊势物语》的每一段故事都从《古今和歌集》或其他和歌集中选取一首或数首和歌,在这些和歌前后,作者以散文的形式叙述与这些和歌相关的事件。叙述事件的散文既有相当于"和歌序"的短小的内容,也有达数十行之多的内容。关于这部书的创作时间和作者,学界有不同的说法,目前还处于推测阶段,没有定论。

第一段讲述了男主人公十多岁时发生的故事。全文如下:

> 从前,一个男子长大成人,举行了元服*的仪式。一天,他前往奈良春日野的领地狩猎。在这个乡村里,住着极为时尚的姐妹俩。这个男子看到了姐妹俩,她们那娇艳的美貌与凋敝的

---

* 　元服,日本古代,男孩成人时举办的一种仪式,一般在10到20岁之间。——译者注

旧都很不相符，男子为之感到心旌摇曳。他割下猎衣的下摆，在上面写了一首和歌，送给了姐妹俩。当时，男子穿的是信夫摺*的衣服。

春日野，浅紫衣，我心慌一团，恰似衣上纹，乱无限。

这种立刻赠歌的做法显得十分成熟。或许他认为这样的情景最适合赠歌。

这首赠歌是以这样一首古歌为基础吟咏的：

陆奥国，信夫摺，为谁我心乱，除你外，无他人。**

古人常常做出这种热情、风流之事。

（"新潮日本古典集成"《伊势物语》，第13—14页）

最后的"古人常常做出这种热情、风流之事"是《伊势物语》的作者赞赏年轻男子的说法，作者认为男子的言行十分风雅，是一种经历了大都会洗礼后的优雅。在整个《伊势物语》中，这种"风雅"得到赞美，被认为是一种有价值的态度、姿态、举止言谈、情绪等。那么，上述第一段故事中，年轻男子的哪个举止是"风雅"的呢？我们的思考从这里开始。

---

* 信夫摺，磨染的一种。用骨碎补的叶和茎的色素做成的一种乱花式的染布。人们一般认为，它出自陆奥国信夫郡，因而有其名。——译者注
** 这首和歌也收录在《古今和歌集·卷第十四 恋歌四》中。——译者注

刚刚经历了元服仪式的贵族少年在前往旧都的原野狩猎途中，偶然看见在乡村十分罕见的美丽的姐妹俩。男子为之怦然心动，不愿意就此错过，于是，想给姐妹俩赠诗。他看到自己身上穿着的信夫摺的猎衣，便割下衣服的下摆，在上面写了一首和歌，赠送给了姐妹俩。这首和歌源于源融*那首著名的吟咏信夫摺的和歌。这就是第一段故事中男子的举止言行。

男子为打扮时尚的美女而感到心动，于是，立刻将自己的心情用和歌传达给对方。这被认为是一种风雅。这种风流受到人们的赞赏。当时的人们认为，贵族的公子哥儿自成人那一天起，就应该敏锐地观察到异性的美丽。因为这种崇尚风流的风尚会让他们的生活变得绚丽多彩。

不过，钟情于异性之事并非越积极越好。他必须具有大都会式的脱俗趣味。拿故事中的贵族少年来说，由信夫摺的衣服联想到著名的古代和歌，在古和歌的基础上，即兴创作一首高雅的和歌，并将这首和歌写在割下来的衣服下摆上赠送给对方。这一系列的行为都是不动声色一气呵成的。这就是大都会式的高雅——风雅。尽管这是平安时代发生的事，但十多岁的少年能够完成这么复杂的行动，的确让人感到一些不自然。但是，在男女之间的交往方面，这种不自然的早熟行为因其美妙而受到了认可。

风流与和歌素养构成了"风雅"的主干。从《伊势物语》第一段故事起，平安时代贵族的审美意识和文学思想就被明确地呈现了出来。接下来经过第二段、第三段的叙述，及至第四段中取材于在

---

*   源融（822—895 年），日本平安时代初期的大臣，通晓和歌的创作。——译者注

原业平著名和歌的故事，平安贵族的审美意识和文学思想就更加凸显出来。

　　　　从前，京城东部五条这个地方有皇太后的住宅。这个宅子的西面也住着人。有一个男子虽非出自本意，却深深地爱上了西面住宅里的女子，因而经常造访西面的宅子。正月十日左右，西面住宅里的女子搬到别处住去了。男子打听到那个女子的住处，却由于那里是普通人无法进出的地方而无法相见，心中怀着一腔哀伤的恋情。第二年正月，梅花盛开时节，他回忆起去年的事情，来到西面的宅子里，或坐或站，却与去年的情景大不一样。男子潸然泪下，躺在破旧不堪的地板上，直到明月西倾。他想起去年的情景，吟咏道：

　　　　月非昔时月，春非昔时春，未曾变，唯我身。

　　　　吟毕，天色逐渐放明，男子哭泣着回去了。

　　　　　　　　　　　　　　　　　　　　（出处同上，第 16—17 页）

　　这是一篇著名的故事。构成《古今和歌集》基调的倦怠感和无常精神贯穿整个故事，令人唏嘘。

　　男子经常拜访的女子搬到了一个高贵的地方，因而男子无法前去会面。但他舍弃不了心中的恋情。一年过后，在梅花绽放的初春的日子里，男子再次来到已经变了模样的女子旧宅子，他抑制不住内心的情感，久久地躺在地板上，咏歌一首。无论是场景的设置、季节的转换，还是人物的安排，都蕴含着典型的风雅的内涵。而且，在安排巧妙的情景中，为恋情所苦恼的男子的举止也都无可挑剔，这简直就是风雅的极致。我们展开想象，躺卧在荒芜旧居地板上泪如雨下的贵族公子的形象，就犹如一幅优雅的绘画呈现在我们的脑海里。

此外，这则故事的画龙点睛之笔是这首著名的和歌："月非昔时月，春非昔时春……"。虽然这是感慨恋爱不顺的一首和歌，但思恋的对象却并没有出现在和歌里，和歌里吟咏的是月亮和春天。这非常符合主人公创作和歌的情境：一边哭泣，一边吟咏。月亮和春天反映出无常的时间流逝的状况，它们令人感到孤寂。通过对月亮和春天的吟咏，恋情之苦闷融入大自然之中，升华为美丽的情景。这个情景中蕴含着风雅的审美意识。后半句的"未曾变，唯我身"是主人公内心情感的直接抒发。为前半句中月亮和春天的孤寂情感所浸染的读者很容易就理解了主人公的心情。在这则故事中，主人公并没有强烈地哭诉自己的真情，而是略为疏离地凝视自己的内心情感，其形象中充溢着倦怠感。这个男子形象本身就是风雅。

当阅读这则散文与和歌互为照应的第四段故事时，我们会重新意识到，吟咏和歌的行为对贵族社会具有重要的意义。身份较低的男子与身份高贵的女子心心相印，由于女子的迁居，男子无法再与女子相会，其恋情也难以继续，于是造访女子以前居住的地方，忆往昔，潸然泪下。故事虽短，但关键之处都有了，这是一则令人感动的故事。然而，如果故事的结尾部分没有插入和歌的话，情况又会是怎样的呢？即便故事从根本上不会发生太大的变化，但是如果没有和歌的话，这则恋爱故事会失色不少，成为只是叙述寂寞之情的故事，故事中男子身上的贵族情趣可能也会丧失殆尽。和歌在这部物语集中发挥了极为重要的作用。男子的风雅举止通过吟咏和歌的行为给人们留下完美的印象。如果说《古今和歌集》通过罗列大量和歌向我们提供了和歌创作的规范的话，那么，对接受了这个规范的贵族们来说，在现实社会里，吟咏符合规范的优秀和歌的行为，就是风雅。《伊势物语》中的主人公被塑造成了代表这种风雅的典型人物。

要用只有31个音节的和歌构成风雅的中心，还必须设置一个与风雅相吻合的情景。人们必须设置这样一种环境，即将四季交替当作美丽而无常的背景，将男女之间的风流和恋情作为这个背景中的主要情节。

上述第四段故事中，作者只写了"皇太后""住在宅子西面的人"，而没有写出他们的名字，这可能是为了避免读者将心思放在与这些人相关的八卦方面。女子迁居到什么地方也没有具体的描写，这可能出于同样的考虑。不过，故事中写道："那里是普通人无法进出的地方。"这是作者为了表明男女关系和恋情无法继续下去而不得不采取的表达方式。同样，第二年正月的西面住宅里的情景——梅花盛开、地板破旧不堪、月亮西倾等，是刻画男子的风流和恋情的不可或缺的背景。

毫无疑问，平安时代的贵族社会并不是以风流、恋情和吟咏和歌为本位的社会。从社会结构上看，皇族和贵族是拥有特权的统治阶层，他们的地位高于数量占大多数的农民、渔民。但他们的特权并非建立在风流、吟咏和歌的行为之上，而是建立在制度化的权势、政治、经济机构、俗事之上。《古今和歌集》和《伊势物语》成书

《伊势物语头书抄》

的时代正处于摄关家*的藤原家族逐渐将政治大权集中在自己手里的时期。藤原家族与其他家族之间的斗争也好，藤原家族的内讧也好，是围绕政治权力的斗争和内讧，与风流和吟咏和歌不相干。

在《伊势物语》中，几乎完全看不到政治权力中的斗争和内讧，文学上的审美意识对此起到了巨大的作用。人们极力排除物语中的政治和俗事，试图贯彻纯粹的风雅。

众所周知，摄关政治是这样一种制度，即贵族让自己的女儿成为皇后，当皇太子继位成为天皇时，自己则作为皇太子的代理人掌握政治上的实权。政治联姻不仅限于摄关家，在贵族之间也是促使家族繁荣的极其重要的政治手段。但《伊势物语》中的风流却与家族的繁荣和政治上的飞黄腾达背道而驰，它追求的是恋爱的优雅和美好。

下面我们引用《伊势物语》的第六十九段故事。这段故事非常有名，这部物语的标题"伊势"就来自这则故事。

　　从前，有个男子。他作为狩猎之使（为朝廷狩猎鸟兽时，顺便视察那个地方形势的使者）出发前往伊势国。那时，有一个女子作为斋宫生活在伊势神宫。这个女子的父亲告诉她："你要比对以往的使者更好地接待他。"因为这是父亲所言，所以斋宫非常礼貌地接待了这个男子。清晨，她安排男子出外狩猎，将他送出门；晚上回来时，将他接到自己的住处。就这样，斋宫把使者服侍得很妥帖。第二天晚上，男子说："请你一定跟

---

*　摄关指摄政与关白两个公家社会的最高官职，当时藤原一族垄断了这两个职位。——编者注

我一道入寝。"女子虽然没有坚决不与这个男子共寝的想法，但由于人多眼杂，未能同床共枕。因为男子是正使，所以他的住所离女子的寝室不远。两人住得很近，所以女子等众人都睡熟了之后，在半夜时分来到男子的住处。当时，男子也不能入眠，眼看着门外，躺在那里。这时，一个人站在朦胧的月色之中，她的前面还站着一个小童。男子十分高兴，将女子引入自己的寝室。深夜零点至三点的时候，两人待在一起。两人未来得及好好谈一番话，女子就回去了。男子很伤心，一夜不能入睡。第二天早上，他虽然十分在意女子的情况，却不好派人去打听，因此心想可能对方会派人来。天亮后不久，女子送来一首和歌：

你来也？我往也？甚是不清晰。这是梦，还是现实？是熟睡，还是清醒？

男子痛哭流涕，吟咏道：

泪涟涟，心暗迷，是梦是现实，今晚来解疑。

吟毕，出门打猎去了。

男子虽然奔驰在原野上，但心神不定。他心想，今夜一定要早早地让其他人睡去，自己与女子共度良宵。然而，国司——他也是斋宫寮的长官——听说狩猎之使从京城来到这里，于是摆起酒宴，整个晚上都在招待男子。因此，男子未能见到女子。第二天，男子要前往尾张国，他悄悄流下带血的眼泪，却未能与女子见面。天空渐渐放明之际，女子送来盛酒杯的盘子。男子接过来一看，盘子上写有和歌：

江水浅，徒步渡过衣不湿。*

但只有前半句。男子用火把烧剩的炭在盘子上续写道：

再一次，越逢坂，来相会。

写完，回赠给女子后，男子于次日出发前往尾张国了。

（出处同上，第 83—85 页）

与第四段故事始终站在男子的角度追述男子的行为举止和情感的叙述方式不同，这一段故事虽然把重心放在了男子一方，但在关键的地方也叙述了女子的行为和心理，由此，故事的层次显得多元化。前半部分结尾处的和歌赠答——"你来也？我往也？甚是不清晰……"和"泪涟涟，心暗迷……"中蕴含着的情感也好，咏歌的姿态也好，都呈现出热恋男女的心心相印之情，这是无可非议的。从预示次日的不顺和不走运的角度来说，和歌的安排也是无可挑剔的。

此外，整个故事结尾处的和歌采用了女子吟咏前半句，男子吟

---

* 原文中的"江"发音与"缘"相同。——编者注

咏后半句的结构，颇费心思。故事中，女子被置于合乎其身份的地位，也描写了女子的风流，男女二人共同努力完成了一首和歌。这种结尾的形式可以说巧妙地将恋情之苦闷和游戏之愉悦融合在一起，结构十分新颖。毋庸赘言，平安时代的贵族们从中感受到了风雅。

话说回来，故事中出现的女子是伊势的斋宫，这一点十分引人注意。因为从制度上讲，斋宫受到严格的性禁忌的限制。加在斋宫身上的制度枷锁究竟是怎样的？为了了解这一点，我们下面从《国史大辞典》中的"斋宫"条目中择要引用。补充说一句，在这部辞典中，"斋宫"是以"伊势大神宫斋王"（简称"斋王"）的词条出现的。

[伊势大神宫斋王] 于天皇即位之初，是从未婚的内亲王中卜定的。她首先在宫城内的……初斋院里斋戒，时间大约一年；然后在宫城外的……野宫斋戒约一年的时间。在被选为斋王之后第三年的九月，她要和天皇告别，在监送使等数百人的护送下前往伊势。在这之前，整个日本要举行大戒，在京畿内和途经的各地禁止佛教性的活动，时间为一个月。[在伊势] 斋王的一生……要在多气御所度过斋戒生活。神宫三节祭时，她要前往外宫和内宫，手持太玉串，进行参拜。斋王是替代天皇祭拜皇祖天照大神的地位最高的巫女，也被称为"大御神之御杖代"。因而，在前往伊势之前，她要斋戒整整两年的时间，斋王宫的各个门前还要种植杨桐树，树上挂上注连草绳。为避免佛事和身体的不洁净，其日常用语也必须使用"斋宫忌词"等，其斋戒程度之严格，是无他例可循的。原则上说，当世天

皇让位或驾崩时，斋王的职务才能够被解除，但如果有其父母死亡、本人的过失等情况出现，她也必须离任。

（《国史大辞典6》，吉川弘文馆，第144—146页）

制度是制度。在实际生活中，人们在什么程度上遵守它，还很难说。尽管如此，斋宫制度——基本条件是未婚，在任斋宫前后都必须度过极为严格的斋戒生活——与《伊势物语》第六十九段故事中坠入爱河的斋宫的开朗、自然的举止截然不同，令人惊异。如果故事的叙述者不发挥其积极的想象力的话，是不会产生这么大的差异的。在风流的举止和情感中，以及在和歌——将恋爱的情景集中在31个音节的韵律里——的赠答中，蕴含着叙述者试图表达平安时代风雅的审美意识，他打破了政治制度和宗教禁忌上的制约，描绘了人类的本来面目。

男子是朝廷派遣的使者，女子是侍奉皇祖天照大神的巫女，这是《伊势物语》第六十九段故事中男女关系的出发点。从表面上看，两人是很难互相接近的。于是，作为其相互接近的引子，叙述者设定了斋宫父亲的一番话。

但是，一旦男女互相接近之后，政治制度和宗教禁忌就不再具有约束两人关系的力量了。随着恋情的产生，两人不再是作为使者和巫女，而是作为恋爱中的男女面对彼此。自男子决定与女子同床共枕的第二天晚上起，叙述者的视角就对准了男女内心的恋情以及由此而自然产生的言谈举止，而不再关心他们正式的身份和职务。妨碍两人同床共枕的并不是他们的身份和职务，而是"人多眼杂"这一凡是恋爱过的男女都体验过的情况。此后，随着夜深人静，女子在小童的引导下悄悄来到使者的住所，两人同枕共眠。但两人并没有深入地细谈，女子便离去，男子感到十分遗憾。这一连串的动作与身份和职务毫不相干，只是恋爱中的男女坠入爱河时的行为和内心活动。

在性关系方面受到严格禁止的巫女与朝廷派遣的正式使者之间自然而然地萌发出风流的情感，有了人与人之间的交流。叙述者将这种情景以"歌物语"的形式呈现在人们面前。从中我们可以看出《伊势物语》所要表达的思想和审美意识。

我们并不了解《伊势物语》的作者究竟是如何看待同时代的制度、政治上的动向和权势的消长的，也不知道斋宫是如何看待狩猎之使的地位和职务的，但在受到制度、身份、职务和权力所束缚的贵族之间，出现了将政治权力和社会制度置之度外的一对一的男女关系，在这个关系中，有生存之喜悦和本能的愉悦。毫无疑问，"歌物语"的作者是这么认为的。从政治的、宗教的立场来看，狩猎之使和斋宫的交往或许是不正当的。但是，《伊势物语》中风雅的美学却丝毫不为伦理意识所撼动。相反，坠入爱河之中的斋宫和使者的直率情感加强了它的美学精神。两个人展现在我们眼前的是这样一种形象：活在不知不觉萌生的爱情之中本身就是生存的意义。在一夜之后，女子和男子都吟咏道：这是梦呢，还是现实呢。尤其是女子吟咏的和歌，语气急促，表达了她难以抑制内心激动的情绪，这种激动的心情与生之喜悦紧紧地交织在一起。由此我们可以看出这首和歌的格调非常高雅。而且，在心存遗憾地送走女子的男子身上，毫无疑问也拥有着这种生之喜悦，因此，男子在含泪阅读女子和歌的同时，从容地对重逢产生了期待感。

以风流为生之喜悦的《伊势物语》的主人公——貌似在原业平的男子——与住在不同地方的各个阶层、地位的女性不断交往，陆陆续续地吟咏了与她们诀别的和歌，不过，通篇125则故事并不都是讲述恋爱的故事，其中的和歌也不是清一色的恋歌。除了从《伊势物语》乃风流、风雅之作的角度去认识它，我们还应该将目光投向上述的三则故事之外的其他故事。下面我们看一下第八十三则故事。

从前，惟乔亲王经常前往水无濑。在他去打猎的路途中，一位担任马头（掌管马寮的长官）的男子常常跟随着他。出外打猎好多天的亲王回到了宫中。男子心想，将亲王送到后就赶紧告辞。但为奖赏他，亲王设下酒宴，男子未能回去。他十分着急，吟咏道：

旅途中，不曾眠，秋日夜若长，我便不着慌。

此时正是三月末。那天晚上，亲王整夜没有睡觉。

马头如此侍奉着亲王，亲王却突然间剃发出家了。正月里，为了给亲王拜年，男子前往山城国的小野。在比叡山下，大雪纷飞。男子好不容易抵达独居的亲王住处，给亲王拜年。看到亲王闲得无聊，很是寂寞的样子，男子多住了些日子，每天都在回忆往事。男子虽然很想一直待在亲王身边，但宫中要举办庆典，他无法再待下去。薄暮时分，他踏上归途时，咏歌一首：

已忘记，在山间，似梦亦如幻。踏雪行，未曾想，遇见君。

吟毕，男子泪流满面地回去了。

（"新潮日本古典集成"《伊势物语》，第 99—100 页）

如果我们试图从中读取风流趣味的话，或许我们可以看到这样的情景：心里着急的马头吟咏的和歌"旅途中，不曾眠……"中，蕴含着想早一点回家与相爱的人同枕共眠的意味，而听闻此言的惟乔亲王却摆下通宵达旦的酒宴，使得马头心神不宁。但是，即便我们能够做这样的解读，这则故事的主干却不在这里。它的上一则故事也叙述了惟乔亲王与马头的对话，紧接着的这一则故事的主题应该是皇家贵族与侍奉他的男子之间的友情。这个令人觉得颇具风流趣味的插曲，具有象征两个男子之间融洽关系的浓郁色彩。

两人之间的友情十分密切，以至于可以将私事和个人感情叙述得如此有趣。正由于此，故事后半部分马头探望落魄亲王的场景，更使人产生一种难过的感觉。沉溺于情感中不可自拔是违背风雅的美学精神的，因此，惟乔亲王和马头都抑制住外溢的感情，马头只是咏歌一首便与亲王分别了。故事以"男子泪流满面地回去了"结尾，通过这句描写，我们似乎感受到男子好不容易从感情的旋涡深处摆脱出来，获得了某种心灵的解脱。在这里，把人从情绪旋涡中拉出来的，并不是风雅的美学，而是心中充满起伏感情的当事人发挥的主体性力量。

从另一方面来说，这则故事中的出场人物具有明显的个性，这种形象给人留下印象。贯穿于整个《伊势物语》的出场人物没有固定的名字，这则故事中的"马头"也只是临时出现的职务名，除此之外，也只有一个抽象的、被称为"男子"的主人公而已。在阅读故事的过程中，我们会认为这个抽象的"男子"似乎是个具有一定个性的人。

从具有一定个性的人物形象的形成过程来说，以散文的形式叙述故事具有决定性的意义。只有 31 个音节的和歌，即便它有涉及和歌创作背景的序，但我们还是很难从中归纳出一个统一的人物形象。试图从《古今和歌集》的和歌中勾勒出六歌仙或纪贯之、凡河内躬恒的人物形象几乎是妄想。为环境的氛围所左右的和歌中并没有简单地融入当事人的生活方式、言谈举止——而这是构成人物形象的主要元素。

相比较而言，散文是更能接近某个人物的生活方式和言谈举止的一种表现形式。这部散文体裁的作品以不具备固定名字的、抽象的"男子"为主人公，在这个男子与各式各样的女性交往的过程中，断断续续地呈现出风雅的不同形式，虽然是这样一部作品，但随着叙述这个人物的信念、意志、情感和行为，一个具有一定个性的人物形象渐渐浮现出来。人们认为这个男子是以在原业平为原型的，实际上，从在原业平吟咏的和歌来看，或从其经历来看，他是一位极其符合风雅美学的下层贵族。物语的作者虽然从有关在原业平的历史和传说中汲取了大量的素材，但是仅凭这一点还不足以塑造出具有一定个性的人物形象来。如果作者没有发挥这样一种散文精神——在风雅美学的基础上，从历史和传说中汲取素材，并以明确的思想和情感塑造生活于这个世界的某个人物——就很难塑造出一个统一的人物形象。

描绘《伊势物语》中的场景的绘画

在第八十三则故事中，男子以"马头"的身份出场，与惟乔亲王结下深厚的男性间的友谊，可以说这个男子形象超出了风流的范围，且没有失去其统一性。在与女性交往的过程中，男子感受到了超越世俗关系、价值观、伦理观的生之喜悦和情感的美好，而在与男性结下友谊的过程中，他也体会到了相同的喜悦和美好。男子本人想要不顾世俗的权威和荣华富贵，生活在风雅的风流世界里，但与他结下友谊的亲王却因故不得不出家，正月里也不得不过着孤独寂寞的没落生活。这个情节的设定非常符合与主人公结下友谊的亲王。

《伊势物语》以男子举行成人仪式开始，以男子的死亡结束，风雅的大幕就此落下。

从前，男子患病，他感觉就要这样死去了，于是吟咏道：

我虽闻，最终人将归，不曾想，是近日。

（出处同上，第 136 页）

净土思想的形成

——

念佛以往生于极乐世界

与此世相对应，有彼世；与现世相对应，有来世。

据说，彼世（来世）分为地狱和极乐世界。地狱是充满了痛苦、不幸和恐怖的世界，极乐世界是充溢着喜悦、幸福和安乐的世界。

·

佛教作为一门宗教，在它描绘的鸟瞰图中，上述对世界结构的划分极其自然。在日本佛教中，此世和彼世、地狱和极乐世界这种明确的对立结构的出现并不久远。人们认为，从平安时代中期起，普通人才开始相信在彼世有着与地狱相对立的极乐世界，而且在佛的引导下，人们死后会前往并居住在那里。在这种信仰不断向社会各个阶层拓展的基础上，试图给人们对极乐净土的想法指明方向的一部书出现了，这就是天台宗僧人源信创作的《往生要集》。它于985年问世。此时，拥有约400年历史的平安时代大致过去了一半的时间。

在第十章中，我们叙述了最澄和空海的佛教思想，他们的思想与彼世和极乐世界没有太多的关系。作为僧人真正的实践活动，最澄对自己和他人提出了严格的山中修行的方法，但这种方法与其说是为了往生于极乐世界，不如说是为了在此世悟道而进行修行或修学。他与法相宗僧人德一的论争以及发起的设立大乘戒坛的运动，都是为了追寻什么是真正的佛教、僧人和僧人团体，而不是为了探求何为来世的世界观以及来世的幸福或不幸。

在这一点上，空海也一样。为了获得虚空藏求闻持法，他在偏远的山林中修行；他进行的密教式的严格的肉体锻炼，是为了实现这样一个目的，即在此世获得发挥效力的超自然的咒术，并以肉身的形式达到完美的宗教性人格，也就是即身成佛的境界。他创作具有体系性的思想著作《十住心论》，是为了全面论述此世中人类精神的各种面貌，而不是为了追问此世和彼世的关系。将目光锁定在现实世界中佛教的世俗化和僧人的腐败、堕落方面，尝试超越已有的教谕、制度，组织新的佛教及佛教团体，这是最澄和空海提出的最基本的课题。

源信的《往生要集》与他们的立场不同。与其说它思考了人自生至死过程中的现实世界，不如说它是试图将目光聚焦在人死后去往的彼世，并对此加以思索的一部佛法书。

《往生要集》第一章题为"厌离秽土"（厌恶污秽的现世并离开它），叙述了地狱及其他秽土的惨状，一个接一个，列举了许多的景象。书中的观点是地狱有八种，其中的第八种叫作"无间地狱"，也叫"阿鼻地狱"，其景象据说是这样的：

> 阿鼻地狱之城……是7重的铁城，有7层铁网，下方设置了18个空间，周边大刀林立。四个角安排了铜犬，身高40由旬〔1由旬约12千米〕。它们的眼睛犹如闪电，牙好像长剑，齿恰似刀山，舌头如同铁刺。火焰从它们的所有的毛孔中喷涌

而出，其烟雾散发出难以形容的恶臭。还有 18 个狱卒，头似恶鬼，口如夜叉；他们有 64 只眼睛，铁球从眼中飞进而出；弯曲的牙往上伸展，高达 4 由旬；火从牙尖处喷出，烧遍阿鼻城。狱卒的头上长有 8 个牛头，每个牛头上有 18 个犄角，每个犄角尖都有大火喷出。此外，7 重城中立着 7 根铁幢，铁幢的顶部火焰喷发，犹如泉水喷涌。这些火焰流向四面八方，遍布全城。4 扇门的横木上放置了 80 口锅，锅中铜水沸腾，喷涌而出，遍布全城。18 个空间，每个空间里有 84 000 条铁制的大蛇，它们吐毒、喷火，整个身子遍布全城。这些大蛇咆哮起来，犹如千百声雷鸣响起，从口里吐出的铁球遍布全城。还有 500 亿只昆虫，每个昆虫有 84 000 张嘴巴，从这些嘴巴里火焰就像是下雨一般喷涌而出。随着昆虫飞落下来，地狱中的火越烧越旺，照亮了 84 000 由旬大的地方。8 万亿的苦中之苦都聚集到这里来了。

（"岩波日本思想大系"《源信》，第 24、25 页）

这段文字从汉译佛典中摘抄而来，描绘了地狱的景象。平安时代的人们真的相信死后会有这么令人恐惧的世界在等着自己吗？可能并非所有人都相信它，但可能还是有不少人相信，作为做恶事的惩罚，自己会被送到这样的地狱中去。在那个时代，人们常常对含冤而死之人的作祟感到恐惧，而且那是一个御灵会（抚慰死者怨灵的活动）极其兴盛的时代。人们十分在意死后灵魂的去向，很容易理解此世的恶事、恶行与彼世的地狱联系在一起的因果关系。

《往生要集》中的地狱图是以了解人们的这些共同心理为前提，

迎合人们的想法而描绘出来的。前面我们只引用了描写阿鼻地狱的
很少的一段文字。仅阿鼻地狱，作者就花费了数倍于引用文字的笔
墨进行描述。如果再加上八个地狱的描写，这方面的记述就达到上
述引用文字的几十倍之多。如若对那个世界（彼世）毫不关注的话，
人们就读不下去如此大量的描绘苦难的文字。对叙述者源信来说，
更是如此。如果没有异于常人的对彼世的关心，他应该是不可能写
出如此详细的地狱图的。

　　更进一步说，源信对彼世超乎常人的关注还为其文学表达提供
了巨大的帮助，让他能描绘出如此精彩的地狱图景。我们看前面引
用的文字，地狱被描绘成令人恐怖的、凄惨的、应该厌恶的地方，
令人不忍直视的背景、场景、景象一个接一个地呈现在人们眼前。
但另一方面，源信反复引用佛典，将地狱之图景描绘得逼真有力，
应该说他是带着文学创作的喜悦精神的。毋庸置疑，其丰富的文学
想象力的发挥使得《往生要集》成为日本净土思想界划时代的一部
作品。

　　表面上看，对地狱极感兴趣与厌恶地狱是相互矛盾的。源信在
认识到这种矛盾的基础上创作了这部作品。这种矛盾反倒使得《往
生要集》充满了魅力。如果我们将对于地狱的兴趣当作文学行为，
将厌恶地狱当作宗教行为，可以说《往生要集》的魅力是在文学与
宗教相互角力的过程中诞生的。

　　紧接着"厌离秽土"，在第二章"欣求净土"（打内心祈求往
生于净土）中，作者把净土的安乐划分为十个部分加以赞美。下面
我们引用第四部分"五妙境界之乐"（五官的对象之美好）的部分
内容。

《往生要集》对"秽土"的描绘（来源：国文学研究资料馆）

　　那个世界的地面是用琉璃做成的，道路两旁拉着金绳。地面十分平坦、广阔，伸向远方，而且明亮，发出光芒，令人感觉十分清爽。一件奇特的衣服铺在地上，所有的人和神走在上面。

　　由许多宝物形成的国土的每一个地区都有 500 亿个由珍宝

建成的宫殿、楼阁。其高低之组合令人心怡，其面积之大如人所愿。放置着诸多宝物的台座上铺着华美的布，台座周围设有7重栏杆，栏杆上立着100亿根豪华的经幢，串有珠宝的璎珞从经幢上垂落下来，经幢上覆盖着饰有宝物的天盖。在宫殿的内部，许多天人聚集在楼上，奏伎乐，唱着歌颂如来的歌曲。

　　讲堂、精舍、宫殿和楼阁的内外、左右有许多池塘。金色的池塘底部铺着银沙，银色的池塘底部铺着金沙；水晶池塘的底部铺着琉璃沙，琉璃池塘的底部铺着水晶沙。此外还有铺着珊瑚、琥珀、砗磲、玛瑙、白玉、紫金的池塘。池塘里注满了十分灵验的水，水底的宝沙闪耀着光芒。

　　前后左右的回廊由各式各样的宝物组建而成，宝花开满了池塘。青莲散发出青光，黄莲闪耀着金光，红莲、白莲也各自发出红色、白色的光。微风吹过，花光摇曳。每朵花上坐着菩萨，每种光中坐着化身佛。

　　池塘的水面上微波起伏，拍打着水岸。水波缓缓移动，不紧不慢。它们发出的声响十分微妙，恰如佛法一般，倡导苦、空、无我及悟道之教义，以彰显佛的智慧、自信和特征。那既是大慈大悲的声音，又是觉悟真理之不动心的声音。人们听闻后，内心会充满无尽的喜悦。其音色与清净、寂灭之真实的形象十分吻合，与菩萨和声闻之修行之道极其相符。不仅仅是微波的声音，其他诸如凫、雁、鸳鸯、鸯、鹭、鹅、鹤、孔雀、鹦鹉、迦陵频伽*等各式各样的珍贵禽类每天发出6次典雅的叫

---

*　迦陵频伽是佛教中的一种神鸟，又名美音鸟或妙音鸟。——编者注

声，赞叹念佛、念法、念僧之行为，称赞佛道修行之正确。无人会提到三途川的苦难，人们的耳朵里只会传来自然的愉悦的声音。

住在这里的许多菩萨和声闻众进入池塘沐浴时，不会思前想后，乱了心绪。他们洗净心中的污垢，变得十分纯净。沐浴完毕，他们各自从水里出来，或升到半空中，或坐在树荫下。这些人有讲经者、诵经者、受讲者、听经者、坐禅者、经行者等等。不曾拥有小乘圣者之位的人得其位，不曾抵达阿罗汉之境地的人至其境，不曾获得不退转之职位的人获其职。如此，众人到达其所想之境地，感受到喜悦。

这里还有纯净的河水流过。河底铺着金沙。水的深浅和温度都与人的喜好相吻合。许多人在这里游玩，聚集在河岸边。

（出处同上，第57—59页）

在这段文字的后面，还有关于"五妙境界"的记述。作者极尽语言表达之能事，将人们在这个拥有金银财宝、珍奇万千的山清水秀、金殿玉宇的环境里享受妙音、妙香、妙味的景象描绘了出来。

与对地狱的描写一样，这段关于极乐世界的描写也充分发挥了作者文学上的想象力。这段文字引用了《无量寿经》《观无量寿经》《阿弥陀经》《称赞净土经》等经典中的描述。在引用经典的描述时，作者试图呈现出完整的极乐世界形象的目的十分明显。毫无疑问，在这段文字中，作者运用了华丽的辞藻和修辞手法。当仔细阅读这段文字时，我们会发现，在美丽辞藻和修辞背后，一个完整统一的、时间缓缓流动的、安详的极乐世界的形象被勾勒了出来。在每个局

《往生要集》中对净土的描绘（来源：国文学研究资料馆）

　　部，作者花费大量的笔墨描绘了风景、建筑物、家具、日常用品和装饰品。包括这些东西在内的整个空间在极其安静的氛围里保持着澄明、清爽的感觉。

　　然而，从《往生要集》的主题来看，"厌离秽土"的地狱图与"欣求净土"的极乐世界图只是其前言部分。这部著作的重点在第四章"正修念佛"、第五章"助念的方法"和第六章"别时念佛"。第四章"正修念佛"是重中之重。这几章的内容讲述了为了往生于极乐世界要用到的念佛的方法。

提起"念佛",现在一般指念诵"南无阿弥陀佛"的名号。但源信所说的"念佛"却与此不同。至少在源信看来,念诵名号并非念佛本来的特征。

源信所说的"念佛"究竟是指怎样的情况呢?源信所说的念佛要回到汉字本来的含义中去理解。所谓"念"是指深刻思考、用心思考,因此念诵名号也可以包含在内,但是,在源信看来,或者说在源信那个时代,念诵名号并没有成为念佛的基本特征。

处于念佛中心地位的是观佛、观想佛,通俗点说,就是在脑海中浮现出真实的佛的形象。作者在第四章"正修念佛"中指出,往生于极乐世界的修行须有五种行法。其中,源信花费了大量的精力介绍了"观察门",即明确地观想佛的方法。

在《往生要集》中,源信还介绍了色相观,即在脑海里浮现出佛的面容和身体的特征——佛的相好。此外,他还指出了其他的三观——别相观、总相观和杂略观。所谓别相观是指在脑海里真切地浮现出相好的每一个细节,所谓总相观指的是在脑海里浮现出总体的特征,所谓杂略观只限于在脑海里浮现出某些特定的东西。

在别相观中浮现出的相好的形象被分为四十二种,源信详细地对它们做了说明。下面,我们摘抄几种形象。

第一,头上肉髻(头顶上隆起的肉包)看不清楚。其高高凸起,呈圆形的样态与天盖很相似……佛的头上有大光明,发出一千种色彩。每一种色彩分成 84 000 个分支，每一个分支上有 84 000 个化身佛。化身佛的头上发出光芒，这些光芒不断地朝上方的无量世界散去。在上方界有化身菩萨，如云一般下降，围绕着佛。

第二，头上的 84 000 根头发朝上向右卷，从不会掉落，也不会零乱。其头发，颜色为绀青色，生长茂密，发出芳香，既洁净，又纤细柔软……

……

第四，耳朵厚实，阔又长。耳垂饱满……有 7 根卷曲的毛发，发出 5 种光。每种光有 1 000 种颜色，每种颜色中有 1 000 个化身佛。化身佛发出 1 000 种光，照耀着十方的无量世界。

……

第六，脸庞饱满、有光泽、柔和，清秀端庄，洁净无瑕，如同秋月一般。左右眉毛整洁，恰似帝释天的弯弓一样。脸色无与伦比，散发出绀琉璃似的光芒。

第七，眉间的白毫向右卷曲，像兜罗绵（绵丝中夹杂有兔毛编织而成的布，是一种舶来品）一样柔软，比雪还要白……

（出处同上，第 119—121 页）

像这样记述身体各个部位情况的文字达 42 处之多，从脸到脖子，从脖子到肩，所记述的部位逐渐往下，一直写到脚。使每一个部位都真真切切地浮现于读者的脑海，将每一个部位都想象成无限珍贵之物。以这样的方式皈依阿弥陀的方法就是念佛。第一次接触佛的人如果无法忍受事无巨细地观想多达 42 种的烦琐的佛之相好的话，《往生要集》还预备了大体上观想佛之整体的总相观，以及只是观想眉间之白毫的杂略观。这些虽说是简略的观想，但毫无疑问依然是在脑海里真切地浮现出阿弥陀佛之相好的行为。

尽管有详略之分，这种行为据说是往生于极乐世界的最好的方法。观相才是最重要的宗教行为，这是《往生要集》中宗教思想的根本。我们将这种宗教思想命名为"形象"的宗教思想。

说起形象，本章一开始引用的阿鼻地狱的说明文字、紧接着引用的关于五妙境界的说明文字以及我们刚刚引用的别相观的说明文字，可以说充满了对形象的描绘。从《往生要集》的结构来说，地狱图和极乐世界图属于进入正文之前的准备阶段，前面关于别相观的文字构成了正文的中心，但从连续地描绘形象的角度来说，它们的手法惊人地相似。如果我们将第三段引文中描述的阿弥陀佛的形象带入五妙境界的极乐世界图中呈现出的地面、宫殿、池塘和河流的形象里的话，我们会发现它们是极其吻合的。即便是准备阶段的文字，形象生动的《往生要集》也十分符合"形象"宗教思想的称呼。

但是，通过念佛——通过在脑海里真切地浮现出佛的形象——可以往生于极乐世界，这种想法并不容易理解。从易于理解的层面来说，通过努力生存、为他人服务或抵达悟道之境地以往生于极乐世界，这种想法更容易为人们所理解。努力生存、为他人服务是伦理上的行为，抵达悟道之境地是思想上的行为。宗教性的极乐世界与这些伦理和思想上的努力相结合，是人们能接受的。但是，在脑海里真切地浮现出佛之形象的行为却很难与往生于极乐世界联系在一起。浮现出形象的行为与伦理和思想并不相干，实际上，应该称这种行为为审美的行为。与伦理和思想上的行为不同，审美上的行为与宗教相去甚远。

的确，念佛需要思想上的紧张和集中，可能还需要积累专门的修炼经验。但是，诸如断绝世俗的欲望，以严格的戒律约束自己，将身心投入晦涩难懂的经典和注释书之中，以获得佛道之真理并抵达悟道之境地的行为，与明确描绘出佛之相好的每一个部位的形象，全身心为庄严、美丽、纯净的形象所包围，以期在死后成为极乐世界的居民的行为，是无法同日而语的。源信是天台宗的僧人，他曾在比叡山学习，但他所著的《往生要集》中的净土思想并不是从严于律己的最澄的天台思想上延伸而来的，他的目的（往生于极乐世界）和实践方法（念佛）都与最澄提倡的目的和方法差别很大。

对佛之相好的描述，从佛头上隆起的特殊的肉髻开始，其头发向上凸起并向右旋，发间散发出光芒，耳朵又阔又长且饱满，额头既宽又平，脸饱满、柔和，眉毛柔软且都是白的，睫毛整齐浓密……按照经典的叙述，作者详细地描绘了佛的脸部和身体的各个部位。发挥想象力持续的时间越长、越集中，佛之相好就越明确，充满慈悲之心、堂堂正正的佛的形象就会浮现在人们眼前。念佛行为要达到的目的，就是让这种形象出现。念佛的行为与见佛的行为几乎是相同的。

佛的形象真切地出现在人们眼前时，人们感受到的是身心的充实感和喜悦。这是人们通过自身的想象，脑海里呈现出既庄严又纯净的佛的形象带来的充实感，是伟大的形象展现在人们眼前带来的喜悦。这种充实感和喜悦与人的精神密切相关。当人们将精力集中在精神方面时，人们感受到的是横跨宗教和艺术的充实感和喜悦，而不是单纯的宗教性的充实感和喜悦。假如我们将人类的精神性活动划分为真、善、美三个部分的话，一般情况下，人们认为宗教是以真和善为目的的。而关于真切地看到佛的形象时的充实感和喜悦，人们则认为它是与美密切相关的。真切地看到佛的形象时的充实感和喜悦更接近于塑造佛像的匠人的感觉，是匠人经过无数次失策和失败之后才完成工作的感觉，而不是僧人经过艰难、痛苦的修行达到悟道之境地的感觉。

我绝没有将这种宗教和美的结合看作违背宗教之道的想法。我只是想明确强调，日本宗教的一个很大的特征是具有很强的美的亲和力。从佛教传入日本至奈良时代中期，通过修建寺院、塑造佛像以及抄经工作，佛教与人们的审美意识密切地联系在一起，创造出新的审美形式。此后出现的天台宗和真言宗在善于求道和思考的最澄和空海指导下，逐渐深入，到达伦理和思想领域，与审美渐行渐远。但进入平安时代中期之后，通过念佛以往生于极乐世界的净土思想出现，佛教作为形象的宗教再次呈现出审美与宗教相结合的景象。

念佛不仅仅是通过想象以呈现出美的形象的审美尝试。念佛的目的——往生于极乐世界——也与美密切相关。从前面引用的五妙境界的文字中我们可以看出，极乐世界的每个地方都是集中了美的精华的安乐之乡。与其说这是人们自行选择去的地方，不如说是在佛和菩萨的引导下前往的地方，所以人们很难产生念佛行为带来的充实感，不过，当人们想起极乐世界的每一个角落里都充满了美丽的事物，前往那里的人们肯定会全身心地沉浸在享受美的喜悦之中。

由此看来，以念佛为开始，以往生于极乐世界为结束的《往生要集》中的净土思想，可以说体现了美和宗教自始至终并驾齐驱在同一条道路上的观点。五妙境界的极乐世界图与别相观呈现的阿弥陀佛的形象，自然而然地联系在一起，是因为相同的审美意识发挥了作用，让人们描绘出统一的美的形象。阿弥陀佛身上、极乐净土世界都充溢着美的形象。源信的净土思想就以这种形象作为其宗教的支撑力量。

编撰了《往生要集》的源信是念佛结社"二十五三昧会"的主干人物，这个结社以比叡山横川首楞严院的 25 个僧人为结缘众。他们认为往生于极乐世界是阿弥陀佛最大的功德，实现此功德的最根本的方法就是念佛。源信不仅仅详细说明了这个方法，而且还亲自祈愿往生于极乐世界，与拥有相同志向的人聚集在一起，致力于念佛活动。

在二十五个结缘众中，有一位平安时代著名的文人庆滋保胤。他皈依佛道的思想很坚定，很早就出家了。在出家前后，他创作出《日本往生极乐记》，与《往生要集》出现的时间基本上相同。与指导往生于极乐世界所需要的正确的念佛方法的《往生要集》不同，《日本往生极乐记》汇集了 40 多人的传记，他们都是通过念佛真正地往生于极乐世界的人。有的人会怀疑念佛是否真能让人往生于极乐世界，针对怀疑此事的人们，《日本往生极乐记》试图举出往生的事实，以此为依据消除他们的疑惑。在这 40 多人中，有一个被称为市圣或阿弥陀圣的名叫空也的人，他离开比叡山，以京城为中心四处传教。书中记述了他往生的情景。

上人去世那天，身着法衣，手持香炉，面朝西方正坐，对弟子说道："许多佛和菩萨来迎接我，要带我走。"气绝之后，香炉依然拿在他的手里。此时，空中传来音乐声，屋子里香气满溢。上人结束了传教的工作，回到极乐世界去了。

（"岩波日本思想大系"《往生传 法华验记》，第 29 页）

与《往生要集》相比，这段描写显得十分克制。其克制的笔触呈现出作者试图表达上人临终时美好、纯净形象的意图。这里描绘的安详的临终形象丝毫没有死亡的痛苦和不吉利。将阿弥陀佛的形象真切地呈现在人们面前以及描绘极乐世界的情景，都是将它们与美紧密地联系在一起的宗教行为，不过，对净土思想来说，处于此世和彼世交界处的死亡也必须与美密切相关。

能够证明空也上人往生于极乐世界的最直接的证据有：上人说许多佛与菩萨来迎接他、上人气绝身亡后手中依然拿着香炉的情景、天空中传来音乐声以及室内充满了香气。在其他的往生传中，人物临终时的情景基本上与此相似。从具体的表达方面来说，它们之间可能有一些差异，比如以结定印来取代手持香炉，或在音乐和香气之外又加入了紫云横飞的情景，或者当事人或其近亲做了一个预告死亡的梦，或者人们亲眼看到尸体没有腐烂等。

但是，正是这些具体的变化或补充说明丰富了人们对死亡之美的想象，而不是破坏和伤害了其美丽的形象。读者以极其温和的心态想象安详、美丽的往生情景，祈愿自己也能够获得这种美丽的往生。

　　在上一节里，我们以《往生要集》为对象，叙述了净土思想中宗教和美的形象紧密结合在一起的情况。在宗教和美的关系方面，受到净土思想的巨大影响建造而成的净土庭园和阿弥陀堂超出了人们单纯对形象的想象，具有物质的具体性。这里将要叙述的平等院凤凰堂和净琉璃寺是在平安时代后期建造的，尽管它们与《往生要集》的编撰相距很长一段时间。但是它们反映了净土思想的宗教本质，因此，在这一章中我们将它们也作为考察的对象。

　　首先是平等院凤凰堂。它是由藤原赖通修建的。其父藤原道长自壮年时代起笃信佛教，将巨大的精力放在了寺院和佛像的建造事业上，其最为重要的事业是建造法成寺。这座寺院现在已经被烧毁，不复存在了，但《荣华物语》和《大镜》等书中详细记述了其工程规模之大以及完成后的建筑物之豪华。在《大镜》中有这样一句赞叹的话："它看上去好像是极乐净土世界出现在这个世界上了。"道长最终在这座法成寺里死去。无论从宗教的角度，还是从美的角度，他可能切身感受到了极乐净土世界。

　　道长于1027年去世。人们认为25年后，黑暗的末法世界将会开启。此时，贵族统治正呈现出各式各样的矛盾，在贵族和知识阶层中间不安的情绪正不断扩大。这种不安的情绪就是人们对通过念佛往生于极乐世界的净土思想深信不疑的背景。《往生要集》的开头写道：

　　　　对生活于末世混乱时代的人们来说，往生于极乐世界的教义和修行是他们的眼睛和腿脚。

（"岩波日本思想大系"《源信》，第 10 页）

这句话具有启发性。这里所说的"末世"可能并不是直接指1052 年末法开始的时代，但毫无疑问，人们的确已经意识到社会上的混乱和不安。于是，人们想象出超越这些混乱和不安的极乐世界。道长生于贵族家庭，很早就发挥其政治家的才华，在家族内部的政治斗争中取得胜利，由内览*到摄政，爬上权力的最高地位——但即使是他这样的人，也摆脱不了由混乱末世而产生的不安情绪。他倾注钱财，建造了法成寺，使之成为与这个混乱末世完全不同的净土世界。

法成寺现已不存，但进入末法时代之后一年，即 1053 年建成的平等院凤凰堂保存了下来。这个建筑物是平安时代中期人们心中的净土形象的具体显现。

平等院是座寺院，它是由藤原赖通从其父亲道长那里获得的宇治别墅改建而成的。凤凰堂修建在寺院里的一个角落里，里面安置了一座定朝**制作的阿弥陀如来像。

凤凰堂的前面有一个大池塘。从池畔观看凤凰堂，正中间是大屋顶的中堂；中堂两边是翼廊，左右对称；翼廊的左端和右端往前弯曲，各有一个高楼。这是一座向左右延伸的建筑物，拥有优美的线条。当我们将整个建筑物纳入视野，并从左往右或从右往左移动

---

*   内览指摄政、关白或事先阅览太政大臣给天皇的上书并代替天皇执行政务的人。——译者注
**   定朝（生年不详，卒于 1057 年）是 11 世纪时的塑像师，其塑像面部圆满祥和，被称为定朝式样，被后世尊为典范。——编者注

平等院凤凰堂（来源：Martin Falbisoner）

视线时，心情会十分舒畅。据说整个建筑物模仿了净土曼荼罗的宝楼阁，其左右对称、稳定的形象映入池水中，则形成一个上下对称的形象，给观看者以心灵上的慰藉。对生活在末法时代的人们来说，或许这种令人感到慰藉的建筑物是必不可少的。

当我们面向中堂的中央，从池畔观看凤凰堂时，呈现在我们眼里的凤凰堂的形象是最完整的。但将视线固定在这里并非最有趣的欣赏角度。要想欣赏向左右缓慢延伸出来的建筑物的美丽，观看者最好缓缓地向左或向右移动着观看。好像建筑物本身在催促人们像这样移动似的。从《往生要集》中描绘的极乐图来看，极乐净土世界的美丽是视觉性的，是可以让人从中获得视觉上的享受的，但是，人们享受它的方式并非将视觉集中于一点。它的美丽扩展到周边其他地方。人们从各式各样的角度自由地享受其美丽，才是欣赏极乐世界的方法。池塘的轮廓线并不是单纯的几何线条，它或凸或凹，极其自由。沿着这条不定形的轮廓线，人们修建了一条步行道，在自由移动方面下足了功夫。藤原赖通既是庭园和建筑物的施主，又是它的主人，他和父亲道长一样，也爬到了政治权力的最高峰。不过，在池塘及其周边的地方，赖通并没有修建反映其特权的建筑物。尽管我们无法想象，赖通作为与权势无关的众生之一，置身于这个极尽豪华的建筑环境之中，但是极乐世界的确与此世没有直接的联系，世俗世界的权力并不能照搬到这里。赖通虽说是拥有权力之人，但他也不得不认可这一点。池塘旁边种植了以松树、樱树为主的各种树木。由水、土壤和树木构造而成的清净空间是一个美丽的空间，在这里，几乎看不到权力的影子。

进入凤凰堂内部，空间的氛围为之一变。这里不是一个氛围舒缓、能随意行走的空间。堂的正中央放置着定朝制作的阿弥陀佛像，有一丈六（约 2.7 米）之高，人们要仰视它。佛像身上的金箔虽然已经斑驳，但其充满慈悲的、庄严的面容一点也没有受到损害。在日本屈指可数的阿弥陀如来像中，其完成度之高名列前茅，是一座著名的塑像。在堂内，人们只能从莲花瓣的下方往上观看，人们很容易感受到耸立于上方的塑像的压迫感。但我们看从正面拍摄的佛像脸部的照片时，可以看到他那半睁着的眼睛、粗大且弯曲的眉毛、笔直的鼻梁、略微有点厚的嘴唇、下垂的大耳朵及其圆润的脸庞呈现出温和的形象。对祈愿往生于极乐世界的人们来说，这是热情迎接所有人的慈悲的大佛。

阿弥陀如来坐像（平等院藏，原载
《平等院图鉴》）

　　佛像的莲花瓣形的台座和向上延伸的巨大的飞天的光背，与结
跏趺坐的一丈六的佛像和谐统一，无可挑剔。四重莲花瓣上下等距
离地重叠在一起，透雕而成的飞天的光背可以让人看到其背后的景
象，这些造型似乎给狭小的空间带来了一定的开阔感。

　　在堂内，无论是祈祷，还是观赏，人们首先必须直面阿弥陀佛
本尊。从念佛以往生于极乐世界的净土思想来说，佛就在眼前，其
周围的空间也都被设置成无限接近于极乐世界的景象，在这种情景
下，人们该采取怎样的行动呢？

　　关于念佛的方法，《往生要集》叙述了在脑海里浮现形象的三
种方法，即别相观、总相观和杂略观。但是，当置身于理想的形象
面前，就不能采用在脑海里浮现形象的方法了，而要采用凝视佛像
的方法。而且，如果置身于被安排成极乐世界的空间里，人们处于
极乐世界的感受和往生于极乐世界的愿望，就会重叠在一起。

设计者将一丈六高的阿弥陀佛像置于堂内，就是要让人们凝视它并获得置身于极乐世界的感受。不过，让人感受到身处极乐世界的造型并非只有阿弥陀佛像。堂内的大门、墙壁、柱子上描绘了将死者引向极乐世界的色彩斑斓的圣众来迎图，而且横梁上方的白色墙壁上还挂有 52 尊云中供养菩萨像。门和柱子上的图像现在已经分辨不出颜色和形状了，但我们可以充分地想象，在建筑物刚刚完工时它们应是极其华丽的。横梁上方悬挂着的不足一米大小的菩萨像也几乎完全褪色，但其形状还保留着千年之前的模样。52 尊菩萨像分上下两行排列，其大小、形态各式各样，这些不统一的菩萨像给人以强烈的自由感。不同的菩萨或站在云间，或坐在云上，或手上拿着佛具，或敲打着乐器，或吹着喇叭，或弹奏着弦乐器，载歌载舞。如果在水平面上放置塑像的话，人们就会考虑放置塑像时的重力均衡，因此塑像必须做成稳定的姿势。但如果是在墙壁上悬挂佛像的话，人们就不必考虑悬挂时的稳定感，可以轻松地、自由自在地塑造云的形状及人物的姿态。但是，如果自由自在的精神过于高昂，就难免会出现争奇斗艳的形状和不自然的姿态。不过，堂内悬挂着的菩萨像却没有出现这样的情况。这显示出由定朝率领的佛像雕塑师们的技术之高超。

载歌载舞、演奏乐器的菩萨们看上去十分快乐。这不禁令人怀疑，追求悟道、勤于修行的菩萨如此欢快地沉浸在歌舞和音乐之中究竟好不好。或许雕塑这些菩萨像的雕塑师们也同样处于欢快的气氛之中。在这些塑像中，还有几尊身体动作给人以官能性感觉的菩萨像。平安时代贵族的风雅精神，或许就以这种形式渗透到宗教的世界里。不仅仅是贵族，对普通民众而言，极乐净土也绝非严肃、静谧的世界，而是快乐、喧嚣的世界。在《往生要集》叙述的五妙境界中，悦耳的自然或人工的妙音鸣响或高或低，而置身于凤凰堂中堂里的人们或许听到了同样的妙音在耳边回响。

由此，凤凰堂的内部空间和外部空间都是为了实现极乐世界的形象化而设计的。造园师、石匠、木匠、佛像雕塑师、画家等都为在这个世界里呈现出极乐世界贡献自己的一份力量。而且，他们的高超的技艺使宗教和美绝妙地融合到了一起。

但是，呈现在这个世界里的极乐世界并非佛教中所说的那个极乐世界。平等院凤凰堂的内部和外部空间与《往生要集》或其所依据的《无量寿经》《阿弥陀经》等经典中所叙述的极乐净土并非同样的东西。一个是眼睛看得见、手触摸得到、可以置身于其中的现实中的建筑物的空间，一个是眼睛看不见、手摸不到、无法置身于其中的非现实的空间。当然，无论是在凤凰堂的庭园里散步，还是在堂内双手合十拜阿弥陀佛，还是观看佛画和云中供养菩萨像，这些都与人死后往生于极乐世界、度过安详且愉快的日子截然不同。

关于这一点，藤原赖通、凤凰堂的建造者们以及同时代的其他贵族和民众不会不知道。极乐净土是为死者预备的死后的世界，而凤凰堂是这个世界里现实的空间，平安时代中期的人们不会分辨不清它们之间的区别。此外，不管人们将这个世界的现实空间建造和装饰得多么美丽，这里只是此世的现实空间，无法成为彼世的极乐净土，这也是人们能够辨别的。通过念佛，人死后，重生于极乐世界，度过没有痛苦的、安乐的——如果说这是人们真正的追求的话，那么，人们在凤凰堂里双手合十膜拜阿弥陀佛，或者观看堂内四周的圣众来迎图、云中供养菩萨像，或者在池塘周边的树林间散步，

定朝 云中供养菩萨（平等院藏）

沉浸在极乐世界的氛围之中，只是一种模拟体验。

尽管如此，11世纪的贵族和知识阶层的人们在建造阿弥陀堂和净土庭园方面倾注了异乎寻常的热情。前面我们提到，末法思想不断扩散的时代背景为人们的热情助了一臂之力，但原因不仅如此。建造豪华、优美的佛堂和庭园本身就是令人心醉神迷的、颇具魅力的工作。

在净土的经典里，关于极乐净土之豪华、优美的叙述数不胜数。《往生要集》对这些叙述重新加以编写。以此为基础，在心中念佛，在脑海里真切地浮现出极乐世界的景象，是僧人们广泛传播的方法。

但是，通过阅读文字、听讲传教以了解极乐世界的模样，并在此基础上，在脑海中真切地描绘出极乐世界的形象，这些与在现实空间里建造模拟的极乐世界并形成景象，是截然不同的。人们身体不动也可以在脑海里描绘形象，但建造、修筑某个东西，不活动身体是做不到的。必须要使许多人行动起来，而且完成工程需要花费时间和财力，有时还必须有缜密的计划，需要高超的技艺，人们还必须克服在施工时出现的各式各样的困难和问题。在这种情况下，人们花费时间、精力和财力建造了现实中的阿弥陀堂和净土庭园。可以称之为理想乐园的豪华、优美的空间就这样被创造了出来。

花费很长时间才建造完成的阿弥陀堂和庭园逐渐向美的理想靠近，施主和工人们对此都有切身的感受。而且，建成后的阿弥陀堂和庭园即使称不上是极乐世界本身，也被认为很接近极乐净土了。或许有许多人真心认为这就是极乐净土。有一首儿歌是这样赞美宇治平等院凤凰堂的：

　　　你要是不相信极乐世界，就把平等院当极乐世界吧。

　　（"岩波日本思想大系"《往生传 法华验记》，第 669 页）

　　这首儿歌里所赞美的是平等院的美。从儿歌中，我们可以看到宗教意识和审美意识紧密结合在一起的情况。

　　我们不能忽视的是，在理论上截然不同的此世的阿弥陀堂、净土庭园和彼世的极乐净土，通过美这个媒介，极其顺畅地联系在了一起。从理论上讲，生前世界的阿弥陀堂和净土庭园与死后世界的极乐净土不在同一个层次上，是不同的空间，但在美这一点上，人们认为，两者的空间是相通的。当然，人们可以将现世和来世相区别的理论带入美的领域，认为此世的美和彼世的美不是一回事，即平等院凤凰堂所呈现出来的美是模拟的美，而彼世的极乐净土的美才是真正的美。但是，这样一来，极乐净土的真正的美就会变得难以捉摸，只剩下"真正"这个概念，而没有了美的实质。而且，如果从美是述诸五官、为五官所能够感受的角度来说，无法捉摸的、没有实质的美，是不能够冠以美的名字的。这只不过是将没有实质的美称作真正的美罢了。

　　如果说美需要述诸人的五官、并能够为人的五官所感知的话，那么，祈愿往生于极乐世界的人们在凤凰堂膜拜阿弥陀佛，或在庭院里散步，或在观看庭园和建筑物时，将这种亲身感受到的美当作极乐净土的美，这并没有什么不自然。若将彼世中对极乐净土的体验当作真正的体验，那么此世的体验可以说是模拟的体验，但就美来说，凤凰堂的审美体验可以说无限接近于真。

　　如此看来，发愿建造美丽的阿弥陀堂和净土庭园的贵族，以及参与建造的工人，共同在这个世界里呈现出了一个极乐净土的世界。有如此想法并不奇怪。因为阿弥陀堂和庭园毫无疑问是此世的建筑物，但它们的美却与彼世的极乐净土相通。11—12 世纪，净土思想在社会里广泛传播，阿弥陀堂和庭园相继被建造出来，从事建造工作的人们就不用说了，即便是对旁观建造工作的人们来说，新的美的空间的出现，也一定会让他们感受到极乐世界就在身边。

前面我们将目光聚焦在连接起此世的阿弥陀堂、净土庭园与彼世的极乐净土的媒介，即宗教空间里的美以及感受美的审美意识上，不过还有一种连接此世和彼世的媒介——日本人广泛拥有的自然观。

较之于平等院凤凰堂，同时代的著名庭园与寺院净琉璃寺是我们论述自然观的最好的例子。

·　·　·

如果说建在宇治川旁边的平等院凤凰堂是"村中的极乐世界"的话，那么建在偏远地方的净琉璃寺就是"山中的极乐世界"。

从净琉璃寺北面的山门进入寺院，眼前是一个池塘。池塘对面是向右手方向延伸出去的长方形的本堂，左手边的山丘上立着一座正方形的三重塔。本堂正面是由 12 根柱子构成的空间，长 25 米。横向延伸出去的每一个间隔都有木制的格子门，格子门与格子门之间是白色的拉门。本堂两端的下半部分是灰泥墙，上半部分由黑色的连子窗构成。由中间往左右两边延伸的柱子与柱子之间的 11 个空间由瓦葺的大房顶覆盖着。这是一座建造朴素、令人心静的建筑。无论其形状，还是色彩，都与平等院凤凰堂的华丽和优美相去甚远。

净琉璃寺本堂

　　与本堂相对而立的三重塔是从京都一条大宫（上京区）迁移过来的，它笔直地朝上延伸，是一个轻盈的建筑，与本堂形成对比。其木制部分涂以红色，灰泥墙部分是白色，桧皮修葺而成的顶部呈暗褐色，非常引人瞩目。但是，塔本身很小，掩映在绿色的树丛中，色彩不是那么醒目，散发出质朴的光芒。塔的正面是十几级石阶，塔就静悄悄地立在石阶深处。

　　在塔与本堂之间，有一个呈圆角的、不规则方形的池塘。池塘正中央有一个小岛，即中岛，周边还有伸向池中的小半岛，很显然，这是一个设计周到的人工池塘。中岛和半岛上古色古香的小祠堂和灯笼、池塘周围丛生的杂草和青苔，处处起着将人工池塘带入大自然中的作用。池塘中的水则是一副静止、浑浊的样子。

如果说平等院凤凰堂是一座呈现出大都市风格的豪华和美丽的净土寺院，那么，这座净琉璃寺就是一座呈现出安宁、静谧之美的古色古香的净土寺院。不仅在地形上，而且从氛围上，这座寺院也称得上是"山中的极乐世界"。若许多人热热闹闹地聚集到平等院，是符合它的气氛的，但在净琉璃寺却不能够这样。一个人或极少数的人静静地度过一天，才符合净琉璃寺的氛围。

放置在本堂里的九尊阿弥陀如来像也不是那么华丽的。九尊塑像并列排放虽然很壮观，但在装饰简朴的、昏暗的堂内，这九尊佛像很难让人产生它们象征着极乐世界之华美的感觉。阿弥陀如来是极乐净土世界的教主，九尊佛像同时来迎接世人，显得十分豪华。无论面对其中一尊佛像，还是同时面对九尊佛像，人们都不会产生置身于令人心动的、华丽的极乐世界的感觉。我们也很难产生心情舒畅、全身不自觉地涌出喜悦的感受。阿弥陀佛的塑像，虽然将经典里描述的各种相好，以庄严的形象呈现在人们的眼前，但凝视佛像与人们的喜悦之情并没有干系。当我们凝视这些阿弥陀佛像时，好像被带进了静谧的冥想世界。我们很难想象在这样简朴的佛堂里，能够产生由审美意识主导的净土观——促使《往生要集》中的念佛往生于极乐世界的净土思想得到进一步的发展，让壮丽优美的佛像和极乐世界出现在此世，使人们沉浸在模拟的极乐净土的氛围中的净土观。

堂内简朴、清净的氛围也扩展到了堂外的庭园里。当我们在池塘周边的小道上散步时，感受不到在堂内体验到的那种内心的压迫感。因为包围着人工修建的本堂、池塘和三重塔的大自然，也将正在散步的我们自己包围在里面了。为大自然所环绕而产生的安详的心情，是不会对人的内心产生压迫的。

地处山间的净琉璃寺周围是茂密的树林。尤其在本堂后面，高高伸向空中的茂盛树木郁郁葱葱，给人以此地是远离人世的大自然之一角的印象。要想从正面观看整个本堂的话，对面的三重塔附近是最好的观察点。但从塔前的石阶下观看本堂，与在塔旁边观看本堂，景象是不一样的。本堂的柱子、外廊、格子窗以及屋顶的平衡都明显地发生了变化。但本堂后面的树林没有发生任何变化。无论从石阶下方观看，还是站在石阶上面观看，高高的树木左右连成一片，生长在本堂后面。那片树林好像是在山坡上，所以本堂后面的山没有高耸的感觉。人们不禁想象，连成一片的高大树木后面，大大小小的山峰一个接着一个。净琉璃寺应该是利用山中仅有的一片开阔地修建而成的山寺。无论当时，还是现在，寺院周围的大自然没有发生任何变化，一直将寺院包裹在里面。

人工修建的建筑物与周围的大自然和谐、统一地联系在一起，这是净琉璃寺让人们感到它是"山中的极乐世界"的最根本原因。"村中的极乐世界"平等院凤凰堂与此相对，并没有为大自然所包围，在利用大自然条件建造的同时，企图让它从大自然中独立出来。

不过，我们没有必要去思考，作为极乐世界，两者孰优孰劣的问题。两者都贯行这样一种意志，即尝试在此世建造一个极乐世界。两者都与周围的大自然相处融洽，实现了与大自然和谐统一的目标。如果说我们置身于净琉璃寺之中时会更强烈地意识到与大自然的和谐，那是因为将净琉璃寺包围在内的大自然的规模更宏大。本堂、池塘和塔都印有浓重的自然的影子。

实际上，在净琉璃寺中，本堂和朱红色的三重塔与周围的大自然融为一体，静静地立在那里。净琉璃寺里有很多塔，但从矗立的形象的角度来看，背靠山峦、近旁都是树木的三重塔，与其说是单独矗立在那里，不如说它给人存在于树林间的感受更为强烈，呈现出一种高雅的气质。

本堂、塔、庭园与周围的大自然和谐统一，这不仅使它们成为美丽的作品，也使得周围的大自然成为吸引观看者眼球的美丽自然。朱红色的塔以褐色的泥土、绿色的树木以及蓝色的天空为背景，呈现出大自然中所没有的美丽色彩，反过来说，在朱红色的映衬下，褐色、绿色和蓝色的自然之美更加引人瞩目。此外，笔直向上延伸的塔，呈现出几何学上左右对称的样子，柱子、墙壁、门、梁、椽、屋檐、屋顶、九轮等，呈现出几何学的直线和曲线的形状。在没有定型的大自然中，它们发挥了展现人工合理性的作用。另一方面，在这种形状的塔的映衬下，乍看之下没有定型的、没有秩序的大自然，在我们观看时就具有了另一种与人工建筑物不同的定型和秩序。进一步说，大自然成为融合了人工的、几何学的形状和线条的复合体，它的形状和线条既丰富，又深奥。

我们必须承认，与大自然和谐统一的净琉璃寺的美，与平等院凤凰堂的华丽的美，是大不相同的。净琉璃寺的美不是华美，也不是令人的心为之雀跃的美，而是安定的美、温暖人心的美。这种美与通往彼世的极乐世界之路连接在一起。这是一条以大自然为媒介的路。它具有怎样的性质呢？

净琉璃寺的庭园周围都是树木，当置身于没有喧闹声和脚步声的庭园中，人们便沉浸在静谧之中，这种静谧可以用万籁俱寂来形容。这是大自然的静谧，是树木、群山、森林延伸至无垠空间的静谧。在市井中的寺院里，你是体验不到这种静谧的，因为它缺乏与大自然的联系。相反，在山中的寺院，你可以感受到自己周围的大自然无边无际。如果从严格意义上来思考无限的话，大自然不是无限的。当人们将自然当作包围人类世界之物时，人们以"无限"来称呼自然的广阔是理所当然的。在"大"自然中的确存在着超越人类认识和想象的地方。包围着万籁俱寂的山寺的自然与这种"大"自然是相通的。实际上，日本自古以来的自然崇拜和自然信仰也与感受到自然之无限的"大"自然观直接相关。如此看来，"山中的极乐世界"创造出的与大自然和谐统一的思想可以说是超越佛教思想的、扎根于日本精神史深处的思想，其历史可以追溯到遥远的绳文时代。我们身处山寺的大自然中，就站在了佛教的净土思想和日本自古以来的自然崇拜思想的结合地带。认为生活着的世界为大自然所包围，这一自古以来的自然观，因为与外来的净土思想相遇而获得了新的生命，生发出新形式的自然崇拜或自然信仰。

人们认为，与无限息息相关的"大"自然既存在于此世，又具有超越此世的广阔性。大自然因此成为信仰和崇拜的对象。问题的核心在于自然的无限广阔性。人们认为，如果说包围净土庭园的大自然具有无限的广阔性的话，那么，这个无限就打破了此世与彼世的界限，无限的广阔性超越此世，一直延伸到彼世。无限的大自然正由于其无限性，而成为由此世通往彼世的巨大的自然。

因此，当在万籁俱寂的环境中感受大自然的无限性时，人们身在此世，却又置身于超越此世的境地之中；身处此世，同时又沉浸在极乐净土的静谧之中。眼前的本堂和庭园虽不是极乐净土本身，但人们可以感知到其与周围的自然的联系，周围的自然的无限性成

第十二章　净土思想的形成　319

为包围这个环境的"大"自然。此时，人们就会认为，自身生活着的这个世界具有超越此世的广阔性、丰富性和崇高精神。这就是人们之所以将净琉璃寺称作"山中的极乐世界"的缘故。

神圣庄严的净琉璃寺散发出极乐世界的美的气息，这是与平等院凤凰堂豪华、绚烂的美截然不同的清净、柔和之美。它的美与大自然息息相关，因此它的美与集技艺之精华建造的"村中的极乐世界"的极致的美不同，这是理所当然的。追问哪一个更接近于极乐世界是毫无道理的。净琉璃寺是一个极乐世界，平等院凤凰堂是另一个极乐世界，如是理解即可。世界上存在着拥有各式各样美的各式各样的极乐世界，从以念佛而往生于极乐世界为目的的净土思想的角度来看，这种看法并不矛盾。

. . . .

如果说表达净土思想的最具代表性的建筑和雕塑是阿弥陀堂、净土庭园和阿弥陀如来像的话，那么表达净土思想的最具代表性的绘画就是阿弥陀圣众来迎图了。

所谓来迎图，是指描绘了阿弥陀如来来到死者的面前迎接死者，将死者带往西方极乐净土世界的绘画作品。阿弥陀如来有时独自一人来迎接死者，有时在观音和势至两个菩萨的陪伴下来迎接，有时则带领着 25 个菩萨（圣众）来迎接。11—12 世纪，人们绘制了许多来迎图，其中阿弥陀如来与诸多菩萨前来迎接死者、热闹非凡的圣众来迎图数量最多。

现存最早的来迎图是平等院凤凰堂的木板门上绘制的自上品上

生至下品下生的九张图。这些图斑驳得厉害，我们已经看不清图上的颜色和形状了，但从保存得相对完好的图像来看，诸多圣众路过有山水、马匹的大自然，前来迎接死者的情景十分热闹。如果我们将横梁上的云中供养菩萨像与图联系起来看，可以想象整个堂内充满愉快的音乐声和运动着的人们。其中描绘的大自然具有日本式的山水趣味，再次让人认识到佛的世界和大自然是紧密联系在一起的，同时，人们还能意识到由中国传入的佛教思想进一步日本化，图像中描绘的情景具有大和绘 * 的风格。

　　然而，来迎图中的景象并非只要绘制得热闹非凡就好。来迎图是一种佛画，融入了死者被带往极乐世界的殷切期望。源信在《往生要集》中提出"临终之行仪"，即将佛的画像放在枕头边，用细长的五色布把佛的手和即将去世的人的手系在一起。来迎图是用热闹非凡的形象，表达出实际方法中蕴含的往生于极乐世界的愿望，由此为人们祈祷冥福，让他们安详地迎接死亡。根据《续本朝往生传》中的记载，源信本人就是手持从佛手上伸出来的线停止呼吸的。仅从文献的记载来看，手拿阿弥陀佛的线而迎接死亡的例子不在少数。从辻善之助的《日本佛教史 第一卷 上世篇》一书中，我们摘录一些人名和其殁年如下：天台座主延昌（964 年）、比丘尼释妙（992 年）、阿阇尼圣全（1015 年）、定秀圣人（1076 年）、高野山阿阇梨维范（1096 年）、出云沙门行范（1102 年）、阿阇梨教真（1109 年）、上野介高阶敦远妻（1111 年）、辅仁亲王（1119 年）、入道左大臣俊房（1121 年）、高野山小田原谷经遑（1123 年）、武

---

* 　大和绘是日本传统的绘画样式，与描绘中国的主题绘画作品的唐绘相对，大和绘以描绘日本的风景、风俗为主要特征。——译者注

将源义光（1127 年）、平重衡（1185 年）、建礼门院（1213 年）等
（辻善之助《日本佛教史 第一卷 上世篇》，岩波书店，第 632—635
页）。据说，京都黑谷金戒光明寺的山越弥陀及地狱极乐图三曲屏
风，还有禅林寺的《山越阿弥陀图》中，都留有与本尊的手连接在
一起的线的实物。

在《荣华物语》中有这样的记载，在藤原道长亲自修建的法成
寺的阿弥陀堂里，放置着用来祈愿往生于极乐世界的有斑点晕染的
莲丝*。

> 莲丝做成线，染成斑点色。这根线接到九尊阿弥陀佛的手
> 上，然后集中到中间一尊佛的手上，再引向东方，连接到道长
> 念佛的座位上，道长心里一直想着这根线，从没有放弃念佛的
> 决心。临终之际，道长紧紧握住这根线，希望往生于极乐世界。
>
> （"岩波日本古典文学大系"《荣华物语下》，第 87 页）

实际上，道长就是手持这根莲丝迎接死亡的到来的。手握丝线，
走向死亡，这是往生于极乐世界最主要的手段。不仅藤原道长相信
这一点，当时的许多人都对此深信不疑。《荣华物语》的作者为了
展现在现世登上荣华之顶峰的道长具有深厚的净土信仰，不带丝毫
怀疑地记录下道长与莲丝的故事。冷静地思考一下这个问题，我们
不可否认，手持丝线往生于极乐世界是多么功利，但是，从另一个
角度来说，与现世利益相结合的这种功利性的方法成为日本式信仰

---

* 莲丝，从莲花茎的纤维中提炼出来的丝线。在民间信仰中，人们认为它可以连接极乐净
土。——译者注

的最大特征。而且，从内心的层面来看，功利性的方法中蕴含着的信仰和愿望绝非恶俗的，它是发自内心的真切的愿望。这一点毋庸置疑。

此外，在著名的来迎图中呈现出的格调高雅的构思也包含着人们真切的信仰和愿望。下面，我们以绘制于 12 世纪后半叶至 13 世纪后半叶期间的三幅著名作品为线索来分析来迎图与净土思想的关系。

首先我们要看的是《高野山圣众来迎图》，这是一幅宽约 2 米，长约 4 米的大幅作品。

在画面中央，巨大金色的阿弥陀如来——只有他的嘴唇被涂成红色——以安详的姿态端坐在莲台上，他的身边围绕着 31 尊乘坐祥云的如来和菩萨。其周边的佛大致可以分为结印、手持佛具的佛以及演奏各式各样乐器的佛。他们的脸或呈白色，或拥有淡黄色的肌肤；眉毛、眼睛、鼻子画得非常清晰，呈黑色；小小的嘴唇呈红色，略呈圆形，与长长的眼睛形成对比，给人以深刻的印象。每个佛的表情都很安详，演奏乐器的众佛的身体左右摆动，十分自然，脸上还呈现出喜悦的表情。另外还有开口大笑的佛。

31 尊圣众围在位于画面中央的阿弥陀佛左右，两边的数量大致相同，显得很均衡。不过，整个画像的运动却不是左右对称的，左边的运动幅度似乎比较大，因为佛乘坐的云彩在左边形成长长的旋动痕迹。与此相比较，右边的云彩的运动就显得十分缓慢。不过左边比较大的运动幅度并没有破坏整个画面的一体感。左边的动和右边的静与众佛的表情和手势相得益彰，创造出一种豁达而自在的空间秩序。

　　云彩的下方是一片广阔的水面，画面的左下方画着高耸的山峰。山上生长着弯弯曲曲的树木，斑斑点点，只有一处的枫树叶被涂上了红、橙、白的颜色。这样的山景与左边大片移动的云彩形成呼应。

　　圣众各式各样的姿势和动作，左右非对称的云彩的移动，风吹云动露出的岸边的山景——所有的运动都集中统一在画面中央巍然而坐的阿弥陀佛的身上。与其周围的佛相比，阿弥陀如来的形象比他们大好多倍。为了能够将所有的佛都纳入画面，需要为阿弥陀如来设定如此巨大的形象。如果我们一个个地去看周围的众佛的话，会觉得他们各有各的动作。但是，当从他们与正中央的佛的关系来看，会发觉他们的动作并没有破坏包括中央的阿弥陀如来在内的巨大空间。人们为圣众多种多样的身姿以及他们演奏的新颖乐器所吸引，会不知不觉地将目光投向他们。但当我们略微后退几步，观看整幅作品时，很显然，神色安详地端坐在画面中央的阿弥陀如来就成为整幅画的主角。据说，这幅画曾经色彩斑斓，但现在只有人物的嘴唇和画中的轮廓线留下很少的红色，其他要素包括光背、莲台在内都褪了色。阿弥陀如来以头上和身上圆形的光环为背景，手结来迎印，即便是现在这个样子，如来安详地目视前方的宁静身姿，依然拥有强大的力量。这个力量可以与其周边的 31 尊佛整体的力量相媲美。以如来形象为主题的绘画有许多，但像这幅图一样具有如此威严之力的并不多见。

　　这幅来迎图描绘了这样一个场景：中间是阿弥陀如来，许多佛乘着祥云来到如来的身边。画面的绝大部分空间都为祥云上的佛所占据，雄浑的构图保持着动与静的平衡，甚至连细节都描绘得极为华丽、细腻，尤其是在云的描绘方法上，笔触舒展且有气势。任何观看了此画的人都会认为它是首屈一指的杰作。

所谓的来迎图是指描绘阿弥陀和圣众迎接踏上死亡之路的人的图像。如此看来，人们或许会认为，这幅《高野山圣众来迎图》不是显得过于华丽、喧闹了吗？

这幅来迎图想要运用来迎这种运动的形式，呈现极乐世界的壮丽和豪华的景象。中间的阿弥陀如来与 31 尊圣众与其说是来引导死者前往极乐净土，不如说是从高远的天空热闹而欢快地聚集而来。这与平等院凤凰堂试图通过建筑物和庭园的壮美造型呈现出极乐净土世界的情况极为相似。令观看者为之震撼的气势宏大的来迎图，尝试在二维平面上华丽而细致地描绘阿弥陀佛、圣众、祥云、水景、山景等，来呈现极乐净土世界。换句话说，这幅来迎图起到的作用不是引导死者前往净土，而是通过宗教和美的创造来表达净土思想，也就是在巨大的画面中将豪华、绚丽的极乐世界的形象固定下来。

接下来我们要叙述的是禅林寺的《山越阿弥陀图》。在这幅绘画中，引导死者前往净土的意图要明显得多。

画面中间略微往上的地方描绘了阿弥陀如来，其背后有着落日一样的圆光。他的上半身看上去像是在山的另一则，让人感觉温和的阿弥陀如来好像是从山的那一边悄然出现的一样。如来的身后是广阔的大海，其身前则是单纯、粗大的波浪线绘制出的五六座山峰相连的山脉。山的这边，观音和势至两个菩萨乘坐在祥云上面，面对着斜前方站立，呈左右对称的形状。他们下方的土地上，四天王左右各两个，离得很远，持幡的两个童子分站两旁，离得较近。四天王和持幡

《山越阿弥陀图》局部
（禅林寺藏）

童子画得比较小，他们只是被安排在角落里的小人物而已。

　　主角阿弥陀如来和配角观音、势至两个菩萨则处于等腰三角形的顶点位置，显示出他们极为重要的存在感。他们虽然算不上壮丽、豪华，但三尊像之间呈现出舒缓、宁静的关系，给予观看者以心灵上的慰藉。观音、势至两个菩萨乘着祥云。祥云被描绘成耀眼的白色，带着旋涡，云带弯弯曲曲似蛇行，拖得很长。坐在云彩上面的菩萨呈略微弯腰的静止姿态。两尊菩萨稳定的身体与其说在云上，不如说像双脚站在地面上一样。这样看来，白色的云彩就像是带着旋涡的、蛇行形状的地毯似的。弯弯曲曲的白色云彩的分置画面左右两侧，给人更多的是柔和感，而不是运动感。

以两尊菩萨为先导，手结上品中生印、上半身位于山洼处的阿弥陀如来带给观看者以更多的动感。他似乎可以不费力地越过高山，来到这边。人们可以感受到佛的高大形象和他的佛性。这尊佛不是豪华绚烂的《高野山圣众来迎图》中的阿弥陀佛，他不以极端的华美和喧闹征服观看者，而似乎是在静谧安详的氛围中向观看者述说着什么。他所叙述的内容可能不易为人们所理解，但对祈愿往生于极乐世界的人来说，阿弥陀如来似乎能够实现他们的愿望。如果说这就是佛的慈悲的话，那么这幅《山越阿弥陀图》可以说是以二维画面呈现佛的慈悲的一幅名画。

我们不应该忘记，这幅画之所以能够成为描绘慈悲的名画，一个主要的因素是佛与大自然之间的关系极为和谐。从山的那边露出上半身的如来并没有为大自然所包围。他从大自然中现身，被描绘成超越大自然的自由的形象。但他并没有与大自然断绝联系，也不是与大自然对立的，而是与大自然顺理成章地结合在一起的形象。位于山这边的两尊菩萨以及画面下方所描绘的四天王和二童子同样自由地与大自然保持着联系。

画面中，大自然的形象并非写实的。从波浪形起伏的山脊线以及覆盖在群山上的绿色我们可以知道，画家丝毫没有再现现实中山的形象的打算，他只是在画面下方画了看上去像山一样的形状而已。重峦叠嶂的风景与其说是现实中的山，不如说是象征性的山之风景。山上还画着三五株树，树上有花，有树叶。尽管如此，它不是写实性的山。图中描绘的不是现实中存在的某座特定的山的景色，而是想象出来的山的景色。所以，它既可以说是象征性的山，也可以说是纹样式的山。云彩看上去像是一种纹样，也是由于山被画成了这个样子。

　　为本就非现实的佛配以象征性的山水，描绘出的来迎情景极具幻想性。不过，或许具有强烈往生愿望的信徒会认为这种幻想性的情景才是真正的来迎风景，并对它合十膜拜。这幅画充满了静谧的色彩，既不壮丽、豪华，也不喧闹，正因为如此，它反而给人以宗教精神高涨的感觉。

　　山对面的海的风景更加增强了这幅画的宗教精神。画面前方波涛荡漾，画面后方波浪消失，宽阔的大海连成一片，这样的海的风景也可以说是象征性的。大海看上去无边无际，与如来身后的巨大圆光相映成趣，为这幅画带来神秘的氛围。据说，阿弥陀佛居住的极乐净土世界在十万亿土的彼岸，也就是说，在这个无垠的大海的对岸，净土世界是一定存在的，如来和两尊菩萨从那遥远的地方到来，现在正越过某个地方的高山。从这幅画中，我们能够感受到的就是这一点。而且，当人们想到在山的对面、海的彼岸的大自然无边无际的景象时，他们会认为来迎的众佛是从大自然中出现，又回归大自然的形象。人们从这幅画中所感受到的宗教性和神秘性与大自然中的宗教性和神秘性是相通的，众佛与大自然的和谐统一是这幅来迎图的精神格调以及亲切感的源泉。

　　最后，我们想分析一下知恩院的《阿弥陀二十五菩萨来迎图》，这幅极具代表性的来迎图通常被称为《早来迎》。

　　禅林寺的《山越阿弥陀图》是一幅能够给予观看者的心灵以慰藉的来迎图。与此相对，知恩院的这幅来迎图作品似乎可以给观看者带来心灵上的振奋。《早来迎》的说法很好地把握住了这幅画的特征。速度是这幅画的生命力。

《阿弥陀二十五菩萨来迎图》（知恩院藏）

    这幅来迎图长宽各 150 厘米。一股云彩从画面的左上方乘势向画面的右下方飞动，一群圣众以阿弥陀佛为中心从群山上方的天空中急速而下。人们似乎能听到风的呼啸声。几乎所有的佛都被涂上金色，呈站立的姿态。画面中虽有不少手持乐器的佛，但在描绘急速行走场景的这幅来迎图中，演奏乐器不是它的主题。如何取得与下降速度相对应的平衡感是首要的，在此基础之上，画家也安排了演奏和舞蹈的场面。众佛的站姿不是为了演奏乐器，而是为了强调前行的速度感。领头的观音菩萨已经来到了水边濒临死亡的僧人身边。

这个僧人端坐在有着飞檐、板窗的房子里，手持念珠，双手合十。如果说云端上的众佛呈现出动态的形象的话，那么，建筑物和僧人就形成了静态的形象。静态的形象在画面中所占位置显得过小，完全不能够与动态的形象相平衡。从这样的描绘当中，我们也可以发现，画家的注意力集中在来迎的速度感方面。临终的僧人合十端坐在那里，与其说是祈愿往生于极乐世界的画面，不如说他标记着来迎活动的终点。我们很难从这幅绘画作品中读出净土思想的天地呼应（僧人通过念佛往生于极乐世界，与此相呼应，圣众来迎）的景象。在这幅画中，众佛似乎以自发的气势，朝着地上的一个位置蜂拥而来。

能够与来迎的动感相平衡的应该是在云的左下方所描绘的连绵的巍峨山峦。画面左侧，从上至下画有流动的瀑布、河水。与云的运动相比，水的运动显得十分平稳，整座山可以说是静态的风景。但是，弯曲着朝上延伸的一连串的山峰，扎根于山岩间盛开的樱花，枝头伸展的绿色松树，都赋予静态风景以力量。祥云、圣众的动感无论多么具备速度感，山中的大自然都不会被它们的动感所淹没。大自然岿然不动。险峻的山峰屹立在大自然中，更加增强了祥云和圣众的运动感。这让我们再次感到画家绘制运动感的决心和高超的技艺。

但从另一方面来说，我们必须承认，将兴趣集中于动感的画家绘制了一幅略微偏离了净土思想（念佛以往生于极乐世界）的作品。

这幅使观看者内心激动的绘画作品由于其运动感之强烈，因而使人觉得稍稍远离了宗教性的崇高精神。从观看者的角度来说，把这幅画当作艺术表现能力达到极致的绘画，可能更有助于欣赏这幅作品。

这幅来迎图从侧面描绘了众佛的形象，更加强了这幅作品的趣味性。观看者无法与侧身的阿弥陀佛和菩萨面对面，只能从侧面观看他们。从把握运动感的角度来说，这是最佳的视角。但是，当从这个视角观看绘画时，我们很难将情感注入作品当中，只能从画作的外部欣赏它，以第三者的目光观看圣众飞向临终的僧人并迎接他。这虽然脱离了净土思想的宗教精神，但我们可以充分地欣赏来迎图中充溢着的速度感。这幅《早迎图》被认为是镰仓时代中期的作品，可以说，这时净土思想已经发展到这样一个地步，即允许画家、欣赏者摆脱宗教精神来创作、欣赏画作。

第十三章

《枕草子》与《源氏物语》

———

平安时代文学的表达意识

　　平安时代以京都为都城，拥有约 400 年的历史。《枕草子》和《源氏物语》被认为是这 400 年间水准最高的文学作品。《枕草子》以短小的篇幅随时记录下感想、感怀以及身边发生的事情，是一部随笔作品；《源氏物语》以一个贵公子——或者说三个贵公子——在宫中及其他地方的言谈举止为中心，描写了贵族社会中的恋爱、荣华、盛衰的故事。两部作品无论在内容方面，还是在形式方面都有很大的差异，但两者的语言表达都非常高超，长期以来被誉为文学作品的典范。从日本精神史的角度，我们如何看待两部文学作品的意义和价值呢？阐述这一点是本章的主题。

　　《枕草子》由约 300 篇短小的文章构成。每一篇文章都是作者清少纳言随意记录下的见闻、经验和感想，内容十分繁杂。我们很难发现一篇文章与另一篇之间在内容或形式上的确切联系。随笔性的作品基本上都有这样的特点，《枕草子》也不例外，从整体上看，它并非一部结构完美的作品。

　　结构上的不完美会使人们在阅读上产生障碍。但反过来说，从随意记录下来的内容繁杂的文章中，我们可以体会到这样一种乐趣：

我们可以了解到作者对问题的真实看法和想法，了解作者是如何巧妙地与现实拉开一定距离的，还可以探寻作者的写作特点。平安时代的代表作《枕草子》完全可以给我们提供这种乐趣，甚至它还在促使我们去寻找这种乐趣。实际上，许多古典文学研究者一直试图从随意记录下的各式各样的文章中寻找明确的思路。

许多学者认为，贯穿《枕草子》全书的特点是联想。我们也以此为着眼点进行思考。

毫无疑问，联想的主体是清少纳言。她想起某个事情，把它记录下来，并有意识地引导出下一个想法，或者在不知不觉中，下一个想法浮现了出来。这就是联想。

《枕草子》的研究者一般将书中的联想分为三大类，即类联想、随想和回想。我们很难将作品中的每一段文字严格地归属于哪一类，但大致上讲，这样的分类还是妥当的。

所谓类联想是指横跨同类事物的一种思维形式。在书中，将某类事物并列的文章就是典型的类联想的例子。例如，《枕草子》第十段的开头是这样的：

> 山，是小仓山、加濑山、三笠山、木暗山、入立山、不忘山、末之松山。
>
> （"岩波日本古典文学大系"《枕草子》，第 18 页）

以上内容只是列举了山的名字而已，但在接下来引用的例子当中，作者给列出的山名加上了短小的评语。文章从类联想进一步向随想的方向发展。

方去山究竟是怎样的山呢？这令人感兴趣。五幡山、归山、后濑山、朝仓山，看上去毫不相干的山也十分有趣。大鳍山也很有趣。让人不禁想起临时祭礼上的舞者等。三轮山有趣。手向山、待兼山、玉坂山、耳无山也都很有趣。

（出处同上，第18—19页。）

如果深入细读的话，从仅仅通过类联想列举出的名称中，我们也可以感受到联想的趣味性，不过，加上作者随想性评语的文字毫无疑问使得内容更加丰富。

与类联想和随想并列的是回想性的文字，例如第77段是这样描写的：

佛名会的第二天，天皇展开画有地狱图的屏风，让中宫看。这是一幅多么令人不快、恐惧的绘画作品。虽然天皇说"你看呀，你看呀"，但我根本不看。因这幅画令人不愉快，所以我一直躲在小屋子里。

连日来雨下个不停，煞是无聊，于是，天皇把殿上人*叫到弘徽殿的上御局，摆弄乐器玩。道方的少纳言琵琶弹得非常了得，济政的筝和琴、行义的笛子、经房中将的笙笛也都非常好。演奏完一曲，琵琶也弹完时，因为伊周大纳言要朗诵白居易《琵琶行》中的"琵琶声停欲语迟"，所以我从小屋子里出来了。大家都嘲笑道："不忍看地狱图，却为音乐和诗朗诵所

---

*　殿上人，被允许进入天皇、女院、东宫等居住的殿内的人。——译者注

吸引，这要受佛惩，你好像无法抵御优美的东西呢。"

（出处同上，第 88 页。）

　　这是作者回忆起刚刚在宫中侍奉时某一天的情景，由于她对屏风上的地狱图感到心情不愉快，因而躲进小屋里，这个举动十分可爱。相对于清少纳言后来丝毫不逊色于宫中的男子并可与他们在才智上一较高下的、才华横溢的形象，我们可以通过这一可爱的行为，一窥其令人难以想象的一面。与此同时，短小的文章使我们对她当时的宫廷生活——充满好奇心的生活——印象深刻。这一段文字向我们显示了随笔作家清少纳言年轻时就具有旺盛的好奇心并具有冷静观察事物的慧眼。此外，还有自由自在的联想。这三个因素是清少纳言文学创作的原动力。更进一步说，对清少纳言来说，自己的天赋如此跃然纸上，这肯定是她在写作过程中感到十分喜悦的一件事。时间过去了 1000 多年，当阅读《枕草子》时，人们仍能真切地感受到清少纳言写作过程中的喜悦之情。

　　在第 77 段中，作者的天赋充分发挥了力量。下面，我们再引用第 25 段"可憎的事物"加以分析。文章略微有点长。

　　　　可憎的事情。突然有急事时，客人到来，长时间地唠唠叨叨。如果是身份低微的人，我们可以说一句"待会儿再说吧"，把他打发走，但对方如果是难以对付的人，那就非常可憎。

　　　　砚台里有头发，却照旧不误磨墨，这令人感到可憎。墨里混杂有沙子，磨起来吱吱作响，也是如此。

　　　　有人得了急病，赶忙去叫加持祈祷的僧人，那个僧人却不在。到处寻找，好不容易才找到他。僧人虽然来了，人们高高兴兴地请他祈祷，或许出于最近人们四处请他做法的缘故，他疲惫不堪，一坐下来，就发出了鼾声。这是多么地可憎。

没有任何长处的人笑嘻嘻地喋喋不休，这是可憎的。伸手以火桶或炭柜取暖，手反复地搓来搓去，被熏得黑黢黢的，同样可憎。年轻人可能是不会这么做的。老年人当中，甚至有人将脚搭在火桶边上，一边说话，一边搓手。这样的人来到别人家，将要就座时，首先用手中的扇子把周边的土扇干净，也不老老实实地坐在那里，摇摇晃晃地，把狩衣（平安时代朝廷中人的日常便服）的下摆塞到大腿下面。这种事情一般是身份不高的人才做得出，然而，却是像式部大夫这样略有点身份的人做出的。另外，喝酒时高声呼叫，擦擦嘴，摸着长长的胡须，把酒杯硬塞给他人，这看上去十分可憎。也许他想说，再多喝一点。还有人摇晃着身体，摆动着脑袋，嘴角下撇，像是唱儿歌"来到国府殿"。看到身份高贵的人做出这样的事情，我感到十分讨厌。

羡慕他人、感叹自身、说他人的坏话、打听他人的私密、怨恨别人不告诉自己、作出了如指掌的样子向他人讲述道听途说之事，这些都十分可憎。

正打算认真听别人说些什么时，还在吃奶的婴儿却哭泣起来，很可憎。乌鸦一边飞一边嘎嘎地叫。恋人悄然来访时，狗却叫了起来。躲藏在憋屈的地方的恋人等候的时间太长，哈欠不断，打起鼾来。戴着长乌帽偷偷来访的男子还是害怕被人发现，赶忙跑进屋内，却不知碰到什么东西，发出哗啦哗啦的声音。乌帽子刮到垂下来的伊予帘子，发出哗啦啦的声响，这些都十分可憎。搭在横木上的帘子，其底端碰到门槛时的声音十分刺耳。轻轻地抬起帘子进屋就不会发出声响。粗暴地拉动推拉门也让人无法忍受。微微地抬起门拉开时就不会发出声响。由于推拉门时很粗野，因此拉门就会发出令人讨厌的声响。

瞌睡思卧之时，细小的蚊声隐隐响起，蚊子在脸旁飞舞，我甚至能感觉到蚊子翅膀扇出的风。煞是可憎。

乘坐在发出嘎吱嘎吱声的车子上的人，他难道听不见吗？真是可憎。如果是自己乘坐在这样的车子上，那连车主人都可憎。此外，与人交谈时，旁边有人插嘴，自顾自地说个不停。不管怎么说，无论大人还是孩子，多嘴多舌都十分可憎。

关心、爱护来玩耍的孩子，给他东西，让他高兴，他却赖着不走，把家里的家具、摆设弄得乱七八糟，这也很可憎。

在家或在宫中，不想见的人来访，我装作睡觉时，侍女却跑来叫我，推搡我，似乎在说别睡懒觉了。这太可憎了。新来的侍女爱管闲事，好像什么都知道似的，说些教训别人的话，管别人的事，这也十分可憎。

与自己谈情说爱的男子却对从前相好过的女子赞不绝口，虽然已是遥远的过去的事，却也非常可憎。如果是赞赏现在还在相处的女子，那就更加可憎了。虽说如此，让人感到不可憎的也不是没有。

打了喷嚏念咒语是可憎的。一般情况下，不是一家之主的话，大声打喷嚏是可憎的。

跳蚤也很可憎。它在衣服里面跳来跳去，像是要把衣服撑起来似的。群狗一起大声长叫，甚至给人以不吉利的感觉，十分可憎。

不把大门关紧的人非常可憎。

（出处同上，第 33—36 页）

这段文字罗列了可憎的事物，因此，回忆起不愉快的体验、将不愉快的心情用语言表达出来就成为作者的工作。从砚台、墨、牛车和摆设品带来的不愉快体验到蚊子、跳蚤等昆虫带来的不愉快和乌鸦、狗等鸟兽带来的不愉快，从小孩到大人、侍女到贵族等各式各样的人造成的不愉快——这些可憎的事物之多以及性质之多样令人瞩目。虽然记录下这些让人不愉快的体验和事物，但清少纳言并没有沉溺于这些不愉快之中，而是沿着联想的线索展现她的表达能力，并从中感受到喜悦，这也令人瞩目。喜悦之情也传染给了读者。在文章中，"可憎"这个形容词多次出现，当读者接触到这些以崭新的切入点为基础，被相继描写出来的可憎的事物时，心中就产生了这样一种期待：后面会出现怎样的可憎的事物和体验呢？比如说，想睡觉时，蚊子在脸旁飞来飞去的可憎的体验。下面我单独引用相关描述：

瞌睡思卧之时，细小的蚊声隐隐响起，蚊子在脸旁飞舞，我甚至能感觉到蚊子翅膀扇出的风。煞是可憎。

（出处同上，第 35 页）

这个不愉快的场面任何人都体验过。蚊子扇动翅膀的嗡嗡声令人讨厌，但清少纳言的描述不止于此，她还描述了蚊子飞到脸的跟前，很小的空气震动声传来，妨碍睡眠的场景。看到这里，触动人的是语言表达的新鲜感和细腻程度，而不是蚊子带来的不愉快感。毫无疑问，文学上的乐趣由此产生。人们为文字的表达所感动，重新审视世界。这是作者和读者共同拥有的文学上的乐趣。

而且，这个乐趣还成为随笔这种文学形式的基础，蕴含着促使读者思索可憎事物、发掘人类生存意义的力量。通过确切、鲜明地表达可憎的事物，作者发现了喜悦，读者在与作者共享喜悦的同时，将目光重新投向可憎的事物。这时，可憎的事物不是以其原来的形象出现在人们的眼前，而是向人们展示了这些事物与人们生活的世界的关系——在人们的生活中，这些事物的产生有时是必要的，有时又是不必要的。以类联想、随想和回想为出发点的表达，促使作者思索可憎事物与人们生活的世界的复合关系，在此基础上形成的简洁、细腻的文章又促使读者去思索人们生活的世界。如此看来，罗列"可憎的事"的第 25 段可以说每个部分的叙述都触及了人生的一部分。

例如，这段记述的较靠前的部分描写：

有人得了急病，赶忙去叫加持祈祷的僧人，那个僧人却不在。到处寻找，好不容易才找到他。僧人虽然来了，人们高高兴兴地请他祈祷，或许出于最近人们四处请他做法的缘故，他疲惫不堪，一坐下来，就发出了鼾声。这是多么地可憎。

（出处同上，第 33 页）

有人得了急病，如果搁在现在，叫辆救护车就送到医院里了，但这是发生在 1 000 多年前的事，所以叫来僧人，为病人加持祈祷。找了好长时间，好不容易才找到僧人。也许因为他到处做法事，降伏妖孽，所以其加持祈祷的声音听上去也都无精打采。这是可憎的事。

通过这段简短的文字，十分担心地围着病人的众人与隆重地举行降伏病魔仪式的僧人的形象呈现在人们的眼前，形成鲜明的对比。在人们的生活中，这个景象似乎并不罕见。

既然认为僧人很可憎，那么，很显然，清少纳言站在担心病人的立场。不过，她又没有深陷进去，而是稍稍拉开距离，试图客观地观察僧人与病人家属之间的关系。这是试图将这个情景记录下来的作者的立场。正因为她站在这个立场上，所以能够客观地描述这个景象。反过来说，由于她想客观地描绘这个景象，所以采取了这个立场。

当作者站在这个立场描述情景时，被描述的情景就为一种趣味性所浸染，让人们认为这才是人世的真实景象。僧人依然是可憎的，但在人世中，这种可憎的现象是不可或缺的，这才是人世的乐趣所在。

清少纳言具有冷静观察之眼以及客观表达之笔，这是将清少纳言本人带入如此创作之境地的主要因素，《枕草子》整部作品中所拥有的澄净、明亮的感觉也由此而生。与《源氏物语》被称为"哀"的文学、"泪水"的文学不同，《枕草子》被称为"好笑"的文学、"笑"的文学，这个比较的说法是值得认同的。这里所说的"好笑"和"笑"与前面提到的澄净、明亮的感觉是直接相关的。发出鼾声的僧人的确可憎，但换个角度，他也可以被看作可笑的形象。不仅仅是僧人，第 25 段中出现的"可憎的事物"几乎毫无例外都是令人感到可笑的。将不愉快的事物相继呈现在人们眼前，以此为核心，博得众人一笑——作者构思了人们生活中的景象，并将它描绘了出来。清少纳言如此熟练的表现手法，让人赞叹。

这种表现手法与细腻的内心活动紧密相关，这从"可憎的事物"之后的第 26 段（"令人心动的事物"）中可窥豹一斑。

> 令人心动的事物。饲养家雀的幼雀。从正在玩耍的婴儿面前走过时。
> 点起香气扑鼻的香，独自一人睡觉时。照略微有点模糊的唐镜时。贵公子停车，打发侍从前来问讯时。
> 洗完头，化好妆，穿上熏过香的衣服时。没有人在身边看着，自己的内心也感到兴趣盎然。晚上，等待恋人来访时，听到雨声以及风吹打在什么东西上的声音，感到心焦。
>
> （出处同上，第 37 页）

这是一段触及女子微妙心理的描述。这里的女子的内心既可以看作清少纳言本人的心理，也可以看作是宫女们的心理。这种可作不同理解的写作方式十分独特。关于这一点，后面我们在论述《枕草子》中作者与读者的共同性的问题时将会再次提及。在这里，我们就另外一点，即从第 25 段向第 26 段过渡时明显出现的视角转换的问题进行分析。

面对可憎的事物时，人们的心情虽然多少有一点幽默的成分在内，但基本上是愤怒的。的确，在第25段中，作者描绘了一些令人感到气愤、让人咋舌的场景。例如在这一段的最后，作者列举了这样一些情景：刚刚进宫侍奉的女子好像什么都知道似的张口就教训人，正在相恋之中的男子讲述前女友或现女友的事，当着众人的面打喷嚏，跳蚤在衣服里跳来跳去，群狗同时长时间地狂吠，不关大门的人。

在列出一连串难以压抑不愉快心情的场景之后，作者描写了期待和不安让人心动的场景。饲养幼雀、从学步的婴儿身旁走过、焚香独自睡觉、照唐镜、贵公子来问询……从喧闹和让人坐立不安的场景，转向静静地等人的宁静的场景。一段或数段之后，在前面我们提及的细腻的观察、委婉的表达、缜密的手法的基础上，作者又创作出具有一定情感的情景，然后使这些情景向出人意料的方向发展。清少纳言具有这种耍杂技似的、流动的情感。在《枕草子》之前，日本是没有能称之为随笔的文学作品的，如此看来，清少纳言以散文的形式触及人们生活的真实，运用这种形式，掌握了转调的技巧。她不仅赋予了随笔这种文学形式以生命力和活力，而且使得轻快愉悦的转调成为创作随笔时不可或缺的手法。

在这里，我们想对《枕草子》中的作者和读者的共同性的问题展开思考。

前面，我们提到，等待恋人来临时，女子的内心悸动不已，这既是清少纳言的心理活动，又是宫中的女官们的心理活动。不仅是这里的描写，《枕草子》中所有的内容都是在作者确切地把握了宫中女子的共同意识的基础上写成的。关于这一点，日本文学研究者渡边实曾提出"大家的文学"的概念。他这样指出：

　　毕竟,《枕草子》是……大家的文学。聚集在中官定子门
下的女房*们为中关白（藤原道隆,定子之父）家形成的氛围所
引导,相互影响,制造出主从如一的氛围。清少纳言作为官中
女房集体的首领生活在这个氛围里,她的创作不应该被当作散
文作者独立的写作行为,而应该被看作在大家的支持下进行的
文学创作。

（出处同上,第 389 页）

　　所谓"大家"是指每天生活在一起、在宫中侍奉的女房们。如
果将视线扩展到《枕草子》读者的范围,那么,或许就可以把与女
房集体密切相关的宫廷社会看作"大家"。清少纳言本人清醒地意
识到,自己的写作行为是在"大家"的支持下完成的。《枕草子》
中回想的章节根本不考虑时间顺序,只是将由此产生的联想自由地
连接下去。《枕草子》中完全没有回想入宫前的事情。回想并记述
大家的共同性尚未出现的时代的事情不符合《枕草子》的写作目
的——在宫廷中的大家的支持下,为宫廷里的大家所写。作者身边
有一个具有一定教养和审美意识的女房集体,在这个集体外部,还
存在着一个风雅的贵族社会。对清少纳言来说,这是一个值得她生
活下去的地方,是值得她凝神观察、用文字进行创作的地方。

　　尽管如此,将文字写在纸上的写作行为依然是个人的行为。虽
然这是在大家的支持下完成的,但一旦拿起笔写作时,作者就必须
自己思考、自己搜词寻句、自己修改。这时,作者一定会意识到大

---

* 　女房,在宫中侍奉的女官的总称。她们住在各自被分配的房间里,因而称女房。——译者注

家与自己之间产生的距离感——自己和他人的不同。这可以称之为写作的宿命。清少纳言对此有着明确的认识。下面，我们引用一段她若无其事地谈及自己和他人之间不同的故事。接下来引用第124段的全文。

　　九月，下了一晚上的雨在早上停了。朝阳出现，阳光耀眼，园子里种植的花草树木上落满了露水，马上就要滴落似的，极有情趣。打眼望去，在编织成菱形模样的竹篱笆的上方以及屋檐等地方，被雨水打坏了的蜘蛛网上挂着水珠，好像白玉结成了丝一样。这个景象令人兴味盎然。

　　太阳逐渐升高，每当露珠滴落在低垂的胡枝子上时，花枝就微微颤动一下。人们并没有用手去触碰它，它却突然间伸展开来，很有趣。我自己虽然这么想，但一想到别人的心里也许完全不这么想时，这又是非常有趣的事。

（出处同上，第167页）

　　这段文字细致地描述了大自然的美，可与《古今和歌集》和《伊势物语》的风雅的美学相提并论。描述蜘蛛网上挂着露珠等景象时就像是原封不动地将《古今和歌集》中的和歌用散文的形式表达了出来一样。《古今和歌集　卷四　秋》中，文屋朝康曾经这样吟咏道："秋野里，白露降，玉珠闪闪亮。一串串，挂在蛛网上。"所谓"大家的文学"，从阶层的角度看，无疑是贵族的文学。如此一来，从文学的品格方面来说，《枕草子》与《古今和歌集》《伊势物语》是行驶在同一条河流中的文学之船。这段短小的文章，充分展示了作者对大自然的细腻观察和对情景的准确表达。由此，平安时代的风雅世界展现在人们面前。

毋庸置疑，这是清少纳言及其身边的女房们共同生活的世界。但是，唯有清少纳言关注到这个世界里充满情趣的事情，其身边的女房们对此却毫不关心。作为创作者，清少纳言不可避免地注意到了这一点。但从"这又是非常有趣的事"的表述来看，清少纳言好像并没有拘泥于自己与他人之间的不同。在包容自己和他人之间不同的感受性的同时，女房集体和贵族社会又超越了这种差异性，相信共同性的存在。

这种在共同性之中包含着差异性的情况使得《枕草子》成为一部开放的、明朗的作品。挂在胡枝子上的露珠掉落，花枝变轻之后，低垂的枝头自然会向上跃起。清少纳言说，其他人可能不会发觉其中的趣味。但是，如果自己将这个有趣的景象写下来的话，她相信，读到这一段文字的女房们会理解其中的趣味的。因为，这个乐趣没有超出风雅的美学范围。

不仅仅是第 124 段文章，在整部《枕草子》中，对生活于同一个世界里的读者的信赖是作品的基础。从作者的认识的角度来说，所谓大家的文学、在人们的共同支持下形成的文学，就是让"大家"都理解的文学。而且对读者的信赖，与对连接作者和读者的文字的信赖是相通的。如果没有对读者的信赖和对文字的信赖，就不存在开放、明朗的《枕草子》的世界。

重申一遍，在创作和阅读《枕草子》的贵族社会里，贯穿于《古今和歌集》和《伊势物语》中的风雅的美学传统被继承了下来。在这个传统的基础上，《枕草子》迈向更加广阔的文学表达的世界，这是《枕草子》的历史功绩。如果说《古今和歌集》用 31 个音节的和歌表达了风雅的审美意识,《伊势物语》以"歌物语"的形式表达了风流的主题的话,那么我们或许可以说,《枕草子》将这种审美意识和风流主题扩展到运用散文的形式,使之更加细致的境界——用类联想、随想、回想的形式呈现四季的变化、社会的真情和复杂的人类心理。清少纳言运用和歌和"歌物语"中没有的、充满理智的语言,描绘出四季变化的魅力、人类行为的多样性以及情感的波动。语言与自然相结合,与社会相结合,与心理相结合,表达出自然的景象、社会的风情和真实的人情,这是和歌和"歌物语"中从未触及过的。在主题、文体以及文章的结构方法方面都没有先例可循的情况下,这种创作行为充满了紧张和犹豫,但从另一方面来说,清少纳言一定具有这样一种自信:贵族社会里的风雅的美学,与自己用简洁的散文表达出的四季之美和人世的乐趣,会产生共鸣。《枕草子》的开放和明朗应该就是清少纳言这种创作意识的投射。

最后,我们还必须指出,《枕草子》中还出现了阶级意识,这是风雅的美学难以涵盖的。《枕草子》对偶尔登场的下层民众的蔑视描写,引起我们的注意。虽说这是时代的局限性,但我们也很难一下子理解。下面引用的第 117 段应该具有代表性。

寒酸的事物。六七月间的正午时分,赶着瘦骨嶙峋的牛拉着的脏兮兮的车,嘎吱嘎吱走过的人。虽然没有下雨,却用草席加了个顶篷的车。严寒或酷暑时节,打扮十分粗鄙的、背着孩子的低贱女人。上了年纪的乞丐。雨中又黑又脏的木板顶的小房子。倾盆大雨时,骑在小马上,走在队伍前列的人。冬天

也就罢了，夏天时，浑身上下雨和汗交织在一起，衣服紧紧地
贴在身上的人。

（出处同上，第 161 页）

散文是作者以独特的表达形式反映社会生活的一种文学形式。
所以，社会生活中的价值观并不是毫无变化地直接融入散文世界的。
社会生活的价值观先为作者所接受，为作者的价值意识所浸染，然
后才会呈现在文学的世界里。将社会生活中的强者弱化，或将社会
上的弱者描绘成有价值的人的情况也不罕见。这就体现出散文所具
有的人性化的一面。但是，在第 117 段文章中，清少纳言没有摆脱
社会中的价值观。或许我们可以这么说，即便是聪明伶俐的清少纳
言也很难将贵族社会的阶级意识当成客观对象。

对下层民众的境遇没有同情心、不会产生共鸣，这是女房集体
和贵族社会的共同意识。从真实地反映了这种共同意识的角度来说，
《枕草子》也是一部"大家的文学"。

· ·

《枕草子》是生活在贵族社会大背景下的宫中的女性运用开放
的、明朗的、带有评判性的笔调描绘其见闻和思想的作品。与此相
对,《源氏物语》是由同样生活在贵族社会大背景下的紫式部，按
照时间发展的顺序创作出的一部宏大的物语。紫式部在继承风雅的
美学的基础上，运用其丰富的想象力，描绘了理想化的男女编织出
的爱情、荣华、计谋、嫉妒、罪责、绝望和死亡。《源氏物语》有

54帖，是一部长篇物语。物语的前四分之三部分的主人公是光源氏，后四分之一部分则以薰大将和匂宫为中心，描写了光源氏死后的故事。前四分之三还可以再一分为二，从第1帖"桐壶"至第33帖"藤里叶"为第一部；第34帖"若菜 上"至第41帖"幻"为第二部；此后的后四分之一部分，即从第42帖"匂宫"至第54帖"梦浮桥"为第三部。这是现在广为人知的划分《源氏物语》的方法。第一部与第二部的划分，以光源氏登上权力和荣华的顶峰为界，此后，光源氏在各种不如意和深深的苦恼之中，走向死亡的悲剧性的晚年为第二部。在第三部中，光源氏死后，出场人物和舞台背景都发生了变化，阴郁、沉闷的新的悲剧呈现在人们眼前。

光源氏是桐壶帝的二皇子，他处于物语的中心地位，被描绘成一位理想化的、完美的男子。其出身之高贵自不待言，他的姿容光辉照人，智力、才华出众，风流成性，许多女性为之心动。不仅如此，即便夹杂在许多人中间，光源氏都能将众人的目光吸引到他的身上。他能否被称为风雅美学的完美代言人呢？

在美方面，源氏被塑造成一个无可挑剔的形象，但是，在道德方面，他就不那么完美了。尤其在构成物语主干的男女恋爱关系方面，源氏的言谈举止异于常人，甚至可以用奇特或异样来形容。特别是在青年时期，源氏的异于常人之处十分突出。举例来说，源氏的终生伴侣紫上还只有10岁的时候，照顾她的尼君去世，她要回到生父的家里。源氏害怕这样一来就无法见到她了，于是，他强行将紫上带到自己的家里。下面我们引用这部分的内容。文中出现的少纳言是紫上的乳母，她根本没有想到源氏会强行带走紫上。

一阵敲门后，一个不知情的人开了门，将车子让进院子。侍从惟光敲打侧门，咳嗽了几声。少纳言听见后，走了出来。惟光说："源氏来了。"少纳言说："紫上正在睡觉呢，为何如此三更半夜光临此处呀？"她以为是顺路来的。源氏说道："听说她要回到她父亲那里去，在那之前我想跟她聊一聊。"少纳言笑着问："您想说什么事呢？她要是能够回答您就好了。"

因为源氏已经进到房间里，所以少纳言十分为难，说："老女房们睡觉的姿势甚是不雅。"源氏说："她还没有醒吧。我把她叫起来。已是早上下霜的时间，她还在睡觉，真是……"说完，便走进房间。少纳言无法阻拦他。源氏抱起正在安然入睡的紫上。紫上睁开眼，迷迷糊糊地以为是父亲接她来了。源氏抚摸着紫上的头发，为她顺了顺头发，说："我们走吧。你父亲派我接你来了。"紫上发现抱她的不是父亲，大吃一惊，露出害怕的神情。源氏说："我来跟你父亲来是一样的。"说完，便把紫上抱了出来。惟光和少纳言问道："您这是作何打算？"

源氏说："我之前说过我不可能经常到这里来，所以打算把她安排到一个方便的地方。没想到她的父亲要把她接回自己的家里。那样的话，我就更不方便了，所以现在来接她。你们当中来一个人跟我一起走。"听罢此言，少纳言慌忙说道："今天不行。紫上的父亲来了的话，我该怎么说呢。如果随着时间流逝，事情进展顺利的话，倒是可行的。但是，这是前途未卜的事，侍女们也会感到很为难的。"源氏说："知道了。这样的话，你们之后跟来就行。"说完，让车子到近前来。侍女们不知所措。紫上也不明就里，抽泣了起来。少纳言无法阻止他，

只好拿着昨晚缝制的紫上的和服，自己也收拾了一下，坐上
了车。

（"岩波新日本古典文学大系"《源氏物语　一》，第192—193页）

　　我们引用了这么长的一段文字，实际看到了源氏的行为是多么
强势，确认了紫式部的叙述是多么细腻。源氏的行为超乎常人的想
象，不仅让紫上的乳母和女房们目瞪口呆，而且连源氏自己的侍从
也大吃一惊。作者（紫式部）极其冷静客观地描绘了这个情景。这
个情景描绘得十分细致，给读者留下深刻的印象。在细致描绘的引
导下，读者忘记了源氏行为的异常，屏息往下阅读。这就是阅读物
语的妙趣所在。从当时的社会意识、普通人的伦理意识来说，源氏
的行为举止绝非值得赞扬的，但通过细致的描写、逼真的叙述，理
想化了的男性青春时期的果敢和风流精神喷涌而出，成为当事人内
在的性格，更进一步说，融入物语的巨大洪流之中。但源氏从紫上
的父亲手中夺走紫上的事实是不会改变的。源氏和紫上的恋爱关系
是在源氏强行带走紫上的基础上开始的，这为此后两人的关系投下
了阴影。

　　上述引文中呈现出的客观、细致的叙述超越了物语和散文的形
式之别，使我们想起《枕草子》中的描写。如果说《源氏物语》是
情感的文学，那么《枕草子》就是理智的文学；如果说《源氏物语》
是"哀"的文学，那么《枕草子》就是"好笑"的文学——许多
人都这样将两者对立起来进行思考。但从准确、细腻地记述事物这
个最基本的写作手法层面来说，二者是一致的。在汉字和假名混合
书写的方式出现大约100年之后，这两部文学杰作问世了。这显示

出贵族社会经过 100 年的文学熏陶，人们已经能从准确、细腻的表现手法中感受到乐趣。清少纳言和紫式部更加深刻地感受到其中的乐趣，并通过作品将这种乐趣呈现了出来。《枕草子》也好，《源氏物语》也罢，当作者关注细节并认真地描绘它们时，她们就从写作中感受到了一种新鲜的喜悦之情。她们走的是前人没有走过的路，运用了社会上所认可的、已定型的汉字假名混合的形式进行创作。通过她们的创作，我们可以感受到她们使用未有人用过的表达方式时的喜悦之情。对平安时代中期的、与她们同时代的读者来说，阅读两位作家的作品也能产生相同的新鲜的喜悦之情。正是通过这种形式，平安文学的两部代表作开拓了文学的新天地。

我们把话题回到光源氏身上。

强行带走紫上时，源氏 18 岁。前面我们说过，源氏出人意料的行为是其青春时期生命力的张扬和冒险精神的爆发。除了这个行为外，年轻时，源氏还对好几位女性采取过异于常人的行为。例如，源氏偷窥已为人妻的年轻的空蝉与露出肌肤的女子轩端荻下围棋时的情景。这天晚上，他悄悄地潜入空蝉的寝室。空蝉有所察觉，脱掉薄薄的小褂，逃走了。源氏向睡在一旁的轩端荻示爱，与她共享鱼水之欢。然后，他带着空蝉脱掉的薄小褂回去了。第二天清晨，他给空蝉送来和歌，却没有向轩端荻赠歌。此外，源氏与不知来历的夕颜交往，最终两人的交往以夕颜突然离世而告终。还有，源氏与丑女末摘花和风流的老年女子源典侍的交往也非同寻常。这些场景中涌现出的奇特的情欲冲动，既不可思议又令人毛骨悚然。与此同时，这些场景又让人感受到作者的这样一个目的，即试图全景式地展现集智慧和才艺于一身的、容貌出众的男子，与各式各样的女子之间产生的恋情。平安时代的物语文学具有很强的贵族社会娱乐工具的性质，《源氏物语》绝没有无视这样的社会功效。

随着故事的发展，作品逐渐超越了娱乐性，生存的痛苦和悲哀的色彩越发浓重。

最具典型意义的充满苦闷气息的恋情出现在源氏与藤壶之间。在源氏的母亲桐壶女御死后，源氏的父亲桐壶帝迎娶了藤壶，封她为后。对源氏来说，她相当于继母。藤壶的身上有着源氏生母的影子，这极大地吸引了源氏。于是，作品呈现出悲剧性的结构：父与子爱上同一个女子。源氏难以抑制内心的情感，最终与藤壶私通，藤壶则怀上了源氏的孩子。藤壶认为这是命运在作怪，接受了这一痛苦。这种罪恶感也感染了源氏。源氏承受着内心萌动的恋慕之情和罪恶感的折磨，一步一步地陷入苦恼之中。

尽管如此，作者并没有事无巨细地、客观地描写这个过程。作品并没有详细叙述两人私通的现场。具体的性描写与风雅美学是不相容的。即便在此前的描写风流故事的《伊势物语》中，作者也没有直接描写性行为。对源氏与藤壶的私通行为的描写也仅仅止于模模糊糊的、似有还无的层面。

但是，无论对藤壶来说，还是对源氏来说，私通行为具有很沉重的意义，这一点是不会变的。它的沉重在于让坠入爱河之中的两人苦恼、不安、悲哀和悔恨。在这里，紫式部运用了追寻内心活动变化的情绪化的语言，而不是客观地深入事件细节的理智性的语言。下面，我们引用一段极为情绪化的描写。两人第一次密会后不久，藤壶患病，回到娘家。源氏来到其娘家，再次与藤壶密会。

　　藤壶得了病，出宫回到娘家。看到桐壶帝放心不下、整日哀叹的样子，源氏觉得甚是可怜。尽管如此，他心想，现在也许可以见上藤壶一面。因此，他心神不定，哪里也不想去。无论在内里*还是在自己家里，白天，他无所事事地陷入沉思，日暮时分，他一个劲地催促侍奉藤壶的王命妇**牵线搭桥。不知命妇是如何做到的，总之，源氏终于见到了藤壶。源氏甚至觉得这场幽会不是现实，越发痛苦不堪。

　　每当想起此前一夜情的过错，藤壶就觉得这是种下了苦恼一生的种子，于是暗暗下定决心，就此结束两人之间的交往。这一次两人重逢，藤壶露出可怜、难忍的神色，但是，她心想，这个人依旧那么温柔、可爱，却又不是没有隔阂，他的姿态高雅、有品位，世上恐怕再没有像这样的人了。源氏则心想，为什么她是这么完美无缺的人呢？心里充满了遗憾。他的思恋之情难以言表。源氏心里想，天永远不要亮。但不凑巧的是，这个夜晚很短，他反而心想，如果不见面该多好。临分别时，源氏吟咏道：

　　再相逢，相逢之夜不再重，还不如，将身融进睡梦中。

　　其泪眼朦胧的样子十分可怜。藤壶回赠一首和歌道：

---

*　天皇居住的宫殿称作"内里"，也叫"禁里""禁中""御所"等。——译者注
**　皇族中成为命妇的人称作"王命妇"。命妇是平安时代中期之后，对中级官位的女官等女房的总称。拥有五位以上官位的女子叫"内命妇"，五位以上的官吏的妻子叫"外命妇"。——译者注

　　吾身命多舛，即便如梦幻，世间传言声不断。

　　藤壶妃子陷入苦闷之中，这也是常理。人言可畏……

（出处同上，第 175—176 页）

　　引用就此打住。上述引文中源氏和藤壶的和歌是吟咏苦闷的杰作，和歌中充满了陷入非正常恋爱之中的男女的悲哀之情。紫式部也拥有着创作和歌的非凡才华。

　　回想一下，通过一首或两首和歌描绘恋爱中的男女之间无常且又美丽的交往，是《伊势物语》最基本的创作手法。在一则故事里，以和歌的形式吟诵恋爱的喜悦和悲伤，由此体会蕴含在丰富韵律中的情趣，是《伊势物语》中的风雅的美学。

　　在《源氏物语》中，恋爱故事与和歌的结合也非常紧密，在这一点上，它继承了风雅美学的特点。但《源氏物语》中的恋爱故事并非以和歌升华并收尾。在文学表现方面，并非通过和歌的咏叹和余韵作为结尾。在上述引文当中，故事没有结束在吟咏和歌处，在后续的内容中，更进一步讲述了藤壶与源氏的苦闷和烦恼，即便这个桥段结束，话题转移，时机到时前面的话题再次出现，过去发生的事情又会再次被提及。在恋爱故事的结构方面，这与以咏叹和余韵为终点的《伊势物语》有着根本的区别。

　　在作品中，紫式部不停地追究恋爱的苦闷和烦恼。藤壶和源氏再次密会，导致藤壶怀孕，生下私生子。这个私生子后来成为东宫，最终成为天皇。从风雅的美学角度来看，这绝非美丽的，甚至可以说是丑恶的。然而，紫式部的描写并没有就此打住，她也没有详尽地叙述事情的经过，但正如我们在前面的引文中所看到的那样，作者坚韧而细致地描述了与此事相关的源氏和藤壶的内心活动。因此，我们可以说《源氏物语》拥有超越风雅世界的阴郁和深奥。

紫式部为什么如此执拗地叙述恋爱的苦闷和烦恼呢？或许，她的目光超越了男女关系，看到了人世的真相。紫式部生活的时代是摄关政治走向顶峰的时代，藤原家的女儿嫁给天皇，成为皇后，藤原家族之长则作为天皇的外戚掌握政治大权。在上流的贵族社会里，男女之间的关系在明里暗里必须与政治上、社会上的荣华富贵相结合。《源氏物语》中描绘的各式各样的恋情，也只有在到处存在的权力关系网中才具有现实性，但是，权力的消长以及政治上、社会上的荣枯盛衰并没有构成恋爱的本质。恋爱中的男女内心跃动着苦闷和烦恼，促使情绪发生变化，这才是恋爱的本来面目。光鲜亮丽的关系中蕴藏着苦恼和悔恨。人们在沉溺于苦恼和悔恨的同时，又盼望着自身的幸福和家族的繁荣。对紫式部来说，这就是人的恋爱，这种恋爱是值得记述下来的。

《源氏物语》是以恋爱为中心主题的作品，它将恋爱与坠入爱河里的男女之间的苦闷、烦恼和悔恨交织在一起加以叙述。作者将目光聚焦在人世里的阴暗面，从中发掘人的真实形象。

作者的目光一直凝视着人世，她并没有原封不动地接受贵族社会共同的思想、价值观和美学观念，而是试图突破那些思想、价值观和美学观念，探寻人的真实形象。在作品里，作者逐渐向人们阐明，源氏异于常人的奇特行为中蕴含着人应有的爱欲，因此，不得不苦闷和矛盾。源氏所追求的女子们将厌恶之情隐藏在心里，接受了他的追求，虽然接受了追求，但随之而来的疑惑和后悔也随着情节的发展不断地加深。虽说源氏是上流贵族，虽说为上流贵族所喜爱的女子们看上去似乎很幸福，但是如果进入他们的内心深处，人们就会发现苦涩、苦闷、悲哀和痛苦之情充斥其间，这就是紫式部的人生观。

毋庸赘言，这样的人生观使得《源氏物语》成为超越时代、超越国界、被人们广泛阅读的一部价值深远的作品。《源氏物语》从不同的角度描写了与政治、社会权力和荣耀密切相关的恋爱故事以及人们内心的苦涩和悲哀，由此，它成为一部罕见的具有丰富内涵的作品。这是一部既叙述了广阔的外部世界，又深入人的内心世界的文学作品。在人们生活的外部世界以及内心世界中，有着矛盾、对立、抗争和纠缠，其中隐藏着人类的真情实感，这种人生观具有将这部叙述风雅恋爱的作品转化为从文学角度探寻人类普遍意义之作品的力量。反过来说，紫式部并没有满足于以风雅的物语形式描写恋爱中的男女的幸福与不幸、成功与失败，正由于她具有试图从中探寻生而为人的真实形象的感性和想象力，因此，紫式部能够发挥其观察人类和社会的力量，将整个贵族社会纳入视野之中。对人世的阴暗面的关注，是使希望与绝望、喜悦与悲伤的复杂情感交织在一起的《源氏物语》成为具有深远价值作品的最有力的武器。

风雅社会内外的矛盾、对立、抗争和纠缠不仅仅呈现在坠入爱河的男女身上，还表现在作品的结构方面。

前面我们提到过，一般而言，《源氏物语》可分为三部，"桐壶"卷至"藤里叶"卷33帖为第一部。从这33帖的中间开始，作品叙述了主人公源氏虽然被迫离开京城，但并没有遭受致命的打击，他再次回到康庄大道上来，终于成功地将自己的女儿（明石姬）嫁给东宫，自己则登上相当于天皇的准太上天皇的位置，他极尽奢华之能事，修建了一个大宅院——六条院——并将冷泉帝和朱雀院迎进六条院，达到荣华富贵的顶峰。紫式部以贵族社会的阶级结构为基础，勾勒出源氏走向荣华之顶峰的大致过程。但是，她并没有强调源氏对政治上、社会上的荣华的追求，也没有强调他的反抗，而是认真细致地描写了源氏及其身边女子们各自的内心活动，而这正是这部作品的主题。在权力和荣耀的光环下，恋爱中的人们内心的阴暗和污浊也不容易被驱除。在"须磨"和"明石"卷之后，作者本可以用明快的笔调描绘源氏返回京城、再次踏上荣华之路的过程，但她没有那么做。紫式部的目光一直聚焦在人世间的阴暗面上，她要彻底追寻无法被治愈的恋情的悲哀和苦恼。《源氏物语》第一部的后半部分色调不明快，作者将生而为人的可悲呈现了出来。

下面我们引用一节描述玉鬘与源氏之间复杂的内心阴影的文字，以说明生之可悲。从前，年轻的源氏与一个叫夕颜的女子发生了关系。由于夕颜的突然离世，两人的关系终止。但在与源氏发生关系之前，夕颜与其他的男子（头中将）生了个女儿，她就是玉鬘。将近二十年过去，源氏偶然听说此事，将玉鬘当作养女收养了她。不久，源氏对玉鬘萌生恋情，但这不仅对源氏自己来说是个沉重的负担，对玉鬘来说也是一个沉重的负担。下面引用的是源氏吟咏了一首暗述恋情的和歌之后，接近玉鬘的场景。

雨停了，风吹竹鸣，明月高照，在这样一个静谧的夜晚，身边的人们都躲避到一旁，以免打扰父女俩的亲密交谈。他们两人虽然常常见面，但难得有这样的机会，或许是因为源氏终于表白了心迹，所以他熟练地、悄无声息地脱去常穿的上衣，躺在玉鬘的身边。玉鬘莫名地感到一阵伤怜，心想：他人该做何想呢？心里不禁悲伤起来。如果在生父身旁的话，即便不受到宠爱，但也不至于落到这样可厌的地步吧，想到这里，她还是流下了悲切的眼泪。看到她那痛苦的神情，源氏发自内心地安慰道："你如此嫌弃我，真令人悲伤。即便是陌生人，男女关系中这样的行为也是被允许的。我们多年来关系亲近，我只是在你身边躺着而已，你为什么这么厌烦我呢？我不会做过分的事的，只是想慰藉一下难以抑制的恋情而已。"这样安慰玉鬘时，源氏不禁想起过去与夕颜的事情来，心中感慨万千。

源氏自己也明白这个行为有点突然和轻率。具有很强反省意识的源氏心想，其他人可能会感到奇怪，于是趁着天还没有亮，便离开了。他念念叨叨地说："你如果嫌弃我的话，我可真是很痛心。其他人绝不会像我这般一往情深。我对你的感情深不可测，因此我不会做出让别人说三道四的事。只不过为了慰藉一下过往的恋情，我或许会说一些没有分寸的话。你也以相同的心情回应我一下吧。"然而，玉鬘心不在焉，只是陷于悲伤之中。源氏叹息道："我没有想到你是如此无情。你是真心恨我吧。我还是趁着人们没有发觉时离开吧。"说完，便出去了。

玉鬘虽然已经长大成人，但还没有体验过男女之间的关系，再加上又没有看到或听到过来人的体验，所以不知道两人之间还有更加亲密的举动。她只想到自己遭受了非同一般的事，于是悲叹不已，表现出心情很糟糕的样子，因此，女房们都非常担心地说："她可能得病了。"

（"岩波新日本古典文学大系"《源氏物语 二》，第 416—418 页）

此时，源氏 36 岁，已不是放荡不羁的年轻人了。他登上太政大臣的地位，在大宅院六条院里设计了集春夏秋冬四季之美的四个区域，在每个区域里，他安置了适合居住在里面的女性。至于玉鬘，源氏作为养父，对她十分照顾，也在考虑她的人生大事。但每当见到年轻貌美的玉鬘，源氏就抑制不住恋情。虽然源氏有自制力，但这反而让他的恋慕之心更盛。

这时，玉鬘 22 岁。她从小长期生活在九州，尽管年龄不小了，却不谙世事，也不了解男女之间的关系。因此，针对源氏超出养父立场的表达亲热的言行，玉鬘只能以情窦未开时的不知所措来应对。

无论从社会地位和实力来说，还是从恋爱经验的丰富程度来说，两人之间都有着巨大的差异。尽管如此，正如上述引文中所看到的那样，两人之间的恋爱关系是成立的。从两人自身来看，或从其身边人的目光来看，他们绝非两情相悦的，他们之间的关系是不合适的，令人不满意的。男子突破自己的自制力，做出恋爱之举，倾吐心声，女子则带着处女的羞涩加以应对。这是这里呈现出的恋爱形式。从两人的关系来说，恋情往双方都能够满足的方向发展的可能性非常小，但也正因为如此，我们很难断言，源氏的迫不及待的心情和玉鬘的厌恶和羞涩交织在一起的不满足感，不是一种恋情。养父和养女之间一旦萌生出恋爱的关系，他们的恋情就会成为一种令人痛苦的事。紫式部想要描写的就是这种令人无措的恋爱。

源氏与玉鬘之间的社会阶级地位相去甚远，但当人们把目光聚焦在恋爱双方的内心世界时，就会看到处于对等关系的两人被卷入恋爱关系，陷入同样的苦恼之中。不仅仅是源氏与玉鬘两人，源氏与夕颜、源氏与藤壶、源氏与紫上以及柏木与女三宫、夕雾与云居雁之间的关系也都是如此。以恋爱为主题的《源氏物语》之所以能够塑造出人类普遍的形象，是因为它把握住恋爱中的男女双方的内心情绪，让他们能够以主体对等的身份互相面对。在贵族社会里，男女之间的结合与世俗的荣华富贵密不可分，紫式部没有从这种密不可分的关系中寻找恋爱的本质。她认为，在不同的场合下，双方为各自的言谈举止所撼动，内心或多或少地产生摇摆，这就是恋爱的本质，紫式部将这种摇摆当作人类有价值的东西来描述。她需要的是表述每一个人的内心世界的语言。

恋爱中的男女以主体的身份相互面对时，是不可能出现一方统治另一方的情况的。两人的关系中存在着不确定、不稳定的因素，恋爱中的主体越忠实于自己的情绪，就越会深陷在苦恼之中。一步一步地朝着权力和荣耀的顶峰爬升的源氏也不例外。他与玉鬘的关系如此，与居住在六条院四个不同区域里的四个女性之间的关系也是如此，没有一个能够让他心神安定。一旦放松，他们之间的关系或许就会破裂。在他的荣耀、荣华的政治生活背后，较之于喜悦、快乐，更多的是蕴含着苦恼、痛苦、紧张和危机的恋爱生活。这就是紫式部描绘的人们生活的真实景象。

极具苦恼和悲哀色彩的恋爱标志着人们生活中的苦痛和心酸。我们还可以从许多出场人物出家或心怀出家愿望的事实当中看出这一点。与源氏发生关系的女性当中，六条御息所、空蝉、藤壶、胧月夜、女三宫五人出家。甚至连表面看上去十分幸福的紫上也具有强烈的出家的愿望，由于未能得到源氏的许可，她没有出家就死去了。

所谓出家，是与佛教相关的一种行为，指的是抛弃俗世，走上佛道。上述五个女子出家后，离开她们一直居住的地方，在远离人世的佛寺中安静度日。

然而，《源氏物语》中出家的佛教色彩很淡。作品中几乎没有描写人们出家后如何修行佛道的情景。念佛以往生于极乐世界的净土思想虽然在社会上广泛传播，但基本上没有对《源氏物语》产生影响。描写抵达悟道之境地，并不是文学上所要解决的问题。故事中的出家行为不如说是表达了一种决心，即决心断绝并放弃此前的生活方式和社会关系。紫式部并没有把关注点放在出家与修行佛道的关系上，而是放在了俗世与出家的联系或断绝联系上面。她从眼前的俗世的角度观察出家，而不是从相反的佛门的角度观察出家。

如果说在令人心潮荡漾的恋爱关系中，人们的生活也被染上了浓重的苦恼和悲哀的色彩的话，那么，人们的心中——尤其将男女关系看作重要的人生大事的贵族们心中——涌现出出家的愿望是极其自然的。无论在社会生活还是个人生活方面，出家后要过隐居生活，与此前的生活大不相同。对决心出家的人来说，当下的每一天都是烦恼和痛苦的，令其想从中摆脱出来，其身边的人们也充分理解他的烦恼和痛苦，认可他的决心。《源氏物语》里许多地方都出现了对出家的描述，当阅读到这些描述时，人们会认识到，原本是佛教生活方式的出家并不直接与修行佛道和佛教信仰相关，而是作为给俗世中的生活方式带来巨大改变的行为被认可、被制度化。抛弃俗世的行为被当作最小限度地与俗世产生联系的行为，而得到俗世中人的认可。人们认为，这是一种结构和制度，它反映了俗世中人的智慧和宽容，为走投无路的人们提供了能够生存下去的道路。

出家中有诸多的佛教行为和观念，如山中修行、即身成佛、念佛三昧、欣求净土等，但《源氏物语》丝毫不涉及这些行为和观念。从佛教的角度来说，出家是远离俗世，完全进入佛法世界，但《源氏物语》却对出家后的佛法世界毫不关心。无论是关于出家后的六条御息所，还是藤壶，作者只提及了她们出家前的生活——她们的人际关系和发生在她们身边的事。关于紫上也是如此，她步入晚年后，出家成为一个重大的问题。为了从依赖于源氏生活的痛苦和烦恼中解脱出来，紫上好几次决心出家，但都没有得到源氏的许可。这更加使紫上陷入苦闷之中。这是紫上围绕出家问题的苦恼和悲哀。这个苦恼和悲哀是与恋爱的苦恼和悲哀一脉相承的，在这里，我们几乎看不到佛教观念和信仰的任何影响。再者，在紫上希望出家的影响下，源氏的心中也萌生了出家的愿望。紫上死后，他的这种愿望更加强烈，但这种心情的变化与其说反映了源氏的信仰和宗教意识，不如说反映了源氏与紫上之间以恋爱为中心的世俗关系。

关注人们生活的世界，仔细观察这个世界中的男女老少的关系、行为和感情，构筑一个揭示人世之现实的文学世界，这是紫式部创作《源氏物语》的目的之所在。我们无法否认，作品中揭示的现实充满了苦恼和悲哀，这个现实与佛教的厌世观既有相似，又有不同。人世中的阴暗和重负并不让人们祈求彼岸的往生，正是因为世界中充满阴暗和重负才引人注目，促使人们爆发出求知欲和表现欲。对紫式部来说，阴暗而沉重的世界才是自己生存的世界、观察的世界和表现的世界。试图摆脱这个世界的出家决心和行为，也是这个世界里的事。

这种现世主义让我们想起了试图在此世建造极乐净土的平等院凤凰堂和净琉璃寺。在美这一点上，两个建筑可以说都实现了将彼岸变为此岸的目的。升任为太政大臣的光源氏设计的六条院，或许可以说是同一类型的建筑。它将四季的美都纳入其中，绚丽多彩，我们也许可以将它称为用文字表现出来的极乐之境。

但《源氏物语》中的六条院绝非极乐净土。即便它在美的方面达到了极乐净土的要求，它也与安详、快乐、热闹、清净的幸福之地相去甚远，在喜悦、游乐、欢快的背后，六条院里充满了悲伤、苦恼和绝望。前面引用的玉鬘与源氏关系的一段文字，叙述了他们在恋爱关系不可能成立的情况下的恋爱故事。此外，居住在六条院春院里的紫上和居住在六条院冬院里的明石之君（明石姬之母），对于对方的存在都感到一种负担；而六条院夏院里的花散里和秋院里的秋好中宫，不时与源氏产生矛盾，在这里她们并没有度过安闲的日子。达到荣耀和荣华最顶峰的源氏修筑的豪华大宅院看上去好像是极乐世界，但居住在里面的人们的内心却交织着与常人一样的苦涩、悲愁和失意，这就是紫式部冷眼观察到的现实。

第二部的最后一卷"幻"以源氏的死而结束。以"匂宫"卷开始的第三部以宇治为背景，讲述了匂宫和薰的恋爱故事。这一部分也充满了悲伤。匂宫和薰都不具备源氏那样的人品和胸怀，因此，其悲伤的色调更加令人伤感，极具无常精神。匂宫的果敢与薰的细腻原本是源氏具有的性格，源氏的性格好像被分开来，分别为两人所继承。在恋爱故事变得更为复杂的情况下，不同性格的两个人物的设定产生了绝佳的效果，与此同时又将这场爱情悲剧推向更加绝

《源氏物语绘卷》（来源：大都会艺术博物馆）

望的深渊。在阅读过程中，读者预感到这场悲剧是无可挽回的。在第二部中，疾病与死亡逐渐成为笼罩在整个故事上的阴影。到了第三部，这个阴影更加浓重，在故事情节的展开和人物的行为中，人们丝毫感受不到拂去阴影的力量和生命力，只能静静地接受疾病和死亡，这种绝望成为人们内心的主色调。

《源氏物语》描写了这样一个故事，即人们只能生活在这个世界的阴影之中，他们的叹息声、哭泣声不绝于耳。但是紫式部的笔法却走出故事中的阴影，给人以活泼生动的感觉。下面我们引用一段描写薫看着宇治大君死去的场景。两人虽然互有好感，但未能结为连理，最终死别。

大君的病情恶化，脑子昏昏沉沉的，她用袖子遮掩住憔悴的脸，说道："我如果心情好的话，还有话要跟你讲，但我越来越没有力气了，好伤心啊。"看到她还为自己着想的样子，薫忍不住掉下眼泪，不想让她为自己的担心而分神，却抑制不住哭泣声。

薫非常爱她，心中十分痛苦，如果就此分别的话，这是怎样的命运安排呢？薫凝望着大君，心想，你若稍稍显示出讨厌我的神情，我的思绪就会沉静下来了。但是，大君只是显露出楚楚可怜的模样。薫不想就此与大君死别，他的眼里只有大君的美丽身影。大君的手臂变得十分细弱，整个人就像是影子一样虚幻。她的肌肤依旧那么白，那么美丽而虚弱。她身穿一袭白色的衣裳，将床具推到一边，躺在那里。她的身姿看上去就好像中空的人偶一般。她的头发恰到好处地散开，在枕边发出黑油油的光亮，煞是美丽。这个人将会怎样呢？好像生命危在旦夕了，一想到这里，薰觉得无比遗憾。大君长期卧病不起，几乎再没有梳妆打扮过，但她内心坚强，气质依旧，比盛装显摆的人还要美丽。正当薰盯着她看时，她的一丝弱魂似乎离身而去。

"你若是抛弃我前往那个世界的话，我也无法活下去。即便苟延残喘是命运的安排，那时，我也要到深山里去……"
（"岩波新日本古典文学大系"《源氏物语　四》，第457—458页）

凝望着濒临死亡的大君的手臂、肌肤、白衣、床具和头发的是薰，同时，又是作者紫式部。即便在故事情节中衰亡和颓废的气息十分浓厚，她注视着人世阴暗面的目光依然很敏锐，将掠过人们内心深处的苦恼和悲伤用文字记录下来的表达能力依然很强大。无论自然多么美丽，无论权力和荣耀的世界多么辉煌，人们的内心深处依旧横亘着苦恼和悲哀，正视它并活下去，这是人生的现实，将这个现实表达出来，这是文学的乐趣。《源氏物语》中正贯穿着这种人生观和文学观。

第十四章

《今昔物语集》与绘卷物

——

将目光投向庶民的世界

　　《枕草子》和《源氏物语》以宫廷及其周边的世界为背景，是
为贵族创作的文学作品。在宫廷中供职的两位才女，追寻潜藏于周
遭世界深处的人们的价值观、社会现实和人生意义，并将它们用文
学作品表现出来。她们的目光一直聚焦在贵族世界里。这也是它们
被称为"王朝 * 文学"的由来。

　　《枕草子》和《源氏物语》是王朝文学的两座高峰。它们出现
一百多年后，不仅仅以贵族为题材，以社会各个阶层的人们——僧
侣、学者、地方上的豪族、武士、农民、渔民、商人等为题材的故
事集被编撰了出来。这个故事集就是长达 31 卷的《今昔物语集》。
它的出现，可以说标志着时代发生了巨大的变化。

·

　　我们在第十章、第十二章中提及了《日本灵异记》《日本往生
极乐记》和《续本朝往生传》等故事集，也引用了其中的一些故事。
从这些引用的故事来看，《今昔物语集》继承了它们的传统，这是
《今昔物语集》在文学史上的地位。还要指出的是，《今昔物语集》

是与《枕草子》和《源氏物语》不同性质的文学作品。

　　然而，单纯地认为《今昔物语集》是处于《日本灵异记》《日本往生极乐记》《续本朝往生传》延长线上的作品，是不对的。《今昔物语集》的编者——现在的学术界还没有弄清楚编者的名字——充分利用了此前故事集的特点，试图编撰出一部不同于它们的作品。从整部故事集的结构来说，通过以下两点，我们可以清晰地看出编者试图编纂一部新的故事集的目的。

　　一是作为一部佛教故事集，《今昔物语集》不仅仅收录了日本的故事，而且还收录了天竺（印度）和震旦（中国）的故事。无论是《日本灵异记》，还是《日本往生极乐记》，从它们的名字我们就可以清楚地知道，它们汇集了日本国内的故事。而到了12世纪上半叶，《今昔物语集》的编者已将视野投向中国甚至更加遥远的印度。佛教故事原本引导众人信仰佛，是教化和引导的工具。因此，平安时代后期，不仅在贵族和僧侣中间，在庶民社会里，也出现了对中国、印度的故事产生好奇心的人们。印度和中国的佛教故事源自对中国的佛典和故事集的翻译或改编。在翻译和改编的过程中，随处可以看到将原典日本化的尝试。由此我们可以看出，在人们对外国故事产生好奇心的同时，人们的主体性也得以发挥。

　　还有一个事实能显示出编集新故事集的目的，在天竺、震旦佛教故事之后，本朝（日本）故事中除了佛教故事，还收录了大量的世俗故事。本朝的佛教故事从卷十一到卷二十（卷十八佚失），一共有十卷，与此相对应，世俗故事自卷二十二（卷二十一佚失）至卷三十一，共十卷。佛教故事与世俗故事在数量上几乎是一样的，它们共同构成了整个日本故事的世界。

全书的结构如下：

卷一至卷五　印度的佛教故事

卷六至卷十（卷八佚失）　中国的佛教故事（包括一些世俗故事）

卷十一至卷二十（卷十八佚失）　日本的佛教故事

卷二十二至卷三十一　日本的世俗故事

对当时的人们来说，日本、中国和印度合起来的范围几乎就是整个世界。《今昔物语集》是收录了"全世界"故事的一部宏大著作。书中共收录了 1 079 则故事，这些故事无一例外都以"今昔"*开始，以"就是这么传说的"结束。在这个形式的基础上，故事的排列都是有考量的，在内容上它们是相互联系的。《今昔物语集》的编者相信，故事是反映世界的镜子。通过分类将许多故事编集在一起，编者试图以 31 卷故事来反映整个世界。通常认为，以 894 年日本终止遣唐使的派遣为界线，日中两国之间的交流急剧减少，10—11 世纪，具有日本本国特色的国风文化开始兴盛，不过，在国风文化兴盛的时代，人们对国外的好奇心依旧存在，催生了视野宽广的《今昔物语集》。

对未知的事物、珍奇的事物、不可思议的事物、有趣的事物产生好奇心，这不仅仅使人们把目光朝向海外。从本朝的佛教故事向世俗故事发展的过程中，扎根于生活的堪称卑俗的好奇心更是发挥

---

* "今昔"的意思是"从现在算起，这已经是过去的事情了"。——译者注

了重要作用。故事集中的海外故事基本上都是佛教故事，进入本朝的故事后，前半部分依然是佛教故事，由此，我们必须承认，《今昔物语集》的主干是佛教故事。但是，本朝故事的后半部分是世俗故事，这些世俗故事多样、舒畅、自由自在、猥杂而令人意外，具有文学上的冲击力，足以超越天竺、震旦和本朝的佛教故事。因此，对卑俗、肤浅事物的关注是《今昔物语集》成为前所未有的新文学的重要因素。

例如，有这样一则恶俗的怪异故事。

藤原良房的女儿被称为染殿皇后，有一天，她被妖怪缠身，虽然请来著名的降妖法师做法，但毫不灵验。于是又请来居住在大和国葛木山的圣人进行加持，皇后的病终于痊愈。藤原良房十分高兴，让圣人在家里多住几日。圣人住下后，从幔帐的空隙里偷窥到皇后，为皇后的美所震惊，热烈地爱上了皇后。失去常态的圣人伺机进入幔帐中，紧紧抱住皇后。皇后身边的女房们大声呼喊，圣人被绑起来投入了大牢之中。

后来，圣人被送回山里，但他却没有终止对皇后的思念。他知道，在现世，他不可能再次见到皇后，于是绝食而亡。饿死之后，圣人变成鬼，前去见皇后。女房们十分恐惧，四处逃窜。为鬼魂夺走意识的皇后将鬼迎进家里，和睦地共度时光。为此感到心痛的天皇请来许多高僧，祈求降伏鬼怪。在高僧们的祈祷下，鬼怪再也不出现了。天皇十分高兴，带领文武百官前往皇后居住的御殿。下面，我们引用故事的结尾部分。

天皇进入御殿后，见到皇后。他一边哭泣，一边叙述此前发生的事情，皇后听闻，也十分感动。天皇的模样也与此前没有什么两样。正在这时，那个鬼怪又从屋子的一角跳出来，进入皇后的御殿。天皇大吃一惊，看到皇后像往常一样连忙进入幔帐之中。不一会儿，鬼怪跳出。以大臣、公卿为首的文武百官看到鬼怪就在眼前，惊恐万分。就在这时，皇后也从幔帐里出来，在众人面前与鬼怪躺在一起，堂而皇之地做出令人难堪之事。鬼怪起身后，皇后也站起身来，走进幔帐。天皇只是叹息不已，回去了。

由此，身份高贵的女子以此为教训，决不能让这样的法师靠近自己。这个故事十分荒唐，绝不外传。但为了训诫后人不要接近法师，于是就有了这样的传说。

（"小学馆日本古典文学全集"《今昔物语集 三》，第56—57页）

最后一段文字叙述了故事的原委，令人感到好笑。在以通俗叙述为宗旨的《今昔物语集》中，这则故事也太过庸俗，所以编者加上了一段说明文字。

据说，这则故事出自《善家秘记》。与最后的说明文字不同，令人感到目瞪口呆的故事情节的发展节奏十分明快，读者脑海中仿佛可以浮现出叙述者愉快地讲述故事的模样。

从内容来说，这勉强可以算作一则恋爱故事。但其怪异性和给人的冲击力与王朝文学的风雅相去甚远，可以说是与风雅精神恰恰相反的恋爱故事。前面我们已经介绍过，《源氏物语》中描绘的多姿多彩的恋情蕴含着怪异和给人以冲击的因素，但不论多么怪异、多么给人以冲击，《源氏物语》都没有描绘出如此卑俗和露骨的情景。无论是多么异乎寻常的、不自然的风流举动，都保持着不流于卑俗的品格，这就是风雅的美学。

我们必须承认，染殿皇后与葛木山的圣人之间的恋爱故事与王朝的风雅美学不在同一个世界。因为这两部作品在时间上是重合的，所以上流社会的风雅气息并非完全没有影响《今昔物语集》，比如在对染殿的描写中，但在叙述构成故事中心的情爱场景时，叙述者完全抛离了风雅的美学精神。圣人回到山里后，对皇后的爱慕之情丝毫不减，于是绝食身亡，重生之后，变成鬼的模样，出现在染殿面前，圣人的这种直接表达情感的行为以及皇后的行为，无法用常人的风雅或野蛮来衡量——皇后不仅不害怕鬼怪，而且还微笑着接受了他，他们在幔帐里交合，还出现在天皇、大臣、公卿和百官面前，上演了一场丑剧。这是史无前例的。在叙述的过程中，故事的内容不断扩大，最后演变成为一则史无前例的故事。使故事内容不断膨胀的是下层农民和工商业者，他们的能量丰富了故事的内容，与贵族社会风雅的美学精神背道而驰。屏住呼吸阅读这则奇异故事，并对有失体统的不雅行为爆发出阵阵笑声的，也是下层的民众。这则故事收录在《今昔物语集》卷二十中，从分类的情况来看，它属于佛教故事。随着历史的发展，佛教故事中掺入了娱乐的因素，其听众范围不断扩大，以至于加入了恶俗的乐趣和谐谑，看上去就像是世俗故事一般。

《源氏物语》中的恋情是与生之苦恼和人世的无常联系在一起的，而《今昔物语集》卷二十中的恋情却与疯狂以及欣赏该疯狂而爆发出笑声联系在一起，在《今昔物语集》成书的 12 世纪上半叶，欣赏为爱而痴狂的故事的听众乃至叙述者已有许多。对他们来说，葛木山的圣人和染殿皇后都是难以接近的人，但通过嘲笑两人荒唐的言行，他们感受到，这些身份高贵的人就在他们身边。毫无疑问，这则故事的产生，是以统治阶层贵族没落的社会变化为背景的，故事中蕴含着的笑声和能量宣告了新一代人正登上舞台，他们是新时代精神的代言人。这则奇异的恋爱故事具有恶俗和露骨的情节，可以说象征着旧的统治阶层的衰败以及源自下层社会的新能量的爆发。

笑声和能量来自人们的身边，来自庶民的日常生活。下面，我们再引用卷二十八中的第一个故事。

时值二月，近卫府的舍人[*]重方与同事们一道参加伏见稻荷的祭祀活动。重方本性风流，看到一位身着华丽服装、声音也很动听的女子，便向她搭话。女子问道："你有夫人吧？"重方回答道："有是有，但她的脸像猴子，心与叫卖女一样。我正想干脆休了她算了。"听闻此言，女子说："我的丈夫三年前去世了。我到这座神社来参拜，就是想求一求是否有值得依靠的人。"女子随口敷衍了一番重方后正要离去，挑逗她并跟着她走的重方说："我直接到你家去，再也不回自己家了。"他对女子死打烂缠。重方正低头行礼时，女子一把紧紧揪住重方的发髻，连同他的乌帽子一起，另一只手抽打重方的脸，打得啪啪地响。大吃一惊的重方抬起头一看，这个女子不正是自己的妻子装扮的吗？原文如下：

> 重方目瞪口呆，说："你是不是疯了？"女子说："你这个无耻之徒，大家都跟我说'这家伙不可掉以轻心'，我以为这

---

*　舍人是侍奉皇族或贵族的人，主要为他们处理杂务。属于下级官僚阶层。——译者注

是大家想让我吃醋才这么说的，所以没有放在心上，没想到这是真的。如果按你所说，直接到我家里来的话，你一定会遭神罚的。你可真能说得出口。我打你的脸，让大家看看，羞死你。真是无话可说了。"重方嬉皮笑脸地安慰道："算了算了，别那么发火，你说的都对。"但女子丝毫不饶恕他。

重方的其他舍人朋友们并不知情，登上前面的土坡，说："那家伙为什么还没来？"回头一看，重方正与女子缠斗在一起。"这是怎么回事？"大家返回去一看，原来重方正挨老婆揍呢。重方的朋友在一旁煽风点火道："打得好，打得好。我们没说错吧。"女子说："你的朋友已经看到你那丑恶的本性了。"说完，放开了重方。重方把弄得皱皱巴巴的乌帽子弄平整，到神社去了。女子则说道："你到你那一见钟情的女子那里去吧。你要是回来的话，我把你的脚打断。"说完，下坡回去了。

再来说说重方。被老婆暴打了一顿之后，重方回到家里，千方百计地讨好妻子，终于，妻子心中的怒火熄灭了。重方说："你不愧是重方的老婆，会做出那么一番惊天动地的事。"重方的妻子嘲笑他说："你说什么傻话。你不知道对方是谁，也分不清对方的声音，做出如此出格的事来，遭人嘲笑。你可真无可救药。"后来，这个故事传开来，年轻贵公子们也都嘲笑重方，所以，重方就再也不去年轻贵公子们出入的地方了。

据说，重方死后，他的妻子正值最好的年华，于是另嫁他人。

（"小学馆日本古典文学全集"《今昔物语集　四》，第164—166页）

　　轻浮且又得意忘形的下级官吏与聪明伶俐、性格豪爽的年轻妻子之间的你来我往十分有趣，令人发笑。重方未能识破老婆的乔装打扮等情节，使得故事充满乐趣，尽管有夸张的成分在内，但从整体上说，这则叙述夫妻关系的故事具有真实感。从人物的角度来看，年轻的妻子技高一筹。她在众人面前惩罚丈夫，极其机智。另一方面，她又是一个天真的女子，在某些地方爱着她轻浮的丈夫。这是让人感到津津有味的地方。妻子抓住丈夫出轨的证据，对丈夫说，你再也不要回来了，但是，一旦丈夫回家，做了一番拙劣的表演后，妻子却无法将他扫地出门。不过，当丈夫定下心来，口出狂言，她又抓住对方的软肋，促使对方认输。

　　这是一则发生于庶民世界的很俗气的故事，与贵族的风雅精神相去甚远。舍人是处于宫廷底层的下级官吏，起到连接贵族和平民的作用。但在这则故事里，重方和他的妻子都是作为平民的典型出现的。叙述者用简洁的汉字片假名混合书写的形式，塑造了这些平民的形象，并引起了识字阶层的人们如贵族、僧侣和地方官吏等的关注，这是 12 世纪（平安时代后期）的社会面貌。

　　重方夫妇的言行不高雅，出身不高贵，但他们直率质朴，有活力，还有基于信赖感的游戏精神。风雅的审美意识具有脱离日常生活的很强的主观意识，而《今昔物语集》中世俗故事的魅力在于，虽然它们蕴含着很多奇特的、出乎人的意料的一面，但它们的话题是扎根于日常生活的，追求一种以日常生活为土壤的趣味性。重方被老婆嘲笑，被朋友们嘲笑，也被他伺候的年轻贵公子们嘲笑，他身边人的嘲笑既爽朗，又豁达，没有丝毫的阴险。经常生活在一起的人们自然而然地会产生心灵上的共鸣，这是源自日常生活中的共鸣，其中蕴含着笑的成分。他们的夫妻关系也是明朗健康的。这是《今昔物语集》中许多故事都具有的共性。有的故事中的妻子虽然不像这则故事中的那么聪明伶俐，但是，生活在同一个屋檐下的夫妇保持着近乎平等的关系。

无论是夫妻关系，还是朋友关系，同甘共苦的连带感和信赖是基础，这就是庶民的社会。《今昔物语集》中的世俗故事呈现了庶民生活的有趣、可笑、有魅力和丰富。它描绘了一个与贵族世界截然不同的卑俗的庶民世界，叙述者认为这个世界是值得描述的。《今昔物语集》就是在这种表现意识或文学意识的作用下形成的。

不仅书中的故事传达出庶民世界的深奥、滑稽和实际的一面，而且叙述者深入庶民世界里，极其快乐地讲述着一个故事，这是《今昔物语集》在文学上的最大特色。故事集的编者极其关注平凡生活里发生的大大小小、各式各样的故事和言行，关注它们反映出的真实的人性——这与上流贵族社会的权力、荣华、风流的故事完全不一样，积极主动地追求平凡世界里的多元的趣味性，这是编者的文学志向。

对编者来说，武士也激起了他们的好奇心。武士在地方上的武装冲突中引人瞩目，逐渐积聚了社会力量。但这距离他们形成一个团体、掌握统治社会的实权还早。不过，对时代的变化十分敏感的编者不可能不注意到新出现的武士的形象。在《今昔物语集》中，叙述武士的勇猛的故事，讲述武士在向死而生中培育起英勇气概、相互信赖的故事大放异彩。

在卷二十九中，有一则讲述平贞盛之英勇的故事。一天晚上，平贞盛在法师家中借住，十多个盗贼闯入，他只身一人击退了盗贼。

下面，我们引用盗贼出现后的一段文字，这是故事的后半部分。

夜晚已经过去了一半，只听见一声门响。贞盛以为来了盗贼，于是身背弓箭，走到放车的地方，藏了起来。盗贼用刀将门打开，一个一个地进门后，前往南厢房。贞盛混入盗贼当中，做了个手势，但他并没有指向装满贵重家财的地方，而是指向一处空房，说："这里有宝物，进去吧。"盗贼不知是贞盛说的话，因此，点起火把，准备闯入。贞盛心想，如果盗贼进去的话，可能会误杀主人法师，于是想在盗贼进去前射杀他们，但是，身背弓箭的盗贼就在自己身边站着，所以可能不会那么顺利。但又不能什么也不做。于是，贞盛从后面一箭向这个男子射去，箭穿透了他的胸。

射完之后，贞盛喊道："有人从后面射箭。"他对被射的男子说"快逃"，将这个男子拽到屋子里。另外一个男子壮着胆说："没有人射箭。不用担心，往前走。"贞盛一箭向走来的男子射去，正好射中男子身体的中间部位。然后，贞盛又说道："有人射箭。伙计们，赶快逃。"说完，将这个男子也拽入屋内。两个盗贼倒地身亡。

后来，贞盛从屋内接二连三地射箭，没有被射中的盗贼争先恐后地向大门方向跑去。他们的后背被射中，有三个人倒在门前。盗贼本来有十人左右，剩下的盗贼扔下伙伴，逃走了。其中四个人被当场射死，一个人逃跑了四五町 * 远时被箭射中

---

* 町，日本的距离单位，一町约 109 米。——译者注

腰，无法再逃，倒在壕沟里。天亮后，人们拷问这个男子，捉住了其他的盗贼……

（出处同上，第 339—341 页）

这个富于计谋的故事就像是一幅画一样。对贞盛的动作描写十分细腻，一个武士英姿飒爽的形象呈现在人们眼前。同时，人们也能够感受到叙述者非同寻常的气势。

逼真的叙述以汉字与片假名混合的形式被记录下来，成为我们现在读到的故事。在情况发生激烈变化的过程中，主人公需要采取随机应变的行动，而这个行动又促使情况发生变化，用边角锐利、粗放的汉字片假名混合体的形式记录下这种交战的情况，应该说是十分符合这个题材的。贞盛极富机智，在交战时，他没有多余的时间去认真思考战术。我们回顾贞盛的行为时会发现，贞盛面对十个盗贼所采取的行动都是合理的，给人留下痛快淋漓的鲜明印象。贞盛并不是在思考过后才采取行动的，而是在行动中思考。行动就是思考。他混入盗贼群中，装作是他们的同伙，发出指令，在千钧一发之际引弓射箭。每一个动作都非常准确，干净利索。行动和思考合为一体，推动故事往下发展。

盗贼们没有实现夺取财物的目的。他们不是被杀，就是被捕，吃尽了苦头。对他们的描写虽然说不上准确和淋漓尽致，但编者还是将他们视作行动的主体，描绘了他们的行为，赋予了他们明确的失败者的形象，是用他们的行为塑造他们失败者的形象。通过使用粗放的汉字片假名混合体，盗贼的死亡、逃跑和被逮捕也都显得那么粗放。正如胜利者没有沉浸在胜利的快乐中一样，失败者也没有为他们的败北感到后悔。胜利者是作为行为的主体的胜利者，失败者是作为行为的主体的失败者。

《今昔物语集》的编者对这样的武士形象十分关注，试图以简洁、现实的文体描绘他们的真实形象。他呈现出与崇尚风雅的氛围、情绪和行动截然不同的另一种行为方式，而这种行为方式构成了故事的主干部分。作为行为的主体，武士和庶民绝不亚于上层社会的贵族。

武士以果断、准确的行动展现他们的形象。《今昔物语集》里的武士不仅呈现出他们的行动，也呈现出他们行动背后的性情。这是武士英雄故事中新兴武士的最大魅力所在，编者甚至心怀畏惧地观察着武士的世界，显示出强烈的好奇心，也显示出世俗故事在文学上具有相当高的成熟度。

下面，我们引用卷二十五的第 12 则故事，这是典型的武士英雄故事。

有人从东国给京城的武将源赖信送来著名的战马。源赖信的儿子源赖义听说此事，想要这匹马。赖信跟儿子约定，明天上午把马交给他。当天晚上，父子俩相邻而卧，一个盗马贼来到赖信家的马厩。外面下着倾盆大雨。

　　夜半时分，趁着下雨，盗马贼到来，牵出名马就逃走了。就在这时，马厩里传来喊叫声："昨天晚上送来的名马被人偷走啦。"赖信隐隐约约听到喊叫声，也没有对睡在身边的赖义说一声"你听见刚才的喊声了吗"，就跳起身来，穿好衣服，撩起衣服的下摆，身背胡禄，跑到马厩，牵出一匹马，放上破旧的马鞍，骑了上去，一个人向逢坂山的方向追去……

同样，赖义也听到了喊叫声，他跟父亲想的一样，于是也没有打招呼。因为他是穿着衣服睡觉的，所以他跳起身来，与他父亲一样，背上胡禄，一个人就向逢坂山的方向追去。父亲赖信心想："我的儿子肯定会追来的。"儿子赖义也心想："我的父亲肯定在前面。"他不敢迟疑，快马加鞭。过了贺茂的河岸，雨停了，天空放晴，两人一直往前赶，终于快到逢坂山了。

盗马贼骑在偷来的马上，心想：不会有人追过来了。于是，他不慌不忙地渡过逢坂山旁边的河流，骑着马前行。赖信听到马蹄声，虽然他看不见赖义在什么地方，但两人就像事先约好似的，父亲在黑暗中大喊一声："就是他，射箭。"话音未落，赖信就听见箭射出的声音。在传来箭射中什么东西的响声的同时，赖义又听见了马蹄声，这是没有人骑的马奔跑的声音。赖信又说道："盗马贼被射中了，赶快追上前去抓住马。"说完，不等赖义把马追回来，赖信就打道回府了。赖义追上没有人骑的马，带着名马回来了。半路上，赖义遇见一两个家仆跑来，他们听说马被偷了，赶了过来。回到家时，已经有二三十人聚集在那里了。赖信回到家，没有说一句关于马被盗的话。因为天还没有亮，他又回到卧室里睡觉去了。赖义把追回来的马交给家仆，也睡觉去了。

天亮后，赖信起身，叫醒赖义。一句像"干得好，马被追回来了。你的箭射得真准"的话都没有说，只说了句"把那匹马牵出来"，人们就把马牵了出来。赖义一看，果然是一匹名马，说了句"那我就收下了"后，接受了这匹马。赖信在马背上安放了一个漂亮的马鞍，送给了儿子。昨天晚上，赖信并没有说要送马鞍。也许这是他对儿子半夜射杀盗贼的一个褒奖。

　　这两个人的性情真古怪。人们都这样传说，武士的性情就是这样的。

（"小学馆日本古典文学全集"《今昔物语集　三》，
第 490—492 页）

　　读到这段节奏明快的故事时，人们自然而然地感受到赖信和赖义父子俩心心相印。父子俩的默契程度可以说是达到了以心传心的最高境界。上述引文的最后，叙述者用"古怪"一词来形容两人的性情。这时，武士是刚刚出现不久的新的社会阶层的人，他们的沉默寡言、质朴、勇猛的（古怪）行为生动、准确地呈现在人们面前。引文中一开始出现了"也没有……说一声'你听见刚才的喊声了吗'"的说法，以及快到结尾处出现了"一句像'干得好，马被追回来了。你的箭射得真准'的话都没有说"的说法。一般情况下，编者不会用否定句，而是采用肯定句的说法。在这里，编者刻意使用了否定的说法——"没有说"。编者使用这种绕着弯的手法，就是想表达父子俩性情的新奇和古怪。引文中描写手法的新鲜感与武士的新奇是遥相呼应的。新阶层的人物也即武士的出现预示着新时代的到来。在塑造新的武士形象方面，故事文学提供了新的文学表现的可能性。这是一段非常优秀的描写。

　　从武士形象的塑造方面来说，《今昔物语集》很好地展现了自己在文学上的新颖之处和特点。在这个时期，武士还没有在社会上确立地位，只是作为一个特殊的群体出现。在《今昔物语集》中，武士有时被描绘成格外优秀的形象，但还是属于特殊群体里的人物。如果我们站在与风雅的王朝美学不同的角度来观察整个社会的话，武士虽然的确非常新颖、给人以果敢的印象，但是像农民、工商业者、流民这样辛苦度日的庶民才是社会的基础和本质。实际上，前面我们已经提到，《今昔物语集》的编者最关注、抱有最多好奇心的是庶民世界的众生相。编者对武士的关注与好奇是其延伸。

不过，到目前为止，我们提到的故事基本上没有涉及庶民世界的丑恶和肮脏。毋庸赘言，丑恶和肮脏构成了庶民世界本质的一个方面。《今昔物语集》的编者也积极主动地面对这个世界的黑暗面，并把它们作为文学素材加以描绘。为了了解这方面的情况，下面，我们全文引用一则描写平安时代的荒芜和耻辱的短篇故事。

　　现在说来已是过去的事了，有一个男子从摄津国一带来到京城，打算偷些东西。日头还高，他便藏身在罗城门下。朱雀大道上还是人来人往的景象。男子心想，等路上没有人了再说。因而他一直躲在门下等着。这时，从山城方向来了许多人，为了不让他们发现，男子悄悄地爬到二楼。他定睛一看，有微弱的火光。

　　这个盗贼觉得很奇怪，从连子窗往里瞧，看见一个年轻女子的尸体被横放在那里。尸体的头边有火光，一个年纪很大的白发老太婆蹲在那里，揪住死人的头发往下拔。

　　盗贼不明就里，心想也许是鬼在作祟吧，十分恐惧。后他又想，不对不对，或许是死人变成了魂灵，正在活动呢，我吓唬吓唬她。于是，他悄悄推开门，拔出刀，大叫一声"你这家伙，你这家伙"，跑上前去。老太婆惊慌失措，搓手合十，进退不是。盗贼问道："你是何人？在这里干什么？"老太婆答道："我的女主人去世了，没有人安葬她，只好把她安放到这里。主人的头发很长，我想拔下来做成假发。救命啊。"听罢此言，盗贼把死人身上的衣服、老太婆身上的衣服和她拔下来的头发一并夺过来，从二楼下来，逃走了。

话说回来，罗城门的二楼有许多尸骨。人死后，无法安葬时，人们便把这些尸体扔到楼上。据说，这个老太婆的故事是人们听了盗贼的讲述后传开来的。

（"小学馆日本古典文学全集"《今昔物语集　四》，
第 384—385 页）

众所周知，芥川龙之介的小说《罗生门》是将这个故事润色、扩展之后写成的。原故事本身，无论是话题，还是叙述方式都深刻地揭示出平安时代后期的社会面貌之一斑，是一则阴暗气息逼人的短故事。

· ·

13—14 世纪，广泛涉及城市和乡村的社会面貌，描绘不论高低贵贱所有阶层的人的故事集，被大量地编撰出来。这大约 200 年间，也是绘卷物 * 大量出现的时期。绘卷物生动地描绘了所有阶层的男女老少的形象，从中我们可以看出，人们对世俗社会里出现的许多事

---

* 　绘卷物，日本绘画形式的一种，主要指卷子本形式的绘画作品，一般由文章部分以及与文章相对应的绘画部分构成。——译者注

物抱有广泛的兴趣。

为了说明绘卷物描绘的庶民世界的情况，在这里，我们选择两件创作于 12 世纪后半期（平安时代末期）的作品加以分析。这两件作品是《伴大纳言绘词》和《信贵山缘起绘卷》。

《伴大纳言绘词》是以平安时代初期发生的政治阴谋事件——应天门*之乱为主题的绘卷物。

866 年，大纳言伴善男在应天门上放火，并向朝廷控告说，放火的犯人是左大臣源信。听说此事的太政大臣藤原良房赶往清和天皇身边，进言说："恐怕是谗言，要做充分的调查。"于是，源信免遭冤罪。

5 个月后，以孩童之间的矛盾为契机，伴大纳言的罪行暴露。事情的经过是这样的：应天门失火的那一天，右兵卫府的舍人碰巧经过现场，亲眼看到伴大纳言放火的场景。他感觉到事情重大，十分害怕，就将亲眼看到的事实埋藏在心里。舍人的邻居是伴大纳言的出纳（管理文书、杂物的人）。事情过去了半年之后，舍人家的孩子与出纳家的孩子在路上大打出手。出纳从家里跑出来，给自己家的孩子帮忙，暴打了一顿舍人家的孩子，将他打得半死。愤怒的舍人气不过，向路人公开了出纳侍奉的伴大纳言放火的事实。传言越传越远，最终传到官府那里。舍人作为证人被叫去做证，他说明了事实。终于，伴大纳言遭逮捕，被处以流刑。事情就此结束。

绘卷物的形式是这样的：首先是用说明性的文字"词书"叙述故事的大概，然后是几个并列的绘画场景，以大和绘的形式描绘主

---

* 应天门是平安京大内里朝堂院二十五门之一，是面向正南的一个门。——译者注

要的故事情节；故事情节告一段落之后，又出现"词书"，然后又是绘画场景。现在我们在美术馆里看到的绘卷物，基本上都是横向展示的几米长的文字和绘画相连的作品，但当初绘卷物被创作出来时，人们是这样欣赏它的：将卷起的绘卷物放在手边，两手将绘卷打开至五六十厘米的宽度，将画面呈现在眼前，然后，右手一边卷，左手一边展，使画面慢慢移动，就这样，画面上的文字和场景一个接一个地展现在人们的眼前。

与画在画布上、装入画框里的绘画不同，绘卷物不是将一个画面定格在人们眼前的绘画作品，而是将隐藏起来的画面逐渐呈现在人们眼前，而眼前的画很快就消失的一种画面连续的作品。如此一来，对绘制和观看作品的人来说，他们必须注意到画面移动的特点。

《伴大纳言绘词》一开始就是运动感极强的画面。六名取缔社会上非法、违法行为的检非违使，正骑马急急忙忙地赶往事发现场。最后一名检非违使回头张望，后面有人大声发出指令。赤脚走在旁边的随从们伸出左手手指，也回头看向后方。

画面从右向左移动时，在检非违使一行人的前方出现了不同阶层的人，他们有的奔跑，有的骑马疾驰。此外，还有用手按着乌帽子的人、回首张望的人、束在一起的头发随风飘动的孩子们、露出乳房的老太婆、提着衣服下摆的和尚、站在原地仰望天空的人等，他们的动作和服装各不相同。还有一个男子双手紧拽缰绳，试图制服暴烈的马。或许预示着不同寻常的事件将要发生，立着粗大的红色柱子的五层台阶的建筑物映入眼帘。这是大内里*的朱雀门。木制的斗拱被涂上了红色，二层楼的走廊为茶色，墙是白色，屋顶的瓦被涂上了青色，井然有序的色彩对比和搭配给人留下深刻的印象。

稳稳当当立在那里的朱雀门看上去十分静谧，陆续从它前面经过的人们的动作十分激烈，但这丝毫没有影响到它的安静。人们穿过安静而壮观的大门，画面继续往下移动。

穿过朱雀门，人们停住了脚步。人们站在那里仰望天空，嘴巴大张，发出喊声。在门外，人们各自你追我赶地向前跑；一进入门内，人们就聚集在一起，聚成一大群。试图向前走的人好像被什么东西拦住了。一些男子（还有少数几个女子）弯着腰，说明他们无法往前走。我们还能看见一些人被拥挤的人群挤回来。门外从右往左的激烈动作，在这里与相反方向的力量遭遇，形成一股能量的冲突和混乱。各式各样阶层的人们三三两两，或骑马疾驰，或赤脚奔跑，争先恐后往前赶，对这些动作的描绘十分生动。在力量发生冲突的时候，能量爆发，人们的动作混乱不堪，这样的描绘更显示出画家绘画技艺的精湛。

人群大约有五六十人。他们大部分都是穿着水干服**的平民百姓。这些人的长相、姿势、动作、服装的颜色和花纹繁多。大家无一不被卷入兴奋的旋涡，而每个人都呈现出独特的兴奋状态。自由自在、运用自如的画笔描绘出群众各种各样的动作。

一大群人的兴奋和混乱状态极具魅力，让人看得入迷。画面上

---

*　大内里，以天皇居住的"内里"为中心形成的包括朝堂院、各个官厅等在内的皇宫，也叫"宫城"。——译者注

**　水干服是日本服装的一种，脖领下方有两个盘扣，将其系起来穿。一般情况下，是下层官吏、地方上的武士和庶民日常穿着的服装。——译者注

《伴大纳言绘词上卷》局部，出光美术馆藏（来源：国文学研究资料馆）

方涌现出一股不吉利的黑烟，似乎在督促人们赶紧展卷往下看。仰望天空的人们的目光朝这股黑烟以及它向画面左侧飘动的方向望去。

随着画面继续，黑烟逐渐往下方降落，画面逐渐被这股颇具力量感的黑烟的旋涡所笼罩。很快，黑烟下方出现红色的火焰，卷着火舌的火焰越来越大，趁势渐渐蔓延开来。这正是应天门失火的情景。激烈燃烧的火焰以及周边滚滚上升的黑烟夺人眼目，震撼人心。仔细观看会发现，火焰中露出应天门的鸱尾，画面前方，应天门西侧的翔鸾楼的屋顶呈现在人们眼前。不需要多长时间，应天门就会烧毁殆尽。整个画面笼罩着熊熊火焰和黑烟，没有一个人影。赶来的人们以及与他们一道赶来的我们，只能在画面之外观望烈火燃烧的景象。

从画面的流动性来说，这个充满震撼力的火灾场景形成一个高潮，或者说抵达一个高度。看到这里，人们即便住手不往下翻动，兴趣也不会减弱。其实，红色的火焰和黑色的浓烟，形成明快的对比。火焰的运动——自左往右，越是火焰的前方，火苗就越稀少——与黑烟的运动——喷涌而出的浓烟形成几个旋涡逐渐扩大——组合在一起，惟妙惟肖，极大地吸引着观看者。画家不仅展现出其绘制多姿多彩人物的熟练手法，而且在描绘发出自然威力的大火方面显示出超乎常人的能力。

火灾场景之后，画面上描绘的是人们从朱雀门的相反方向观望失火的场面。从人数方面来说，这里的人更多。他们是从宫中跑向应天门的，所以，这些人基本上都是官人，其中还混杂着一些身穿华贵服装的上层贵族。由于他们是从顺风的方向观看失火情景的，不像朱雀门另一侧的观众那样混乱不堪。但仔细观看他们每一个人的表情和动作，这边的观众也都各有个性。这都有赖于画家强烈的好奇心以及客观细致的观察力。850 多年过去了，当我们观看这幅绘画作品时，有一种亲身体验到平安时代末期的社会生活的感觉。当初，这个作品被创作出来的时候，亲眼看到它的人们，从赶往现场的场景到群众场景、火灾现场，再到群众场景，一直看下来，心里一定会产生这样一种感受：我们现实生活中的场景被如实地再现了出来。

再往后，故事发生的地方从应天门转向藤原良房进谏言的场景。清和天皇接受了他的谏言。上卷到此结束。

中卷一开始描绘了这样一个场面：源信蒙冤，整日悲叹。使者来到源信家，带来赦免的消息。女房们高兴得哭泣了起来。在这之后，是一段"词书"，目睹了伴大纳言放火的右兵卫府的舍人噤若寒蝉，但因为孩子们之间闹矛盾，终于说出了此事。再往后，是孩子们在大路上大打出手的场面。这个场面十分著名。在这里，画家运用了"异时同图"的手法——在同一个画面中，相同的人物屡次出现，以表达短时间内事件发生的过程。

画面以三个男子赶到打架现场的场景开始。三个男子的前面是骑在马上的官人，他们露出围观的神情。那里似乎正有人打架。马上的官人前面有 20 名左右的男女，分为三个群体，眼睛盯着前面。与观望失火的人不同，他们的脸部表情和身体动作都有一种优哉游哉的感觉。

20 个人的目光都朝向一个地方，这就是打架的现场。两个孩子纠缠在一起，一个揪住对方的头发，另一个则抓住对方的肩膀和手臂。

《伴大纳言绘词中卷》局部，出光美术馆藏（来源：国文学研究资料馆）

　　从这里往左翻 15 厘米左右，画面上方出现了一个胡须男，下方则是这个胡须男和两个孩子的身影。上方的男子双唇紧闭，一副怒气冲冲的模样，正飞也似的赶到打架的现场。下方的三个人的构图是这样的：胡须男把一个男孩拉到身后，护着他，飞起一脚狠狠地朝另一个孩子踢去，被踢的孩子则举着双手倒在地上。根据"词书"，我们把眼前的三个场景综合起来，可以得出这样一个绘画故事：舍人与侍奉大纳言的出纳是邻居，两家的孩子打架，缠斗在一起。看到这个场面的出纳（胡须男）为了帮助自己家的孩子，赶

到现场，将正在打架的两人分开后，对舍人家的孩子大打出手。带着这样的故事情节，我们重新观看绘画时，就会发现一系列的动作——两个孩子缠斗在一起、男子飞奔赶来、躲在男子身后的孩子破口大骂、男子飞起右脚一脚踢去、孩子被踢得倒向地面——就像是舞台上的表演，给人以鲜明的印象。

　　动作十分夸张的打架场面结束后，舞台的场景转换：被踢的孩子的父母亲在同一条大马路上面对身边的许多人大声讲述着什么。舍人夫妇俩正向众人揭露伴大纳言放火烧应天门的罪行。大声说话的两人旁边围满了人，有骑在马上的官人，有身背大瓦罐的旅行的男子，也有把唐柜*放在头上的女子等。路上的人们也是多姿多彩的。

中卷就此结束。下卷叙述了舍人被拘并受到询问，检非违使被派到伴大纳言家，大纳言家哀叹声一片，伴大纳言被捕。到此，故事结束。整个绘卷中，建筑物和风景呈现出地方特色和季节感，格调高雅，描绘细致。通过有气势的线条和多种多样的色彩，包括主角、配角和群众在内的数百人被塑造得栩栩如生。

如上所述，这个全长达 20 多米的故事画有两个高潮的场景，一个是上卷中的应天门被烧及其前后群众的场景，另一个是中卷中的从孩子们打架到舍人夫妇在大马路上揭露秘密的场景。

在历史上，应天门之乱很有名。从这个大事件的知名度来说，画家主要描绘火烧应天门及其前后的场景，这是理所当然的。绘卷一开始，画家就绘制了一个能决定整个故事画的成败的重要场面，并获得了成功。

另一个高潮场景，即从孩子们打架到秘密被揭穿的场景，它与充满阴谋诡计的历史事件的重要性相比，很难说是对等的。从正史的角度说，孩子们打架斗殴和舍人夫妇俩揭穿秘密只不过是一个传言。即便是在按照时间顺序详细记录了应天门之乱的史书《三代实录》中，我们也找不到与故事画的内容对应的记载。或许是由于绘卷的"词书"中有这方面的记述，所以应天门之乱的故事在流传的过程中加入了这段插话。

---

* 　唐柜是带盖子的箱子，用来装衣服、书籍等，有四个或六个脚。——译者注

　　画家似乎为这段插话所刺激，引发出他的创作欲。此时正是统治阶层的贵族的权威走下坡路，上流社会与下层民众之间的高墙正逐渐下降的时期。可以说，有权势的人之间政治上的明争暗斗与下层民众的吵架斗殴相结合的故事正是这个时代的象征。画家对结合庶民的日常生活与权力政治显示出极大的兴趣。

　　孩子们在路上大打出手，占据了极大的空间，画家在这个空间周围又安排了许多着装普通的男女老少，赋予了他们看热闹时的兴奋神情和动作。它表现出庶民的日常生活，以及在这个日常生活中正发生着某些大事的景象。这里的空间分为上下两个部分，在这两个部分中展开激烈的动作。画家在这里运用了异时同图的手法。看上去人物的动作好像很难理解，但一旦人们了解了这是存在时间差的三四个动作被描绘在同一个画面中，这些动作就增强了运动感，画面也更集中。由此，我们知道，绘画的重点就在这里，事件中蕴含着特殊的含义。与此同时，我们可以感受到庶民日常生活中所具有的下层民众特有的强劲的生命力和行动力。毋庸赘言，画家运笔自如，而且构图也很高明。他在普通的马路上划分出两个区域，一个是舞台区域，一个是观众区域。在这两个区域之间，画家将人们的心灵结合在一起，构成了一个统一的整体空间。有权势的人之间上演着争夺权力的戏剧，平民百姓之间则上演着他们自己的戏剧，而后者的魅力不亚于前者，对此，画家非常熟悉。画家对庶民世界抱有好奇心和共鸣，应该说这可以与《今昔物语集》的编者相媲美。

　　另外，在描绘舍人夫妇的神情和动作的场面中，庶民的坚韧精神被表现得淋漓尽致。根据"词书"的内容可知，舍人亲眼看到了伴大纳言放火的情景之后，害怕身有不测，便闭口不提此事。但为了报复出纳痛打自己的孩子，他把出纳的主人伴大纳言所干的坏事说了出来，这并非怯懦的行为。我们也没有必要说，这是对有权势者的反抗。但是，他们的行为具有一种力量，这种力量足以让他与骑马路过这里并听舍人演说的官人站在对等的地位。在现实社会里，平民百姓有时会发挥出这种力量和坚韧精神。虽然这个时期的庶民依然处于贵族的统治之下，但他们不再是躲在阴暗的角落里过着忍耐、顺从日子的人。他们通过自己的能力组建自己的生活，有时他们还投身于政治生活之中。画家为这样的庶民而感动，于是在绘卷的画面中描绘出力量十足又具有坚韧精神的人物，这就是舍人夫妇。庶民以生动有力的形象出现在绘画作品里是在 12 世纪后半叶。

· · ·

还有一件与《伴大纳言绘词》同时期创作出来的著名的绘卷物，这就是《信贵山缘起绘卷》。这个绘卷共有三卷，描绘了与再次振兴信贵山寺（朝护孙子寺）的修行僧命莲相关的三则灵验故事。第一卷为"山崎富翁之卷"（或称"飞仓之卷"），第二卷为"延喜加持之卷"，第三卷为"尼公之卷"。三卷合起来，大约有 36 米长，比《伴大纳言绘词》还要长 10 米。

第一卷讲述了一个荒诞无稽的故事。富翁的粮仓乘坐着巨大的金钵，从山脚下一直飞到了位于山顶的信贵山寺。

在佛教故事里，我们经常可以看到这样的描述：住在深山里的修行僧施咒术，让钵飞起来，并获得了米和水等。但在《信贵山缘起绘卷》里，会飞的钵被富翁遗忘在粮仓里，当粮仓门被打开时，

《信贵山缘起绘卷・飞仓之卷》局部，朝护孙子寺藏（来源：日本国立国会图书馆）

钵自己从粮仓里滚出来，带着粮仓飞到修行僧命莲这里。故事就此拉开序幕。绘卷以人们亲眼看到惊天动地的大事时惊慌失措的场景开始。住在富翁家里的男女慌张狼狈的样子被描绘得十分夸张，就像是滑稽画一样。如果画家只是描绘了钵自动从粮仓里滚出来，或粮仓乘着钵到处飞翔的情景的话，那只是让人觉得有点滑稽而已，无法呈现出荒诞无稽的效果，因此如何将人们的惊慌失措描绘出来，就成了这个作品的关键。家里的孩子、仆人等大喊大叫地在家里跑来跑去，然后从后门朝钵和粮仓的方向追去，画面如此变化下去，呈现出发现了出人意料的异常情况时人们惊慌失措的情景。人们的神情和动作被夸张地表现出来，十分滑稽。这让人不禁想象作者一边欢笑一边作画的样子。

粮仓坐在钵上飞过大河，飞过高山，来到命莲居住的信贵山山顶后，安定了下来。不久，富翁一行人来到命莲的寺里，要求他返还粮仓。两人说好，粮仓就这样放在这里，粮仓里的米都还给富翁。富翁的仆人把一袋米放到钵上，钵带着米袋子飞向空中，它的后面还跟着上百个米袋子，列队飞行。飞到富翁家的院子里时，米袋子蜂拥而至。女仆们又被吓得目瞪口呆。第一卷到此结束。

作为一则故事，最终它还是能够自圆其说的，并没有超出灵验故事的范围。作为绘画作品，它具有无穷的魅力，其魅力在于表现了鲜明的由动到静、由静到动的转换，在于每个人的夸张的动作引发的群众场面的滑稽感，在于远处风景的广阔和亲切感，在于始于富翁家又止于富翁家的骚乱所带来的首尾呼应，等等。

第二卷讲述的是宫廷与信贵山相结合的故事。为了给醍醐天皇治病，使者前来拜访命莲，请求他为天皇加持。命莲拒绝了前往京城的请求，而是在山里进行祈祷，并约定向使者送去一名剑铠童子。三天后，剑铠童子出现在天皇的梦里，天皇的病因此痊愈。天皇十分高兴，提出赐予命莲僧正的地位，并赠予他一座庄园，但命莲都回绝了。故事到此结束。

画面中，宫中的情景和敕使旅途中的情景被描绘得安详、宁静。豪华壮丽的宫门和宫殿、威仪堂堂的敕使、殿上人在宫廷中活动的场面与敕使一路上从京城到信贵山所见的偏僻的田园场景形成对比，应该说是这一卷中最出彩的地方。作为绘画作品，这些场面虽然被绘制得四平八稳，却清晰地呈现出京城和乡村不同的氛围，从中我们可以看出画家的构图能力和描绘能力。

不过，第二卷的高潮之处在于剑铠童子出场的情景。在时间静静地流逝的这一卷里，这是唯一一处运动的场面。当我们沿着横向展开的画卷观看童子和云彩的运动时，观看者心里会产生一种流动的韵律。

正午刚过，天皇在挂着帘子的清凉殿*里面休息，帘外则坐着束带持笏的公卿，他背对着观看者。突然间，剑铠童子出现。一条金带从其肩膀下面缠住手臂、胸部和背部，金带里面有数十把剑挂在腰间。这就是剑铠（用剑做的铠甲）。包住上半身的剑铠之下，还垂挂着第二个剑铠，从卷着金带的腰部一直垂到膝盖。乘着云彩到来的童子，刚刚抵达宫殿。云卷着旋涡，剑摇摇摆摆。

侧身的童子，右脚在前，左脚在后，笔直地站着，十分稳重。他双脚稳稳地站在具有佛力的轮宝（弘扬正义的车轮形状的宝物）上，右手持宝剑，左手握绳子——绳子的两端有装饰物。其侧脸的轮廓从额头到眼睛、鼻子、嘴、下巴都十分清晰，呈现出神采奕奕的少年形象。

他的眼睛紧盯着帘子的里面。

童子的脚下有几朵大小不同的云彩，云彩的轮廓线变粗，向画面左侧上方流动，呈弯曲的形状。它越过宫殿的黑色屋顶，渐渐变细，朝着画面中间流动，直至消失。然后是一段空白。突然间，画面上出现猛烈旋转的轮宝和疾驰而来的剑铠童子。从轮子的中心伸

---

* 清凉殿，平安京内里的宫殿之一，是天皇日常居住的地方。——译者注

《信贵山缘起绘卷·延喜加持之卷》局部，朝护孙子寺藏（来源：日本国立国会图书馆）

展出来的细细的直线与和它交叉的几根细细的同心圆形状的曲线表达了轮宝旋转速度之快。为了赶上轮宝的旋转速度，童子迈开双脚，右手的宝剑伸向前方，左手的绳子、从胸带和腰带上垂下来的诸多宝剑以及红色衣服的下摆都向身后的方向飘逸。这里的构图是这样的，画家首先描绘出童子脚踏轮宝在清凉殿的情景，然后，时间往前回溯，描绘了疾驰的童子形象。童子动作的激烈程度在这里越发得到强调。童子的可爱、一心一意和纯洁都通过疾驰的速度表达了出来。看到这种奔跑的形象，观看者的心跳速度也不禁加快。当绘卷物从右往左翻卷时，童子却朝着相反的方向——从左往右疾驰。观看者的视线流动与童子奔驰的方向相碰撞，这更加深了人们对动作的印象。这样的造型和构图很巧妙。

　　疾驰的童子身后，长长的流动的云彩——比此前的云彩更是长了好几倍——逐渐变细，直至消失。清晰的几根线条暗示着童子是这么奔跑过来的。长长流动的云彩最后能看见些许的摆动，这让观看者舒了一口气。

画面中央略微偏下（剑铠童子的脚下）处缓缓往左上方流动的云彩渐渐变细，最后从画面的最上方消失。在画面上方云变细的地方，画面下方是恬静的田园风光。位于山坡上的村庄是以俯瞰的视角描绘的，因此可以看到三座房屋坐落在绿色的树林中，绿色树林中还夹杂着长着红叶子的树。房屋不远处的原野上有两个穿着白色衣服的农妇面对面地坐着，他们身边放着篮子，正在拔野草。在流动的云彩的对比下，原野上人们的生活景象更给人以静谧的印象。山的对面数十只大雁排成行飞过。大雁飞翔的动作就像是融入了恬静的田园风光里一样，看上去十分宁静。

剑铠童子、轮宝和云彩给人留下超现实的感觉，它们那纯粹无瑕的运动的场面一结束，后面相继出现的便是宁静的场面，直至第二卷落下帷幕。看到第二卷末尾，我们的脑海里会再一次浮现出从天上飞驰而来的剑铠童子的形象，这是一个极有动感的形象。

第三卷"尼公之卷"讲述了居住在信浓国的命莲的姐姐尼公千里迢迢到大和国的信贵山看望命莲时路上发生的故事。她一路上向旅途中住旅馆的人或路上的人打听命莲的下落，但没有一个人知道。在参拜东大寺大佛殿时，她一心祈祷，得到佛的指示："你往西南紫云飘动的山上去。"尼公按照佛的指示，平安无事地抵达信贵山。姐弟俩品尝到欢聚的喜悦。尼公从此在信贵山住下，与命莲一道过着修行佛道的生活。故事就此结束。

在第一卷和第二卷中，行走在路上的场面都是绘卷的重要因

《信贵山缘起绘卷·尼公之卷》局部，朝护孙子寺藏（来源：日本国立国会图书馆）

素，而在第三卷中，旅途本身则成了绘卷的主题。第一卷里的路程
从信贵山脚下到山顶，第二卷里的路程从京城到信贵山山顶，路途
越来越长，而在第三卷里，路途更加遥远，从信浓国到信贵山山顶。
观看者从右往左，一边移动画面，一边往后欣赏，这种绘卷物的观
看形式极其适合表达风景随步行而变的旅行趣味。画家应该对此了
然于心。虽然与故事情节没有直接的关系，但如何截取风景，如何
呈现移动中的乐趣，这激起了画家的创作热情。

在时间和空间里，尼公缓缓地、安闲地踏上旅途。在第一卷和
第二卷里，静与动的对比格外引人瞩目，而在第三卷里，静统治着

整个画面，我们几乎看不到动的场景。如果非要举例不可的话，第三卷里我们可能会发现两个动的场景：一个是一开始的山谷里河水流淌的景象，另一个是靠近结尾部分的姐弟俩相会的情景。但是，这两个动的场景既没有打破静寂，也没有与静形成对比。或许它们可以称作静中的动。

旅途中的主人公是上了年纪的尼公，这是这部分内容倾向于静的主要原因。无论面对大自然的风景，还是面对人们的生活，上年纪的人的应对都是缓慢的。尼公在东大寺参拜时，画家使用了异时同图的手法描绘了尼公的一系列动作，如祈祷、在堂外睡觉、在堂

《信贵山缘起绘卷·尼公之卷》局部，朝护孙子寺藏（来源：日本国立国会图书馆）

内睡觉、再次祈祷、朝西南方向出发等，但与《伴大纳言绘词》中的打架斗殴的场景不同，动作的趣味性和场景转换的速度都不是画家所要强调的重点。用祈祷和睡觉的动作表达时间的流逝非常缓慢，这是画家的目的。

　　在不紧不慢的旅途中一会儿出现、一会儿消失的场景大致可以分为两大类：自然风景和庶民的生活场景。高山、河流、岩石、树木、彩霞、浮云、鹿、大雁等构成了自然风景，以道路、篱笆、房

屋、庭院、水井、寺庙、道祖神*、家犬等为背景描绘的人们的活动是庶民的生活场景。有一个例外，即画家描绘的巍峨壮观的东大寺大佛殿，从观看者的角度来说，连续的安定、稳重的场面是为了改变心情而绘制的。

　　自然风景和庶民生活场景交替出现，它们之间的相互转换极其

---

*　道祖神，在村庄与村庄的交界处或在山岭的路旁供奉的神，可以防止灾祸、恶灵的降临。道祖神也是保佑旅行者安全的神。——译者注

顺畅。当视线自右往左跟随画面移动时，我们会深深地感受到，人们在大自然里生活，人们的生活中有大自然的风景。以建筑物为例，只有雄伟的东大寺大佛殿占据了整个画面，它矗立在那里，根本看不出是大自然中的景物，这是个例外。但是，尼公住宿的人家、尼公与人促膝交谈的人家等，都融入大自然中，是大自然的一部分。在这里生活的人们也与大自然融为一体，成为大自然的一分子。从绘卷中透露出来的幸福、愉悦的氛围来说，《信贵山缘起绘卷》的作者一定深深地喜爱着庶民的生活。当看到大自然与人的生活如此融洽地结合在一起时，我们认为，作者从中看到了虽不富裕却很理想的人们的生活景象，并用绘画的形式将这个景象描绘了出来。正如处于大自然之中的净琉璃寺（参见第十二章）本身就是此世的极乐世界一样，在大自然中毫不张扬、毫不炫耀的庶民的生活也是此世的极乐世界，通过画面，画家将这个极乐世界呈现在人们眼前。对画家来说，能够描绘出如此世界的景象，心中一定充满了无比的喜悦。

　　在旅途中，尼公一步一步地用自己的双脚确认了大自然与人们的生活和谐地融为一体的景象。在旅行过程中，尼公的心情也为这个世界的和谐安详所感染。每当遇到人时，她就会打听弟弟命莲的下落，但没有人能够告诉她，她有时甚至还遭到狗的袭击，即便在这种情况下，尼公的脸上也从来没有显露出痛苦和不幸的神色。她并不是没有感受到痛苦和不幸，而是在有这种感受的时候，她相信，前方一定是融入大自然中的和谐安详的世界。这就是尼公作为一介百姓，在庶民的世界里旅行的景象。我们可以想象，旅途中的尼公在与人们交往的过程中，关系十分融洽。

　　根据东大寺大佛的指示，尼公最终实现了与命莲重逢的愿望。在观看绘卷的过程中，与尼公一道旅行的观看者也相信，姐弟俩的重逢早早地就被安排好了。令人心情安闲的旅行自然而然地会促使重逢愿望的实现。尼公对此坚信不疑，从而踏上了旅途，而观看者对此也深信不疑。在第三卷里，作者并没有描绘粮仓和米袋子飞过天空、剑铠童子在天上疾驰等超现实的灵验故事，而是在画面上展现了时间静静地流逝的景象，看上去似乎是没有什么宗教色彩的风俗画，但大自然的风景和庶民生活的安详氛围，还有尼公不急不慢地旅行的安详氛围，与宗教性的安详氛围是一脉相通的。

　　尼公听从大佛的指示，离开东大寺之后，姐弟俩如何重逢，这成为人们感兴趣的焦点。

　　但重逢的景象迟迟不出现在人们的眼前。画面上是彩霞映照下的原野，不一会儿，高山也呈现在人们眼前，此后便是"词书"。"词书"之后，信贵山寺才出现。画面中是这样描绘的：四扇板窗相连，其中只有一扇窗户被打开，透过窗户，我们可以看到身体前倾坐在那里的命莲的上半身。他右手拿数珠，左手握经卷，扭头看向身后，似乎正在念经的时候听见了有客人到来的声音，心想是谁来了，于是向窗户外面望去。其目光所到之处，是站在檐廊边的尼公。她略微弯曲着身体，抬起头朝上方望去。这是令人感动的瞬间：两人终于见面了。她张大嘴巴似乎发出喜悦的声音。看到姐弟俩在寂静群山中的堂内和堂外进行交流的情景，我们知道，漫长的旅行到此画上了句号。

　　然而，绘卷并没有到此结束。后面还有三个连续的画面：两人重逢之后，尼公将带来的礼物——一袭温暖的僧衣——递给命莲；

命莲给尼公讲解经典；两人背靠背，一人读经，一人向供桌上放供品。这个连续的画面之后，先是周围群山的近景，充斥了整个画面，渐渐地这些群山成为远景，掩映在霞光之中。到此，整个绘卷结束。

在这件作品里，尼公和命莲的生活场景充满了俭朴、平静的气息。从人们的生活场景往山上的自然风景的转换十分顺畅，如实地反映了作者的社会观、自然观。通过融合大自然与人们的生活，作者发现了理想的庶民世界。12世纪后半叶的日本处于贵族的统治力量急剧减弱的时期，也正因为如此，人们对卑俗的庶民世界产生了强烈的好奇心，并萌生出怜爱的心情。在贫困、俭朴的庶民生活里，人们感受到与大自然共生存的安详和幸福，并对此倾心不已。上流社会中产生的这种心情必定很快就会向下层民众社会扩散。

第十五章

东大寺的焚毁与重建

—

度过乱世的行动力

　　平清盛在保元之乱*和平治之乱**中获得胜利后，于平治之乱的第二年（1160年）首次以武士的身份位列公卿。此后，他顺利地扩大并强化了自己的势力，于1167年就任太政大臣，由此，开创了平氏政权的时代。

　　但是，平氏政权是通过武力平息横亘在院***、朝廷、摄关家族、武士集团之间的矛盾和对立之后才建立起来的，它是一个不稳定的政权。平氏家族越是加强对政权中心的掌握，就越会招致其他势力的反对，促使反对势力的联合。1180年源平两个家族之间发生战乱，平家败退，最终灭亡。平氏政权之脆弱一目了然。

　　在源平之间的战争打得正酣时，发生了一起重大事件，这就是南都（奈良）的东大寺和兴福寺的大伽蓝被焚毁殆尽。平清盛未能彻底镇压园城寺（三井寺）以及南都、北岭的寺院的势力，当他接到南都的僧兵大举进攻京都的报告时，1180年12月，他派以平重衡为首领的平氏军队前往奈良，将东大寺的大佛殿和兴福寺的堂塔烧毁。象征着佛的教义和力量以及国家秩序的南都大佛、大佛殿和

---

* 　保元之乱是1156年发生的日本内战，对阵的一方为后白河天皇及其支持者平清盛、源义朝等，另一方是崇德上皇和其支持者平忠正、源为义。——编者注
** 　平治之乱是1159年发生的日本内战，对阵双方以平清盛和源义朝为主。经此一事，平氏逐步专揽朝政。——编者注
*** 退位后的天皇、皇后等被称作"院"。——译者注

堂塔在一夜之间化为灰烬。

这个事件给人以巨大的冲击。右大臣九条兼实在日记《玉叶》中这样写道：

> 　　七个大寺之下的所有寺院都化为灰烬了。救世济民的佛法和王法是不是也都毁灭了呢？这让人无以言对，不知如何写是好。我听说寺院被焚毁的消息后，灵魂犹如遭到毁灭性的打击……能遇到这样的事也是时运不济，谁也阻止不了。但事情就发生在眼前，此时的悲哀胜过失去父母时的悲哀。生在此世，遇到这样的时代，或许是罪业深重的缘故吧。来世将会怎样呢？
>
> 　　　　　　　　（《玉叶 中卷》，Sumiya 书房，第 455—456 页）

兼实出生于与摄关家族有联系的上流贵族之家。他对摄关家族失去往日的辉煌感到心灰意冷，这加深了他的绝望。这是自然而然的。尽管有这样一种个人的情感在里面，南都的寺院被焚毁还是让他感到荒诞无稽，使他产生了"佛法和王法是不是也都毁灭了呢"的想法，这应该是他直接的感想。事情何以至此？烧毁南都寺院的做法是野蛮的暴行，看上去毫无道理可言，但如果去找，或许也能够找到寺院被焚毁的现实理由。然而，在统治秩序被彻底打乱、人们根本找不到社会的方向、不知社会将如何发展的时代里，相对于寻找其合理性，从事件的巨大破坏力中探寻绝望的时代真相，才更加符合那个时代的人们的心情——"佛法和王法是不是也都毁灭了呢？"

　　这样的心情，不是无法忘却过去荣耀的上流贵族所特有的，而是同时代的许多人所共同拥有的，关于这一点，我们也许可以通过《平家物语》第五卷"奈良焚毁"中的感慨语气加以推测。下面我们引用一段叙述东大寺大佛殿被烧毁的文字。

　　　　东大寺里……有圣武天皇亲手磨制的十六丈高的金铜大佛。大佛头上的肉髻高高凸起，隐入云霄，其眉间的白毫就像是人们喜爱的满月的样子。但他的头被烧得掉落在地上，身体也融化成像山一样的铜块。佛身上的 84 000 个高贵的相好如同满月隐入云彩之中，不见了踪影。表示菩萨四十一阶位的璎珞被晚风吹散，像群星一样散落。火烟冲天，火焰在四处燃烧，亲眼看到大佛被烧的人们无法直视焚烧的景象，听到大佛被烧的人们撕心裂肺……世上从未有如此多的大佛被毁，但因为这是一个污浊、罪恶的世界，这种悲痛将永远地留在人们的记忆中……

　　　　被大火烧死的人，在大佛殿二层有 1 700 多人，在兴福寺有 800 多人，在其中的一个御堂里有 500 多人，在另一个御堂里有 300 多人。人们详细记录了被烧死的人的数量，达 3 500 多人。（"岩波日本古典文学大系"《平家物语上》，第 383—384 页）

　　大佛殿高达 45 米，大佛高达 15 米，因此，人们从遥远的地方可以看到它们被焚烧的景象。外面蔓延过来的大火首先烧到大佛殿，被火焰包围的大佛浮现在夜空中，不一会儿，大佛的头就被烧得掉落了，金铜制成的身体融化后坍塌了。不难想象，这是一个多么令

东大寺金堂模型，复原了东大寺被烧毁前的样貌，由天沼俊一设计（来源：名古屋太郎）

人震惊的景象。这是显示战乱的破坏力达到极限的一个事件，因此人们只能用痛心、悲惨来形容。不过，我们似乎也不能否定凄惨的火烧的景象同时又是美丽的景象。南都及其周边的人们在害怕被平氏的士兵烧死的同时，也看到了从未见过的不可思议的凄美景象，他们也许被这个景象所吸引。

　　大佛被烧毁时的景象既令人痛心，也让人感到悲伤，同时又使人觉得美丽。人们被迫陷入超越人类极限的绝望之中。为什么会出现如此荒唐无稽的事件？这是不论身份高低贵贱的许多人心中的疑问。平氏的专权和蛮横、平氏与源氏的对立以及平氏与南都宗门之间的抗衡等，这些都是一目了然的客观事实，但以此来回答上述疑问还不充分。无论从《玉叶》中的记述来说，还是从《平家物语》中的描写来说，火攻南都和焚烧大佛都不是孤立的事件。它们象征着绝望世界的景象。面对这些事件，人们提出了"为什么"的疑问，这是针对整个绝望世界的景象发出的疑问。

这个疑问的答案，或许只能是佛教中所说的末法之世。具备教、行、证的正法世界，经过只有教和行而没有证的像法世界之后，向只有教而缺乏行和证的末法世界发展。这是佛教中的教谕。我们且不说教义上复杂的道理，世界的大趋势是逐渐向恶的方向发展的，最后抵达终点——末法之世，或称末世，这种关于时代的看法在说明绝望世界的景象时颇具说服力。日本佛教中普遍性的看法是，末法之世始于 1052 年，这一时间节点前后的贵族社会及其周边的人们当中都流行着末法思想。一百几十年过去之后，平安时代末期及镰仓时代初期的社会呈现出堪称世界末日的惨状。面对这种偶尔闪现出悲剧之美的惨状，人们并非视而不见，而是将它当作自身生活的世界中的景象加以接受，此时人们拥有的这种心理准备是一种历史意识，即末法之世的历史意识。我们从九条兼实所说的"佛法和王法是不是也都毁灭了呢"以及《平家物语》中叙述的"因为这是一个污浊、罪恶的世界，这种悲痛将永远地留在人们的记忆中"的话语中可以看到这种历史意识。

鸭长明的《方丈记》具有相同的历史意识。这部作品虽然没有描写南都被火攻、东大寺被焚毁的情景，但其前半部分详细地记录了同一时期京都的惨状。下面引用其中的一段文字。

　　　　土墙外面和道路两旁饿死的人不计其数。由于没有处理死者的方法，四处都是恶臭，尸体逐渐腐烂，不堪入目。贺茂川的河岸旁，尸体堆叠在一起，以至于马和车都无法通过。住在山里的樵夫失去气力，市场上缺乏木柴。被逼无奈的人们，只好拆掉自己的房子，当成木柴拉到市场上去卖。即使卖掉一人能够拿得动的废木材，也不够一天的伙食费。奇怪的是，木柴里面有时还混杂着涂有红漆、撒有金箔银箔的木材。我向人打听："这是怎么回事？"有人回答说："没有办法，有人只好去偷古寺里的佛像，去抢佛具，把它们劈开来卖。"我看到了这个污浊、罪恶世界里人们的可悲一幕。

也有令人深深感动的事情。互敬互爱的夫妇之间，爱得更深的那个人肯定会先死去。之所以这么说，是因为他认为对方比自己可怜，即便自己偶尔获得食品，也要让给对方。因此，父母亲与孩子生活在一起的时候，肯定是父母亲先离开人世。还有这样的事发生：婴儿不知道自己的母亲已经死去，依然躺在母亲的身边吃奶。仁和寺里一个名叫隆晓法印的人，对这么多人死去感到十分悲伤。每当看见一个死人，他就在死人的额头上画一个梵语的"阿"字，希望以此助死者成佛。为了了解死者的数量，在四月和五月的两个月间，我数了数，自京都一条往南、九条往北、京极大道往西、朱雀大道往东的地区，路上横躺着的尸体总共就有 42 300 多具。而且，如果再加上许多四五月前后死去的人、在河原和白河（京都东北部郊区）、西京（右京）以及这边偏僻地区死去的人的话，这个数字可能数也数不清。如果再算上七道各国死去的人的话，那该是怎样的情景呢？

（"岩波日本古典文学大系"《方丈记 徒然草》，第 30—32 页）

作者清晰的描写将其亲眼看到的情景呈现在人们眼前，这些情景令人揪心，也令人感到不快。

贺茂川的河岸边，尸体重叠在一起，甚至连马和车都过不去。尸体的臭气熏天，可能几天甚至几十天都散不去。这么多的尸体可能是什么人从什么地方搬过来的，也许搬运尸体的人把它们搬到这里后，也耗尽气力，成为死者中的一员。作者写道，由于缺乏食品，只好拆掉自己的房子，把柱子、墙壁的木材劈开，当作木柴卖掉。人在走投无路时，吃比住更重要吧。

物质上的匮乏会招致道德上的颓废。人们不是拆掉自己的房子去卖柴火，而是跑到寺院里，把佛像和佛具劈开，当作柴火卖掉。污浊、罪恶的世界或许就是这样的。

但另一方面，生活在贫困的最底层的人们当中，还有把食物让给对方的丈夫或妻子，还有优先考虑让孩子活下去的父母亲，还有吮吸已经死去的母亲乳汁的婴儿——这个婴儿究竟还能够活多久呢？

这就好像将佛教中所说的"地狱图"呈现在我们眼前一样。鸭长明并没有忘记在这幅"地狱图"中描绘佛的形象。这就是隆晓法印这个人物形象。他主动走进满是腐烂尸体且散发出恶臭的街巷——这些地方不禁会让人遮住双眼、堵住双耳、捂住鼻子。为了帮助他们成佛，他在死者的额头上写上梵文。对皈依佛道毫无自信的鸭长明本人，未能为饿死者的成佛出一臂之力，但是，他走遍了京城里的东南西北，去统计死者的数量。这个行为当中可能凝聚着他多多少少想接近死者的愿望。更进一步说，面对眼前的像地狱图一样的惨状，他将自己体验到的实际情况组合起来，用《方丈记》呈现出一个统一的凄惨世界的景象。这样的《方丈记》本身就展现出作者试图接近死者并与死者共同度过这个时代的心情。

　　这是生活在这个时代的鸭长明的生活方式。在他看来，凄惨、阴郁的世界景象可以称作末法之世——末世。我们无法否认，苦恼、不幸、悲剧和罪恶部分是由人制造出来的，但是，覆盖整个社会的悲惨状况应该是由超越人的智慧的因缘乃至宿命带来的。如果这么想的话，人们就会接受这种状况了。

　　然而，鸭长明并不仅仅这样去接受这个时代。他将这个时代的悲惨状况当作无法抵御的命运加以接受，反而能够深入这个时代，得以从文学的角度去反映这个时代。在上述引文中，他叙述了悲惨的状况下夫妇、父母与子女情感深厚的一面，还记录下高僧的慈悲行为，这可以说是鸭长明以文学精神去面对事物的佐证。虽然生活在悲惨的末世，但其中还是存在着美的——或许这可以称作毁灭之美，这是他的文学性的立场。《方丈记》充分展现了鸭长明在悲惨之中感受毁灭之美的文学精神。

　　不过，当绝望的末法之世的悲惨状况具体地呈现在人们面前时，如何从文学上反映它并非最关键的问题。面对具体的惨状，如何具体地应对它，如何具体地改变它才是第一位的。在摆在第一位的问题前面，还有什么有别于文学精神的精神，会以怎样的形式发挥它的力量呢？平安时代末期至镰仓时代前期是混乱和激烈动荡的时代，末法之世的时代感或历史意识引起了许多人的关注，在这个时代里，这个精神史上的重要问题浮现出来。

　　我们把话题从京都拉回到南都上来。东大寺大佛殿被焚毁——这被《平家物语》描写成"因为这是一个污浊、罪恶的世界，这种悲痛将永远地留在人们的记忆中"。此后，是什么样的精神促使人们立志重建东大寺，为了实现这个志愿，人们又是如何发挥力量的呢？我们首先思考这个问题。

1180 年 12 月，平重衡火攻南都半年后，朝廷开始出现重建东大寺的动向。藤原行隆被任命为造寺长官，同时朝廷又任命三善为信、中原基康和三善行政为造寺次官、判官和主典。此外，藤原行隆兼任造佛长官，小槻隆职被任命为造佛次官。

仅仅确定了主管的人事，重建工作还不能运行。在秩序极为混乱的末世，又发生了前所未有的火灾，如何做好复兴工作，无论任命官员的人，还是被任命的人似乎都陷入了无路可走的境地。随着武士势力的增强，曾经拥有权力和权威的天皇、院和贵族失去了过去的辉煌，对他们而言，已经不再拥有应对东大寺被毁的现实的力量，也不再拥有规划复兴之路的策划能力。

在复兴工程中承担最主要任务的是重源。他作为一名劝进僧[*]闻名于世。

重源就任东大寺营造劝进一职，是在南都被焚后第二年的八月。接到任命之后，他马上带着宣旨、化缘簿和六幅画像踏上旅途，去为重建寺院筹集资金。重源一行人首先接受了后白河法皇、女院和宫廷贵族们的捐款，然后到京城的中下层贵族家拜访。一行人走遍了京城的大街小巷之后，踏上了前往五畿七道[**]的道路。他们不分高低贵贱，向众人募集善款。此时，重源已经是 61 岁的高龄了，但

---

[*]   劝进僧也可译为劝化僧或化缘僧。——译者注
[**]   五畿七道是日本古代律令制下的行政区划。五畿是五畿内的简称，指山城、大和、摄津、河内和和泉五个地方。七道指东海道、东山道、北陆道、山阴道、山阳道、南海道和西海道。——译者注

他不知疲倦，到各个地区募捐。

复兴工程的具体工作以铸造大佛开始。他们以前往各地募捐筹集到的资金为基础，总共花费了铜 83 950 斤、黄金 1 000 两、金箔 10 万张、水银 2 万两。铸造巨大的佛像极其困难，在担任铸造工作的人员当中，除了日本的铸造师外，还有来自中国的铸造师们。日本的技术团队由工匠草部是助率领，他是重源的老熟人。中国（宋）的技术团队以著名的陈和卿为首。陈和卿在镇西等船准备回国时，重源发现了他，于是将他请到奈良，作为工匠参加大佛的铸造工作。

无论是在筹款时，还是在进行重建工作时，重源不仅发号施令，还亲自赶往现场，与工匠们一起工作。打年轻时代起，他的这种行动者的姿态就十分突出。

这里简单地叙述一下他的主要经历。13 岁时，他在著名的真言密教的大本营醍醐寺出家；15 岁之后，他前往大峰、熊野、御岳、葛木等山地，勤勉于山林修行，曾在高野山住过一段时间；35 岁时，修建下醍醐的柏杜堂，将丈六的阿弥陀佛像作为本尊供奉在里面，以此为契机，他走遍了各个地区，建造佛像、营造佛堂、抄写经典等，此外，他还致力于架设桥梁、铺设道路、修建港湾等民间的土木建设工作。重源深深地敬爱着奈良时代的僧人行基，行基因教化民众和从事社会事业而被人们当作菩萨般敬仰。重源自身的行为不亚于其敬爱的行基，充满了行动力。

在末法之世，最需要这种身体力行的人。社会朝着破坏、破灭以及灭亡的方向发展，绝望的氛围笼罩着整个社会。在这种社会环境下，试图付出努力的行动者本身就散发着光芒。这种光芒与破坏、破灭和灭亡形成鲜明的对比，温暖人们的心，给人们带来希望。而且，行动者还在寻求人们的帮助，积极地呼吁人与人一起完成事业。对这个呼吁最好的回应，就是亲自参与到活动中来，分享这份温暖。作为引导人们的行动者，重源站在了人们中间。

在日本铸造师和中国铸造师的共同努力下，巨大佛像的铸造工作得以展开。这个时期，京都之战开始，经过中部和关东地区的激战，平家逃出京城，转移到濑户内海一带，展开了一之谷战役、屋岛战役、坛之浦战役。此时刚好是源氏和平氏之间发生一系列战争的时期，然而工匠们丝毫不将刀光剑影飞舞、到处血流成河、无数人死伤的战乱放在眼里，而是在被烧毁的东大寺的原址上铸造巨大的庐舍那佛，此时大佛的形象正处于雏形阶段。放火焚烧南都的平氏军队是战争中的一方，因此，重源及工匠们必须关注战斗的经过，但是，一旦他们投身于复兴工程之中，他们只能把对战争的关注搁置在一边，专心致力于铸造工作。这就是生活于末世的行动者的生存方式。

经过 3 年的时间，大佛的铸造工作终于完成了，1185 年 8 月，开眼供养仪式举行。由于大佛重建工作是引人瞩目的大工程，所以许多贵族、僧侣都参加了这个仪式。然而，此时发生了一起意外事件。出席仪式的后白河法皇撇开担任开眼任务的僧正，亲自执笔开眼。与往常一样，法皇的这个举动非常任性。重源看到法皇的举动是作如何想的呢？一个大工程的完成离不开法皇的支持，因此不能随意地阻止。据说，重源还曾邀请过法皇执笔开眼。不管怎么说，对完成大工程的行动者重源来说，如何与有权势的人交往，是他不可忽视的一个问题。大约在开眼仪式一年前，他接受了镰仓幕府最有权势的人源赖朝的捐赠，总共有米一万石、砂金一千两、绢一千匹。

在大佛铸造完成后，还有一个更大的工程等着重源——重建大佛殿。面临重建大伽蓝的工作，如何购买大量的巨型木材是一个大问题。

根据中尾尧编的《旅行中的劝进僧：重源》（吉川弘文馆）一书中的记述，巨型木材是从遥远的周防国（现在的山口县）的大山里弄来的。周防国被誉为营造东大寺材料之国，被任命为国守的重源亲自进入深山，指挥人们砍伐并搬运高达 40 米的大树。随着工程的不断扩大，重源的行动力也随之加强。为了搬运木材，他指挥人们破岩石，开山路，将木材滑落到山谷里，利用河水使木材漂流，在浅滩处建水坝，最终木材漂流到濑户内海。在濑户内海，他建设港湾，以方便运输，将木材运至大阪湾。从这里，人们沿淀川往上流方向运输木材，在木津，改走陆路，翻过奈良坂，最终将木材运到奈良。他充分发挥了做劝进僧时在土木工程方面积累的经验。据说，现在在周防国的深山里还保存着重源修建的石制澡堂，这让人们感受到重源十分关心工人的心情。

重源进入周防的深山是在 1186 年，此后，为了挑选和砍伐良木并由陆路或海路运输到遥远的奈良，他花费了整整 4 年的时间。而且，为了建造高达 45 米的佛殿，他又花费了 5 年的时间。1195 年，大佛殿终于完成，同年 3 月，东大寺重建供养活动拉开帷幕。

10 年前执笔为大佛开眼的后白河法皇这时已经去世。代表朝廷参加活动的是后鸟羽天皇以及关白兼实等贵族。不过，参加此次供养活动的征夷大将军源赖朝最引人注目。

对于复兴东大寺，源赖朝自始至终采取的是积极支持的态度。

前面我们提到，为了响应重源的募捐活动，他捐助了大量的米、砂金、绢。除此之外，当有人到他这里来诉苦，说担任周防国的地头*的御家人**妨碍人们采伐、搬运木材的工作，希望他能够制止这种行为的时候，他会派遣最可靠的部下佐佐木高纲前去解决，而且，还让他帮忙将木材从当地运到奈良。毋庸讳言，这种支持来自政治上的远见，即强化与东大寺的关系，可以加强和提高镰仓幕府的权力和权威。大量的捐赠、解除他人的妨碍、帮助运送木材，这些十分具体和实际的支持工作引人注目。与重源一样，新兴武士的栋梁源赖朝也生存于绝望感蔓延的末法之世，他在不同场合采取具体且积极的行动，由此试图推动社会向前发展，他也是一个颇具行动力的人。

在政治上，参加东大寺重建供养活动具有重大的意义。为了向京城里的民众展示镰仓幕府的实力，源赖朝率领众多的御家人，在活动开始前一个月，就沿着东海道一直往西走。幕府编纂的史书《吾妻镜》一一列举了跟随源赖朝参加活动的人的名字，他们以畠山次郎重忠、稻毛三郎重成为首，共有二百几十个御家人。通过这种列举，编者想记录下御家人公务活动的真实情况。当我们看到这二百几十个武士的名字被一一记录下来的情况，我们能够感受到幕府极大的热情——他们以一项显示国家威严的大工程为契机，试图向天下昭示：镰仓武士是新兴势力的代表。

供养活动当天，从下午开始，天就下起了瓢泼大雨，甚至还有

---

*   地头是镰仓幕府时期的官职。在庄园里拥有许多权力，诸如管理权、征税权、裁判权等，统管着管辖区域里的居民。——译者注
**   御家人指镰仓时代将军直属的家臣。——译者注

地震发生。但是，担任堂内和周边警卫工作的武士们丝毫不为所动，直至任务完成。慈圆在《愚管抄》里曾记述了这时的场景。

　　　　源赖朝于供养活动的那一天，来到东大寺。武士们将东大寺包围起来。虽然大雨滂沱，但武士们根本不在乎被雨淋湿，组成了一个阵容整饬的集体。对明晓事理的人来说，可以感受到这个集体的强大力量。

　　　　　　　（"岩波日本古典文学大系"《愚管抄》，第 280 页）

读完这段描写，我们的眼前浮现出这样一个景象：在大雨和地震的情况下，贵族和僧侣们惊慌失措，而身穿铠甲的武士们则组成一个威风凛凛的集体。在这里，慈圆看到了作为新兴统治阶层的武士出现在历史舞台上的景象。

对重源来说，新兴势力的权力拥有者源赖朝能够支持这样一个供养活动，当然是十分欢迎的。作为一个行动者，重源全身心地投入于重建东大寺的工作中，他接受了所有的人为重建工作提供的支持和帮助，无论是统治者还是被统治者，无论其采取何种形式。这就是行动者的胸怀。或许重源预见到源赖朝对供养活动的支持和他的行动力，所以他向源赖朝建议，供养活动当天，由镰仓的武士担任东大寺内外的警卫工作。一边是宗教的世界，一边是政治的世界，这是两个截然不同的生存环境，但在整个社会秩序崩溃的末法之世，两人都试图通过自身的力量和行为创造出新的景象，他们是心灵相通的。为了创造出新的景象，就必须得到许多人的帮助和支持，因此，对当事人来说，能够准确判断合作者和支持者的品德和实力就成为必备的条件。重源和源赖朝双方都认为对方是值得信赖的具有高尚品德的人，是拥有实力的人。

在东大寺的俊乘堂里安放着重源的塑像。重源于 86 岁时去世，这个木塑像是在他去世前后制作的。整座塑像充满了坚持到底的顽强意志。塑像的背部略呈弧形，脸部和脖子上还刻有一些皱纹，呈现出重源衰老的姿态，但也透露出他不甘心于衰老的态度。虽然上了年纪，但他还是要做自己力所能及的事情，为完成其所要达成的事情，他要与这个世界正面对峙——这是这座塑像给予我们的感受。他的双手拿着数珠，右手朝上，左手朝下，从中我们仿佛可以看出他的坚强意志。紧闭的双唇以及目视正前方的双眼是紧张而勤奋的人的特点。面对塑像，我们也不知不觉地神经紧绷起来。作为镰仓时代初期著名的人物塑像，它与平安时代的鉴真和尚像并称于世。但两个塑像给我们的印象却形成鲜明的对比。鉴真和尚像呈现出静的姿态，而重源像则是一座有动感的塑像。

这座精致的人像木雕，给人以愈挫愈勇的感觉，它呈现出作为行动者一生都处于行动之中的罕见的人物形象，重源不仅从事重建东大寺的工程，他与此同时还投身于许多事业之中，诸如建造周防国阿弥陀寺、播磨净土寺以及在渡边别所*和播磨别所实施迎讲**、建造伊贺新大佛寺等。根据《法然上人行状绘图》（第四十五）中的记载，重源因投身每个事业时均有周密的计划，所以被称为"筹划第一人"。人们称赞他计划周密，意味着他也拥有实现周密计划的不屈不挠的行动力。

---

* 　别所，指在正寺附近，修行者建起草庵的地方。——译者注
** 　在净土信仰中，迎讲是指讲述阿弥陀佛来迎情况的法会，又称来迎会。——译者注

《重源上人坐像》
（东大寺藏）

　　末法之世，是混乱、破坏和灭亡的氛围笼罩整个社会的时代。这是许多事情都让人们感到心情阴郁、几乎使人们失去生存的希望的时代。但是，人类还必须生存下去。在这样的时代里，脚踏实地地实施并完成大事业的行动者大放异彩。他们身边流动着的空气与时代的阴沉、浑浊的空气截然不同。

　　行动者重源的身边流动着的是清新的空气。当感受到这一点时，人们与重源共同行动，试图置身于这种空气之中。在末法之世，这与恢复生存的力量以及重新拥有生存的希望是紧紧地联系在一起的。正由于社会黑暗，人们才从具有建设性的行为中感到了某种能量。

　　无论从完成的工作之重要，还是从塑像表现出的充满自信的坚定形象来说，作为行动者，重源正是时代所需要的人。正由于时代的需要，重源的行动力才具有更加广泛、深远的影响力。重建东大寺的伟大工程显示了其行动力的不断扩大。许多人为重源的行动力所吸引，以各式各样的形式与他共同承担了重建工作。在各自行动的时候，他们沉浸在创造出新事物的充实感之中。行动与行动相结合，在行动中实现共同的目标，人们的这种实际感受与怀抱不安度过每一天的情况大不相同。创造新事物行动中的人们具有健全的精神和希望，而且，对生活于绝望时代的人们来说，这种健全的精神和希望是必需的。

当我们将重源当作一个信仰者来看的时候，他的信仰是非常混杂的，其中既有密教的因素，也有《法华经》的因素，还有净土教的因素，缺乏统一性。行动者是不拘泥于观念乃至思想的统一性的。重源不是以统一的信仰，而是以统一的行动，来与末法之世相对峙的。

第十六章

佛像雕塑师运庆

——

其崭新的造型意识

在激烈动荡的时代，南都还出现了一位伟大的人物，他就是佛像雕塑师运庆。

运庆的父亲康庆是活跃于京都和奈良的著名佛像雕塑师，在镰仓雕塑样式形成的过程中，康庆起到了主导作用。在 12 世纪后半叶至 13 世纪初期的雕塑界，他的儿子运庆作为第二代雕塑师的新生力量受到人们的关注。

我们必须承认，战乱和动荡的时代造就了佛像雕塑师运庆。在这战乱、破败、饥饿、贫困的时代，人们感慨道，这是末法之世。一般而言，这不是一个幸福和幸运的时代，但随着以东大寺、兴福寺为首的大寺院毁于战火，复兴寺院的工作被提上议事日程，新兴武士集团主动积极地参与到建造寺院、修建大佛的工作中。仅从制作佛像这个特殊的角度来说，这个时代为人们发挥一技之长提供了有利的条件。在京都，继承了著名佛像雕塑师定朝传统的圆派和院派异常活跃；在奈良，活跃着以成朝和康庆为首的庆派。自平安时代末期至镰仓时代初期，佛像制作呈现出雕塑史上罕见的盛况。

这个时代的雕塑界，最杰出的代表性人物是佛像雕塑师运庆。

从大概在运庆20多岁时创作的早期作品《圆成寺大日如来像》中，我们可以清晰地看出运庆的技艺之精湛以及造型感觉之新颖。

释迦如来、药师如来等普通的如来形象一般只穿一件纳衣，身上既没有携带物品，也没有什么装饰，是非常质朴的形象，而唯独大日如来头戴宝冠，宝冠顶上是高高的发髻，其身上到处都放置了豪华的物品，被塑造成菩萨的形象。因此，与其他的如来形象相比，大日如来通常给人以年轻如来的印象。但是，圆成寺大日如来的年轻形象给人的印象更加深刻、更加特别。越仔细观看这个坐像，其年轻的模样就越生动。现在，这个座像被安置在进入寺门后左手边新建的多宝塔里。在这之前，它被安置在古旧本堂中左手边的一个角落里，打那时候起，在池塘、石阶、内庭以及建筑物散发出的古色古香以及略带乡土气息的氛围中，它就一直放射出严肃、年轻的光芒，一点也不自负，不张扬。

这个坐像的表情以及结跏趺坐的姿态中充满了紧张感，从中丝毫也看不出藤原雕刻*中的那种安宁、稳重和平静。在很难找到安宁、稳重和平静的社会里，从这个坐像身上我们感受到雕塑师的这样一种愿望：哪怕只此一尊像，也希望它能作为稳固之物流传下去。被金冠所包围的高高的发髻呈向上伸展的样态，提升了这个坐像的独立感和紧张感。高高地呈弧形向左右延伸的眉毛、一字形伸展的

---

*　藤原雕刻，即平安时代后期的雕刻，脱离了中国雕刻的影响，形成了受贵族喜爱的和样雕刻。以定朝的作品为代表。——编者注

运庆《大日如来坐像》
（圆成寺藏）

细长双眼、从眉头舒展地延伸下来一直到鼻子处的线条以及以柔和
曲线构成的宽阔的鼻子等，在这些形象的处理方面，运庆继承了藤
原和样雕刻的传统，同时，他又吸收了不为传统所拘束的新手法，
如紧绷的双颊、厚实且紧闭的双唇等。呈现在我们眼前的这座塑像
并非温顺的形象，它无法缓解观看者内心的情绪，与温柔、慰藉的
形象相去甚远，颇具紧张感。

　　从脖颈以下的躯体到四肢的设计加强了上述印象。如来的脸已
然显得很年轻，但他的身体比他的脸更加年轻。从坐像的结构当中，
我们能够感受到一种紧张的气氛。这与平等院凤凰堂的阿弥陀如来

像所拥有的舒缓、放松的姿态截然相反。

从坐像的正面很难看清楚，但从左侧或右侧看这座塑像的话，其肩部到胸部的膨胀的肌肉会看得一清二楚。我们可以感受到以肌肉抵御外力的一种强壮之感。从胸部到腰部，肌肉紧缩，没有丝毫的松弛感。坐像上半身的肌肉造型毫无赘余，让人想用手触摸那紧绷的肌肉。也许它是以真人为模特制作的。

坐像两只脚的脚心朝上，像坐禅似的盘腿而坐。其下半身两个强壮的膝盖分别向左右伸展，稳稳地支撑着上半身。镰仓时代雕塑的一个很大的特点是，雕塑师在衣服纹路的表现方面特别用心，但这座像的下半身的衣服纹路可以用极其单调来形容。不过，这并没有减弱塑像的朝气蓬勃的精神和强壮之感。由单调的曲线构成的有规则的左右呈波浪形的衣服纹路，赋予了坐像明快的韵律感，就像是在呼应向左右伸展的膝盖、向左右伸展并结智拳印（左手的食指竖起来，右手用拳头握住左手食指的一种印）的双手一样。

智拳印位于坐像的正中间，成为整个作品力量的集中点。从肌肉紧绷的双肩处伸出来的两条手臂稳稳当当地向外伸展，在肘部的关节处呈九十度弯曲，刚好在心窝附近右手朝上，左手朝下，上下重叠，结成一个智拳印。其实，智拳印在手臂向外以及向内的运动方面很难摆好平衡，实际上，僵硬地结智拳印的大日如来像不在少数。但出自年轻时的运庆之手的这座大日如来像，从手臂到结智拳印的运动没有丝毫不自然的感觉。右手握住笔直的左手食指，强有力的两只手牢牢地吸引住观看者的目光。观看者以两只手合在一起的力量为线索，可以这样欣赏这座塑像：目光不仅可以从肩部向上臂、肘部、前臂、手的方向移动，而且还可以自上而下，从发髻、宝冠、脸部向智拳印的方向移动，再由朝外部伸展的膝盖，向双脚反向交叉的内侧方向移动，一直到脚踝重叠的地方，然后目光再从脚踝朝正上方的结印方向移动。通过目光的移动，我们能够实际感受到塑像朝气蓬勃的精神和强壮之感，心情十分舒畅。正因为这是一座充满了紧张感的塑像，所以人们才能够产生这种实际感受。

从坐像的侧面来看，它也呈现出朝气蓬勃的精神和强壮之感。这时，智拳印不再是人们视线的焦点。无论从左侧还是从右侧看，自头部往下的轮廓线——尤其是后脑勺、背部、腰部以及臀部的后轮廓线——极为清晰，十分有力。其坐姿的重心看上去似乎有点靠后，但它的脸部、躯干和腿部却丝毫不受略微靠后的重心的影响。整座塑像呈现出如来毅然决然进入冥想之中的形象。心无杂念地沉浸在冥想之中的纯粹精神和意志力，与塑像朝气蓬勃的精神和强壮感相互照应。如来进入冥想的状态，与其说是达到了悟道和安身立命的境地，不如说是将要触及事物的核心时的精神高度集中的状态。说不定，年轻时的运庆惊异于自己制作佛像时的忘我和深刻的思考，于是想将那高度集中的精神上的力量融入了大日如来的形象。

据说，运庆制作这座木制的大日如来像花费了 11 个月的时间。这段时间并不短。花费这么长的时间制作出来的塑像具有生动的紧张感，作为一名佛像雕塑师，以及作为一个生活在混乱和动荡时代的人，年轻时的运庆认识到，制作佛像才是值得自己将全部精力投入进去的事业。

塑像的台座由涂了色的木板做成，它的底部有铭文，记录有作者的名字。这值得我们注意。在日本雕塑史上，这是第一个在铭文中写下作者名字的塑像。

现在，不论西方还是东方，在绘画中或雕塑上写作者名字是理所当然的。在日本，在雕塑作品中署名的情况出现于平安时代末期。这标志着佛像雕塑师明确意识到自己就是佛像的制作者。这座塑像的铭文中有这样的记载：大佛师康庆实弟子运庆。前面我们已经说过，康庆是运庆的父亲，也是他的老师，当时，他的名字已广为人知。或许康庆接受了其他人的嘱托之后，将大日如来像的制作工作交给了运庆去做。不管怎么说，在实际制作过程中，运庆是有一种自觉和自负的精神的，即在自己的构思能力和雕塑技艺的基础上雕塑佛像，因此，他在铭文中写下了自己的名字。我们认为，这个时候，至今几乎默默无闻的运庆作为一名佛像雕塑师已经独立，其通过制作佛像展现自己才华的想法已经形成。

通过运庆在铭文中写下父亲的名字又写下自己的名字这一事实，我们可以感受到佛像雕塑师运庆的历史意识。佛像台座的木板内侧用墨书写的铭文很长。运庆对自己的作品感到自信和自豪，认为这座塑像是经受得住后人的评价的，这是他在铭文中写下自己名字的出发点。镰仓时代的雕塑师不满足于上一个时代的藤原和样雕刻，而是再往前回溯，向平安时代初期的贞观雕刻以及奈良时代的天平雕刻学习，学习贞观雕刻中丰富的肌肉表现力，学习天平雕刻中的写实精神，或许可以说，这种向遥远的过去追溯的历史意识，也培育了运庆展望未来的想法。在混乱和动荡的时代，佛像制作者们强烈期望自己的作品能够超越时代流传下去。在现实中亲眼看到这样的作品的人们，从中获得了度过这个时代的力量和希望。不得不说，年轻时的运庆制作的大日如来像，是产生于时代的紧张感和制作佛像的紧张感交汇过程中的一件著名作品。

· ·

　　现在人们可以确认的运庆的真品有：静冈愿成就院的阿弥陀如来像、不动三尊像、毗沙门天像。此外，其后来创作的作品有：神奈川净乐寺的阿弥陀三尊像、不动明王立像、毗沙门天像。愿成就院的塑像作品创作于 1186 年，净乐寺的塑像作品创作于 1189 年，两个寺院的佛像制作时间比较接近。但从圆成寺的大日如来像（1176年完成）算起的话，相距的时间比较长，大约有 10 到 13 年的间隔。在这期间，运庆不可能停止了佛像雕塑工作。但在这十多年间，没有他制作佛像的记录，人们也没有发现他这段时间的遗作。现在人们所知道的只是这十多年间他从事过抄写《法华经》的工作。

　　我们看大日如来像完成 10 年后制作的愿成就院的塑像以及 13 年后制作的净乐寺的塑像，就会发现后来制作的作品与大日如来像大不相同，人们很难看出这是出于同一人之手。

　　圆成寺的大日如来像给人以严肃的紧张感，而愿成就院的阿弥陀如来像则是肌肉丰满、富态的塑像。这座塑像的脸部呈圆形，下颚也有圆圆的肉感，颇有一种分量感。与此相对应，如来像的躯体和两条手臂也都是浑圆的样子，显得很健壮。这座塑像并不具备因抵抗外界的无秩序和巨变而产生的那种紧张感，它保持着悠闲自得的姿势，安详平静，似乎毫不在乎外界的混乱和凋敝。

　　大日如来像与愿成就院的阿弥陀如来像的另一个区别是，阿弥陀如来像衣服的褶皱很深，而且还很复杂。从左肩和右肩到腹部，或贴近身体或离开身体的几根流畅的衣纹线，呈现出写实的妙趣，而且，盖住交叉双腿的衣服的褶皱还传达出雕塑师在做木雕时运凿温柔、动作麻利的感觉。镰仓雕刻将衣服纹路作为塑造形象时的重点，比如运庆的父亲康庆几乎于同一个时期创作的法相六祖像（兴福寺）就是如此。阿弥陀如来像的衣服纹路生动流畅，显示出运庆不亚于其父的精湛技艺。不仅不亚于其父，从整个塑像来说，儿子的创作甚至超过了父亲。由于康庆过于将精力放在衣服纹路的塑造方面，反而在穿着衣服的法相六祖像的身体方面未能达到理想的效果，因而整个塑像的存在感就变得不那么突出了。相反，运庆创作的阿弥陀如来像，其由圆润的肌肉构成的堂堂的躯体与衣服纹路明快流畅的线条形成了一种张力。

而他三年后制作的净乐寺阿弥陀三尊像，其饱满的力量感减弱，形成匀称且稳重的塑像。相对于圆成寺大日如来像身上高度集中的精神力量，阿弥陀三尊像呈现出更加不同的气质和氛围。

从供奉的书札以及文献资料来看，运庆创作了愿成就寺与净乐寺的这些塑像是毫无疑问的。那么，从圆成寺大日如来像到这两座寺里的塑像，它们之间为什么会产生如此大的变化呢？对此，我们心存疑问。

研究者认为，其创作风格改变的原因是施主的不同引起的。圆成寺是真言宗的寺院，定制大日如来像的人是僧人宽遍；而东国的愿成就院是北条时政为祈愿征讨奥州时修建的寺院，净乐寺则是镰仓时代初期的武将和田义盛建造的寺院。后两座寺院里的塑像反映了施主东国武士的气质。这种说法不无道理，但是，尚武的精神、不拘泥于传统的革新精神、重视名誉和忠义的御家人的精神是如何反映在佛像制作过程中的？关于这一点，由于武将定制佛像的情况比较少见，所以用具体的佛像为例来说明是有难度的。不过，我们能够指出，新兴的镰仓武士的气质与运庆的进取精神具有相通之处。我们可以认为，作为奈良的佛像雕塑师的儿子，运庆虽然主要在奈良、京都一带活动，但他能够自由地接受东国武将定制佛像的要求，然后前往新的工作地；在后来的佛像制作过程中，他接受了一个又一个的新挑战——关于这一点，现在已非常明确，运庆是有这种进取精神的。在与新兴的东国武士密切接触的过程中，运庆产生了塑造不拘泥于传统的崭新形象的冲动。

脸部和身体的各种动感向智拳印的方向集中，雕塑师将内心深处的坚定信念投射到塑像身上，这形成了一种风格，这种风格渐渐向另一种风格转变，即向外伸展的肌肉显示出力量感，深刻锐利的曲线构成的衣服纹路展现出运动感。这宣告了运庆塑造新形象的决心。脸部和身体圆润的肌肉不仅会给人强壮感和力量感，也可能给人以肥胖、笨重和懒惰的感觉。佛像雕塑师在追求丰满、圆润的肌肉拥有的充实感和美感的同时，又必须锻炼自己的审美意识，不至于使塑像显得笨重，呈现出没有紧张感的形象。对于一个在塑造技艺方面抱有绝对自信的佛像雕塑师来说，在佛教造型史上，试图用写实手法革新已定型了的藤原和样雕刻，用表现肌肉状态的具体手法来探寻佛像的充实感、统一性和美，是令人激动的冒险和实验。佛像不是用木头原原本本地雕刻真人形象放在人们眼前的物体，它呈现出的是超越人的形象，是经过修行佛道之后达到悟道之境地的形象。想表现出丰满肌肉的力量感的运庆，以创作出超越人的形象为目标，同时又尽可能地使佛像接近有血有肉的人的形象。

与此相对应，用深刻、锐利、复杂的曲线表现衣服纹路，这是无机的造型手法。在这种手法中，人们追求的是一些由几何线条组合而产生的韵律感和协调性。一条弯弯曲曲的波浪形曲线，呈现出微妙的变化，令人赏心悦目。我们可以看到从塑像左手臂到左半身斜挎下来的法衣的纹路，从观看者的视角看则是从右上方往左下方延伸的几条曲线，他们也可以看到盖住双膝和双脚的法衣的曲线从左右两侧向内流动。一条条波浪线被雕刻得非常深，浪头突起，让人想起贞观雕刻中波浪翻飞式的运动感。丰满的肉体包裹在极富流动感的衣服里，肉体逼真的印象由此得以舒缓。

　　丰腴的肌肉也好，波浪纹的衣服也好，尝试用这些写实手法造型时，运庆必须面对这样一个疑问——按照人的形象塑造的佛，要塑造到什么程度才算完美？圆成寺的大日如来像和愿成就院的阿弥陀如来像之间具有很大的差异，这表明了运庆决意踏上冒险之路。阿弥陀如来像接近完成时，运庆本人一定注意到了这与他年轻时的作品在风格上是截然不同的。但他并没有走回头路，而是向前进，这是运庆的创新之处。这个创新是符合在混沌和凋敝中追求真实的过渡时代的特点的。对运庆来说，手持凿子踏上新的雕塑之路，是度过动荡时代的最好方法。

　　愿成就院的阿弥陀如来像完成三年后，运庆制作了净乐寺的阿弥陀三尊像。在沿袭三年前手法的基础上，运庆很好地平衡了三尊佛像的关系，但我们很难看出他在造型方面有更大的进步。这三尊佛像甚至给人以回归传统的安定感。所有佛像身上都贴了金箔，保存至今，这或许加强了佛像们形象统一的感觉。这三尊佛像似乎更适合人们合十闭目来"观看"，而不是定睛仔细观看的。

· · ·

　　我们从历史记录中可以看到，在愿成就院和净乐寺的塑像被制作出来之后，运庆还频繁地从事着佛像雕塑活动，如东大寺大佛的胁侍等。但这些塑像基本上都被烧毁了。现在有许多作品号称是运庆雕塑的，但真伪不详。

　　下面我们看一下东大寺南大门的金刚力士像，这是净乐寺的佛像被制作出来的 14 年（1203 年）后完成的，毫无疑问出自运庆之手。这尊金刚力士像被认为是镰仓时代雕塑的代表性作品，一般的教材、历史书、美术书中基本上都收录有它的照片，非常有名。这座塑像的身体极度扭曲，其睥睨正面的勇猛形象与武士时代的精神极其吻合。

　　自 1988 年起，在对塑像进行为期 5 年的拆解维修时，人们从塑像的身体里发现了各式各样的铭记和奉纳品。由此，我们了解到，这两尊塑像中，阿形像是由运庆和快庆制作的，吽形像是由定觉和湛庆制作的。据说，这两尊塑像是在 70 天的时间里完成的。在这么短的时间内完成两座巨大的塑像，这是一个大工程。庆派的作坊动用了所有的力量加入制作工作当中，而指挥这项工作的是作坊的主持人运庆。现在呈现在我们面前的塑像极具运庆的风格，是他冒险、实验和创造的成果。

　　人们经常可以看到在寺院的南大门左右各放置一尊金刚力士像的情况。它们的作用是防止恶神和邪气闯入这个由佛法统治的神圣空间。但是，当我们面对东大寺南大门时，两尊金刚力士像中，紧闭双唇的吽形像在右侧，而张着嘴的阿形像则在左侧，这非同一般。

一般情况下，人们放置这两尊像时，右边是阿形像，左边是吽形像。这两尊像还有一处非同寻常的地方，它们不是面朝门外站着，而是面对面地站着，右边的吽形像面朝左边，左边的阿形像则面朝右边。

当人们走过一个接一个的礼品商店前的小路——许多鹿也在那附近来回走动——向矗立的南大门走去时，是看不见金刚力士像的形象的。人们登上石阶，走到大门的檐下时，左右两个塑像突然闯入人们的眼帘。这时，人们会为两尊塑像的高大感到震撼，人们不会想到，这两尊塑像的位置相对于传统是有变化的，而且这种变化极其果敢。的确，这两尊像左右调换了位置。具有专业知识的佛像雕塑师运庆十分清楚，这种调换位置的情况是不符合传统习惯的。不仅仅是位置变化的问题，在两尊塑像中还可以看出许多其他的变化，如吽形像抬起右脚，阿形像手持又粗又长的金刚杵等。近年来，人们认为，这些变化的依据是北宋版画中的造型。但不管依据是什么，运庆在这里极其果断地采用了金刚力士像的新造型，这是毫无疑问的。在短短 70 天的制作时间里，运庆合理地使用了嵌木工艺的手法，以极其经济的手段快速地制作出两尊巨大的塑像，这种尝试激发了运庆乃至庆派作坊的冒险精神。

最能够象征运庆面对未知涌现出的冒险精神的就是这两尊面对面站着的金刚力士像的巨大身躯。每当我站在这两尊像面前，我都会想，这巨大的身体究竟意味着什么？

放置着两尊金刚力士像的南大门，如其名称一样，是大 门。这个巨大的建筑物使附近的风景显得渺小。这个具有二层屋檐的建筑物由几根粗大的柱子支撑着，它的上部向两边缓缓地延伸出去，似乎告诉人们这里是一个非同寻常的特殊的地方。越靠近门，粗大的

东大寺南大门金刚力士像 阿形

东大寺南大门金刚力士像 吽形

柱子、宽阔并向两边伸展的雄壮的屋檐给人留下的印象越深刻。当仰望这个建筑物时，人们不禁意识到自身的渺小。

　　进入建筑物内，往头顶方向看，天井并没有被全部覆盖，我们可以看到纵横几十根木头交叉地架在上面。眼前粗壮的圆柱笔直地往上伸展到几十米高的地方，圆柱与圆柱之间，方形的桁和梁分好几层连接在一起。圆形木柱与插入其间的方形横木组成有韵律感的线，引导观看者的目光或上或下、忽左忽右。我们可以清晰地看到，越往上，木材越细，木材与木材之间的间隔越小。不断向上伸展的建筑物的高度给人留下深刻的印象，不过这并不让人感到压抑，许多木材的直线延伸反而给观看者以一种随着直线不断上升的轻快感。大门的下半部分，柱子之间的空间没有任何东西，是完全通透的，这更增加了建筑物的轻快感。这个南大门的建筑样式脱离了寺院建筑的传统，大量吸收了南宋的建筑样式，人们一般称之为大佛样式或天竺样式。通过样式的革新，巨大建筑物拥有了更多的轻快感。可以说这也显示了建筑从事者高度的审美意识。

　　金刚力士像就放置在这个门里。为了与壮观的门相对应，佛像雕塑师制作了两尊巨大的塑像。佛像雕塑师具有这样的热情是不难想象的。南大门的前方是刚刚建好的大佛殿和大佛，它们成为睥睨南都的巨大建筑物和巨大佛像。如果通往它们的大门采用了雄伟壮丽的结构的话，那么，大门左右的两尊金刚力士像也必须具有与此相对应的大小和力量。南大门的两尊巨大塑像让我们感受到，重建东大寺的巨大能量源源不断地流入庆派的作坊，佛像雕塑师们借着这股能量制作出巨大的怒眼圆睁的形象，由此，他们又向这股能量倾注了巨大力量。两尊金刚力士像高达 8 米，如果再加上塑像的底座和塑像头上波浪形的天衣，那么，放置塑像所需要的空间就更大，而这两尊塑像刚好能够纳入这个空间里。

不过，这两尊塑像之大，完全忽视了观看者，让直面塑像的观看者陷入困境。放置在寺院里的佛像首先是人们膜拜、祈祷的对象，其次才是观看的对象，尽管如此，我还是觉得两尊金刚力士像过于忽视了观看者的感受。

我从南大门下走过几十次了，但无论是看阿形像还是看吽形像，从来没有体会到"已经看过了"的满足感。印刷品中的照片大都将两个塑像并排放在一起，当看这些照片时，我们可以知道，阿形像和吽形像是一对塑像，它们之间有一种均衡感。但如果置身于现实中的南大门，我们不可能将两尊分开的面对面的塑像同时纳入视野之中。或许我们可以观看一侧的塑像，同时想象另一侧的塑像，但是由于塑像非常巨大，如果我们采用这种不可靠的观看方法，会连眼前的塑像也看不清楚。

其实，面对南大门的金刚力士像时，我们会想，这么大的塑像真碍事。以吽形像为例，如果在塑像的近前往上看，那么，从腰部垂下来的法衣和膝盖下方筋骨嶙峋的双脚就会直击眼帘。腰部上方的身体、双臂和头部，由于人从下方观看的角度，身体、双臂和头部均不成形。向前突出的胸部、右手笔直地伸出来的三根手指、凸起的下颚以及鼻子等，会零零散散地进入人们的眼帘，上半身和下半身连接不到一起，人们得不到观看一尊像的整体感。近在咫尺的右脚向斜前方蹬出去，脚后跟落在岩座上，手指尖浮在空中，手指张开，像这样的造型具有很大的魅力，但是，如果被这些局部的造型所吸引的话，那么人们不仅看不到上半身，而且连下半身和右脚的连接也无法看见。

我们换个观看的角度，离开塑像，将整个塑像纳入视野中去观看。这时，较之于近前观看时的情况，人们会感受到整个塑像的整体感。但是，即便人们走到最远处观看，塑像各个部分的造型还是会分散地进入人们的视线，人们还是体会不到整体的印象，很难感到它是力量集中的、浑然一体的塑像。只能从下方仰望的视角，也妨碍了人们对塑像形成一个整体的印象。印刷品中的照片绝大多数是从 5 米高的地方拍摄的，人们将照相机焦点置于塑像中间的位置进行拍摄，这是理所当然的。因为如果不把焦点放在这个位置，人们是拍摄不到整个塑像的形象的。置身于南大门时，人们感到十分憋屈，或前或后，或左或右，来回走动，仰望两尊塑像，但结果是无论站在什么地方，人们都看不到塑像的真实形象。人们产生这样的感觉时不禁会想，如果塑像是面朝门外的，人能从更远的地方慢慢地观赏它们该有多好。

运庆是塑像制作过程中的总负责人，他不可能没有觉察到两尊塑像的位置和观看角度的问题。在制作这两尊塑像之前，运庆已经参与了东大寺大佛殿里大佛的胁侍像的制作工作。关于重建东大寺的社会意义、雄伟壮丽的南大门的新颖之处以及南大门和金刚力士像构成的紧张感和对应关系，运庆应该比任何人都要清楚。

他与其他的佛像雕塑师们构想了这样一种情况：将巨大的金刚力士像置于整个空间里，使塑像充斥整个空间，浑身充满力量。它们被塑造成具有强大力量的形象，在激烈动荡的时代里，或许这种粗暴的形象在阻止人们向颓废和绝望方向发展以及给社会带来光明方面能发挥作用，运庆及其他佛像雕塑师们必须在大小、细节的新颖程度等造型方面下足功夫。

　　实际上，佛像原本不以粗暴为特征。可以称之为佛像本体的如来、菩萨等均以宁静、安详为主要特征。对悟道的人以及准备悟道的人来说，宁静、安详是最自然的形象。但是，佛像本体周围安置的明王、四大天王和金刚力士等具有降伏罪恶、守护佛法的任务，因此，他们就被赋予了粗暴、有力的特征。在行动力超人的重源活跃的时期，人们集聚了巨大的能量，踏上重建东大寺的道路。当人们在其雄伟壮丽的南大门放置金刚力士像时，这对塑像必须具有极致的粗暴精神。佛像雕塑师们在制作塑像的过程中，他们的内心深处肯定沸腾着这样的精神。

　　武士集团的出现以及他们在战场上的浴血奋战，把那种粗暴的精神拉近了人们的生活。但是，武士的粗暴精神不可能被原封不动地呈现为金刚力士的粗暴精神。因为这两种粗暴精神的实质是不一样的。战争的粗暴体现在杀伤力和破坏力方面，而金刚力士的粗暴则体现在保卫无上崇高的佛法乃至佛土方面。在金刚力士的粗暴精神里是不允许混杂有卑劣和邪恶的，他们的精神要赋予人们生存的希望和勇气。

　　对运庆及庆派的佛像雕塑师们来说，制作具有那种粗暴精神的巨大的金刚力士像就是与时代共生的方式，或者说，作为佛像雕塑师立于动荡时代的方式。按照嵌木工艺来说，其基本流程是：将巨大的像分为几个部分，几个佛像雕塑师分别制作各个不同的部分，最后将这些部分组合起来，完成整个造型。在用缩小比例的模型构思整个结构时，在制作部分佛像时，在完成塑像的组合时，如何表现出粗暴精神，这是佛像雕塑师们时常遇到的难题。

比如在制作南大门的金刚力士像时，塑像的粗暴精神就与造型的大小密不可分。制作巨大的佛像、修建巨大的大佛寺时，人们投入了庞大的财力和人力，紧接着，人们又修建了巨大的南大门。放置在南大门的金刚力士像也被赋予了非巨大不可的命运。而且，在激烈动荡时代中追求新的造型的佛像雕塑师们为这种命运所驱使，反而在心中产生了创作的欲望。参拜塑像的人们只能从巨大形象的脚下仰望，他们能感受到佛像雕塑师们的气魄。两尊像在极短的时间内被制作出来，这与佛像雕塑师们高涨的热情紧密相关。

高昂的热情将塑像与塑像制作者紧密地联系在一起。逐渐成形的塑像被赋予了生命，雕塑师们拿凿子时手上则充满了力量。在分别制作塑像的过程中，雕塑师们随时随地地感受到粗暴的精神。为了呈现出这种感受，他们必须让站在完成了的塑像前观看的人们充分调动观看的视角。对巨大而具有粗暴精神的造型的追求，是一种冒险和实验。他们专注于这种冒险和实验，甚至没有余地去顾及观看者的视角。当塑像组合成一个整体被安置在南大门两侧预定的位置上时，运庆也许在塑像旁边临时架设的架子上爬上爬下地进行过调整，因此，他观看整个塑像的位置或许是塑像中部，也就是现在拍全图时放照相机的地方。在这个地方看到的塑像与从门下走过并仰望时的塑像，在形象上是有很大的差异的。当然，运庆对此应该是心知肚明的。如此巨大的塑像，有这方面的差异也是情有可原的。

站在塑像面前，我们会感受到塑像制作者的决心、热情和能量。然而，眼里看到的形象却无法与照片中的形象相对应，这是非常遗憾的一件事。这是一组不幸的塑像，在我的心里，这种想法一直无法抹去。

．．．．

运庆晚年的杰作是兴福寺北圆堂的无著像和世亲像。

无著和世亲是公元 400 年左右的僧人，兄弟二人曾在印度活动，创立了佛教的一个支派法相宗。兴福寺是法相宗的寺院，因此，他们两人的立像被放置在寺院北圆堂的中尊弥勒佛的左右。

这两尊像是绝品，人们可以用圆满来形容它们。哥哥无著有着老成的形象，弟弟世亲则是较为年轻的壮年形象。两者悠然地站立在那里，虽然有年纪上的差异，但都具有威严和风采。他们的沉着形象给人们留下如此印象——他们以坚实的步履一步一步地走过了人生的长路。这是人们用圆满来形容这两尊塑像的原因。

两尊塑像拥有相同的造型：法衣遮住全身，舒缓地垂到脚面；法衣的袖子从肘部到呈直角弯曲的双臂垂下来，一直垂到膝盖部位；法衣的外面还披着一件袈裟，经过左肩的带子上有固定袈裟的环，被雕塑在左胸处，为塑像增添了一个小小的装饰。无著身上的环的形状比较简单，但世亲身上的环则略微有点复杂，呈巴形纹，从观看者的角度看，袈裟表面从右上至左下有几条波浪形的衣服纹路，它们与刻在法衣双臂上的衣服纹路形成呼应，给人一种流动的韵律感。

法衣和袈裟看上去都不是轻轻地披在身上的。康庆的法相六祖像是一个简明的例子，它体现出镰仓时代的雕塑的一个特点，即以衣服纹路的变化体现写实的趣味，但由于雕塑师过于注重对衣服纹路的表现，因此，为衣服所遮盖的肉体就显得单薄，或者说显得脆弱。像这样的塑像有许多。我们仅看无著像和世亲像的长袖部分就可以明白，雕塑师对细节极为关注。两尊塑像将衣服稳稳地穿在身上，一只脚向前跨出一点点，悠然地站立在那里，呈现出完全可以承受住衣服重量的力量感。他们丝毫不在乎衣服的重量。身穿沉重的衣服，悠闲地站着，这种形象让人们觉得塑像有一种威严和风采。

无著手里拿着的宝箧也给人同样的感觉。无著将宝箧放在左手上，右手扶着宝箧的侧面。宝箧不算小。圆形的宝箧占据了整个张开的手掌，包在布袋子里，被捧在胸前。布袋子的口扎得很紧，给人以宝箧很重的感觉。但是，拿着宝箧的左手以及与左手相连的胸部和肩部看上去都没有承受不住宝箧重量的感觉。宝箧似乎是不经意间放在手里的，无著的身心没有受到宝箧的影响，呈现出稳定的姿态。世亲手里的宝箧现在已经没有了，不知道什么时候丢失了，但从他的两手、手臂和肩部的情况来看，他似乎也根本不在意宝箧的存在，悠然地站在那里。

手持宝箧的无著像，其中心位置的宝箧并没有吸引观看者的目光，这是因为无著的目光略微有点向右偏，紧盯着虚空中的某个地方，它和宝箧不在同一个方向。他的双眼与其说凝视着外界，不如说散发着知性的光芒。他将目光稳稳地固定在某个方向，以确保身心的安定，认真思索人生。其清澈的目光吸引了观看者的注意力，人们的视线便不再放在宝箧上了。

不仅仅他的眼睛是这样，无著的脸上显示出澄净、深沉的样子，让人过目难忘。也许雕塑师参考了其他著名的塑像，因此他制作出来的无著的脸既不是如来的脸，也不是菩萨的脸，而是颇具个性的人的脸；这既不是青年人的脸，也不是壮年人的脸，而是老年人的脸。与其说这是张日本人的脸，实际上可能更像是来自亚洲大

无著像（兴福寺北圆堂）

陆的人的脸。但雕塑师的目的并不是让人铭记这张具有个性的脸。这个塑像的脸颇具个性，同时的确是人的脸，换句话说，这是一张圆满的脸，增一分则害，减一分则损，令人们对它的印象很深。从脸的个性的角度来说，这张脸是公元 400 年左右一个印度僧人的脸，这张脸呈现出人性的深度，让人感到人的脸就应该是这样的，或者说是张具有普遍性的脸。这才是人们难以忘记它的原因。当人们站在塑像前，会突然闪现出无著就在这里的念头，同时，人们也会闪现出这样一个想法：无著永远处在不同于现实的其他时空里。由于这是一尊个性与普遍性浑然一体的塑像，人们会有这样的感慨。

为了塑造出具有威严和风采的圆满的形象，佛像雕塑师运庆必须在技术和精神层面都达到圆满的境地。长期以来，运庆是充满了冒险和实验精神的人，是具有大胆创意的人。他似乎置身于这样一个境地，当他晚年雕塑无著和世亲的像时，没有去挑战外部世界，而是反复地与眼前就要完成的塑像进行对话，不断地面对内心世界自问自答，以此来结束自己作为佛像雕塑师的生涯。我们不清楚运庆在多大程度上理解了法相宗的教义以及无著和世亲在学问上的贡献，但是，作为佛像雕塑师，他达到了圆满地理解人物的境地。两尊塑像所拥有的威严和风采就是最好的证明。运庆想要塑造出这样一种人物形象——打懂事时起就严于律己，经过不断的修行和思索，一步一步地成长为成熟的人，自然而然地具备了威严和风采。从结果可知，运庆完美地实现了他的目标。两尊塑像堂堂正正地立在那里，似乎在向人们夸示：生为人，我很骄傲。运庆一生制作了各式各样的塑像，有佛像、仁王像也有童子像，在制作塑像的时候，他一直在追问：人为何物？这两尊塑像就是在这个追问的基础上制作

世亲像（兴福寺北圆堂）

而成的。两尊塑像呈现出自信和坚定，这种自信和坚定源于人的本质。从塑像的高度来说，无著像高 194.7 厘米，世亲像高 191.6 厘米，比一般的成年人高出一个头左右，具有魁梧的体格，魁梧的体格中蕴含着完美的人格。塑像魅力的源泉就在这里，而且永不干涸。只有在不断总结大量的人类经验的基础上，佛像雕塑师才能够塑造出表达人的普遍性的圆满的塑像。

关于人物塑像，到目前为止，我们已经叙述了鉴真和尚像（第九章）和重源像（第十五章），这些塑像都是老年人的形象。在这些老年人的形象中，蕴含着塑像人物一生的经历。因为人物塑像是要将活生生的人以雕塑的形式呈现在人们眼前，所以以充分体验了人生况味的老年人形象被选为造型的对象，是符合常理的。观看者当然也会意识到塑像人物的年龄，试图从中发现他在成长到这个年龄的过程中积累的时光痕迹和经验。这是人们欣赏人物塑像时最大的乐趣。

但是，运庆的这两尊著名的塑像之所以能够让观看者不知不觉地意识到时间，不仅是因为它们是人物塑像，而且因为在两尊塑像之间，人们可以清晰地感受到时间的流逝，犹如时间就在人们眼前流动着似的。

时间从弟弟世亲像向哥哥无著像方向流动。两者都是达到人类完美境地的圆满的塑像。如前所述，无著被刻画成老年人的形象，而世亲则被刻画成壮年时的形象。当这两尊像并列出现在人们面前时，人们会认为，世亲年长之后，会步入无著的境地。两者之间有一种时间的流动感。世亲像本身就已经非常完美，但无论人多么完美，他都会变老，这是自然规律。从这个意义上来说，由世亲向无著的方向流动的时间就是自然的时间。世亲的时间既是他体验到的时间，又是不断有序地流淌的自然的时间。在时间的引导下，世亲逐步向无著的世界靠近。兄弟二人之间有一种人格上的呼应。现在，世亲像的手上并没有宝箧，但如果当初他与无著一样手里拿着宝箧的话，那么，两人之间流动的时间也许会更加清晰地浮现在人们面前。

　　两尊塑像之间，之所以有时间的流动，毫无疑问，是因为他们不是佛像，而是人像。在金堂的正中央放置着本尊如来，在其两旁放置两尊菩萨像，这是最为常见的放置佛像的定式。这时，两尊胁侍之间不会产生时间的流动。观看一尊人像的时候，人们很少能感觉到时间的流逝，但两尊人像并列，而且这两尊像还是兄弟俩的话，人们就会深深地意识到时间的流动。这既是自然时间的流动，又是人情味十足的时间的流动。制作塑像的运庆肯定也意识到了这一点。而且，由于两尊塑像拥有威严和风采，因此流动的时间变得更加透明、更加自然。这里的时间既没有上升和下降，也没有进化和退化，人们从中只是感受到流动而已。这种透明的流动感让人感到心情安详。在佛像雕塑技术成熟时期，运庆制作出了完美的人像，或许可以说，他是一个安详、幸福的雕塑师，他晚年的无著像和世亲像也给观看者带来了安详和幸福。

第十七章

法然与亲鸾

———

救济万众的逻辑

在源信的《往生要集》等著作的影响下，10 世纪末至 11 世纪，在贵族和僧侣之间，净土思想得以广泛传播，经过 100 多年的时间，时代从平安时代末期向镰仓时代过渡，这是一个动荡的转型时期。这时，出现了民众的净土思想，这与贵族和僧侣的净土思想截然不同。新宗教的出现是适应新时代的要求的。在这一章里，我们将叙述新的净土思想的开拓者法然和亲鸾的情况。

·

1133 年，法然出生于美作国（今天的冈山县）久米郡稻冈庄的一个地方豪族家庭。他的父亲是一个地方官员，曾任押领使 *。1141 年，他的父亲遭到稻冈庄的预所明石定明的夜袭而身亡。所谓预所是指管理属于中央贵族和寺院的庄园的人，他的父亲死于当地豪族与领主之间围绕扩大庄园的问题引起的势力纷争，从此他的家庭离散。这是法然 9 岁时发生的事情。乱世的激烈动荡也波及农村。

在距离稻冈庄东北方向 10 里（1 里为 500 米）地的山里有一个菩提寺，法然来到这里，成为观觉的弟子。4 年后，观觉觉得法然

---

* 押领使是官职，负责镇压地方上的暴徒、逮捕盗贼等。——译者注

有才华，将他送到比叡山的源光那里。2 年后，法然出家受戒，跟随学问僧皇圆学习天台宗的教义。不久，他离开皇圆，来到西塔黑谷叡空的寺院。因为他觉得皇圆的山门是一个与中央集权关系极为密切、追求名利、在圣俗两方面都想扩大势力范围的地方。在这里，他很难找到自己的容身之处。

来到黑谷之后，法然继续着他的求道生活，每天都沉浸在修行、修学之中，从不懈怠。在这期间，他还参拜过嵯峨的清凉寺，拜访过南都的学者们。

1175 年，他求得一种信念，认为"专修念佛"才是佛教的精髓。于是，他离开黑谷，移居到东山的吉水，从事专修念佛的传教工作。这是净土宗的滥觞。

如何才能够拯救生活在污浊的末法世界里的人们？这个问题将法然引导至具有独创意义的佛教思想——专修念佛——的道路上来。正如我们在第十二章中所叙述的那样，平安时代中期的贵族、僧侣们普遍认为，1052 年，末法世界开始，社会逐渐陷入混乱、悲惨和贫困之中。在法然生活的平安时代末期至镰仓时代，正如鸭长明在《方丈记》中指出的那样，这是一个污浊的末法世界成为现实出现在人们眼前的时代。各个地区出现了大大小小的战乱和纷争，痛苦和悲伤广泛地笼罩着整个社会，人们怀抱着不安和绝望度过每一天。这就是现实社会的真实面貌。

人们在经历着痛苦和悲伤的同时，试图努力度过这个令人心情阴郁的时代；人们在深深地陷入不安和绝望的同时，试图从未来找到哪怕是一点点光明、安定和希望。但是，人们很难克服痛苦和悲伤，而且从未来找到光明、安定和希望也绝非易事。人们努力克

服痛苦和悲伤，却无法克服；人们极力寻找安定和希望，却很难找
到……人们只有在辛苦和沉重的日子里煎熬。这就是乱世中的生活
景象，是人在污浊末世中的生存方式。

　　每天都处于黑暗之中的人们向往净土，想在彼世获得在此世难
得一见的光明。法然的专修念佛的思想就是为了应对人们的这些想
法的。这个思想出自污浊之世，是为生活在污浊之世的人们服务的
思想。

　　法然在其最重要的著作《选择本愿念佛集》中这样说道：

　　　　念佛很容易，因此任何人在任何地方都可以做到。除念
　　佛之外的其他行为都很难，并不是在任何地方都可以做得到
　　的。因此，为了让所有的人都能平等地往生，阿弥陀佛抛弃了
　　难以做到的行为（难行），而选择了容易做到的念佛行为（易
　　行），将它当作佛法的中心。如果说造像、建塔才是最重要的
　　行为，那么，陷于贫困的人们就无法期待往生，而在社会上，
　　富人少，穷人占绝大多数，这是实情。如果说智慧和才能才是
　　最重要的，那么，愚钝、无知的人们就无法期待往生，而在社
　　会上，智慧之人很少，愚钝之人占绝大多数，这是实情。此外，
　　如果说见识广才是最重要的，那么，孤陋寡闻的人就无法期待
　　往生，而在社会上，见识广的人很少，孤陋寡闻的人占绝大多
　　数。如果说遵守戒律十分重要，那么破戒的人和没有受戒的人
　　就无法期待往生，而在社会上，遵守戒律的人少，破戒的人占
　　绝大多数。其他的行为也都是如此。

　　　　总而言之，各式各样的行为都很重要的话，那么，能够往

生的人就变得很少，而无法往生的人变得很多。于是，阿弥陀
如来在很早之前，即他还在为法藏比丘修行的时候，就考虑以
广大的慈悲心拯救千万民众，他没有将造像和建塔等作为往生
的最主要行为，而是仅将称名念佛作为最主要的行为。

（"岩波日本古典文学大系"《法然 一遍》，第106页）

这段文字非常鲜明地呈现出法然的思索历程。

在这段文字的最后，作者提出了"称名念佛"，并将它当作佛
法上唯一至关重要的行为。

源信在《往生要集》中也强调了念佛的重要性，法然在这里进
一步把这个问题尖锐化了。对源信来说，正如"念佛"一词所显示
的那样，就是"念诵佛"。他十分重视念诵的方式，即在脑海里浮
现阿弥陀佛的相好。为了往生于极乐世界，人们要在脑海里浮现出
阿弥陀佛的三十二相、八十种好，然后还要浮现出极乐净土的雄伟
壮丽的景象。这是《往生要集》中叙述的情况。为了给人们以观相
行为进行的念佛提供帮助，《往生要集》非常详细具体地描述了阿
弥陀佛的相好和极乐世界的景象。它的描述将净土思想与形象的美
紧密地结合在一起，为人们创造无数的艺术品提供了动力。

法然将称名念佛置于佛法的中心位置，与源信的观相念佛分道
扬镳。法然思想的核心是，只需要诵念佛的名号——口中念出"南
无阿弥陀佛"即可，唯有这一点最重要。

在法然思想的最深处有这样一种深切的渴望：所有的人必须得
到救济。在污浊的末世，人们无法获得救济。人们在痛苦中挣扎，
生活在不幸之中。这种情况绝对不容忽视。人们必须得到救济。当

下，佛的慈悲必须遍及所有人，必须将所有人都引导至净土世界。

为了回应这种深切的想法，法然的脑海里浮现出易行的称名念佛的思想。人们只要口中说出"南无阿弥陀佛"，就可以往生于极乐世界——对法然来说，唯有这个想法才能够解决千万民众的救济的问题。这是其佛法思想的根本。

这种想法极为单纯，是非常崭新的思想，甚至可以说具有革命性的意义。直至去世时，法然都一直贯彻着这种思想。他花费了一生的经历去深化并广泛传播这种思想。从上述引文中，我们可以深刻地感受到他的这种坚定执着的精神。这种精神主要体现在一点上，即除了称名念佛之外，其他的行为都是"难行"，因而他毅然决然地拒绝并排斥各种"难行"。法然列举了一些难行，下面我们按照顺序列出来：造像起塔、智慧高才、多闻多见、持戒持律。从佛教的角度来说，无论哪一个难行都不容忽视，没有哪一个是佛道中人能够忽视的行为。从之前我们叙述的日本精神史上佛教的演变过程来看，造像起塔、智慧高才、多闻多见、持戒持律的行为，有时出现在历史的大舞台上，是伟大的事业或行为，有时则出现在舞台背后，却成为在精神和思想上支撑佛教的因素，以巨大的力量使佛教深深地扎根于日本社会之中。法然年轻时就出家，在日本佛教界最具代表性的比叡山学习过，他不会不知道这些事业或行为的重要性。

法然明明知道这些行为的重要性，却极力排斥称名念佛之外的行为，他认为，对大多数人来说，难行是无用的，只要称名念佛即可。

必须救济千万民众的深切渴望，引发出只要称名念佛即可的思想，在深入思考这种想法的过程中，法然对传统佛教中的行为给予

法然像

了强烈的否定。法然的思考由此不断地向前发展。法然否定传统的同时，也意味着他否定了此前自己作为求道者所走过的路。且不说造像起塔，就智慧高才、多闻多见和持戒持律来说，自年轻时有志于佛道的时候起，法然本人就对实践这些行为倾注了心血，随着年龄的增长，他更是对这些行为了然于心。法然必须加以否定的传统不在他的身外，他本人就生活在这样的传统之中。

对传统的否定就是对自己的否定，因此，专修念佛的思想得以纯粹化、主体化。如果一个世界里有作为"易行"的称名念佛，在另一个世界里有作为"难行"的其他行为的话，那么，也许肯定一方而否定另一方或双方保持距离共同存在并非难事。但是如果两者都存在于自己的内心深处，否定或肯定，两者都会原封不动地回到自己的内心深处。法然不得不深入思考这个与自己的内心相关的问题：何谓易行？何谓难行？为何行中既有易又有难呢？为何易行要优于难行呢？……

　　其实，他的重要作品《选择本愿念佛集》就是由这些深刻的思考构成的。然而这样的深刻思考，岂不是与应该否定难行相矛盾吗？这部作品从净土三部经和善导的《往生礼赞》中引用了大量的内容，根据引用架构起来的巧妙逻辑，法然提出了专修念佛的绝对性。那么这部作品本身不就是智慧高才和多闻多见的行为成果，也即难行的成果吗？这样一来，在创建专修念佛思想的过程中，对法然来说，严格而艰深的理性上的钻研就是不可或缺的。那么，难行不也是必要的、可行的吗？

　　专修念佛的思想将这些疑问都摆在了法然面前。

　　法然为了在山林中修行而登上了比叡山，等到他掌握专修念佛的思想，离开黑谷，移居东山吉水的时候，已经过去了 30 年的时间。自 13 岁到 43 岁的 30 年间，法然一直倚仗智慧高才，追求多闻多见，以持戒持律的生活为目标，度过了求道生活的每一天。如此践行难行的法然，却说智慧高才、多闻多见和持戒持律不应该是人们追求的东西，唯有称名念佛才是唯一有价值的行为。救济千万民众的渴望促使他否定传统、否定自己的过去，当我们看到他最终抵达的思想境界时，能够想象法然心中闪现出一股耀眼的光芒。他不能半途而废。半途而废就意味着抛弃救济千万民众的热情。自己的过去虽然可以否定，但救济千万民众的热情——生活在这个时代中产生的热情——却无法否定，这就是法然 43 岁时从伦理的角度所做的决断。

　　伦理角度的决断必定促使他采取伦理上的行为。他无法继续在深山里心怀专修念佛的思想度过隐居的、清贫的求道生活。专修念佛的思想是既要拯救没有财富、智慧和才能的人们，又要拯救过着少闻少见、破戒无戒生活的人们的思想，是这样一种逻辑。思想需要被人们了解，需要传播。因此，法然要离开黑谷，与广大的民众交往。他是一位求道者，同时必须与民众打交道，与民众共生存。

法然在京都开始传教是在 1175 年，此时也是源平之乱开始的那年。这一时期武士势力抬头，时代处于激烈变化之中，法然在民众中传教，但我们不清楚他具体的传教情况。不过，平重盛火攻南都之后，他曾经被邀请就任东大寺劝进一职（法然拒绝了这个职位，推荐重源任职），因此可以判断，作为一名僧人，他的活动应该是受到了人们的关注的。很久以后，延历寺的僧徒们向座主申诉，要求停止专修念佛（1204 年），兴福寺的僧徒们向寺院提出禁止念佛的申诉状（1205 年），由此看来，专修念佛的思想逐渐深入人心，对旧佛教势力来说，形成了一股不可忽视的力量。

法然的思想之所以能够逐渐传播开来，毫无疑问，它表达了生于乱世的民众向往极乐世界的强烈愿望，同时也表明，仅仅通过称名念佛的易行就可以往生的专修念佛的思想，为许多人提供了安详和喜悦。专修念佛思想的产生，要以广博的知识为背景，要经过坚韧的思索，运用极具逻辑性的思维，这虽然很难被不谙熟佛教的普通人正确理解，但是，在痛苦之中度过每一天的人们，以及有时还可能作恶的无知无能的人们，是最需要拯救的，这就是阿弥陀佛的最终心愿——法然的这种想法应该是为人们所接受了。佛教不是为贵族和僧侣而存在的，而是为了贫穷、愚钝、无知、犯错误的人存在的。对贫穷、愚钝、无知和犯错误的普通人而言，这种思想极为新颖，直击他们的心灵。

佛教与基督教、伊斯兰教一同，被看作超越部落、民族的世界性宗教。在印度兴起的佛教在东亚地区广泛传播，经由中国、朝鲜，传到了日本。

但是，这些宗教的教义是否具有普遍性，是不是名副其实的世界性宗教，我们还很难马上做出结论。

6世纪中叶传入日本的佛教，与其说它是具有普遍性的、存在于现实中的世界性宗教，不如说它具有与统治者的权力相结合的浓厚色彩，也就是它与豪族和国家权力结合在一起，寺院本身作为拥有特权的地方，承担了统治阶层的一部分工作。奈良时代的镇护国家的思想——通过佛教的传播获得国家的安定——是佛教与政治紧密结合的典型例子。无论是佛教一方，还是拥有政治权力的一方，相互结合在一起的意愿都很强。比叡山延历寺的最澄试图摆脱这种情况，在山林中修行的基础上，实现宗教上的自立。但最澄死后，随着时代的发展，延历寺也加强了与政治的联姻，为自身成为政治上、宗教上的特权集团而感到自豪。

专修念佛的思想认为贫穷、愚钝、无知、无戒的庶民最需要得到拯救，这一思想试图破除这些集团的特权，将佛教传播到人们的日常生活中去。从这种非常接地气的宗教活动中蕴含着的思想性来说，毫无疑问这是一种向具有普遍性的世界性宗教方向发展的尝试。如果说超越部落和民族是突破上层特权的范围走向世界性宗教之路的话，那么，接近下层民众就是打破宗教集团的条条框框走向世界性宗教的道路。专修念佛的思想尖锐地批判了日本佛教的传统，即佛教徒长期在政治上与国家权力和上层阶级相结合，教团自身则成为特权阶级。专修念佛面向社会并试图与普通民众共生存，来探寻佛教本来的普遍性。

专修念佛思想中蕴含着的这种志向很难被政治上和社会上拥有巨大权力的旧有的佛教界所理解，但民众却逐渐被这种难以理解的思想吸引。当这股势力成长为力量，足以动摇以往的佛教信仰的地位时，信仰旧的佛教思想的人们坐立不安了。以往的佛教思想与专修念佛之间出现了明显的对立。下面我们引用南都大僧团向寺院提出的禁止念佛的申诉状《兴福寺奏状》中的一段文字。

　　第七个过失是对念佛的误解。首先，被念诵的佛有名字，也有实体。实体有内容和法则。其次，关于念诵的方法，有口称（发出声音念佛）和心念（默默在心中念佛）。心念有系念和观念。观念有从散位到定位，从有漏到无漏的阶段，由低位向高位发展。因此，口中唱诵名号既不是观，也不是定，而是浅薄的念佛方法。根据情况和人的不同，口中唱诵名号未尝不可，但是，仔细想一想，还是有区别的。专修念佛之徒受到责难时，不去认真反思，而只是回答道："弥陀有四十八个本愿，念佛往生是其第十八个本愿。"他们不提及其他的大愿，只是以第十八愿为本愿，这是怎么回事呢？在第十八愿中，有"乃至十念"（即便唱诵十遍）的说法，这说的是最差的情况。意思是，观念之下有口称，多念是好的，但十念也是可以的。这正是弥陀的慈悲之深、佛力之大的地方。

　　　　　　　　　（"岩波日本思想大系"《镰仓旧佛教》，第38—39页）

这段文字的思路十分清晰，关于念佛的概念，依据佛典，展开论述。相比较而言，法然的《选择本愿念佛集》中有一些牵强、奇怪的论述。这些显而易见的牵强又奇怪的论述，反而让批判的一方集中精力，展开严谨的论述。

尽管如此，对法然来说，即便采用牵强又奇怪的论述，也要使佛教深入人心，这是他深切的渴望。这个渴望才是传统佛教界最难以理解的地方。《兴福寺奏状》不仅是批判专修念佛的文书，它还是具有政治意义的文书——要求寺院禁止法然一派的活动，并对主要的活动家们进行惩罚。因此，法然一派的人们被迫也采取了政治上的应对。从文书中显而易见的旧佛教对法然的不理解，以及双方立场的不同来看，法然认为此前的佛教和自己的佛教，在生存的世界方面就有很大的区别。而且，他还认为，这并非一件令人头疼的事，也并非一件可悲的事，他只能老老实实地接受。从传统的日本佛教的角度来看，专修念佛的思想过于独辟蹊径，过于异端了。

这种具有独创性和异端精神的思想逐渐地被庶民接受，不久，贵族、武士和在家的僧人们也接受了这种思想。宣扬教义的法然的人格魅力，或许是促使人们接受的原因之一，但是时代的黑暗和得不到拯救的绝望也为"平等往生"想法的出现加了一把力，我们不可忽视这个事实。在离开黑谷后与普通民众交往的过程中，法然更加坚定了这样一个信念：专修念佛的思想是时代的要求。这个思想原本出自一股拯救贫穷、愚钝、无知和无戒的民众的热情。祈愿救济庶民的教义如果能够为庶民所接受的话，对法然来说，再没有比这更令人满足、更加喜悦的事了。离开黑谷之后，法然除了应九条兼实的请求写下了《选择本愿念佛集》外，再也没有汇编成集的著作了。对法然来说，抽出时间与整天劳作的庶民打交道具有强烈的充实感，这种充实感不亚于著书立说。从法然给别人的书简中我们可以看到他踏踏实实、认认真真地与人们打交道的身影。

下面，我们引用他寄给武藏国的武士津户三郎的回信中开头部分的一段文字。

　　　　我认真地阅读了你的来信。关于你所问之事，我大致回复如下。我曾经说过，熊谷入道和津户三郎是无智的人，所以我劝他们念佛，但对有智的人来说，没有必要劝他们念佛。这大错特错了。为什么这么说呢，因为念佛的行为与有智和无智没有关系，阿弥陀佛立下的本愿是为了拯救一切众生的。劝无智的人念佛，而劝有智的人做其他的事情，这是不对的。念佛是为了所有众生的，有智、无智、有罪、无罪、善人、恶人、持戒、破戒、高贵的人和卑贱的人、男人和女人、佛在世时的众生、佛死后不久时的众生，甚至是末法万年过后、佛法僧三宝消灭后的众生，拯救所有的这些人是阿弥陀佛的本愿……因此，对来到我这里询问往生之道的人，不论他们是有智之人还是无智之人，我都会让他们念佛。

　　　　（"岩波日本思想大系"《法然　一遍》，第169—170页）

这封信很长，其中还有直接用汉语引用佛典的地方。这段文字从正面直接回答了对方的疑问，十分直率明快。

毫无疑问，在信中，法然想向对方说明专修念佛的精髓，这是他写信的目的。与此同时，通过这封信，我们可以感受到法然对能够有这样一个写信的对象，有机会反思并提高自己的思想，感到无比高兴。他认为，阿弥陀佛的本愿最主要的就是救济贫穷、愚钝、无知和无戒的人。这种想法深入法然的内心，对法然来说，在庶民当中，与他们共同思考，一道合十念佛，这本身就生活在佛道之中。他没有必要再与比叡山、兴福寺、平安宫廷以及镰仓幕府的人打交道了，也没有必要再回到黑谷去了。

在临死之前，法然应弟子源智的请求写下了《一枚起请文》。我们将这个短文引用如下：

> （我所说的念佛）既不是中国、日本的许多智者所说的观念上的念佛（一边在脑海里浮现出佛的形象一边念佛），也不是钻研理解了佛经意思之后，发出声音的念佛。如果是为了往生于极乐世界，当人们唱诵南无阿弥陀佛时，心中认为自己肯定会往生，这样念佛即可。除此之外的事，都没有必要去做。虽然有三心、四修行法的说法，但它们是包含在这样一种坚定的信念——认为唯有念诵南无阿弥陀佛才能够往生——之中的。除此之外，如果深入思考它们的话，就会远离释迦、弥陀的怜悯，得不到本愿的救济。相信念佛的人，即便他认真学习了释尊所有的法则，也要把自己当作什么都不知道的愚钝之人，当作无智僧人中的一员，不去做貌似智者的行为，只是专心致志地念佛即可。
>
> （出处同上，第 164 页）

这段文字有的地方不那么流畅，但以属于易行的称名念佛为佛法的中心，这一想法没有发生丝毫的变化。经过三十年的山中修行，法然终于领悟了专修念佛的思想；经过三十七年的传教，法然在与人们打交道的同时锤炼了他的思想。在死亡来临之际，法然一定会认为，自己已度过了充实的一生。

关于法然临终时的情况有两点值得注意。一是他的弟子们将五色丝线系在佛的手上，想将丝线的另一端放在法然的手里，但法然没有去握丝线，他说："我不需要这样的仪式。"二是慈圆在《愚管抄》中记述的情况，人们说法然要往生了，都聚集在一起，但大家都没有看到能够证明他往生于极乐世界的事情（如紫云飘荡、音乐声响、妙香满堂等）。这样的临终时的景象，十分符合法然以生活于庶民世界为根本的伦理思想。

· ·

亲鸾继承了法然的思想并深入挖掘其内涵。

1173 年，亲鸾出生于贵族家庭，他的父亲是日野有范。这时，法然已经 41 岁了。1181 年春天，亲鸾 9 岁的时候出家，进入青莲院慈圆的门下。后来，他在比叡山做堂僧。1201 年，他参拜京都六角堂，在梦中得到启示，于是前去拜访东山吉水的法然，成为专修念佛的僧人。

源氏与平家为争夺霸权屡次发动战争，京城荒废，战火还波及地方，不久镰仓为幕府将军所攻占。在这样一个激烈动荡的年代，亲鸾亲身体验到社会的动乱和变化，作为一名僧人如何在这个社会中生存下去，这是亲鸾需要摸索的。此时正值他自青年向壮年过渡的时期。

传统的佛教对新兴念佛宗的攻击越来越猛烈，终于在 1207 年时，专修念佛被禁止，法然被流放到土佐[*]，亲鸾则被流放到越后^{**}。这时，亲鸾 35 岁。在被流放前后，亲鸾结了婚。

　　1211 年，亲鸾得到赦免，但他没有回到京都，而是于 1214 年从越后移居到常陆国^{***}，此后大约 20 年间，他一直居住在笠间郡稻田乡。在乡间，他一边向邻居们宣传专修念佛的教义，一边倾注了大量的精力写下他的代表作《教行信证》。亲鸾发自内心地对法然的人格抱有敬意，皈依了以救济无名的百姓为主要目的的专修念佛的教派。他在偏僻的地方与普通百姓共同生活，从来没有觉得有什么不自然的。

　　不过，用汉语创作的由六卷构成的《教行信证》一书，绝不是他在与乡间的普通百姓交往过程中自然地创作出来的。在这部书中，他在大量引用了以净土三部经^{****}为首的佛典以及中国和日本净土思想家的论述的基础上，试图探究末法时代佛教的状况。《教行信证》是被法然认为无用的智慧高才、多闻多见结出的一颗美妙果实，普通百姓很难体会到它的美味。只要念佛就可以往生于极乐世界，这是极为简明的思想，作为一名将易行置于难行之上的专修念佛的僧人，如果非常诚实地相信这个简明的思想，不抱任何怀疑的态度，口诵"南无阿弥陀佛"的话，就可以直接走向往生于极乐世界的大路，但是，亲鸾没有直接走向这条路。他在相信这个简明的思想是不可动摇的真理之前，要广泛涉猎佛典及其义疏，从理论上解决一

个个的疑问。刻苦学习佛典及其义疏，似乎与一个淳朴念佛的信者形象不甚相符，但是，如果要想以一个佛教思想家的身份立足，刻苦学习佛典及其义疏这条路是绕不过去的。

亲鸾认为专修念佛是佛法的本质，他将这个立场贯彻到底，但是在按照经典和义疏中的语句论述正邪、真伪的时候，他的叙述极为繁杂。对于那些令人产生疑问的事情，他回归到相关的经卷和经论的语境中，一个个地进行思考，直至得出满意的答案。这就是《教行信证》一书的写作手法。一方面，我们从中可以看出亲鸾试图在思考问题时发挥出自己的主体性。另一方面，我们也可以看出他慎重的思考，即他在明确出典并进行叙述的过程中，试图避免任意的、独断的解释。他通过广泛涉猎经卷和经论，阐释其内涵，来支撑专修念佛这一独特的宗教思想。《教行信证》就是这样一部著作。

例如，在"信卷"的末尾，作者提出了犯了五逆之罪的人和诽谤正法的人能否往生于极乐世界的问题。《无量寿经》列举了立志救济众生的阿弥陀佛立下的四十八愿，其中法然最为重视的是第十八愿，"我若得成佛时，十方之众生，至心信乐，欲生于我国，乃至十念。若生，则不取正觉。唯（犯）五逆（之罪）及诽谤正法之人除外。"（出自《净土三部经》，岩波文库，第157页）亲鸾的疑问应出自这里。第十八愿的宗旨是，阿弥陀佛发誓，凡是打心底里信奉自己且念佛的人，都能往生于极乐世界，唯有犯了五逆之罪的人和诽谤正法（谤法）的人例外。那么，这些被排除在外的人是能被拯救的，还是不能被拯救的呢？

这是法然不曾提及的问题，但继承了他衣钵的人如果想要探究其中的逻辑，那么自然会遇到这个问题。这是一个非常棘手的问题，但亲鸾决定深入探讨它。刻意举出棘手的问题，将触角伸向未知的领域，使得自己的思索更加深刻、敏锐，这是亲鸾的作风。

从专修念佛的最根本立场"一切众生，平等往生"来说，犯五逆之罪的人和诽谤正法的人都必须得到拯救。但亲鸾并不着急下结论。五逆之罪的第一条就是杀父之罪。他没有从净土三部经中选取例子，而是从《涅槃经》中选取了杀父的例子，叙述了阿阇世太子杀父的过程以及杀父后当事人的内心变化。此外，他认真叙述了其他经典中对五逆和诽谤正法与往生于极乐世界的关系的探讨。顺着叙述的势头，他引用了中国净土教的集大成者善导的《观经疏散善义》中的一段话，我们将其中与弥陀的"第十八愿"直接相关的部分引用如下：

> 阿弥陀如来的四十八愿中将谤法和五逆排除在外，认为这两种罪业是妨碍往生的最大的罪恶。只要有人犯了这两种罪，那他马上就会堕入阿鼻地狱，长时间地体会各式各样的痛苦，无法从这个境地里解放出来。不过，阿弥陀如来所说的"除谤法、五逆之外"是想让众生害怕犯下这两种罪业，作为防止犯罪的方便手段而提出犯这些罪的人"无法往生"，而不是说不救济他们。

（"岩波日本思想大系"《亲鸾》，第 134 页）

读到这里，人们可能会有一种被闪了一下的感觉。亲鸾认为，四十八愿中最重要的第十八愿的补充说明部分不是弥陀的真心话，

亲鸾像

而是为了不让众生犯下重罪而故意说的狠心话。这种解读方式让我们想起了"说谎也是办法"*的谚语。

　　如果将上述引文置于这段引文前后的亲鸾关于五逆和谤法的深刻思考中考察，我们就会发现，这种危险的解读方式反而如实地显

---

*　这是日语中的一句谚语，意思是说，有时为了使事情发展得顺利，说谎话也是必要的。——译者注

示出亲鸾净土思想的独特性，我们也会明白，亲鸾的净土思想的核心在于一切众生平等地往生于极乐世界。

犯五逆和谤法之罪的罪大恶极的人，如果也能够往生的话，那么地狱就形同虚设；如果被排除在往生之外的犯五逆和谤法之罪的人，由于阿弥陀佛的慈悲也能够往生，那么下地狱这种说法就只是一种比喻，没有人会真的下地狱。阿弥陀佛广大无边的慈悲让地狱成为无用之物。这就是亲鸾净土思想的逻辑的出发点。事实上，《教行信证》也好，和赞（一种佛教歌谣）、消息（书简）和《叹异抄》也好，它们都有许多关于地狱的话题。在 200 年前，源信在《往生要集》中，怀着极大的热情描绘了地狱的景象，在同时代的绘卷《地狱草纸》中，画家花费了很大的精力描绘了令人恐惧的地狱图，很显然，这些作品与亲鸾的佛教思想大相径庭，亲鸾的思想是在逻辑和伦理的基础上形成的。亲鸾对描绘地狱的形象不感兴趣。自然而然，他对描绘与地狱完全对立的极乐世界也毫不关心。包括犯五逆和谤法之罪的人在内，所有的人如何才能够被救济呢？从逻辑、伦理上对这类问题加以探究，这才是亲鸾最为关注的地方。从时代的角度来看，净土思想曾经作为形象的宗教为上流社会所接受，在乱世，净土思想更加关注的是下层民众的感情，而不关注华丽形象的发展。人们通过华丽的形象确信极乐世界是存在的，但他们不能以此确信自己能往生于极乐世界，但能从宗教上的新的逻辑和伦理中获得往生的信心。

著名的"恶人正机说"认为，必须从人们的日常意识和宗教意识方面探究"所有的人无一例外都可以往生"这个根本理念，还要从相反的思维角度对这个理念加以说明。下面我们引用《叹异抄》

中的一段文字。这段文字人们非常熟悉。

> 善人能往生，何况恶人呢。然而，世人常说，恶人亦往生，
> 何况善人呢。这两种说法看上去很相似，但有悖于本愿他力的
> 意趣。因此，自力作善的人，一个劲地努力依靠他力，这并非
> 弥陀的本愿。但是，如果完全推翻自力的想法，依靠他力的话，
> 就会实现真实报土*的往生。烦恼具足的我们，无论哪种行为，
> 都无法摆脱生死，弥陀怜悯这样的我们，真心的愿望是使恶人
> 成佛，因此，依靠他力的恶人原本就是往生的正因。故而，弥
> 陀说，善人能往生，更何况恶人呢。
>
> （《叹异抄》，岩波文库，第45—46页）

世上的人经常说："连恶人都能够往生，善人当然能够往生。"
也就是说，这是社会上的常识。对此，亲鸾心里十分清楚。但是，
这个常识与"一切众生，平等往生"的根本理念是矛盾的。从弥陀
的本愿来说，所有的人无一例外都可以被拯救，认为往生极为困难
的恶人必须第一个往生。这是真正的宗教的逻辑。将这个逻辑用语
言来表达的话，常识性的逻辑就会被推翻——"善人能往生，何况
恶人呢。"由此，高度绝对的宗教逻辑就出现了，它超越了日常的
逻辑。

世人并非毫无抵触地接受了"一切众生，平等往生"和"恶
人正机"的宗教逻辑。当时的世界极其混乱，充满了污浊，因而有

---

*　真实报土是阿弥陀佛的极乐净土之一。——译者注

末法之世的称呼。但是，人们还是想要在这样的世界里堂堂正正地活下去，想活得更安宁一点。只要努力就会得到回报，不要给他人添麻烦，注意身体健康……在这些日常生活中的逻辑的基础上，再想象一下往生于极乐世界的情景的话，"恶人亦往生，何况善人呢"的说法就显得非常合乎逻辑。

那么，与这个逻辑思维相矛盾的反向思维是"善人能往生，何况恶人呢"，这适用于什么样的情况呢？到底有没有适用的情况呢？关于它的回答只能是，这是一种适用于死后世界的思维。我们只能这么认为，亲鸾广泛涉猎佛典、义疏，同时，又加深了对阿弥陀佛的本愿（第十八愿）中蕴含的佛教思想的根本要义的认识，在此基础上，他形成了超越此世而抵达彼世的思想。亲鸾认为，在此世看似矛盾的思维正是彼世的绝对的宗教思维，是符合弥陀本愿的思维。

由此，此世和彼世，在逻辑上被严格区分开来了。

在这个世界上，饥饿、破坏、掠夺和杀戮不断出现，有的地方还横行着弱肉强食和身份歧视的思维，而在由阿弥陀佛的慈悲所庇护的彼世，任何人都可以快乐地生活，尤其是在此世犯下重罪的恶人也可以快乐地生活。任何人都会理解以明晰的逻辑叙述的两种世界的差异，而且对在乱世里感到痛苦和烦恼的人们来说，一定会更加感到弥陀的本愿非常难得。此外，他们还会相信，弥陀的慈悲若是广大无边的，那么，慈悲的光芒会照耀到彼世的任何地方，弥陀会向所有人伸出救济的手。如前所述，亲鸾是一个很少关注地狱的佛教思想家，其关心程度之低也表明了，这种净土思想是将弥陀的本愿作为终极依据来对待的。

在彼世，弥陀的慈悲之光遍照，人死后，弥陀向所有的人，尤其是犯了重罪的恶人伸出救济之手，那么，在此世我们又该如何度过呢？在明确区分了此世和彼世之间在思维上的差别之后，亲鸾必须面对的就是这个问题。

这是一个较为难以回答的问题。正由于此世和彼世中不能通用一套逻辑，所以适用于彼世的生活方式不一定原封不动地适用于此世。只要彼世被设定为超越此世的绝对的世界，那么，人们就不能原封不动地将宗教的信念和信仰当作现实生活的伦理规范。

但是，亲鸾却将宗教的信念和信仰贯彻到现实生活中，试图将此世的生活也纳入伦理规范当中。除以弥陀的本愿为终极依据的宗教信念和信仰之外，亲鸾并没有应该向民众说明的生活伦理，这是亲鸾的思想立场。由此，我们可以感受到亲鸾以宗教精神努力度过乱世的决心。

为了将宗教信仰带入现实生活的伦理之中，亲鸾在常陆地区和京都一有机会就提出"他力本愿"这个词。一般情况下，人们把法然的净土宗、亲鸾的净土真宗和一遍的时宗总称为具有"他力本愿"教义的宗教。但法然和一遍并不像亲鸾这样时常地将"他力本愿"挂在口头上。

亲鸾把"他力本愿"与阿弥陀佛的第十八愿直接联系起来说过一段话，是他晚年在京城写给念佛的人——他生活在亲鸾曾经居住过的常陆国笠间郡——的一封信中的一段话。

所谓他力是指打心底里相信被纳入阿弥陀如来誓愿中的第十八愿。关于他力，法然曾经说："因为它是如来的誓愿，所

以以无义为义。"所谓义，指规划。修行者的规划是自力的行
为，所以称为义。他力是指深深相信阿弥陀如来的本愿并相信
一定能往生，所以称为无义。如此一来，有人可能因自身不好，
便想，如何让如来迎接我呢？这种想法是不对的。作为凡人的
我们原本就是烦恼的集合体，肯定是不好的。此外，有人认为
自己心好，所以一定能够往生。这个想法也是不对的。人是无
法以自力的规划出生在弥陀的净土世界里的。

（"岩波日本古典文学大系"《亲鸾集 日莲集》，第 117—118 页）

所谓"规划"是说经过多方的思考，定出计划、做好准备并实
施。亲鸾在这里指出，关于往生于极乐世界，一切规划都是无用的。
因为这是"他力本愿"。抛弃自力，抛弃规划，坚定不移地相信阿
弥陀如来。只要这么做即可。

这个体会与生于混乱、荒芜的末法之世的人产生的体会截然不
同。秩序混乱、人们的日常生活失去规律、人们随时可能遭遇厄运，
在这种情况下，人们就需要冷静地观察身边的事态，不感情用事，
不轻举妄动，经过慎重的判断之后再采取行动。即便毅然决然地采
取行动，或蜷缩着身体等待危险的事态过去之后再采取行动，也必
须正确认识事情的状况，做出准确的判断。这就是亲鸾所说的规划。
为了在此世生存下去，尤其是为了度过乱世，规划是不可或缺的。

关于往生，亲鸾指出，对它的规划是无用的。他认为，"他力
本愿"才是符合佛法的。仅从这个说法来看，我们就可以感觉到此
世和彼世在本质上的不同。与混乱的此世不同，彼世为弥陀的慈悲
心所笼罩，是安详的世界。如果人死后会被迎进这个安详世界，那

么，在乱世的辛劳和悲惨会变得不那么沉重，乱世的日子过起来多多少少会轻松一点。在这种实际感受的基础上，相信弥陀的本愿、相信往生于极乐世界的人不会少。

这样，认为规划不可或缺的现实世界和认为规划无用的弥陀世界，就并列出现在人们面前。两个世界截然不同，一方不会进入另一方，但与这两个世界遭遇的念佛的信徒们，试图从充满艰辛的现实世界里寻求没有规划的"他力本愿"的安详，从陷入悲苦之中的人的心理来说，这种可能性是存在的。现实世界是有规划的、危险的、混乱的世界，但其中哪怕有一点点抛弃规划、依照"他力本愿"的状态生活的可能性，人们也能从这种状态中获得短暂的安宁，试图将这个状态延续下去。净土以这样的形式与此世交错，阿弥陀信仰被移植到现实生活的伦理之中的可能性就增大了。

在《叹异抄》中，亲鸾曾以自己为例讲述了"他力本愿"与此世的现实生活相交错的情形。他在回顾自己与其老师法然的关系时这样说道：

> 亲鸾完全相信法然所说的，只要念佛得到弥陀的帮助即可。我根本不清楚，念佛是往生于净土世界的真正的原因呢，还是堕入地狱的主要业因。即便为法然上人所欺骗，堕入了地狱，我也丝毫不后悔。之所以这么说，是因为假如通过念佛之外的其他修行本可以成佛，却因为念佛而堕入地狱的话，我也许会为受骗而感到后悔，但是，对无论怎么修行都无法成功的我来说，我以为前往地狱是一种宿命。
>
> （《叹异抄》，岩波文库，第42、43页）

　　法然生前与亲鸾是师徒关系。在 1207 年的迫害中，他们两人都被流放到偏远的地方。无论亲鸾对老师怀有多么大的敬意，都不可能将他与誓愿让众人往生并实施其誓愿的阿弥陀佛同等看待。阿弥陀佛是超人的、观念上的存在，而法然是一个有血有肉的人。

　　针对法然这个现实世界中的个体，亲鸾采取了"他力本愿"的姿态。他把一切的规划都抛诸脑后，完全相信法然的话。他甚至说，即便上当受骗、堕入地狱也不后悔。

　　法然既然是一个有血有肉的人，那么，为他所欺骗而堕入地狱的可能性不是完全没有。从这一点来说，相信观念上的、超人的绝对性存在阿弥陀佛，与相信法然还是不一样的。但是，亲鸾在这里选择相信法然，就像相信阿弥陀佛一样。他试图在现实的人际关系中构筑一个宗教信仰的形式。这个尝试十分危险。虽然危险，但他还是真诚地面对截然不同的彼世和此世，想把彼世的开放性带入污浊的此世。这种尝试十分符合一个宗教家的做法。更重要的是，亲鸾遇见了可以真心信赖的老师，构筑起一个可以真心信赖的关系，他为此感受到了极大的喜悦，令我们印象深刻。这种信赖可以说是绝对的，是将宗教性的绝对信仰乃至绝对皈依移植到现实的人际关系之中的一种信赖。作为宗教家的亲鸾对这种形式下宗教与现实的结合似乎感到了一种快意。从叙述他与法然的关系的这段话中，我们感受到了他的喜悦，这种喜悦似乎源自宗教和现实两个方面。

　　但是，亲鸾深刻地铭记着这一点：彼世和此世、宗教信仰和现实生活伦理、皈依佛和对人的信赖之间的结合并非易事。上述引文中也可以看到他自省的说法："前往地狱是一种宿命。"不过，亲鸾一直清醒地意识到宗教信仰与现实生活伦理之间的隔阂，以此批判和反省自身的生活方式。

　　有一个很好的例子。在《教行信证》这部大量引用了佛典和义疏，通过周密的逻辑阐明"他力本愿"的正当性和绝对性的著作中，亲鸾突然写下这样的一段自我批评乃至自我否定的文字：

> 我的切身体会是，愚钝的亲鸾沉溺于爱欲的海洋之中，迷茫在名利的深山里，不以成为正定聚（被认定为能够往生于极乐世界的人）中的一员而感到高兴。可悲啊。无法获得达到觉悟净土的感觉，这是多么令人羞耻、伤痛的一件事。
>
> 　　　　　　（"岩波日本思想大系"《亲鸾》，第 108 页）

　　他并没有追求觉悟并度过致力于求道的生活。虽说如此，但他也没有沉溺于与佛教无关的世俗生活之中。亲鸾将这种生活方式称作"非僧非俗"。在上述引文中，亲鸾自己激烈地批判了这种非僧非俗的生活方式。这部书的本意是通过大量引用佛典以阐明佛法之真实，这种自我批判完全没有必要，可以说不合时宜。但亲鸾好像觉得非插入这段话不可。他或许认为，他有必要对自己或对他人说明这一点，即在论述宏大、晦涩的问题的时候，他绝非一个品格高尚的、清白的人。非僧非俗、半途而废的人是无可救药的。不论弥陀的慈悲多么广大无边，都不能实际净化现实世界中的半途而废之人。对亲鸾来说，宗教上的救济并不那么容易影响现实生活。这是不言而喻的前提。

　　具体来说，情况是这样的：在亲鸾及其身边的人们之间，无法形成法然和亲鸾之间的那种绝对的信赖关系。因为沉溺于爱欲之海洋、迷茫于名利之深山的"非僧非俗"之人是无法成为现实生活中值得信赖的对象的。上述出自《叹异抄》的引文在表明对法然的绝对信赖之后还有这样一段文字：

> 如果法然所说的都是真的话，那么，我亲鸾所说的也并非谎言。我的信仰情况大致就是这样。如此，抱有以念佛为上的信心也好，抑或抛弃念佛也罢，这都是每个人的规划。
>
> （《叹异抄》，岩波文库，第43页）

在阿弥陀佛与众生之间被认为无用的"规划"在这里被当作有意义的一件事。这一点引人注目。阿弥陀佛与众生的关系中存在着宗教的绝对性。亲鸾与其身边的人们的现实关系中一直存在着相对性，这是无法用宗教的绝对性推翻的。这种情况下，每个人的规划就具有了现实意义。通过向人们抛出一个判断——是否具有信心也是每个人的规划，亲鸾再一次向自己和他人确认了宗教信仰的世界，与人们生活的现实世界之间的隔阂。毫无疑问，相信阿弥陀佛与日常生活可以共存于一个人的生活中，但同时又很难统一到一起。如果能完全不做规划，或许此世也会成为极乐净土。但是，人没有规划就无法生存。与宗教信仰的绝对性相比，无规划就无法生存的现实生活只是相对的。然而，相对的生活中有独特之处和价值，这是用观念的绝对性无法阐释清楚的，人们必须承认这一点。以"非僧非俗"自称的亲鸾就是这样想的。

进一步说，亲鸾与民众一道，试图作为个体在这个相对的世界里生存。在相对的世界里，宗教上的理论和宗教信仰的绝对性也被相对化。这是迫不得已的事。在观念上保持理论和信仰的绝对性，同时相对地生活在相对的现实世界里。亲鸾作为宗教家，除此之外没有其他的生存于现实的方法。在《叹异抄》中还有这样一句话："亲鸾不带一个弟子，四处漂泊。"* 这句话中蕴含着在弥陀的引导下念佛往生的人们之间，不存在师父与弟子关系的思想，同时这句话中还蕴含着这样的思想，即保持宗教信仰，同时又相对地生活在现实中的人们之间，也没有师父或弟子。

---

* 出自《叹异抄》，岩波文库，第 50 页。

第十八章

《正法眼藏》

——

存在的光辉

　　在前面，我们以"佛教的传播——灵魂信仰与佛像崇拜"为开始，用几章的篇幅叙述了日本精神史上重要的主题之一——佛教。如第七章"抄经——对汉字字形和意思的崇拜"，第九章"阿修罗像和鉴真和尚像——天平时代的两尊塑像"，第十章"最澄、空海与《日本灵异记》——求道与灵验"，第十二章"净土思想的形成——念佛以往生于极乐世界"，第十五章"东大寺的焚毁与重建——度过乱世的行动力"，第十六章"佛像雕塑师运庆——其崭新的造型意识"以及上一章"法然与亲鸾——救济万众的逻辑"，这些章节的内容都与佛教密切相关。

　　在这些章节中，最吸引我们注意力的是，审美意识在日本佛教中发挥的重要作用。信佛的思想与追求美丽的伽蓝、佛像和画像的精神互相吸引，共同发展，这是佛教精神史最大的特点。

　　随着镰仓新佛教的出现，这种情况发生了巨大的变化。宗教信仰和思索受到人们极大的重视，对美的关注却退居次要地位。正如上一章所说，法然和亲鸾是信仰甚笃的人，也是勤于思索的人，但并非追求美的人。专修念佛的思想和"恶人正机"的学说都与美的造型和意识没有太多的联系。法然将造像起塔当作多余的行为加以排斥，这是他忠实于自己的宗教思想的选择。亲鸾也是一样。由几百年后的继承者修筑的东西本愿寺*，有着宏伟壮丽的大伽蓝，应该说与亲鸾的宗教思想既有相似，又有不同。

为了说明宗教与美的关系的变化，我们可以对比一下平安时代的净土思想与法然和亲鸾的净土思想。

如第十二章所述，源信的《往生要集》描绘的地狱和极乐世界的形象具有很强的冲击力，深深地刻印在读者的脑海里。这些形象述诸人的视觉的力量最大，不仅仅是视觉，这些形象还述诸人的听觉、嗅觉和触觉，试图给人留下地狱丑恶，而极乐世界美丽、舒适的印象。净土思想的基本概念是念佛，但这不是用嘴诵念佛的名号，而是将重点放在了在脑海里浮现出佛的崇高的形象方面。美丑的形象与往生于极乐世界紧密地联系在一起，以至于人们称其为形象的宗教。这就是源信的净土思想。

《往生要集》用语言来描绘彼世的形象。通过建筑（净土庭园、阿弥陀堂）、雕塑（佛像）和绘画（圣众来迎图）等具体形象，人们对净土的想象变得更加丰富。现在保留下来的成果是平等院凤凰堂和净琉璃寺、高野山的《高野山圣众来迎图》、禅林寺的《山越阿弥陀图》和知恩院的《早来迎》。

与此相对，法然和亲鸾的净土思想并没有在扩大形象方面下努力，对美的造型也不关注。主要原因是，6世纪佛教传入日本之后，佛寺、佛像中呈现出来的美的形象基本上是给有特权的上流社会享受的，而对于法然和亲鸾关注的庶民来说，那是十分遥远的形象。说白了，造寺、造像需要巨大的财力和人力，脱离了传统的寺院关

---

* 东本愿寺位于京都市下京区乌丸通，是净土真宗大谷派的本山。西本愿寺位于京都市下京区堀川，是净土真宗本愿寺派的本山。——译者注

系，从政治权力中独立出来，试图向人们传播新的佛教思想的法然和亲鸾，是没有造寺、造像这方面的能力的。法然和亲鸾必须在没有壮丽的建筑、雕塑和绘画的背景下，创立自己的宗教思想。

这时，他们所依靠的力量就是语言，是逻辑。他们不是通过形象，而是试图通过语言、通过逻辑切入宗教本质的。生活在极度混乱、充斥着污浊的末世的人们能够被拯救吗？如果能够的话，那又应该采取何种形式来拯救呢？为了回答现实生活中人们提出的迫切的问题，他们广泛涉猎佛典和注疏，试图找到具有说服力的救济的思想。这是法然和亲鸾的课题。

事实上，人们在阅读了汉译佛典和高僧注释书后，心中也并不能自然而然地浮现出救济思想。对社会现实以及生活在其中的人们的痛苦感到痛心的僧人们，在学习了多样的佛教思想的基础上，必须最大限度地运用思考能力和洞察力，构筑能够回应人们往生于极乐世界愿望的思想和伦理。从这个意义上来说，《选择本愿念佛集》和《教行信证》可以说都是非常优秀的探索佛教思想的著作。"一切众生，平等往生"、"专修念佛"、"他力本愿"以及"恶人正机"的思想是置身于佛法和现实之间的佛教思想家倾注全身的精力，经过激烈的思想斗争之后才总结出来的。

那么，创造形象的宗教又如何呢？在与统治阶层和统治势力紧密结合在一起的传统佛教中，美的形象与宗教的关系依然十分紧密。例如天台宗寺院三十三间堂，是由后白河法皇发愿，由平清盛于1164年建造的。其呈横向的长长的本堂里放置了1 001尊千手观音像，这是一项追求极致的造型美的工程。本书第十五章和第十六章中叙述的重源和运庆所做的工作，也是将宗教和美的形象紧密地结合在一起。在悠久的日本佛教历史中，这种结合是传统，因此即便是在混乱、激烈动荡的年代，也产生出令人瞩目的成就。

重源、运庆、法然和亲鸾四人是平安时代末期至镰仓时代初期的承前启后的人物。如前所述，虽然他们生活在同一个时代，但法然和亲鸾与重源和运庆重建东大寺或造像的活动，几乎没有任何关系。由此我们可以看出，这个时代的净土思想与美的形象之间的关系，是十分疏远的。

此外，镰仓新佛教之一曹洞宗的开山鼻祖道元，也是一个思考型的宗教家，而不是一个形象型的宗教家。下面，我们根据他的主要著作《正法眼藏》叙述一下他的思想。

《正法眼藏》由 75 卷构成。在第一卷"现成公按"中，作者从正面直接就佛法的本义问题展开论述。下面，我们分段引用该书的原文，然后分别解释，来分析他的论述。

> 诸法乃佛法之时，即有迷悟，有修行，有生，有死，有诸佛，有众生。

一切事物各自作为真实的存在时，既有迷、有悟、有修行、有生、有死、有开悟的人，也有达不到觉悟境地的人。悟与迷、生与死都包括在佛法之中，这是道元的看法。

> 万法均不在我之时，既无迷、无悟，也无诸佛、无众生，又无生、无灭。

　　"万法"是将前面的"诸法"作为一个统一体看待时的说法，即整个现实。这整个现实并不存在于我们的主观世界里，对于其自身而言，既没有迷和悟，没有开悟的人和不开悟的人，也没有生和灭。上一段的"诸法乃佛法之时"和这一段的"万法均不在我之时"最终说的都是同一个真理显现的情况，不过在后面的段落中作者的叙述采取了相反的形式。这就是道元的现实观。道元指出，有迷、有悟、有生、有死，这是现实的真相，与此同时，无迷、无悟、无生、无死也是现实的真相。这个说法似乎很矛盾，但通过这种矛盾的说法，作者想将悟和迷、生和死相对化。道元认为，悟和迷、生和死都是存在的，也都不存在。

　　详细地说，第二段文章中缺少了"修行"，生、死（灭）和诸佛、众生的顺序颠倒，但作者丝毫不在意这些不统一、有缺漏的细枝末节，大胆行文，这是《正法眼藏》的行文风格。

　　　　佛道本自丰俭而出，故而有生灭，有迷悟，有生佛。

　　佛道原本是超过度量之大小的，所以既有生和灭、迷和悟，也有众生和诸佛。在这里，我们很难看出"故而"一词表示因果关系，我们应该把它理解为表示两个事物的并列。

　　　　然虽说如此，但花落只被爱惜，草盛只被嫌弃而已。

　　所谓佛道也就是这样的，但怜惜花的凋谢、厌恶草的繁茂，这是人之常情。就这样，怜惜和厌恶之情也都被吸纳进佛道乃至佛法之中。

上述四段引文构成了一个统一的思想，最主要的是道元将目光投向各式各样的事物，详尽地观察它们。一般而言，在佛法中，有迷才有悟，有众生才有诸佛，但道元把洞察的目光同等地投向迷、众生、悟和诸佛，同等地透视它们的真相。更进一步说，也许在道元的眼里，迷、众生、悟和诸佛是在同等的条件下存在的。正如凋谢的花和茂盛的草一样，也正如怜惜花之凋谢和厌恶草之茂盛的心情一样。

我们继续引用原文。

> 动自己以修证万法是为迷，用万法以修证自己乃为悟。大悟迷者乃诸佛。大迷悟者乃众生。更有悟上得悟之人，迷中又迷之人。诸佛适为诸佛之时，不觉察自己乃诸佛也。然此乃证佛，证明佛也。

自己主动地去认识事物，这是迷，事物来打动自己，这是悟。（作者首先明确地区分了迷与悟，但是这个区别并非绝对的。）能够对"迷就是迷"做到大彻大悟的是诸佛，在悟的状态下却拘泥于自己的是众生。（在这里，迷和悟与其说是一定的内心状态，不如说是一种内心的运动。）更进一步说，既有在悟上加悟的人，也有在迷上加迷的人。当佛处于悟之境地的时候，没有必要自我意识到我就是佛。尽管如此，佛是佛，这是事实，他还从事着作为佛的实践（修行）。

所谓"正法眼藏"是指佛法的眼目、佛法的根本原理；所谓

"现成公按"是指现在这个现实是永远不变的真理本身。用这样的词语作为自己的书名或第一卷的标题，可见道元一定对自己论述的佛法抱有自信。他一定把自己视为开悟的僧人。当他再一次反省何谓迷中悟或悟中迷时，他不是把两者看作不同境地的事物，而是从迷中看到了悟，从悟中看到了迷，从迷中看到了更多的迷，从悟中看到了更多的悟。他把这样的内心运动置于运动之中加以思考，用语言表达出来，而不是置身于运动之外的高处来说明它。这就是道元的思维方式和表现手法。从读者的角度来说，当阅读《正法眼藏》时，人们会感受到一种自己现在正在动脑筋思考着的身临其境的感觉。对道元来说，观察浮现在眼前的悟和迷的真相并将看到的真相用语言表达出来，它的重要程度比作为一个开悟的人动笔写作要高得多。

再继续引用原文。

> 举身心以见识色、举身心以听取声，虽亲身体会，也不至如镜中之影、水中之月一般。证一方时，另一方则暗。

当集中精力观看事物的形状、集中精力听取事物的声音的时候，即便亲身感受到这些形状和声音，也不会像镜花水月一样。当以形状和声音为对象时，接受方的情况是看不见的。在西方近代认识论中，有这样一个图式：人们把"色"当作是客观的，而接受它的人则是主观的。道元运用了同样的图式，但他不认为主观和客观的地位是同等的。当一方明确时，另一方则昏暗。但是，作为对立的事物，主客都被吸纳进佛法之中了。

学习佛道者，学习自己也。学习自己者，忘却自己也。忘却自己者，为万法所证也。为万法所证者，脱落自己之身心及他者之身心也。

（以上七段引文均出自"岩波日本思想大系"《道元 上》，第 35、36 页）

佛道乃至万法支撑并保持现实中的一切。学习这个佛道乃至万法的自己，也为佛道乃至万法所支撑着生活在现实当中。为了使整天都处于迷之中的自己获得悟，就必须观察自己，观察自己与万法之间的关系，摆脱对自己的执着，向外解放自己并与万法一体化。道元认为，这就是"学习佛道"（佛道修行）。如果说这段话之前叙述的是认识论的话，那么，这里叙述的就是实践论。

叙述实践论的部分由四个短句构成，采用的都是判断句的形式。这样的句子十分明快，具有韵律感。虽说如此，这些句子并非只是修辞，而是在缜密思考的基础上展开的论述。从开头的"诸法乃佛法之时"到最后一段引文，这些叙述一直都在追求佛道的本质，虽然极具抽象意味，但如果读者具有严密的逻辑思维能力的话，就会切身感受到道元所面对的世界是极其丰富的，以及体会到深入这个世界的道元的思考之有力。例如，上述引文中出现的"学习自己""忘却自己"等看上去十分浅显易懂的说法，如果放在与佛道相关的语境下，那么，这种说法就一定会带有宗教的乃至哲学上的含义。但道元在进入宗教或哲学领域的同时，又在现实世界的基础上进行思考，没有迷失在抽象的黑暗之中，打乱思路。

读者不禁对道元的这种坚定的理性思考能力肃然起敬。下面我们引用《正法眼藏》第十六"行持 上"中的一段话加以说明。

> 整日以至高无上的连续的"行"走在佛祖走过的路上，从不半途而废。在发心、修行、悟道与涅槃的境地之间，没有丝毫的间隙，每天的"行"构成一个圆，联系在一起。因此，每天的"行"，既不是勉强自己去做的，也不是他人强迫去做的，而是纯真无瑕的"行"。

> 由于每天的这样的"行"，所以能够保持住自我和他者。最根本的是，我的"行"遍及整个天地，所有一切都蒙受它的恩惠。他人和自己都没有发觉这样的情况，但是情况就是如此。因此，由于有佛祖们的"行"，所以我们的"行"才能够实现，我们的佛道才被打开；由于有我们的"行"，佛师们的"行"才能够实现，佛师们的佛道才被打开。通过我们的"行"，佛道构成圆，联系在一起。这样，各个佛祖成为现实中的佛，失去佛的姿态，成为佛的心，成为佛而出现，于是，佛就不会灭绝。由于这样的"行"，日月星辰、大地虚空、环境和身心、大自然得以存在。

（出处同上，第165页）

我们可以清楚地看到，道元的思维不断地向外部扩大。

上述引文中一开始出现的"佛祖"既指佛教的开山鼻祖释迦，也指除释迦之外的其他佛师们。无论指的是谁，倾心于佛道的人的"行"首先被当作考察的对象。道元指出，释迦也好，垂名于佛教史上的高僧也好，看他们参学、参究佛法的情况，其中有发心、有

道元像（宝庆寺藏）

修行、有悟道、有涅槃的境地，每个"行"之间没有任何的间隙地形成一个圆，联系在一起。他还指出，自己与自己联系在一起的"行"，既没有来自内部的强制力，也没有来自外部的强制力，是极为纯粹的"行"。

然而，就在后文中，道元又说，个人的"行"与他人相联系，继而发生巨大的飞跃，与整个天地相联系。如果说个人的"行"引导个人走向佛道，加深个人与佛道之间的关系，使得个人的"行"更加丰富的话，那么，自然而然地，就会加深个人与他人的联系，引导他人走向佛道，加深他人与佛道的关系，使得他人的"行"更加丰富。不仅如此，佛道如果是贯穿整个宇宙的原理的话，试图探究佛道的"行"就与整个天地相联系，与整个天地的真理相通。位于道元思想核心的一句话是：只管打坐。但对道元来说，以坐禅为本体的每天的"行"是与他人联系在一起的，是与整个世界相联系的实践。

引文的后半部分叙述的就是这种联系，这是释迦之后诸佛诸相的"行"与现在我们的"行"之间的联系。毫无疑问，佛祖们的"行"与生活在现在的修行者的"行"的联系是佛教本来的联系。

在论述这些联系时，道元呈现出其独特的思维方式。下面，我们引用展现其思维独特性的一段原文：

> 因诸佛诸祖之行持，见成*吾等之行持，乃吾等之大道通达也。因吾等之行持，见成诸佛之行持，乃诸佛之大道通达也。
>
> （出处同上，第 165 页）

在后一句中，作者只是将前一句中使用的"诸佛（诸祖）"换成了"吾等"，将"吾等"换成了"诸佛"而已。作者认为，人们可以将古时的释迦、祖师与现在正在修行的我们互换。

在佛教界，人们把师父向弟子传授法脉称为"师资相承"。从保证教派的正统性来说，各个教派由谁向谁传授法脉，受到格外的重视。道元将"诸佛"与"吾等"置于可以相互置换的关系中，我们必须承认他的这种思想极大地违背了"师资相承"的传统。在前一句引文中，因诸佛的"行"，我们的"行"得以实现，我们的佛道便得以大开，这种想法与"师资相承"的观念并不抵触。因为，此前由诸佛体现的真理与后来的我们的真理是联系在一起的。但是，

---

* 在禅宗中，"见成"（"现成"）是"现前成就"的意思，即出现在眼前或自然而然地形成。——译者注

后一句中的因我们的"行"，诸佛的"行"才得以实现，诸佛的佛道才得以大开，这种说法颠覆了传统的师徒关系。因为，这种思维方式认为，在师父与弟子、先学与后学的关系中，弟子的"行"以及后学的"行"才体现出师父乃至先学的"行"和佛道的价值。

尽管如此，道元的论述并不是为了逆转师父与弟子、先学与后学的主从乃至上下关系，或者让二者平等的。通过在修行中彻底思考"吾等之行持"（我们每天的佛道修行）的可能性，道元达到了这样一种认识，即"吾等之行持"使"诸佛之行持"获得生命力，拥有价值。我们从上述引文中的后一句"因吾等之行持……"等重复的表述中，可以感受到"吾等之行持"的可能性逐渐呈现在眼前的充实感。道元指出，我们每天的"行"早晚会呈现出诸佛的"行"和道以及诸佛的行住坐卧和内心的运动。这应该是基于其自身的"行"的经验的一种表述，这种表述为其切身的实际感受所证明。不仅仅如此，我们的"行"具有能够使日月星辰、大地虚空、个人的外表与内心、大自然、宇宙真正地呈现出来的力量。这样一来，"吾等之行持"与"诸佛之行持"能够互换、具有对等关系的想法就毫不奇怪了。道元从自己的"行"中一定看到了这种可能性，深深地体会到一种充实感，同时，他从身边的人们的"行"中一定也看到了同样的可能性，由此认识到佛道的根本性和纯粹性。"只管打坐"是基于这种认识得出的结论。

对"吾等之行持"的这种看法同时表明了道元的存在论。在每天的"行"中呈现出诸佛诸祖的"行"与道、日月星辰、个人的外表和内心、大自然、宇宙等，是因为我们生存的世界就是这样的一种存在，而这也就是佛法。道元用"见成"或"现成"一词来表示这种存在。人作为个体的同时又与佛法融为一体，在这种纯粹无瑕的境地中，"见""现""成""在"合为一体。这就是道元的存在论。岩波日本思想大系《道元》卷的校注者之一寺田透，针对道元的存在论有这样的论述：

> 对我而言，《正法眼藏》的思想中最具魅力的，就是它将这个世界上的一切事物同时现实化了，这不仅针对现在眼前的事物，而且同样针对在所有时间里的存在，它们毫不隐藏地出现在我们面前。这时，道元的表述非常巧妙，且非常坚定，它让人们认识到，道元本人不在一切事物的外部，而是身在其中。
>
> （《道元的语言宇宙》，岩波书店，第 65 页）

寺田透对道元使用"见成"或"现成"的表述方式这样解释道："它将这个世界上的一切事物同时现实化了。"《正法眼藏》反复地论述了一切事物采取明确的形式同时出现的情况。在第一"现成公按"的开头，道元一开始就写道"［诸法乃佛法之时，］即有迷悟，有修行，有生，有死，有诸佛，有众生"，就是这种情况；在"行持 上"的开头，以"由于每天的这样的'行'……"开始的第二段全文叙述了整个世界的"现成"的情形。相隔不同时间的事物同时"现成"的例子是叙述"诸佛的行持"与"吾等的行持"关系的一段文字：它们都是有价值的存在，在相互交流之中显现出各自的价值。

如果说包括相隔不同时间的事物在内，这个世界上的一切事物都变成现实的话，那么，我们就没有必要去想象在超越此世的地方存在着绝对的世界。人们可以认为，悟道、解脱、净福、救济都不在彼世，而在此世被现实化了。道元的存在论说到底就是这样的思想。其实，在《正法眼藏》中，作者几乎没有涉及此世、彼岸和来世。我们从作者的叙述中可以看到，在这个现实世界里追求真实，搞明真相，这才是需要思考的。从这个意义上说，道元的佛教思想是生活在现实中的肯定现实的思想。

道元生活在王朝世界走向衰退、武士的统治力量得到加强的激烈动荡的年代，他亲身体会到世事的艰辛和人心的颓废，实际感受到世界的污浊。但是，渴望有一个与尘秽的此世处于不同层面的彼世，希望千万民众——尤其是被排除在救济之外的人们——能够进入彼世，却又不是道元选择的道路。即便身处悲惨的乱世之中，人们也要生存，社会也要发展，大自然依旧会存在。无论多么混乱、污浊、邪恶的世界，人们要生存，社会要发展，大自然会存在的情况本身不就说明它的价值了吗？我们不是应该从中找出生存的意义和价值吗？道元的思想就这样不断地发展起来。这不是脱离现实走向彼岸，而是试图穿越现实，走向更深处。如果我们把更深处的世界称为佛法的世界的话，那么，佛法的世界与现实世界没有区别，不是另一个世界，而是现实露出其本来面目的世界——一个比现实更加现实的世界。

试图接近露出其本来面目的世界，这样的尝试就是所谓"只管打坐"的"行"。在这种尝试的过程中，现实的事物和事实变得更加现实。道元将这种充实感和开放感用"身心脱落"这个词来形容。摆脱身心的拘束，也就是说，直接面对作为纯粹思考对象的本来的现实，这就是一种打坐的尝试。

　　由此，现实中的一切被现实化后出现在人们面前时，所有被呈现出来的事物中都具有可称为光辉的东西。这是一种比现实更加现实的光辉。在现实世界里，一般被人们认为负面和不好的东西也都带着存在的光辉出现在人们面前。我们再一次回过头来看一下《正法眼藏》第一"现成公按"里的叙述，"诸法乃佛法之时，即有迷悟，有修行，有生，有死，有诸佛，有众生"中的"迷""死""众生"并非低层次的、应该回避的事物，它们与"悟""生""诸佛"一样，是有价值的存在；而"大悟迷者乃诸佛。大迷悟者乃众生"中的"迷""悟""诸佛""众生"都作为光辉的存在，在真实的世界里占有一席地位。

　　道元坚定的思考甚至产生出这种肯定现实的存在论。他没有在超越现实的另一面看到超越性的彼岸和来世，而是探索位于现实另一面的更加现实的世界。这种思维方式与其说是宗教性的，毋宁说是哲学性的。从道元的角度来说，这才是最接近佛法精髓的思维方式。所谓思考佛法，不是背离现实，而是更加接近现实。同时，也不是处于乱世之中而被乱世所吞没，而是通过洞察事物的本质，试图找到值得生存的世界。法然和亲鸾在亲眼看到生活在乱世里的人们的悲惨、苦难和绝望时，强烈祈求"一切众生，平等往生"，将阿弥陀佛的大慈大悲看作绝对的真实，由此获得"专修念佛"和"恶人正机"的思想，试图消除时代的不幸和不合理现象。而道元的观点则是，直接面对时代的混乱和迷妄，找寻混乱和迷妄深处存在的真实，由此，试图消除时代的不幸和不合理现象。在充满佛法的世界里，"有迷悟，有修行，有生，有死，有诸佛，有众生"的同时，"因诸佛诸祖之行持，见成吾等之行持，乃吾等之大道通达"，相反，则"因吾等之行持，见成诸佛之行持，乃诸佛之大道通达"，之所以能够这么说，就是因为道元具有在现实深处洞察更加现实的存在光辉的、清晰的思维能力。对道元来说，思考就是获得心灵的充实和安详的方式。

从另一方面来说，道元的思维清晰、有力，他能够随机应变、得心应手地思考问题，甚至可以用无拘无束来形容。前面我们引用的第一"现成公按"中的"学习佛道者，学习自己也。学习自己者，忘却自己也。忘却自己者，为万法所证也。为万法所证者，脱落自己之身心及他者之身心也"的一段文字就极具韵律感，可以说是说明他思维之自在的恰当例子。下面，我们再从第一"现成公按"中引用一段文字，作为说明其从更加轻松的话题中汲取素材的例子。

　　　鱼在水里游时，无论游到哪里，水都是无边无涯的；鸟在空中翱翔时，无论飞到哪里，天空都是无边无际的。虽说如此，自古以来，鱼和鸟就没有离开过水和天空。它们只在需要使用更广阔的水域和天空时前往远方，而在需要使用很小的水域和天空时，它们则在附近游来游去或飞来飞去。由此，它们使用整个空间，没有无法前往的地方，但是，鸟一旦离开天空，立刻会死亡，鱼若是离开水，立刻会死亡。这样一来，我们就会知道，它们是以水为命（水是它们的生命）和以天为命（天空是它们的生命）的，也可以说是以鸟为命（鸟是生命）和以鱼为命（鱼是生命），也可以说是以命为鸟（命是鸟）和以命为鱼（命是鱼）。如此，我们还可以更进一步地向前发展。

　　　　　　　　（"岩波日本思想大系"《道元上》，第37、38页）

天空无边无际——只要仰望天空，人们可能就会有这样的感觉。但是，所谓水无边无涯究竟是怎么回事呢？从上下文来看，这可能说的不是大海的宽阔。应该说是道元本人变成了一条游来游去的鱼，说水无边无涯。如果是这样的话，水域的大小就不成问题了。小池塘里的鱼也好，小河里的鱼也好，大海里的鱼也罢，它们觉得自己游来游去的地方是无边无涯的。道元就是这样思考的。他认为，鸟也一样，重点不在于天空是不是无边无际的，而在于翱翔在广阔天空的鸟与飞翔在小范围里的鸟它们自己的感觉，它们都以为天空是无边无际的。

由此，道元的思考就顺理成章地融入鱼和鸟的感觉之中，然后又跳出鱼和鸟的范围，融入鸟飞翔的天空和鱼遨游的水域之中。以鸟为命和以鱼为命的两种说法分别是站在天空的立场和水域的立场上来说的。天空和水域里有各式各样的动植物，是它们运动、生长、生存的地方。但是，如果从天空的角度看鸟的话，鸟才是天空的生命和特质；如果从水的角度看鱼的话，鱼才是水的生命和特质。从鱼到水，从鸟到天空，这种自由自在的思维能力就是道元思考的出发点。因此，他又指出了以命为鸟和以命为鱼。这时，道元的思考又转移到"命"的方面。他将思考转移到在天空和鸟之间、在鱼和水之间自由来往的命，命以一定的形式存在于现实当中，这个形式就是鸟，就是鱼。道元使用四字词语展开的论述到此结束，但道元本人还说："我们还可以更进一步地向前发展。"也就是说，他的思考极有可能还会发展到诸如以命为空、以命为水、以鸟为鸟、以鱼为鱼等方面。

现实生活中的一切都带着存在的光辉出现，它们是通过自由自在的思考被发现、被表述出来的。通过自由自在的思考去接近现实世界时，现实中的每一个事物都是带着灿烂的光辉出现的。在修行、修学中，自己与佛祖联系在一起，于是浑然忘我，同样在修行、修学中，自己与世界，与整个大自然，与每一个存在联系在一起，于是浑然忘我。鱼在池中游，鸟在天上飞，我们的目光追随着鱼、紧跟着鸟。但是，如果没有水的话，鱼不可能生存，没有天空的话，鸟也不可能生存。如此看来，对于鱼和鸟来说，水和天空就成为有价值的东西。进而，如果能想到鱼和水、鸟和天空的关系本身的话，那么，其中蕴含的生命就成为有价值的东西。如此，鱼、鸟、水、天空、命就是存在的光辉。这种自由自在的、独特的思维方式令人惊讶，但道元并不认为这是自己才有的独特的思维方式，而是千万民众都有的思维方式。他认为，所谓思维本来就是自由自在的、独立的运动体。正因他的这个想法，他将自己自由自在的思考——存在本身就是有价值的——不断地呈现在人们面前。

《正法眼藏》既不易读，也不易懂。读到一半就放弃阅读的读者并不少。但是，即便如坠云里雾中，人们也不会怀疑作者是认真的。人们丝毫不会觉得《正法眼藏》是一部欺骗人、迷惑人的书，而可以感受到作者在真诚思考、真诚面对读者。人们阅读《正法眼藏》这部书的最大感受是，思考以纯粹的形式呈现在读者面前。作为读者，即便感到迟疑和困惑，也必须进行思考。事实上，在不断思考的过程中，人们多多少少会理解作者的论述。因为作者的思考与读者的思考是相通的。道元认为，现实中的一切事物都带着存在的光辉，相互照耀，这才是世界的本来面目。他认为，这种想法以书为媒介，在作者和读者之间也是成立的。正因为作者与读者之间

506   珍宝中的日本精神——从绳文时代到镰仓前期

的思考是相通的，所以这种相通的关系特别纯粹，人们以"身心脱落"来表达这种相通的关系是十分恰当的。在被称为乱世或污浊之世的年代，如果说存在什么东西从头到尾充满着强烈的肯定现实的意志，那么存在本身就是有价值的，这种宏大而丰富的存在论或世界观，其形成是无法离开对思考的信赖的。

道元是佛教中人，他给自己规定了严格的戒律，试图以理解佛道的方式度过每一天。但是，《正法眼藏》与其说是一部宗教性的著作，不如说是一部思想性的著作。它带给读者更多的是思维的能量，而不是信仰的力量。法然和亲鸾也都是思维能力极强的人，但他们的思维是以佛典为依据的，这是不可否定的。虽然道元的思维以佛典为线索，但他试图以自己的思想行走于世。在阅读《正法眼藏》的过程中，人们与其说被佛的慈悲打动，不如说被存在的光辉打动了。这与道元以自己的思想行走于世的尝试，是密切相关的。

平安时代末期至镰仓时代是乱世，但也是产生出日本精神史上罕见的思想著作的时代。

参
考
文
献

国史大辞典編集委員会編《国史大辞典》(全十五巻)吉川弘文館，1979—1997 年
新村出編《広辞苑　第四版》岩波書店，1991 年
日本国語大辞典第二版編集委員会・小学館国語辞典編集部編《日本国語大辞
　　典　第二版》(全十三巻)小学館，2000—2002 年
大野晋・佐竹昭広・前田金五郎編《岩波古語辞典》岩波書店，1974 年
諸橋轍次《大漢和辞典　縮写版》(全十二巻)大修館書店，1966—1968 年
白川静《字通》平凡社，1996 年
《新潮世界美術辞典》新潮社，1985 年
大島建彦・薗田稔・圭室文雄・山本節編《日本の神仏の辞典》大修館書店，
　　2001 年
児玉幸多編《日本史年表・地図》吉川弘文館，1995 年
加藤友康・瀬野精一郎・鳥海靖・丸山雍成編《日本史総合年表》吉川弘文館，
　　2001 年
詳説日本史図録編集委員会編《詳説日本史図録　第 3 版》山川出版社，2010 年
滝沢博和・橋詰洋司・馬場信義・桃林聖一編《日本史総覧》東京法令出版，
　　1995 年

第一章　三内丸山遗址——面对巨大物体的共同体意识

岡田康博《遥かなる縄文の声——三内丸山を掘る》NHK ブックス，2000 年
岡田康博・小山修三編《縄文鼎談　三内丸山の世界》山川出版社，1996 年

小林達雄《縄文人追跡》ちくま文庫，2008 年

佐々木高明《縄文文化と日本人——日本基層文化の形成と継承》講談社学術文
　　庫，2001 年

第二章　火焰陶器和土偶——泥土中蕴含的审美与祈祷

加藤周一《日本その心とかたち》スタジオジブリ，2005 年

佐々木高明《稲作以前》NHK ブックス，1971 年

佐々木高明《日本史誕生》集英社，1991 年

東京国立博物館編《土器の造形——縄文の動・弥生の静》東京国立博物館，
　　2001 年

藤尾慎一郎《縄文論争》講談社選書メチェ，2002 年

文化庁・東京国立博物館・NHK・NHK プロモーション編《国宝　土偶展》
　　NHK・NHK プロモーション・毎日新聞社，2009 年

益田勝実《火山列島の思想》筑摩書房，1968 年

松本武彦《全集　日本の歴史 1　列島創世記》小学館，2007 年

第三章　铜铎——弥生人的共性

加茂町教育委員会編《加茂岩倉遺跡発掘調査概報 1》加茂町教育委員会，1997 年

国立歴史民俗博物館監修《歴博万華鏡》朝倉書店，2000 年

小林行雄《国民の歴史 1　女王国の出現》文英堂，1967 年

斎藤忠・古川逸治《原色日本の美術 1　原始美術》小学館，1970 年

森浩一編《日本の古代 4　縄文・弥生の生活》中央公論社，1986 年

第四章　古坟——国王的威信

石原道博編訳《新訂 魏志倭人伝　他三篇》岩波文庫，1985 年

小林行雄《古墳の話》岩波新書，1959 年

坂本太郎・家永三郎・井上光貞・大野晋校注《日本書紀　上・下》岩波・日本
　　古典文学大系 67・68，1965—1967 年

笹山晴生《日本古代史講義》東京大学出版会，1977 年

寺沢薫《日本の歴史 02　王権誕生》講談社学術文庫，2008 年

松木武彦《全集　日本の歴史 1　列島創世記》小学館，2007 年

森浩一編《日本の古代5　前方後円墳の世紀》中央公論社，1986 年
湯浅泰雄《神々の誕生——日本神話の思想史的研究》以文社，1972 年

第五章　佛教的传播——灵魂信仰与佛像崇拜

上田正昭《神と仏の古代史》吉川弘文館，2009 年
太田博太郎《日本の建築——歴史と伝統》筑摩叢書，1968 年
大野晋・大久保正編集校訂《本居宣長全集　第九巻》筑摩書房，1968 年
《折口信夫全集　第二十巻》中央公論社，1967 年
亀井勝一郎《古代智識階級の形成——日本人の精神史研究》文藝春秋新社，
　　　1960 年
西郷信綱《古事記の世界》岩波新書，1967 年
坂本太郎・家永三郎・井上光貞・大野晋校注《日本書紀　下》岩波・日本古典
　　　文学大系 68，1960 年
桜井徳太郎《民間信仰》塙書房，1966 年
桜井徳太郎・萩原龍夫・宮田登校注《寺社縁起》岩波・日本思想大系 20，
　　　1975 年
田村圓澄《仏教伝来と古代日本》講談社学術文庫，1986 年
田村圓澄《飛鳥・白鳳仏教史　上・下》古川弘文館，1994 年
辻善之助《日本仏教史　第一巻　上世篇》岩波書店，1944 年
原田敏明《日本宗教交渉史論》中央公論社，1949 年
堀一郎《民間信仰》岩波金書，1977 年
益田勝実《火山列島の思想》筑摩書房，1968 年
柳川国男《定本柳田国男集　第十巻》筑摩書房，1969 年
吉田一彦《古代仏教をよみなおす》吉川弘文館，2006 年
《岩波講座　東洋思想 15・16　日本思想 1・2》岩波書店，1989 年
《国宝と歴史の旅1　飛鳥のほとけ　天平のほとけ》朝日百科・日本の国宝別冊，
　　　1999 年

第六章　《古事记》——其文学性和思想性

青木和夫・石母田正・小林芳規・佐伯有清校注《古事記》岩波・日本思想大系1，
　　　1982 年
石母田正《日本古代国家論　第二部》岩波書店，1973 年

大隅和雄《日本史のエクリチュール》弘文堂，1987 年

大野晋・大久保正編集校訂《本居宣長全集　第九・十・十一・十二巻》筑摩書房，1968—1974 年

加藤周一《日本文学史序説　上》ちくま学芸文庫，1999 年

亀井孝《亀井孝論文集 4　日本語のすがたとこころ——（二）訓詁と語蒙》吉川弘文館，1985 年

岸俊男編《日本の古代 9　都城の生態》中央公論社，1987 年

神野志隆光《古事記と日本書紀——「天皇神話」の歴史》講談社現代新書，1999 年

神野志隆光《古代天皇神話論》若草書房，1999 年

小西甚一《日本文藝史 I》講談社，1985 年

西郷信綱《古事記の世界》岩波新書，1967 年

西郷信綱《古事記研究》未來社，1973 年

西郷信綱《古事記注釈》（全四巻）平凡社，1975—1989 年

笹山晴生《日本古代史講義》東京大学出版会，1977 年

西宮一民校注《古事記》新潮日本古典集成，1979 年

林屋辰三郎《日本の古代文化》岩波書店・日本歴史叢書，1971 年

山口佳紀・神野志隆光校注・訳《古事記》小学館・新編日本古典文学全集 1，1997 年

第七章　抄经——对汉字字形和意思的崇拜

石川九楊《日本書史》名古屋大学出版会，2001 年

岸俊男編《日本の古代 14　ことばと文字》中央公論社，1988 年

西條勉《古事記の文字法》笠間書院，1998 年

寿岳文章《日本の紙》古川弘文館・日本歴史叢書，1967 年

堀江知彦編《原色日本の美術 22 書》小学館，1970 年

吉田一彦《日本古代社会と仏教》吉川弘文館，1995 年

第八章　《万叶集》——多样的主题、多样的表达

澤潟久孝《万葉集注釈》（全二十巻）中央公論社，1957—1968 年

加藤周一《日本文学史序説　上》ちくま学芸文庫，1999 年

川崎庸之《記紀万葉の世界》御茶の水書房，1952 年

北山茂夫《万葉の世紀》東京大学出版会，1953 年

北山茂夫《大伴家持》平凡社，1971 年

北山茂夫《続万葉の世紀》東京大学出版会，1975 年

北山政夫《万葉群像》岩波新書，1980 年

小西甚一《日本文薮史 I》講談社，1985 年

五味智英《万葉集の作家と作品》岩波書店，1982 年

西郷信綱《万葉私記》未來社，1970 年

斎藤茂吉《万葉秀歌　上・下》岩波新書，1936—1938 年

阪下圭八《初期万葉》平凡社選書，1978 年

白川静《初期万葉論》中央公論社，1979 年

高木市之助《吉野の鮎》岩波書店，1941 年

高木市之助・五味智英・大野晋校注《万葉集　一・二・三・四》岩波・日本古
　　典文学大系 4・5・6・7，1957—1962 年

寺田透《万葉の女流歌人》岩波新書，1975 年

古橋信孝《万葉歌の成立》講談社学術文庫，1993 年

古橋信孝・森朝男《万葉集百歌》青灯社，2008 年

第九章　阿修罗像和鉴真和尚像——天平时代的两尊塑像

浅井和春《新編 名宝日本の美術 6　唐招提寺》小学館ギャラリー，1990 年

浅井和春《天平の彫刻　日本彫刻の古典》至文堂・日本の美術第 456 号，2004 年

安藤更生《鑑真》吉川弘文館・人物叢書，1967 年

亀井勝一郎《古代智識階級の形成——日本人の精神史研究》文藝春秋新社，
　　1960 年

小林剛《肖像彫刻》吉川弘文館・日本歴史叢書，1969 年

東野治之《鑑真》岩波新書，2009 年

奈良六大寺大観刊行会編《奈良六大寺大観　第七巻　興福寺一》岩波書店，1999 年

水野敬三郎・岡田英男・浅井和春編著《東大寺と平城京——奈良の建築・彫刻》
　　講談社・日本美術全集 4，1960 年

第十章　最澄、空海与《日本灵异记》——求道与灵验

安藤俊雄・薗田香融校注《最澄》岩波・日本思想大系 4，1974 年

上田篤《日本人の心と建築の歴史》鹿島出版会，2006 年

遠藤嘉基・春日和男校柱《日本霊異記》岩波・日本古典文学大系 70，1967 年

金岡秀友訳・解説《空海　即身成仏義》太陽出版，1985 年

亀井勝一郎《王朝の求道と色好み——日本人の精神史研究》文藝春秋新社，
　　1962 年

川崎庸之校注《空海》岩波・日本思想大系 5，1975 年

小西甚一《日本文藝史Ⅱ》講談社，1985 年

末木文美士《日本仏教史——思想史としてのアプローチ》新潮社，1992 年

立川武蔵《最澄と空海——日本仏教思想の誕生》講談社選書メチェ，1998 年

田村晃祐《最澄》古川弘文館・人物叢書，1988 年

辻善之助《日本仏教史　第一巻　上世篇》岩波書店，1944 年

吉田一彦《日本古代社会と仏教》古川弘文館，一九九五年

吉田一彦《民衆の古代史——「日本霊異記」に見るもう一つの古代》風媒社，
　　2006 年

渡邊照宏・宮坂宥勝校注《三教指帰　性霊集》岩波・日本古典文学大系 71，
　　1965 年

第十一章　《古今和歌集》与《伊势物语》——风雅的世界

大岡信《紀貫之》筑摩書房・日本詩人選 7，1971 年

加藤周一《日本文学史序説　上》ちくま学芸文庫，1999 年

亀井勝一郎《王朝の求道と色好み——日本人の精神史研究》文藝春秋新社，
　　1962 年

唐木順三《無用者の系譜》筑摩叢書，1964 年

小松茂美《かな——その成立と変遷》岩波新書，1968 年

佐伯梅友校注《古今和歌集》岩波・日本古典文学大系 8，1958 年

阪倉篤義・大津有二・築島裕・阿部俊子・今井源衛校注《竹取物語　伊勢物
　　語　大和物語》岩波・日本古典文学大系 9，1958 年

相良亨・尾藤正英・秋山虔編《講座日本思想 2　知性》東京大学出版会，1983 年

相良亨・尾藤正英・秋山虔編《講座日本思想 2　美》東京大学出版会，1984 年

萩谷朴・谷山茂校注《歌合集》岩波・日本古典文学大系 74，1965 年

目崎徳衛《紀貫之》吉川弘文館・人物叢書，1961 年

山口仲美《日本語の歴史》岩波新書，2006 年

渡辺実校注《伊勢物語》新潮日本古典集成，1976 年

第十二章　净土思想的形成——念佛以往生于极乐世界

石田瑞麿校注《源信》岩波・日本思想大系 6，1970 年

井上光貞・大曽根章介校注《往生伝　法華験記》岩波・日本思想大系 7，1974 年

北山茂夫《藤原道長》岩波新書，1970 年

工藤圭章・西川新次《原色日本の美術 6　阿弥陀堂と藤原彫刻》小学館，1969 年

末本文美士《日本仏教史——思想史としてのアプローチ》新潮社，1992 年

高田修・柳沢孝《原色日本の美術 7　仏画》小学館，1969 年

辻善之助《日本仏教史　第一巻　上世篇》岩波書店，1944 年

中村元・早島鏡正・紀野一義訳註《浄土三部経　上・下》岩波文庫，1963—
　　1964 年

松村博司校注《大鏡》岩波・日本古典文学大系，1960 年

松村博司・山中裕校注《栄花物語　上・下》岩波・日本古典文学大系 75・76，
　　1964—1965 年

第十三章　《枕草子》与《源氏物语》——平安时代文学的表达意识

秋山虔《源氏物語》岩波新書，1968 年

池田亀鑑・岸上慎二・秋山虔校注《枕草子　紫式部日記》岩波・日本古典文学
　　大系 19，1958 年

今井源衛《紫式部》吉川弘文館・人物叢書，1966 年

大野晋《源氏物語》岩波書店・古典を読む 14，1984 年

加藤周一《日本文学史序説　上》ちくま学芸文庫，1999 年

亀井勝一郎《王朝の求道と色好み——日本人の精神史研究》文藝春秋新社，
　　1962 年

岸上慎二《清少納言》吉川弘文館・人物叢書，1962 年

西郷信綱《源氏物語を読むために》平凡社，1983 年

清水好子《紫式部》岩波新書，1973 年

鈴木日出男監修・執筆《王朝の雅　源氏物語の世界》平凡社「別冊太陽日本こ
　　ころ 140」，2006 年

谷崎潤一郎訳《源氏物語　巻一・二・三・四・五》中央公論社，1961—1962 年

寺田透《源氏物語一面——平安文学覚書》東京大学出版会，1973 年

萩谷朴校注《枕草子　上・下》新潮日本古典集成，1977 年

柳井滋・室伏信助・大朝雄二・鈴木日出男・藤井貞和・今西祐一郎校注《源氏物
　　語　一・二・三・四・五》岩波・新日本古典文学大系 19・20・21・22・23，

1993—1997 年

山岸徳平校注《源氏物語　一・二・三・四・五》岩波・日本古典文学大系
　　14・15・16・17・18，1958—1963 年

与謝野晶子訳《源氏物語　上・下》河出書房新社・国民の文学 3・4，1963 年

渡辺実校注《枕草子》岩波・新日本古典文学大系 25，1991 年

第十四章　《今昔物语集》与绘卷物——将目光投向庶民的世界

秋山光和《原色日本の美術 8　絵巻物》小学館，1968 年

池上洵一《「今昔物語集」の世界——中世のあけぼの》筑摩書房，1983 年

加藤周一《日本文学史序説　上》ちくま学芸文庫，1999 年

小西甚一《日本文藝史 Ⅲ》講談社，1986 年

小松茂美《伴大納言絵詞》中央公論社・日本絵巻大成 2，1977 年

西郷信綱《日本古代文学史》岩波全書，1951 年

佐和隆研《信貴山縁起》中央公論社・日本絵巻大成 4，1977 年

水積安明《中世文学論》同心社，1953 年

馬淵和夫・国東文麿・今野達校注・訳《今昔物語集　一・二・三・四》小学
　　館・日本古典文学全集 21・22・23・24，1971—1976 年

山田孝雄・山田忠雄・山田英雄・山田俊雄校注《今昔物語集　一・二・三・四
　　・五》岩波・日本古典文學大系 22・23・24・25・26，1959—1963 年

渡漫綱也・西尾光一校注《宇治拾遺物語》岩波・日本古典文学大系 27，1960 年

《新訂増補国史大系　日本三代実録　前篇・後篇》吉川弘文館，1981—1983 年

第十五章　东大寺的焚毁与重建——度过乱世的行动力

石母田正《古代末期政治史序説——古代末期の政治過程および政治形態》，未來
　　社，1964 年

図書刊行会編《吾妻鏡　第一》名著刊行会，1973 年

高木市之助・小澤正夫・渥美かをる・金田一春彦校注《平家物語　上》岩波・日
　　本古典文学大系 32，1959 年

辻善之助《日本仏教史　第一巻　上世篇》岩波書店，1944 年

辻善之助《日本仏教史　第二巻　中世篇之一》岩波書店，1947 年

中尾堯編《旅の勧進聖　重源》吉川弘文館，2004 年

西尾実校注《方丈記　徒然草》岩波・日本古典文学大系 30，1957 年

藤原兼実《玉葉　中巻》すみや書房，1966 年
堀田善衛《定家明月記私抄（全）》新潮社，1993 年
《岩波講座日本歴史 5　中世 1》岩波書店，1962 年

第十六章　佛像雕塑师运庆——其崭新的造型意识

伊藤延男・小林剛《原色日本の美術 9　中世寺院と鎌倉彫刻》小学館，1968 年
亀田孜・田辺三郎助・永井信一・宮次男《原色日本の美術 23　面と肖像》小学
　　　館，1971 年
副島弘道《運慶　その人と芸術》吉川弘文館・歴史文化ライブラリー，2000 年
根立研介《運慶——天下復夕彫刻ナシ》，ミネルヴァ書房，2009 年
林屋辰三郎《中世文化の基調》東京大学出版会，1953 年
山本勉《大日如来像》至文堂・日本の美術第 374 号，1997 年

第十七章　法然与亲鸾——救济万众的逻辑

赤松俊秀《親鸞》吉川弘文館・人物叢書，1961 年
大隅和雄《中世仏教の思想と社会》名著刊行会，2005 年
大橋俊雄校注《法然　一遍》岩波・日本思想大系 10，1971 年
大橋俊雄校注《法然上人絵伝　上・下》岩波文庫，2002 年
梶村昇《法然》角川選書，1970 年
加藤周一《日本その心とかたち》スタジオジブリ，2005 年
金子大栄校注《歎異抄》岩波文庫，1981 年
亀井勝一郎《中世の生死と宗教観——日本人の精神史研究》文藝春秋新社，
　　　1964 年
唐木順三《無常》筑摩叢書，1965 年
黒田俊雄《日本中世の国家と宗教》岩波書店，1975 年
末木文美士《日本仏教史——思想史としてのアプローチ》新潮社，1992 年
高木豊《鎌倉仏教史研究》岩波書店，1982 年
田中久夫《鎌倉仏教》講談社学術文庫，2009 年
田村圓澄《法然》吉川弘文館・人物叢書，1959 年
辻善之助《日本仏教史　第二巻　中世篇之一》岩波書店，1947 年
永積安明《中世文学の可能性》岩波書店，1977 年
中村元・早島鏡正・紀野一義訳註《浄土三部経　上・下》岩波文庫，1963—

1964 年

名畑応順・多屋頼俊・兜木正亨・新間進一校注《親鸞集　日蓮集》岩波・日本
　　古典文学大系 82，1964 年

西尾実《日本文芸史における中世的なものとその展開》岩波書店，1961 年

星野元豊・石田充之・家永三郎校注《親鸞》岩波・日本思想大系 11，1971 年

第十八章　《正法眼藏》——存在的光辉

石井恭二注釈・現代訳《正法眼蔵　1・2・3・4》河出書房新社，1996 年

衛藤即応校註《正法眼蔵　上・中・下》岩波文庫，1939—1943 年

衛藤即応《正法眼蔵序説》岩波書店，1959 年

大久保道舟《道元禅師伝の研究》岩波書店，1953 年

篠原時雄《永平大清規——道元の修道規範》大東出版社，1980 年

寺田透《道元の言語宇宙》岩波書店，1974 年

寺田透・水野弥穂子校注《道元 上・下》岩波・日本思想大系 12・13，1970—
　　1972 年

永積安明《中世文学の成立》岩波書店，1963 年

永積安明《中世文学の可能性》岩波書店，1977 年

西尾実《日本文芸史における中世的なものとその展開》岩波書店，1961 年

西尾実・鏡島元隆・酒井得元・水野弥穂子校注《正法眼蔵　正法眼蔵随聞記》
　　岩波・日本古典文学大系 81，1965 年

THiNKr

新思

新 一 代 人 的 思 想

珍宝中的日本精神

にほんせいしんし

从镰仓时代后期到江户

[日] 长谷川宏 著

刘剑 李晶 译

中信出版集团 | 北京

图书在版编目（CIP）数据

珍宝中的日本精神. 从镰仓后期到江户时代 / (日)
长谷川宏著；刘剑, 李晶译. -- 北京：中信出版社，
2021.1
　　ISBN 978-7-5217-2166-9

Ⅰ. ①珍… Ⅱ. ①长… ②刘… ③李… Ⅲ. ①文化史
—研究—日本 Ⅳ. ①K313.03

中国版本图书馆CIP数据核字(2020)第159985号

《NIHON SEISHINSHI GE》
© Hiroshi Hasegawa 2015
All rights reserved.
Original Japanese edition published by KODANSHA LTD.
Publication rights for Simplified Chinese character edition arranged with KODANSHA LTD. through KODANSHA
BEIJING CULTURE LTD. Beijing,China.
本书由日本讲谈社正式授权，版权所有，未经书面同意，不得以任何方式做全面或局部翻印、仿制或转载。
Simplified Chinese translation copyright © 2021 by CITIC Press Corporation
ALL RIGHTS RESERVED

珍宝中的日本精神——从镰仓后期到江户时代

著　者：[日]长谷川宏
译　者：刘剑　李晶
出版发行：中信出版集团股份有限公司
　　　　　（北京市朝阳区惠新东街甲4号富盛大厦2座　邮编　100029）
承印者：河北鹏润印刷有限公司

开　本：880mm×1230mm　1/32　　　印　张：16.75
插　页：8　　　　　　　　　　　　　字　数：330千字
版　次：2021年1月第1版　　　　　　印　次：2021年1月第1次印刷
京权图字：01-2020-5974
书　号：ISBN 978-7-5217-2166-9
定　价：148.00元

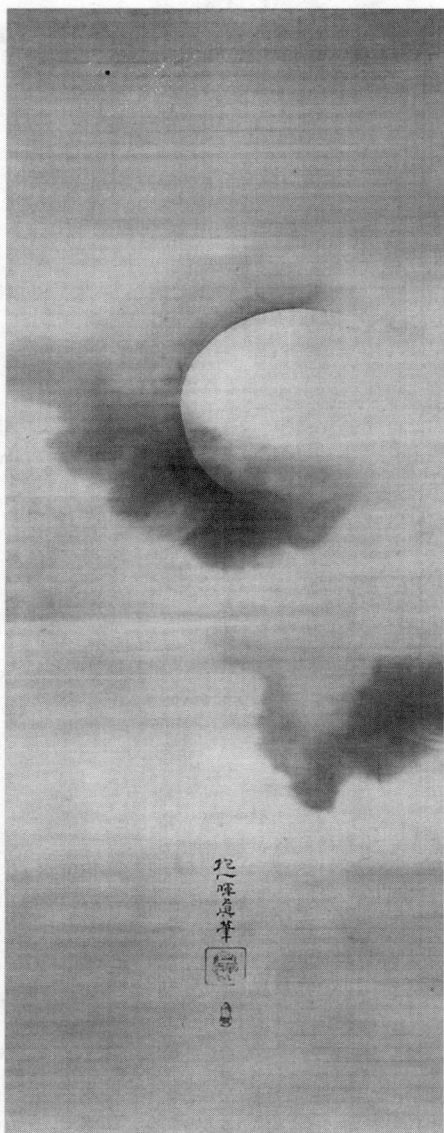

目录

《新古今和歌集》与《愚管抄》

——

生逢乱世的贵族的骄傲

　　本书上卷的最后两章把镰仓新佛教的三位开山鼻祖——法然、亲鸾、道元——的宗教思想与动荡的时代旋涡联系在一起，进行了解读。这三个人明显与旧有的特权阶级之间隔着一段距离，与普通平民紧密相连。他们都试图把普通民众与宗教联系到一起。

　　那么，特权阶级在动荡年代想要过的是什么样的生活呢？本章作为下卷的开篇之章，主要就围绕这个问题展开。

·

　　《新古今和歌集》*是行将没落的贵族面对势不可当的衰败时的一种尝试，他们尝试着在历经 600 年时间构筑的和歌世界中，找到可以用来维护自尊的最后的精神天国。在旧有的社会秩序和价值观念行将就木之时，通过和歌这种形式来维护自尊，乍一听似乎有"隔江犹唱后庭花"之嫌，但重新审视那些把自身寄托于虚构的诗歌世界、尽一己之力追寻和探索美的感觉与美的表现的歌人，我们似乎可以看到他们的精神之光。那是被时代抛下之人的精神之光，

---

* 《新古今和歌集》是元久二年（1205 年）三月，在后鸟羽上皇的主持下，由源通具、藤原有家、藤原定家、藤原家隆、藤原雅经、寂涟 6 人编纂完成的和歌集。收录有和歌 1979 首，分为十二类：春歌、夏歌、秋歌、冬歌、贺歌、哀伤歌、离别歌、羁旅歌、恋歌、杂歌、神祇歌、释教歌。是日本历史上颇负盛名的和歌集。——译者注

但是对于随着时代而变的精神史来说，他们的这种精神状态，在另一种意义上是映照那个时代的一面镜子。

《新古今和歌集》编纂于激烈动荡的时代。擅长从内在分析歌人的风卷景次郎在《中世的文学传统》中将其评价为"雕心镂骨"之作。

> 用"雕心镂骨"来形容《新古今和歌集》再合适不过了。它的缺点也正在于此。实际上，"雕心镂骨"的说法能体现出和歌文学是如何在一个艰难时代里守护"诗"的——如果简单地用"放浪原野""游戏人生"等说法去概括，是无法体现出《新古今和歌集》的性格的。想要真正理解这种性格的话，就需要一种意志上的紧张，也需要一种凝视空虚的定力。为了能够具体生动地描述出第一次浮现于自己眼前的梦想世界，人们不得不永远保持清醒。
>
> （《中世的文学传统》，岩波文库，第86—87页）

想象"雕心镂骨"是一种怎样的状态并非易事，也很难理解经由"雕心镂骨"所雕琢出的一首首和歌。读《新古今和歌集》中的组歌，最开始得到的感受是，那种念想的飘忽不定实在是太难把握了！比如卷十二的《恋歌二》，有如下五首：

权中纳言俊忠

无名闲言起，立田山上云，不知飘何处，漫无沉思望。

惟明亲王

相见寄浮云，携卜吉凶雨。

右卫门督通具

吾之恋君兮，仅相逢，亦如云，不知何处去，怯怯无所依。

皇太后宫大夫俊成之女

故颜映朦月，泪湿春衫袖。

定家朝臣

念君泪，床之露，枕之冰，永不灭。

难相见，难相结，似即失，亦朝夕。

（"岩波日本古典文学大系"《新古今和歌集》，第 242—243 页）

这些虽然说都是恋歌，却不是写给特定的恋人的。它们产生于歌人聚会的"命题作文"。给出一个题目："扬名之恋"（形成坊间传闻的爱恋），或者"恋心""春恋""冬恋"等，歌人们对应题目和出的和歌，构成了如上的组歌。歌人分坐左右，常要分出一个高下，所以咏出扣人心扉的巧妙之歌，是歌人们能够成名的必要条件。上述五首正是被认为符合这个条件的和歌作品，它们的篇幅虽然不长，但充分反映了当时和歌世界的嗜好和价值观念。

这些和歌在现代的我们看来有些难以理解，有种什么都抓不住的感觉。倒也不是完全读不懂，但如果你想确实抓住点什么的话，就会觉得它们从指间幽幽地流了出去。

　　越是抓不住，我们就越是想要去追索，结果不自觉就陷入了无明深处。不过，还是让我们试着去追索其中的一首吧，也就是第三首——右卫门督通具的"吾之恋君兮，仅相逢，亦如云，不知何处去，怯怯无所依"。

　　第一首和第二首都是表达爱恋的虚空与无望，初读这首以"吾之恋君兮"开头的和歌，也会产生一种恋情无法遂愿的预感。后续行文与这种预感并不相悖。"无所依""不知何处去""如云"都是在描写恋之空虚、恋之无望。但是"仅相逢……无所依"到底是什么意思呢？按照字面意思理解的话，就是只求能够见一面，只有这一个奢望。这样一来这里的"相逢"就成了"看一眼"这样非常浅的意思。与爱恋密切相关的"相逢"一词，含义非常广泛，可以包括从"看一眼"到"结婚"等多种意思。但如果只取狭义，只取表面的含义，那么整首和歌的含义不也就变得狭隘而浅薄了起来吗？但是，这首和歌是用典和歌 *，其原典是"吾之恋君兮，不知所终。仅此相逢兮，不复见卿"。当我们了解了这首作为原典的和歌，也就打消了刚才的疑虑。将这首原典和歌作为背景去理解，就会明白"相逢"里包含有一种迫切的思念。这也就罢了，第四句"不知何处去"与前面的衔接又很差。虽然跟第一句"吾之恋君兮"可以很自然地衔接上，但跟"仅相逢，亦如云"的衔接就显得别扭了。而"无所依"本应是表达萧索的措辞，但因之前的衔接不顺畅，反而削弱了萧索之气。可以说整首和歌的弱点就在这里。当然，不可否认的是，第四句和第五句中的"不知何处去"和"怯怯"扳回了

----

* 用典和歌，引用以往和歌（以出处明确者为佳）的一部分词句或相关意象来创作新的和歌。被引用的和歌被称为本歌。——编者注

局面，无论从意味上还是从音韵上都恰到好处地咏叹了爱恋的无望，增一分则肥，减一分则瘦。

整首和歌的意思应当是"哪怕只看你一眼也就足够了，然而我对你的爱恋，就连这样的希求，也像那消失在天空中的云一样，无处凭依"。

遵循着 5—7—5—7—7 的既定节奏，让我们再次回顾整首和歌的"抓不住之感"。上三句与"不知何处去"之间的呼应不周暂且不说，我们读和歌时产生的那些龃龉之感，其根本原因是，这位精于作诗技巧、讴歌恋爱的作者看待恋爱的方式，在这（原文）31 个字的篇幅中并没有显现出来。作为特权阶级的歌人群体，想要在和歌的世界中探寻传统美的极致，所以一个个歌人个体就进入了上述的表达领域。无论是写恋歌还是写四季歌，技巧上的雕心镂骨都把歌人带离了淳朴的恋心或者自然的季节感，导致他们在一种非现实的观念世界里漂流，这大概也是没有办法的事。也许，更积极一点说，在非现实的观念世界里蹁跹摇荡，正是《新古今和歌集》的美学所在。从刚才引用的五首和歌中我们也可以体会到，《新古今和歌集》的歌人们，借由一种纤细精巧的表达进入非现实的观念世界，在短暂微曦的时光里摇摆荡漾，并以此为喜。

体现这种非现实的摇荡，是歌人们共同的工作和共同的爱好，这一点集中体现在《新古今和歌集》中泛滥的"用典"技法上。刚刚我们浅析了右卫门督通具的"吾之恋君兮"中的"用典"，接下来我们再介绍四首《新古今和歌集》卷三中的用典和歌。用典的本歌均为《古今和歌集》卷三中的"待到五月橘花时，故人衫袖香"。这几首均是有名的和歌。

皇太后宫大夫俊成

橘香飘，忆故人，吾逝谁人橘下念。

右卫门督通具

庭橘开，香逐晚风来。逝后谁人念，得与凉风约？

式子内亲王

叹往昔，借梦还，橘香入枕来。

前大纳言忠良

橘花落满檐，念草砾间生。睹念忆往昔，露不止，泪千行。

（出处同上，第 79—80 页）

　　比起推敲琢磨如何描写橘花的香气，或者说比起如何描写对故人的怀念，歌人们更关心如何更好地化用本歌词句，如何和本歌联系起来，又如何和本歌保持距离，如何能与本歌区分开来。上文所引四首就是按照这个顺序登载于和歌集中的，虽然在这之后还有一些典出同一首歌的和歌，但并没有如此明显地使用“橘”“香”“故人”等本歌中的词，也没有以此为媒介让读者一眼看出这首歌和本歌的关系，甚至没有让读者看出眼前这些和歌之间的关系。其实，比起和歌本身与在歌中被吟咏的橘香、故人和衫袖香之间的关系，更值得注意的是和歌与和歌之间的关系。歌人们使用了一些能使读者身临其境的句式，以用典这个技巧为媒介创造出一个共同的观念世界。一旦置身于这个观念世界，就相当于完全切断了和现实世界的联系，这种词语和词语之间微妙地交织的样子，正和5—7—5—7—7 的音律相辅相成，是语言象征美的一种典型体现。

　　用典这个技巧的泛滥一定会让歌人们进行一定的反省，虽说《新古今和歌集》在 1205 年就有初步成形的迹象，但完全编成还是在 15 年后。作为镰仓初期有代表性的歌人，也是《新古今和歌集》的作者之一，藤原定家所著歌论《每月抄》中，有这样一节论述：

　　　　只有谙熟此道之人才会化用吟咏花的本歌来创作咏花之歌，化用吟咏月的本歌来创作咏月之歌。普通人可以化春之歌创作秋冬之歌，化恋歌为杂歌或四季歌，并且最好使人能透过所作新歌看出本歌为哪首，但大量引用本歌的原词也是不可取的。最好是只用本歌中的两个词，并且分别将之放在上下两句中。比如，将"日暮观云尽，相思难掩，遥念天边人"作为本歌时，采用将"云尽""相思"两词分别放入上下句中的方法，不吟恋歌，而是作杂歌或四季歌。最近也有从这首歌中取"日暮"一词来作歌的例子。虽说日暮不是本歌中的主要词语，倒是也没什么不妥。但若是过多地化用一些并不为人熟知的词，这便不好了。此外，若是化用时过于谨慎，以至于不能让人看出到底化用自哪一首歌，那么用典这个技巧也就失去了意义，对此，我们一定要多加注意。

　　　　　　　　　（"岩波日本古典文学大系"《歌论集能乐论集》，

　　　　　　　　　　　　　　　　　　　　　第 132—133 页）

　　事实上《每月抄》中总是弥漫着一种模棱两可的感觉，上述段落在这本书中倒是有一种意外的明快感。大概是因为没有讨论和歌的内涵，只是指导了一下表面上的技巧，这也算是一件幸事。从这一段中可以看出定家本人不管是对自己所作之歌还是对别人所作之歌，都有着深刻的理解。因定家在后记中说，这本书是"对某人的回信"，可以看出在当时的歌人世界中，和歌的创作方法论成为话题。这足以表明当时的歌人对和歌的理解有了大幅度的提升。

然而，若是不考虑只停留在形式上的方法论，对和歌技巧理解的提升并不意味着对和歌的内蕴也有着明确的理解。即使是定家这样对和歌有着深刻理解的歌人，一旦涉及对和歌内蕴的探讨，也难免模棱两可。定家认为"有心体"是和歌的最高形式，那么，接下来我们就将他涉及有心体的精华论述译成现代白话文引用如下。

　　只有全身心投注于和歌，进入世间唯歌而无他物之境，才可能流畅地咏出有心体。也就是说，好歌的标准是看它是否能表现出内心深处的感觉。虽说如此，但过于深层次地窥探内心，以至于带了些亵玩的意味，是过犹不及的，甚至是有些扭曲的，这样的话坚实的歌风就会逐渐消失。若真如此，倒还不如无心之歌，只会沦为不堪之物。怎样把握好这个度，是个非常关键的问题，也是个很值得花费心思去关注的问题。

　　从事歌道之人，应戒固执己见，也万不可有敷衍了事之心。若是总因和歌的形式不整饬而去批判一些歌人，这会打击人们创作和歌的积极性，歌道也会因此而步上衰退一途……不论是提前创作好的用于歌会的和歌，还是即兴所作之歌，都必须要付以真心。若是在仓促之中选择敷衍了事，这笔欠账早晚会在日后清算。有心之歌自然而然就能抓住读者心神，但是有的时候，无论如何都咏不出这样的和歌，这时的内心是杂乱而昏暗的，无论怎样冥思苦想也不可能作出有心体之歌。这种时候，如果勉强自己作一首，也只能作出没有灵魂不成体统之物。这时，就应该作一些不论格律还是用词都较为欢快的吟咏风景之歌，即使没有在其中倾注真心也要做到格式整齐。

（出处同上，第128—129页）

或许读完这一段就会觉得和歌创作是一件耗费心神的事情，虽说这是定家立足于自己创作和歌的经历和体验之上而写的指导与建议，但这篇文章中还是弥漫着一些苦涩之意。

定家认为，和歌之中最上乘者便是有心体，但有心体究竟应该怎样定义，对于这个关键问题他并没有给出明确的答复。正是因为不能明确这个问题，所以创作有心体也不是件容易的事情。这意味着若想妙笔得之，则必须要排除一切杂念，一心向歌道，并反复为之努力。这种对和歌的热忱带有信仰色彩，与有心体形式上的不明确之间，产生了不协调，似乎正与活在乱世、一心追求歌道的歌人的危险生活和艰难立场相呼应。

对于歌人们来说，和歌是从混乱、饥饿、满目疮痍的现实世界中独立出来的一方天地，它必须是无比高贵而优雅的。和歌在维持作为贵族阶级审美观支柱的高贵和优雅的同时，还必须去探索更高层次的美。随着地方有实力的农民和武士阶层的势力日益壮大，贵族阶级的社会地位和特权变得岌岌可危。歌人们对于和歌的高贵和优雅就有着更加强烈的执着。虽说他们也知道和歌思想上的高贵和优雅并不能弥补自身日渐衰微的特权和社会地位，但若没有有效的方法来恢复社会实力的话，将仅剩的自尊寄托在思想的高贵和优雅上，似乎也是一种理所当然的选择。

关于有心体究竟是什么这个问题，可能即使去询问定家也得不到一个令人满意的答复。但定家确信，歌人们通过钻研晦涩难懂的歌体，集中心思、穷尽所能创作出和歌，并且互相品评鉴赏，是一种超脱凡尘琐事的高尚活动，而且这也成为定家身边歌人们明确的共识。从这个角度来看，《每月抄》确实是一本时代之书。这本书反映了一群被时代穷追不舍的歌人在精神上的反抗。技巧精湛的和歌在虚构的世界里蹁跹起舞，同时也包含着一种模棱两可之感。真正意义上的歌人必须要满足两个条件，一是具有这种创作活动超脱于现实社会的清高的信念，二是具有坚守住与俗世生活之间之界限的紧张感。定家把这种意识用歌论的形式表现出来，在艰难的乱世里坚守创作和歌的信念，可以说他就是那个时代歌人中的典型代表。

歌人们其实早就意识到这样的乱世是和歌世界的灾难，这种危机感从定家19岁所著的《明月记》中的一节也能看出来：

世上乱逆追讨虽满耳不注之，红旗征戎非吾事。

（虽说现在关于要追讨乱臣逆贼的传言不绝于耳，但举旗战斗这种事确实与我无关。）

（《明月记 第一》，果书刊行会，第6页）

这个时候就可以看出定家的心思已经十分明确了。"乱逆、追讨、战斗这样的事情与我有何干系？"当定家侃侃而谈，得出这个结论的时候，他意识到自己真正属意的事业还是和歌创作。我们从中可以感受到专业歌人的自豪感。这是一种继承了代代相传的和歌传统并追求更高境界的自豪感。在 19 岁这样的年纪，他就将世间的战乱排除在心神之外，一心只为歌道而活，这样的自我意识在当时可谓非常特别。但在当时，歌人们之间引歌为傲，实际上已成为一种潮流。"歌合"作为歌人们的集会，是超脱于现实的清高世界，歌人们在这里互相竞技，互相分享情趣，这是他们为之自豪的事情。为了维持这种自傲感，他们必须频繁地举办歌合。在《新古今和歌集》的序里，关于歌合的记载就非常多。

刚刚我们对定家的《每月抄》和《明月记》有了一定的了解，现在我们就回到《新古今和歌集》上来。对吟咏和歌怀有自豪感的歌人们，在表现技巧上大都达到了较高的水准。从任何一卷的任何一个部分随意挑几首，都是十分优秀的作品。下面就是从卷四的"秋歌 上"引用的五首，其中包括了有名的三夕之歌。

前大僧正慈圆

山路何时染秋色，但见轻云挂薄暮。

寂莲法师

寂寞本无色，杉立秋山日暮。

西行法师

此身无心亦知哀，深秋暮色鸭立泽。

慈圆像

藤原定家朝臣

远望何所见？春花红叶皆无，空见秋暮苫屋。

藤原雅经

相思无处藏，独居院内生葎草，如此秋暮。

（"岩波日本古典文学大系"《新古今和歌集》，第 100—101 页）

　　除了第一首和第五首，中间那三首就是三夕之歌。虽说论起读者熟悉的程度，第一首和第五首是比不上中间那三首的，但第一首寥寥几笔，只"秋色""轻云"两词便让秋天的季节感充盈于读者心中；第五首则写独居于葎草丛生的庭园中人，难掩相思的暧昧心情与秋日薄暮的寂寥感互相交错，是不逊色于中间三首的佳作。《新古今和歌集》大致编成的三年前，正是歌合史上空前绝后的千五番歌合[*]（判者十人）举行之时，包括三夕之歌在内的上述五首和歌，也都受到了很多评判。生于当今时代的我们超越了时空，再次翻开《新古今和歌集》，能清楚地看见歌人们之间的竞争将和歌提到了更高的水准上。没落的宫廷贵族们并不奢望在社会实力上恢复昔日荣华，但在吟咏和歌这样的清高的观念世界里，他们形成一个文艺团体，共同抵达了精巧纤微的美之境界。

若说哪些和歌能将这个世界明了地表现出来，我想从卷一"春歌上"中引用四首藤原定家的优秀作品，这几首和歌都做到了这一点。到现在为止本文所引用和歌的顺序都与《新古今和歌集》原文相同，仅这一次我不遵循这个顺序，而是从数首和歌之中选取几首定家的作品供大家鉴赏。

春梦断浮桥，夜岭云成空。

长空梅香浸流霞，春夜月明尽无云。

袖上幽香梅花染，檐下斗痕月影疏。

霜乱长空归雁过，潇潇春雨湿双翼。

（出处同上，第 45—50 页）

接下来，我将简单地对这几首和歌做一些解读。

第一首：从春夜之梦中惊醒就像是浮桥断开一样，极目远望，山顶横云正离开峰顶。"春梦断浮桥"是从《源氏物语》最终章的

---

[*]   镰仓时代前期的一次规模盛大的歌合。后鸟羽上皇命令当时具有代表性的歌人 30 人，每人分别吟咏 100 首和歌。并设定判者 10 人，品评每首和歌。——编者注

章回名"梦浮桥"斟酌而来的，平添了几分恋情短暂易逝的余情。
这首和歌用了许多春、夜、梦、岭、空这类常用的字眼，将思念之
情娓娓道来。声调清朗明快。一般被视为"新古今调"的代表之作，
是将雕心镂骨与现实精彩地结合起来的佳作。

　　第二首：本歌是大江千里的"不明不暗胧胧月，春夜无物堪可
比"。定家这首一开始便以长空起笔，视野广大开阔；"梅香浸流
霞"一句中，春霞与梅香交相辉映。这是一首饱含春光潋滟之意蕴
的和歌。下句"无云"也是在形容月明，将不论何时都喜爱望月的
作者的心情编织在了和歌里。就声调的平滑度来说也不逊于第一首
的"春梦……"一句。

　　第三首：梅香弥漫的月明之夜，一位女子怅然立于檐廊之下的
情景便浮现于眼前。这首和歌以衫袖作为情之载体，叙述当时场景。
写梅香和月影在衫袖上争艳。用"染""斗"等字眼，初看让人感
受到情景的律动，但从整体上来看，反而给人一种春夜静谧的印象，
这也体现了一种清淡又温和的爱恋。

　　第四首：下句"潇潇春雨湿双翼"简明易懂，春雨落于北归之
雁双翼之上，和上句"霜乱""长空归雁过"一起来看，便顿觉此
歌迷人之处。若是连起来读，便是霜乱长空，若是于"霜乱"处停
顿，便是地面降霜，染寒空气，稍显憔悴的归雁于空中掠过。不论
是在哪里停顿，和下句的春雨都有着鲜明的对比呼应关系。

　　以上四首皆是定家35岁之后以名作用典而成，这要求不论是创
作者还是鉴赏者都要拥有纤微的感受能力。当然，这个特质并不为
定家的和歌所独有，这是镰仓初期的歌人们在由他们自己所组成的
团体中活动时，自然而然达到的境界。

．．

　　特权阶级到底怎样在乱世中生存和思考？下面我们就以慈圆的
《愚管抄》*为例，姑且窥视一下当时特权阶级的生活。

　　众所周知，《新古今和歌集》是超脱于现实的歌集，将技巧凝
于短短的 31 个字中。如果说《新古今和歌集》是为创造一个充满
余韵与幽玄之意的世界而进行的团体性尝试，那么《愚管抄》则是
政治统治阶层的知识分子，试图找到当时世界中普适的"道理"，
于是密切关注现实动向并远溯历史的一次尝试，这也是一次认识现
实的尝试。

　　慈圆在1155年作为关白藤原忠通之子降生。他的异母兄弟基实、
基房和同母兄弟兼实，分别就任过摄政或关白（公家社会的最高官
职），他可以说来自名门中的名门。他自己也曾做过天台宗座主，
这是个统筹比叡山事务的光荣职位。他后来作为后鸟羽天皇的护持
僧，逐渐开始主持朝廷和公家的祈祷仪式。慈圆的和歌质量也很高，
《新古今和歌集》中选取了他的 92 首和歌，数量仅次于西行，位居
第二。慈圆是个身份地位十分显赫的人，从《愚管抄》中便能看到
这一阶层的人际交往的实态。

　　关于慈圆在政治上和社会上的地位，大隅和雄在《读愚管抄》
中有这样的叙述。

　　　　慈圆在回溯历史的同时，能接触到的现实世界的材料也

---

* 　《愚管抄》是镰仓时代历史著作，也是日本最早的历史哲学书。由天台座主慈圆所著。于承
久二年（1220 年）成书。——译者注

是十分丰富的，他不光能掌握以摄关家为中心的宫廷社会的动向，作为僧侣也有着显赫的社会地位，可以越过摄关家的很多限制，直接和各式各样的人物接触。慈圆的大本营比叡山也可以说是当时社会的一个缩影。可以说当时的慈圆处在一个最好的位置，让他能获取数量庞大且内容翔实的信息。除了参考史书之外，慈圆还能以他所接触到的各种情报为基础来推演历史的发展。比如说，亲范围绕鸟羽上皇驾崩的谈话、重定和仲行之子有关赖长大限的谈话，这些内容他都是从当事人那里听到的。《愚管抄》中有着许多诸如此类事件的记载，慈圆以这些为线索来推导出事实的真相。从对后鸟羽上皇的亲信忠纲的记述和赖朝死后镰仓幕府的动向之类的记载中可以看出，若是记述对象与慈圆处于同一时代，那么慈圆将根据自己的判断来选择素材，进行记述。丰富的素材也是《愚管抄》的一大特点。

（《读愚管抄》，讲谈社学术文库，第 99—100 页）

虽说轻易能够接触到丰富的素材，对于书写史书来说是一个非常有利的条件，但并不是说只要有丰富的素材，便能还原历史的真相。虽然上面的引文中也有"推演历史的发展"和"推导出事实的真相"的说法，但素材终归只是素材而已。要明确历史的走向和事实的真相，作者还必须对这些素材的重要性和质量进行恰当的判断，以此来进行取舍，还要找到素材之间的联系。这才能叫作书写史书。《愚管抄》将历史的走向和事实的真相统括在"道理"这一个概念里。慈圆一直在追求诸如大小、广狭、远近、强弱等各种各样的"道理"，可以说慈圆是一个纯粹的历史学家，《愚管抄》则是一本地道的史书。

　　《愚管抄》由七卷组成，卷一和卷二用笔记的形式整理了从神武天皇一直到现任天皇（后堀河天皇）的皇帝年代纪事，卷三开始了真正意义上的历史记述。在卷三的序中，慈圆将自己写作史书的行为进行了如下定位。

　　　　我一直在年华流逝中不断地思考事物的道理，也可以说我将此作为对年岁渐长者不眠之夜的慰藉。我在接近生命尽头的过程中经验渐长，也切实感受到了自古以来时移世易的道理。神代之事具体已不可考，但人代之事则很明晰，据说从神武天皇之后要一直延续一百代。现已经过八十四代，可以说早已过半，所剩不多。在这段时间里，没有人去写保元之乱*之后或者说可以接续《大镜》**的史书。虽说传闻中也零星有几本，但我未尝见过。或者说，大家写史书时多喜着笔于繁盛之世，对保元之后这样纷扰的乱世，大多数人都提不起什么兴致。但这样就会带来许多困扰。若是将世道步入衰退之途的光景，条理清晰地叙述出来，就会发现万事都合乎道理。虽说如此，但若世间之人大多不这么思考，那么到处都会是悖理之事，长此以往便会逐渐将这人世引向不稳定之乱世，我一直在就这个问题进行思考，为令自己心安而写下了如此文章。

　　　　　　　　　　（"岩波日本古典文学大系"《愚管抄》，第 129 页）

---

*　保元之乱是于 1156 年发生的日本的内战，对阵双方为后白河天皇和其支持者平清盛、源义朝等，以及崇德上皇和其支持者平忠正、源为义。——编者注
**　《大镜》是平安时代后期的历史物语，著者不详。记述了以藤原道长为中心的藤原一族的荣华。——编者注

虽说这段话略微有些艰涩难懂，但细读之下就会发现慈圆追求道理的拳拳之心。文中所说保元之乱的开端是在 1156 年，慈圆是在此前一年，也就是 1155 年出生的，如果说保元之后便是乱世，那么慈圆就是生于乱世、长于乱世之人。可以说，慈圆亲眼看到世道日渐衰颓。但慈圆没有对乱世视而不见，反而积极地将目光投向纷乱衰颓的现实，不断就此陷入沉思，希望在此中找到道理。漫漫长夜突然惊醒时，他也会思考这些事情。

《愚管抄》中清晰地显示了人对探究历史这件事情的初心。作者慈圆出身名门，身份显赫。虽说他有着丰富的社会和政治经验的积累，还具备足够知识和判断力，是个老练之人，但他一门心思追求道理的姿态，也让人感受到他对历史抱有的淳朴的好奇心。

慈圆淳朴的好奇心在他探究历史的过程中随处可见。对于有趣的谜团，他似乎都会扑上去一探究竟。在解开这些有趣谜团的过程中，一些事件的全貌也逐渐显露出来。慈圆因讲述藤原氏的摄关政治而乘兴起笔，经保元平治之乱，最终抵达当时的历史真相。在这个过程中，慈圆按捺不住的好奇心随处可见。

慈圆在记述的过程中有时也会带一些个人感情，比如有关藤原赖通辞任关白，其弟教通接任的记载，还有赖通之子师实就职左大臣，侍于宫中的记载。师实遵循赖通的教导，每日勤勤恳恳进宫参见，后三条天皇被他的诚心打动，遂将他的女儿贤子迎为东宫（后来的白河天皇）之妃。关于此事慈圆有较为详细的描写：

　　　辞别了天皇的师实，不知该如何是好，如此或许可得一族安泰，他急于将此事禀报给父亲赖通，于是连夜从大内赶往宇

治……居于宇治的赖通正在小松殿，不知何故却难以入眠，因
觉心中忐忑，便起床燃起灯火，不由得自语道："或许京内有
事发生。"到此时为止，宇治这边并未有人群骚乱之事发生，于
是赖通向木幡和冈屋方向眺望，这时家臣来报告"京内方向
似乎燃起了许多灯火"。赖通不由心神大震，命令道："再细
查。"不久后家臣再报："越来越多，而且似乎在向宇治方向移
动。"赖通道："或许是左府（师实）率人来了吧，这深更半夜
到底发生了何事？"于是再命令道："再去细听精查一番。"不
久后，就听到了护卫舍人（下级官人）开道的声音，赖通心想
果然有事发生，于是命令道："去将灯火全部点燃。"……不久
后，他见到了还未来得及脱去朝服的师实，知道一定是有大事
发生了，便开口问道："到底出了什么事？"师实答道："我今
日与往常一样遵从父亲您的教诲入宫参见，傍晚时分藏人（天
皇侍从官）传旨说，天皇召见我，于是我便进宫拜见，在叙了
些闲话后，天皇向我下旨，'若是你有女儿的话，便让她进东
宫吧'，我接旨后便赶紧来找父亲您了。"听到这番话的赖通，
眼泪簌簌而下："方才我便觉得心中忐忑不安，原来是天皇赐
予我们如此大的恩典，赶紧准备将贤子送入东宫吧。"之后藤原
家丝毫不敢懈怠，将贤子送入宫中，成为东宫的女御。在东宫
成为新天皇后，贤子便成了中宫*，最终被立为皇后。她就是堀
河天皇的生母。

（出处同上，第 197—199 页）

---

*   女御和中宫都是对平安时代宫廷中妃嫔的称呼。女御身份在中宫之下。——编者注

　　从这一大长段中就可以感受到慈圆对历史的好奇心。读者就像是在读小说里的某个场景一样，人物的动作都活灵活现，似乎和书中人物互动便能得到积极的回应。但也不能忽视隐藏在他们的台词和动作里的历史价值和不为人知的一面。虽说慈圆使用了"道理"这样一个略微有些艰涩的概念，事实上慈圆所追求的"道理"就蕴藏在生动描写出人物动作的文学性表现中，也蕴藏在追求历史价值和其中不为人知的一面的抽象表现中。

　　但这些都是好奇心的自然表露，"道理"这个词有着许多或大或小的含义，这不仅使《愚管抄》的读者们困惑不已，对作者本人慈圆来说，也是个非常麻烦的事情。若是作为目标的"道理"定义模糊不清的话，那么记述历史这件事本身也很容易走入歧途。于是，慈圆重新就"道理"究竟是什么这个问题进行了自省。《愚管抄》中"道理"这个词出现频率之高印证了慈圆对"道理"的执着，同时也印证了慈圆苦苦追寻"道理"的明确定义却始终求而不得的事实。这是一个与历史学家的初心非常相称的问题，如果最终道理分化出了许多复杂多变的形态的话，淳朴的好奇心在这个过程中便不会自然地表露出来。

　　如此一来，追求道理和记述历史之间便开始出现裂痕。

　　若是将追求道理等同于历史记述的话，也许能行得通，但也会出现一些问题。比如说，既然从人代之始的神武天皇时代到当时的后堀河天皇时代中能得出贯穿这段时期的道理，那么慈圆所属的藤原一族的荣华，也应当有它依据的道理，因为从藤原良房和基经父子的时代（平安时代前期）开始，藤原氏把持摄政、关白之位，此后代代相传。不难看出以上所举的两个道理，在根本上是处于两个不相容的空间里的。于是慈圆必须要构想出一种新的道理，用它将高维空间的道理和低维空间的道理连接起来。

如此这般，道理便会变得复杂多样，更加难以掌握，这也是历史发展的必然。自保元平治之乱后，这样的倾向便更加强烈，这就是慈圆所处时代的世间相。这是个乱世，是个末法时代，是个充斥着不幸和悲惨的饥馑遍野的世界，是个抛弃佛教教义，人们难以悟道而登极乐世界的时代。这样的乱世，既是末法时代，也是道理失去秩序的时代，道理越来越难以被人掌握。慈圆所依仗的大前提便是历史中自有道理，现在摆在慈圆面前的，却是一个道理本身也混乱不已的时代。

长于乱世的慈圆并没有沾染上这种混乱气息，还努力在其中探索道理。他清楚地看到整个时代都为混乱所吞噬后，还保留着对历史的淳朴好奇心，在混乱中找寻道理的热情也未曾消散。甚至世道之乱反而让慈圆对历史的好奇心更加浓烈。关于乱世之始的保元之乱，《愚管抄》中是这样记述的：

> 从大治时代到久寿时代（1129—1156 年），鸟羽上皇继白河上皇之后继续实行院政*，保元元年（1156 年）七月二日，鸟羽上皇亡故后，日本国内叛乱频生。这之后便是武士之世了。可以说导致如此世事变幻的道理，正是本书的着眼点。都城外的叛乱和战役数量众多……诚然，鸟羽上皇及其之前的时代从未发生过都城内诸侯或臣子叛乱之事。但那不过是因为臣子心怀不满却没有付诸行动而已。这场叛乱的缘由其实可以追溯到

---

* 　院政，天皇让位后作为太上皇或法皇在院厅继续掌管国政的政治形态。——编者注

后三条天皇和宇治殿（藤原赖通）之间的不合。

（出处同上，第 206—207 页）

《愚管抄》主要追寻的是导致乱世出现的道理，从这一点上也能看出慈圆面对历史时凛然的姿态。

摆在眼前的就是一个不知该何去何从的乱上加乱的世界，过去通用的风俗习惯规定和价值观基本上都不适用了，人们于是无所适从地东奔西窜。在这样的时代里，大家根本无法有规划地生活。且不说一年后，即使是一月后、十天后的未来也模糊不清。这到底该如何是好呢。

穷途末路的人们中，有的人只专注于眼前事务，聊以度日，有的人沉浸在虚幻的情趣世界里寻找生存的价值，还有的人希望做些努力来拯救这个乱世。而慈圆则直面这样的乱世，希望条理清晰地解释清楚人们的这些行为。这是在时代中熠熠发光的知识分子的态度。我们已经对法然专修念佛的思想、亲鸾的他力本愿的思想和道元的身心脱落的思想都有了一定的了解，并且知道他们是当时知性表达中的佼佼者。直面历史不断思考的慈圆，也有着可与之比肩的知性。但直面历史找寻道理的这项工作，即使对慈圆这样有着超群知性的人来说，也不是一件容易的事情。法然和亲鸾为了实现万人救济而艰苦奋斗，道元为了找寻超越时空的礼法而艰苦奋斗。慈圆则直面混沌的现实，将其融入历史的洪流之中，为找寻推动历史发展的或大或小的道理而艰苦奋斗。慈圆的历史观也在这个过程中不断地得到磨炼，并在《愚管抄》中确定下来。

若是要列举在这个过程中对慈圆起到引路作用的事物，那可以列出很多——中国经史子集中的知识，自《古事记》《日本书纪》而始的国史，或像《大镜》那样的历史物语中的知识，佛教思想，生养慈圆的藤原家的传承，还有处于旋涡中心的人们的亲身经历，等等，但并不是说有了广博的见识和丰富的历史材料，阐明历史道理这个问题就能迎刃而解。历史就是这样一个既困难又有趣的事物。在著作《愚管抄》中，慈圆运用广博的见识和丰富的历史材料对乱世的政治追本溯源，固然使《愚管抄》作为史书实证的一面十分精彩，但与此同时，他却并没有走出自己的见识和身边接触到的事物所围成的圈子，充分看到赤裸裸的粗野现实。在这个意义上，作者切入历史的角度略有偏颇，《愚管抄》作为史书也会给人留下一些狭隘的印象。

慈圆对当时时代的基本认识便是，作为乱世之始的保元之乱是日本历史上第一次发生在都城的叛乱，自此这个世界便成了武士的世界。至此，武士作为一种新兴力量在从前以天皇家和摄关家为核心的政治世界中登场。慈圆认为这就是这个时代与以往的不同之处。这是一个保守的认知。或许是因为平氏和源氏的动乱就发生在他身边，耳闻目睹中才有了这样的认知。慈圆对武士的实力之强，态度之嚣张有着较为深刻的体验。

这股新兴的武士集团的势力产生于地方豪族积蓄力量并跃跃欲试登上中央政治舞台的行动之中。在身后支撑着他们的是各种大大小小的武士团和无数的农民。伴随着生产力的提高，农村共同体结构不断变化，在各地催生出了大大小小的武士团，在这些武士团中间又发生了无数次的聚散重组，终于形成了一股足以挑战中央政治的强大力量。其实新政治力量的登场是社会底层结构变动的必然结果。

但是慈圆并没有看到社会底层结构的变动。乱世因武士阶层的登场而起，但对于站在武士背后的人们的动向以及整个社会结构的变化，慈圆的叙述都是模糊不清的。他并没有真正涉足于此，并给予其足够的重视。他没有叙述这股新兴力量的新性质，反而用分析此前一直掌权的天皇家和摄关家的那一套理论来认识这股新兴政治势力。正因如此，他没有将用武力解决问题的粗暴、政治斗争与打杀行为之间的联系、武力斗争带来的物质破坏和精神颓唐等现象，作为研究对象，只是将其笼统地包含在诸如"世道杂乱""世道衰颓""世道退化"之类的表述里。就这一点来说，《愚管抄》比不了上卷第十四章讲的《今昔物语集》与绘卷物中对武士和平民的具体描绘。慈圆将源赖朝从武士中单拎出来，并给予他很高的评价，但这并不是针对赖朝作为武家栋梁所创功业和他在政治上的远见与洞察力而给出的评价。这个评价是基于赖朝对待天皇与上皇、摄政与关白的态度而给出的评价，因为赖朝在处理这件事的时候，将此前的政治结构作为大前提，在此基础上借力打力，巧妙地利用了各个势力之间的关系，以此确立了自己的统治。慈圆的着眼点是，赖朝并没有彻底地变革过去的政治结构，而是选择修正和加强政治结构。慈圆和当时的大多数特权贵族并不一样，他没有对现实中的衰败和颓唐视而不见。但在关注现实政治的动向时，他并不期望从底层兴起的新兴政治势力能够开拓出一个新的世界，而是期待着能将这股势力抑制在旧的政治图纸中，以此来摆脱危机。在这个意义上，《愚管抄》是一本根植于贵族阶层的，以贵族阶层的认知为基础的史书。

　　慈圆在论述书中的重中之重——保元之乱——的时候，就很清晰地展示出了贵族阶层的政治意识。这一点从如下所引段落中便可窥知一二。

鸟羽上皇在决定已逝的近卫天皇的继承人时，犹豫不决，十分苦恼，虽说生母为待贤门院的四皇子后白河与新太上皇（崇德上皇）住在一起，但他的风评并不太好，人们都认为他是耽于享乐之人，非帝王之才。那么到底是立近卫天皇的姐姐为女帝呢，还是让崇德上皇的长子做天皇，还是立后白河的幼子守仁亲王呢，鸟羽上皇就这个问题考虑良久，他决定越过藤原忠实和赖长（忠实的次子）直接和忠通（忠实的长子）谈谈。忠通每次都会这样回答："立帝王之事本非人臣职权所及，全凭上皇您裁决。"终于在第四次谈话中，鸟羽上皇说道："你就快说出一个人吧，我就将你的决定当作伊势大神宫的神谕。"忠通答道："既然是上皇的命令，那我就姑且说两句吧，我认为四皇子已经年满二十九，既然有这样年纪的皇子在，那么让他即位对未来各方面来说都是最好的选择。"于是鸟羽上皇道："如此甚好，就这么办吧。"于是，鸟羽上皇一边悼念近卫天皇，一边遵循旧例将雅仁亲王（后白河）迎到新天皇的宫中，并在东三条南的高松殿内主持了继位仪式。如此，治理国家的上皇和摄政忠通之父忠实之间，似乎形成了一种憎恶长子而偏爱幼子的奇异的相似之处。但这又发生在能决定国家命运的两大掌权者身上，乱世之命运大概就自此而定了吧。虽说鸟羽上皇和忠实也有过一段团结一心共治国家的时期，但最后还是诱发了保元之乱，致使国家无可避免地陷入了乱世，即使在鸟羽上皇还在世的时候并没有内乱和会战发生。

（出处同上，第 216—217 页）

类似的记述还有很多。

动乱的时代会动摇国家的经济基础，最终会波及政治权力中枢，政治斗争也会成为日常化的活动。在这种不安和动摇的环境中，天皇家和摄政家的掌权者绞尽脑汁，想出了各种各样的对策，彼此之间的关系忽近忽远、表里不一，在通往政治权力的阶梯上时而更上一层，时而跌落原地，这些有趣的现象一直在历史的连续剧中不断上演。若是作者慈圆没有生在摄关家，不能接触到这些细枝末节，那么这段历史便难以复原。慈圆巧妙地排列他所掌握的大小情报，依据事实来进行事态的推演，这才使真相渐渐浮出水面。

现在我们暂且放下对这个连续剧的好奇，把目光转移到在天皇家和摄关家内部上演的内乱纷争上来，慈圆认为这才是历史上的重要事件，探查它的真相是书写史书之人的应尽之责。但在这一点上我们要对慈圆的态度打一个问号。在这里我们也可以引用近代的历史观作为对照，若想还原历史的应有面貌就必须超越权力中枢的内斗，将统治阶层和被统治阶层全都囊括进来，将时代整体作为研究对象。《愚管抄》在关注整个时代的动向这一点上，比不上同时代的《方丈记》和《平家物语》，它仅将目光局限于以天皇家和摄关家为中心的政权中枢上。《愚管抄》的方法论是在世事迁移中寻求道理。虽说在这一点上它无疑是有历史知性精神的，但非常遗憾的是，这份知性并没有被充分地运用在记述保元之乱之后的同时代的具体历史事件上。若是真能得到充分运用的话，这本追寻乱世道理的书，大概能因乱世中的动荡的引导，与迄今为止的所有国史和历史物语区分，成为一本真正能反映政治和社会构造的史书。《愚管抄》对当时历史的叙述并没有摆脱以往历史记述手法的窠臼，仅把将军家当成第三方势力，加入以往由天皇家和摄政家两方势力所组成的统治结构中而已。

　　对于认为其时代是个乱世末法时代的慈圆来说，放眼人代之初到当时的历史发展，追寻横亘在历史中的道理，是一个能实现自我价值的最优选择。在其中可以看出一种独属于精英知识分子的强烈信念，这是怀揣对时代强烈的绝望和无力，企图用知识和逻辑来自立的信念。但慈圆对道理的追求，是在他自己的阶层，也就是特权贵族阶层中展开的。他并没有关注与特权相距甚远的普通人的生活。在《愚管抄》中几乎看不见平民的身影。正如上文所引的段落所说，慈圆认为如果要洞悉时代发展，起关键作用的是天皇的皇位继承、摄政与关白职务更迭等事实，政治只有以这些事情为基础才能立足，这样的政治决定着世道的发展。这可能是在统治阶层中十分流行的历史观，却并不适用于风云激荡的乱世。在动荡的乱世中，虽然慈圆对历史现实怀着强烈的好奇心，但他不是以导致动荡的主体——武士和农民——的动向为研究对象，来进行理论分析并寻找出道理的，而是在动荡中试图守护以往的统治结构的意志所衍生出的道理。慈圆所找出的道理被"统治阶层的自我肯定"的阴影所笼罩。但即使将自我肯定作为道理，作为蕴藏在历史内部的规律来论述，也不是件容易的事情。慈圆向这项不容易的事业发起了挑战，在保持清晰和客观的基础上进行论述，这也是他有着高度知性的表现。虽然他拥有着这样的知性，但将他本人身上的思想——特权贵族的阶级意识——作为批判对象也是很困难的。但若是做不到这一点，就形成不了可以对抗时代的历史意识。将贵族阶层的阶级意识作为批判对象是时代变革的必然要求。

第二章

《平家物语》

——

战乱与破灭的文学

　　《新古今和歌集》的歌人们似乎活在一个与现实社会完全不同的时空中。他们在和歌这一观念世界中竭尽语言技巧，创造出超现实的余情、幽玄之美，试图通过这样的方式逃避即将到来的、撼动脚下根基的变革。《愚管抄》的作者慈圆，尝试在变迁的世间发现道理从而获得精神上的安慰，并针对当时的时代提出政治上的方针政策。无论是歌人们，还是慈圆，皆属上流社会，他们的阶级将乱世视为危机。而他们也都尝试将逃离危机的希望寄托在乱世之前的王朝精神文化上，只是侧重的角度不同而已。

　　但是，乱世的动荡敲碎了人们对王朝精神文化的爱惜与思慕，时代自顾自地向前行进着。时代的变动，吞没了观念上的余情、幽玄的世界，吞没了自人代之初以来代代相传的道理，自顾自地向前行进着。若要真实地把握时代动向，就不得不以破灭的意识呈现对过去精神文化的爱惜与思慕。《新古今和歌集》的歌人们也好，《愚管抄》的慈圆也好，一定都有了破灭的预感。虽然心怀预感，他们还是将希望寄托在过去的精神和文化上。这是一种乱世的生存之道，而《新古今和歌集》和《愚管抄》正是这种生存之道的产物。

　　同时，另一种乱世的生存之道——对破灭预感的执着、基于这种预感正面迎接这个动荡的时代，孕育出了家喻户晓的《平家物语》。

·

以破灭之相看乱世的纷繁万象是《平家物语》全十二卷一成不变的姿态。其开篇便借用佛教式的叙事风格明确了全文的基调。

> 祇园精舍之钟声，响诸行无常之妙谛；
> 婆罗双树之花色，显盛者必衰之道理。
> 骄奢者绝难长久，宛如春夜梦幻；
> 横暴者必将覆亡，仿佛风前尘埃。
>
> （"岩波日本古典文学大系"《平家物语 上》，第 83 页）*

"祇园精舍"是须达长者为佛祖释迦建造的印度寺院。"婆罗双树"是树名，栽种在佛祖释迦涅槃卧所的四个方向上，每个方向各种两棵。"诸行无常"和"盛者必衰"是用来形容世事无常的佛教用语。所谓"诸行"是指因缘造就的一切，这一切都在不断地变化，这就是"诸行无常"。所谓"盛者必衰"是指有势必衰。这些陌生的词语伴随着琵琶的声色和七五调的节奏被演奏者朗声咏唱。听众虽无法将咏唱中的所有人物、事件——对号入座，不能明确理解其思想内容，但应该能感受到包容这个世界的、类似于高远思想的内涵正引导着咏唱。

混杂着难懂词汇的高调文言到此为止，"骄奢者"之后的文字用易懂的语句代替了晦涩的语句，平易近人。虽不能说这些词语、

---

* 本章出现的《平家物语》现代汉语译文均引自《平家物语》（王新禧译），上海译文出版社，2016 年。——译者注

句子是日常生活中经常听到的，但我们仿佛能感受到，咏唱之人正从遥不可及的高处走下来，朝着我们慢慢地走了过来。这是吸引听众的绝妙技巧。但是比技巧更重要的，是从佛教思想到破灭的时代观的变化，以及看待事物方式的转变。这也呈现了《平家物语》的整体基调。

这些具体指的是什么呢？

我们再来读一遍刚刚引用的开篇部分。"诸行无常""盛者必衰""骄奢者""横暴者必将覆亡"延续下来的这些词句，乍一看，形成了流畅的节奏。顺着这样的前文，紧接着列举了"骄奢者""横暴者"衰落灭亡的例子——中国的赵高等权臣，日本的平将门等乱臣、反臣，最后列举了最为显著的实例"六波罗入道相国、前太政大臣平清盛公"。这种故事展开方式看似非常自然。然而，真的是这样吗？佛教的无常观与清盛甚至平家一门的荣辱兴衰，真的像文中说的那样能自然地联系到一起吗？

"诸行无常"与"诸法无我"、"涅槃寂静"并称"三法印"（佛教的三项根本准则），是构成佛教根本理念的语言之一，意为世间万物皆在刹那间迁流变异、无一常住不变。而顿悟世间万物无时不在生住异灭之中，是佛教的根本立场。

"盛者必衰"又作何解呢？我们不能说"盛者必衰"是构成佛教根本理念的语言。虽说气势盛者必会衰落，但因其过多涉足政治社会，若说"盛者必衰"是宗教语言未免有些牵强。我们或许可以说"盛者必衰"恰好说中了政治社会的真实状况，但却无法将它当作宗教语言。"盛者必衰"与"诸行无常"前后对仗，出现在"婆罗双树之花色"后面，从文章表达的角度抹去了"盛者必衰"的腥臭。

　　关于与佛教的关联，"盛者必衰"仅是"诸行无常"的一个小侧面。"诸行无常"包含了自然界与人类世界的一切变化、生灭，看透了天体、天候、气象的变化，季节的变迁，山川草木的变化与生灭，人间的生老病死，家的变化，村庄的变化，社会的盛衰，时代的进步与后退，等等。如果说"诸行无常"是一句升华成抽象原理的语言，那么"盛者必衰"是将这一原理应用于政治支配层，将有势之士必将迎来的衰亡和佛教的世界观联系起来的语言。"横暴者必将覆亡"及其后面的文字，无非是将宗教与政治相连的"盛者必衰"引导至政治方面，以浅显易懂的方式进行解说。

　　在佛教理念与政治世界的权力兴亡间建立起关联后，话题转至具体的政治事件上。首先列举了中国的反叛者们，紧接着是日本反叛者的名字，令人注目的平清盛和他的家族最后登场。就如《平家物语》的名字所指的那样，平家一出现，故事便直奔主题，娓娓道出一门的荣辱兴衰。平家一门以前只不过是律令制度下的一个地方官家族，父亲忠盛时期被允许登殿议事，到了儿子清盛这一代才逐渐走上了荣华之路。故事以政治世界为舞台，描写了平家一门的命运——华丽登场极尽荣华之后又急速衰落灭亡。

　　那么，故事开头为什么要摆出"诸行无常"这个佛教原理呢？佛教的无常观与平家一门的政治兴亡有着怎样的关系呢？我们有必要重新追问、思考这个问题。

　　刚刚解释了"诸行无常"这一原理可以作为一个主流，那么它的一个支流朝着"盛者必衰"的方向流去，权力政治也从此处开始逐渐走向反叛和灭亡。我不打算向《平家物语》的作者深究佛教语言"诸行无常"的含义，也没有与佛教思想对立的意思。佛教的无常观，虽包容着整个故事，但并没有将故事引向宗教，而是赋予故事一个文学性的、统一的思想情调。从真正的佛教信仰、佛道修行的立场来看，这里用到的佛教思想成了文学上的权宜之计；但从故事的结构来看，用佛教的无常观来包容整个故事，是呼应时代思潮的独创构想。

回想起来，日本文学的心性中深刻地融入了佛教的无常观。《万叶集》与佛教的关联较少，仅有大伴旅人创作的几首和歌能多多少少体现佛教思想。虽然如此，占了歌集内容大部分的四季之歌、相闻歌、挽歌体现了季节的变化、恋爱的喜悦与苦闷、死亡的悲伤，这些表现主题与佛教的无常观是匹配的。与其说《万叶集》与佛教的关联较少，是因为匹配的程度不高，不如说是因为当时的佛教状况。当时佛教的活动主体是建造寺庙、雕刻佛像、抄写经书，在思想层面没能超出镇护国家观念的范畴。从当时的佛教中，很难找出能够融入文学表现中的情动性。

平安初期的最澄、空海的佛教思想也并没有明显地缩短佛教与文学的距离。《日本灵异记》中的现世利益之说虽扩大了话题的范围，但并不具有提高文学质量的力量。但即便这样，随着时间的推移，与国家佛教不同，佛教作为与个人的生存方式、利害、生死相关的理念，甚至说是思想，在社会中广为流传，这是不争的事实。到了平安中期，净土思想已经初具规模并展现了高涨的气势。

随着假名文字的成立，平安朝文学开花结果，无论是和歌也好，物语也好，日记也好，都逐渐加深了与佛教思想的关联。建筑、雕刻、绘画等领域引入净土思想，诞生了很多豪华优美的名作。同时，在文学的世界里，净土思想为故事增添了典雅的色彩，如《源氏物语》六条院中春夏秋冬的设置。

与净土思想相比，佛教的无常观与王朝文学的情绪有着更深的渊源。贵族世界的"雅"，即使表面上呈现出华丽、明朗、堂堂正正的姿态，但其面纱下一定会与寂寞、悲伤、黑暗交织在一起。"雅"的美学凝视着寂寞、悲伤、黑暗，并因深入其中而使美学意识得到了进一步打磨。歌集作品，经过了从《万叶集》到《古今和歌集》的过程，正朝着平安中期的私家集、敕撰和歌集方向发展。这个过程中，无论是四季和歌还是恋歌，都朝着吟咏季节变迁引发的寂寞，朝着吟咏不如意的恋慕之心的方向发展，抒情的质量也在不断加深。我们试着比较一下《伊势物语》与《源氏物语》，虽说两部都是以恋爱的苦闷、恋慕之不可思议为主题的作品，《伊势物语》保持着轻松明朗的气氛，而《源氏物语》却被阴暗沉闷的气息所笼罩。《源氏物语》中频繁出现"可怜""虚幻"这样的词语，这些形容词流露出的心情与佛教无常观的距离并不遥远。也许我们可以再进一步地说，佛教，通过佛寺、佛像和佛画，带来现世利益的咒法祈祷，净土往生的仪式，民间传说等，逐渐渗透到社会中；佛教的无常观，随着末法观渗透人心，这些赋予了"可怜""虚幻"以宗教的内涵。与《伊势物语》等其他更早的物语作品相比，《源氏物语》可以说是一部宗教性贯穿整个故事的物语作品；"可怜""虚幻"所描述的心情，可以说在"雅"之美学与佛教之无常观相接的地方不断地深化与发展。

《平家物语》以这样的传统为基础，明确地将其对象化，并将这个传统当成文学方法，有意识地灵活运用。这便是《平家物语》

开篇的一节所用到的手法，也可以说是以无常观为基调的整个作品的构想。

再一次回到《平家物语》的开篇之处，印度的"祇园精舍之钟"生"诸行无常之响"，"婆罗双树之花"暗示着"盛者必衰之势"。在印度的佛教传说中，"祇园精舍之钟"是特别的、神秘的钟，"婆罗双树之花"是特别的、神秘的花。然而对于《平家物语》的听众来说，听到"祇园精舍之钟""婆罗双树之花"的时候，对于钟声和花的特别感觉和佛教传说中的不同。佛教传说中的钟声是病入膏肓的高僧弥留之际独自响起的钟声，花是佛祖释迦涅槃之际黯然失色的花，而《平家物语》的钟声和花，因其来自佛教的发源地而让人们感到特别。宝贵的来自异国的钟声和异国的花朵，与身边的钟声、身边的花朵一样，倾诉着世间的无常，宣告着荣光的虚无，黯然失色。当我们理解了开篇的这两句对仗后，佛教的无常观与王朝的"可怜""虚幻"的情绪便非常自然地融为一体，同时，这种融为一体的无常思想必然让我们感到一种仿佛能覆盖遥远的印度大地一般，广阔无垠的情调。"诸行无常"这一佛教原理，并不是因为在宗教乃至思想方面不断被探索内涵、打磨理论、挖掘深层意义而出现的，而是因其具备与传统美学意识的关联，作为广泛统合现实世界的文学情调而登上历史舞台的。

由宗教理念与王朝美学意识融合而生的独特的无常观，要想作为统合现实的文学情调发挥作用，现实本身必须是无常世界的映射，这一点毋庸置疑。明朗的、幸福的、充满生命力的世界与无常观是不相符的。《平家物语》中讲述的事情发生在被称为乱世、末法之世的时期，可以说这正是一个适合用无常观作为文学情调编织故事的时代。因为乱世、末法之世，无常观抓住了人们的心理，成了在社会中暗流涌动的情感。

这个乱世是武士特别活跃、特别显眼的时代。《今昔物语集》中收录了很多关于打破传统的新武士与武家社会人际关系的民间故事。自保元平治之乱后，武士的力量成长为能撼动社会的政治势力，并堂而皇之地出现在人们面前。在那之后 20 年的源平合战中，两大势力武装斗争的胜败，具有改变历史前进方向的社会影响力。

《平家物语》正是关于那场斗争的故事，描写了与斗争相关的种种事情，并讲述了平家的灭亡。作品中战斗的场面随处可见，淋漓尽致地描绘了大大小小的武将们令人惊叹的活跃表现，作品的主旨却并不在此。书中虽然夹杂了赌上性命的拼死一搏、血腥的杀戮与迫害的小故事，但整个作品是朝着平家一门走向灭亡的大方向发展的。以无常观为主轴的文学构想，将战斗及围绕战斗的种种都定位在主体构图之中。正因如此，武士的存在与行动才能称得上是乱世、末法之世的典型，其走向灭亡的姿态才足以成为世事无常之态的象征。

· ·

在平家繁荣、鼎盛的时候，平清盛官至从一位太政大臣，且是皇室的外戚，独揽大权。然而，在第六卷中清盛却溘然长逝，这是平家走向灭亡的第一步。其情景如下文所述：

　　入道相国平常虽要强，但此刻受尽病痛折磨，已是极度痛苦，他强撑病体，叹息道："自保元、平治以来，吾数度扫灭朝敌，恩赏殊异，又忝为天皇外祖，官至太政大臣，控天下于股掌，泽荣华于子孙，现世更有何求？唯所恨者，不见伊豆国流人、前右兵卫佐赖朝之首级，此莫大遗恨也！吾身故之后，堂塔不需建，祭奉无须供，只愿早遣大军平叛，斩赖朝首级，悬吾墓上，此即上好祭奠。凡吾子孙者，宜体是心，勿敢懈。"可叹入道公临终之际，仍不思忏悔，依然杀机深沉，当真是恶稔罪盈。

　　闰二月四日，入道相国已病入膏肓，一切疗法都徒劳无用。侍从们只好用水泼湿木板，让入道公卧于其上，仍然不能稍解其热。入道公挣扎了一阵，只感闷绝难当，一口气上不来，就此一瞑不视。讣告发出后，来吊唁者络绎不绝，车马往来之声，震耳欲聋……同月七日，入道公遗体于爱宕火葬，骨灰悬于圆实法眼颈下，送至摄津国经岛奉纳。扬名日本，威震六十六国之权臣，至此亦不过成一阵青烟，飘散于帝都天空。他的骨灰虽暂奉于经岛，但日久天长，终将与海滨泥沙混杂，归于尘土，寂于虚空。

（出处同上，第 409—410 页）

　　这部分内容中，虽然不知有多少是遵循了事实，但我们可以推测，这部分的创作应该源自相关人士的真实见闻。清盛的突然离世给大家带来了巨大的打击，传闻在真实见闻的基础上添枝加叶，一传十、十传百地不断扩散开来。当时是一个深信生灵与死灵作祟的时代。这种传闻恐怕是在不同寻常的离世情景中夹杂了敬畏与恶意，又交织了迷信的结果吧。

尽管如此，这部分故事夹杂着事实与传闻的叙述，作为对一个家族统帅之死的描写，作为文学性的诸事无常的表现，创造出了缓急自在、无可置疑的文章脉络。

极尽富贵荣华的清盛在临终的床榻上，他所希望的无论是权力地位还是名誉都已得到了，唯一让他心里放不下的是，没能取下赖朝的首级。他嘱咐后人要将赖朝的首级取下并挂在自己的墓前。成功跻身贵族阶层并攀至顶点的清盛，临终时武士之魂、武士之根犹在。家族与家族的斗争是以取下大将首级来定输赢的，这是武士之道。清盛在临死前，不，即使是死后，也要努力践行武士之道，生是武士，死亦是武士！将对方大将的首级挂在墓前，光是想象的画面就够血腥了。但透过这种血腥，才能表现武士真正的存在意义，即使在临终之时，清盛也没想躲避这种血腥。不躲避，甚至坚持用武力打倒敌人的目标，此处仿佛诉说着一个家族的统帅应有的面貌。

但作为家族统帅的清盛，却没能战胜病魔，因发烧而荒唐离世。清盛死后，吊唁的车马络绎不绝，这证明了清盛、平家一门权势的强大。前来吊唁的人中，不乏对清盛或对平家心存不满、愤怒、怨恨之人，但他们还是愿意承认平家的力量，甘愿在其庇护下生存下去。清盛之权势、平家之权势也是得到了这些人的支撑。

清盛死后的第三天，其遗体被送去火葬。这时也许也有很多人参加葬礼，但文中没有提及，仅出现了运送骨灰的僧人圆实法眼的名字。从"车马往来之声，震耳欲聋"的热闹吊唁，到"亦不过成一阵青烟，飘散于帝都天空"的凄凉火葬景象，是鲜明的场景转换。

与家族及身边人断了联系的清盛、郁郁而终的清盛，不得不化为海边的细沙、无形的泥土。这里让开篇诗句"骄奢者绝难长久，宛如春夜梦幻；横暴者必将覆亡，仿佛风前尘埃"化为具体的景象，清晰地浮现出来。至此，清盛的一生伴着寒冷的无常之风终了。

此后，平家随着每卷内容的发展慢慢走向灭亡，故事变得更加无常。其中，在第七卷末尾，无常文学的表现上升到了一个新台阶。那是平家一族火烧福原（现神户市）大内，逃往濑户内海的场面。此处日语原文以七五调为主体的音律和对仗结构表达，可谓惊心动魄，让人禁不住想出声朗读。

> 次日天明，一把火将福原大内焚荡无遗。自注上而下，皆舍陆登船。弃别福原，虽不像离京那样难舍，但众人心中仍有些依恋。薄暮时渔翁烧藻所冒轻烟、清晨时尾上之鹿呦呦鸣叫，还有海涛拍岸声、夜间映于袖上的月影、草丛中的蟋蟀，种种耳闻目睹之物，尽都勾动愁肠，惹人哀思。昨日东关之麓并辔而行，总有十万余骑；今朝西海之浪解缆航船，区区七千余人。云海沉沉，青天垂暮；夕雾隔孤岛，明月浮海上。乘风破浪，日复一日，帝都已山川远隔，如在云外。遥思故土，相对无言，唯有泪洒千行。望那浪上白鸟飞翔，不正是在原某人于隅田川上所询问的"都鸟"么？一想到这鸟名，多少人心头又涌起了思乡之情啊！寿永二年七月二十五日，平家阖族出奔。
> （"岩波日本古典文学大系"《平家物语 下》，第 116—117 页）

接近末尾的"在原某人"当然指的是在原业平。这是一种修辞手法，通过唤起《伊势物语》的旅愁，让没落的平家披上王朝风格的"雅"的外衣，给无常观添置哀愁。音律和对仗表达也是为了体现适合无常事实之情调而做出的选择。"即使是灭亡，也希望它是美好事物"的愿望是讲述之人与听众共同抱有的感怀。

弃别福原后，平家彻底走上了灭亡之路。武将们一个接一个地倒下，清盛嫡系的最后一个人物六代被斩，至此平家一族不剩一人。洋洋洒洒共十二卷的《平家物语》随着平家的彻底灭亡而结束。第十二卷末尾处文章如下：

> 少主六代出家后，称为"三位禅师"，在高雄虔诚修行。有人向镰仓殿进谗道："平家的儿子、文觉坊的弟子，即便剃发，也难剃心啊！"于是镰仓殿频频上奏朝廷，终于迫使朝廷下诏，命判官安藤资兼抓捕六代，押赴关东。又派骏河国住人冈部权守泰纲，在田越河将六代斩首。六代本来在十二岁时就该命绝，一直苟延到三十余岁，全赖长谷观音利生护佑。自此，平家断嗣，子孙用绝。
>
> （出处同上，第 422 页）

平家一族彻底灭亡，没有留下一子一孙，整个故事在确认此事后也落下了帷幕。无论内容还是表现形式，恐怕没有比这种结束方法更符合无常的世界观的了。此后，诸行无常的回声将永远徘徊在耳畔。

歌川芳虎《平氏战士》

· · ·

外来佛教的无常观，与日本自古以来待人接物中存在的情绪的无常观融为一体。这独特的无常观包围着《平家物语》并使其具有统一的情调，但文中所讲的事件、异变、行动、人物形象、人际关系并没有一边倒地偏向无常观。上一节我们聚焦平家的灭亡，所引之处多是强调无常的感叹，而将事情生动、具体、写实地表现出来才是《平家物语》整体上采用的叙事方式。在描述武士的动作、心理、人际关系的场面中，这一特色尤为突出。仿佛是在抗拒无常的情调似的，武士们积极果敢地行动，有时甚至表现出不畏死亡的胆识。人物虽被无常观包围，但就像是要冲破这种无常观一样，在各处行动、策划并展开激烈对抗。这正是《平家物语》。

接下来我们看一个具有代表性的例子——第八卷中"妹尾的最后时刻"一节。

备中（现在的冈山县西部）人妹尾太郎是平家一方的武士，但在北国战役中被源氏一方生擒，如今置身于木曾义仲的部下仓光三郎之麾下。妹尾虽屈服，但心怀旧主，伺机再为平家一方而战，在义仲大军将行至山阳道时，偶得为义仲引路先行赴故乡备中的机会。妹尾与独子小太郎用计将仓光三郎等30余人的先遣部队全部杀害，并召集近邻杂兵，设塞构防镇守城池，待义仲大军前来。然而，在源氏一方的猛攻下，城池被破，妹尾太郎不得不朝后方逃去，在其背后穷追不舍的是仓光次郎，也是仓光三郎的兄长，仓光三郎被妹尾用计在睡熟之时斩首。

妹尾太郎主从三骑，沿板仓河岸逃命。逃到三户山时，撞上了先前在北国生擒过妹尾的仓光次郎。仓光恨极妹尾，心道："这厮杀我弟弟，今日定要再度活捉了他。"遂拍马越众而出，独自追赶了上去。大概追出一町[*]许，眼瞧就要赶上，便在后头纵声喊道："妹尾殿下，为何如此仓皇奔逃？身为武士，不觉得可耻么？快掉转回头，与我决一死战吧！"妹尾正打算西渡板仓河，在岸边听见喊声，急忙扭头勒马，准备迎敌。仓光纵马杀来，二马错镫，你来我往，数回合后同时跌下战马。二人皆力大无穷，互相扭住厮打，上下翻滚，最后一齐滚入河中。仓光是个旱鸭子，妹尾却精通水性，在水底掀起仓光的贴身软甲，拔出短刀，连刺三刀，旋即割下仓光首级。上岸后，见自己的坐骑已累得直吐白沫，便换骑仓光之马，继续奔逃。妹尾嫡子小太郎宗康，因不便骑马，只能徒步逃亡。虽然年纪轻轻，才二十二三岁，却由于体肥膘厚连一町路也跑不了，将甲胄装备尽皆弃去后，仍然困于踣道上。父亲太郎抛下儿子狂奔十余町后，突然回头对跟随的郎党道："吾平素与千万敌接战，但觉四方皆明；现今舍小太郎而去，只感眼前一片黑暗，前途难明。若如此逃回平家，必遭同僚嗤笑：'妹尾年过六旬，竟还贪生怕死，弃独子于不顾，只管自己逃命。'这等话语，吾承受不起。"郎党道："休戚与共，死生有命，咱们还是折回去吧。"妹尾道："正该如此。"遂复返前处。此时小太郎足肿不支，正倒卧路旁喘气。妹尾道："因汝困滞，

---

[*]   "町"是日本战国时代距离单位，1町约为110米。——编者注

父子骨肉，不忍抛弃，索性回来与你一道战死罢了。"小太郎听了，泪流满面，急道："孩儿此身实是累赘，本该自尽以免拖累父亲大人。如今您若因我而死，孩儿就犯下五逆大罪了！请父亲大人尽速离开吧！"妹尾道："事已至此，岂有再去之理？"遂于原地歇息。既而追兵大至，今井四郎当先率五十骑冲杀上来。妹尾太郎将残余的七八支箭尽数射出，登时射落五六骑。其后恐小太郎落于敌手，遂拔出太刀，先斩小太郎首级，随即闯入敌阵血战，连斩数人，终为今井四郎所杀。部下郎党亦奋力死战，伤痕累累，精疲力竭，不及自刎便遭生擒。然而其伤势过重，当日即不治而亡。主从三人之首级悬于备中国鹭鸶林示众。木曾义仲见后，又心生怜惜，叹道："唉，如此以一当千之勇士，一朝败亡，至为可惜。当时我若在，定会赦免了他们。"

（出处同上，第 147—149 页）

此处生动具体地描写了武士战斗的场面。这些我们虽在前面的《今昔物语集》中看过，然而，《今昔物语集》是 12 世纪前半期编写的，武士在当时社会里并未拥有举足轻重的地位，战斗也是零散的，不是大规模的。

但自保元平治之乱后，突然间，战斗的频率变高了，规模也变大了。这种势头在 1180—1185 年的源平合战中达到了顶点。这场斗争持续了很久，将近 5 年，东至关东地区、中部地区，西至中国[*]地

---

[*] 此处"中国"指日本的中国地区。——译者注

区、四国地区，不论中央还是地方，人们在生活中经常能看到骑兵、步兵、铠甲、弓箭、刀和矛等。战乱之后40年左右，《平家物语》初见雏形，这期间，人们将战乱爆发之后的所见所闻、身边大大小小各种各样令人不忍直视的凄惨残酷的战斗场面口口相传，代代相承。《平家物语》是这些口头与代际传承的集大成之作。

第八卷题为"妹尾的最后时刻"之节，描写了妹尾太郎的动向，该动向非同一般，并不单纯。其中对心理、动作的描写都不是直线，而是波澜曲折的折线。妹尾假装为了源氏处处尽心尽力，在关键时刻却叛变，回归旧主。在逃命之际，他抛下没能跟上的独子狂奔，然而途中如梦初醒，原路折回，这些都是颇有深意的描写。另一方面，从被生擒境遇中解放后的妹尾，他的战斗姿态又是极其勇猛果敢的。《平家物语》能够展现出这么复杂的武士形象，一定是因为战斗场面中武士的种种形象早已为人们看见或听说，如身边之物般熟悉。同时，讲述之人具有高超的手法与技巧，能让听众联想出栩栩如生的人物形象来。横贯《今昔物语集》与《平家物语》间的100年，人们积累了对武士实际状态的认识，讲述之人创造武士形象的表现手法与技巧也在这100年间达到高度的纯熟。

从上面的引用文中我们可以清楚地看出，人们将强烈的好奇目光投向了武士的战斗场面，努力而仔细地描写当时的具体场景。曾生擒妹尾太郎的仓光次郎，这次反被妹尾杀害，水战技巧的差异是战局逆转的主要原因。当时，在河海里的战争非常普遍，大概人们经常能看到吧。水中战术也是武术的要领之一，恐怕武士们也仔细研究过诱敌至河海之中的战术。"掀起仓光的贴身软甲"等具体描写，让人不由得联想到这一点。

　　另外，在简短的文章中，作者也将妹尾太郎与小太郎的父子关系的特殊之处描写得淋漓尽致，让人印象深刻。年迈的老父亲是个练达的武者，而年纪轻轻的儿子是个身肥体胖的笨重累赘，此处用幽默的手法巧妙地表现出并不罕见的场景。若从远处眺望，应该很难分辨两位武者是否是父子关系。像这样的父子的故事，只有一同经历了战斗的人才知道，估计是侥幸活下来的武士向人们讲述了这些故事，然后故事才流传下来。他们将自己难以忘怀的、有趣的事情讲给人们听。这个故事衍生出各种类似的版本，被人口口相传下去。即使是累赘，儿子还是儿子。抛下儿子独自向前狂奔的父亲，在中途如梦初醒，原路返回。即使是在残酷的战斗过程中，父子之情也未曾被忘却。这让听众安心，也许还使听众感到其实武士的世界并非遥不可及的。可以说这个故事拉近了人们与武士世界的距离。这样温馨的父子关系，却在最后的最后，以父亲亲手砍下儿子的首级后大义凛然地赴死收场。这里极端地展示出战争非比寻常的惨烈。

　　上文稍靠前的部分，想返回到儿子身边的父亲对郎党说："吾平素与千万敌接战，但觉四方皆明；现今舍小太郎而去，只感眼前一片黑暗，前途难明。"这是非常符合文学特点的表达。承传下来的和歌、物语、说话、日记的文学性渗透到《平家物语》中，让战斗场面描写也具有文学性的丰富表现力。人们在疑问这位武士当时是否真的说了这句台词之前，一定先关注到了这个男人的心理，注意到这是个集武士和父亲角色于一身的男人，也早已接受了这种凄美的表现方式。

　　关于郎党，文中几乎没有描写他完整的人格。仅有一处让人印象深刻，就是妹尾太郎驻足说想返回儿子身边时，郎党明言赞成妹尾的决定。此处让人们感觉到，郎党是与他一起出生入死、赌上性命的战友，这里虽是战场，但人与人的关系已经超越了主从的关系。这种关系，不仅存在于妹尾太郎与郎党之间，在《平家物语》中随处可见。乱世之中，上下秩序、主从关系容易动摇，个体与个体的关系呈现出复杂性。其表现之一正是此处所展现的战斗集团中同志般的关系。武士之间的关系作为新兴的统治阶层的动向，成为人们关注的焦点。

最后，让我们来关注一下木曾义仲对敌方勇者壮烈牺牲的评价。互相厮杀本是武士的本职工作，但面对敌军的牺牲，身为武士的义仲说："唉，当时我若在，定会赦免了他们。"这里说明了一个事实：在武士之间，超越敌我双方的共同世界正在逐渐形成，武士们共享武士阶级独特的伦理。对自身的卓越武勇充满自信而且自负的木曾义仲，对敌方武士的武勇也不吝赞美。此处的评价体现出武士之间广泛崇尚的价值——武艺超群、身体强壮、勇气过人。不，作者之所以用这句评价来结束"妹尾的最后时刻"，是因为肯定武士的武艺、强壮、勇气的价值观，已经超越了武士世界，扩展到贵族阶层和百姓阶层。这使得《平家物语》的作者，能够用此评价装点妹尾勇猛壮烈的最后时刻。

战斗场面中展现出的武士们的机敏、强大、勇猛，是每个个体发挥能力甚至资质的结果。打磨武艺是个人的事情，强大是个人的强大，具有勇气是个人的资质。战斗过程对个人的能力甚至资质都有明确的要求。所以，若想把战场上武士的行动与气概，生动具体地表达出来，就必须关注武士个体，必须尝试朝表现个体的方向努力。如不讲述以个体为中心的武士是怎样思考、怎样行动、怎样战斗的，就不能构成立体的战斗场面。当然，同属"军记物"*的《保元物语》和《平治物语》中也有大量的、以个人名义登场的武士，但《平家物语》压倒性地扩大了战役规模，让战斗情景变得复杂多样，在观察力与表现力上都非常卓著，以个人为主体，个体形象也立体饱满。《平家物语》不用与平安时代的王朝文学、说话文学相比，即使是同属战争题材的更早的"军记物"也无法匹敌。《平家物语》都凌驾其上。《平家物语》在文学表现上的成熟，与塑造个体形象时切入视角的深刻，是并驾齐驱的。

塑造个体的切入视角，文中多处可见，比如在下文中也有所体现。

不久秋季到来，荻上凉风扶体，荻下寒露双重；虫鸣唧唧，声声哀怨；稻叶摇摆，树叶飘萎。秋风秋景愁煞人，流亡在外的平家族人，心中更是格外凄凉。昔于九重之上，赏花玩春；今羁屋岛之浦，叹月悲秋。一门中人望月咏歌，遥想京都今夜情形，通宵达旦心伤泪流。左马头行盛赋歌抒怀道：

云间素月犹皎洁，玉盘清辉照故都。

同年九月十二日，三河守范赖为追讨平家，兵发西国。相随人等有：足利藏人义兼、加贺美小次郎长清、北条小四郎义

---

* 军记物，是描述军事、战役等的文学作品。——译者注

时、斋院次官亲义；侍大将有土肥次郎实平及其子弥太郎远平、三浦介义澄及其子平六义村、畠山庄司次郎重忠、畠山长野三郎重清、稻毛三郎重成、榛谷四郎重朝、榛谷五郎行重、小山小四郎朝政、小山长沼五郎宗政、土屋三郎宗远、佐佐木三郎盛纲、八田四郎武者朝家、安西三郎秋益、大胡三郎实秀、天野藤内远景、比企藤内朝宗、比企藤四郎能员、中条藤次家长、一品坊章玄、土佐坊昌俊。他们统领大军三万余骑，浩浩荡荡离京，进抵播磨国室津。

（出处同上，第 292—293 页）

此处引用文章的前半部分是王朝风格的抒情文章，写的是看着萧条的秋日感叹没落在屋岛的平家一族，将平家的哀愁与秋的寂寞凄凉重叠在一起。左马头*行盛的和歌虽不是佳作，但似乎在告诉我们：王朝风格的文化多多少少已经被武士们所接受。

和歌之后，文风一转，接二连三列举出源范赖部下的名字。一串串人名的罗列，对于远在后世的我们来说似乎没什么意义，但对同时代的读者（或是琵琶曲的听众）来说是非常有意义的。这些人名让身穿铠甲的骑马武士之形象浮现在眼前，让人们主动去想象自己周围发生过的武士们一起并肩作战的场景。从平安末期到镰仓时代，武士渐渐登上历史舞台，在社会上也有着一定地位。这对人们来说，意味着武士首先作为个体出现，然后才作为以个体为单位的集团出现。武士是一种以个体为单位的行动者，他们在阵营中占有

---

*　左马头，官职名称。——译者注

一席之地，并在阵营中以个体为单位独自建立殊勋。

上面引用部分中，文体的鲜明转换说明，这种个体与集团的存在，与以"可怜""虚幻"为基调的王朝风格的抒情相比，性质是完全不同的。

．．．．

武士们勇敢的、富有活力的强大心理和行动，时常压制着构成《平家物语》基调的无常观，表现在台前。虽然如此，无常观也并没有消散。平氏的灭亡作为内容框架支撑着整部作品的统一性，因此无常观不但不会消失，还覆盖全篇。武士的心理和动作被破灭的无常观包围，同时又与无常观产生矛盾和对立，这种形式反而衬托出武士耀眼的生命力和强大。换个角度来看，我们可以说，武士在乱世中登场，通过武力使世间变得更混沌、更错乱，他们的存在、心理、行动都躲不过最终灭亡的命运，正因如此，武士世界可以称得上是残酷、残虐、凄惨的；然而，这些都被文学的无常观所包容，使得为数不多的战斗场面中的心理和动作描写显得强而有力、活灵活现，使这些武士的形象被人们肯定并接受。

武士通过武力占据了支配阶层的一角，在现实世界中，武士是难以应付、带来麻烦的存在。在文学世界里，作者也不得不思考，如何叙述武士才能不破坏作品的整体性，武士同样也带来麻烦。人们对武士的厌恶之情与激烈炙热的好奇心交织在一起，这样的世态下，将无常观定为作品整体基调的文学构想是非常卓越的，没有比这更好、更让人期待的了。正是这个构想成就了壮阔的叙事文学之硕果《平家物语》，也为后世的诗歌、散文、舞台艺术等提供了大量的素材。

无常观将乱世的现实、新兴武士们的兴亡、琵琶法师弹唱讲述的物语世界三者合为一体并贯通其中。无论是向四方延伸扩展的外部世界，还是向人们内心深处扩展的内心世界，到处都弥漫着灭亡的实际体验与预感，这正是那个时代的精神写照。平氏起初只是个不起眼的地方豪族，抓住机会进入中央政界，因保元平治之乱立下了军功并升至权力的中枢核心，确立了最初的武家政权。但一门的荣耀和荣华并不长久，平家在与源氏的斗争中败北，在坛之浦之战中全族覆没。兼顾了残酷与虚无的平家的荣辱兴衰，是乱世中时代精神的象征，《平家物语》赋予了荣辱兴衰以物语的形式，同时成就了时代精神的文学形象化。

源平之争就发生在身边，波及当时人们的生活，所以人们不能装出一副毫不知情、事不关己的样子，也不能像看笑话似的旁观。伴随着屠杀和破坏的战斗，每每危害着人们的生活。人们对逼近的危险和破坏做出相称的反应和处理，同时感受着时代的动荡与动向，对所见所闻的每一场战斗既感到警戒和恐惧，又情不自禁地对战斗者的英姿、意志、气概产生了好奇。

时过境迁，那个时代的经验以物语的形式呈现在人们面前，诉说着平家一族的灭亡，诉说着人世间的无常。

这是勇猛果敢、壮烈凄绝、残暴无道的武士们带来的纷乱，他们挥动着弓、箭、刀、矛，在 5 年中战斗了一场又一场，无论胜败都各有伤亡，给周边也带来了大大小小的破坏和损害。《平家物语》将血腥动荡的日子以平家灭亡的故事形式讲述出来，对那些在现实中经历了战争的人们来说是件好事。以平家灭亡为轴的故事，对创作者和读者都有着重要的意义。对创作者而言，这是一个卓越的文学构想，将武士的荣光与悲惨、战斗的辉煌与残酷、时代的崭新与难耐都表现出来。对接受者而言，动荡时代发生的复杂多样的事，被总结成一条主线展现在眼前，接纳这个故事，就是向历史的内面化更进了一步。接下来引用的是，被生擒的平门武将们在坛之浦之战中战败后被押送进京的场面。京城人们对战败的平家的同情与共鸣，与听众、读者对《平家物语》的同情与共鸣如出一辙，是没有隔阂的。

　　那来看平家游街的人，何止于京中百姓，远国近国，各山各寺，男女老幼蜂拥而至，摩肩接踵，鸟羽离宫的南门、通往四冢的便道，处处人头攒动，不知有几千几万人！真个是人挤人，不得动弹；车挨车，无法转轮。治承、养和年间饥馑灾荒，东国西国干戈频起，致人口损失颇大，然而今日所见，活着的人还是很多哩！那年夏天，平家仓皇出京的情景，宛然就在目前；昔年富贵繁昌，号称"不入平家休为人"，草民百姓也记忆犹新。权门豪族，当年人人不敢仰视；今朝沦为罪囚，游街示众，是梦？是真？有那不少愚民，心中叹息，还流下同情之泪。往日里依赖平家而得富贵者，更是唏嘘悲叹。他们素受平家重恩，自父祖起就誓言效忠平家，今时为大势所迫，违心归顺源氏，但昔日种种恩惠岂能轻易忘记？故而心中郁郁，人人以袖遮面，垂首痛哭。

　　　　　　　　　　　　　　（出处同上，第 350—351 页）

上万百姓挤满了京城街道，流泪迎接即将灭亡的平家武将。这个场面将处在权力阶层的武士与普通百姓间的关系鲜明地刻画出来。正因为他们是即将灭亡的平家武将，人们才能毫无忌惮地迎接，以流泪接受平家灭亡的形式，体会自己活在乱世中的真实感。此情此景正是无常观的体现，这是在生于乱世的人们内心深处不断扩大的无常观，也是构成《平家物语》基调的无常观。

· · · · ·

正是这种无常观，使人物形象更加饱满，有立体感，同时超越武士的身份成为有血有肉的、丰满的人性形象。接下来是对平重衡的一连串描写。

重衡是平清盛的第五个儿子，在平家军攻克南都时作为大将，领命火烧兴福寺和东大寺。4年后，他在一之谷合战中被生擒，并被押送至镰仓。平家在坛之浦之战中灭亡后，应兴福寺和东大寺僧众的要求，平重衡被改押南都处决，以此来平复世人对于他火烧南都的愤恨。在押送过程中，重衡在一之谷获得机会与生离的妻子见面。

夫人在门帘旁垂泣。重衡听到夫人的声音，登时泪如泉涌。大纳言佐殿（夫人）也心情激动，只感眼前发黑，一时凝噎无语。三位中将（重衡）揭帘而进，泣道："去年春一之谷合战，本应杀身成仁，哪知罪重孽深，遭了报应，被生擒活捉，押到大路上游街示众，于京都、镰仓受尽耻辱。眼下又要押赴奈良，

平重衡

南都僧众届时必然杀我。此刻能见夫人一面，也就彻底没有牵挂了。本打算留一绺青丝作为出家纪念，但源氏不许，也只好罢了。"说着将额前发撩过少许，张口咬断，递给夫人道："见发如见我，这少许头发你留作纪念吧。"夫人本就为夫君安危忧心忡忡，见此情景越发悲伤，哀容满面道："自君别后，我便欲效仿越前三位夫人，沉于海底，可又不知你的确切音讯，总期望着某天会有奇迹发生，使你我夫妻团聚，故而残喘至今。哪知今日虽然相见，却是最后一面，生离死别，忧伤难言。往日苟活，心中还存着个侥幸……"就这样将今昔诸般心事，伴着无尽泪水，一一道来。又说道："你这身衣服皱污得不像样了，让我为你换件新的。"说完取出小袖、净衣各一件，替三位中将换上。三位中将把脱下的破衣郑重交予夫人，道："这也当作个纪念吧！"夫人道："这衣服自然要留下。另外还请留下墨宝，以作永世之纪念。"随即取出笔墨纸砚，中将泣下交颐，作歌一首云：

脱却旧裳泪盈眶，新衣着身永别离。

夫人亦作返歌一首，云：

手扶旧裳君别去，今日存衣为永纪。

重衡道："倘你我有缘，来世必一莲托生。此刻已然黄昏，奈良尚远，不能让看守我的武士久等。"言罢便欲离开，夫人紧紧拉住他的衣袖，哭道："请再暂留片刻吧。"重衡咬牙道："夫人见谅。人生终有弃世之日，来生再与你续缘吧！"毅然决然，大踏步而去。他也知这一去，此生便永无相见之日。柔肠百转，忍不住想与夫人多温存片时，但想到无谓多添忧伤，便一狠心再不回头。夫人躺倒在门帘下，哭声遥遥传到门外，三位中将在马上泪迸肠绝，眼前道路变得模糊不清。他对此番见面颇为后悔，心想还不如不见，见了反增无尽悲愁。大纳言佐殿本欲追出，跟随夫君同去，无奈体弱乏力，只得作罢，倒伏地上哀哀啜泣。

（出处同上，第373—375页）

最后的重逢与离别，重衡和夫人的这份深情让人不禁联想到后世的净琉璃、歌舞伎剧目中的一幕幕。但我们在读这段文章的时候，感受不到后世剧目中的做作。用情至深的两个人没有沉溺于情感。特别是重衡，对夫人的情意化作流不完的泪，但他作为平家的武将，并没有忘记自己过去的所作所为和现在的境遇。在用情至深之上，作者添加了理智的调节，让读者从中看到重衡不随波逐流的独立个性。另外，和歌的应答让我们仿佛又看到了，平家一族虽是武士，但又不乏贵族之风。我们能够看出，物语的作者将重衡这个人物处理为个体形象，以表现独立个体的方式对他的动作、心理进行描写。重衡领命火烧兴福寺、东大寺，在一之谷没能自杀成功，反被生擒，在临死前与至爱的妻子重逢。在安慰妻子的同时，重衡非常清楚自己的处境，充满觉悟地和妻子度过最后时刻。这个人物坚强、内敛、清醒的形象中，更具备了人性的魅力。

重衡被塑造成具有人性魅力的形象，与当时酝酿着无常观的灭亡情境是有关的。正因为作者处在走向灭亡的情境，才能如实地接受重衡，在情境中赋予人性的共鸣，让重衡迎接具有人情味的最后时刻。夫人面对重衡，虽被感情左右，但她也保持着与重衡的气魄相称的坚强。

与夫人诀别后的重衡被南都的僧众带走，经商议后，重衡将于木津川岸边被斩首示众。在无数百姓的围观中，手起刀落的关键时刻，重衡以前的家臣策马奔来。重衡对家臣说想拜一下佛祖后再死，家臣不知从哪请来了如来佛像，重衡向佛祖祈求极乐往生。下面是祈求中途到章节末尾的节选。

"……如今重衡一样犯下逆罪，但并非出自本心，实是为时局所迫，不得已而为之。为人臣，为人子者，王命、父命怎敢不从？彼言'是'，不敢说'非'。故而事理曲直，叩请佛陀照览。此际重衡罪报便在眼前，性命已到大限，悔恨万千，悲之不尽。然三宝之境界，以慈悲为怀，济度良缘时时皆有。唯缘乐意，逆既是顺，此文铭肝。一念弥陀佛，即灭无量罪，愿逆缘化顺缘。临终之际虔诚念佛，祈能得逐九品托生之愿。"接着高声念佛十遍，行刑者持刀趋前，斩下了他的首级。虽然中将昔日犯下重罪，恶性昭彰，但此刻目睹他受刑，数千僧众与看管的武士也不禁落泪。其首级被钉于般若寺大鸟居前，盖因治承合战时，中将曾于此下令焚毁伽蓝之故。

重衡夫人大纳言佐殿，执意要将无首尸身取回祭奉。为此特遣一舆前去收尸。在刑场上找到被遗弃的无头尸身，立即收殓入舆，拾归日野。夫人一见之下，痛不欲生。原来估计尸身仍如生前一样高大，但此时正当盛夏，暑热难耐，尸身早已腐烂。为了不耽误时间，夫人立即从附近的法界寺请来僧众，为中将诵经祭奉。其后大佛殿圣僧俊乘坊重源劝说南都僧众将三位中将的首级送回日野，尸首合并后，一起火化了。骨灰送去高野，坟墓造于日野。夫人则削发为尼，为夫君祈后世菩提。当真是可怜可叹啊！

（出处同上，第377—378页）

面对死亡，重衡祈求前往极乐世界而朗朗诵经，在诵经声中被砍下头颅。周围的百姓们边流着泪边守护着这一切。缘分深厚的夫人将重衡遗体厚葬并祭奠。这个场景作为一种固定情节，被后世的文学、戏剧不断重复上演。但在成为固定情节前，作者独自摸索出了上面引用部分的描写。重衡将力量倾注在自己的最后时刻，决定最后一刻要活得像个武士。家臣也好，夫人也好，都各尽其能，陪着自己重要的人走完最后一程。人物模板是存在的，但不能将人物套用到模板中。每一个人物应场面而生，人物的人性力量才是魅力源泉之所在。

寺院被烧毁了的"数千僧众"也不禁落泪，此处的描写让人印象深刻。这里的人们超越了敌我关系，文章刻画出重衡作为一个人的个体直面死亡的姿态。大义凛然走向死亡的重衡和目睹死亡的人们之间产生了共鸣，有了人与人心灵的沟通。

武士，特别是率领千军万马的武将，赌上性命在壮烈战斗中果敢地死去，这样的描写还是有所欠缺的。对勇气和战功十分执着的武士们，在临死之际追求其作为个体的完整性或严肃性，这种欲望与佛教的、情绪的无常观相结合，于是与武士相称的临终时刻渐渐成型，引起了人们的共鸣。人们生在不得不面对无数杀戮、破坏、死亡的动荡乱世中，充满了无常观的死亡可以说是一种让人们接受凄惨死亡的、具有宗教性和文学性意义的手法。这样一来，要让被接受了的死亡场面成为文学表现，打动人心，那么在这个场面中，走向死亡之人与默默守护之人，都必须是有血有肉的、活灵活现的个体存在。

以武力为背景登上社会舞台前端的武士们，他们作为一个整体，如何看待身边的死亡，如何对待死亡，这些我们并不知道。由从容赴死到胆小怕死，再到充满留恋的死亡，场面不同，人物不同，死法也不同，死亡应该也是多种多样的。如果死亡是身边每时每刻都在发生的事，人们不可能意识不到死亡，那么武士们的共同心理应该是朝着接受死亡的方向发展的。因此，对于武士来说，佛教的无常观、乱世的无常观并不遥远。武士与这个时代，以无常的情调为媒介紧密相连。

《平家物语》一直关注着武士与时代的关系，在时代中赋予武士地位，通过描写武士和武士世界，成功地描绘出了那个时代。人原本是不可能体验他人之死亡的。在死亡面前，人无力反抗。以走向灭亡的平家和走向死亡的平家武将们为重要主题的《平家物语》，在描写死亡方面，创造了以个体为中心的活灵活现的人物形象，摸索出了全新表现的可能性。《平家物语》中直面死亡的个体形象，与在战斗、男女情爱、政治策略等场面中登场的充满人性魅力的个体形象相匹敌，成为独立散发人性魅力、丰富且深邃的文学表现。

重源、运庆、法然、亲鸾、道元，均以个体形象立足，独立地行动、创作、思索，都是个性鲜明的人物。《平家物语》中登场的诸多人物，虽有描写浓淡之差别，但都有着类似的个性烙印。《平家物语》以无常观为基调的同时，达到了成功地对个体进行文学塑造的水准。

第三章

御成败式目

——

新兴武士的合理性

　　《平家物语》的作者不是武士，而是某个关心武士动向的京都贵族，他因为对武士的生存方式和行动产生了共鸣，所以记录下了平家的命运，直至他们灭亡。作者通过与武士保持一段距离来观察和描写的手法，将武士的形象固定化。

　　打败平家后在镰仓开设了幕府的武士政权，渐渐地拥有了记录自己思想信条、政治方针、政策、行动的文书。其中，具有代表性的是《吾妻镜》和"御成败式目"。

　　本章，我们将探究"御成败式目"中体现的镰仓政权的自我意识乃至自我表现。武家政权作为王权政治的对立者登上历史舞台，在主动表明自身统治方针的文书中，尝试确认作为新兴阶层登上历史舞台的武士阶层独有的精神所在。

　　"御成败式目"是执权*北条泰时在评定众**的协助下制定的51条法典，于1232年公布于众。该法典与历来统治王朝的法典律令不同，与拥有1 500条的律令相比，无论在形式上还是内容上都非常简略。泰时对法典的问世做好了心理准备，在给自家弟弟的信中，他写道："也许会被京都一带嘲笑说，这是无知的乡下人拼凑出来

* 执权，镰仓幕府时期的官职名称，主要协助将军处理政务工作。——译者注
** 评定众，是镰仓、室町幕府所设的评议政务与裁判的机构。其雏形是1199年设立的"十三人合议制"，1225年执权北条泰时将"十三人合议制"正式制度化，设立评定众。——译者注

的东西，很是让人惭愧，但……"（岩波日本思想大系《中世政治社会思想　上》，第 39 页）

对于新法典"御成败式目"的内容，我们不能照单全收。泰时每天将阅读明法道[*]的条目当成必修课，可谓熟知法典。因此他非常清楚"御成败式目"在体系性、缜密性等多方面与旧律令有相当大的差距。但与此同时，泰时也非常确信他们制定的新法典，与旧律令的方向完全不同，是一部合理的、具有实践性的法典，也是一部与武士世界相称的法典，这是毫无疑问的。下面引用的是他写给弟弟重时的另一封信中的一节。

　　肯定有人会责问我，在制定法典条目时，究竟是以什么为依据的？实际上我没有能称得上依据的典籍，只是基于"道理"写下了公认为理所当然的条目。如果不事先制定好法典条文，不问事物的"理非"而以当事人"力量的强弱"进行裁决，或是对已经下达的裁决装作不知情，再次审判案件，都是不行的，所以我制定了裁判的基本与基准。为了不受"身份贵贱""依怙眷顾"的影响，做出公正裁决，我一条一条地制定出这些基本与基准来。

（出处同上，第 40—41 页）

"道理"和"理非"是泰时自己的用语，与"力量的强弱""身份贵贱""依怙眷顾"相对立，这是不言自明的。1232 年，将军的

---

* 明法道，古代日本法律教育的学科。——译者注

北条泰时像

统治已经名存实亡，"执权"是最高权力者。担任执权的泰时，期
盼着不被"力量的强弱""身份贵贱"所左右，能够实现符合"道
理"、分辨"理非"的"成败"（即裁判），为此，他亲自制定了
条文。这凸显了武家政权的革新性和合理性，是应该关注也值得关
注的事实。这个事实具有先进的一面，即基于理性对无秩序的乱世
进行整顿，促进秩序的形成。那么，"御成败式目"五十一条有哪
些内容呢？佐藤进一在《日本的中世国家》一书中，将整体内容归
纳为七项：

第一条关于神社

第二条关于佛寺

第三至六条论幕府与朝廷、本所*的关系

---

*　本所，与武家相对的公家庄园领主。——译者注

第七、第八条为裁判的两大原则

第九至十一、十二至十七、三十二至三十四条关于刑事法

第十八至二十七条关于家族法

第二十八至三十一、三十五条关于诉讼法

（第三十六至五十一条是多年后追加部分）

（《日本的中世国家》，岩波书店，第 112 页）

　　第一条和第二条命令幕府统治下的下属国、庄园要崇敬神社、佛寺，并对其破损处进行维修。至今为止，受朝廷统治管辖的神社、佛寺，在东日本改为由幕府管辖，这明示幕府与朝廷地位相同且拥有权力。将象征着地域共同体统合标志的神社与佛寺，置于自己统治管辖领域内，是确立统治权上极其重要的事项。

　　第三至五条规定了幕府任命的守护[*]、地头[**]的权限，第六条明示了幕府不参与国司[***]、领主的诉讼，这正是明示在一定的范围内幕府统治权自立的条文。这体现了长期附属于朝廷和贵族、处于从属地位的武士阶层，由内向外地宣告他们拥有独立权力的意志。

　　以上六条，明确了武家权力和既有的王朝权力之间的关系，规定了作为武家权力的幕府统治权的存在方式。在承认自己和其他权力共存的同时，明确规定权力范围，这能看出武家权力想要以法律为基础，管辖统治东日本的合理思考。至此出现的法典条文概括性地阐述了幕府的统治理念，所谓的合理性也更倾向于观念上的合

---

[*]　守护，官职名。初设时在各地担任检查断罪之职，镰仓末期逐渐领主化，室町后期多发展为守护大名。——编者注

[**]　地头，镰仓幕府、室町幕府时期为了管理庄园而设置的职位。——译者注

[***]　国司，律令制度下的地方官，掌管行政、司法等事务。——编者注

理性。

第七条以后是"御成败式目"的实质性内容部分，规定了裁判的基准与法规。首先在第七条和第八条中规定了裁判的两大原则。

第七条规定，从源赖朝至北条政子的时代，如果有人获得将军赐封的领地，即使出现了以前的土地所有者要求归还土地，也无须归还。对泰时而言，从赖朝到政子的时代是理想的时代，那时的御家人*论功行赏时，得到将军赐封的土地，对领地的所有权就具有充分法律根据。这个第七条被称为"不易之法"。

第八条规定，如持续管理一块土地20年以上并按时朝贡，无论文件上规定的权利如何，认定其具有"知行权"。在现场经营管理农业用地并取得实际收获的人，才是该土地的正当所有人。这个第八条被称为"知行年纪法"。

以上两条"不易之法"和"知行年纪法"是审判的两大原则。也就是说，审判大多是围绕着领地展开的。第九条及其后的法条虽也有对杀人、刀刃伤人、恶语辱骂等犯罪行为进行制裁的条款，但条款的大部分内容还是关于领地的归属与没收等，因此我们可以知道当时的审判是围绕领地展开的。从审判的存在情况可知，武家政权统治东日本的要务是确保御家人的领地。

关于武士统治核心的领地所有权，"御成败式目"的第七条"不易之法"和第八条的"知行年纪法"，承认御家人对于现在他们管理和拥有的土地具有法律权利。以此为基准进行审判，甚至可以说是社会秩序的大原则。这个大原则，在既有的公家法、本所法中是

---

*   御家人，幕府时期指的是将军的家臣。——译者注

看不到的。应该说，这是默许了武士在侵犯现有法律的过程中逐渐获得的土地所有权。同时，法典也想承认其在法律上的正当性。"御成败式目"扎根于武士的生活现状，是武士自己的法典。这一历史意义在法典的第七条、第八条的规定中能够鲜明地体现出来。

　　位于武士阶层顶点的幕府，试图制定能与公家法、本所法相对抗的独立法典，这凸显了武士阶层在政治上、社会上的自信。自信的背景和支撑都源于镰仓政权在东日本统治的稳步前进以及在承久之乱*中对王权取得的决定性胜利。京都有王权，镰仓有武家政权，双重权力并行的态势因承久之乱产生变化。承久之乱后镰仓政府的权势进一步增加，武家政权统治东日本的势力也逐渐出现了影响西日本的势头。"御成败式目"51 条内容的制定正是发生在承久之乱11 年后的事情。

　　东日本统治的稳步前进也好，承久之乱中的胜利也好，很大程度上都依赖了武力。但"御成败式目"的制定与问世，并不是武力的单纯延伸。正如前面所提到的，关于这本法典，泰时曾说过"只是基于道理，写下了公认为理所当然的条条框框"。但是，"道理"并不会在武力面前自然而然地呈现出来。扎根于主要依靠武力而产生的现实，将这些现实作为人们实际生存的场所来重新看待，从中发现并整理出一定的秩序和规范，将这些秩序和规范作为应该遵守的条文，在其中运用到的知识便是泰时所说的"道理"。秩序不否认武力的使用，秩序在很大程度上包容了武力，法律则限制了武力，这正是"道理"的立场。这个立场包含了对武力的警戒和批判，它

---

*　承久之乱，指承久三年（1221 年），后鸟羽上皇欲打到镰仓幕府却反败给北条义时的战乱。——编者注

产生于以武力为本位、以武力为骄傲的武士政权。这一点非常耐人寻味，展示了武士阶层在政治上的成熟。

从以下引用的第十六条和第十七条的内容中，我们能够判断出这种政治上的成熟，源于对现实的仔细观察和合理思考。第十六条和第十七条，是关于没收承久之乱中倒戈到京都一方的武士土地的内容。第十六条的全文如下：

因被人说"倒戈到京都一方"而被没收了领地的人，如有明确证据证明自己并未倒戈，但其土地作为俸禄给了御家人，那么应当给御家人赏赐其他土地，同时御家人将所辖领地归还给原领主。所赏的代替土地是对承久之乱功勋的回报。

其次，明明是关东的御家人却与京都方为伍之人，罪责深重。因此当事人被判死刑并被没收领地。然而，不乏侥幸逃脱了关东追查使者的御家人，近年如查明了此类事情，因已不同往日，所以将进行宽大处理，仅没收其五分之一的领地。但御家人以外的下司庄官员，按照去年议定的结果，即使倒戈的罪责确凿，也不再追责处置。遵循该条议定结果。

再次，关于承久之乱中没收的土地，有人自称是被没收土地的前任领主，因而提起诉讼。承久之乱时的领主，因倒戈京都方受罚而被没收了领地，该领地已被赏给有功的御家人，却有人称承久之乱时的领主不是土地正当的权益人，自己才是拥有土地的正当所有权的人，并要求返还土地。这样的事情层出不穷。但承久之乱后，所有土地的所有权都被没收了。没有理由将被没收土地的现任领主搁置一旁去追究土地过去的权利关系及管辖和所有权问题。今后，不允许有此类荒唐事情的出现。

（岩波日本思想大系《中世政治社会思想　上》第 17—18 页）

仅从条文之中，我们也能想象出围绕着领地诉讼的种种烦琐情况。如何设定裁决众多复杂案例的基准呢？这给式目制定者们提出了高难度的任务。

下面的第十七条规定了同为武士的父子，如其中一人倒戈到京都一方，其罪责是否应该波及另一人的相关问题。

> 父亲倒戈到京都一方，而儿子仍留在关东方阵营，或儿子倒戈京都方而父亲仍留在关东方阵营的情况，奖赏一人，处罚另一人，已是不成文的原则，一个人罪责不能波及另一人。但如果他们一同居住在西日本，即使父子分开，一人倒戈京都方阵营，留在自己领地的父亲或儿子不能免除连坐。因其虽不同道但却同心。如父子居住相隔甚远，很难通信联系，不清楚对方的情况，可不连坐。
>
> （出处同上，第 18—19 页）

条文真切地捕捉承久之乱中武士们的动向，赏罚的决定也是基于真实的现实做出的，让人们清晰地看到了幕府合理裁决的姿态。文字中也传达出了镰仓政权对倒戈京都的众多西日本武士强烈的不信任感。同时也让人们看到了其人性化的一面，共同居住在西日本但相隔甚远的父子，不能断定其同心，这是一种顾虑与关怀。如此一来，法典便提出了让大多数人能够赞成的裁决基准，这正是北条泰时所说的"道理"的立场。

　　与尊重"有职故实"*、倾向于固守成规的贵族社会相反，紧随时代潮流发展并进一步推进时代发展，这正是新兴武士被称为"新兴"的原因。关注不断变化的现实动向，从中探求全新的、具有正当性的基准，并以此为轴，谋求社会秩序安定的"御成败式目"，极好地展示了与时代命运紧密相关的、武士的"新"与"积极性"。式目条文一方面深入现实，从现实中汲取法律正当性，另一方面以肯定的态度表现了条文制定者用新鲜视角捕捉到的、现实的真实状态。刚才引用的第十七条真实地掌握了东西日本武士的动向，下面的第二十一条则是与女性的领地相关的内容，对离婚的正室与妾室的领地做了如下规定：

　　　　若妻子犯了重罪、离开丈夫身边，即使持有丈夫开出的转
　　让文书，也不能将该领地归为己有。但是，若妻子履行了职责
　　且未犯罪，丈夫为了迎娶新妻子而与原配妻子离婚，丈夫则无
　　权夺回转让给原配妻子的土地。

　　　　　　　　　　　　　　　　　　（出处同上，第 20—21 页）

　　另外，第二十三条阐述了女性收养孩子的相关内容。

　　　　虽然在律令制时期，不允许女性收养孩子，但自赖朝治世
　　至今，无子女的女性收养孩子且承认她将土地转让给养子的案

---

* 　有职故实，也称有识故实，意味做事必问遗训，而取其对者之意。——译者注

例不计其数。不仅如此，现实中这种事情极其普遍。女性可以
收养孩子的评议内容是具有公信力的。

（出处同上，第 21—22 页）

另有第二十四条阐述了有关丈夫死后再婚的寡妇领地的相关
问题。

寡妇如接受了亡夫的领地，应搁置其他的事情，为亡夫举
办佛事、祈求冥福，一旦背离此理当问罪。但是，如寡妇忘记
了贞节之心，亡夫死后立即再婚，可以将其接受的领地分给亡
夫的孩子们。若无子嗣，应考虑其他处理方法。

（出处同上，第 22 页）

从中世（一般指镰仓和室町时代）到近世（一般指安土桃山和
江户时代），随着武士政治统治权的确立与深化，女子的财产继承
权逐渐不被认可。特别是在统治阶层中，男尊女卑的风气越来越盛。
但是，在镰仓幕府压制京都王权，并将武士的统治范围扩大到全国
之时，幕府承认女性对领地的继承权，并允许其收养孩子以及转让
领地。"御成败式目"确认了现实中这类事情的存在，并认同这种
做法，将该做法明确写成了审判的基准。我们可以说，这条条文将
农村男女真实的共同生活状况切实地体现在法律的制定上。扎根于
现实的"道理"，具有健全和明了易懂的特点，虽与严谨的法律相
去甚远，却创造出了流畅的文体。法典不将女性断定为劣等阶层的
自然感性，在第二十四条中体现为规定寡妇有义务为亡夫举办佛事、

祈求冥福。

还有一条条文，虽与上述认可女性法律人格的三条条款的主旨不同，但与女性有关。接下来引用的是，阐述与已婚女性通奸相关内容的第三十四条前半部分。

> 不论强奸或通奸，与他人妻子发生性行为者，没收一半领地，禁止其在官府工作。若无领地则发配边疆。另，没收女性一半领地。若无领地则处流放之刑。
>
> （出处同上，第 27 页）

本条款恐怕也源自武家社会的一般想法。强奸姑且不论，法典中提到通奸并将其明确定罪，这值得我们关注。没收女性领地或流放的惩罚，应该仅限于通奸。

这里更引人注目的是，上面这些规定条款制定的基础，是与贵族社会对男女亲密关系观念截然不同的看法。

在王朝的贵族社会里，"好色"被认为是美的典型，与季节变迁之美一起构成了"典雅"美学的核心内容。"好色"虽然多以男性为主，但女性也理所当然有"好色"之处，与丈夫之外的男性拥有肉体关系，是不会被认为有罪的。"好色"之男女，并不总是快乐幸福的。因"好色"而生的烦恼与苦闷绝对不少，但正是由于包含了这些烦恼苦闷所带来的伤心与痛苦，"好色"之事才是美好的。"好色"的心情和行动，在物语与和歌的世界里，被赋予了典雅的、有深度的、复杂微妙的色彩，同时，在被不断叙述、歌唱的过程中，这种美学也加深了其洗练的程度。

规定男子与已婚女性私通有罪并没收其一半的领地，可以说是站在了与"好色"美学相对立的视角与立场上。"好色"之事的美与不美，"好色"之事有怎样的欢喜雀跃，有怎样的烦恼苦闷，这些一概不问。既然与已婚女性私通，会动摇一个家庭，使社会秩序的稳定遭到破坏，那就不能置之不理。这样的思考方式是武家社会的"道理"。

这里出现的是与王朝的"典雅"美学意识明显不同的，对男女关系的把握方式。这与其说是美学意识，不如说是伦理意识。此处的伦理意识指的是，由一对一的男女结合而产生夫妻关系，两人之间因孩子的出生而形成家庭，维持这个家庭是社会稳定和发展的基础。这种伦理意识，既是以恩惠（领地的发放与拥有）与奉公（服兵役、看守役）为轴心的封建武家社会的伦理意识，同时也是武士们曾经生活过的农村社会的伦理意识。其实不只在曾经，当时也还有大量武士居住在农村。这种土著的伦理意识，超越了上层贵族社会的"典雅"美学意识，成为自我主张、自我表现的代表——这正是"御成败式目"第三十四条所规定的内容。从这个意义来说，本条文可以说是新法的极端体现——新法是属于新阶层的，而这个阶层的集体意识与以往的统治阶层是完全不同的。《平家物语》将新兴武士阶层的行为、思想、人际关系等以无常观进行展现，而在"御成败式目"中，新兴武士阶层已经以主张新伦理的主体形象出现了。

武士的主体性，不仅仅表现在男女间新伦理的主张上。本章开篇引用的，北条泰时写给弟弟重时的信中所提到的对"道理"的重视，虽有所顾忌，说得比较客气委婉，但却是其主体意识的表现。

因为所谓的"道理"，是基于武家社会的习惯、常识、道德，贯彻以正为正、以邪为邪的诚实态度。

仔细想想，"根据自己判断而行动"这一意义层面上的主体性，在《平家物语》中随处可见，被发挥得淋漓尽致。武士们面临种种决断，特别是在战斗场面中的武士们，估算敌我两方的兵力，选择前进还是后退，怎样确保退路，怎样察觉敌军的动向，注定战败之时怎样迎接最后的时刻……他们在不同场景中不断地被要求立刻做判断，各自根据自己的决断而行动。正因为武士们被这样的主体性支撑着，他们的行动大胆且干脆。这种姿态展示了一个重要侧面——在乱世中逐渐抬头的武士身上具有新鲜性和生命力。《平家物语》的讲述者站在与武士的行动保持一定距离的位置上，客观地观察着武士，也确确实实地看到了这一侧面。

这种主体性，与其说是一种临场发挥的主体性，不如说是一种以"道理"必然发生为前提，理智且持续的主体性，因为武士正处在必须做出决断的"讨论"场合。以泰时为首的镰仓幕府掌权者们，都自觉地意识到了这一点，并试图亲自创造出这样的主体性。"御成败式目"51条后，附有"誓愿"文。如下文所示，北条泰时和13位评定众，向神佛发誓将进行公平的审判与裁决。

因是愚昧之人，故可能会考虑不周说出了错误的意见，但本无恶意。与此相对，若站在某人一边，明知是有道理的事情，却强辩其无理；没有根据的诉讼，却主张其有理；为了掩盖某人的缺点，虽知情却闭口不言；说出的话与真实的内心背道而驰；这些将来都会招致谴责。在审判时，不能因与诉讼当事

人的亲疏关系、好恶来判断是非。应坚持遵循"道理"，心中
所想之事，不应过多顾及同僚、不应惧怕权威，应直言不讳明
确发言。一旦下达了判决，如合乎道理，就意味着一同之宪法
（即大家都合理合法）；如是无根据的判决，就意味着一同之越
度（即大家都触犯了法律）。

（出处同上，第36页）

　　上文这么短的文字中，"道理"一词共出现了三次。这不仅反
映出了执政者们在审判中贯彻"道理"的强烈意识，同时也说明了
不被亲属关系、好恶等条件干扰去贯彻"道理"，绝不是件容易的
事情。以泰时为中心的审判者们，虽知其难，但努力克服困难，朝
着新法律和新秩序的形成而奋身挺进。

　　让人饶有兴味的是，若评定的场合中，每个人都贯彻"道理"，
那经过讨论迎来的将是共同认识的诞生。这让我们能推论出，无论
评定结果乃至判决是否得当，都如同原文中所说的那样，是"一同
之宪法""一同之越度"。他们认为，"道理"不仅存在于每个人各
自的思考和判断中，还拥有将每个人的思考和判断相互结合起来的
力量。这种想法，与作为"道理"的法律存在于现实又源于现实，
同时又能形成条款即"式目"的想法完美吻合。如果说"道理"存
在于现实社会中，那一定有着连接人与人的作用。如进一步以此为
线索继续思考，做出判断，那么自己的思考或判断应该能在某处与
他人的思考和判断相遇。在那种情况下，信赖"道理"就是信赖他
人，更是信赖社会，这样的等同关系是能够成立的。镰仓的武士们
想站在这种信赖的基础上。

历史上，无论是怎样的权力，都具有强化、维持、扩大自我的倾向。获得的统治权越是强大，这种倾向越是明显。镰仓的武家政权也不例外。在承久之乱中，打倒了京都的宫廷贵族势力后不久，政权内部就应该已经燃起了权力意识。

在这种情况下，政权亲自着手制定基于道理的法律，按照现实中存在的道理，制定新的社会秩序，并谋求将其维持下去。这恰恰展示了一个事实：新兴武家政权以土生土长的农村社会为基础，同时抗拒浮华颓废色彩浓厚的现有权力，从而登上了历史舞台，他们至今仍与作为其势力支持的下层农民、有影响力的农民保持着深厚的牵绊与联系。即使处于乱世，武家政权与一心一意坚守既有特权和权威的宫廷贵族权力层相比，关注真实的现实，汲取现实中存在的道理，从而谋求秩序的安定，同时也力图维护自己权力，其淳朴和新鲜感让人印象深刻。单从出自幕府的最高管理层、由上至下单方面传达给老百姓这方面来看，"御成败式目"也摆脱不了权力文件的性质。尽管如此，它仍然是尽可能地接近现实、接近老百姓所生活的世界的文件。

关于这一点，这里最后引用北条泰时书信中的一节。

本式目面向关东的御家人、守护、地头广泛公开，希望大家能深入理解其主旨。另外希望能抄写式目内容后分发给每一个守护、地头，并在所辖领地内的地头、御家人当中彻底贯彻该内容。五十一条内容中如有遗漏，后期将以追加法条的形式进行补充。

（出处同上，第 40 页）

　　北条说"御成败式目"广求社会普遍了解。其目的与其说是要渗透权力的强制力，不如说是要彻底执行基于"道理"的审判。对"道理"的信赖与对御家人、守护、地头的信赖相重合，这正体现了武家政权的年轻，也体现了其率真。上面引用的末尾提到追加法条，也有异曲同工的效果。幕府制定的法律也好，制定法律的权力也好，都不是绝对的存在。如有必要，按需追加就可以了。掌权者这种出自自身的思考方式，体现了新兴统治者与御家人、农民之间的亲近感。对泰时而言，法律就这样活在现实中，而让法律如此存活下去的，正是对"道理"的彻底贯彻。

　　"御成败式目"是日本精神史上罕见的，具有高度理智和合理性的法治思想和政治思想的体现。

第四章

《一遍圣绘》和《蒙古袭来绘词》

——

云游、死和战斗

在上卷第十四章，我们介绍了两幅 12 世纪后半期的代表性作品——《伴大纳言绘词》和《信贵山缘起绘卷》。两幅都是大和绘画的名作，画面的跃动感和画中描绘的生动形象的众生相，深深吸引着观赏者。

进入镰仓时代后，绘卷*遍地开花，有战役绘卷、社寺缘起绘卷、高僧传绘卷、六道绘卷等，在让人感到赏心悦目的同时，也传授知识、图解未知世界和新进文物、引导群众信仰。这章我们将介绍两部与时代精神史密切相关的作品——《一遍圣绘》和《蒙古袭来绘词》。

·

《一遍圣绘》共 12 卷，在时宗之祖一遍去世 10 年后问世。一遍的弟弟，也是他身边最亲近的弟子圣戒，负责画作的词书说明，法眼**圆伊负责作画。被称为云游修行上人的一遍，一生之中，从南到北（从九州大隅国到奥州江刺，即从现在的鹿儿岛县到岩手县奥州市），徒步云游了全国各地。圣戒和圆伊是在亲自走过一遍的旅

---

*   绘卷，指日本古代的一种故事性连环图画。——译者注
**   法眼，仅次于法印的僧位。——译者注

《一遍圣绘》第1卷第1段
一遍上人出家场景，清净光寺（游行寺）藏

途后才开始创作绘卷的。无论是词书说明还是画，都包含着对一遍深深的尊崇之情，也渗透着准确追逐其云游生涯的写实精神，二者相辅相成，共同呼吸。

第一卷，从13岁的一遍开始描绘。13岁的一遍，由善入僧人带领着，离开家乡伊予（现爱媛县），开启了前往九州的佛道修行之旅。剃了光头、身着僧衣的少年，看起来弱不禁风、无依无靠。目送孩子出发的父亲、下人和邻居们也都是一副担心的样子。

在广阔的风景中，无依无靠的少年形象，被描绘得弱小而孤单。这是长达数米的卷首画面的情趣之所在。画家实地考察的优势在自然景观描写、建筑街道描写中得到了充分发挥。初春，随着旅途而变化的田园风景，也在卷首的画面中得到了充分表现。

　　说到树，先是白梅、接着是红梅，在河边争先恐后倾吐芬芳。一遍家房子旁边的松树、杉树高耸挺拔。途经海滨时，十几棵海滨松坚挺屹立。到达九州时，山樱[*]远远近近，开得漫山遍野。

　　观者将目光移到画面的下方，先看到路边的小河，小船浮在水面上，到波浪拍打岩石的海边，场景发生了变化；观者心想着，马上能看到简陋板屋的小村落了吧。然而，展现在眼前的却是一望无际的田地。远处是连绵不断的小山，绿色的草地和随处可见的松树。栅栏围起来的田野里，设了"鸣子"^{**}。多么让人怀恋的田园风光！

　　在这样的风景里，几户大大小小的人家零零落落地出现在绘卷上。一遍的老家有用草铺就的四面坡式屋顶，是间宽敞明亮的农舍。他在途中经过的，都是些小而朴素的房屋。海边松林的另一边，是两间用丝柏树皮铺成的歇山式屋顶的僧房，以及并排正对着小村子的简陋的板屋群。还有周围围了栅栏，门上拴着稻草绳的稍微像样些的房子，以及由板铺瓦顶板心泥墙所包围着的方三间^{***}的歇山式屋顶僧房等。

　　画中的房屋也好，人也好，都比较少。少年僧人一遍远离故乡踏上旅途的那份孤独，也许就反映在了这冷清的风景中吧。从这点来看，毫无疑问，风景包容着这个少年僧人，然而，我们却不敢用温暖来形容这里的悠悠之景。画中有两个场景，一个是一遍出发的场景，一个是他来到由板铺瓦顶、板心泥墙筑成的僧房（师傅圣达的住所）的场景。在这两处我们能看到大概有十个人，很是热闹的

---

*　　山樱，野樱花。——译者注

**　　鸣子，日本古时的声音驱鸟器。——译者注

***　方三间，传统日本建筑的一种，多见于寺庙。——译者注

样子，然而这些热闹都在距离一遍稍远的地方，一遍没能进入热闹的圈子。

尽管如此，缓缓舒展的景色并不冷峻。令人怀恋的、平静的风景，沁入看画人的心脾。画家圆伊，既熟悉描摹风土类画作的技能，又对一遍抱有敬爱之情，这些赋予了风景更具格调的美。追逐着一遍的足迹，和圣戒一起云游了全国的圆伊，应该在沿途风景中感受到了一遍求道的苦与乐吧。慢慢欣赏着从伊予到镇西的卷首风景，那里展现的风景之美，不仅仅是视觉上的，还有和一遍清澈心灵相呼应的精神之美。

第二卷开头的营生*岩山风景，让我们更加强烈地感受到了这一点。据词书的说明，伊予的深山有很多奇瑞传说，是观音显灵的圣地。三座高度不同、充满奇岩怪石的山顶上，各有一间红白色彩鲜艳的镇守祠堂。这不是简单的风景，而是充满了神秘气息的景致。画面右侧的山上有着长长的梯子，两位僧人正朝着山顶的祠堂努力地爬着———一位走在前面很高的地方、一位刚刚爬了七八个台阶，僧人们手脚的动作看起来都充满危险，这大大增加了风景的异样之处。这样的风景是画家曾亲眼见到的吗？我们无从得知。但是，这里是 30 多岁的一遍闭关修行、接受灵梦的地方，所以，我们可以确信的是，它是作为具有超自然灵性的风景展现在画家眼前的。画中岩石的氛围与中国山水画的神秘性有共通之处，从这点看来，画家可能学习过宋画。

在营生岩山风景图之后，画家描绘了一遍第二次离开伊予的场

---

* 营生，日本地名。——译者注

《一遍圣绘》第 2 卷第 1 段
参拜岩屋寺的场景，清净光寺（游行寺）藏

面。此时的一遍，已经不再是第一次离开时那个无所依凭的少年僧
人了。一遍头戴黑色头巾，身着黑色僧衣，披袈裟，膝下露出的脚
上穿着白色鼻绪*的木屐，这是念佛云游修行僧人常见的装束。一遍
的体态和表情上满是坚定云游的决心，双唇紧闭，两眼正视前方，
紧紧握着从衣服中伸出的左手，左脚在前右脚在后，双脚坚定而结
实地踩着大地。他的身后追随着两位尼姑、一位僧人，还有大家熟
悉的圣戒。这四个人与毅然决然的一遍不同，在他们的表情中能看
到追随者特有的放松感。后面稍远的地方，是来给一遍送行的五位

---

*　鼻绪，木屐带、草屐带。——译者注

亲人，能看到他们惜别的悲伤。这样对比来看，我们不得不认可，一遍满怀决心的姿态，迎合并包容着斩断恩爱牵绊所承受的苦。

画面上，准备出发的五人的前方上空有一群白鹭，它们正要飞落在割完稻子的田地里。绿地与茶山、田地、雾以及数十个白点形成对照，美不胜收。

田园风景随着画面向左前进而延绵不断。画面描绘了两位僧侣在僧房里交谈的场面之后，和刚才相似的一遍一行人再次出现了。和刚才不同的是，处于最后面的圣戒，离开了前面的四个人，一边朝反方向走着，一边依依不舍地回头看着。一遍和刚才一样，保持着满怀决心、毅然决然的姿态，后面跟着的三个人仿佛也坚定了决心。尽管如此，如果这是同样的场面再次出现，作为画作，那就太不用心了。此处，画家的重点应该是描绘分别时的圣戒。但是，看画人的眼睛不会只停留在圣戒身上，视线还是会回到一遍一行上。挺直腰板、朝向前方、力量强大的四人队伍，稳稳地承受着看画人的视线。从五个人到四个人，决心完成云游的信念，好像反而增强了。

右手边盛开的山樱随风飘动，花瓣散落，这次一遍是在这样的风景中出发的。他们一行四人凝视着前方，决心很是坚定。那么，他们到底是要去哪里呢？

我们继续看绘卷就会知道，他们首先拜访了摄津（现大阪府）的四天王寺，接着挺进高野山，然后南下奔向熊野神社*。四天王寺也好，高野山也好，熊野神社也好，各地的自然风光或人文景观都具有鲜明特色，已经十分令人瞩目。画家从俯瞰的角度抓住了这些

---

* 在日本，全国范围内熊野神社的数量达三千座以上。以熊野三社为总本社。——编者注

特征，并将它们定格在画面中。但是，四天王寺、高野山、熊野神社都不是云游的终点，一遍一旦到达一处，前往下一个目的地的旅行便已开始。从这个意义上讲，这些都只不过是旅途中路过的地方罢了。一遍一行的云游是没有终点的，是不断途经各种地点的旅行。

从江户时代开始，老百姓当中也盛行着"物见游山"之旅，也就是去那些名山大川进行观光的旅行。但是，百姓的物见游山之旅，是预定要回到原来住处的，这一点与一遍的云游有着决定性的不同。一遍的云游既没有终点，也没有可以回归的家乡，是极度不安定的旅行，不知道在哪里会发生什么。从这个意义来讲，一遍的云游只能说是前途茫茫的旅行。一遍勇敢地踏上了这种极度不安定、不确定的旅程，自己主动成为云游僧，以此来引导人们走向佛道。

踏上旅程的一遍，遇到各种各样的风景，遇到各种各样的人。他深入风景，加深与人们的交流和交往。这就是身着简陋法衣、走遍各地的一遍的旅途。四天王寺西门前，聚集着十几名男女，他们正侧耳倾听着一遍的话。熊野本宫大社（熊野三社之一）前，一遍正亲手给十几个穿着小袖（和服的一种）、打着赤脚的孩子们分发写有"南无阿弥陀佛"的签。两处的一遍都没端着架子，和蔼地面对众生。四天王寺西门和熊野本宫大社的气氛都是严肃的、威严的，而一遍与人们交往的气氛与其特征不同，他形成了充满亲密感的圈子。一遍献身佛道的人生选择，绝对不是一般人能做到的；而在与人们的交流与交往中，他又是一个十足的普通人，享受着普通人的快乐。

说到普通人，我们不能错过生活情景中的普通人和平民性。

一遍在小袖上穿法衣，再披上袈裟，赤脚或穿着木屐，以这种朴素的、原原本本的样子混在人群中旅行，所以一遍的旅行本身就

《一遍圣绘》中的营生岩山风景

《平家物语》中的战斗场面

窪俊満据《徒然草》第 237 段所作的画

能乐《羽衣》，月冈耕渔绘

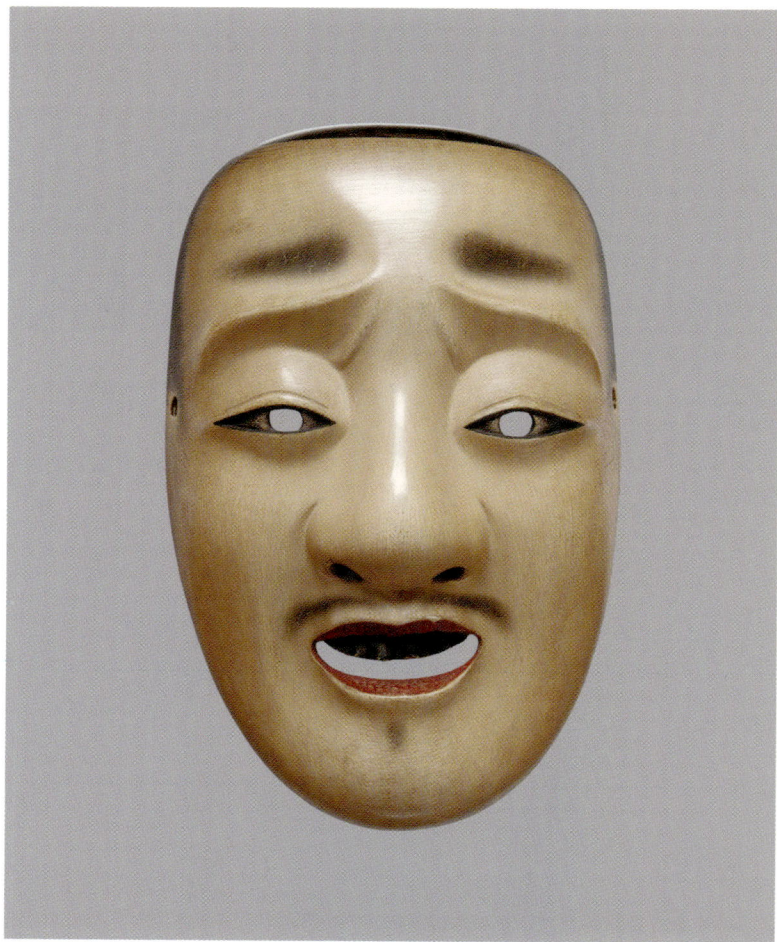

能乐中的男面具"中将"

能乐中的女面具"小面"

尾彬光琳《燕子花图》（局部）

酒井抱一《夏秋草图屏风》

金阁寺（来源：Keith Pomakis）

铃木春信《琴路落雁》

葛饰北斋《富岳三十六景·凯风快晴》

葛饰北斋《富岳三十六景·山下白雨》

歌川广重《名所江户百景·大桥安宅骤雨》

是在老百姓的世界中活动。他们住的地方也多是寺庙、神社院内的简陋小屋，虽能遮雨，但夜晚应该会很冷，吃的东西恐怕也不够。一遍生活的那个时代，老百姓就是住在简陋的房子里，有什么衣服就穿什么，能吃到东西填饱肚子就好。所以一遍一行在所到之处都要受人关照才能够继续前行，他们不能对生活有更高的期待。其实，在画面的很多地方，都流露出百姓生活的贫苦和寒酸。

比如，整幅绘卷中，描绘了许多乞丐。乞丐数量会这么多，当然是因为当时乞丐本来就随处可见，数量众多。从描绘的方法来看，画家是经过仔细观察后，才画出来的。乞丐比起孤零零地独处，还是选择在窝棚里群居的情况较多。第六卷中，描绘了镰仓附近片濑海边的窝棚。远景是小山、松树林荫路、芦苇原，这些在淡雾中朦胧可见。右手边是一个堂子，丝柏树皮铺的屋顶，木板屋檐从屋顶的四周伸出。堂子里面和周围都有很多人，大家注视的是面对面坐着的、从上总（现千叶县）赶来的阿弥陀佛真身和一遍。离堂子稍远的左下方，远处有五个窝棚，近处有六个窝棚。窝棚都是用六根柱子直接支在地面上的，上面盖着草屋顶或木板屋顶，每一间都很寒酸。有人坐在草席子上，有人直接坐在地上。远处右侧的窝棚里，已经变黑的尸体弯曲着双膝，左臂弯过头顶，右臂伸直，蜷缩地躺着。不知已经死了多少天了。尸体的脚边还放着木碗。旁边的窝棚里，母子俩为了给放在石头炉灶上的锅加热，正朝着炉灶里的火吹气。这间窝棚位于临街的地方，只有一半菰草铺成的墙，墙边蹲着一条黑狗，正盯着锅里煮的东西。旁边是长着天狗鼻子*的女人，一

---

*　天狗是日本广为人知的妖怪之一，有着高高的鼻子。——译者注

边用手抓着地上碗里的食物，一边和旁边的乞丐说着话。这边的乞丐手里端着碗，他的衣服只是一块裹在腰部的蓝布，其他地方就那么袒露着。左边的窝棚里有一男一女，各自干着手里的活儿，男的看上去正在用大脚趾编着稻草。近处的六间窝棚，因为屋顶的阴影，看画人看不到里面的样子。

其他场面中对乞丐们的描绘方式也是一样的，画面里蕴含着力量。无论是窝棚的构造，还是乞丐们的衣服和举止，都经过画家的精心描绘，仿佛为了让看画人能一个接一个地仔细看下去。这是一个贫穷的、脏兮兮的、寒酸的世界。但是，画家想把它描绘成虽然贫穷却充满了活力的世界。所以，这个世界并没有被其他世界隔离和排斥。眼前的片濑的场景也好，对着的窝棚里面乞丐的世界也好，都与右上方的世界极其自然地联系在一起。在画面的右上方，僧俗混杂的众多男女老少，热闹聚集在堂子的内外。乞丐们没有回避这个集会，堂子内外的人们也没有觉得附近的一排排窝棚不协调。再进一步从构图的角度来说，横长的窝棚，与远方同样横长的松树林荫路和芦苇原的风景相呼应，再加上堂子，三者构成了保持自然关系的有机整体。

乞丐的世界在长长的绘卷中随处可见。这些场景如实地反映出，一遍的云游，是坦然直接地进入到百姓的世界，从而加深与百姓交流的旅行。对画家圆伊而言，一遍是一个没有超出百姓世界、平民世界的人。

狗也是展示一遍之旅的平民性的图像，我们也许还可以聊聊画中频繁出现的狗。上述片濑的窝棚里面有狗，民宅、路边、神社佛阁的周围，随便瞥一眼就可以看到狗。狗，与牛马不同，在当时并没有作为有用的牲畜而融入人类世界，但是它们也没有被人类赶走，就这样无意中进入人类生活。当时平民百姓的生活，几乎没有什么富余。依偎在生活场景一隅中的狗，隐隐约约地酝酿了类似富余安稳的气氛，人的心情因此而平静。画狗对于画家而言，恐怕也是一件让他平静的事情吧。

如此一来，随处可见的狗，人们聚集之处乞丐成群，随处可见的一排排窝棚，就构成了一遍云游的世间。一遍毫不客气地闯进这样的世界。和法然、亲鸾一样，和普通人交流，让普通人往生到净土世界，正是一遍的志向所在。

但是，一遍本身没有经过反复推敲的理念、独立的宗教思想，就好比法然的专修念佛理论、亲鸾的恶人正机说等。一遍不是一个擅长钻研经典、义疏，构筑有条理的宗教理论的宗教思想家。我们从和赞*、偈颂**中所看到的宗教思想，是植入了天台宗、真言宗、净土宗、禅宗等宗派教诲的综合思想。一遍寻求的不是思想上的敏锐性、整合性，通过传授佛教进入人群，加深与人的交流和交往，才是一遍云游的真正目的。

再进一步说，一遍还积极参拜了本是与佛法对立的神社。老百姓不能明确分辨神与佛，他们在神社和寺庙都会合掌祈福，这是人们朴素的信仰之心的表露。一遍像是想要亲身学习这种百姓的朴素信仰一般，也去参拜了神社。

一遍根据熊野权现***的神谕，开展了"赋算"活动，派发写有

---

* 和赞，佛教用语，日译经文。——译者注
** 偈颂，佛教用语，佛经中的唱颂词。——译者注
*** 权现，菩萨化身的神。——译者注

"南无阿弥陀佛"的签，这是展现一遍自身的信仰之心和百姓的信仰之心极其接近的典型事例。据说，一遍在熊野的山中行走，向遇到的僧人馈赠写着"南无阿弥陀佛"的签，也就是念佛授签。僧人说，现在自己没有产生信仰之心，不能接受这签。一遍想，如果僧人都不接受，其他人就更不会接受了，于是，他强行将签馈赠给僧人。事后，一遍疑惑自己这么做是否妥当，于是，他向熊野本宫祈求冥虑*。一遍获熊野权现神谕：无论人们信与不信，都应赋算。从此以后，赋算成了时宗布教活动中的重要环节。

一遍向神社询问佛法的正当性，事情的好坏不从佛典中确认，而是通过求神谕来判断，他还试图通过馈赠写着"南无阿弥陀佛"的签来开启别人信仰之路，无论哪种做法，都符合百姓朴素信仰中常见的内心活动。一遍，从通过坚定的决心和充满毅力的行动来引导众生，到开创名为"时宗"的信仰集团，极其朴素的信仰之心始终驻扎在他的内心深处。镰仓新佛教的祖师们，都不是高高在上地传教的，而是深入百姓的世界，秉承在百姓中与百姓一起生存的信念，试图开启全新的佛教之路。在众人之中，一遍更加将这种信念平民化。既拜佛祖又拜神明，佛祖托梦下达神谕，写着"南无阿弥陀佛"的签被赋予灵威，一遍的内心并未觉得不协调，坦然地接受了这些。

时宗布教时，"跳舞念佛"的行为也发挥着重要作用，这也与一遍的平民信仰有关。

---

* 冥虑，神佛之心。——译者注

《一遍圣绘》第 4 卷第 5 段
小田切村中跳舞念佛的场面，清净光寺（游行寺）藏

　　《一遍圣绘》第四卷的卷头便描绘了跳舞念佛的场面。据词书的说明记载，一遍一行参拜了信浓 * 的善光寺后，在信浓小田切村，开始了所谓的"跳舞念佛"。从画中我们可以看到，一遍位于宅邸的檐廊下，敲着手里的钵，庭院里二十多名的男男女女围成一圈跳着舞。无论僧俗、男女，大家都张开嘴，大声咏唱，手脚打着拍子，看起来跳得很开心。绘卷之后的内容中，也有描绘跳舞念佛的场景，但都设置在跳舞用的棚屋下，大家动作一致地跳着。此处是第一次跳舞念佛，与后面相比，这里的舞蹈是充满即兴乐趣的，当时的气氛下，身体不由自主地跟着动了起来，不知不觉地就形成了集体跳

---

* 　信浓，日本古代国名，现日本长野县。——译者注

舞的场面。人们随着兴致，大声地喊着唱着，活动着身体，这是充满了解放感的画面。

这个场景的前面，是一遍一行十几人和偶尔路过的百姓们，一起仰望西边天空出现的紫云，合掌祈福的场面。紧接着就是这个在小田切村里大家第一次跳舞念佛的场面。在简短的词书说明后，这一行二十多人又在其他村子结束了跳舞念佛，接连有序地向下一个地方移动。画作的展开，暗示着跳舞念佛和集团云游间割不断的密切关系。

我们回想一下，与圣戒分开后，一遍带着超一、超二*、念佛房**继续云游，按理说，在刚才拜紫云的场面之前，一遍没有增加同行者。不仅如此，绘卷中很多地方都没有描绘超一、超二和念佛房。而实际上，据词书记载，一遍在熊野新宫附近已经和三人分开了。一遍的云游基本上都是一个人进行的，随时可能会有些追随者和照顾一遍的人。在跳舞念佛的前后，一下子形成了十几人的集团，而且，这个集团一直持续到一遍离世。有了集团才能实现跳舞念佛，相反，集团因为跳舞念佛，成为能够产生活力的运动集体。

集团，是由身着法衣的僧人组成的不受拘束的团体，完全没有正襟危坐、强加于人的氛围。即使是平民百姓，如因某种契机而立志遵循佛道，便可以加进来和同道之人一起云游。加入的这些人，如果想回归，随时可以重返百姓的生活。亲身经历了出家、还俗、再出家的一遍，非常了解周围僧人们无精打采的生活。与素不相识

的僧侣们一起行走时，一遍看起来非常自然地置身于其中。画家将一遍描绘成一个不显眼的人物。跳舞念佛时，他与大家一起热情地舞蹈；在一行人前面行走时，他与其说是统率者，不如说是伙伴们的同行者；风餐露宿时，一遍混在人群中，看画人难以辨认出来。

对于这样的集团来说，跳舞念佛不仅是传播极乐往生观念的有效手段，而且是让人全身心地感受到自己身为集团一员的重要行为。一遍一行人，走近平民百姓朴素的信仰之心，不拘泥于神与佛的区别，毫不关心要构筑观念性的思想体系，和平民百姓一起问佛之道，祈求死后极乐往生。对于他们来说，共享一种用语言表达出来的、成体系的宗教理论甚至是宗教思想，并不是他们所期望的，更不是他们所能期望的。通过跳舞念佛来活动身体、发出声音，以此表现、确认着各自的想法，感受着集团带来的一体感，反而更加自然。我们看绘卷会发现，关于跳舞念佛的部分里，最初在小田切村时，在场的僧人、尼姑、农民、武士们都一起跳了起来；后来就只有僧侣在跳了，僧侣以外的男女老少都不参加跳舞，只是在周围观看、合掌祈福。热衷于舞蹈的僧侣们的热情和一体感，似乎在表达着不允许俗人加入其中的高傲。

话虽如此，跳舞念佛本不排除俗家人，其目的正是为了让俗家人看见，把他们引入佛道。在人们聚集的地方，僧人钉下木桩用木板搭起临时的舞台，站在台面上，一边踩得舞台发出声响，一边敲钲*，大声合唱并舞动，这就是跳舞念佛。在京都空也上人**遗迹前搭棚进行的跳舞念佛，盛况空前，周围还设了看台，戏棚旁边挤满了

---

* 钲，古代击乐器。——译者注
** 空也上人，平安时代中期僧人。——译者注

牛车，到处可见戴着立乌帽子[*]的贵族身影。高脚戏棚的下面，能看到爬上木桩玩耍的孩子们。在与这份热闹稍微有些距离的地方，搭着一排排的窝棚，袒胸露腹的乞丐们，随心所欲地坐着、躺着。也有认真观看跳舞念佛的乞丐。看画人眼前展现出宛如节日般的热闹，跳舞的僧人们的热情和一体感，超过戏棚狭窄的空间向外扩展，反映在观众愉快的表情和舞动的身体上。对于将朴素的信仰深深扎根在内心深处的一遍来说，通过解放整个身心的激烈舞蹈，沉浸在与僧人们志同道合的一体感中，并且将这种一体感与宗教的狂热传递给生活在这世上的各个阶层的男女老少，才是完全符合其心意的。在进行跳舞念佛的时候，一遍恐怕体会到了在说教、冥想中无法体验的充实感和幸福感。

在进行跳舞念佛的时候，一遍一直没有机会置身于观众当中，而在《一遍圣绘》第十卷备后国（现广岛县）吉备津神社和严岛神社的场景中，一遍有机会欣赏了两场舞蹈。这两场舞蹈中，舞者都穿上了唐朝的服装，华丽舞动，一遍坐在正面观赏。与狂热的跳舞念佛不同，在朱红色的、显赫的神社内舞蹈，充满了仪式的庄严气氛。一遍将跳舞念佛的行动推到集团式宗教活动的顶点，而在观赏他人舞蹈的过程中，一遍恐怕体会到了用全身的动作表达内心观念和心情的不可思议之处吧。随着钲和大鼓的声音舞动身体的舞者，和坐在下面欣赏的观众，位置是完全不同的。但是，舞者伴随着节奏的动作和伴奏声响的回音，一起感染观众的身体，震撼着观众的五感。此时会产生身体与身体相互交织的一体感。一遍作为跳舞念

---

[*]   乌帽子是日本平安时代贵族流传下来的黑漆帽、黑色礼帽。其中日常带的乌帽子叫作"立乌帽子"。——译者注

《一遍圣绘》第 11 卷第 1 段
阿波国大岛之里的场景，清净光寺（游行寺）藏

佛的舞者时能感受到的不可思议的一体感，恐怕他在这里作为观众再次感受到了。舞蹈触发的一体感、高昂感，有时可能会使集团变得异常狂乱，脱离正轨，而一遍从中找到了连接人与人的、最基本的共同感觉，并把它视为宗教共同性的一个典型。一遍通过云游进入平民百姓的世界，与人们交流和交往，想与人们一起走上佛法的道路，他在身体与身体的交织共鸣中，找到了具有宗教共同性的地方。

　　这种云游没有所谓的结束。只要有人存在，只要云游者具有与人们交流、交往的想法和意志，这场旅行就会继续下去。

　　如果说云游有终点的话，只能是在云游者离世时。人生的终点便是云游的终点。对于活在这世上的人们来说，死亡是难以避免的，所以云游的结束必将到来。

《一遍圣绘》中精彩地表现出了"人生终点便是云游终点"的观点，恐怕不存在比这更有力的、更完美的表现了。十二卷的最后两卷，主要描绘一遍如何面临即将到来的死亡。

第十一卷的开头，写着一遍的一句话：终生无所事事，死期就在身边。手握绘卷的人，即使不情愿，也不得不接受一个暗示，即一遍之死与云游的结束。画面由描绘一行人从濑户内海乘船出发开始，共三条船，每条船上各乘十人左右，一遍坐在船头。小山逼近海岸，画家用数千条细线精心描画了小波浪和稍大的波浪接连不断拍打海岸的样子。这些起伏的波浪和左右两侧群山缓缓起伏的山脊，形成了平稳的调和，也给观赏者带来了平静的心境。淡绿色的基调营造出柔和的氛围，山表暗淡的茶色和红叶的红色成了有节制的点缀。意识到这是一遍的死亡场景之后再来看海景，这片海便更像是通往极乐世界。船上一行人双手合十念佛的动作与整个场景非常搭配。绘卷中前前后后多次出现海边风光，而这一画面让人感觉到了前所未有的永恒之感，像是逼近的死亡正引导画家将风景神圣化。

渡过濑户内海，便从阿波国（现德岛县）到了淡路岛，这里描绘了一遍最后一次的跳舞念佛。和迄今为止的描绘相比，这次的跳舞念佛依托于大自然，动作幅度小且显得平静。舞蹈和周围风景紧密融合，和从岛上各处聚来的人们的心灵相通。观赏人们上衣的白色和跳舞的僧人们法衣下露出的小袖下摆的白色，将以绿色和茶色为基调的画面收紧。

即使预感到死期将至，只要身体能动，就继续云游。这是一遍的生存之道。一行人在淡路岛稍做停留，参拜了天神宫。因为小岛上能结缘的人有限，于是，一行人离开淡路岛朝着明石浦出发，再沿着海岸朝兵库县出发。画中描绘三条船被水手们从明石拽到兵库的情景，透出了死亡逼近的不安定感。与从阿波国到淡路岛时那种让人感到永恒的氛围完全不同，这里的整个画面都被紧迫和荒凉支配着。坐在第一条船船头的一遍孤身一人，脸色苍白。海岸对面的岩山，有两处被削得又大又尖，形成了深谷。左侧山谷流出的河流变得湍急，冲向船的前方。船后方岸上的海滨，松树被强风吹得树枝都弯了。风景中透着严酷，不含一丝能包容船上一行人的安详。几个人一组帮水手拽着三条船的场面，也像是在抵抗死亡、抵抗自然一般，充满着猛烈挣扎的感觉。这些动作，反而让人感到一遍之死是难以动摇的。

　　词书说明之后，绘卷描绘了兵库观音堂的场面。路上有三个男女，还有屋顶铺着丝柏树皮的小堂子、池塘、白色的五重塔，安详的风景一直持续着。继续往下看，画面描绘了聚集着众多僧俗男女的观音堂以及观音堂周边的状况。此处，一遍正在说法，这也是他的最后一次说法。一遍脸上恢复了血色，眼睛紧盯着前方，声音也足够大，能够传到听众耳中。和往常一样，一遍的最后一次说法把他和周围的人们连接起来，一遍也好，周围的人们也好，都在一体感中感到安心。听法的人、围墙外休息的人以及我们熟悉的乞丐们，共享着这种一体感。画家似乎也不禁希望一遍的最后一次说法能传得更远、更广。

　　《一遍圣绘》以这幅画结束了第十一卷，进入第十二卷。最终卷的卷首画，仍然是一遍在观音堂被众人围着的场景，有人一直坐在一遍身旁，也有人刚刚进来。一遍在众人之中，正迎接着死亡到来的状况没有改变。这是最适合一遍离世的形式，换句话说，画面仿佛在说，这是幸福的死亡形式。人们看上去很悲伤，但在悲伤的同时，仿佛这样聚集起来也是一种安慰，平稳的气氛笼罩着这个小世界。

但是，这个时候死亡还不会降临。画中要先描绘一遍向西宫神社的神主完成十念*的小仪式后，才能描绘他的死亡。

观音堂中，一遍双手叠在胸前，静静地躺在那里。一遍的周围，比起前面出现的两批群众，此时聚集了更多的人。虽也有像是贵族的人物，但更多的是穿着朴素法衣的僧侣和无名的百姓。因为想和这些人交流，想和这些人一起走入佛道而持续云游的一遍，即使在生命的最后，也是和这些人在一起的。聚集而来的僧俗男女，其悲伤的动作、神情各不相同，但在走向死亡的一遍的身边，一起感受悲伤是对一遍最好的供养。大家应该有这样的共识，因为一遍的终生愿望是走进人群，和平民百姓共度时光。

从上述在人群中死去的场面回到原点，我们一起回顾面向死亡一路走来的一遍，第十一卷和第十二卷的连接自然呈现出丰富的内容，转换为堂堂正正的、气魄十足的死亡场面，这些画面再次打动了观看者的心。

与现在的我们相比，一遍在更接近自然的地方生活着，肉体上的自然衰弱也好，作为自然过程的死亡之路也好，一遍恐怕对这些一直有明确的意识。一遍的这句"死期就在身边"，被周围的人们悲伤而平静地接受，人们尝试着接近这种死亡。在云游中，一遍将与人们的相遇、与人的交流看作是乐趣和享受，其死亡也是在与人

---

*　十念，口念十遍南无阿弥陀佛。——译者注

们的交流中完成的，这样的死亡是最合适一遍的形式。

为了画出绘卷而追寻着一遍云游足迹的画家圆伊，每每踏上新的土地，展现在其眼前的自然风景，一定为他带来了不逊于与人们相遇以及旅行的喜悦和乐趣。

圆伊的切身愿望是将两种交流——与人们的交流、与风景的交流——和一遍肉体的衰弱、一遍面对死亡的悠然与豁达，重叠起来描绘。在风景的部分，永恒的海景和严峻的岩石之景，象征着一遍在途中遇到的各种风景的两个极端。永恒也好，严峻也好，都是一遍云游的本色。在与人交流的部分，重复出现三次的观音堂的群众场面，如同与众生同在的一遍一生之大成，被描绘得充满了温暖。即使是死亡也没有妨碍一遍与人们的交流，而是进一步加深交流的存在。画家似乎是这样相信的。

《一遍圣绘》给人的感觉是，画家将对一遍纯粹无瑕的尊敬之情转化成画的气质和格调展现出来。作为总括整体的第十一卷和第十二卷，展现了无与伦比的、充满人性的死亡场景。

· ·

如题所示，《蒙古袭来绘词》是以蒙古来袭这一发生在镰仓时代后期的大事件为素材而创作的绘卷。与《一遍圣绘》相比，这个作品面向的是少数人，是为少数人而创作的。现在，《蒙古袭来绘词》作为文永、弘安时期两场战役*的第一手史料，甚至还被载入日

* 文永战役和弘安战役，即第一次元日战争和第二次元日战争，分别发生于文永十一年（1274年）和弘安四年（1281年），指的是元朝与高丽两次派军攻打日本而引发的战争。——编者注

本初中的教科书。但实际上，原本这个作品是受到袭击的肥后（现属熊本县）将军家臣竹崎季长，因为自己的军功感恩神明并希望将这份功绩传承给子孙后辈而创作的绘卷。这幅作品也因此获得"竹崎季长绘词"的别名。虽说这个作品用绘画的方式描述了蒙古来袭事件，但这并非俯瞰整个战役而描绘出来的作品。这个作品的中心人物是竹崎季长，主要描绘的也是他在两次战役中的飒爽英姿。上卷和下卷的题材分别为文永战役和弘安战役。

上卷的开篇，描绘的是收到蒙古军登陆博多的消息后，附近的武士们身穿盔甲，携带弓箭和刀枪，抑或是武士们徒步行进，渐渐集合的场景。行进于松树林间的武士们的伟岸形象，预示着一场热战即将来临。在描绘朝前不断行进的军团场景时，主人公竹崎季长骑马的姿态出现了两次。图的上方写有"季长"二字，我们可以看出这是在描绘主人公。虽然他仅有数个手下，但他骑着栗毛骏马，身着黄绿缄*大型铠甲，搭配黑色星盔、赤色护颈、手持涂漆弓箭，这身行头绝不逊于其身边的任何武将。从此便可看出他一心立功之意。

描绘完出征后，马上就到了战斗的场景。作为一个绘卷作品，从完整性上来讲，这个场景有许多缺失、错页以及删除等不完美之处。因而，我们难以按照时间顺序来把握战役的进展。但是，场景的描绘都展现出了精华的部分，战斗之激烈与武士们在战役中的紧迫感都十分传神，针锋相对的敌我攻防，宛如跃于纸面之上，让人目不暇接。虽然画家的姓名我们不得而知，但无论是构图和设计感，还是对色彩的运用，都彰显了其不凡的实力。

---

*   缄是用于编织连接盔甲片的线绳或草绳。——编者注

《蒙古袭来绘词》前卷第 23—24 页（部分）
马上的季长与蒙古军（宫内厅三之丸尚藏馆）

其中最吸引人的，莫过于敌人的箭射中了竹崎季长的马，马后蹄一蹬，一跃而起，几乎要被甩下来的季长竭力握紧缰绳的场面。马腹有几股鲜血流出，染红了地面。被逼到绝境的季长，双眼正视前方，毫不畏惧，不失武士的气魄与威严。连骏马也带着不屈不挠的逼人气势。

许多敌人的箭从季长头顶飞过，其中也不乏白刃黑漆的长矛。箭与长矛掠过附近的松树，松树的绿色和马的黑色、血的红色形成了鲜明的对比。在与战斗没有直接关系的地方，画家也发挥着其造型能力。

季长在马上，看着像是要摔倒。季长前方有三个蒙古兵，正朝着他射箭、刺长矛，后面是退却了的蒙古兵。前面的三个蒙古兵，戴着头盔，但没有穿铠甲，穿的是简单的斗篷式军装。一个蓄胡的人面向季长这边，一个人位于正侧面，一个人斜对着季长，三个人三种样子。军装的颜色也各不相同。画家对退却的官兵和在后方应战的官兵的描绘，则更形式化且略显潦草，但画家在对画面近前三个人的描绘中注入了力量。

在这三个人和马上的季长之间，画面深处有蒙古军的武器，画上注明了"铁炮"（てつぱう）的字样。它虽被称为"铁炮"，却不是从细长炮筒的尖端射出子弹的武器，而是在用陶器制成的球形容器中装入黑色火药，用火药爆炸发出的声音和光，让马受惊的东西。*画中的球形容器已坏，右上方画着烟和火飞落的样子，非常有气势。对于日本武士和观赏者来说，这是迄今为止未见过的武器，此处的画法让人印象深刻，仿佛将人们第一次见到这种武器时的惊讶定格在画中一般。

要说初次见到的惊讶，蒙古军和其好战的样子，都会让第一次见到的人感到惊讶。战斗场面的最后，是木头做成的门板，排成一排充当防护栏，后面是由大量步兵和骑兵排列构成的军团，军队里充满各种颜色的军装、林立的长矛，好像还能听到响彻天地的铜锣声和大鼓声。画家分别描绘了各种脸庞、不同人物的手上的动作。他用充满好奇心的双眼观察着异国的官兵，并竭尽全力让眼中的这份新鲜光景定格在画面中。

仔细观察了蒙古军团的样子之后，再次回到战斗场面的开头，

---

* 　日语的"鉄砲"一般意为火枪，而非铁制大炮，因此作者作此解释。——编者注

可以看到加上了说明文字"白石六郎通泰，率兵百余骑，从后方（描绘）"的武士群像。从全力奔走的马背上一齐射箭的武士们的动作中，我们能看到与蒙古军性质不同的战斗意志、勇猛以及一体感。在对看不到脸的、武士群像的背影的描绘中，画家肯定也下了很多功夫。正因为画的是背影，面向敌人的一体感在观赏者眼中更加强烈。

有许多缺失、错页以及删除的战斗绘卷就这么结束了。接下来，自己的战功没能被充分认可的季长，带着两个下人，开启了远赴镰仓去申请恩赐奖赏的旅行。

听到蒙古军来袭的消息，季长马上奔赴博多海滨。季长是地方武士，拥有的军力不过几骑。他下定决心，若要扬名，必须勇当先锋，冲在阵前。于是，他毫不犹豫地跃入敌军阵营。但是，前线的指挥官并没有向幕府禀报这些，季长没能获得充分的奖赏。既然这样，他决定亲自前往幕府，禀明自己的功勋，获得应有的赏赐。

赌上性命冲锋陷阵也好，直接上诉幕府也好，都是率真而为的、表现出本色的事情。镰仓武士整体上是单纯、朴素、具有行动力的，其中，季长的行动力可以说是卓越非凡、不同寻常的。现实中，季长出发前往镰仓，故里无人送别；对于季长的诉说，幕府官员也无人在意。即使这样，季长还是坚持不懈地前往官员那里，终于获得了面见御恩奉行*安达泰盛的机会。经过漫长的问答，季长成功地让御恩奉行认同了自己冲锋陷阵的功名。

---

* 御恩奉行，也称恩泽奉行或励功奉行，是根据御家人的功勋给予赏赐的机构。——译者注

词书中，按照季长从肥厚国出发、到达镰仓、面见御恩奉行泰盛的顺序，进行了简洁说明；之后，词书采用直接引用和间接引用夹杂的方法，详细描述了泰盛与季长间的问答。画面则是从泰盛的宅邸前开始描绘的，宅内的样子通过连续的画面缓缓地展示出来，宅内的尽头画着面见泰盛的季长。两人互相目不转睛地看着对方，针锋相对地交谈着，此处是很紧张的场面。之前，泰盛宅邸内流动着的休闲气氛，在此处突然绷紧，缓急对比鲜明。

无论是词书中条理分明的问答，还是画面中堂堂正正和泰盛理论的姿态，此处的季长，都不是一个行动草率的形象，而是一个讲理的人。他对自己冲锋陷阵的功勋有信心，相信事情的细节可以用语言表达清楚，更相信正确地说明事情经过和前因后果，对方就能够认同，自己就能获得相应的赏赐。他是一个理性的人。从身份来看，他面对着比自己官位高出好多的御恩奉行仍以理性平等对待，这种姿态让人感到爽快。这里让人感受到季长具有另一种气魄，不同于与异国军队对抗时的威风气魄。

话虽如此，行动率真与理性思维，是很难共存于一个人内部的。是什么让这种难得的共存成了可能、成了现实的呢？我们不得不承认，让这些变为可能的一个重要条件来自时代的状况。武士支配权的扩大与深化，让行动率真的人同时成为思维理性的人，时代造就了这种特殊的人物形象。

说到这里，我们不禁会联想到上一章的"御成败式目"。讲道理、重讨论，而且让道理与讨论具有实际效力，这是"御成败式目"的精神所在。贵族文化拘泥于旧习惯，因袭过去的典章制度，屈从权威。与之相比，武士精神的基调重视道理和行动，并努力将道理和行动联系起来。《蒙古袭来绘词》中的季长正是以稍显极端的形式将这种武士精神体现在同一个人的人格之中的。我们不能对季长的每一个行为都表示认同，但即便如此，我们也不能否认，季长的生存方式整体上是符合当时的时代精神的。绘卷的诞生，以及绘卷中真实的武士被塑造成有魅力的人物等事实，正是御家人季长与时代完美契合的最好证据。

上卷的最后，上诉成功的季长，获封了土地和马匹。季长手握缰绳，胯下是配上了华丽马鞍、鞦和辔头的黑棕毛骏马。上卷到此，告一段落。

下卷自始至终都在描绘弘安战役。季长的功勋自不必说，陆上和海上敌我双方军团的华丽姿态也格外引人注目。下卷中，画家想打造有趣的战役绘卷的想法，比上卷更加强烈。

第一个精彩场面位于卷首附近，因文永之战而闻名的菊池武房大军在石筑防垒*整齐列队而坐，这时，季长一行人骑马走来。穿着彩色铠甲的武士们整齐列队、席地而坐的壮观景象，是战役绘卷中常常出现的画面之一。《平治物语绘词》中有一卷名为"六波罗行幸**"，其中描绘了远处两个列队和近处两个列队斜对着的美得令人窒息的场面。而《蒙古袭来绘词》中的这个场面，也是不逊于前者的知名画面。画家利用横长绘卷向左延伸的特征，首先描绘了长2.5米的绵延不断的石筑防垒。菊池武房统领着的武士们，身穿铠甲，一个挨着一个，从近处一直排到远处。发白的石墙与身着红、蓝、

---

* 石筑防垒，镰仓时代日本北九州博多湾一带为防范蒙古军登陆而建造。——译者注
** 六波罗，地名，位于日本京都市鸭川东岸，是平家的根据地，也是平清盛官邸所在地。行幸，（天皇）出行。——译者注

《蒙古袭来绘词》后卷第6—8页（部分）
菊池武房大军之前的季长（宫内厅三之丸尚藏馆）

绿、黑、白等各种颜色铠甲的武士形象之间产生对比，非常精彩。石筑防垒上的武士中，有人脸朝对面，有人脸朝这边，张着嘴，热闹地交谈，他们虽没有"六波罗行幸"绘卷中清盛宅邸门前的武士那般井井有条，但无论是他们的表情还是动作，都没有失去战场上的紧张感和昂扬感。

　　从菊池武房大军面前经过的季长一行，最前面是一名高举着战旗的骑马武士，接着是分别扛着大钉耙、举着长柄大刀的两名步兵，然后是画得格外大的、穿着华丽的以赤线连缀而成的大型铠甲的季长，季长的后面是四名骑兵。上卷中，季长在博多海岸冲锋陷阵，浴血奋战，远赴镰仓面见御恩奉行，亲自让他认可自己的功勋，此处的季长，更具有武士威严。换个角度，我们可以这样说：通过上

卷的创作，画家对武士的群像造型有了自信，从而更加豁达自如地挥动手中画笔，于是，比上卷更有气场的季长形象诞生了。不管怎么说，不知名的地方画家，能创造出如此雄伟壮丽的画面，令人叹为观止。

　　弘安战役中，季长一直都是在船上作战的。据词书记载，因为这是他不擅长的海战，很多地方都不能顺心如意：安排好的船没能及时到达，到了开战时发现头盔不在手边，于是他取下护腿拼接成头盔临时使用。这份词书是季长本人亲自起草的。他欲将自己的军功记载在传承给子子孙孙的绘卷中，却毫不掩饰地写下了他的失误和不妥，也表现出了季长的理性。对季长而言，与蒙古军的战斗是一生中难得的、盛大隆重的事件。意想不到的细节反而让他记忆深刻，连在创作绘卷时也难以割舍。

接下来是身穿铠甲的武士们乘着水手们划着的几条小船，朝着蒙古的大军船急速前进的场面。一会儿工夫，季长乘坐的那艘船已经接近敌军船舷，武士们奋力登上敌船，与敌军展开殊死搏斗。从登上蒙古军船的武士砍下敌军头颅，到蒙古兵在豪华的军船上用弓箭迎战，这些场面都是激烈的、充满力量的。接下来描绘的几艘蒙古军船，却失去了之前的速度，成了绘卷中缺乏整体统一感的画面。下卷也和上卷一样，有许多缺失、错页以及删除之处，虽不能否认这对于绘卷来说是一种不幸。但这同时也许暴露出了，以季长为主人公来表现其军功的主题，和画家想要把以威风著称的、让日本船相形见绌的蒙古军船变成图画的野心，两者之间存在着矛盾。

下卷的最后，是季长亲自向肥厚国守护*城次郎盛宗汇报战功的场面。近处身着黑色直垂**的男子，坐在地上，左手轻握着纸，笔和砚台位于地面右上方。这是记录报告内容的记录员。远处是面对面坐着的季长和盛宗，在两人的中间放着两颗人头，面部都稍微向上抬起。旁边写着"季长俘获的人头"的说明。人头的头顶剃光，后面的长发垂在地上，脖子周围都是血，很不吉利。这是敌兵的首级。回想起来，前面有这样一个场景：季长登上蒙古军船战斗，两个蒙古兵负伤倒在血泊中，季长正要砍下其中一人的首级。

我们眼里不吉利的人头，在季长、盛宗、记录员的眼里是怎样的呢？从画面中，我们看不出他们对两颗人头有什么特别的反应。在反反复复发生的战争中，敌我两军都会出现很多死伤。而且在武

---

*　守护，镰仓、室町时代维护治安的官名。——译者注
**　直垂，武士礼服。——译者注

士的世界中，能否拿到敌军武将的首级，直接关系着自己的名誉和赏赐，所以武士心中也许并不容易产生人头与恐惧、不吉利联系在一起的心理。前面有提过，有一部名为《平治物语绘词》的作品，其中一卷名为"信西"，藤原信西的首级多次出现在重要场景里，每次都换了个样子出现，故事以此为主轴进一步展开。可见，这样的绘卷类作品也是有的。

即使我们像上面这样去思考，《蒙古袭来绘词》最后的场景给我们带来的不吉利感，还是不能消失。杀人和被杀的关系中，无论是动手的一方，还是被杀的一方，都免不了留下不幸的阴影。武士的世界中，一方的死意味着另一方的荣誉和功勋，这让不幸变得尖锐了。首级不但象征着尖锐的不幸，更让首级上萦绕的无法消失的黑暗和不合理一直挥之不去。这不吉利的首级与武士世界的关系无法切断，十分密切，所以，画面的阴影中挥不去时代的沉重，是时代精神史中我们不能忘记的一个场景。

第五章

《徒然草》

———

内省、明察与无常观

《徒然草》[*]中收集了 244 篇短文。各篇短文展示的主题多种多样，表达的意见、感怀和思想跨越了很大的宽度，显示出很大的变化。有时甚至前后矛盾、意见相反。目前还不清楚作者吉田兼好为什么要书写并留给世人这些句子。不知从何时起，它已被归类为随笔文章。一般来说，《徒然草》被认为是日本文学史上的经典文章，与《枕草子》齐名。

词句与思考交相进行，来去自如，具有这种笔法的，没有比得上《徒然草》的了。本书在必要时以引文的方式加入其现代文翻译，以此来展示该书作者自由阔达的精神样貌。

第三段

再优秀的男子，若不解风情，就如同没有杯底的玉杯，好看不中用。

但有些人，为了风流之事，早出晚归，既担心父母的训诫，又惧怕世俗的非难，整日心思不宁。结果多是不能和恋人

---

* 《徒然草》与清少纳言的《枕草子》并称日本随笔文学的双璧，作者为吉田兼好，创作于日本南北朝时期（1336—1392 年）。书名依日文原意为"无聊赖"，全书共 244 段，由互不连贯、长短不一的片段组成，有杂感、评论、带有寓意的小故事，也有对社会各阶层人物的记录。作者创作时兴之所至，漫然书之，这些文字有的贴在墙上，有的写在经卷背面，作者死后由他人整理结集而成书。——译者注

长相厮守，最终落得常常孤枕难眠。

其实对女子的态度，能赢得其好感并保持分寸，不一味沉迷于女色，就恰到好处了。

第四段

心中常念来世，平居不远佛道，是最令我心思神往的态度。

第五段

遭遇不幸而一蹶不振，就轻率地决定剃度出家，这种做法，在我看来，实在不可取。还不如闭关谢客，自生自灭。显基中纳言曾说："愿以无罪之身，遥想于流放之地赏明月。"实在发人深思。

（"岩波日本古典文学大系"《方丈记 徒然草》，第92—93页）*

第三段体现出浓烈的"好色"意味，这是王朝品味的体现。《徒然草》是跨越了镰仓末期到室町初期的作品，之前的王朝时代已经过去200多年了，但以京都为中心的王朝品味却依然深深地扎根于此时代，兼好受此美感意识的影响不可谓不大。

但是时代已不再适合这种"好色"倾向。无论是武士世界还是佛法世界，都不接受把人类的喜怒哀乐之情——特别是男女欢好之

---

* 本章出现的《徒然草》现代汉语译文均引自《徒然草》，尤冬梅译，北京时代华文书局（2018年6月）。——译者注

情——的本质直接吐露出来。在这样的时代里，强烈肯定"好色"
倾向的兼好，需要反省并弄清自己为什么会这样。他不但需要给自
己，也需要给他人一个解释。被王朝品味深深吸引并肯定王朝品味
的兼好，站在与时代相对的立场上，他需要用大脑仔细思考和鉴别，
也需要有足够的思想力量来承受必要的内省和明察。

一个有"好色"倾向的男人，会为他的爱心旌摇荡。有时候进
展顺利，但也经常行不通。在独寝的床上，他痞寐思服，辗转反侧，
独自熬到天明也是常有的事。但是，只要他是"好色"之人，这种
不如意就是不可避免的。他不仅不去避免，而且以这种不如意为乐，
深深体会那种思恋之苦，才是真正的"好色"。甚至可以说，"好色"
而不耽溺于恋情，被女人认为是行家里手，才是理想的"好色"。

这是对"好色"倾向的内省和明察，而内省和明察还不止于
此。这一点我们在后文还会提到。此处只读第三段的寥寥数语，就
能感受到兼好那冷静客观的笔调。第三段最后有"沉迷于女色"的
句子，与其说是呈现出了问题，倒不如说是兼好不耽于自身思考的
一种写法。

从第三段的倾向于"好色"，笔锋忽转，到第四段开始展现出
对后代的关心和对佛道的兴趣，体现出一种不受一己之身的思想束
缚的轻盈感。而且从这里开始，文章又悄悄"转身"，到了第五段，
开始展现遇到不幸时可以避免与人发生冲突、一个人安静生活的主
张，而不认可性急地带着羞耻和悲伤剃度出家的做法。这种轻松的
节奏正是《徒然草》的生命力所在。

接下来，让我们稍微跳过几个段落，来到第十五段及后面的
几段：

第十五段

不管去到什么样的地方，哪怕只是短暂的旅行，都会让人感到心清目爽。

四处转转，会发现到处都是前所未见的景象和新鲜的事物。如果正好遇到回京的人，就托他带封信回去。其中写道："有几件事，方便的时候不要忘记办啊。"这种感觉很有意思。

旅途中，会觉得世间万物都变得有趣起来。就连当地人携带的器具，看起来也别具特色。才艺卓越和容貌出众的人，此时看来更是觉得不一般。

悄然离家，到很远的寺院和神社中祈愿或小住几日，也是很有趣的事。

第十六段

说起神乐，其实是优雅中又带着深刻的。一般来说，笛子和筚篥的音色是乐器音色中的上品。但我更喜欢听的是琵琶和琴的演奏。

第十七段

隐居在山中的寺院，每日心无杂念一心事佛，不仅忧愁全部消散，心中的浊念也被洗净，整个人都清爽起来了。

第十八段

人以简素立身，不喜豪奢，不好钱财，不贪图功名，这才称得上出色。自古以来，贤人中富贵者极少。

　　唐土有位叫许由的人，没有任何身外之物。有人看见他喝水时用双手捧着，就送给他一只水瓢。有一天挂在树上的那只水瓢被风吹得发出声响，他觉得心烦，就扔掉了。从此之后仍然用手捧水喝。这个人的心是何等的澄净啊！

　　还有一位叫孙晨的人，冬天没有被褥，只有一捆蒿草，晚上睡在上面，早上就收起来。唐土的人视此为高尚，写入书中给后人看。而在我国，却没有这样的记述。

第十九段

　　四季变换，风云流转，世间风情如此动人。

　　很多人都说秋天的风景是最有情趣的。此话的确不错。然而与此相比，我心中更中意的却是春天的景象。春之将至，小鸟的叫声不绝于耳，沐浴在和煦的春光里，看着墙根处的小草开始发芽，便越发感觉春意更浓了。樱花绽放，霞光遍洒，恰在此时，风雨骤来，花瓣随处零散落。就这样，直到树木返青之前心情也一直随着风景的变化起伏跌宕。橘子花，以怀旧之花闻名。然而我还是喜欢梅花，闻到它的香气，常令我回顾往昔，怀恋过去。还有清新亮丽的棣棠花，惹人怜爱的藤花等，春天里到处都是令人流连忘返的景色。

　　……

　　入秋了，七夕祭也是很优雅的活动。夜晚逐渐转凉，大雁由北南归，秋蒿的叶子枯黄起来，早稻收割、晾晒等农活也接踵而来，秋天多是一派繁忙的景象。暴风雨过后的第二天，那种雨后天晴的感觉也着实让人感叹。

窪俊满绘《徒然草》第191段

　　以上所说的这些事，虽然在《源氏物语》和《枕草子》中都有过描述，但还是忍不住再次感慨。所谓心中有话憋着不说就会郁闷压抑，索性就随笔写下来，自己也舒服，随手扔掉也无所谓，无须留着给人看。

（出处同上，第102—106页）

　　在引用文本的末尾，兼好举出了《源氏物语》和《枕草子》，这一段一般被认为是作者年轻时写下的，但作者的文笔引导读者把不同文本的共同和差异都放在一起，作为王朝文学去理解。

　　首先，第十六段，可以说是对优雅的宫廷雅乐的赞扬，也可以说这段只是在列举具体对象的名称，而没有解释它们的优美之处究竟在哪里。这段即使放在《枕草子》中也会完美融入，没有不协调感，不会让人觉得哪里不对。紧随其后的第十七段，不得不说也是一个王朝文学的章节。隐居深山、侍奉佛陀是一种远离社会的行为，而对这个行为感到"心中的浊念也被洗净，整个人都清爽起来了"，并对其加以赞赏，又是一种王朝式的风雅心念。

　　然而，在那之后，作者用了一个章节来赞扬古代中国圣人的清贫雅事。这种随心而动的行文方式，并不是兼好的本意，既不拘泥于客观对象也不拘泥于主观的感情，正是《徒然草》的写作特点——将思考的"轻盈"置于心灵之拘束的对立面。兼好在理智上能对许由和孙晨的故事产生某种共鸣，但在情感上无法与他们密切相通。但正是因为他无法产生情感，反倒能给许由、孙晨二人勾勒出清晰的轮廓。

　　然而，不拘泥于感情不是拒绝感情。《徒然草》的理性上的"轻盈"，不是拒绝感性的结果。《徒然草》的思考方式正是不在内心为其所动，而是置身事外，隔开一段距离，去观察和凝视。

　　陈述旅行乐趣的第十五段，恐怕正是这种风格的典型表现。兼好坐在桌边，手握纸笔，陈述着旅行的乐趣。回想起之前经历过的旅行，对从未见过的"乡村山野"等新鲜的事物重新进行思考。然而，他没有对那种新鲜旅程的风景和令人愉悦的感觉进行深入描写，而是对在旅途中向往着都城的心理大做文章。一个随意的视角转变，生动地连接起了旅行目的地和兼好住了大半辈子的家。旅行的新鲜感投射到熟悉的家乡的家具、朋友和熟人身上。从这样一个意想不到的角度，描写出与情绪密切相关的思考，这种笔法折射着兼好写作的微妙之光。

旅行的感受似乎并没有在兼好的心中扎下根，视线的转换也巧妙得无迹可寻，一旦接受这种王朝的优雅美感，再想要与王朝美学距离就不容易了。第十九段恰好体现了这种不易和兼好为了超越这种困难所做出的努力。

第十九段是一个写"四季变换"的章节，就如这个词的字面义，兼好逐次写下了春季、夏季、秋季和冬季的季节性景物（本书中节选了描写春季和秋季的内容）。如上所述，不只是《源氏物语》和《枕草子》，整个王朝的歌集和日记都在描写如何享受四季的情感。文人们把这种情感诉诸语言，并从中体会一种独特的感觉和审美情趣。这是贵族社会的一个重要的高雅之趣，而美学传统在过了很长一段历史时期后，再度被兼好重拾和继承。我们可以从描写春季和秋季的引文中感受到兼好的这种隔代传承。兼好以一种好奇的眼光，愉悦地追随着四季的各色风物，逐一地凝视它们，然后再用欢畅的语言去把它们描述出来（上文中仅引用了描写春季和秋季的文章）。他引用的别的诗人的词句，如"秋天的风景是最有情趣的"，"灌佛会和贺茂祭的前后，树木枝头缀满嫩叶，到处是荫凉。有人说这个时候最容易让人产生恋世之情"等，也极为自然流畅。毫无疑问，这是兼好非常擅长的话题。

但正因如此，兼好时刻保持警惕，避免文章陷入过度情绪化的窠臼。他总是提醒自己不要因为过度耽溺于优雅之美而失去冷静之心。他提到《源氏物语》与《枕草子》这两部王朝名著，也是在提醒自己保持自律。这样说的证据是，在提到王朝的两部杰作的名字之后，兼好的文字已经从古雅的秋天风物的列举中跳脱出来，变成一种类似解说的行文。这样写不会有再炒杰作的冷饭之嫌，也不会显得骄矜。"所谓心中有话憋着不说就会郁闷压抑，索性就随笔写下来，自己也舒服，随手扔掉也无所谓，无须留着给人看。"

　　不同寻常的是，即使是不断寻求表达的明晰和确切的兼好，也呈现出了一种谦卑的姿态。由此可见，优雅的感性之美的意识已经深深地植根于兼好的内在。冷静地去追索心中浮现的想法，找出其中的一些脉络，再沿着这些脉络，去分辨想法的内在肌理和真正含义，再把它们用语言表达出来。对于兼好来说，写作是一种有益心灵的、愉快的活动，但是当心中的热情高涨而跃动之时，冷静的观察和处理则是很难的。兼好意识到这一点，为了让自己不成为王朝文学的炒冷饭者，随时都在向自己射出警示之箭。然而，另一方面，如果过于谨慎地防范王朝趣味，要写的主题大部分就会被舍弃，写作的乐趣也将因此而减半。在这种情况下兼好别无选择，只能一边保持警惕一边继续追求优雅趣味。那些类似解说的措辞，似乎正以一种自言自语的方式，表达着兼好的这种决心。虽然本书中未曾引用，但在上述引文的解说之后，兼好马上又回到了原来的语气，转而描述冬日风物的魅力。

　　接下来我引用的一段，体现了兼好有时坚持王朝美学有时忽然远离王朝美学的特点。以下是全文引用：

第三十二段

九月二十日，应某人之邀，一起徒步赏月到天明。途中此
人去拜访一位友人，于是让侍者禀报后进入友人院中，我在外
面等待。荒芜的庭院里夜露晶莹，空气中飘浮着自然的熏香气
味，幽静的住所，感觉还不错。

过了一会儿，那人从屋里出来了，我却还在欣赏美景，想
象着住在这里的女主人会是何等优雅。正在这时，看到女主人
稍稍推开妻户，抬头赏月片刻，又进去了。如果女主人送完客
人，马上关门进屋去，就毫无雅致了。她不知道外面有人在欣
赏她赏月的样子，所以她的举动，完全是心性使然，不是做给
别人看的。后来听说她不久就去世了。

（出处同上，第116—117页）

常来幽会的男子起身离开，女子依依不舍却只默默相送，这样
的场景在旁观者的眼里实在是颇有趣味。而以描写女子去世的短句
来结束全文，则是王朝文学中所不常见的，有种独特的韵味。前面
所说的"忽然起飞离开"，就是指这样的写法。

另外，以一个女子的死亡，来终结对于这位气质高雅女子的描
写，这充分体现了作为中世人的兼好的无常观。可以说是为我们理
解兼好的无常观提供了一个绝好的素材。关于兼好的无常观，我们
后面会详述。这里我们再举两个例子，来看看《徒然草》主题的多
样性以及兼好思维的轻盈自在。首先，举一个俗世之例。这与情感
色彩浓郁的"好色"故事，或者体现伤春悲秋的优雅故事是正好相
反的。

第二百三十六段

丹波有个地方叫出云，有个大神社迁到了这里，建造得特别气派。这个地方是一位叫志太的人的任职地，每到秋天的时候，志太就会邀请圣海上人一众人，说："请光临出云的神社，我将以牡丹饼款待大家。"然后带着大家来到神社中参拜，所有人都肃然起敬，产生了崇高的信仰心。

神社的大殿前面，立有石狮和狛犬的雕塑，二者背对而立。圣海上人看到后流着眼泪感叹说："这石狮的站姿非常特别，一定有它的深意，如果大家没有见过这个稀有的场景，实在是可惜呀。"众人感到非常不可思议，感叹道："的确与众不同，回去后一定把此处的胜景告诉都中人士。"上人还想知道这石像的来由，就叫来一位看起来博学多闻的老神官，问道："贵神社的石狮如此安放一定有特别的原因吧，能否请教一二。"老神官回答说"这纯粹是孩童们的恶作剧，真是不应该。"于是马上把石像调整成正常的面对面的位置。

上人的眼泪真是白流了。

（出处同上，第278—279页）

结尾处语不惊人死不休，实在令人钦佩，不由自主地让人发笑。兼好一定也是一边笑着一边听到这个故事，再笑着把它写下来的吧。读者在莞尔一笑过后，再次回味起这种写法，不由得感叹其精妙。

《徒然草》中四处散落这种令人莞尔的失败故事或滑稽故事。其中颇为有名的要数第五十二段、第五十三段和第五十四段中记述的当时的名刹仁和寺的法师的故事了。不过，下文中的故事就在此前几段，兼好也是嘴角挂笑地记录下来的吧？从结尾来看，与其说是一则滑稽故事，不如说是一个感人的故事。

第四十七段

有个人和一位老尼一同去参拜清水寺。路上老尼不停地自言自语："喷嚏，喷嚏……"那个人就问："师太总是在说什么呢？"老尼不理他，依然说个不停。那人又问了好几遍，老尼才生气地回答他："你这人真是烦，没听说过打喷嚏的时候，如果不一直这样做，人就会死去吗？我照看长大的小主人现在寄养在比睿山，我觉得他现在要打喷嚏呢，所以才不停地这样念叨。"如此用心之人，真是难得。

（出处同上，第127页）

在这里，兼好作为一个波澜不惊的人，并不是在嘲笑迷信的吟唱，而是被老尼那种爱意所深深打动。不过，当然，老尼的话语中的确有幽默因子。老尼的爱与人类的普遍性的情感是相连接的，所以兼好才会写下这个故事吧？兼好胸襟广阔，既能体会普通人的庸俗行为中的点点温情，也能对幽默心有所感。

如果说上述第二百三十六段和第四十七段，是从同一个角度打量人类的内在心理活动的话，那么在下一个引用文中，他的目光又投向了生命的外在轮廓。

第五十五段

修建房子的时候，最好优先考虑房子的设计是否适用于夏天。因为冬天什么样的房子都能住，但是到了夏天炎热的时候，建造不合理的住宅就让人非常煎熬了。

庭院池子里的水很深，并不会感到很凉爽，浅浅流动的渠水反而让人觉得清凉无比。要想让屋子里显得宽敞明亮，可以安装遣户，而不要安装蔀（用以遮蔽阳光、风雨的遮挡物）。如果天花板太高的话，冬天屋里既冷又昏暗。有的人还认为，在屋里空闲的地方点缀一些东西，不仅可以赏心悦目，也把空间充分利用了起来。

（出处同上，第 134—135 页）

无论是对俗世中人的幽默，还是对日常生活中的方便与不便，兼好都抱有一种非同寻常的关心以及敏锐的观察力。这是兼好一以贯之的脾性。

即使只读了其中的几章，我们也可以了解并接受这样的一个观点，即《徒然草》和与之齐名的随笔名著《枕草子》，无论在话题上还是在叙述风格上都大相径庭。《枕草子》的作者是宫廷中人，这部随笔的读者也都是宫廷中人或者贵族，因此是一部因宫廷贵族而存在的作品。而《徒然草》的作者虽然曾经侍奉于宫廷，却不过是个下层小官僚，任官不久就离开那样的环境，回归为一名自由人，以一种自由的心态书写，而他书写的，与其说是哪个阶层的事，倒不如说是一个具有个性的个人的事。他也不是为谁而写的，也许首先是为自己而写的吧。这两本随笔的差异就在于此。我想这样总结是不为过的吧。

接下来，我们就要谈谈《徒然草》的无常观了。

《徒然草》中没有正面谈过无常观。也没有独立表达过作为一种思想而存在的无常观。《方丈记》的开头"河水流而不绝,且不复原水",以及《平家物语》的开头"祇园精舍之钟声,响诸行无常之妙谛",其本身就是无常观的表达。但《徒然草》的开头说:

> 徒然索味,闲坐砚前,心中感悟颇多,随笔写来,有些事想起来觉得既怪又狂。

> (出处同上,第 89 页)

这却没有表达无常观。把通过写作使自己情绪高涨的状态形容为"狂",这绝不是无常观。接下来的一段说:

> 人生在世,难免会有各种各样的欲望。

这一句更是反无常观的,表达了一种对现世肯定的态度。兼好的无常观,是不彻底的。然而,兼好会时常谈起人世浮沉,生死不定,以及日常生活的难以为继,他的无常观就好像影子一样。他的无常观与迄今为止提到过的雅的美学、内省和明察、话题的多样性、思考的"轻盈"等特点都是并存的。他的无常观贯通自然也贯通人事,贯通过去、现在和未来。所以即使兼好并没有在谈论无常的自然或无常的人事,却可以随时回到无常观上来。也因此,我们可以在兼好的感怀中,也可以在兼好的思考中,看到无常观的影子。

接下来我们要引用《徒然草》下半部分的开头一个很长的章节,来表明无常观的无处不在。这是一个众所周知且常被引用的章节，希望读者可以通过这段长文了解兼好那如同镶嵌在文章各处的无常观。

第一百三十七段

只有盛开的樱花和月光如洗的景色是值得欣赏的吗？阴雨天气中思慕月亮，垂帘自闭不知春去何处，都是别有一番情趣的事情。含苞待放的树梢，落花飘零的庭院，都耐人观赏。

和歌的序词中写着"未去赏花花已落"或者"遗憾没能去赏花"，未必比"赏花而作"的词韵味差。花有花开花落，月有阴晴圆缺，这是人之常情，只有庸俗的人才会说："这里也花落了，那里也花落了，没有什么好看的。"

世间万物，都是一始一终最让人回味。男女之间的爱恋也是如此。两人之间的爱恋，并不只是朝朝暮暮长相厮守。有时因短暂离别而忧伤，有时一波三折、婚约中途而废，有时因相思而彻夜难眠，有时分离两地遥寄相思，有时奔波千里只为和恋人相会，这些都体验过了，才称得上明白了恋爱的真谛。

比起一望千里的满月，黎明破晓前姗姗而来的月亮更有意境。这个时候的月色，带着些青色，就好像挂在深山的杉树枝头。树影间若隐若现的月光，或者被雨云遮断的月色，都极其有韵味。椎树、白樫树的叶子被露水濡湿了，亮晶晶的月光洒在叶子上面，沁人心脾，此情此景，若有能共同欣赏的友人在就好了，心中不禁念起京都的朋友们来。

不只是月色，花朵也可以用来观赏，春天即使不出家门，静静地待在卧室，只要用心去体会，也是非常有情趣的。

　　素养高的人，有兴趣爱好，但张弛有度。只有那些不懂风
雅的村夫俗子，做什么事都想要尽兴。赏花时奋力地挤在樱花
树下，目不转睛地盯着看，又要饮酒又要作连歌，最后还要折
下花枝带回家中。路过泉水的时候，一定要冲洗手脚，下雪时
一定要留下脚印，只要是有景色的地方，不会远远地欣赏，必
须亲自去触摸一番才甘心。

　　这些人观看贺茂祭的样子就更让人无可奈何了。一边说
着"祭神的队列要过一会儿才来呢，现在在台上等着有什么意
思"，一边走到看台后的人家里面大吃大喝，又下围棋又玩双
六（一种棋盘游戏），同时台上还留有放风的人。等到有人喊
道："祭神的队列过来了。"他们立即争先恐后地跑出来，挤上
看台，连看台上的布帘都要被他们扯掉了。观看的时候，任何
一个细节都要评头论足一番，看到什么就嚷嚷什么。当一个队
列走过去后，就回到看台下的屋子里继续等下一轮了。这些人
的眼睛，只认实实在在的东西。

　　比较之下，京都的人就要文雅许多，不会那样一直盯着
看。职位较低的年轻侍从们，站在主人的身后，绝对不会看到
有人失礼地探身踮脚去看祭神队列。祭神现场挂着葵叶，在这
优雅的情景中，驾车来的人们，早已在天不亮时就云集在此。
车里的人们左右探望着，碰到熟识的人互相打着招呼。等待的
时候，这些成排的牛车，有的装饰华美，有的造型有趣，观察
一下倒是可以解闷。然而到了日暮时分，这些成排的牛车，还
有拥挤不堪的人群，突然间不知去向，变得稀疏零落，看台上
的布帘和坐垫也被收拾了起来，眼前又变得空空荡荡，不禁让

人联想到世道的衰落，心情惆怅。

把所有的这些场景都观看下来，才可以说看过贺茂祭。

这些聚集在看台上的人中，互相认识的有很多。因为世间的人其实并不太多，就算在所有人之后才离世也用不了多久的时间。好比在巨大的容器中装满水，底部凿开一个小孔，即使非常的小，只要不间断地流，很快就会流光。京都的人虽然多，但是每天都不止一两个人死去。鸟部野，舟网还有一些无名的山野墓地，只见过送葬人多的时候，没有一天见过无人去送葬的。所以卖棺材的人，做好棺材后没有卖不出去的时候。不论男女老少身体强健与否，死期都是无法预料的。能活到今天，实在是万幸。所以人生在世，不要想着今后的日子还很长，每一天都有可能是最后一天。

就如同玩"继子立"（一种数学趣味游戏）的游戏一样，起初不知道先从哪个石子开始去掉，依次数下来，最后都会被去掉。人死也是一样，最终都会死去，只是先后而已。武士在阵前，知道死亡就在眼前，所以拼死抗敌不顾自己性命。遁世之人在安静的草庵里，悠闲地赏山玩水，如果认为死期是和自己无关的事情，就是不明智的了。周围环境虽然现世安好，难道无常这个死敌就不会气势汹汹地迫临吗？面对死期，就和武士上阵是一样的情形。

（出处同上，第201—205页）

上述长文大致讲了三件事。第一，月亮与花朵不要仅仅在它们的全盛时期赏玩，也要在一种幽暗的氛围中，欣赏它们似乎并不完美的状态，甚至不要到现场，而是隔着遥远的距离，任凭想象驰骋，在脑中勾勒它们的样子，这样才会有优越的美感。第二，描述乡下人在贺茂祭上的粗鄙行为，以及兼好认为与之形成鲜明对比的、具有吸引力的优雅行为。第三，世事无常，死亡离每个人都很近，而且说不定什么时候就会到来。基本讲的就是这三件事。

总而言之，这里似乎并列出三种完全不同的话题。但当你一句一句逐一读下来时，却丝毫没有句子胡乱连缀的感觉。诚然，先从月亮和花朵开始说起，话题跳到节日吵闹的栈铃声，再到大路上移动着的车和人，最后说到死亡总是离我们很近，这些杂七杂八的元素，确实很难有机地串联到一起。但是，当你跟随着兼好那凝视事物的眼睛，被引导到月亮和花朵的美丽面前时，被引导到节日的喧嚣和喧嚣过后的寂寞时，以及被引导到死亡的迫近时，你可以跟对象保持一定的距离，保持一种冷静客观的姿态。这种视角的一致，可以把三个不同的主题统一起来，形成同一个话语流。

在叙述从一个主题转移到另一个主题时，我们也不禁会注意到过渡句的自然顺畅。当主题从第一个转换到第二个，以描写乡下人那种毫无风流可言的举止作为转换；从第二个转换到第三个，以描写大路上行走的人群中混杂着许多熟人和朋友为过渡。句子总是能顺利地转移到下一个主题。过渡句就像自然发出的叹息一般巧妙，毫无刻意之感。这不禁让人感到一种轻盈而从容的知性。

轻盈而从容的知性也是一种支持无常观的知性。这为兼好的无常观染上了一抹独特的色彩，这是什么样的色彩呢？

例如，兼好在上述引文的结尾，对比了战场上厮杀的战士和草庵里的遁世者，他问，在安静的大山深处，就可以不用面对无常这位永远的敌人的攻击了吗？这其实跟在战场上直面死亡没有区别。从这里中也可以看出兼好的自律。

但在这种自律的表达之后就不再有其他叙述，这一章到这里就结束了。那么留意这一点又是为什么呢？从佛法出发，在觉悟到死亡将近和世界的空虚之后，人一般会致力于佛法修行，以达到佛陀真理的境界。但兼好却不是沿着这方向前进的。如果朝着那个方向迈进，兼好将无法写出像《徒然草》这样的文章。兼好充分意识到那条道路即是修佛的正路，而且在某些情况下他也会踏上那条道路，但不会在那条道路上一直前进。兼好不是从无常观走上修佛之路，而是止步于无常观，然后从那里走向宏大广阔的世界。上述引文以兼好自律的无常观的句子结束，但按照兼好的心理来看，若从刚刚结束的地方，又跳回到开头"只有盛开的樱花和月光如洗的景色是值得欣赏的吗？"等话题，也毫无不协调感。

换句话说，兼好的无常观，与那种赞颂月亮与花朵的优雅的审美观，以及区分贺茂祭上乡下人毫无雅趣的行为和享受欢庆后落寞之美的风雅行为的看法，并不是无法相容的。

在这个人世间，没有永恒之物，没有一个绝对的存在或一个绝对的真理。物、人和事总是出现又消失，消失又出现。如果对它们存有执念，则是一场虚空。这种想法在《徒然草》中随处可见。然而，兼好虽然认为不该对短暂的物、人或事存有执念，却也并不试图对它们无动于衷。相反，正是因为并不痴迷，所以才会对物、人和事抱有一种知性的关心。他不会像平安贵族那样耽溺于欣赏月亮或花朵，但会反复思考月亮和花朵短暂的美。另外，他不会像节日里的许多人那样躁动喧哗，但是会对那种不知从何时何地而起的节日，逐渐热闹起来，达到高潮，又逐渐失去活力，变得灯火阑珊的整个过程，抱持一种异于常人的兴趣。结合这些因素去思考人生的枯荣盛衰。这就是兼好的无常观。他的无常观并不与对月亮和花朵的欣赏之心对立和矛盾，也不与对节日盛衰转变的欣赏之心产生对立矛盾。相反，正是因为他认为世间万物都是短暂的、空虚的，才会去定睛细看，发现它们独特的意义和价值。这就是兼好。与那种觉悟了世间无常之后就断然出尘绝世、一心向道的修行方式很是不同。兼好过的是一种不离道也不求道的生活，这在下面他关于法然的叙述中可见一斑。

第三十九段

有人问法然上人：“念佛的时候容易打瞌睡，无法全身心投入修行，应该怎么办呢？”上人答道：“请在醒着的时候念佛。”回答真是妙极！

上人还说过：“往生，信则必然，犹豫则未必。”但是也说过：“即使边犹豫边念佛，坚持下去，同样可以往生。”也是至理名言。

（出处同上，第122页）

法然是一位典型的、孜孜不倦的佛法探求者。他的主要著作是《选择本愿念佛集》，在该著作中，他充满热情地阅读和解释经文，并努力向自己和他人揭示佛法的本质。

然而，上述段落中的法然，其求道者的形象却并不鲜明。法然的这三句话，都是以回答某人的问题的形式说出来的，跟那种一心求佛修道的形象比起来，这里的法然更像是轻松地缓缓坐下来，敞开心扉来体会对方的感受，然后稳健地提出自己的发言。这让人觉得他是一个融通无碍的人。这是兼好笔下的法然，关于这位法师，兼好用了三次"尊贵"这个词来形容。这说明兼好心中是十分尊重法然的。并非求道者的兼好，面对一心向道的法然，并不是对于其严苛殉道的精神产生共鸣，而是法然能够在不同的场合与不同的人轻松交谈的悠闲自在有所感怀。

兼好作为这种离俗遁世者，对自身时而产生的感悟进行总结，就形成了《徒然草》。如果说用一种沉静不乱的心态、冷静客观的视角去观察事物，加以轻盈而知性的思考，再把观察到的事物、思考出的内容用语言表达和描述出来，就形成了随笔的话，那么在求道方面可以说不甚精进的兼好，却完全满足了做随笔家的条件。作为佛教徒，兼好只能算是高不成低不就的，但正是这种高不成低不就，形成了他思考向外延伸，思维又向内纵深的特征。求道者写不出《徒然草》，他们能写出《选择本愿念佛集》《教行信证》《正法眼藏》，却无论如何都写不出《徒然草》。对于既是遁世者又无法一心求道的兼好来说，能写出《徒然草》那样的文章，简直就是一种天命。《徒然草》的初段写道"徒然索味"，由这样的词句中，我们可以读出兼好那种遇到了天命之职的心绪。之前我们引用过开头的原文，现在再引用一次：

徒然索味，闲坐砚前，心中感悟颇多，随笔写来，有些事想起来觉得既怪又狂。

（出处同上，第89页）

　　兼好有一种自觉，他不在乎自己写的东西会得到世人什么评价。他就是书写一种以自我为本位的闲暇之作，或者说打发时间之作。当时人们在公的世界中，为了统治而书写的都是模范、先例、重要事项等。即使在私的世界中，也要写那些得到了传统价值观认可的和歌，人们共同经历的大事件，或是拥有很多读者的物语（小说），等等。在这样的时代里，兼好这种自己独有的思考、面向自我的写作到底要往哪里去，应该如何定位呢？兼好对自己的写作抱有一种不知在何处立足的想法，也就是必然的了，用他自己的话说就是"我写下的是似乎曾在胸中涌动出现过，但又不自觉间消失的东西，我并未将它们综合整理，而是随着思绪记录了下来"。这种自我定位的无意识反映了兼好的那种不知如何定位写作的困惑与彷徨。

　　然而，即使不清楚自己的写作该如何定位，以及不知谁会如何阅读它，但兼好却仍然热忱不减，任由自己的兴致带着自己的笔自由驰骋。他当然是一句一句地把自己的思维写下来，但如果思维和写作的齿轮很好地咬合在一起时，就会出现"文章天成、妙手偶得"的境界，就好像思维自己把自己写了出来那样自然，而且写着写着也会唤起下一个想法。写作，能给人带来一种神秘的热情。兼好表达说，那就"好像进入了一种不可思议的状态，心气昂然而至"。写作时能感受到的那种热情，是一种无法在其他地方获得的独特体验，而在其中感受到的心跳和心绪，是使《徒然草》的各章各句连缀成篇的驱动力。

　　心绪和那种昂扬之气相互交织、交流，相斥相吸，又融合为一。《徒然草》诞生在这样的基础之上。而且，在思想和写作之间发生了复杂多样的活动。面对笔墨纸砚的兼好，精神上开阔而宽广，向着描写对象逐一投注以沉着而冷静的关注目光，思想的锐利和深刻给表达带来了一定的厚重感，甚至带来了阴影，用文字表达出来的语句又唤起了新的思考。在这样的思维活动中，自己是主体吗？还是思维在前面跑，自己只是在后面追？由于区别不明确，思想和表达之间的来来往往，不断促成彼此的加强和升华，愈发增加了《徒然草》一书的复杂微妙之感。

　　我之前提到，《徒然草》的写作，对兼好来说像是一种天命之职。但如果换一种说法的话，在思考和表达的交替进行中，兼好没有感受到徒然和空虚。虽然说兼好既不能彻底做官，也无法彻底修佛，但是当谈到写作时，兼好却具有一双冷静和客观之眼。沉迷于思考却又不失思绪的"轻盈"，一边思考一边写作，一边写作一边思考，这种经营文章之乐，可以说深入兼好之内心深处，使他享乐其中。他说"我写下的是似乎曾在胸中涌现，但又不自觉消失的东西，我并未将它们综合整理，而是随着思绪记录了下来"，正体现了他那种锐利又不乏柔软的思考。兼好用明晰翔实的语言将思考表达了出来。初看来似乎平淡无奇的 244 篇文章，表达了他对自然、历史、人生、人情那种精微的观察，足以动摇读者之前的观点。接下来的引文就是一个很好的例子：

第一百八十九段

　　本来今天想做的事情，被另一件突如其来的事情耽搁了，于是一天在忙乱中度过了。有时等待的人来不了，没有约好的人却来了。计划好的事情落了空，没有预料到的事情却意外发

展顺利。麻烦的事情圆满解决，简单的事情却不顺利。经常会
有这种结果与期望不符的事情发生，一年如此，一生也如此。

　　提前计划的事情总是难以实现吗？其实偶尔也有如愿的时
候。所以，所有的事情不能一概而论，要知道世事无常，有这
个觉悟，才不会总是失落。

（出处同上，第 246 页）

　　从描写日常生活到对无常观的表达，看待事物时坚定的态度，
逻辑的严密准确，精当的结尾，都使得行文熠熠生辉。特别是有时
事情会发生得很偶然，很出乎意料，有时候还偏巧就如预料般发生
了，因此不定和无常之感会更重。对这样的事的描写，兼好可谓出
神入化，读来让人莞尔。

　　一个擅长内省和明察的遁世之人，因为隐退而背离世界，反而
在一定距离之外对世俗抱有一种知性而冷静的关心。由此，一本在
此之前从未有过的孤独思索之书《徒然草》便诞生了。

《神皇正统记》

———

一本失败之书中的现实主义

　　《神皇正统记》*是在镰仓幕府灭亡后的南北朝对立时期创作而成的史书，它带着明确地主张南朝正统性的政治意图。绪论中这样写道：

　　　　[与秩序未定的中国不同] 我们国家自天地开蒙直至现在，每一代天皇都规规矩矩地继承了皇位。同为天皇家，虽然有时也会出现旁系继承皇位的情况，但之后也会回归到直系，皇位也得以保持正统。这都要仰仗天照太神 ["太神"的写法参照了亲房的表记方法]**无穷的神谕，在这一点上我们和其他国家不同。

　　　　神之道并不是轻易就能在表面显示出来的，若是不了解其中的根本，很容易就出现秩序混乱的情况。为了不让这样的谋乱非道的情况发生，因此作了这本书。这本书的目的是讲述自神代以来皇位遵从理法而代代相传的过程，这之外的杂事就都省略了。我把它命名为《神皇正统记》的缘由也正在于此。

　　　　　（"岩波日本古典文学大系"《神皇正统记　增镜》，第48—49页）

---

* 　《神皇正统记》是北畠亲房于延元四年（1339年）在被北朝势力包围着的常陆国小田城中所写的有关皇统论的书籍，共六卷。记述了从神武天皇到后村上天皇的皇位传承的历史，论述了南朝的正统性，对院政和武家政治持批判态度，对后世的历史观、国体观产生了很大的影响。——译者注
** 　天照太神，本书前文均译为"天照大御神"，这一章中尊重作者采用的《神皇正统记》的表记方法，译为"天照太神"。——编者注

北畠亲房

　　这是一本依靠神明为基本精神写成的书，作者北畠亲房也有着奋发向上的危机意识。

　　在镰仓时代中期，幕府就插手了皇位继承，皇室内部便分裂成了持明院派和大觉寺派，不久后两派系便开始轮流继承皇位。在这期间，以对幕府统治怀着强烈不满的后醍醐天皇为中心，反幕府势力的新兴武士和御家人阶层齐心协力进行了一系列讨幕运动。经历了无数次的失败后，他们终于讨幕成功，以后醍醐天皇为最高掌权者的建武政权也因此成立。然而，建武政权只持续了两年，对后醍醐天皇亲政不满的足利尊氏改为拥立持明院系的光明天皇，大觉寺系的后醍醐天皇逃亡到吉野，两天皇并立的南北朝时代自此开始。

　　在这之后仅三年，后醍醐天皇的亲信北畠亲房便写成了《神皇正统记》。虽然亲房自己写到，他"为了阻止乱逆非道的情况发生，而写了这本书"，但是后醍醐天皇亲政只有两年，那之前是皇统分立的时期，那之后是皇统并立的时期，"乱逆非道"一直存在。在这样的一个时代里，亲房还是认为只有基于正理的皇位继承才是稳定秩序的根本。这就是北畠亲房政治思想的核心。亲房的政治思想和时代相背，若还想在政治的世界里生存下去，就必须大幅度提升自己的危机意识。

尽管如此，提升危机意识并不一定意味着提升对历史的敏感，正是因为危机意识的存在，当他面对和自己的信念与思想不相符的事实时，就很容易视而不见。之前提到的"依靠神明"也和危机意识有关，于是，实际上因危机意识而创作的《神皇正统记》与慈圆的《愚管抄》并称为日本中世时期的史书双璧。与此同时，这本书也能让人们深切感受到史书写作过程之艰难。

上文所引用的北畠亲房的那段话，实际上是在根据血统继承皇位和根据天照太神的神谕继承皇位这两个标准中，寻找日本皇位继承的正统性。再加上继承人需要继承的三种神器（八咫镜，天丛云剑，八坂琼勾玉），亲房认为可以表明皇位正统性的三个条件就集齐了。这三种神器在《古事记》《日本书纪》关于天皇的神话中均有出现，除此之外，它们也被宫廷中人和豪族贵族视为拥有传统权威的物品。因此三种神器在此出现也并不稀奇，反而能给人留下一种古老的传说被重提的印象。在这个古老的说法的基础上，此书记载了天地鸿蒙后，首先诞生了国常立尊，不久后诞生的是伊耶那岐和伊耶那美，接下来是天照太神，在此之后一直持续到彦波潋武鸬鹚草葺不合尊*的神代历史，接着便是第一代人皇神武天皇开始一直

---

* 彦波潋武鸬鹚草葺不合尊，即前文的鸬葺草葺不合命，这里是《日本书纪》中的称呼。——编者注

到第九十六代后村上天皇的人代历史，这些都是沿袭传统的编年史方法写成的。这些观点没有什么新奇的，在此反而可以看到谙熟王朝传统并通读古今文献的古典学者的影子。

　　尽管如此，即使是古典学者，若身处于权力斗争的漩涡中心，也不能沉溺于古代传统和文献知识，对其他事情袖手旁观。与之前相比，古代传统和文献知识越来越无法普遍地适用于时代。血缘的连续性、天照太神的神谕、三种神器等神话理念，凭借这些让作为权力主流势力的武士阶层接受南朝为正统的想法，基本是行不通的。如何将这样的不可能转化为可能呢？在实际创作被定位为史书的《神皇正统记》的时候，北畠亲房就遇到了这样的难题。

　　为了在理论上解决这个难题，囿于神话性质的理念是行不通的。到底是要抛弃神话理念，还是要改编它的内容并将它引入现实中去？亲房必须在这两条道路中选择一个。在当时，有着重视血缘和传统的贵族气质的亲房，是不可能直接完全抛却神话理念的。因此，他必须重新组合这些神话理念的内容。于是，《神皇正统记》便在改编这一点上大放异彩。就比如说，关于支撑皇位正统性的三个支柱之一的三种神器（镜、玉、剑），亲房就做了大胆的改编。

　　　　三种神器的代代相传同太阳、月亮、星星一直在天空中悬挂着是一样的。镜是太阳的体现，玉和月亮精神相通，剑蕴含着星的气质。

　　　　　　　　　　　　　　　　　　　　（出处同上，第60页）

　　　　镜中并没有隐藏着什么其他的东西，正因为没有私心，在镜中显映出来的所有东西，都如实地呈现了是非善恶的本来状态，镜的品德正在于此，即感应到万物最本真的状态。镜的本质即在于正直。玉的品德则是柔善和顺，慈悲才是玉的本质所在。剑的品德在于锋利果断，智慧则是剑的本质。只有同时兼具正直、慈悲和智慧这三种品德，才能更好地治理天下。

（出处同上，第60—61页）

如上所引段落，将镜、玉和剑与太阳、月亮和星星分别对应，旨在说明三种神器是与天长存、永久不灭的，与此同时，正如太阳、月亮和星星一起确立了天的秩序，镜、玉和剑也一起确立了国家的秩序，这也是作者想要向读者传达的思想。这虽是从"记纪神话"中脱胎的理念阐释，但即使是从这样的理念的阐释中，也可以看出作者想要将气宇宏大的神话与现实政治相结合的意图。

上文所引的第二段，将镜、玉和剑与正直、慈悲和智慧相对应结合起来。或者说，继承了三种神器，便是继承了这三种品德。更进一步，这三种品德还是治理天下时必不可少的品质。这个思想也有些像儒家所主张的德治主义。

虽说如此，继承镜、玉和剑这样的物品，和继承正直、慈悲和智慧这样的品德是完全不同的。上一代把镜、玉和剑传给下一代，这并不意味着它们所象征的正直、慈悲、智慧等品德也能随着物品的传递而传递。另外，即使没这三件物品的传递，品德也可以完美地传承下去，物品的交接和品德的继承完全是两个不同层面的问题。即使在思想上或在文字上将二者结合了起来，这也并不是事实，只是主观愿望的表达而已。将愿望误当作事实，这是基于神话去思考和仅在理念层次上去思考的通病。然而若是将二者混为一谈，就不可能正确地理解历史。亲房将愿望和事实区别开来，与此同时，他也拼命地想要填补这二者之间的鸿沟，如何让这三种品德在实际的施政中具体地发挥作用，亲房给出了如下对策。

> 关于政治之正道，至此已经陈述多遍，正直、慈悲对于基本的是非曲直判断是至关重要的。这也是天照太神非常明确的教诲。在做抉择的时候，面前会出现很多种道路。首先，要看清楚每个人的资质，然后任用他们。只要将相应的人才任用到了对的地方，君主即使是坐着什么也不干，这个国家也能得到很好的治理。因此，不论是在日本本国还是其他的国家，这都是政治的根本。第二，不能将国土视为自己的私人所有物，分配它的时候，公平才是颠扑不破的真理。第三，对于有功者一定要不吝赞美，对于有罪者一定要施以惩罚。这才是劝善惩恶的方法。上述三条中，不管违反了哪一条，都会使政治陷入一片混乱之中。

> （出处同上，第 177—178 页）

自神代以来，正确地继承三种神器这件事，就和唯才是举的官员任命方法、恰当的领地划分方法以及对臣子的赏罚分明等王道之术，有着令人瞠目结舌的距离。亲房就要将这两者之间的巨大裂缝用逻辑之线缝补起来。在旁人眼里，这或许只是一次鲁莽的尝试，但当时亲房的危机意识，让他明知自己在鲁莽尝试，也必须尽全力去做。然而亲房的逻辑之线并没有成功缝补起这令人瞠目的裂缝，他所主张的南朝统治的正统性，也并没有被时代所接受，亲房就这样满怀失意地去世了。尽管如此，将神话理念引到德治主义这条路上，并在现实的政治中实现德治主义的志向，在他形成对现实政治的观察和批判的敏锐目光方面，发挥了巨大的作用。正因如此，《神皇正统记》作为一部史书，具有从神话中超脱出来清醒地直面现实的性质。例如，如下文所示，对承久之乱*后朝廷施政的批判，很好地展示了亲房思想中现实的一面。这段所论内容，涉及从源赖朝政权开始到承久之乱的历史。

赖朝的功勋可以说是前无古人的，但他将国家的实权紧紧握在手中，作为君主的天皇，心有不安是理所当然的事情。更何况后来源氏血脉断绝，特别是到了出家为尼的赖朝夫人北条政子和作为将军下属的北条义时把持政权时期，天皇想要灭了北条家并将权力掌握在自己手中的想法也十分合乎情理。然而，大致从白河上皇、鸟羽上皇的时代开始，传统的正道便日渐衰微，到了后白河上皇的时代，已经发展到了奸臣乱世、以武犯禁的地步。民众也饱受其苦。赖朝拼尽全力平定了战乱，虽然未能让皇室权力恢复如初，但都城的战乱得以平息，万民的苦痛得以舒缓。各层民众都安心下来，不论西国还是东国，都臣服于赖朝的德政之下，也从未听说过他们在赖朝死后便背叛幕府的情况。关于推翻幕府一事，若是没有在政治上实行更优于幕府的德政，推翻幕府便不会成功。即使最后幕府确实面临灭亡的命运，但如果民众不能安稳度日，上天也不会对推翻幕府给予帮助。更进一步说，王者之间的战争是打倒邪恶的一方，而不是消灭无罪的人。赖朝得到守护之职而身居高位，是得到了后白河上皇的敕昭的，并不是自己单方面决定夺取权力的。既然夫人政子参与了赖朝死后的政治，义时手握实权并颇有声望，在民众的眼里，可能幕府并不是有罪的。仅仅以臣子手握权力、以下犯上这样的理由就追讨幕府，这就是君主的失误。上述情况与反叛君主的逆贼幸运地将权力握于手中的情形有着本质区别。若是朝中出现敌人，那么毫无疑问讨幕为时尚早，这是连老天都不允许的事情。虽说如此，没有什么比臣子推翻君主更违背正道。打倒过君主的臣子最后必须要归顺于天皇。但重要的是，天皇要先实行和以往一样的德政，树立起天皇的权威，认真思考如何整合力量，能使自己和对方势均力敌。在这种情况下，应该先认真观察一下世间混乱的状况，到底是选择起兵呢还是选择暂时回避一下战乱。应舍弃自己的私心，认真聆听上天的声音，让自己的决定和民众的意向相符。这样，皇位继承才能正统地进行，皇运也会逐渐恢复。虽然最后达成了讨幕的初衷，但暂时失去天皇的威严和德望，也是令人非常惋惜的事情。

（出处同上，第 159—160 页）

此段内容中，没有一个固定的立场，观点经常变化，虽说因此可能很难读懂文中的本意，但毫无疑问他将目光投射在一百年前的承久之乱以及造成当时纷争局势的历史事件中，一心地想抓住隐藏在这些事实深层中的东西。从亲房的观点来看，承久之乱中身为正统统治者的朝廷为了打倒不正统统治者的镰仓幕府而举兵，最后却一败涂地，这是一件不幸且背运的事情。亲房的基本信仰是，自悠久的神代以来，日本就是天皇统治下的神之国。为了不动摇自己的信仰，他最好能对这些事情视而不见。但是，在这些棘手的事实面前亲房并没有蒙住自己的双眼，反而进一步地将目光投注于此，想从中抓住些什么东西。一个带着危机意识在时代中生存的知识分子形象便跃然纸上。

对以天皇统治正统性为核心的神国史观来说，承久之乱的失败是应该引以为耻的污点，在这个问题上，亲房将主要原因归结于赖朝的德政。在白河上皇、鸟羽上皇的时代，正道的衰落就初现端倪，到了后白河上皇的时代则出现了更大的混乱，在民众饱尝生灵涂炭之苦时，平定天下、恢复秩序，还民众以安稳生活的正是赖朝（或者说镰仓幕府）。由于这样的德政的施行，在赖朝死后民众对幕府的支持也依然在持续，作为正统统治者的天皇，即使是手握兵力，也没法推翻幕府的统治。

在血缘、神谕和三种神器中寻找皇位继承正统性，和仅仅依靠神话与理念的历史观完全不同，亲房确实是直面现实并带着真挚的历史眼光来看待这件事情的。赖朝和镰仓政府没有皇室血缘上的连续性，也没有神谕，更没有三种神器，但镰仓幕府政权得以延续，还击退了本应是正统的朝廷军队的攻击，这到底是为什么呢？

为了回答这样的疑问，不论亲房是否愿意，他都必须从神话的理念中走出来。明明在说镰仓政府政治上的优越性，亲房却没有用"德"来解释，反而用了"德政"这样的儒学词语。不过这个说法也并不是直接从中国典籍中引用而来的。虽然我们可以将上文所说的正直、慈悲和智慧视作"德"或"德政"的具体内容，但对于上述三种品德来说，它们并非与镜、玉和剑有关联并形成其内核的理论性的存在。它们只存在于从源赖朝平定天下直到赖朝死后幕府的领国统治时期，是具有社会历史性的德和德政。正因如此，亲房才说："各层民众都安心下来，不论西国还是东国都臣服于赖朝的德政之下，也从未听说过在赖朝死后便背叛幕府的情况"。正直、慈悲和智慧这样的儒学理念从与镜、玉和剑相关联的神话理念中走出来，与人民的安定生活直接联系起来，作为政治上、社会上的理念深深扎根在现实之中。

亲房用历史之眼直视政治上、社会上的现实，他的眼界已经涉及下层民众的生活，下面的文章便可证实这一点。

不仅是佛教，儒学也好，神道也罢，各种各样的教义或道理，甚至可以包括庸俗的艺能的兴盛，为这些思想提供舞台的就是盛世的政治。具体来说，男人能耕种田地并收获果实，为自己和他人提供食物，防止了饥饿。女人能纺纱为自己和他人提供衣物而防止了寒冷。虽说这些都是些不起眼的活动，但正是这些构成了支撑人类活动的根本。这些也是在跟随天气气候和季节的变化，灵活运用地形、风土基础上进行的活动。

（出处同上，第116页）

亲房觉得为民众的日常活动和生活提供安定环境的正是政治——德政——的应有之意。在这段文章中，可以看见出现了"盛世"这样的词语，这个"盛世"不仅仅指的是古代中国理想的帝王统治时代，在当时的日本也是有可能实现的。亲房也正是为了使那个时代成为"盛世"才动笔写下了《神皇正统记》。

若是考虑当时亲房在政治界中的地位，那么他投向民众生活的目光是非常值得关注的。从镰仓时代末期开始，经历了建武新政[*]一直到南北朝对立的时代，政治争斗一直不断，亲房被后醍醐天皇重用，在政治上处于重要的枢纽位置，他处在权力斗争的漩涡中心，醉心权术也是理所应当的事。从这样的人生经历来看，他能把下层民众的生活也纳入自己的思考中是非常之不易的。在主张皇位继承和天皇统治正统性的书中，他将民众生活安定这一点作为政治的基本理念提出来，若是参照这个理念，作为非正统统治者的镰仓幕府有理可依，天皇作为正统统治者反而理亏。这个判断超越了活在政治中心的掌权精英阶层的利害思考和权术诡计，从中可以看到亲房灵活的政治思考。

把民众生活安定作为基本理念，并将这个理念应用在具体的历史中，很容易演变成批判天皇的施政。若是将这个理念再向前推进一步，亲房所主张的原理之一，也就是天皇统治的正统性，就很容易面临被推翻的危险。毋庸置疑，亲房是绝不会走到这一步的。若是真走到了这一步，神皇也不占正统地位了，《神皇正统记》也就支离破碎而难成体系了。

冒着这样的风险，《神皇正统记》继续行文。亲房带着民众生活安定和天皇统治正统性之间的矛盾继续书写。他有时依据这个原理，有时则更贴近那个原理。这不可避免被批评为不彻底。然而，

---

[*]   建武新政，后醍醐天皇于元弘三年（1333 年）打败镰仓幕府后建立了天皇亲政的政权。之后不久，倒幕大将足利尊氏率兵反叛，很快攻陷镰仓，建武政权终告瓦解。——编者注

正是这样的不彻底，才更容易使历史的真相浮出水面。为了更好地理解京都朝廷，或者说贵族的权力和镰仓武士的权力之间交错复杂的二重对立状况，依据两种互相对立的原理反而成了能保持冷静历史眼光的原因。上文提到了从赖朝平定天下到承久之乱之间的历史叙述，对于北条泰时的施政评价则如下文所示，亲房始终都保持着冷静的历史目光来看待问题。

> 总的来说，泰实心思纯正，政治上也没什么不可告人之处，尽职地守护着民众，也没有奢靡铺张的情况，与此同时他慎重地对待朝廷，压制了庄园发生的地头暴乱事件，当时基本没有战乱发生，天下处于平稳无事的状态。这个状态一直持续下去，完全靠的是泰实个人的力量。臣子掌权到如此程度，无论是在日本还是在中国都没有先例。就连作为北条氏主人的赖朝持有的权力也不过到下一代就戛然而止。北条义时因为什么特定的原因而意外地成了幕府的掌权人，手中还握有军备力量，并不是十分罕见和不可思议的。然而，义时并不具备什么特殊的才能和品格。相反还因为赢了承久之乱而获得巨大名誉，便有些自高自大，不过那之后只两年他便去世了。在他之后继承这个位置的泰实对德政格外上心，并充分整顿了法律。他不仅能清楚地审视自己，还训诫亲族和武士谨言慎行，因此他们当中无人期望得到高官厚禄。北条氏政权逐代衰落，最后灭亡实乃天命所致。政权能够绵延七代不过是因为泰实的余德惠及子孙罢了，对于北条政权的灭亡，实在没有必要去憎恨任何人。

（出处同上，第 162—163 页）

　　后醍醐天皇就是这里所说的推翻北条政权的中心人物之一，对于作为后醍醐天皇亲信的亲房来说，北条氏是毋庸置疑的政敌。他对政敌，尤其是对北条泰实的施政进行了冷静分析和客观评价，其中蕴含的亲房的理性思考超越了政治纷争。亲房不是个彻头彻尾的历史探寻者，也不是个彻头彻尾的天皇主义者，当他面对具体的历史事件时，这种理性随处可见，它超越了政治利害和党派斗争，熠熠生辉。历史学家往往会认为，那些令人记忆犹新的、尚无定论的现代史，是很难做出记述和评价的对象。《神皇正统记》所记述的时代和亲房所生活的时代非常接近，但这本书里的记述十分精彩，内容也非常丰富。在刚发生不久的事实面前，亲房并没有停留于表面，而是将过去的时间统一起来，并以此为基础来理解现在，这样的思考完全是因理性而产生的成果。

　　就如上文所说，《神皇正统记》是在南朝和北朝的战乱中写成的作品。建武新政只维持两年便土崩瓦解，在足利尊氏的逼迫下，后醍醐天皇被迫逃亡吉野，在那之后，作为南朝重臣的亲房为了获得东国武士的援助而赶赴关东，在常陆国小田城逗留的日子里创作《神皇正统记》。我们可以料想他并没有获得东国武士的援助，在写作的途中后醍醐天皇便在吉野去世。这之后，南朝的势力走上了不断衰退的道路，虽说趁着北方的足利幕府的内部分裂之机，南朝暂时恢复了一些势力，但南北朝最终还是在足利幕府的主导下走向统一。这样一来，两朝并立的局面结束。南北朝动乱结束而统一后的历史，逐渐走上武家势力（幕府、守护大名）确立压倒性统治权的道路，朝廷和公家的势力，不论在政治上还是在社会上，都只有逐渐衰落一途可走。在这样的时代背景中去思考，基本可以断言《神皇正统记》在政治上无疑是本失败的、饱受挫折的书。

尽管如此，政治上的失败和挫折并不意味着它作为史书便毫无价值，这样的失败和挫折反而能更好地表现出社会和历史的真实状态。人类的历史就是如此。亲房在血缘的连续性、天照太神的神谕和三种神器的护持中，寻找天皇统治的依据，他的这种神话理念能够相对化并存在下去，就是因为他能正视镰仓幕府时期朝廷和公家势力的衰退。《神皇正统记》以"大日本者神国也"这句话开篇，在文章开头发出高调的宣言，然后引出为证明天皇统治正统性而存在的神话，之后列举可能让人对天皇神赋权威产生怀疑的史实，亲房正是要和这样的史实进行斗争。这些史实中充斥的因素表明神已不在，会动摇天皇的绝对正统地位，记述的时代越接近亲房的时代，这种倾向便越明显。亲房一直秉持着直面史实提出问题并解决问题的姿态，从未放弃。

虽说这本书个人意识形态浓厚，宣扬自己信仰的表述也并不少见，除此之外还能感受到亲房对失败和挫折的预感，但我们从中也可以看出理性思考的活跃，他一心为追寻历史真相而苦战，这种矛盾也正是这本书的魅力之源。

第七章

能与狂言

—

幽玄与滑稽

这是我们的日本精神史上首次出现戏剧。

在迄今为止的历史长河中，并非没有出现过戏剧，或类似戏剧之物。但由于它们没有形成大气候，表演形式也不够明确，故我没有将它们作为本书主题而设一章来论述。在 6—8 世纪，伎乐面具[*]从大陆[**]传入。那些面具造型夸张，表情充满张力，让人看一眼就禁不住要去设想它的舞台效果是何等恐怖又充满引人狂笑的喜感。但因现存的证据不足，想象也只能驻足于想象，早已无法证实了。

14—15 世纪，无论是戏剧形式逐渐统一后形成的能乐，还是紧随其后产生的有剧本的狂言，人们都知道其前身是田乐和猿乐，但对于田乐和猿乐究竟为何物却不甚了解。

这种不了解与戏剧的表现形式密不可分。

建筑、雕刻、绘画等都大致保留有创作的痕迹，因此人们可以循着实际存在的痕迹，去追溯它原本的形态和历史中的变化。对于神话、诗歌、故事、历史和思想，人们可以以现存的文字资料为线索，尽可能地去探寻其思想、文笔的巧拙以及表达与时代的关系等。但是戏剧与这些不同，大多数情况下戏剧由真人实地演出，面向观众讲说台词，演绎故事情节，有时也会表演歌曲和舞蹈。戏剧没有实体，和阅读文字获得快乐的方式也不一样。在几分钟或者几十分钟，最长不过两三个小时的时间里，面向观众用声音和身体来演绎故事，这就是演员的本分。观众用视觉和听觉直观地感受眼前的台词、动作以及歌舞，这才是戏剧的乐趣所在。无论对于演员还是对于观众来说，演出在拉开幕布的那一刻就已开始，直到闭幕才算结束。在演员和观众共享的数分钟、数十分钟乃至两三个小时的有限时间里，有人表演，有人观赏，戏剧便因此而产生。从这个意义上来说，戏剧与被塑造出来的实体和被书写下的文字不同，因为有表演和观赏的存在，才有戏剧的存在。

现今，能和狂言之所以存在，是因为它们仍然被表演和观赏着。如果没有表演和观看的话，就等于消失了一般。田乐和猿乐就是如此。田乐和猿乐是能和狂言的前身，但由于很长时间以来没有人表演和观看，即使现在有人想要去表演也无从下手了，就更别说探寻田乐和猿乐的过去了。虽说田乐和猿乐是能与狂言的前身，但是通过现今可以反复表演并形成固定模式的能和狂言，探寻曾在民间活跃的田乐和猿乐的原貌仍旧十分困难。想通过伎乐面具去找寻伎乐原貌的困难也在于此。

同样是戏剧，能和狂言却可以进行多次反复的表演和观看，所以研究它们时没有上述的困难。演员和观众并非有意地在限定的场所和限定的人群中进行表演和观赏。但在历史上，或者说在日本精神史上，使能和狂言能够扎根和存续的最重要的行为，正是这种反复地表演和观看。观阿弥、世阿弥父子让能乐的审美模式化，紧接下来还让能乐的演出模式化，产生了现今这种禁得住推敲的艺术形式，在日本的戏剧史上具有划时代的意义。

·

　　能剧演员观阿弥、世阿弥父子在 1374 年，得到了在京都今熊野为足利义满将军表演猿乐能的机会，这使得能剧得以延续并获得长足的发展，成为高端的艺术。义满被观阿弥新潮的表演和 12 岁的世阿弥干净纯洁的少年感深深吸引，此后鼎力支持观世父子。原本这对父子身份低下，受兴福寺雇用，开设大和猿乐剧团（结崎座），只能在祭礼上或市井中为老百姓表演歌舞。因得到义满将军的帮助，两人地位如鲤鱼跃龙门一般，一跃成为为掌权者们表演的艺术家。

　　不论东方还是西方，艺术都普遍得到了权力阶层的支持，受到了权力庇护。西方中世纪的哥特式建筑得到了教会权力在物质和精神两方面强有力的支持，意大利文艺复兴运动中艺术的繁荣发展也离不开美第奇家族*的援助。在中国，很多艺术家、艺人、工匠也都在国家保护下努力地进行创作活动，日本也正如之前所提到的，平安末期的美术、思想、文学都受到朝廷、贵族、寺院神社的支持，具有很强的贵族文化色彩，自那之后，文化与权力的关系变得密不可分。

　　观世父子在今熊野演出能剧后，自然会意识到他们的艺术与将军权力紧密相连。他们是如何看待这种关系的，又是如何创造出新的能剧的呢？

　　义满将军非常喜欢这对父子的猿乐能剧，尤其偏爱美少年世阿弥的表演，这或许只是掌权者的一时兴起。也有可能是因为南北朝

---

*　意大利佛罗伦萨的富豪兼政治家家族，十四世纪由商业、银行业起家，至十五世纪中叶掌握佛罗伦萨的实权。通过发展学术、保护艺术等，对文艺复兴做出贡献。——译者注

的动乱即将结束，社会环境趋于平静。在这样的时代氛围中，义满将军对平安朝贵族审美的理解逐步加深，或许也具有了欣赏观世父子艺术之美的感性吧。又或许当权者为了显示自己的宽大仁厚，故意去关注那些身份低贱的戏剧演员。

艺术一旦受到权力的干涉，就一定会产生很多繁杂的问题。观世父子作为演员所面临的一个问题是，如何在这样复杂的情况下，提高艺术作品的质量。作为最高权力者的义满向一介艺人伸出庇护和援助之手，也许只是习惯了挥金如土的浪荡公子哥的一时兴起，也许他真的是一个具备审美情趣的艺术爱好者。演员自身是如何同与自己身份迥然的掌权者交往，又是如何取悦他们的呢？这种世俗关系与利害好恶密不可分，但观世父子在与义满的交往中，一刻也没有忘记自己身为演员的本分，不断地磨炼和提高自己的艺术水平。尽管位低人轻，但是为艺术而生的那份演员的胆量和傲骨永不磨灭。

世阿弥的能乐书《风姿花传》中有如下一节。

虽说通过能剧获得名气的方法有很多种。但没有伯乐，千里马也难以得到赏识，同样地，劣马也难入伯乐的法眼。拙劣的表演无法得到有眼力的人的赏识，没有眼力的人自然也无法欣赏优秀的表演作品，这是世间常态。但是真正有本事的演员可以随心地创作自己的作品，他们所演绎的能剧，即使是没眼力的人看了都会连连称赞。只有做到这种程度的演员才算到达了艺术的顶峰，可以称其到达了"花"之极致。有这般艺术造诣的演员，无论年纪有多大，"花"都不逊色于年轻人。因此，

　　艺能只有达到这个高超的境地才能得到天下的人认可，连偏远地方与乡下的人都能看得津津有味。

　　　　　　　　　（"岩波日本思想大系"《世阿弥　禅竹》，第44页）

　　今熊野的演出使观世父子的剧团一举成名。从这一事实来看，"有眼力的人"和"没有眼力的人"的对比，"天下"和"偏远地方与乡下"的对比，让义满将军的优待中包含了一些消极意义。我们不仅要考虑义满将军对能剧的看法，也要考虑到能剧受到义满将军的优待，才进入幕府周边首都人的视线里这一事实。他们是属于"有眼力的人"或是"天下的人"。另一方面，从很早以前就一直喜欢田乐和猿乐的人属于"没有眼力的人"或是"偏远地方与乡下的人"。观世一座的观众可以分为以上几类。

　　包括义满在内对戏剧着迷的掌权者乃至上流文人们，一定会被视为有眼力的观众。如果身份低微的演员和当权的强者们交往的话，他们在戏剧之外就不得不考虑政治、社会上的种种关系。但在舞台演出时，当权者仅仅是有眼力的观众，交流时无须考虑政治和社会等错综复杂的关系，而是形成一种单纯的演员与观众的交流。引用的文章所讲述的是要明确区分彼我，坚定自己的立场。无论观看者有眼力还是没眼力，都要一视同仁当作观众看待，无论是上层的掌权者，还是下层的偏远乡下的人都是同等的存在。正是身为演员的强大自信催生了并支撑着这样的立场。

　　而在讲述自己的艺术魅力时，世阿弥的用词充满了自豪感。他并不追求名气，而是不断精进自身，使自己的艺术造诣与获得的名气相符。没有鉴赏力的人体会不出高超的技艺的有趣之处，这也是没有办法的。但是，世阿弥认为真正优秀的作品能够使没有鉴赏力的人也能体会到乐趣。他不是要求别人这样做，而是反省自身。世阿弥对于自己的艺术有高度自信和自觉，他与其说是名艺人，不如说是个艺术家。

但是，要想表演出无论有无鉴赏力的人都能享受到乐趣的戏剧，演员自身一定会左右为难，也会因此产生矛盾。虽然现在我们无法亲自欣赏世阿弥的舞台，不过想必他当时在舞台上也是左右为难的，留存至今的谣曲（能乐的剧本）和《风姿花传》中，都展现出来这种矛盾。如以下《花镜》中的一节，清楚地讲述了何为"做"与"不做"的矛盾。

有这样一句来自观众的评语："无为之处别有妙趣"。其实这是能的表演者内心深藏着的功夫。从演员的表情到各种操作，都属于身体动作的范畴。所谓"无为处"，说的是技与技之间的空白处、舞曲、歌曲，以及肢体动作和模仿等全部都是身体技巧。为什么这种空白会产生有趣的感觉呢？原因就在于演员专心致志地演出，并用心把技之空隙衔接起来的根性。在停止舞蹈的空白，不唱歌谣的空白，以及话语、演技等所有场合的空白，演员心中的弦都绷得紧紧的，全神贯注地演出。这种内心的紧张感显露于外，使人顿觉趣味盎然。

但是，此心不外显为好。若显现出来的话，那就已经成了技能化的演技，而绝非"无为"了。无心无我之境地，是要做到自己的心连自己都无法察觉，而且要在这样的心境中，把技艺之间的空白衔接起来。这就是以一心衔接众多技艺的内心之感的效果。

（出处同上，第100页）

　　在开头引用中提及的观众，自然是很有鉴赏力的。只有熟悉和喜欢能剧的人才能说出"无为之处别有妙趣"这样的评语。

　　但是世阿弥引用这样一条评语，并不是为了抬举这位观众很有鉴赏力，而是为了加深对能剧艺术的思考，才去思索乍一看完全没道理的这句"无为之处别有妙趣"。他进而得出结论说，"无为之趣味"正是指演员在技艺转换时内心的紧张感，而这种紧张感能带给观众乐趣。无为并不是指空白，乍一看好像什么也没做，实际上演员心中的弦还是绷得紧紧的，正是这种似有若无的紧张感带给了观众趣味横生的表演。

　　无论多么有鉴赏力、有眼力的观众也无法想到如此深奥敏锐的观点。世阿弥之所以能思考到如此深度，是因为作为演员的他体会到了观众在无为之处感受到的乐趣，并反省了演员在无为之处的身体和心理状态，将观众的感受也纳入对能乐表演技巧的微妙分析中。所谓能乐的技巧，即歌、舞、身段和台词。而有眼力的观众会在技艺与技艺衔接的无为之处品出乐趣。在同样的空白中，身为演员的世阿弥看到的是内心紧张的趣味，认为那才是能剧的妙趣所在。留白不是技艺与技艺之间的隔断，而是通过演员内心的紧张感形成的结构性的衔接。

　　这样说来，享受技艺也是享受留白。观众享受的并不是铺在眼前简单堆砌的技艺大杂烩，而是歌舞、动作和台词一气呵成的完整表演。从这一点上可以区分观众是否有鉴赏力。虽然没鉴赏力的观众完全不了解无为之趣味，但是，能让一个观众直接体会到表演乐趣的正是衔接留白的技艺，也就是说，观众真正享受的是技艺和另一个技艺间恰到好处的留白。世阿弥不断接近能的本质进行考察，以有鉴赏力的观众如同反论一般的评语作为出发点，深入思考并不断探索能剧吸引观众的魅力和结构。

但是，世阿弥的考察并没有在此结束。在得出紧张感能带来有趣表演的基础上，他进一步反省，得出了不能向观众暴露自己的紧张的结论。无为即彻彻底底的无为，空白即真真正正的空白，绝没有卖弄一点技巧。只有让观众体会到无为之趣味才好。但是演员不可为了无为之乐趣而有意为之。内心保有紧张感是为了顺畅地连接技艺与技艺，并不是表演给观众看的。世阿弥认为，不仅要对观众隐藏这种紧张感，还要对自己隐藏。对自己隐藏自己的心这种说法十分有趣，这或许是通过长年的表演经验得出的结论吧。从世阿弥没有用"隐藏"而使用"无心"这个表达来看，重要的是在技艺与技艺的间隔中毫不犹豫地继续演下去。这恐怕是能剧的至难之处。因为难所以要拼尽全力，但又不能用力过度。虽然困难但又要做的毫不费力，这便是"无心之境"。世阿弥自身何时才能达到这种境界呢？

想达到这种境界是很难的，我们也难以用语言去形容这种境界究竟为何。但这对世阿弥来说，有着致命的吸引力。为了到达这种境界他每天坚持不懈地练功，同时又不断地思索能剧的本质，用心提升自己的艺术水平。在日复一日的生活中，能艺的韵味已不知不觉地浸透这位求道者的身心。但是他并不是每天鞭策自己勤学苦练的求道者，他将困难视为一种乐趣，追求矛盾产生的价值。技艺与技艺衔接处散发出来的紧张感才是能剧的妙趣所在，但却不能暴露出来。所谓的无心之境就是指在能够隐藏住紧张感的同时行云流水地表演。世阿弥深知到达无心之境的困难，同时，也深感置身于无心之境的无上喜悦。更进一步说，"无为之趣味"这句有鉴赏力的评语表达出了紧张却又有序的演出舞台，世阿弥对此也深感喜悦。

世阿弥常用"花"一词来形容能剧的重要部分，但这个字里也包含了演绎能的喜悦以及思考能的喜悦。以下引用《风姿花传》中的一节。

> 所谓花，就是指所有应季盛开的植物，只在相应的季节开放，人们觉得这很珍贵，于是大肆赞赏。在猿乐表演时，观众的心中若感到这段表演很珍贵，那正是有趣的桥段。可以说"花"、有趣与珍贵这三种感觉是共通的。没有永不凋零的花，正因为终有一日会凋落，所以盛开之时才弥足珍贵。在能的舞台上，首先要知道"花"为何物，才能够避免止步不前，转换不同的风格是很珍贵的。
>
> （出处同上，第 55 页）

如果"内心的紧张"和"无心的境界"是形容演员的内心，那么"花""有趣""珍贵"就是在形容观众的内心。正如前文提到的那样，义满出席了在今熊野的表演，促使中上层的武将、贵族和文人都成为观世一座的观众。观世父子在演出之外与这些上流人士交往，并接受了他们的庇护和支持。虽然他们无法忽略这种身份的悬殊，但绝不会因为身份地位的不同影响他们对观众心理的探究。

　　有鉴赏力和没鉴赏力的区别，是指观众对能剧的感受力，与社会身份地位无关。确实，观看能剧的人来自三教九流，或许要依据观众身份的不同而表演不同的戏码。但是，世阿弥的能剧理论已跨越身份的差别。无论何种身份何种地位的观众都能感受并且理解"花""有趣"和"珍贵"。

　　通过世阿弥的这种能剧理论，我们可以了解到世阿弥为人不媚俗的求道者的一面，虔诚的一面。

· ·

　　由于观阿弥、世阿弥的出现，从前的猿乐能焕然一新。他们将以滑稽戏和曲艺为主体的猿乐能，变为典雅悠扬的和歌，或者说使其褪去俗气，升华为具有禅意的艺术，这就是观阿弥、世阿弥的能乐以及能剧舞台的魅力所在。世阿弥将他们所追求的能剧表演之境界称为"幽玄"。

　　"幽玄"是中古到中世的歌论及连歌论中经常使用的词语，意思是让人感受到余情余韵的静寂之美。追求能的"幽玄"无非是追求能与人世的联系，捕捉人生的微妙之处。观阿弥将具有深奥情趣的幽玄风格融入模仿戏中，给以旋律为主体的曲子搭配上具有叙事功能的曲舞的节拍，丰富了作品，加深了表演深度。世阿弥在其基础上，继续深入磨炼，在辞章上精益求精，不断加深作品的幽玄感，形成了完整的能剧艺术形式。直到六百多年后的今天，世阿弥完成的能剧，其中的歌舞、台词、动作，几乎可以原封不动地在舞台上再现。

　　世阿弥完成的能是什么样的呢？若是想知道这个问题的答案，就要了解一下梦幻能。梦幻能的存在十分独特，古今中外没有同它类似的戏剧。

　　能大致分为"梦幻能"和"现在能"。"现在能"演绎的是现实世界中的故事，"梦幻能"的主人公则是灵，以灵之躯歌唱、跳舞以及表演亡灵的往事。

　　梦幻能的故事情节大致分为前后两场。在前半场，旅人在访问名胜时，会出现一位当地人向旅人讲述有关名胜的传说。在故事结尾时，这个人会说"我就是这个故事中出现的某某"，然后便消失了。用能剧专用术语来说，扮演旅客的叫"胁"（配角），扮演当地人的叫"仕手"（主角），也称为"前仕手"。仕手从舞台暂时退场叫作"中入"。到此为止是前半场。在后半场中，刚才出现的当地人摇身一变，作为故事中的某某登台，成为故事的主人公，以第一人称叙述往事，表演歌舞，天亮便消失。观众稍加注意就会发现，这个某某原来是旅人的梦中出现的灵。这就是梦幻能表演的基本形式。

　　在中场后登台，换装打扮成故事中主人公的表演者被称作"后仕手"。后仕手扮演的角色多种多样，男女老少，身份各有不同，但唯一相同的是，他们都含恨而终，死后无法超生。当然，后半场的表演是故事的高潮，死不瞑目的主人公的怨恨、痛苦与悲伤是剧中的一大看点。

　　譬如，世阿弥的《清经》故事如下。

　　平清经是重盛的三子，在源平之战中败北，与其一族一同被赶出都城，流落到九州的太宰府。平家在那里重整旗鼓准备向濑户内海出发，但清经对一族的前途感到绝望。一天夜里，他们在丰后 * 的柳之浦停船，清经就在这里从船上一跃而下，投海自尽了。据说他留下的遗物只有头发。关于清经的故事，在《平家物语》和《源平盛衰记》中均有记载，世阿弥创作的《清经》也以这些故事为基础。

这个能剧跟梦幻能的基本形式不同，没有前仕手。胁在剧中也不是听主人公讲故事的一般旅人，虽然他旅人的身份没变，但他是清经的家臣——淡津三郎，从九州的柳之浦千里迢迢赶到京都，来到清经的妻子家，将清经投海的经过告诉了她，并将作为遗物的黑发递交给她。

与淡津三郎演对手戏的清经妻子被称为"连" **。一般来说，连只是仕手和胁的助演，不过在《清经》一剧中却有着无法忽视的重要作用。这部能剧的情节与一般能剧有所不同，在胁和连的对手戏中，连更易引起观众的情感共鸣，而且剧中还有连和仕手争执的戏份。虽然世阿弥完成了梦幻能的大体框架，但他自身并没被框架所局限。

清经的妻子知道丈夫自杀的消息后，悲痛欲绝，流下了伤心的泪水。这泪水中既有伤心，又有怨恨。她满怀怨恨地说道："若是在战争中身亡或者因病逝去就另当别论了，可在都城陷落时，明明已经约好了要活下去再次相见，他却抛下我，自己先走了。"她难以承受清经的离开所带来的打击。悲伤之余又满心怨恨，让人品到些苦涩之意。这位妻子沉浸在悲伤中不能自已。

妻子在看到清经留下的那缕黑发时，心中的怨恨便愈发强烈。

---

* 丰后是日本旧国名之一，相当于大分县的中南部。——译者注
** 连，帮助仕手和胁演出的角色。——译者注

她强忍心中悲痛，久久地凝视着那缕黑发，决定拒绝接受清经留下的遗物：

> 每睹此物，必更伤怀，如此这般，不如奉还
>
> （岩波日本古典文学大系《谣曲集上》，第 252 页）

在胁和连表演对手戏的末尾，响起了 5—7—5—7—7 式的地谣合唱，这一幕是以合唱的形式代替妻子倾诉对亡夫的恋慕之情：

> 孤枕垂泪眠，劝夫梦中来相见，寝食俱不安，辗转反侧枕解言，寄此恋心千千难。
>
> （出处同上，第 252 页）

舞台上回响着这首地谣，伴随着歌声，清经的妻子静静地进入了梦乡。同时，仕手（清经的灵）静悄悄地从幕布后登场，通过桥悬站在常座*。胁（淡津三郎）则迅速地从小门退场。

在现实世界不知不觉地向梦境转变的过程中，无论是连（清经的妻子）还是仕手（清经），都追求虚实变幻的幽玄表现。观众在日常生活中很难有这种体验，只能跟着剧情走，但技巧纯熟的演员的表演十分流畅，没有一丝拖沓，能明了地演绎出故事情节，观众便也能享受其中了。

在清经的灵魂登场以后，故事就开始讲述清经临终的场景。在

---

* 常座，能舞台主角柱右前方的地方。——译者注

大多数的梦幻能中，高潮的部分一般由后仕手进行独白，独自演绎，但在这部剧中，连的角色却在此时登场。

> 对君道出这实情，却怎么听都像含恨之言。主君命尚未绝，不闻人世变迁，不睹一门之终期，枉然舍弃一己之身，岂非于理不通？
>
> （出处同上，第 254 页）

妻子始终对清经投河自尽一事无法释怀。从剧情的构成来看，虽然她表现出了对亡夫深深的思念，但仍难以接受丈夫自杀这一事实，这为梦幻能增添了如话剧一般的紧张感。妻子不仅仅是清经歌舞或演戏的配角，还与清经有直接的对手戏，引导清经自省。

为了回应妻子的责备和怨恨，清经将自己投河的经过和所思所想娓娓道来。面对气势愈盛的源氏，他早就起了轻生的念头，于是吹起横笛，吟诵今样*歌谣，投身于波浪之中。而且他因现世参与战争，遭受报应，入水后落入修罗道，受尽了各种苦难。伴随着仕手激烈的叙述，歌曲和舞蹈达到了最高潮，此时，舞台响起了念佛往生的结束语。

> 一心不乱的念佛十度，如此可如愿乘坐佛法普救之舟，一颗纯净心，唯祈入佛道。
>
> （出处同上，第 256 页）

---

*　今样，谣曲的一种。——译者注

在描写修罗道的苦难最后一段，开头的两行紧跟着描写成佛的喜悦，不免有些突然，所以此处没有多加笔墨。为了进一步了解世阿弥的作品，在以男子为主角的第二出剧目——修罗能*《清经》——之后，让我们来看看第三出剧目，以女子为主人公的梦幻能《井筒》。

《井筒》是取材于王朝文学《伊势物语》第二十三段的能剧，前场、后场背景都是大和国的在原寺。

旅行的僧人在在原寺怀念着业平的往昔，这时，一个村里的女人登场，她从井里舀水，将其供在业平的坟前并祈福。在旅行僧人询问其与业平是何缘分时，女人回答说与业平素无缘分，但随即就说起了《伊势物语》第二十三段业平和井筒女人的恋爱故事，即"筒井筒"的赠答歌和业平的高安往来之事。说完后，女人说自己就是故事中的井筒女人，然后就消失在井栏的阴影中。

后半场剧目中，作为后仕手的井筒女人的灵魂头戴业平留下的帽子，身着业平旧时衣物登场，并且代替业平跳他的舞蹈。衣袖翻飞就像飘舞的雪花。

女人的灵魂通过戴着业平的帽子，身着业平的衣服，跳着业平的舞蹈，想要身心都与心爱的男人融为一体。歌曲的辞章中也收录了《古今和歌集》和《伊势物语》中著名恋歌中的一首或几句。最后一段引用了《伊势物语》第二十三段中的和歌：

> 当年同汲井，身似井栏高。久不与君会，井栏及我腰。
>
> （原本我只有井栏那么高，太久没有见到你了，如今我已
> 比井栏要高了。）

---

* 修罗能，能乐中以武将之幽灵为主角的剧目。——译者注

月冈耕渔绘《能乐图绘二百五十番》之《井筒》中女子回想着业平起舞的场景

恋慕之情就在这几句和歌后拉开帷幕。

> 我穿着昔日恋人业平的衣帽，女儿身的我看起来像个男人一般。业平的面容渐渐浮现出来。多么怀念啊！亡夫的灵魂就像枯萎的花朵一样，没有了色彩只留下了袅袅余香。随着寺庙的钟声拂晓，我听到了松树和芭蕉在风中轻轻摇曳。我醒来了，梦也破灭了。

> （出处同上，第 279 页）

与《清经》的结局不同，《井筒》一剧的结尾并没有响起表明井筒女人（灵）往生极乐的结语。她与青梅竹马的年轻人（业平）结了婚，此后的人生也未尝留下过怨恨和痛苦，即使在结尾没有祈祷她往生极乐的桥段，也不会影响剧情的完整性。无论是前半场还是后半场，这出梦幻能的整体基调都十分平稳安静，在故事的最后不以佛教意义收尾，反而更符合整出剧的风格。这样的剧情安排，使得观众更能切身体会到井筒女人的哀伤之情。

即便如此，让身为女子的井筒女人身着业平的衣帽登场演出，这个构思也是十分杰出的。这样女扮男装的形式，更能表现出井筒女人对亡夫的思念之情。虽然剧中对其刻画并非客观描写，但是当观众看到女扮男装的后仕手的歌舞，就能感受到她渴望靠近爱人、与爱人融为一体的恋慕之情。而且，在舞台上的灵意识到自己身着男装，甚至还说"害羞地跳业平的移魂舞"。这出舞蹈应该跳出男子气概，还是要有女人味呢？正是这样难辨雌雄之处，才激出了幽玄的韵味。灵望向井中，眺望着自己在水中的倒影并说道："不见女儿身，只见男子模样，这是业平的模样啊"。

这段台词不只动摇了观众的心，仿佛也让观众看到了井中业平的倒影。对爱人的相思是这段剧的主题，而这段恋情的主人公正是井筒女子，虽然很难将眼前的女子想象成业平的容貌，但观众可以想象当女子望向井中，水中的倒影逐渐浮现出业平的容貌，并获得共鸣。

以这样的形式让观众进入虚幻的歌舞世界，感受灵的存在并可以用心感应到这种存在。无论是对演员来说，还是对观众来说，虚幻的世界都是超越他们常识的体验，但这个世界并不是与现实世界毫无关系的。祈祷往生极乐的心理以及爱恋之心，尤其与现实世界相通。在这样一个虚构的世界中，以此作为桥梁，无论身处苦痛之

中，还是生活美满，观众都能感受到转瞬即逝的幽玄美感以及人生
在世的不可思议。梦幻能就是这种可以穿梭时间，在过去与现在间
自由来去的艺术。

· · ·

世阿弥不仅留下了优秀的能剧剧本，还深入思考了如何表演能
剧，并用独特的语言记录下来，留下了一些记载演技要义的秘传。
在此，让我们将焦点集中在肢体表现上，去探究能乐论。

上文已提到，能的本来的魅力就在于亲自观看演员表演歌舞和
台词。能剧本的存在并不是为了阅读，而是为了表演。正如上文所
提到的，世阿弥在创作《清经》《井筒》的剧本时，经常反复考量，
比如故事情节该如何发展，在不同剧情中，配乐如何与歌曲相融合，
演员应在舞台的何处，又该如何起舞。实际上，阅读能的剧本时，
若仅依靠文字来追寻情节发展，会缺少趣味性，无法带来视听享受。
只有在阅读剧本时，脑海中清晰地浮现出演员在舞台上的动作，才
能够感受到乐趣。为了配合歌舞和台词，剧本中使用了许多复杂的
修辞手法，如双关、缘语、开场白、序词等。剧本中那种照本宣科
的老套修辞并不少见，可以看出作者并没有刻意避免使用这类修辞。

身为演员的世阿弥，十分了解能剧的妙趣并非在剧本本身，而
是在于反复演绎剧本。通过剧本的台词来激发出演员肢体的魅力是
最好不过的。比如，《井筒》的后场中扮演后仕手的女子身着男子
衣帽登场，并且演绎对这身旧衣帽主人的爱恋。独自站在舞台上的
女子扮作男子模样。在这个场景中，演员通过面容、手足、身体的

瞬时变化以及声音的强弱、声调的抑扬顿挫来表现女子对男子的模仿，以及她模仿的程度。在望向井中的这一幕中，演员需要细腻的演技来演绎出女子扮演男性的感觉。演员的全身和所有动作，都包含了她的语言，而凡此种种的表现力，已经远远超出了语言可以表达的意思。

世阿弥当作秘传留下的《风姿花传》《花镜》等能乐论，是基于他作为能剧演员和能剧作家自身的经验，以及他对身体的状态和动作的反复考察创作而成的。正是因为他本身就是演员，了解能剧中的肢体动作，所以才能有如此有深度的思考。即便如此，世阿弥的这种反省能力也令人惊讶。

与人类身体相对应的是人的精神。精神是观念性的、抽象性的存在，而身体是自然的、具体的存在。因此，将身体作为考察的对象，就是以"接近自然"的方式观察人类。在《风姿花传》开头部分的"年来稽古条条"（习艺篇）中，把人的艺术生涯分为七岁、十三岁、十八岁、二十四五岁、三十四五岁、四十四五岁、五十多岁等七个阶段，阐述了每个年龄段的习艺要点和基本方针。因为身体是自然的存在，所以艺能的练习和身体的动作要随着年龄的增长，自然而然地变化。花朵会随季节变色、膨胀、开放、枯萎、凋零，世阿弥或许感受到了这种自然变化与身体的变化有着某种相似性，才将能剧的魅力比喻成花，将对能剧的演绎和思考的意义赋予"花"这个词。

身体是自然的存在，却不是一成不变的。用世阿弥的话来说，精神和意志就是心和内心。开头的章节题为"年来稽古条条"，只有将身心合为一体，以让身体绽放为目的不断进行练习，才能使身体与心灵结合在一起。随着年龄的增长，身体也会自然而然地发生变化，真正的习艺之人应该在这种变化中不断调整，保持身心统一，做符合自己年龄的训练。这样锻炼出来的身体，用植物来做比喻的话，可谓枯树也能开花。

在题为"五十有余"的这一段中，世阿弥就老年这个主题这样说道：

> 人到了五十多岁，基本上除了磨炼自己的艺能之外，也没有别的手段了。正如谚语所说的那样，"麒麟之衰也，驽马先之"[杰出的人老了也不如常人]。但是，如果是真正出色的演员，即使可以演绎的曲目少之又少，没什么看点，"花"也会留存下来。
>
> 先父观阿弥在他52岁那年的5月19日故去。就在同年4月，他还在骏河国浅间神社演出了"奉神能"。他那天演的能剧十分精彩，观众自上而下，皆同声称赞。那个阶段，他已将成熟的剧目都交予我演，连表轻松的曲目也有所保留，但又会对剧中的重要角色反复揣摩，已达精益求精。正因如此，虽然父亲演出的曲目少之又少，但却使人愈发能感受到他的"花"之鲜艳。正因为是自己苦心所得的真正的"花"，所以即使能剧本身已成朽木，枝叶零星，但"花"未曾凋零。正可谓"老骨留花"。亡父以他的经历向世人展示了"老骨留花"不可动摇的证据。
>
> （"岩波日本思想大系"《世阿弥　禅竹》，第19—20页）

"老骨留花"的说法很是巧妙。在自然情况下，随着时间流逝，花本该凋零，而老骨上却还留有花。因为把很少会发生的事情看在眼中、记在心头，所以无论是时间还是地点，都深深地刻在了世阿弥的脑海里吧。眼睛看得见的衰老躯体上浮现出"花"。正因为身体是贴近自然的存在，所以亲身的感受比一切都更加重要。看到年迈父亲对演技的控制力，世阿弥确信了能之花是可以自然绽放的，但根据情况的不同，能之花的绽放也会超出自然常理。

与此最为相关的就是习艺。演员的身体会随着年龄的增长而自然地变化，随着身体不断地变化，为了让超越自然的花朵绽放，需要不断地重复练习，这就是习艺。也可以说习艺就是将自然的身体锻炼成演绎能剧的身体。习艺是自然身体和能剧身体之间变化的媒介。只有冷静地、准确地把握了这两种身体的平衡，习艺之路才能顺利地走下去。

即使是没亲眼看过能的真实习艺场景的人，也能从《年来稽古条条》（习艺篇）的记述中感受到作者冷静、准确的观察力。以下引用的是讲述他 7 岁学艺之初的一段：

> 7 岁习艺时让孩子按照自己的想法自然而然地去演绎角色，多加鼓励。不要教导他们太多演戏好坏的标准。如果过于严厉，孩子就会失去干劲，对能剧感到厌烦，这无异于竹篮打水一场空。

（出处同上，第 15 页）

如果打心眼里对能剧感到厌烦了，那么习艺一定会受到影响。教导自己的孩子和年幼的弟子习艺时，世阿弥无时无刻不在关注他们的心理变化。

在接下来的"十二三岁"的年纪，无论做什么，都明艳动人，但这不是真正的"花"，而是少年时期独特的魅力。在这个年纪要注重基本功的训练。到了"十七八岁"，会产生诸多问题，习艺强度不要过重。直至"二十四五岁"，已完全成年，声音和身体基本稳定，习艺生涯才算正式开始。

虽然世阿弥写下这些心得，作为秘传留存下来，但我认为他本人并不会完全遵守这些条条框框。每个人的成长都有个体差异性，书中所提到的"十二三岁""十七八岁"也只不过是划分大致的阶段。如果将心理变化也纳入考虑，个体差异性就会更大。在处理不同习艺阶段的问题时，要根据师徒关系，具体问题具体分析。

这种事情众所周知，但是，世阿弥认为对于能剧来说，符合身体自然成长规律的习艺是最重要的。为此，世阿弥向我们展示了他对基本问题思考的脉络：身体是什么？能剧表演是什么？通过肢体表现如何产生能之"花"？

《风姿花传》的开篇第一章中，从各种角度探讨了能剧的本质，而后从第二章到第六章的五章里，进行了详细论述，在"别纸口传"中也有相关论述。但是，无论经过多少次反复的考察，世阿弥的重点都没有离开声音和肢体的表现。他始终都将在舞台中富有肢体表演的能剧作为考察对象。

世阿弥对于能剧的思考并不止步于《风姿花传》，这之后，他的思想更具深度和高度。在《风姿花传》之后所著的《花镜》中，他就演员的声音和肢体也进行了详细的巧妙分析。在此引用此书最终章的一段。

　　"老后仍不忘初心"说的是生命有止境，但能乐无止境。
意思是要不断习得符合年纪的艺能，上了年纪后，有合乎年纪
的风采。因为是老年出现的初心，所以之前习得的艺能早已和
身心融为一体了。《风姿花传》中写道，过了五十岁，除了什
么也不做之外，别无他法。不做多余的事这就是老后的初心。

（出处同上，第 108—109 页）

　　"老后初心"的表达很有趣。世阿弥说，所谓初心，就是不要
忘记最初的志向，在多年演绎能剧的年老时也有"老后的初心"，
"除了什么也不做之外，别无他法"。

　　老年也有老年的任务，拥有一个新的志向就是晚年的初心。而
老年的任务就是向着"不做"不断努力。

　　这个任务的新颖和难度一目了然。但是，面对新出现的难题，
世阿弥深切地感受到了能乐的深奥，并因自己是一名能乐演员而感
到自豪。"能乐没有止境"，这句话的隐含意思是说能乐的习艺也无
止境，而世阿弥则从这句话中感受到能的生命力，看到了能的丰富
内涵和趣味。日复一日地进行符合年龄的训练，克服种种难题，从
不会到会，习得成熟的高水准的演技。而老后的习艺，则是什么都
不做也不想做，从这个状态可知，这就是自然身体与演艺身体的复
杂而又微妙的融合与脱离。无论是在《风姿花传》还是在《花镜》
中，我们都能感受到挑战复杂微妙的肢体表现时，作为能乐演员的
世阿弥所洋溢出的喜悦，同时也感受到了关注、研究这种肢体表现
并将其付诸语言时，作为思考者的世阿弥的激动心情。每当遭遇未
知的情况时，身为思考者的世阿弥都认真观察当时的情形，反复地

鸟山石燕绘能乐《翁》

思考，努力去完整地表达出那些难以用语言形容的情况。他的高超
的能乐论是在其父观阿弥的实践和理论的基础上，经过独自反复的
论证和思考后完成的。

　　《花镜》的"所谓妙事"一章是水平极高的能乐论，该章论述
了关于能乐的究极境地，引用如下：

[汉语里所谓的]妙处的"妙",日语中写作"たえなり"。"妙"这东西无形无姿,而"无形"正是"妙"的本质。

在能乐中,所谓"妙处"以歌和舞两种基本技艺为首,包括所有的歌舞动作在内,这些都表现出"妙"。但又很难具体地说明"妙"究竟是什么。能够掌握"妙"的演员,可以说达到了登峰造极的境界。但也有一些演员凭借天赋,在初学时,就展现出了"妙"的苗头,这种情况下,往往演员自身都没有意识到,但那些有眼光的观众能够辨出一二,而一般的观众只能觉出些有趣。只有造诣极高的演员才能感受到自己的"妙处",但他们自己也说不清自己的"妙"究竟在何处。正因有这种不自觉,才有了"妙处",若是能具体指出哪里是"妙","妙"就不存在了。

仔细琢磨一下,所谓"妙"就是能剧的究极境界,真正达到一定境界的表演大师,即使极难的技艺也可以自如地表现。无论演出什么剧目,都淡定自若,这就是"妙"。只有到达幽玄的状态,才能被称为"妙"吧。此事还需深入研究。

(出处同上,第 101 页)

世阿弥在不知不觉中达到了"妙"的境界。虽说这不是时常发生的,但世阿弥确实有过"妙"的经验。

因为语言表达有一定的局限性,将这种淡定自若的究极境界付诸语言,会破坏原本的感觉,所以很难用语言来形容这种经验。虽说可以大致说明何为妙处,但却无法道明妙处的本质。在身段上到达"妙"的境界已是非同寻常地困难了,想要用语言表达出来更是难上加难。

世阿弥不管是对有鉴赏力的观众还是对没有鉴赏力的观众表演能剧，都能使其看到有魅力的"花"。他通过别出心裁的设计和身段的趣味性，以到达至难境界为目标。世阿弥擅长语言表达，他对于自己能参与由语言表现的复杂的高深剧目，很是骄傲和满足。在世阿弥所著的能剧本和能乐书中，充满着他的这种骄傲和满足。

· · · ·

忧郁的主人公在阴阳两界穿梭和徘徊，如果说能剧表现的是这种幽玄之美的话，那么与其相对的就是表演世间小人物的失败、笨拙和丑态来逗观众发笑的狂言。观众观看能剧时，在双关和缘语连贯的辞章深处读出人物的内心，从细微的面部表情中读出喜悦或悲伤的滋味。本来与仕手一同在幽明边界中徘徊的观众，随着狂言的登场，心情骤然转换，变得开心愉悦起来。演员在舞台上动作滑稽，不停地抖包袱，逗得观众不停发笑。有雅就有俗，有悲就有喜。这样雅俗共赏、悲喜交加的组合是演员们结合观众的反映，顺应时代而产生的表演形式，这与单独观看能剧或单独观看狂言不同，组合表演的形式别有妙趣，观众能够获得双重的满足。这可谓是至难的表演。

猿乐能原本是演员以荒诞的表演和滑稽的模仿来逗观众发笑的艺能。上流社会的人们喜欢的艺能是充满幽玄美感并表现出冤魂彷徨和悲伤的艺术，狂言可以说与这样的艺术正相反，观众在欣赏能剧的悲伤之余，自然想看些滑稽搞笑的表演，狂言正为此而存在。

在我们的日常生活中，如果很长一段时间都陷入负面情绪当中，自然会有意地去寻些乐子。

演员通过逗观众发笑，让他们从紧张的剧情中走出来，但要想在舞台上完整地演一出剧目，很难左右兼顾。如果太过注重搞笑的话，剧情的连贯性就会受到影响，但若太注重连贯性，就无法逗观众发笑。在观阿弥和世阿弥生活的时代，能和狂言已经是不同的艺能，虽说二人作为能演员和能作者没有演出过狂言，却十分关心如何平衡能和狂言的比重。世阿弥的《习道书》中有一节提到了狂言：

> 众所周知，狂言是逗观众开心的艺能，主要是即兴表演和表演旧时故事中有趣的情节……在狂言中，通常能够引起哄堂大笑的都是低俗的表演。常说笑容中蕴含着快乐，而此时此刻，轻松又愉悦。如果观众不过度在意表演的内容，去开心地享受表演，台上的就只是幽玄的狂言演员……虽说我之前提过，注意即使在狂言中也不可以出现下流的语言和段子。
>
> （出处同上，第 239 页）

表演狂言要切记避免低俗和下流。但一个普遍现象是人们很容易被低俗和下流逗笑，所以狂言一不留神就会变成低俗的表演。

但是，能剧所要求的狂言演出需要适合能剧舞台，并不是只要能将观众逗笑就可以的。演员需要格外注意避免搞笑表演影响能的幽玄之美。虽然人们需要搞笑的内容来缓解观看能剧的紧张感，但狂言不可破坏能剧本身阴郁哀怨的氛围。在刚刚的引文中也出现了"幽玄的狂言演员"的说法，从既是能剧演员又是能剧作家的世阿弥的立场来看，和能剧在同一个舞台表演的狂言演员，追求的是一种别样的幽玄。

能剧剧本在 14 世纪产生，而狂言的剧本在 16 世纪的后半叶才终于以文字的形式出现，在世阿弥的能剧舞台上演出的狂言究竟是何种形式，我们不得而知。但也许有些演员或者流派会将"低俗下流"当成卖点。

但是，从室町末期和江户初期流传下来的完整的狂言剧本来看，笑点并不低俗。通过滑稽的语言和动作，以及谎言和误会引发的荒诞情节来逗观众发笑，这种搞笑并不低俗。这可以说是温暖的笑。

狂言的笑点不低俗而且能让人心情放松，与主题沉重痛苦的能剧一起，在很长一段时间里为人们所喜爱。

关于狂言的本质究竟是什么，让我们来具体地看一下大藏流的剧本《木六驮》。

登场人物除了仕手的太郎冠者以外，还有太郎冠者的主人、主人的伯父和山顶茶馆的老板，一共四人。

在即将降雪的寒冷冬日，主人命令太郎冠者把 30 根木柱和一桶上好的酒（诸白酒）送到山对面的伯父家。太郎冠者一共 6 头牛，每头牛驮 5 根木柱（剧名《木六驮》的由来），而酒则必须由太郎冠者亲自背着。虽然他不想去，但主人许诺会请他喝诸白酒，他也就应承了下来。太郎冠者怀揣着主人写给伯父的信，喝了主人的送行酒，出发时已经微醺了。

场景转换到山顶的茶馆，茶馆老板一边望着即将降雪的天空一边生火，这时，一直等木柱送来都已经有些等不及的主人伯父来到了茶馆。他本打算到侄子村庄，但眼看就要下起大雪，所以在茶馆喝杯热茶，暖暖身子，也休息一会儿。

这时，太郎冠者赶着 6 头牛登山，嘴里吆喝着"撒噻荷噻"的赶牛声。舞台上没有降雪，也没有牛。观众通过太郎冠者的举止和台词，想象着下雪的情景和牛的样子。在此引用本剧剧本中的一节。

　　好冷呀，好冷呀，（说着便摔倒了，然后又爬起来）暴风雪来临了啊，这样的冷法，人家好不容易托付给我的酒，怕是要完蛋了吧。喂，喂，浑蛋［牛］哟，那里是悬崖好不好。你要掉到山谷里去怎么的？走中间，走中间。（走到目付柱附近，把牛拉回来）荷噻，真是让人受不了啊。

　　（"岩波日本古典文学大系"《狂言集　上》，第 384—385 页）

太郎冠者好不容易到了山顶的茶馆，他拴好了牛，走了进去。老板端出热茶招待他，但他说想喝酒。不凑巧茶馆没有酒卖，太郎冠者很是失望。茶馆老板为此感到很抱歉，他看到太郎冠者背着的好像是酒。太郎冠者说这是名为诸白的好酒，茶馆老板说喝了这酒身体就能暖和起来了。太郎冠者说，这是要送出去的礼品，不能喝。老板说，酒冻坏了以后就没法喝了，送人更糟糕。于是，太郎冠者在木桶的盖子上倒了满满的诸白酒。

太郎冠者喝到兴起，于是劝茶馆老板与他同饮。老板从来没有喝过诸白酒，虽然开始还有些客气，但太郎冠者不住地劝他给个面子，于是他也喝了起来。二人推杯换盏，喝到兴头上，唱起了小曲儿，还跳起了舞。等到酒都喝光了，两人醉得一塌糊涂。茶馆老板最后跳起了《雪山》一舞，太郎冠者很是欣赏他的舞蹈，当下就要将木柱送给他。老板说这是要送予别人的礼品，万万不能接受，太郎冠者却表示，不接受别人的奖赏太不礼貌，于是将木柱强行赠予他，于是乎老板就拉着驮着六驮木柱的牛下山了。喝得酩酊大醉的太郎冠者就这样睡了过去。

这时，在后方休息的伯父来到舞台前。想趁着雪停赶紧回家。他准备向茶馆老板道谢后离开，但是叫了人，去无人应声。他仔细一看，有个人在睡觉，一身的酒气。他上前仔细一看，这不是外甥家的仆人太郎冠者吗？太郎冠者终于认出了对方，说："我正要去你那里。"伯父觉得很可疑，就读了太郎冠者怀里的信，上面写着要送来之前约定好的木柱。他看了看周围，并没有看到这些木柱。伯父问道："木六驮在哪？"太郎冠者无言以对，马上胡诌说，自己的新名字是"木六驮"。伯父又问"诸白"是何意。太郎冠者面露难色地回答道："诸白，是东西。"

以下的对话是围绕木六驮去向的问答，言辞激昂，在此引用原文。

　　　　伯父：咿呀咿呀，木六驮哪里去了？

　　　　太郎冠者：诶，这信中提到的木六驮说来有趣。

　　　　伯父：此话怎讲？

　　　　太郎冠者：主人说我没个正经姓名，从现在起，就叫我为木六驮了。由我木六驮前来送礼品。

　　　　伯父：（继续读信）"呈上诸白一桶"。这诸白又是什么？

　　　　太郎冠者：这诸白，是个东西。

伯父：被你喝了吧？

太郎冠者：我没有喝，诸白就是个东西。

伯父：是什么东西

太郎冠者：是东西。

伯父：什么东西？

太郎冠者：方才的牛。

伯父：方才的牛？

太郎冠者：因为天气太冷了。

伯父：因为太冷了。

太郎冠者：就想喝一杯……（说完就向后方逃走了）

伯父：浑蛋！你要去哪，看我不抓住你，哪里逃！

太郎冠者：啊，饶了我吧，饶了我吧。（逃进后方幕布）

伯父：哪里逃，哪里逃！（随后紧追着太郎冠者，二人退场）

（出处同上，第 39 页）

虽然充斥着痛苦的逃避很滑稽，但因为无法贯彻谎言而逃跑也很滑稽。最后以"饶了我吧""哪里逃"的狂言剧末的常用语结束，这样观众很清楚地知道到此就剧终了。

观众可以以平静的心情笑着，那是一种含糊的笑。这是与冷笑和嘲笑无关的无聊的笑。因为对方舞跳得好，就将 30 根木柱连同牛一起送人是不合常识的狂妄行为，但从悠闲的谈话内容来看，即使已经送人了，伯父早晚还是能把木柱和牛要回来的吧？观众们可以轻松地为这出剧自行脑补出这样一个结局。总之，这是在戏剧里发生的事情，只要能放下心来享受这出剧就可以了。让观众有这种放松的心情，也是狂言的目标。

故事情节简单，都是些琐事，而且剧中角色也是平平淡淡的小人物，这就是狂言。其他的狂言剧目也是如此，在《木六驮》中，太郎冠者、主人、茶馆老板、伯父这四个角色都很受欢迎。在最后一幕中，逃跑的太郎冠者并没有被抓住，也没有受到惩罚，伯父也没有憎恨太郎冠者。登场人物是平民，体现出了他们可以互相原谅的信赖感。在现实世界里，人们有时候会被强烈的爱恨情绪所累，也不可能只和知根知底的熟人来往，但在狂言的舞台上，有一种平淡的安心感。可能这也投射出平民对于乌托邦的向往。

登场的小人物、故事情节、台词，再加上平凡又温暖的歌曲和舞蹈，为乌托邦增添了一份轻松明快与华丽。与能乐追求歌舞的幽玄之美不同，狂言的歌和舞蹈是朴实的、热闹的，不会装腔作势。

在《木六驮》中，一共八支歌舞，分别是太郎冠者与茶馆老板的独舞，以及两人共舞。两人一边尽兴饮酒一边歌舞，舞台上欢快的气氛也感染了观众。与能乐一丝不苟的庄重歌舞不同，狂言的歌舞让人忍不住想加入其中，一起舞蹈，十分轻松。表演者在舞台上演出需要面对很多观众，因此歌舞表演一定要赏心悦目，与此同时，还要营造出轻松愉快的氛围，这需要高超的表演技巧。

在《木六驮》的茶馆场景中有一幕，太郎冠者和茶馆老板一起唱起了狂言小歌，跳起了狂言小舞，其中演唱了谣曲《盆景取暖》中的一节。讲述了落魄的镰仓武士佐野源左卫门常世点燃珍爱的盆景为旅僧（北条时赖）取暖的故事。虽说这首曲子原本表达的是落魄武士痛苦的心情，但在此要活跃舞台气氛，因此要作为一首欢快的歌曲来演唱。很多观众应该知道歌曲的由来，所以对于演员来说，要运用自己的演技，表演出酒席上欢快的氛围，将这首歌演绎成一首滑稽的歌曲。演员必须在不破坏能乐《盆景取暖》原有风格的基础上，将庄重的歌曲演绎成搞笑歌曲。具体来说，原曲中珍藏的盆景转变成盛满美酒的酒樽，在扫除积雪后看着露出的盆景中的树木而犹豫不决的表现，转变成"嗯！就这么办！"的态度，是一种被酒吸引的逸乐之相。

世阿弥的《习道书》中有这样一句心得说，"绝不能因为是狂言，就使用低俗的语言表演"。这不只是对于能剧演员和能剧作者的要求，也是对狂言创作者们的要求。与欧洲戏剧中的小丑对比的话，不带面具，不着奇装异服，不化浓妆的太郎冠者，可以说是十分朴素又日常化的小丑角色。不过，狂言因为一直与能乐一起搭配演出，所以能做到既搞笑又不使人觉得低俗。它与能的幽玄趣味不同，虽然目的是搞笑，但这种笑不是嘲笑也不是冷笑。虽然将人们的失败、愚蠢、贪念和肤浅作为笑点，但观众基本都能理解，这就是所谓的人世间，就是因为有这样愚蠢又搞笑的事情发生，才体现出了鲜活的人生，才是狂言的笑点。当然，狂言同时也能缓解观众的情绪，让观众接下来更好地观赏能乐。

从此时开始，产生了能与狂言共同表演的戏剧模式，一方追求幽玄美感，而另一方追求滑稽搞笑，开拓了崭新的精神境界。

第八章

禅宗的造型之美

—

鹿苑寺金阁、慈照寺银阁和龙安寺石庭

如前所述，猿乐能原本是一种以模仿、仿效为主的大众化曲艺，其后，观阿弥和世阿弥父子以幽玄之美为目标，使其向着充满艺术性、精神性的艺能大幅转变时，受到了当时的掌权者足利义满在物质和精神两方面有效的庇护。虽然我们未曾知晓他对致力于能的观世父子的志向理解到什么程度，又在何种程度上与他们共享了美学意识，但至少义满具备丰富的感性，足以察觉到幽玄之美那种飘忽彷徨、散发灵性的妙处。观世父子想要创造出的雅致的美，与平安朝的高雅之美相通，这一点也感染了向往王朝美学的义满。

义满不仅仅是观世父子的庇护者。他以强大的幕府权力和在与中国明朝的贸易中获取的巨大财富为支撑，对和歌、连歌、茶道、花道等艺能加以保护和奖励，并与春屋妙葩等禅僧交往甚密，助推了五山文学和水墨画的繁荣。义满本人热衷于舶来的中国器物和绘画，由于他的收藏数量众多，所以甚至需要名为"同朋众"的专门人员进行出纳管理和鉴定。

长此以往，当这种文化上的资助保护、情趣和愉快达到极盛时，便出现了北山第这样的大型建筑，也就是现在俗称金阁寺的鹿苑寺。

金阁（鹿苑寺）（来源：Keith Pomakis）

北山第原本归贵族西园寺家所有，其后转至义满手中。义满于1397年着手翻新与增筑，次年基本修建完成。1399年，义满移居此处。义满逝世后，这里成为其妻子日野康子的住所，夫人逝后，请来梦窗疏石进行开山，北山第被改为禅寺。

　　据说北山第在建成之初，是一处规模巨大的宅邸，面积相当于如今鹿苑寺（下文统称金阁寺）的两倍。其观赏重点在于遍布岩石和松岛的广阔的镜湖池，以及临池而建、三层结构的金阁寺。池塘布置十分讲究，金阁寺的二层和三层贴满金箔的样子也极致奢华，毋庸置疑的是，这些也是新宅建造时的重点。

　　如今说起金阁寺，人们就想到它是京都一大观光胜地，一年四季人潮不断。但北山第在义满移居时期，却是一处远离都城的闲静山庄。池塘广阔的水面上浮现出许多中等大小的岛屿，被冠以淡路岛、出龟、入龟、龟岛、鹤岛、苇原岛等名字。也许游客们游览时并不会细致到关注它们的名字，但这山庄中的居民和相关人员或许就会一边琢磨着名字的由来，一边尽享岛屿的风情。此外，只有一部分露出水面的岩石被称作浮石，其中有从须弥山得名的九山八海石，和以石头的进献者命名的赤松石、岛山石、细川石等。这些命名不由得让人联想到身为当权者的义满春风得意的样子。

　　这些姑且不论，偌大的池塘里到处浮出绿色的岛屿和灰色的岩石，这样的光景足以使观者凝神静气。为了使水与石、水与常青树木相协调，岛与岛、岛与石、石与石保持均衡，整个设计经过了周密细致的考虑。虽然普通游客不能从金阁中向外眺望庭园，但即使只是站在池塘周围，也足以感知设计师们造型感之卓越与技艺之高超。

　　水面上天空、树木和金阁的倒影与池塘表面漂浮着的岛屿和岩石都令人赏心悦目。我们很清楚，水面上浮现的并不是池塘上方真实的天空、树木和金阁寺，不过是它们的影子。但若是在晴朗的日子，天空的蓝、树木的绿、金阁寺的金形成的鲜明对比，足以让游客流连忘返，就连与水面上倒影的对比也十分美丽。若是水面上泛起涟漪，将倒影的形状和颜色打散时，又有别样的美感。池塘表面宽广，水上的倒影充分舒展开来颇具量感，观者得以尽情享受实物与倒影的对照。在这一点上，水面上的岛屿和浮石虽然在一定程度上阻隔了倒影，却并不影响美观。不仅如此，岛屿和岩石自身与它们正下方映出的倒影形成清晰对照，让人似乎徜徉在幻想的世界里。地处郊外的山庄，是一幢树木围绕、临池而建的壮丽建筑物，这些特点使人联想到类似的平安时代后期藤原赖通修建的平等院凤凰堂，不过在水面倒影的魅力这一点上，金阁寺更为优越。这是因为池塘的宽度赋予了倒影以景深效果。

　　再进一步说，金阁寺二层和三层镶嵌的金箔，虽然难以消除奢侈感，好在水的映照作用削减了这种感觉。正如后面要讲到的，这座被施以华丽金箔的不可思议的建筑物，并没有遵循在漫长历史中形成的日本审美意识的传统。它强烈的视觉冲击感忤逆了传统的审美意识。话虽如此，因为它具有那种不可思议的光辉，人们怎么也不能将其排除出美学历史之外。另外，金光闪闪的建筑物与常年映照在水里的淡淡的影像，在眼前呈现出上下两重之景，这也是使其强烈的视觉冲击感转变为魅力的一大重要因素。

　　让我们先暂且搁置金箔这一话题，对整个建筑物的结构进行一些说明。

　　金阁位于镜湖池的北端，仿佛乘着池水赫然而立。第一层被称为"法水院"，使用了蔀户*，为王朝的寝殿风格的设计。其西面有

---

*　蔀户，一种日式的摘窗，天花板上有垂悬的绳子或钩子保持窗户上半部打开。——编者注

一个附属建筑物为四面通风的钓殿风格。第二层同样是使用了蔀户设计的寝殿样式，但其内部为和式佛间，放置着观音菩萨坐像。第三层采用配有栈唐户*和花头窗的中国宋代禅宗样式的佛堂风格，其中安置有 3 尊阿弥陀佛坐像以及 25 尊菩萨坐像。屋顶覆以木质瓦板，顶端是一只凤凰朝南挺立。

　　建筑下面两层为和风，第三层为中国风，而且下面两层为长方形，第三层为正方形，但这样奇特的混搭丝毫不矛盾。有观点认为这是因为义满本身同时怀有对王朝文化的憧憬和对中国文物的异国情趣的喜爱，于是在这种交织对立中产生了奇妙的建筑物的构想。但我想这也是因为室町时代的工匠们审美意识和技术技巧都达到了一定高度，才能将这种大胆的构想完美落实吧。第一层附有一个钓殿风格的简朴建筑物，与三层楼阁巧妙融合，从这一点上我们或多或少也能感受到工匠们的游刃有余。

　　义满将和风的宗教性与中国风的宗教性一同融入这座楼阁，似乎想要将两方都置于自己的统治之下。将军的宅邸里必须有安置佛像的建筑，这座楼阁也是因此而建的。第二层放置有观音坐像，第三层则是 3 尊阿弥陀佛和 25 尊菩萨坐像。当时应该偶尔在此处举行佛教仪式。

　　但是，如此金碧辉煌的壮丽建筑可以被称为宗教建筑吗？工匠们在前方的池塘在岛屿和浮石的配置上颇下苦功，作为背景的树丛展示着四季的变化，这样华丽的建筑物也可以说是具备了宗教的美吗？

　　面对类似的疑问时，我不得不说金阁与宗教相去甚远。那种灿

---

*　栈唐户，一种有障水板、摇串的推拉式格子门。——编者注

烂夺目的美对于人们的祈祷、感悟或者救赎，都无法起到指引作用。人们仰望着金阁，或是行走在池畔，都很难集中精神。我始终不觉得金阁寺和庭园是为了促进精神的集中而建的。无论何时造访，此处游客都络绎不绝，确实这种喧嚣也会妨碍精神的集中，但即使是在早晨或傍晚人流稀少的时候，也很难会有心念集中的感觉。

但是，愉快的心情会逐渐蔓延开来，这正是义满所向往的与数百年王朝的风雅相通的、典雅愉悦的心情。悠闲轻松地绕着池塘远眺建筑物，才是置身于此地的恰当方式。人们就这样任意游荡，会渐渐觉得，金阁第一层的西侧延伸出的钓殿，似乎没什么用处，甚至就像信手玩闹一般建成的，却与这场景如此吻合。与此恰好相反的是，即使第二层安置了观音坐像，第三层安置了 3 尊阿弥陀佛坐像和 25 尊菩萨坐像，总体上也不会让人意识到金阁是为佛而建的建筑，也即寺院。无论怎么看，金阁的美和趣味都离佛教甚远。

那么，对于镶嵌在金阁上的金箔，我们又该作何考虑呢？

从古代开始就不乏在佛像上镀金箔的例子，然而在建筑物的墙壁、柱子、栏杆、房顶上镀金是很少见的。一般认为，在室町时代初期出现了金屏风，人们逐渐开始在画上镀金箔，甚至发展到在建筑上镀金，但说到佛教和金箔的关系，除了金色令寺院更显庄严这种一般理由之外，也很难有别的考虑。如果综合考虑镀金所需的费用和劳力以及产生这种想法的意外性，与其说利用金箔营造庄严感是为了佛教着想，倒不如说是当权者想要炫耀自己的财富和满足虚荣心。义满移居到金阁寺所在的北山第，并在这里执政，接待中国使者，与公家和武家贵族以和歌、连歌、管弦、猿乐为乐，然而他最想向国内外的权势者展示的，无疑是那座金光闪闪的金阁。

　　考虑到金阁的委托人义满的这种心理，金箔会若隐若现地散发恶俗感，也就在情理之中了。无可否认，眼前的壮丽建筑是财富和权力的象征。

　　另一方面，这座建筑于树丛中临池而立，彰显了和谐、强有力的美感，这一点也不能否认。一想到那强有力的美与金箔的绚丽密不可分，我们就不由得想到，作为财富和权力的象征的金箔，其绚丽又来自哪里呢？

　　金阁寺的二三层的金箔无论是颜色还是光泽，都与周围的自然景象以及建筑的其他部分，比如第一层和屋顶相差甚远，有一种醒目的美感。绿色基调的树木，蓝色的天空，映着景物颜色的水，茶色与灰色交织的地面，黑色、白色、茶色三色的建筑物，所有的这些都与金箔的金光四射的美形成了鲜明的对比。如果非要用语言来描述这种对比的话，从树木、天空、水、大地到建材都是自然的颜色，其中只有金箔是反自然的颜色。金色的二三层与建筑的第一层和屋顶，以及周围的自然景色，虽然经过了协调，但它的光泽和色彩，无法与周围融合，也无法让人感到熟悉。

　　如果要探究这种反自然感的由来，我们可以认为这是因为它具有两个特点：第一是稀少性，即自然界中缺少金这种材质散发出的颜色和光辉；第二是恒常性，即无论在怎样的条件下那种颜色和光辉都不会消失。踏入鹿苑寺院内，驻足于金阁前，巨大的楼阁覆盖在中上两层稀少又恒常的光芒下，这种反自然的美足以给观者留下深刻的印象。

　　反自然的美因为不同于自然，当它其置身自然中时，就很难被原封不动地欣然接受。金阁也是这样，金箔的那种色泽和光彩总给人一种强加的感觉。金箔装点下的二三层造成的强烈压迫感难以抹消。我不禁想，要是能下点功夫稍微抑制一下这种华美就好了。作为当时最高权力者的委托人义满的身影，仿佛不时浮现在建筑物的对面。我一定是被那样的想法左右了，才会觉得这幢建筑就是膨胀的权力欲与不加收敛的华丽之美的重叠，每想及此，就忍俊不禁。

但是，稍稍苦笑过后，有一个问题摆在了我们面前，即这种不加收敛的华丽之美为什么并没有破坏建筑和风景的美呢？稀少又恒常的色泽和光彩虽然难以消除反自然的印象，但那些过量的金光却与建筑整体以及周围的风景保持了和谐。怎样做才能保持和谐呢？这当然是参与建筑施工和庭园修建的工人们思考的问题，而非东家义满之所想。

建筑物前的池水缓和了金箔的冲击感，这一点已经说过了。池水在自然中也富于变化。微风拂过，水面上会泛起涟漪，水色与倒影的明暗浓淡也会随着季节、天气以及时间的流逝产生大而微妙的变化。当然，水面上金阁寺和金箔的倒影也在不断变化。一边行走一边张望其倒影，倒影的形状变化以及在岛屿和浮石阻断下凌乱的样子也很是有趣，此时金箔的美与自然并不对立，而是让人感觉它就在自然中，与自然共存。

在建筑构造上，第二层和第三层的屋檐向外长长地延伸，抑制着金箔的奢侈感。呈黑色的木瓦制屋檐稍微有些翘曲，整体笔直地伸展开来，而在屋檐的大面积阴影下稍稍靠近根部的地方，虽然光泽有些晃眼，但还是可以看到金色的墙壁、柱子和栏杆。黑色与金色、外面的延展与内部的闪耀，这样的对比引人入胜。有了黑色的衬托，内侧的金色得以巧妙地融入整体，而向外延伸的黑色也在内侧金色的衬托下增加了光泽。

必须要提到的一点是，为了缓和金箔的强烈视觉冲击感，庭园被设置在了恰好可以眺望金阁寺的稍远的位置。游客绕着池子往金阁寺的北侧走去，建筑物就在眼前，但在那里视野被建筑物遮挡，既看不到池塘，也不能将建筑全貌尽收眼底，感觉像是从背面，从没有设想过的位置观看。此处并不会让人想要长久驻足观赏。

金阁只能从东、南、西方向的池塘前方进行观赏，这样一来隔着池水的金阁看起来稍有些远。而且，从远处眺望的话，金色的冲击感会比从背面观看时的感觉更弱，虽然依旧华丽灿烂，但是会使观者不自觉将其光泽与周围的色彩、形状综合起来。这种观赏方式已经很稳定了，人们不会产生再靠近一点去细看的想法。

将建筑和风景设计为需要从远处悠闲地观望的形式，其实是在引导人们产生愉快的心情。无论怎样看，置身于何处，金阁周围的场景都与宗教层面的修行祷告相去甚远。反过来说，也正因为是置身于这样的场景下，我们才能把这灿烂夺目的金色作为一种明快的美来接受。

· ·

东山殿（后称慈照寺，俗称银阁寺）是足利义政仿照其祖父足利义满的北山第在京都的东山修建的山庄建筑，规模较北山第略小。

山庄开始修建是在 1482 年，义政没有等到彻底完工，在第二年即 1483 年便移居到了这里，兴建了西指庵、东求堂、会所等，并以西芳寺（一般称为苔寺）为原型修建了上下两段结构的庭园。后来被称为银阁的建筑是在 1489 年建成的，但次年义政去世，所以没有实现最开始的镀银计划。

与三层结构的金阁不同，银阁为双层结构。一层为书院造风格，采用了及腰高的障子；二层采用禅宗样式的佛堂风格，运用了花头窗和栈唐户设计，安置有观音菩萨坐像。

银阁与金箔灿烂夺目的金阁截然不同，是座素净的建筑。虽然存在三层和两层的差别，但无论是上层为禅宗佛堂、下层为书院造的结构，还是在屋顶上安置凤凰雕像的设计，都很明显是想仿效金阁。不过，由于镀银的计划被搁置，银阁没能将金阁的壮丽感也一并效仿，反倒成了一座朴素淡雅的建筑。也许是因为义政与义满的秉性不同，又或许是因为当时情势已无法允许过度的奢侈和华丽了。银阁在金阁之后时隔 90 年才建成，并在精神史上显示着它别样的姿态。

银阁前掘出的池塘也比金阁前的小得多。要说银阁临池而建，倒不如说银阁前到处是水，既不能欣赏水池里建筑的倒影，也不能享受建筑与池塘的对照之美。

池塘本来就狭窄，在距离建筑很近的地方又种植着松树和其他品种的大大小小的树木，使人没有办法尽享建筑的全貌。走在池塘边蜿蜒的小路上，忽地视野开阔，银阁的全貌就展现在眼前，但欣喜也只是片刻，游客将视线锁定在建筑上，再稍微向前走走，在那些四处伸展着的树干和枝叶的遮挡下，方才的整体感轻易就被破坏了。金阁寺一开始虽被称作北山第，但之后被称为金阁寺，正如其名，这个建筑群是以金阁为中心建立的，与此相对，以前被称作东山殿的如今的银阁寺，却不是以银阁为中心的建筑群。关于这一点，我们来到实地后自然就可以明白。

　　那么，能作为中心建筑的又是何处呢？作为持佛堂而建、内有义政的书斋同仁斋的东求堂，能称得上是其中心吗？答案是否定的。东求堂采用住宅样式，为实用的一层建筑，高度不及银阁，这样的建筑不足以超越银阁成为整个建筑群的中心。

　　东山殿的特色反倒就在于它并没有建筑中心。

　　金阁为了彰显权力，甚至展现出了反自然的绚丽，与之相比，银阁、东求堂及其他建筑则是与自然共存的，自然并没有被设计成衬托建筑的背景而退居次位，而是和建筑共存，一同展示着四季的更迭。

　　正因为没有中心建筑，在东山殿散步时才能气定神闲，可以信步随心而行。（银阁和东求堂中间有用白沙堆成的向月台和银沙滩，造型就像是人造的一颗痣。但它应该是江户时代之后的新产物，因此这里暂且不提。）虽然很少有视野开阔的地方，但眼前的植物、石头以及土的变化都能使人静下心来。这由绿色、白色、茶色、灰色几色构成的景色虽然朴素，却使人耳目一新。沉浸在那种感觉中，身体仿佛逐渐与自然融为一体，悠闲自得。

　　小径两旁生长着许多青苔，不甚显眼，却有着挽留闲庭信步的人在它面前停留的力量。据说义政酷爱京都西部的西芳寺，经常到那里游玩，并生出了沿袭此寺的构思来修建东山殿庭园的想法。正如其一般的称呼"苔寺"所表明的那样，西芳寺满园的青苔很是美丽，慈照寺的青苔并不集中，而是四处分散的，因此并不引人注目，但那种随性却与多处起伏的庭园的整体氛围巧妙融合，形成了无与伦比的美感。观者不仅可以欣赏目之所及绿色的微妙变化，还可以伸手触摸，享受柔软的手感和凉爽的湿气。

青苔确是一种特别的植物。从地面向上伸展，再渐渐横向蔓延开。由于地面上的土、石头、岩石的颜色都与其截然不同，所以可以准确判断出青苔滋生的地方，不过，紧贴着地面形成相同绿色的平面，再一点点向外扩展，这种生长方式在展现生命力方面实在有些微弱。青苔吸收着水分生长，若水分不足甚至不知何时会失掉生命，但那浅白清淡的感觉，确实会留在人们的印象里。

不过，对观者而言，由绿色的青苔覆盖着的地方，和露着土、沙子以及石头的地方，给人的观感确实差别巨大。地面覆盖着一层茵茵绿色，无疑代表着生命的力量。观者通过凝视它，会产生一种与其生命交相呼应之感，不禁想伸手去触摸它。也正是因为观者切实感受到了来自对生命的呼唤，那冰冷柔软的触感，仿佛成为青苔活着的证明。

在慈照寺的庭园里，长满青苔的地面和岩石多与池塘的水相接。此处青苔的绿与水面的绿平稳过渡。水是动态的，这种动态似乎与青苔的生命产生了共鸣，因此，比起土、沙和石头，水与青苔的生命的互动看起来要更为丰富。水也更充分地被青苔的生命力所浸染，并传递到了水边的土石上。

所谓对青苔的怜爱，其实就是享受矿物质和植物的自然结合。这种结合形成于紧贴地面、紧贴水面的地方，使之更为坚实稳固。观者将视线从脚下挪开，远眺庭园内的树木、池塘、岩石，可以发现青苔的朴实与庭园整体幽静的氛围十分吻合。树木的绿色、建筑的黑白灰色都属于古朴的中间色，与青苔的颜色形成自然过渡。有时，松树的枝叶会形成一些令人匪夷所思的奇怪形状，不过这并不破坏整体的协调。自然自古以来就具有包容力，而此处这种奇异也被当成自然的产物，得到包容了吧。

置身于如此闲静幽雅的风景中，人们不由得面对自己的内心。当外界保持着和谐，静静地存在于此时，散步者便能充分享受五感的安宁，不用担心外界不必要的刺激扰乱心思，就能安心地打开内心世界。

足利义政作为将军在位25年，其将军生涯却甚是波折。由于受到势力强大的守护大名的反对和抗争，再加上地方农民和搬运苦力的起义，幕府权力越来越衰落，但义政置之不理，并没有重建政权。在这种状况下，其养子义视与亲生儿子义尚掀起了继位之争，不久应仁之乱*爆发。对混战束手无策的义政不久就把将军之位让给了义尚，自己隐居起来，转向风流的生活。而东山殿就是为了风流生活而建造的地方，即现在的慈照寺。

如果说风流的生活是以愉快为主的话，那么与此地的氛围并不适合。当时，这里的建筑中设立了会所，似乎是风流人士的集会场所，然而欢乐、热闹与这座山庄的寂静并不相称。即便是聚集了很多人的时候，安静地聆听德高望重的禅僧讲话，或关系亲密的同道的两三人断断续续地交谈的场景才与此地相符。虽然作为将军的义政连连失意，但在艺术风流方面，他不仅为世人鄙夷的音阿弥（能乐表演者）和善阿弥（园林工匠）提供优厚待遇，还将山庄的修建委托给善阿弥，此情此景，会让人联想到在这庭园或建筑中的某个地方，两个人寡言相对的场面。

---

* 应仁之乱，发生于1467—1477年的日本封建领主间的内乱，根源在于细川胜元和山名持丰的对立以及将军足利义政的继任问题。——编者注

东求堂的东北角设有四块半榻榻米大小（约 7.3 平方米）的书斋，即同仁斋，这里也适合静静地度过内省时间。书斋为室町时代书院造的代表之一，其北部划分出一间面积（一间为 3.3 平方米）作为副书房，半间面积设置陈列架。在如此闲静山庄的一角设置一个这么小的房间，表明在都城的上层阶级中，安静的思索是受到推崇的。疲于战乱的心，从安静的内省与思考中寻求安宁，这的确是人类精神活动很常有的倾向。

山庄形成如此特色，除了有战乱年代的时代状况的原因，还有当时禅宗扩展的历史条件原因。进入室町时代，武家社会与禅宗的接触加深，在有权势的武士的援助下，各地都修建起了禅寺，并试着重建战乱烧毁的禅寺。而作为东山殿修建模板的西芳寺也是禅寺。

显而易见，如果仿效禅寺来修建闲静的山庄的话，就可以建成与坐禅和冥想相通的、寂静而适合思索的场所。静思和内省这些宗教的形式和礼节，被吸收到了武士的生活中。即使武士并没有专心致力于解读佛典和义疏，也没有围绕公案进行思想上的刻苦钻研，但只要是忆往昔、思前程，或追究现今生活方式的是非，这些和以往依靠武斗谋生的武士生活相比，已经是相当接近宗教的生活方式了。在这一点上，可以说拥有静思和内省的场所的慈照寺（银阁寺）比华丽的金阁寺要更加接近宗教建筑。金阁寺虽然是佛教建筑，但其建筑本身包括周围的风景，都是非宗教性的炫耀权力和享受愉悦的场所，与此相对，闲雅的慈照寺的氛围以及这样的场景下引发的静思和内省，可以说既不是反宗教的，也不是非宗教的。

话虽如此，如果要判断慈照寺是否是饱含宗教精神的场所，我们还不能果断地认可其宗教性。因为建筑要成为宗教性的求道场所，对于自然要更加节欲。在权力的炫耀与世俗的愉悦方面，慈照寺可以说已经十足禁欲，但对于自然却并不禁欲，反而是深入自然之中，并将自然之美如其本来的样子发挥出来，展现着与自然共存的姿态。就连此处感受到的闲静的安定感，也应该说是与自然和谐相处下的产物，在这里很难找到宗教精神中固有的、想要超越自然的集中力。居住者无论是在院子里散步，还是在同仁斋里独自静度时光，都没有必要将思维集中在一点上。悠闲地跟随心中浮现的思绪，才是与此地相称的行为方式。

那么，与宗教精神的集中相称的建筑，又是怎样的场所呢？我想以龙安寺的石庭为例来讨论这一点。

· · ·

龙安寺是一座临济宗妙心寺派的寺院，中心的方丈[*]和前面的石庭尤为出名，外部是大面积的庭园，中间有许多大大小小的建筑。细川胜元继承了德大寺家的山庄并创建该寺，应仁之乱时寺院被烧毁，由其子细川政元于 1488 年重建。据说新方丈的上梁仪式于 1499 年举行，石庭也是那个时期建成的，与慈照寺的修建时间大致接近。

龙安寺的石庭，与鹿苑寺的庭园和慈照寺的庭园，风格完全不同。庭园里没有池塘和绿色的树丛，也不能展示四季的变化，只有一面用白砂铺成的宽 10 米、长 25 米的长方形平面，上面有 15 块大

---

* 　方丈，佛教中本意指禅寺长老或住持居住的地方，后用以代指禅寺长老或住持。

龙安寺的石庭（来源：Cquest）

小不一的石头。庭园采用了不使用水来表现山水的"枯山水"式造园技法。此外，石头周围除了苔藓并无其他草木，这种设计方法在枯山水中也很是特别。一边有意识地创造观赏点，一边又将目光能停留的地方剔除得如此彻底，这样的庭园设计的确少见。

"枯山水"这个词早在 11 世纪的《作庭记》中就有记载：

　　　　在没有水池、没有水源的地方，放置石组。此乃枯山水。

　　　　　　（"岩波日本思想大系"《古代中世艺术论》，第 226 页）

　　话虽如此，但像龙安寺石庭那样营造庭园的方式，即在整个庭园都整齐划一地使用这种技法的方式，就要等到 15 世纪以后了。这是因为造园的方式必须使禅宗"空无"的精神理念具体化，并且与石、砂的形状和配置相结合。传统造园法将人们热爱的自然之美加以渲染，使人沉浸在与自然共存的喜悦中，这种方法不可能产生出枯山水的构思来。枯山水的诞生，要求造园者必须能萌发出一种造型意志，即想要创造出与丰富的、赏心悦目的自然不同的另一种自然的造型。造园者的心中应当涌现出一种思想，即否定那种在造园传统中长期传承下来的，对丰富而赏心悦目的自然的崇尚。这样的新思想可以说是将空和无的理念与自然联系了起来，也可以说是想要从自然的树木和岩石中，领会超越传统审美意识的宗教意义。如果将其命名为禅的思想原理，那么将这种禅的思想原理贯彻到底的就是龙安寺的石庭。

　　鹿苑寺和慈照寺的庭园里设有散步用的小径，在那里散步会使人心情舒畅。人的心情与周围的树木、水、土以及天空，平静地产生共鸣，将世事都置之脑后。人虽然置身于被安排好的自然中，但自己并没有感觉处在人工打造的自然中。周围的风景与心的交流也没有人为制造的感觉。人一边行走一边向远处前方仰望，也可以左右慢慢地移动视线，还可以驻足观赏脚下的石头和青苔。就这样或走或停，身体被自然围绕，随心而动。在随心自然的运动中，周围的自然物看起来也甚是美丽，那是一种平静的、安心的美丽。

龙安寺的石庭不属于这种自然韵律，造型也没有追求平静的美感，而是与自然感和平静感正好相反。

龙安寺的石庭原本就不是能悠闲散步的地方。长方形的庭园里没有用于散步的小径，只能从北侧的长廊上眺望。人就算踏进院子里，也会对要去哪里、怎样走到那里感到不知所措，结果恐怕还是会回到走廊上。如果人想要勉强到处走走，空间也远远不够一次自然的散步。据寺传记载，这座庭园被称作"母虎带子涉水过河庭园"，诚然，这里虽不适合人类散步，但对于老虎来说倒正合适。整个石庭脱离自然感的造型，确实与这个奇特的命名相匹配。

从走廊上稍稍向下环顾院子，在一片白砂上，从左边开始排列，分别为五石、二石、三石、二石、三石，除此之外什么也没有。走廊沿着庭园的东西方向长长地延伸着，人可以在此处来回走动。但是，走动的过程中并不会有新的景象出现，只是对石头的观赏方式在一点点产生变化。这里没有大自然五彩缤纷的丰富和趣味，或者说，这座庭园在建造时就拒绝和排除了这种丰富和趣味。虽然与传统的庭园风格迥异，但是石庭的建筑师们也是以美丽的造型为目标的，只不过那种美不是靠近自然、效仿自然的美，而是背离自然的美。假若一定要用一个词形容的话，那就是抽象之美。抽象之美不是自然之美的延伸，而是在一度否定了自然之美之后诞生的。

镰仓时代开始到室町时代中叶，禅的空无思想逐渐在民众间普及，为抽象意识的转变提供了条件。空无思想通过精神的集中来净化心灵，排除一切有形之物，达到无为、无我的境地。坐禅是禅的基本，通过端坐来沉思和默念，进入无心的境地。坐禅只是始终一动不动地坐着，与此相呼应，就有了只用白砂和石头建造的抽象至极的石庭。

悠闲地置身于自然之中，比如在庭园里散步，以平静的心情沉浸在自己的思想中，这可以说是思考的一种形式。另一方面，排除杂念，背离自然，追问自己的过去、现在、未来，甚至追问佛的真理，这也是思考的一种形式。如果将坐禅作为一种精神集中的方法来加深对内心的思考，那么在坐禅时，人们就被要求克制自己的欲望，闭上眼睛，阻断耳朵以及其他器官对外界的关注。断绝对外界的关心，拒绝与外界的交流，被认为是具有宗教性价值的态度，也正是因为有了这样的态度才能创造出无心的境地吧。

正是坐禅时应该持有的心态引导出了自然的抽象化。在无心的境界中，自然既不是丰饶的，也不是美丽的。自然虽然有时候也会无法展现出来，但自然却不容置疑地一直存在着。将不容置疑的一直存在的自然展现出来，不就是被抽象化了的自然的样子吗？只用白砂和石头构成的庭园，不正反映出人与自然之间的界限已经被消减到最低限度了吗？在那种情况下，庭园无限接近空无，面对着庭园的人也无限接近空无。

但是，以抽象化的自然来设计庭园，实在是自相矛盾的造型行为。庭园修建的根本在于，在一定的空间内，呈现出易于观赏、易于接受的自然的丰富多彩和变化的趣味性，再现与自然共存的喜悦，并使人们重新认识这种喜悦。而在此处的庭园中，人们之所以排除了丰富、多彩、有趣的自然，却仍旧可以在自己精神集中的心境中感受到自然，是因为自然以极度压缩的状态得到呈现。

像龙安寺石庭那样的抽象化庭园继续发展的话，就不再是普通意义上的自然的庭园、模仿自然的庭园了。"母虎带子涉水过河庭院"这样非同寻常的名字会成为寺院的名字，并作为寺院传说流传下来，也说明这座极度抽象的庭园确实难以把握。自然的抽象化始终是自然的抽象化，是抽象化的自然，虽然没有断绝与自然的联系，但是可能会通过彻底的抽象化使自然不可见。那么龙安寺的石庭是自然吗？人们不由得产生这样的疑问。

庭园建筑师们能够在抽象化的道路上奋勇前进，支撑他们的是技术上的坚定信念，即坚信不论庭园多么远离自然，只要以沙子和石头建造庭园，就能够呈现出美丽的样子。日本造园法在平安后期已经达到了高度的技术和知识水准，出现了著作《作庭记》，在镰仓向室町时代过渡的时期，宅邸和寺院的修建更为熟练，到处都建起了模仿自然却又比自然更有自然感的庭园。禅宗思想分外追求精神的集中，乘着这股势头，自然的抽象化发展到了顶峰，庭园建筑师在追求似像非像的造型的过程中，磨炼出了练达的技能，即便是建造远离自然的庭园，也具备了开发出美的造型的能力。此时，追求禅的思想性并不是面向自然的，而是变成了追问自然和自己的关系、回归自我的活动。

重新站在北侧走廊的中间纵观庭园全貌，视线会在石头间转移。很明显，庭园修建的重点在于在哪里放置石头，怎样放置石头以及放置多少石头。要使铺满白砂的几何平面给观者以统一感和清爽感，又不能将整体变成模糊的空间，这似乎是配置石头的关键所在。与再现自然不同，这是以抽象的场所为对象的抽象思考。如果石头数量过多，就会削弱统一感和清爽感，如果太少，又会扩大空旷感。15 块石头就是最好的呢，还是能够允许稍做增减呢？我们很难对此做出判断，但确实现有的 15 块石头的配置，使这个庭院能成为充满气势的清净之地。与尽力贴近自然、和自然共存的庭园相比，这里能够让人感受到与自然不同性质的禅宗的精神性。或者也可以说，这是一种加深对自己和世界的思考的精神性吧。异于寻常庭园的审美意识支撑并推动着建筑师们。

当然，人所站位置的不同，对石头的观感也会不同。从东北方的入口踏入走廊，眼前是长方形的广阔平面，入口处的 5 块石头收紧了快要沉入其中的心绪。停下脚步望向对面，余下 10 块到处散落的石头似乎有什么意义。然而，仔细看去就会发现，石头并不是作为记号来表示什么的，其形状、触感和配置的妙处似乎才是看点。如此，以从容的步伐前后反复观看几次，人们就能欣赏到目之所及之处石头表面的变化、石与石重叠的景象以及连接状态的变化。如果人们是在享受庭园的变化，那一定是在享受几何学上的变化，这是置身于抽象世界的乐趣。

走廊的另一端向右转弯，从房间的侧面一直延伸到背后，庭园则延伸到了接近走廊尽头的地方。但是，由于人走到走廊尽头时，石头的样子和变化就大体上看完了，因此人们并不会想再往前走去。石头抽象的趣味是庭园的生命力所在，这一点在此处也有体现。

不能忽略的是，庭园被土墙隔开，隔断了与外界的联系。外面是比石庭大几十倍的、充满绿意和水的庭园。在石庭的走廊上，人只能在越过周围土墙的墙檐看到绿色的树木。视线停留在白砂和石头上时，人们几乎意识不到这些树木，只有当思绪抽离眼前的长方形空间时，才会意识到庭园周围原来满是绿意。极端抽象化的石庭与周围传统庭园相比的特殊性，在潜意识里也有反映。

要建立一个与禅宗精神相称的庭园，必须要坚持其特殊性。显而易见，无论庭园建筑师们有多大的本事，枯山水和绿意盎然的庭园之间若是没有间隔的话，枯山水就会被自然的绿意所吞没，变成自然的一部分。如此一来自然的抽象化就很难把握。设计墙壁来分割长方形空间与外部的自然，从这一点我们能够感受到建筑师们建造抽象化庭园的强烈决心。哪怕拒绝和排除自然的绿意，也要打造与禅宗精神的集中相呼应的空间，创造出抽象的美的世界。

但是，庭园之美不仅体现在精神层面，同时也存在于感觉层面。龙安寺石庭的美也不例外。它虽然是一种抽象的美，但到底是美的。我每次到访庭园都有一种感觉，虽然身体感到紧张，但随着我逐渐熟悉了石头的构图，心情也得到放松。人坐在走廊上眺望庭园时，并不觉得需要正襟危坐。享受美的世界与坐禅果然还是不同的。精力即使集中了，眼前一旦展开这般美景，精神就又要分散开来。这都是受到了美的驱使。石庭的建筑师们在追求极限的抽象化自然同时，还不得不做着自相矛盾的努力，来创造抵抗自然之美的空间；而从石庭观赏者的角度来说，也感受到了不断求道的宗教心与放松享受美的心情之间的矛盾。

第九章

宿于山水画中的灵气

——

"那智瀑布图"、雪舟与松林图屏风

　　到目前为止我们讨论过的绘画作品，有很多是关于富有神圣性的自然景色的。例如，上卷第十二章中选取的《山岳阿弥陀图》（禅林寺所藏）中的风景。如阿弥陀如来上半身的山形以及身后延绵不绝的大海，如同佛祖来于大自然又归于大自然一般，佛祖的光辉也普照于大自然的风光之中。

　　取自同一章的《阿弥陀二十五菩萨来迎图》（俗称《早来迎》，知恩院所藏）中的樱花景观也贴切地表现出菩萨往来于天际时的光辉。就好像要呼应诸圣众相继从空中前来的那一派神圣热闹的景象似的，大地上空也是一片繁缛富丽。

　　我们在第四章中观察过《一遍圣绘》和《蒙古袭来绘词》，其中《一遍圣绘》中旅途的风景也不只是在描绘山、川、树木、道路、岩石等原本的样子，这些神圣的景色表达的是佛法、对乱世的痛心、对人们苦难的感同身受。一遍上人虔诚与慈爱的思想，照亮超越世俗的自然之清澈与静谧。面对死亡时，一遍上人周围的自然环境显得格外庄严，而一遍的死是见证神圣灵魂回归神圣自然的过程。

　　可无论是《山岳阿弥陀图》和《早来迎》还是《一遍圣绘》都不是以风景为主题的画卷。阿弥陀、圣者和一遍才是画的中心，风景是用来突出主角和说明场景的。风景的神圣性也并不是本身就蕴含在风景中的，而是因为反映或反衬了主角的神圣性，而具有神

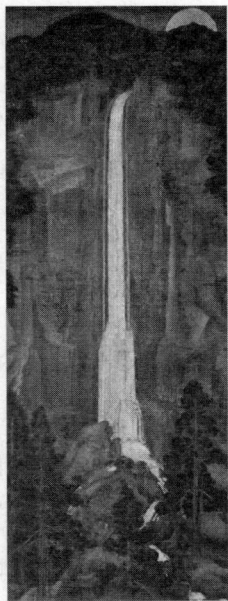

《那智瀑布图》（根津美术馆）

圣色彩。在描绘主角之外的背景时，就算画家的用心和尽力程度不亚于描绘主角的程度，并且已经尽量将背景呈现完美，可背景依旧只是背景。与以风景为主的绘画相比，这一点的区别很明显。

　　在日本，以风景为主题的画传统上称为山水画，这一称呼是从中国借鉴而来的。在这些山水画中，作为主题的风景（山水）自带神圣的光辉。为何要将山水画表现得如此神圣呢？本章将借助《那智瀑布图》（东京根津美术馆）、雪舟的水墨画以及长谷川等伯的松林图屏风等作品，来讨论这一问题。

．

　　《那智瀑布图》作于镰仓时代末期的 1300 年左右，长 161 厘米，宽 59 厘米，是一幅绢本着色图。当画卷纵向打开，映入眼帘的是从高 133 米的悬崖顶端飞流直下的那智瀑布。因为是约 700 年前的画了，颜料的脱落很明显，然而暗色调的悬崖上的树木和顺流而下的白晃晃的瀑布，依旧形成鲜明的对比。瀑布是这幅画的中心，是这幅画的本体，也是这幅画的实体，这点一目了然。人们长期以来惊叹、崇拜、信仰的神圣瀑布就这样完美地呈现在绢面上。

　　那智瀑布是悬挂在和歌山县那智山上的巨大瀑布，那一带自古以来都被视作山岳信仰的圣地，受到人们的尊敬。除了画中的大瀑布之外，瀑布周围还有许多大大小小的瀑布，关于这些自古以来受人景仰的瀑布，在《国史大辞典》中的"那智瀑布"词条中有以下记述：

　　　　……那智山以修验道的修行道场和观音灵场而闻名，对它的信仰可谓是从将自然瀑布神格化开始的。那智瀑布又称七瀑布或四十八瀑布。那智山中散布着大大小小的瀑布，如第一瀑布、第三瀑布、曾以瀑布、多须岐瀑布等，其中祭祀地主神"飞泷菩萨"的第一瀑布是代表。这些瀑布既是信仰的对象，又是修行场，自古以来就有人隐居在那智山中，在瀑布下打坐的千日修行。世间流传着花山法皇、圣护院准三宫道兴、净藏、文觉、良尊等诸多名人在这里做过千日修行的说法。那智山的信仰以瀑布为中心，反映在大寺院中，大寺院的社僧几乎都被称为瀑布行者⋯⋯

（《国史大辞典 10》，吉川弘文馆，第 707—708 页）

熊野是难以接近的险峻之地，因此它才成为人们敬畏、崇拜和祈愿的对象，也成为修行的场所。大瀑布是这个信仰的中心，高度达 133 米，在大大小小的瀑布中排名第一。

《那智瀑布图》把第一瀑布安置在画面中心，其中心思想是将偏远地区严峻的自然条件和自古延续下来的敬畏、赞叹之情结合到一起，用画作表达出来。

瀑布的水从郁郁葱葱的树木和茂盛的森林中蜿蜒而出。森林绵延到深处，并不断向更深处延伸，让观者自然而然地联想到在那一片漆黑中，几条水流蔓延开来汇入瀑布的情景。森林之高，让人难以仰望，森林之深，让人难以接近。

悬挂着瀑布的悬崖呈现出一片荒凉的景象，有一片久经风霜的裸露岩石。陡峭的悬崖近乎笔直地矗立在那里，绝无可能从这里上山或下山。冷峻的崖壁近乎无情，别说是人类，就算是野生动物或植物都难以靠近。一片大自然鬼斧神工的壮观景观向我们步步紧逼而来，给人一种压迫感，但这种氛围正是自然信仰中不可或缺的一部分。

这样的一幅画中的近景，却是悬崖的下边层峦叠嶂的岩石和古老的杉树。到了这里，就没有了波澜壮阔的景色，岩石的轮廓和岩石上微小的凹凸、古树上叶子的脉络、枯老的树枝被画家描画得十分精细。近景的描画也体现了画家对那智山水自然景象的敬畏和尊崇。在画幅的最下端，岩石和杉树前边，轻轻描绘了一间参拜殿的屋顶，如果不仔细看可能都会忽略掉。这屋顶在大自然中竟没有一点烟火气息。在这一片远离忙碌的人间俗世的地方，深林、峭壁、急瀑、巨石、古树依次展开，这片景象让我们深深地感受到幽远的大自然从古至今长久存在的样子。眼前的景色无边无际地向四周延展，时间仿佛慢慢地流进了画中，然后流向了更远的远方。在这片壮丽的景色前，欣赏画的人就像一粒微不足道的尘埃，却感受不到任何不快。因为人和永远不变的自然同在，被壮阔的景色包裹着的充实感已经让我们忘记了自己的存在。

让我们忘记自己存在的、经久不衰而波澜壮阔的大自然，是人类自然信仰的基础。把自然景色原原本本描绘下来的画作很罕见。这幅画毫无疑问属于风景画或者山水画一类，但是它又已经不单单是风景画或者山水画，而是超越了它们的一种存在。画家把自然风光原原本本地描绘下来，加以美化地描绘下来或者把自然风光整理后描绘下来，都需要耗费很大的心力，而《那智瀑布图》这幅画超越了写实和美化，具有灵性和神性。甚至可以说，它具有可以连接太古时代自然信仰的精神力量，具有意欲唤醒自然的神奇力量。

画家在面对着大山深处的大自然时，一定全身都感受到了它的神圣。画家在将眼前的自然的状态恭敬客观地定格在画面上时，一定深深希望能在自己作品的画面上反映出大自然的神性。画家在凝视大瀑布和它周边的风景时，一定在心中冥想自己在大山深处的自然中静静双手合十的样子。

大自然的神圣，如果追溯到从前，可以自然而然地与远古的自然信仰连接起来，而沿着相反的方向寻找的话，可以与我们现在的自然观相连。可以说人类的历史，就是一部人类先在自然内部用自己的力量施加影响，再使自然转变为人为之物、文明之物的历史。我们拥有的、自己触手可及的自然，就是我们的身体，只要身体还在现实中存在，人类的历史就不可能脱离自然。不仅如此，深远的自然还是灵魂的故乡，可以为身体、为心灵带来无限的安慰，在我们的身心之内，也在我们的身心之外。

《那智瀑布图》所表现的就是这样的大自然。从时间上来说的话，这是从远古开始一直到现在，悠悠地保持其存在的大自然；从空间上来说的话，这是从眼前的大山深处的风景开始，不断延伸到远处广阔无垠的大自然。看画就像被大自然所吸引一样，看得入神的话，就会被这样的自然包围，与这样的自然同在，开始思考人何以为人的原始问题，我们可以体会到原始的感觉现在也活在我们的心灵深处。有能力表现出这样的大自然，是这幅画的精妙之处，也是它的壮美之处。

但是，仅仅表现出大自然的深远和壮阔是不充分的。绘画不仅是向观众展现时间上、空间上的深远，还将眼前白色的瀑布突出为灵气笼罩的神圣之物，并以此紧紧抓住观众的视线。因为瀑布就是画的中心、本体和实体。

现在让我们再次看向画的整体。画面的中央用平行的数条细白线仔细地描绘出从上向下流的瀑布。瀑布从上开始到三分之二处为止，渐渐变宽并且笔直垂下，在三分之二处转折，撞在突出的岩石上，变成原来的 1.5 倍那么宽。接着，从这里继续向下流，在垂直流到底的地方，变成了穿行在岩石缝隙之间左右蜿蜒的水流。

画家大概是将映入眼帘的瀑布如实地描绘了下来。白色流水整体给人的安定感是史无前例的。上部的三分之二是略窄的瀑布，下部三分之一略宽，强有力地支撑着整个画面。落下来的瀑布分散到各处形成水流，归于尘土。让人联想到瀑布从遥远的古老时代就一直保持着这样的流动，千古不变。从上到下的激流，整体稳定地居于画面中央。动静调和、毫不动摇的瀑布巧妙地出现在画面正中央，好像诉说着某种威仪，某种雄壮。

凝视画中央的瀑布，再环视其周围的自然，我们发现，幽深的大自然成了神圣瀑布的背景。红叶满山，绝壁陡峭，瀑布飞流直下。瀑潭里怪石林立，杉树并生环列，和幽深的大自然融为一体。位于中央的白色的、光芒四射的瀑布成为一种特别的存在，当我们注视它的时候，它周围的自然虽然保持着神圣性和神秘性，却在它背后稍稍退去，成为背景。

前景和背景分开后，并没有削减自然的神秘，反而放大了画的立体感。通过这一点，我们可以看出画家技艺的高超。光芒四射的白色瀑布和周围黯淡无光的自然的对比，形成立体感，给人以深刻的印象。还有一个我们不会看漏的地方，即画面右上角露出了大概半个太阳。当我们的视线集中在瀑布上时，不能马上注意到它的存在，但当视线沿着细细的几条白线从上到下，再从下到上地移动，我们就能看到最上部画着的太阳。与此同时，画的空间在山的另一边延伸开来。群山增加了神秘感，瀑布的水流流向幽深昏暗的森林，令人思绪万千。随着深入上部的幽深的森林，下部的巨石和老杉树向前延伸出来，落入中间悬崖下的那智潭。那智瀑布既担负着后方不容看透的空间，也担负着前方绰绰有余的空间，其幽远深邃的形象更加鲜明。

不只这样，看着看着，太阳就变得像神圣瀑布背后的光圈了。

很难断定画家有没有把太阳作为背光来描画的意图，而一旦我们对太阳产生了背光的印象，就很难再把它当成别的去看。瀑布的水流从顶端稍微右倾蜿蜒而下，那个方向正好是和右边的太阳光圈相接的位置，有了这样的关联，太阳光圈作为背光的感觉就更强了。而且如果我们把太阳的光圈看成背光的话，照亮瀑布的光就像是从那里传来的一样，显得不可思议。

　　如果站在画的正前方，飞流直下的白色瀑布和两侧棕色的悬崖，从正面看，也就是从我们站的方向看的话，呈现为浅茶色并反射着白色的亮影。但如果把山的背面的太阳光圈看作光源的话，就会觉得光从那里照射出来，延展开来，在眼前的风景上洒满。那蔓延开来的光，从上面，从左右，或者从正前方照耀着瀑布和悬崖，使白色的瀑布和浅茶色的悬崖凸显出来。瀑布笼罩在太阳光圈里，就如同佛身和背光的关系一样，一切看起来都熠熠生辉。

　　这些熠熠生辉、光彩夺目的东西，可以称为"灵"，也可以称为"魂"，但我觉得这种由自然生发出来的东西，应该称为"命"更合适。从科学的角度来看，无机的水自然落下形成的瀑布，不应该称为"命"，但这个瀑布的色彩和形态象征着大自然的宏伟和深邃，集周围的光于一身。也正因如此，它才能成为人们崇拜和信仰的对象。

　　把山水的神圣表现得如此传神的画作是非常珍贵的。画家用平静的心境面对瀑布，却比任何人都想把眼前的盛景描绘下来，他对大自然怀着更加质朴、更加坦率、更加纯真的崇拜和信仰之心。画家把来瞻仰瀑布的人们的心当作自己的心，并带着这样的一颗心创作了这幅画。

《四季山水图》（山水长卷部分）（毛利博物馆藏）

· ·

　　在《那智瀑布图》问世的一百五十多年之后，世间又出现了雪舟的水墨画。形成了日本水墨山水画历史上的一大高峰。在此，我们将雪舟的《四季山水图卷》（山水长卷）、《秋冬山水图》和《天桥立图》三幅作品放在一起分析，对他的构思、雄伟的表现手法和高超的精神世界一探究竟。

　　雪舟生于 1420 年，出生地是备中赤浜（现冈山县总社市），十几岁的时候在京都相国寺出家，成了一名僧人。他师从春林周藤，并向周文学习绘画。三十多岁时，他投靠周防国的大内家，从京都迁居到山口，专心从事绘画事业。1467 年，48 岁的雪舟乘大内家的遣明使船前往中国，并在中国生活了两年。在那两年时间里，他能够近距离观看中国风景，并能接触到很多中国山水画。回国后他在

　　大分住了一段时间，不久后又回到山口，并就此定居山口，只是不时到美浓、京都、宫津等地旅行。雪舟的去世年份不详，推算大约是在 1506 年，87 岁左右的时候。

　　《四季山水图卷》（山口毛利博物馆藏，下文统称为《山水长卷》），是他从中国归来 17 年之后的作品。

　　在中国逗留的两年时间，雪舟积累了大量经验，正是这些经验成就了他作为山水画家的卓越性。可以说，这些经验对雪舟具有决定性意义。在此期间，他创作了《四季山水图》（东京国立博物馆藏），与此前他以拙宗的名义所画的山水画相比，这幅画无论是画材还是画风都产生了很大的变化。这足以说明中国之旅对雪舟来说具有重大的意义。另外，遣明使船先停靠于宁波港，再从那里通过大运河到达北京，归途则原路返回。雪舟对途中所看到的风景胜地，人们的生活，动物，器具等事物进行了素描。虽然这也许是他工作

的一部分，但不难想象，眼中所见的景物勾起了他强烈的好奇心。回国后，他也画了许多模仿李唐、梁楷、玉涧、高克恭等宋元大家风格的作品，这些事实说明了他在中国积累了丰富的经验。回国后，雪舟的一大课题就是一边学习中国的景色、文物和绘画，一边完善自己的画风。这一课题耗费了他长年的心血，经过17年的努力，雪舟创作出了《山水长卷》，可谓是雪舟的集大成之作。

首先，它的大小就非同寻常，宽40厘米的卷轴展开后长达16米。这幅画以南宋画家夏珪的山水图卷为模本，但夏珪的真迹并未能流传下来，所以我们也就无从比较。当这幅长16米的画卷展现于眼前时，我们会不止一次地想到，这幅画作究竟是以什么为模本创作的呢？无论是精雕细琢之处，还是磅礴大气之处，皆引人入胜。

一边用左手展开左边的卷轴，一边用右手把看过的部分卷回，将画置于眼前几十厘米的距离，从头至尾观赏，这才是画卷的正确

打开方式吧。然而在美术馆中，放在长玻璃展柜中的最佳展示方法
还是平铺开其中的一段，所以我们没法以上述正确方式观看画作，
也就无法体会出其设计的用心之处。想想看，16 米的长度，无论
站在哪个角度都无法从头看到尾。我们只能从右到左移动着观赏其
描绘的情景的变化，这样将画卷反复展开、卷上，重复多次，我们
才能对画卷的整体有所了解。这时，作者所呈现的节奏与观众欣赏
的节奏逐渐达到和谐，合二为一，观众会感觉到人被画带动着走了
起来。

　　画卷的主体是山水风景，其细节之处，水畔的村落和小船、山
中的塔和房子、人头攒动的集市、城墙和城墙之内的楼阁一应俱全，
各处的小径和桥梁都相互贯通，看上去形似旅人的人物慢悠悠地走
着。无论风景、村落、都城还是人物，风格都不是和风的，更接近
宋元山水画的风格。画家并没有痴迷于异国风情，也没有想着令观

赏者感受到异国风情；他并没有肤浅地加入异国风情元素，而是一心一意地刻画一山一水，一城一郭，就像把实物放进了画面里一样。

从画中可以看出的四季变换并不明显，这一点就足以证明此画并不是和风作品。和风的季节感中，春有樱花，秋有红叶，对比显著，而在这幅《山水长卷》中，我们并不能找到樱花也不能找到红叶。通过树木绿色的浓淡变化、叶子的状态不同、水的颜色不同、空气透明度的不同等现象可以观察到季节由春到夏，再由夏到秋的变迁。这些现象确实可以被人渐渐感知到，却很难一眼直接看出。只有冬季可以直接从积雪的山顶分辨出来，但这也属于个例。普遍认为，画家并没有刻意展现季节感。

相反，雪舟在宽大画卷中追求的是山、川、村庄、都市、建筑物、人物等缓急自如的节奏。虽然一个又一个强有力的情景鲜明地存在于雪舟的笔锋之下，而雪舟的笔锋是那么的善于捕捉事物，丝

毫不留余憾，但更令人印象深刻的是，我们原本以为各种各样的风景会被全盘托出，而画家却在此时展现了一个广大的空间，将各种各样的景致包围进去。这让我们不得不惊叹，这样的效果只能源于他所向披靡的构图能力。跟从右到左逐渐移动视线去欣赏的方式比起来，从右到左去探索这幅长达 16 米的全图的视觉效果可能更佳。

　　让我们沿着画去看雪舟的构图能力，刚一打开画卷，就看到了以凌厉的轮廓线条和皴法（使山崖、岩石壁有阴影和立体感的一种山水画画法）描绘出的荒岩和树木，它们好像被山间涌出的柔雾温和地包裹住了。雾的另一边则是稍微有些遥远的丛林和楼阁，这部分没有刚才那里描绘得那么鲜明，而是一片被朝霞笼罩的朦胧风景。紧接着，雾逐渐褪去，再次出现了鲜明的线条以及深浅相间的绿色岩石和丛林，但能看到近前的房顶、河上架着的桥，还有在桥上挂着拐杖的老人及他身后的随从，这充满肃杀之气的岩石和丛林的一

幕极度荒凉，但又接近山里有人烟的地方。可是，我们原以为会是
山村的画面，却又切换到了一个大湖的岸边，正缓慢地展现着闲静
的风景。那雾景的温柔虽饱藏着锋利之感，但从岸边蔓延至湖上的
这片风景，自身又流淌着寂静之气。岸边丛生的水草略有些纤细。
柳树下有人家，透过每家每户的窗户，我们能看到每户都有人居住，
他们应该过着无忧无虑的生活吧。在收起了船帆后成排停泊的船上，
笔直竖立着的桅杆仿佛阻止了时间的行进。从对面能够看到湖中央，
展开了船帆的两艘船却一动不动似的止步于湖中央。水草的灰色与
茶色、湖水的青色、远处的群山的黑色与茶色，都缓解了观众的紧
张感。

　　缓急的韵律就此而去，在再次反复描绘山与岩，水与水边的风
景之后，也就是画卷的约余四分之一处，出现了一座正中央呈环状
弯曲形的雄伟的桥。那是个有很多人的集市，一些人的穿着和许多

棵树都被染成了朱红色，这增添了与此景相应的繁华之感，使人眼前一亮。因为此前采用的是较为压抑的水墨画手法，与集市的热闹和其他场景维持着一种恰到好处的平衡。从被城墙和积雪包围的城市风景切换到集市的喧闹后，整幅画到这就算结束了，由动到静的转变是那么的鲜明。

《秋冬山水图》（东京国立博物馆藏）是与《山水长卷》创作于相同时期的作品。画工与《山水长卷》十分相似。

然而与逐渐展开的《山水长卷》不同，《秋冬山水图》把秋山水和冬山水作为各自独立的画呈现在我们面前。它不是在移步换景中发挥构图能力和想象力的，那么，它是什么样的呢？

构图和想象力是在对比中产生的。如果把温稳的秋天与凛冽的冬天相对比的两幅图并排摆放在一起，任谁都可以感受到那种强烈的对比。如果单独看秋山水的话，并不会直观感受到温和，但是当

雪舟 秋冬山水图（两幅）（东京国立博物馆）

这普通的秋景，被并列放置在冬景之旁，那幅向天而立的、锐利的、冷冽的冬景，就把秋景衬托得无比温和稳健了。冬山水单此一幅就足够冷冽，在与秋景图的对比之后，我们更是不禁思索它为何会如此冷冽。与雪舟的那幅《山水长卷》相比，《秋冬山水图》更多是在描绘秋冬之间的对比，四季变迁在这里被表现得淋漓尽致。我们或许会问：何为秋？何为冬？也许每个都难以单独定义，但在秋的本质和冬的本质的鲜明对比之下，我们得到了答案。如果说《那智瀑布图》表现的是幽静深远的秘境瀑布的神圣感，那么《秋冬山水图》表现的则是人类从古至今所经历的季节变换的神圣感。

　　神圣感的体现，是以出现超越现实的东西为条件的，从这个意义上说，与其说两幅画都有神圣感，倒不如说冬山水才是更具神性的那一幅。秋景图与人类的生活相协调，它具备人类可以正常进入那里的安稳缓和之感，与之相对，冬景图满是拒人于千里之外甚至不允许人类存在的严峻感，简直让人感到恐惧的严苛。每当我看到这幅画，就会想起高村光太郎年经时的诗——《冬天来了》。

　　　　萧瑟而利落的，冬天来了
　　　　八角的白花消失不见
　　　　银杏树也变成扫帚模样

　　　　敏捷的冬天来了
　　　　被人厌弃的冬天
　　　　被草木抛弃，被虫子逃离的冬天，来了

　　　　冬天啊
　　　　你来吧，来吧
　　　　我是冬天的力量，冬天是我的食饵

　　　　渗透，穿透
　　　　放一场火，成灾，再用雪掩埋
　　　　如利刃般的，冬天，来了

　　　　　　　　　　（《高村光太郎诗集》，新潮文库，第40—41页）

诗，可以定义冬天，而画家拥有着一种坚定的创作意志，要用画定义冬天这个季节。怎样给冬天下一个精准的定义呢？那应该就是压倒性地冷冽严厉吧。虽说同样是对冬天的表达，但画是画，诗是诗。我们应该立足于能够联想到冬天严寒的本质，来回看雪舟所画的冬景图。

这幅画中的场景让我们觉得人类的生存条件是十分严苛的。不过在图的下半部分，头戴斗笠、手持拐杖的旅人也是真实存在的。所以，人类的存在也并未被完全排除在外。可是，这旅人看起来是那么形单影只，每向前踏出一步都要做出弯腰的姿势。所以画家将旅人画在此处，与其说是要确保有人类活动的痕迹，还不如说是为了展示人类的弱小。旅人不是在登山道路的正中央，而是在偏离道路的边缘行走，画家通过这种构图来突出其存在的渺小。旅人前方可以看见有平顶屋檐的房屋二三和具有入母屋顶*的楼阁，但那不可能是旅客的住处。房屋和楼阁都缩作一团，悄然而立。

相对于旅人和房屋，画中还有在右下角江中只露出船头的小船，最能体现出孤寂的是近景中的奇山怪石，它们位于画的右半部分，被雪覆盖着。画中还有从中央向左延伸的远山寒雪和悬崖峭壁。重新审视画的整体，我们终于明白了，旅人的无助和建筑物的悄然伫立都是被强势的、酷烈的冬季自然环境衬托出来的。

除了表现这种自然的严酷、强势、酷烈之外，画面还显得有几分晦涩难懂。我们将画从中间线分开，画的右侧是近景，从中央到左侧则是远景。虽然从直觉上看应该是这样的，但似乎又不对。比

---

*　即歇山顶，为中国古建筑屋顶样式之一，在规格上仅次于庑殿顶。歇山顶亦有传入东亚其他地区，日本称为入母屋造。——译者注

如，以画面中央为原点的浓重线条弯弯曲曲，朝着左上角蜿蜒而上，到了左上角则力道略减，再从这里长驱直上，这一道浓重墨线左侧的雪山，真的是远景吗？单从画面来看，这雪山仿佛将透着少许灰色的后山弃置不顾，向前迎面扑来。原本这两层雪山叠在一起时，更像是立在一个平面上，缺乏立体感，而且与墨线右侧的岩壁的位置关系也不清楚。从这里，我们可以看出画家超脱了现实主义，转向抽象表达的意志。

画的右半部分所描绘的近景，说奇妙也是很奇妙的。河岸边画了两棵老树，河对面便是山峦重叠，而后面山上的树与河边的一模一样，让人觉得树和山的大小比例有些不协调。如果把近景的山不看成山，而是看成滚落到那附近的岩石，那么它和树的不协调感就消失了，但岩石以山脉的形状相连也很奇怪，与旅人、房屋之间也生出不协调感。

但是，正是在不协调之中，冬天的残酷和荒凉得以淋漓尽致地表现。右半边画中山和树不协调，大树征服了大山并将其踩在脚下，和前面两棵树相互映衬，表现出不输给寒冬的自然生命力的强悍和狂野。当然画中的群山也具有对抗寒冬的强烈存在感。

这样一来，画的中间部分到右半部分的远景就更显残酷、强烈和荒芜。在雪舟的眼前或脑中究竟是一幅怎样的景象呢？这幅景象又是如何变化并最终定格成这幅画的呢？对此，世人一概不知。但这画中蕴藏着的寒冬力量是人类无论如何都无法匹敌的。这让人再次想起先前的问题，那条粗壮强烈的水墨线条，到底代表着什么呢？在雪舟为数众多的画作中，这种大胆且强烈的线条是十分罕见的，那么，该怎么理解它才好呢？

雪舟《天桥立图》

　　冬天的强大自然之力和把这自然之力转化成绘画之力的画家的气魄发生了碰撞，画家的气魄无所畏惧，勇敢地对抗着寒冬，可以说上述水墨线条就是因这一碰撞而产生的。如上所述，由这一线条分开的左边雪山和右边岩壁之间的位置关系，虽然还含糊不清，但并没有削弱水墨线的紧迫感。正面的白色雪山和向内部延伸的灰色岩壁的对比，甚至使水墨线的紧迫感变得更强。

　　《山水长卷》虽不知画的是哪里，但是可以肯定的是，它是属于中国风的山水画卷；《秋冬山水图》也同样不知道画的是哪里，但是可以肯定的是，它是把中国的山水画日本化了的画作。而下面要说的《天桥立图》（京都国立博物馆藏）和它们不一样，画的是日本自古便有的名胜古迹——天桥立，这是独属于日本的风景。在《世野山成相寺》《慈光寺》《千岁桥》《冠岛》等画作中，主要的建筑、桥和岛旁边会写上其名称。而《天桥立图》则是预先想象天桥立的图景，再画出来的作品。

　　但是，这幅画与写生画不同。举一个易懂的例子来说，浮在右下角的海中的岛屿名为冠岛和沓岛，天桥立就在画面略微偏下的地方，从右侧延伸到中央，天桥立的根部就是冠岛和沓岛，但现实中的两座岛并不在天桥立附近，而是在很远的浪冲之中。这幅画就像把两座岛搬到这个位置一样，画面上还出现了"成相寺参谒曼陀罗图"。两座岛的各种传说与人们心中对于天桥立一带的信仰联系在一起，正是这种联系的强度，使画家将两座岛搬进了画中，安置在这个位置的吧？

　　人们的信仰之心，与来到这里眺望风景名胜之地的雪舟的视角，既没有差距，也没有不同。看着凝结成片的情景相互呼应，堂堂而不可动摇地固定于画面之上，我们无法质疑，当雪舟把这片风景置于眼前时，他的审美意识一定受到了强烈的震撼。除了审美意识和造型意识之外，雪舟的宗教意识也多多少少地被撼动了。天桥立一带，对于雪舟来说是名胜之地，同时也是人们自古以来的信仰堆积之地，还是神灵之地。在美和宗教意识相互重合的心境中，雪舟与这片风景相逢。

　　说到古代的信仰，作为景观中心的天桥立，据说是神在上天时用的楼梯，倒塌后成了现在的样子。朱红色的分别是成相寺、笼神社和智恩寺，成相寺自古以来是观音灵场，笼神社是神祇信仰的式内社，而智恩寺是供奉文殊信仰的寺庙。雪舟的社会身份首先是禅宗的僧人，他作画的时候也就不会特意区分神、佛、观音、文殊和禅，而是从古代的信仰自然地走入情景之中，捕捉着其中的意趣。从画面右侧伸出来的天桥立，隔着一小片海智恩寺与相对，画面下方有一片横长的景致，天桥立对面的房子、寺院、神社、桥、树木也被一一细致描绘出来，使画面错落浓密，充满了自古以来芸芸众生的信仰之心。

但是，《天桥立图》既不是宗教画也不是参拜指示图。它并不以宗教性存在或宗教性形象为主题，也不是引导人们走向崇拜、走向信仰的作品。虽然画家的确感受到这是一片沐浴着古老信仰的充满灵性的土地，但他更将眼前无限的空间和时间看作一道风景，因为认为它是值得画的、有意义的东西，才将其定格在纸上。画家的审美意识和造型意识贯穿整个画面。从造型的观点来看，智恩寺后方的几层高而小的山丘，与画面右上方更密集的景致相对抗，而这种对抗形成的平衡赋予画面以安定感。

雪舟构图的宏伟、自在、大胆，完全展现在《山水长卷》和《秋冬山水图》中。上述右上方的人家、寺院神社的密集地带，与中央靠左边的智恩寺和丘陵重叠形成对比，使风景变得强而有力。画家独特的构图能力在此发挥得淋漓尽致。各部分的力量保持着张弛有度，给整个风景增添了坚韧的存在感和安定感。这幅画没有中心，哪一部分都不能算中心——反过来说，哪一部分都是中心，所以这是一幅以整体展现生命力的风景画。

从细致而浓密描绘的下部，到中央稍微偏上的陆地风景，上部有雾霭的山脉又把风景扩展到另一边。在右上方世野山的成相寺附近，画家就只对朱红色的门进行细致描绘。与之相对，雾霭弥漫的山景氛围，则加深了苍茫之感。白色的雾霭朦胧，不断地延伸到另一边，给这片灵性的土地增添了开放感和清净感。

由成相寺向上一直到世野山，形成一条动态的线。由画面向内里延伸的山脉，形成另一条动态的线，而与这两条动线形成对比的，则是海上由右向左展开的动线。一般情况下，风景画是将不动或少动的风景定格在不动的画面上的艺术，但雪舟的画，无论是《秋冬山水图》还是《天桥立图》，都使观者意识到自己视线在移动，而视线的移动会引导风景的移动。拿《秋冬山水图》中的冬景图来说，其中央的重墨线条将观者的视线从下引至上方，给画作增加了一抹紧迫感与严肃感。而《天桥立图》则将沿着天桥立横向延伸的单一视线引向山脉，与对向而来的视线交错，让人感到仿佛土地精灵摇曳于此的效果。

观看这幅横向延展的风景画，怎能错过图画下方横向延展的栗田半岛？它给生动的风景带来一种稳固的安定感。虽然天桥立与栗田半岛形成的是山脉夹海而立的对立景观，但栗田半岛的山脉，其整体布局却是宽敞舒适的。这些山脉又与天桥立对面的丘陵，以及丘陵对面的山丘形成了对应和反复。这三大山丘成团块状，围住了天桥立，又与远方的淡淡白色的山脉遥相关联。这样一来，画面下部的山脉不但具有内在生命的感染力，还构成了造型上的统一。

《天桥立图》用20张画纸粘在一起，形成一张画布，画家在画布上进行构图规划，纵向有四段补充纸张，第三段和第四段的海，有着明显的浓度差，第三段画面还略显局促，而第四张纸贴上后，有了足够的空间，极大地提升了画作的可能性。如此变幻的绘画方式，将这一胜景之地、信仰之地作为充满生命力的大风景统一了起来。这幅生命力涌现的风景画，可以说是一幅饱含宗教性崇高感的作品，但与其说它反映的是画家的宗教意识，倒不如说他的审美意识与艺术构想能力在画中得到了彰显。

· · ·

　　在富有灵性的山水画中，本章最后要讨论的是长谷川等伯的松林图屏风。

　　出生于能登的七尾（现石川县七尾市）的等伯，于 1571 年来到京都，当时的室町幕府已经名存实亡，政治实权已经转移到了战国武将织田信长的手中。

　　雪舟死后 60 年，以狩野正信为首的狩野派在绘画界活跃了一阵子。代表狩野派的狩野永德已经完成了洛中洛外图屏风，又在几年后率领门下弟子在新筑的安土城创作了壮丽豪华的障壁画。此后，他的绘画创作中心由水墨画转移到了金碧障壁画。

　　想要以画师的身份出人头地的等伯来到了京都，他认为好的画作一定要与时俱进。为了适应当时的潮流，等伯在各种各样的场合发挥自己的才能和技艺。松林图屏风是水墨画中的杰作，同时，等伯还应邀创作了许多金碧障壁画。等伯一派的代表作是为丰臣秀吉兴建的祥云寺绘制的隔扇画《枫图》（智积院藏）和《樱图》（同前）。

　　在探讨松林图屏风之前，我们要先谈谈《枫图》。《枫图》的基本结构是一棵雄壮的枫树位居画面中间，大幅向左倾斜，蜿蜒的树枝从粗壮的树干上伸出，铺满了画的左右两侧。等伯对同时具备了古朴和粗犷的枫树的刻画，实在让人惊叹，也非常符合桃山时代人们所喜好的雄伟壮丽、豪华绚烂的风格，仿佛枫树在人们的面前肆意生长并骄傲地夸耀着自己的风姿。这一份骄傲就如同此画的委托人秀吉的骄傲一样，等伯与秀吉对华丽的喜爱是相通的。

　　但看着这样华丽的一幅画，心中的杂念不知不觉就消失了，人

长谷川等伯《枫图》智积院藏

们被画中所展现出的世界的雄伟和创新感所吸引，根本无法移开目光。这幅画好像有作为一幅绘画作品的自我主张。

让我们从树干左右延伸出的两根粗树枝开始看吧。左边的树枝向着画面的上端延伸，右边的树枝向着画面的中央和下方延伸。两条树枝都是蜿蜒曲折的，并且在曲折中充满了气势。它仿佛跳舞一般弯腰跳跃着，向着前方伸展自己强有力的手臂。从粗枝上长出细细的枝杈，在枝杈上长满了红色的、黄色的、绿色的枫叶。《枫图》并不是装饰艺术类的画作。金黄的大地和秋草营造出既华丽又浓郁的色彩效果，说是装饰风格倒也未尝不可，但枫树和各式各样的秋草却没有遵照装饰艺术的形式。

不可否认，这幅画是为了装饰它所处的华丽空间，从这个意义上讲，它是一种装饰。但当我们进入画的世界里，左右大幅延伸的枫树的动态或在枫树的周围生长的茂盛花草，让我们看出生命的生长和姿态，这才是画家想要表达的东西。例如在画右侧四分之一左右的位置上画着胡枝子，虽然这上百片的胡枝子叶是用夹杂着茶色的深绿色画出来的，但这种无秩序的排列反而更加表现出了胡枝子的生命力。

长谷川等伯松林图屏风（六曲一双）东京国立博物馆藏

　　不管是从用途层面还是技术层面来讲，金碧障壁画都能让人强烈地意识到它的装饰画风格和样式。而要寻求超越装饰画风格和形式的东西，则不得不说到作为画家的等伯。手持画笔的等伯，具有从画的内部突破装饰风格的冲击力。而这种冲击力体现在水墨画画法中，就形成了罕见的名品——松林图屏风。

　　与热闹而华丽的《枫图》大相径庭的松林图屏风上，绘制的是一幅黑白相间的柔和画作。大屏风横摆时长 157 厘米、宽 36 厘米，上面画着在晨雾中的二十多棵若隐若现的松树。除了松树以外，画家只在左半屏风的右上部分隐约画了一些山。

　　在以《枫图》《樱图》为代表的金碧障壁画的制作上，等伯独领一代风骚。与此同时，他还致力于水墨画的创作。其中最为有名的是以南宋画家牧溪的《观音猿鹤图》为范本的《枯木猿猴图》（京都妙

心寺龙川庵藏）。这幅画描绘了猴子母子和大自然进行交流的生动之态。但在松林图屏风面前，《枯木猿猴图》就显得黯然失色了。

在等伯的水墨画中，最为气势宏大、蔚然壮观的，就是松林图屏风。二十多棵松树被晨雾笼罩，看不出明显的轮廓。附近的松树画得很浓，离得越远，墨的颜色越淡，但附近的深色墨松并没有明确被画成松树。虽然树干的生长方式、树枝的样子和叶子的走向都符合松树的特征，但是树干的轮廓很模糊，有些树枝被描画出来，有些不描画出来，叶子也只是没有条理地浮在空中。可知，画家进行绘制时，既没有要求也没有期待对细节的细致表达。

那么，画家期待和要求的是画出云雾中缥缈的松树群吗？松林图屏风这一题名似乎暗示了这一点。然而，我们依然无法认为画家从松树的簇生之态中感到意趣，并将这一意趣画进跌宕起伏而壮阔的画面上。无论画的是一棵一棵的松树，还是松树群，如果画家对松树本身感兴趣的话，画中松树的存在感未免太稀薄了。画家完美地捕捉到松树应有的韵味，没有僵硬地计算其数量，浓淡处理得恰到好处，并特意突出几棵松树的枝干，使它们从地面歪斜地伸展开来。这样展现出的姿态虽然极美，却不会让观者产生强烈的压迫感。无论是一棵一棵的松树，还是茂密的松林，它们的存在感都不强，这一点是难以否认的。

　　松树的存在感之所以较弱，是因为这幅屏风画的主题不仅仅是松树的本身。在《枫图》中虽然确实有枫树的存在，但画的主题除了枫叶还有一些秋草，因此有着相同意趣的屏风画与《枫图》的主题，就不能简单地概括为松树或枫树，而应该描述为笼罩着松树或枫树林的，广袤无边的自然气息。简单来说，这是平稳地包裹着松树林的清晨的空气。这样的气息大概也把画家的存在包容了。所以，画家要想突出主题，就不能仅仅在画面上强调松树。那种美感不是一味地强调、突出某个个体自身的美，而是必须与周围的事物融合起来，相互呼应的美，这才是一幅精美的画作所应该具备的。

　　为了突出画的主题，我们可以尝试给它取名为《自然的气息》或者《清晨的空气》，但气息与空气都不是能看见、能取其形状的事物。所以不能采用看见什么就画什么这种写实的方法。气息与空气，与其说是被人看的事物，更不如说是被感知的事物。可感知的不只是松树，人又何尝不是被气息所包围的呢？人被气息所包围，人与另一个被气息包围的物体之间，也依靠气息相通，因此气息也可以被感知。换言之，气息相通之物，即是可被感知之物。

　　被晨雾所包裹的松树，既是与周遭空气融为一体的松树，也是与周遭互通气息的松树。其本身的存在感越弱，它与周遭的一体感、交融感越强。有形的松树在形体上被削弱甚至消失，暗示了它与周围的交融，这是一种象征手法。被雾霭所笼罩的松树存在于那里，并不只意味着存在松树本身，画家将它设置在那里，为的是象征它与周遭的融合。这时它已是一棵远远超越松树的松树。

接下来，让我们再靠近一棵一棵的松树来观察。左侧屏风上，前部描绘了三棵松树，三棵松树背后也描绘了一棵。只有最前面的一棵松树被着墨描画，它是这四棵松树的起点，也是左侧屏风上所有松树的起点。松树的上方墨淡，下方墨浓，这样的浓淡布局让人怀疑这棵树的独立性。但作为一幅画的出发点所该具有的稳定性，这棵树还是具备的。然而，由左侧而来的那棵松树则笔墨浅淡，并不断向左倾斜，总让人觉得有些危险。虽然它并不会马上倒下，但看起来也并没有全力直立生长。在右侧屏风上靠近右手边的那棵树，以同样的角度向左倾斜，这个角度的松树既不能支撑住自身的躯干，也不会倒下，保持一种奇异的倾斜姿态立在那里。还有一棵松树被那株作为全画起点的松树遮挡在后面，只能露出一点。画家画这棵树的用意，与其说是要表现一棵松树，不如说是用它来展现雾里松树林颜色逐渐变浅，并向深处延伸的运动的方向性。在更远的地方，森林的深处，还有四棵树，它们的树冠也在不断向近处倾斜，不但接受着观者的目光，而且好像在邀请观者走向更深处。这四棵树的右侧，又有六棵松树，从画面中央向右后侧生长，内侧的四棵中有一棵向左伸展，另三棵向右伸展，整体呈横向排列，因而运动的幅度很大。令人印象深刻的是最近处的那棵松树的画法，树的上半部分虽然施以浓墨，但下半部分被雾霭所笼罩，几乎看不见树干。尽管如此，根部的淡墨却没有使这棵树失去该有的稳定感。浮于雾中的上半部分与相邻的树木以及远处的树木相交融，给人一种松树和周围的世界融为一体的感觉。观者若投身于这种一体感中，定会感受到这六棵树与左侧稍远一些的那四棵树悠然相连。

右侧屏风上的松树，可以说整个动线是向左后方延伸的，这与整体上向右后方展开的左侧屏风上的松树形成了鲜明对比。我们要再一次提到松树与周围的世界的交融了，前文我们用了"意气相通"来形容这种交融。此外还提到，这幅画的主题既不是松树也不是松林，更不是无形的空气。当被雾气笼罩的松树失去了其本身的明确性，而接近于一种象征性的存在时，我认为可以用"气"来命名松树所象征的那个东西。

"气"究竟是什么呢？

日本自古以来崇拜自然，信奉"自然所及之处皆有神灵行走其中"。神灵是令人畏惧的，拥有神力的，正因如此，他们才能改变自然，驱动人类。对于日本人来说，那就是神的原型，人们承认大自然中的神灵，同时畏惧他、尊敬他、崇拜他、信仰他。神灵不仅存在于人类周围，还存在于人体内部，对神灵的畏惧、尊敬、崇拜、信仰是自然的神灵与人体内部的神灵相互交流的过程，也是因相互交流而相互感知的过程。

随着文明的进步，对神灵的敬畏、对驱动人与自然的根源的崇拜、对神灵的信仰逐渐变得淡薄。这是自然而然的变化。以集团的方式或个人的方式，以理性的态度，主动而非被动地去理解和把握自然及其活动，理解人类自身以及人类活动，这就是文明的本质。

但是，即使将灵作为神来崇拜的信仰变得淡薄，自然的灵和人体内部的灵相互感知的经验也不会随之消亡。究其根本原因，人是以人的身体而存在的。人在自己的身体中生存和生活，对自然施以人力，再从自然中获得生存下去的食粮，这些与自然的互动，对人类而言是不可或缺的。既然人类的身体是自然的一部分，那么在身体内生存的人类，就是自然中的一部分，也是与自然一起生存的。对自然中的灵的敬畏及崇拜的自然信仰，以身体为媒介，将这种切也切不断的人与自然的关系，转化为观念性的信仰形式。人们以与自然的交流、与自然互相感知为共同幻想，创造出了神灵的形象，并且产生人类是在和自然联系、交融、互动中存在的印象。随着文明的发展，这些形象和印象不再作为人类的共同幻想发挥巨大力量了，但只要人类还依赖肉体生存，那么与自然的交互感知就不会消失。可以说，与自然的交互感知，是人类的基本感觉。

　　松林图屏风唤醒的就是这种基本感觉。在与自然的关系中，人类作用于自然，自然又作用于人类。人类戮尽一己之力，去与自然相互接触。这种鲜活敏锐的感觉，就是松林图屏风所要表现吧！毋宁说，那种感觉本身就是松林图屏风吧！

　　松树与周围的自然融为一体，成为一种象征性的存在。以前被敬畏、被崇拜的灵，在这里变得澄澈，化作一股清纯的气息，自在地往来于松树与松树周围的自然之间。这种气息附着在松树上，随着松林的移动而移动，松树和松林也流动起来，化作一股不能用眼睛直接看透的"气"。整个画面中都充溢着这种"气"，不断地向深处扩散。与此同时，这种"气"好像也能溢出画面，飘到观者这一边来。这样一来，就呈现出一个容纳一切的、清净至纯的"气"的世界。这种"气"从上到下，从右到左，从眼前到远处，以无限扩展的形式，扩散，凝聚，流动。正是因为表现出了这种清净之气的无限性，这幅屏风画成为日本绘画史上罕有的具有深刻精神性的山水画。

六曲一双的画面大小，对表现灵气具有决定性意义。屏风高157厘米，与人的身高基本吻合。左右两半屏风并在一起长达7米。驻足于前的观者，既可以客观地凝视着广阔而深不可测的世界，也可以被大自然的神圣所打动，并亲身融入那个世界，在大自然的怀抱中得到慰藉与安宁。

我们可以从各个方面看出画家对于灵的描画的用心。大幅的画面上豪放地设置了二十几棵松树，构图却又极尽精巧。着墨浓淡各异，新奇，又不失柔和；大胆，又不失纤细。从留于纸上的运笔自由程度就能看出，这种美的或者说艺术性的尝试，可以追溯到自古以来对自然和对神灵的崇拜。我们也可以从中看出日本精神史的一大特色，即日本的"审美意识"是和"自然"紧密相连的，将大自然视为无限的象征，如宗教般神圣。而将自然与宗教联结起来，可以说是日本人自古及今的一种基本心理。

等伯的松林图屏风正是基于这种崇拜自然的心理活动构思出来的，通过将松树视为一种象征性的存在，给大自然中给无形的众神赋予具体的形象，也就是所谓的形象化。

第十章

茶道

—

侘之美学

　　嗜茶之风在平安初期就已然存在，这在史书和诗文中都有所体现。

　　但饮茶毕竟是从中国唐朝文化中引进的，随着日本废除遣唐使制度、提倡国风文化（894年）后，它也就逐渐被人们遗忘了。

　　在临济宗的开山鼻祖荣西将宋禅院的饮茶之风和优良的茶种带到日本之后，茶道才重新得到关注。荣西写《饮茶养生记》是在1211年，在镰仓幕府刚成立不久之时。饮茶的习惯最先是在禅寺中扩散开来的，这时候饮茶还被视为一种宗教行为，还伴有一套被称作"茶礼"的庄严仪式。

　　自禅寺而始的饮茶之风逐渐向外扩散，在从镰仓时代到南北朝这段时期，武士和贵族也逐渐有了饮茶的习惯。和宗教生活关系较浅的武士和贵族，更倾向于把饮茶作为娱乐或者业余爱好。不久后，名为"茶寄合"的团体游艺开始流行起来。在举办茶寄合时，大家品茶后比拼能否正确说出茶的种类，压上筹码竞争胜负的"斗茶"一度十分盛行。若是游戏性质再强烈一点，在茶会后还会再摆酒宴，并在其中开设赌局，这种形式的茶寄合，不论是布置还是参加者的风姿都极尽豪奢，向着当时的流行语"婆娑罗"（追求虚荣，大摆排场）不断靠拢。这种喜好奢侈华美的倾向和偏爱进口货的情趣紧密相关，茶寄合的用具、装饰和道具都是被称为"唐物"的绘画和器物，这些来自中国的物品为人们所珍视。

奢靡豪华而富有异国情趣的茶寄合虽说在南北朝时代风靡一时，但到了北山时代却逐渐冷却，到了东山时代则迈入了衰退一途。

应仁之乱后，取代茶寄合成为茶会主流的是被称为"书院茶"的风雅样式。它在书院造建筑的座敷（由精制的草席铺满地面的客室）里举行，书院造建筑正是兴起于那个时期。书院茶在注重礼节的同时追求风雅。茶会在铺设榻榻米的书院中进行，书院中设有壁龛或者摆放其他道具的棚架，并用墙壁、隔扇或透光屏风进行空间分割。书院茶在这一点上和之前的茶寄合相比，是向着和式发展的。虽说是小规模的较为朴素的聚会，但不论是在壁龛中悬挂的画，还是在画前摆放的香炉、香盒、花瓶，还是在茶道具摆放架上放置的茶壶、文具，甚至是在使用的茶碗和其他道具，全部都是进口的"唐物"。

上流武士和贵族的爱好开始从奢华嘈杂的茶寄合转向简单和式的书院茶，与此同时，在平民之中饮茶的风气也逐渐盛行，产生了茶道礼仪和心得。虽说书院茶和庶民茶之间并不是简单的交叉融合的关系，但二者之间也并不存在天壤之别。至少在茶道精神方面，两者有着很多共通之处。茶人们以敏锐的感触发现了茶事礼仪中蕴含着的精神，以及饮茶本身作为生活艺术的美，所以他们不可能没有察觉到上述共通之处，否则以侘*之美学为核心的茶道也不会出现。现今我们虽然一直在议论侘之美学，但也千万不能忘记，茶道本来就和日常的饮食行为有着剪不断的联系。

---

* 侘（わび）现在常与"寂"（さび）连用称为侘寂，在本书中是区分使用的两个术语。——编者注

下面，就闲寂茶的形成过程，我们以村田珠光、武野绍鸥和千利休三名茶人为线索来梳理一下。

·

被后世称为"茶道之祖"或"侘寂茶之祖"的村田珠光是东山文化中期的茶匠，他一直在寻找能把书院茶和庶民茶相结合的饮茶方法。

金春禅凤既是能乐演员又是能乐作者，在他所作的《禅凤杂谈》里，引用了珠光的一句话：

> 没有一点云彩遮住的月亮没有趣味。
>
> （"岩波日本思想大系"《古代中世艺术论》，第 480 页）

珠光的观点就是在茶事之中找寻如云间若隐若现的明月这样的风雅之美。这和《徒然草》中有名的那句"只有盛开的樱花和月光如洗的景色，是值得欣赏的吗？"（第一百三十七段）思想相通。中世的审美在室町中期逐渐渗透进了茶道的世界。珠光喜欢的青瓷茶碗，虽说也是唐物，但并不是完美无瑕之物，只是做工粗糙的下等品罢了。

珠光写给其弟子古市播磨澄胤的文书现今还有留存。这篇文章被称为《珠光心之文》，其中记载了他关于茶道的心得。引用如下：

> 茶道之中最忌讳的便是自高自大、固执己见，尤其是嫉妒

能手而鄙视新手，这是万万不能有的想法。正确的做法是向有
才之人虚心求教，对初学者倾囊相授。

茶道之中一大要事即为兼和汉之体，在这一点上，一定要
格外用心。

现今风气为崇尚"冷枯"，因初学之故，使用了备前烧和
信乐烧便觉得自己已经完全理解了其中奥义的人屡见不鲜，但
这本就是毫无道理的。"枯寂"指的是使用恰当的道具，品尝
茶中的味道，继而心灵也进入佗的境界，此后将"冷瘦"之姿
长存于心，未尝更改。这才是富含情趣的态度。虽说如此，但
无法到达这样境界的人也有很多，这样的人万万不能拘泥于
道具。

不论怎样精于茶道之人，察觉到自己的不足之处都是十分
重要的。无论如何，自高自大和固执己见都是不可取的。虽说
如此，看不到自己身上的优点也是不行的。正如古人有云"成
为心之师，莫以心为师"（可以引导自己的内心，但万不能被
自己的内心所引导）。

（出处同上，第 448 页）

文章简短，但很清楚地展示了当时茶道的样子，还可以在其中
看到茶人珠光的目标，这是非常有趣的。

第一段和第四段都在说从事茶道相关的人要戒掉自高自大和固
执己见。不论是对茶道名匠还是对初学之人，都不能有嫉妒或鄙视
的情绪，要将内心的平静保持到底，一心追求茶道上的精进。

珠光在一休宗纯门下修过禅，他在第一段和第四段所表述的思

想是关于茶的心得，但跟禅的精神有着异曲同工之妙。保持内心平静来面对自己、面对世界，本是禅的基本态度，珠光认为这本身就是茶道精神的一部分。

这种想法不只是珠光一人所有，外向、华丽又嘈杂的北山文化，逐渐变成因疲于外部世界的繁华和嘈杂而面向自己内心、寻求自我和世界之间稳定与调和的东山文化。认为内心平静才是价值所在的禅的精神，逐渐为人们所接受。世阿弥的能剧便是在这样的精神背景下产生的，他因为与这种精神紧密相连，才开拓了能剧表现的新领域。同样，以珠光为开山鼻祖的侘寂茶，也是一门将禅的精神作为支柱的生活艺术，茶道在与禅的紧密联系中提升了品质。

从战国乱世嘈杂、华丽的世界回归自我，当中隐约可见一个平和静谧的世界。通过触手可及的事物感受这样的心境，本身就是禅的精神对时代的渗透。

但是，茶之道并不是禅之道。只保持内心平静来面对自我和世界是不够的。举办茶事，邀请他人共享一个空间，点茶并享受饮茶的过程才是茶之道。茶道的心得并非只要戒掉自高自大和固执己见便足够了，茶人还必须要知道在茶事中一些具体的做法。第二段和第三段所讲就是如此。

第二段讲的是兼顾唐物与和物的心得。拘泥于和物与唐物的区别是不可取的。结合第三段的内容来考虑，可以看出当时的时代正从一边倒地倾向于唐物逐渐转变为珍视和物。虽说如此，文中所举的和物的例子如备前烧和信乐烧，我们也一眼就能看出它们与唐物明显不同，尽管茶人可能并不喜欢区分和物与唐物，但也不得不注意到它们的区别。珠光不是不知道这一点，而是正因为他知道，才说不要拘泥于唐物。

　　结合第一段所讲的内心的平静，不要因为拘泥于和汉之分而扰乱了自己的内心，这才是珠光想传达的思想。不管是使用和物也好，还是使用唐物也罢，对其中任何一种赋予特殊的迷恋和感情，都是完全没有意义的，能平静地面对每个物品才是最重要的。不论是面对茶碗、茶盒这样的陶瓷器，还是面对壁龛中悬挂的画，还是面对其他东西时，人们都很容易把过多的注意力投注在和汉之分上，正因如此，珠光才特意强调在茶道中不要拘泥于和汉之分。在茶道向社会扩散的过程中，尊重、赞美、颂扬一些新形式的时期持续了很久，侘寂茶的出现将关注点从外形转变为内在，相关的用具以及道具的使用方法也要随之改变。

　　关于侘寂茶的心境和道具使用方法之间的关系，第三段里讲述了一些具体的例子。加了引号的"冷枯"和"冷瘦"这两个词是为了展示侘寂茶的意境而使用的词语。但"冷枯"并不是珠光创造出来的词汇，而是借用了周边的人都在使用的流行词汇。与之前的豪奢、杂乱的茶道相比，冷枯茶是另一个极端，它是应时代要求而生的。

　　珠光关注着这样的时代潮流，但他并没有因此迷失，失去自己侘寂茶之道。虽然冷枯茶已经成为时代的潮流，但并不是说只要顺应这样的时代潮流便足够了。侘寂茶之道并不是只要得到备前烧和信乐烧那样素雅的茶碗，然后向着这个方向苦心钻研便可以大成，侘寂茶完全不是如此轻易便能习得的。不断积累经验，对道具了如指掌，如实地顺从内心自然的动向，逐渐变得冷寂又枯淡，这样才是正宗的侘寂茶。与这样的境界相差甚远的初学者并不应该拘泥于道具。这样的想法，正是珠光超越时代的茶之道。

　　之前我们拿备前烧和信乐烧来做例子，虽然笔者也很想听听珠光对它们的评价，但对于珠光来说，比起对茶碗的评价，使用茶碗的人内心的状态才是更重要的。珠光一直在追求与禅的精神相符的内心中的安定与纯粹，因此对他来说，在讲茶事相关的陈设与茶道具的好坏之前，关于茶心所能讲述的内容就已经堆积如山了。名为《珠光心之文》的文章也因此而生。

　　茶道毕竟是以茶室为舞台的活动，使用茶釜、茶盒、茶碗和净水罐以及其他一些道具进行点茶，并且要让主客尽欢，共享饮食之乐，不管茶人在心灵的层次上怎样深入，仅靠心灵是不够的，茶心必须要重新和外面的世界联系起来，在与外部世界相联系这一点上，武野绍鸥为侘寂茶打开了新局面。

· ·

　　侘寂茶的茶之道就是于茶道中找寻禅之心，武野绍鸥在这条路上又向前了一步。传言绍鸥经常吟诵连歌作者心敬的一句话，"连歌本就是枯寂孤寒的"，他常说茶道也理应这样。这充分展示了绍鸥的内心想法。

　　然而，绍鸥并不是求道之人，他并不认为茶道的本质是对内心的锤炼，也不认为茶席就是修行之所。

　　绍鸥的父亲信久是受到三好氏庇护的有势力的商人之一，他在负责编成和训练堺市防卫军队的同时，还经营武器制造，因此颇有资产。

在堺市商人之中，教养和雅趣很受追捧。信久将已经成年的绍鸥送到京都，接受当时的大学者三条西实隆的指导。师承实隆的绍鸥用十年的时间学习了和歌、连歌与歌学。同时他在临济宗大德寺的古岳宗亘指导下参禅，在32岁的时候出家。他本想作为连歌诗人大展拳脚，但出家后不久就对茶道有了更大的兴趣，于是便做了茶人，并自成一家。1537年绍鸥36岁，他因实隆和父亲信久之死移居堺市，作为富裕的商人和有名的茶人，度过了悠闲的后半生。

这样境遇下的绍鸥，向他的商人伙伴、禅僧和周边的人传授茶道，共享饮茶之乐。若这可以被称为茶道的话，那么以学者和风雅之人为主体的茶道中，便理所当然地充斥着游艺的要素。对于绍鸥来说，寻求"枯寂孤寒"的境界，不等于要否定茶道作为游艺的一面，而是要将精神上的紧张感带入茶道中，并在游艺之上试着探求更上一层的精神高度。

最初的茶道本是几个人或几十个人凑在一起举行的团体活动。活动需要集会的场地的布置，还有适合特定场合的道具。这是一项既花费时间又花费金钱的活动和艺能。因斗茶和赌茶而热闹非凡的茶寄合，朝着花费时间和金钱来寻找乐趣方向发展，也因此逐步走上昌盛之路。

虽说侘寂茶并不追求热闹和嘈杂，但它毕竟是一种茶道，是团体活动，也是一种艺能，场地、设置还有道具都是十分必要的。侘寂茶的本质是追寻内心的平静，并且这种平静是在团体场所里，在布置和使用道具的过程中，在自己的行为、动作和这些身外之物之间找寻平衡，以此保持内心的平静。这才是茶道所讲的内心的平静。内心和每个茶会的外在表现形式如茶事、出席者、陈设、道具、动作、举止有着无法切断的联系，像这样的活动才是茶道。

　　然而，若是想要在精神上将内心深处和外界场地联系起来，为了在淡然之境寻找两者的调和，就需要敏锐而纤细的审美观。除此之外，茶道毕竟还是团体活动，所以这样的审美观就必须为参与者所共有。绍鸥认为侘寂茶不仅是要追求内心的侘，也要追求外在、物品、动作中的侘，为此，他必须不断努力确立统一的审美观。

　　侘之美学比起奢华、稀有、外形圆润、完美的物品，更偏爱简朴、粗糙、平常而素雅的物品。若是这样的美学能成为茶人共同的审美观，那就与之前毫无理由地重视进口的唐物，沉溺于奢华之风的茶寄合完全相反。对于一直将有压倒性力量的中国文化视为典范来仰望的岛国文化来说，侘之美学与完美的、堂皇的理想模型相比，是从理想模型扭曲后的残缺形状中发现美，这是自我主观意识的发挥，也是对自我存在理由的确认。在这个层面上，侘寂茶与之前的分别不可谓不大。偏爱形状扭曲、釉体杂乱的茶碗的茶道审美观，在精神上与遥远的飞鸟时代，与打破左右对称的法隆寺伽蓝是一致的。

　　然而，如果我们思考从 15 世纪后半开始到 16 世纪的茶道中，侘之美学的稳定性和彻底性是如何形成的，只列出时代条件与传统条件两点是不够的。其中时代条件指的是当时对前代的茶寄合的逆反，传统条件则是指在朴素、扭曲、残缺中发现美的远古式审美。除此之外我们还应该关注，在一定的空间和一定的时间内产生的茶道世界，本身与侘之美学之间就存在关系。

　　绍鸥收藏了许多被称为名物的上乘的茶道具，他也凭借自己的眼光，发现了很多冷枯朴素的茶道具，这些茶道具也成为他的心爱

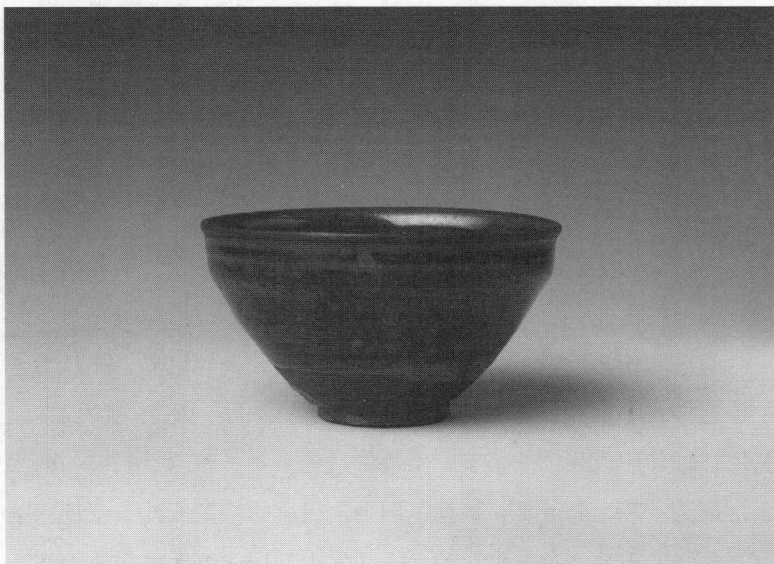

日本濑户天目茶碗

之物。这是一种富有修养和雅趣的眼力，他从三条西实隆处接受了教导，也从与禅僧、城市居民的交往中得到了智慧，当然也可以说这是一种素雅的爱好。

　　然而并不是说发现并收藏了很多名物和名器，就能接触到真正的美。道具只有在举办茶事时得到使用，才是真正美的道具。为了让它作为道具发挥作用，茶人理所当然地要掌握与之相称的使用方法。若道具是冷枯的，那么也要用冷枯的方法来使用它。要想优美地使用冷枯道具，就要知道冷枯道具的周围弥漫着一个冷枯的世界，最适宜的道具使用方法就存在于这个世界中。要发现冷枯道具的朴素和雅致之美，就需要在周围的世界中寻找与之相称的朴素和雅致。

当周围的世界遍布朴素与雅致之时，名物的朴素雅致之美也就从深处浮出水面了。

冷枯的道具要求冷枯的茶事，更进一步，它还要求茶人的行为举止也要有冷枯之意，除此之外它还要求冷枯的心境。反过来说，茶人们在冷枯的心境中感受到了自己作为人的存在，从冷枯的行为举止中感受到了安宁，他们将这种愉悦放在统一的团体活动中去体味，于是布置了冷枯的场所，并能熟练地使用冷枯的道具。

茶道的侘之美学，就是构想出这样一个统一的世界，并且为了创造这样一个世界，连细枝末节也要留意。举办一场茶会的要素包括用挂轴和插花装饰的茶室，精挑细选的茶釜、茶盒、茶碗、净水罐、茶勺、茶筅等道具，根据不同方法做出的浓茶或淡茶，还有茶点心，调整心情来参加集会的主人和客人们……这些或多或少都沾染了一些冷枯气息，随着时间的推移这些东西不断重合，于是富含冷枯之意的整个美的世界就出现了，这就是侘之美学所追求的东西。只要保持整体的冷枯，即使在这个过程中某一点暂时表现出了一丝性质迥异的华美，也是被允许的。

像这样，元素与元素、部分与部分的交错，由部分不断扩张到全体，整体不断使部分发挥作用，由此展现出的统一性，体现了侘之美学的确定和彻底。但是也不要忘了确定和彻底的美学的思想支撑，就是要时刻牢记的禅的精神——回归本我，平静地面对世界的精神。在日本中世时期，禅宗不断在社会中传播，对朴素雅致的东西产生共鸣的审美观为人们所接受，在枯山水庭园、书院造建筑、能剧、山水画中都可以找到这种审美观的体现。茶道之中侘之美学的成立，就体现了对这样的审美观的准确理解，并在此基础上从有限的时间、有限的空间里构筑出一个统一世界的思想。绍鸥的眼光和这样的统一世界的构筑，保持着密切关系，因此有很强的说服力。

如果说村田珠光是将禅的精神引入茶道，以此将茶从热闹嘈杂引领到冷枯的方向上来，那么绍鸥就是让同样的禅的精神体现在每一个动作和举止上，使冷枯茶拥有了客观形态。绍鸥认为当茶人置身于客观世界中时，就能自然而然地产生佗的感受。茶会是建立在精神与外形之间的调和上的，绍鸥作为茶人，就置身于这样的茶会之中，来享受身心的调和。

这种调和的确立多半是时代和社会的产物，但即使生活在这种调和难以达成的时代，还拼命地寻求茶道大成的人便是千利休。

· · · ·

茶道最初主要是在京都、奈良、堺市等处的城市居民中流传，后来逐渐向平民扩散，十六世纪后半叶，也为三好三人众和松永久秀这样的畿内大名和武将所喜爱，甚至推翻了室町幕府确立霸权的织田信长、丰臣秀吉等人，都把举办大茶会、赠送茶器当作政治联络的一种手段，因此茶道也很快地渗透进武家社会里。当然，佗之美学不可避免地受到政治权力的影响。对于从政治领域进军茶道世界的信长和秀吉来说，在茶道这方面与他们关联至深的人物，除了千利休便再无他人了。

虽说利休在信长手下也是茶头，但那时与他并肩的还有今井宗久、津田宗及等人。信长因本能寺之变身亡后，秀吉掌握了权力，利休取得了秀吉的信任，成了茶头中最重要的一位。于是利休主办了大德山内的大茶会，大阪城的大茶会，还有著名的京都北野之森的茶会。因为茶头第一人的位置不可避免地与掌权者和政治产生联系，这个联系反过来又影响了利休的思想和行为，对茶道也有着决定性的影响。

秀吉效仿信长，热衷于收集名物茶器和举行茶会。当然，这些做法都明显带有政治意味。秀吉身边有利休，便也参加过很多茶事，他可能也对利休的侘寂茶的美学有一些了解，虽然他带着政治目的去收集名器和举行茶会，但也是在侘寂茶的精神所允许的范围内进行的。不过他没有从根本上遵循侘寂茶的美学概念。对于在战场上屡屡获胜而统治天下的掌权者秀吉来说，他可能并没有多重视茶道的内在精神，也没想过要对它负责。利休应该也是知道这些的。在北野大茶会两年前的大德寺大茶会上，虽然利休主动帮忙招待了堺市的茶人，但不管怎么说，这都只是因为他洞悉秀吉的政治意图而做的配合。

著名的北野大茶会在征集参加者的时候设有一个包含七条要求的公告牌（方贺幸四郎《千利休》吉川弘文馆·人物丛书，第209—210页），简要总结如下：

第一，在为期十天的茶会中，将展示关白秀吉所藏所有的珍贵茶道具，供茶道爱好者观赏；

第二，只要是热心于茶道者，不论是家臣、商人，还是百姓谁都可以参加，均可携茶釜一只，水瓶一个，饮料一种前来参加；

第三，在松林里铺设两层榻榻米即可以此为座席；

第四，不限日本人，中国人也可以参加；

第五，考虑到远道而来的与会者，故延长了会期；

第六，此次拒绝出席的人日后将被禁止点茶，参加未参加者组织的茶会的人同理论断；

第七，茶会主人（秀吉）将亲自为贫困者免费点茶；

秀吉邀请了许多人，不问身份。这充分体现了他想要昭示权威的意图。与其说秀吉本人也是喜茶之人，倒不如说，秀吉在将茶道当作收买人心的手段的时代，有着准备举办一场空前的大茶会的构想和执行力。秀吉毫无保留地展示他所收集的名茶器，这种近乎天真的行为吸引了很多人来参加茶会，可以说这些人后来也都无法对秀吉怀有厌恶之情。

利休到底是怀着怎样的心情，作为茶头来举办这一场大茶会的呢？尽管告示牌上写着很多显示侘寂茶风格的语句，例如谁都可以参加，参加者只需要自带最低限度的茶器，小而朴素的座席就可以，等等。但这次大茶会本质上是一次政治大事件，而没有体现出侘寂茶的精神。这是一场在说"谁都可以参加"的话来展示举办者心胸之广阔之后，马上又说"不来参加此次茶会的人日后不许点茶"以表现强权约束性的茶会。

不论是在北野大茶会之前还是之后，利休在秀吉举办的很多茶会中都担任茶头，因此可以说利休应该并没有很强烈地反对北野大茶会的召开，但也没有欣喜而主动地迎接这次茶会。利休很清楚地认识到这次大茶会是一场政治性集会，有些偏离了侘寂茶的茶道。利休既要理解秀吉喜爱茶的心，也要明白大茶会的政治意图，还要切身感受想要举办这次茶会的秀吉的热情。在此基础上，他担任茶头一职，要小心地维持政治和侘寂茶美学之间易碎的平衡。这就是当时利休所处的境地。他不是完全不关心政治、一心投在茶道上的，而是明确地意识到茶道和政治的冲突之处，并把这种冲突当作动力重新投身于茶道。利休就是这样的茶人。

将政治与茶道的冲突集于一身，横亘在利休面前的正是秀吉。在二人之间流淌着的，是像友情中夹带着冲突，冲突又夹带着友情的复杂情感。

对于利休来说，他与秀吉的矛盾明确地表现在建造黄金茶室这件事上。那大概是发生在北野大茶会两年前的事情，秀吉在大阪城内建造了全部由黄金组成的茶室。座席不必说，自然是黄金的，就连立柱、天花板、墙壁也都是黄金的，除此之外，就连拉门的骨架也是黄金的。可谓一个金碧辉煌的茶室。秀吉就在这个茶室里点茶来招待被派遣到大阪城的大名们。不仅如此，他还将茶室拆解运到皇宫里去，在小御所的某个角落重新组装，亲自为天皇和亲王点茶。后来，他还把这个茶室运到肥前（今佐贺县）的名古屋城，慰劳远征朝鲜的大名。据此我们也可以想象出秀吉春风得意的样子。

不用说也知道，金碧辉煌的茶室和侘寂茶处于完全对立的两极，秀吉也知道这样做是不合利休之意的，但他还是想将自己对奢侈华丽的喜好带到茶的领域中来。这就是掌权者的任意妄为，秀吉可能就是想亲眼看看，利休怎样看待这个茶室，对此有怎样的想法。

利休到底是用什么样的表情、语言和动作来给出答复的呢？我们无从得知，但是利休创建的草庵风格的茶室，就是对黄金茶室的一个明确答复。京都妙喜庵的茶室"待庵"是一个很好的例子。它表现了一种与奢侈华丽完全对立的另一个极端——质朴清寂。

待庵比四个半榻榻米的书院式建筑还要再小一些，只有两个榻榻米大，是个狭窄的空间。通过排列着小石头的茶庭后，打开板门，从膝行口进入。在摆着两个破旧的榻榻米的左边的正对面设了地炉。墙壁是用掺入稻草的泥糊成的土墙，我们从这些都可以强烈地感受到侘之精神。在右手边的墙壁上设了两个下地窗，在南边膝行口的上面不远处设了一个很大的连子窗，从中透进来的柔和日光包裹着茶室。顶棚被分成了三个部分，在纵、横、斜三面嵌进天花板，再在下面摆放涂成茶色的竹制隔窗。被涂成茶色的竹子和木头，更能映衬出土墙的粗糙。

壁龛更能使我们感受到清寂精神。壁龛的三面墙壁都是由稻草泥糊的粗糙墙壁，掺有稻秸的壁灰一直涂抹至壁龛内部，连壁龛内侧的两根柱子都挡住了。土墙一直延伸到低矮的天花板那里，很难说这是一个与室内其他部分不同的地方。壁龛本应是悬挂贵重挂轴、放置珍贵宝物的地方，而待庵中壁龛的粗糙做工令人困惑。待庵清寂得如此彻底，甚至让壁龛都变得不像壁龛了。在这样的壁龛里到底应该放些什么东西好呢？这是对于茶人来说也具有挑战性的一件事。我们会在心里的某处觉得这样质朴枯寂的茶室是美的，或者说这也是侘之美学的一种极端展示。

金碧辉煌的茶室和素淡、质朴、粗糙的待庵，是作为茶室的两个极端被创造出来的。它们代表着16世纪后半叶茶道的时代特色。待庵象征着的侘之美学正是有了黄金茶室的对照，才更加显示出其特色。

最初的茶道，是从饮茶吃食这样的日常行为发展而来的，人们

在此之上加入了娱乐、艺能和社交的元素，后来又加入了禅的精神
要素，最后又将礼仪和礼节在规定的空间和时间里形式化。不论茶
道得到怎样的精雕细琢和形式化，"饮"和"食"这两个基础一直
未曾改变。这是因为茶道原本就是生活艺术。不论是黄金茶室还是
待庵，都是为以饮食为基础的茶道提供空间的地方。

　　作为茶道基础的饮食，若是从更广义的角度来看，也是人类得
以生存的两项基本活动。人类的历史从远古起，就伴随着饮食活动，
人类历史是离不开饮食的历史的。我们可以认为竖穴式住宅时期使
用的绳文土器，就是为了吃东西而制作的道具。将饮食娱乐化、文
艺化、社交化的茶道在那之后兴起，即使在茶道加入美和宗教元素
的高度精练的时代，在茶道之外的日常生活中，饮食也是人类想要
生存不可或缺的两项活动。虽然给这样的日常饮食活动也冠上"侘"
之名是完全没有必要的，但如果硬要人为地给它加上一些特征的话，
"侘"也是十分合适的，质朴、素淡这样老生常谈的基本特征，都
可以在"侘"里找到。

　　相比于黄金茶室和外来的珍宝名器所象征的奢侈华丽的茶道，
待庵所象征的侘寂茶，因为和日常饮食生活有着较为密切的联系，
所以显示出了强大的生命力。在大阪城的黄金茶室里，大名们威严
地列坐于席中，这和日常生活中质朴、素淡的饮食生活相差甚远。
在枯寂的茶室里，茶人们用着雅致的道具，在平和的氛围中举行的
茶道，虽然也掺杂着一些装腔作势和噱头的成分，但其形式仍然接
近日常生活饮食，置身于茶室中的人们，也必然意识到了饮食的日
常特征。形式化的做法和装腔作势的手段，很有可能使茶道脱离饮
食的日常特征，但因为侘之美学和日常饮食有着基本的联系，形成

了制约侘寂茶脱离日常生活的力量。粗糙的土墙遮挡的范围，甚至延伸到壁龛，淡淡的自然光穿过白色的连子窗，投射到朴素的、两个榻榻米大小的茶室中，在这样的环境里进行的茶道，应当不会产生与之格格不入的形式主义、装腔作势或者噱头吧。

在利休的茶道中，侘寂茶已经回归了原点，我们能从中强烈地感受到饮食的日常特征。利休作为秀吉的茶头，或者说亲信，很清楚地看到茶道已经走入了政治中，饮茶作为一种爱好日渐奢侈华丽，是近在眼前的事实，但这反而能让人们强烈地意识到饮食的日常特征。这是一个很重要的条件，不过也只能是外在条件。

而要说内在条件，利休从饮食的日常性中发现美并且锤炼这种美，让侘之美学模式化的过程中，他对于美的感知性发挥了非常重要的作用。

利休在延续珠光以来的侘寂茶的传统的同时，也置身于或公或私、或大或小的各种茶会中，反复思考日常饮食活动自身的美感。将茶道的种种礼节做到极致，其实也就是在日常动作中发现美。这种从日常动作中发掘的美，将茶道带到了更深的美学层次。这就是利休的侘之美学。不管茶道怎么发展，蕴含在从古至今的饮食行为中的美感，并不是那么容易就能被发现和创造的。也就是说，重新发现日常活动中未知的、尚未被发现的美，是茶道的深层次追求，也可谓那个时代茶道的升华。回归到日常生活中去，才是茶道作为生活艺术的本质。当我们将极尽奢侈华丽的黄金茶室与侘寂茶对照来看的时候，就会发现侘之美学是回归到日常生活中去的。从日常中发现美，才是侘寂茶赖以生存的条件。

利休的侘寂茶和日常生活有着紧密的联系，是在回归日常生活的过程中创造美的形式。它将美的核心放在茶室内的身体动向中，即动作和举止中。

若我们仔细思考一下，可以发现不论是在日常生活中还是在茶室中，人都以同一个躯体活动，这个活动的场所就是人生存的场所。从活动的方式中可以感受到生而为人的意义，也可以感受到生而为人的价值和美感。可以说，共享同一个空间的主人与客人们的动作，正是将日常生活和茶道结合起来的活的媒介。不论是日常生活中的动作，还是在茶室中张弛有度、合乎礼仪的动作，都是同一个躯体做出来的，因此在茶室中行为的美感，和日常生活中行为的美感是相通的。在日常生活中，茶人对周围的事物还有自己或他人的举止进行留心观察，会赋予茶人在茶室中的动作更多从容和自在。将这种既是物质上也是精神上的身体的动作，在限定的空间和时间里形式化，使其变得考究，对于与人的物质世界和精神世界有广泛联系的生活艺术来说，这是十分恰当的尝试。

奢侈豪华的茶室也好，枯寂的茶室也罢，不论是使用珍宝、名器作为道具，还是使用普通的粗制器具作为道具，在特定的时间和空间里，拥有躯体的人的动作举止的美才是重点，其他的要素如权力或权威、身份的高贵贱低并没有很大的意义和价值。在特定的时空里，明确地把这种美和日常生活之间的联系作为重点来思考，这就是利休的侘之美学的普遍性所在。

第十一章

装饰艺术的扩展与洗练

——

宗达与光琳

　　江户时代是装饰艺术受到大众喜爱的时代，装饰艺术得到广泛传播以及全面蓬勃的发展。在安土桃山时代，豪华绚烂的屏风画和工艺品装饰着安土城、大阪城、聚乐第等大型建筑[*]，到了江户时代，它们缩小规模、改变形态，出现在上方[**]及江户的街头巷尾，首先在较有势力的城市居民间传播，然后逐渐扩展到普通城市居民的世界，这是江户时代的文化传播路径。彩纸画、短册画和面积较大的屏风画、隔扇画同时受到人们的欢迎，扇子、贝壳上的画作，和服、家具、陶器上画的图案，梳子、簪子、印章盒、坠饰上工艺精巧的雕刻，都是江户时代百姓的心头好。

　　在这种潮流中，江户初期的俵屋宗达和江户中期的尾形光琳，充分发挥画家的力量，留下名作，并终成装饰艺术的一代典范。

·

　　宗达的生卒年、生平等均不详。宗达经营的画室名叫"俵屋"，

---

[*]　安土桃山时代，又称织丰时代，是指 1573 年（一说 1568 年）至 1603 年间，织田信长和丰臣秀吉称霸的时代。安土城，是 1576 年由织田信长建立的中心商业城市，在本能寺之变后遭到烧毁，现仅剩石垣。大阪城，始建于安土桃山时代，于江户时代重新修筑，别称锦城、金城，现位于日本大阪市中央区大阪城公园内，与名古屋城、熊本城并称日本历史上的三大名城。聚乐第，是安土桃山末期，丰城秀吉于京都内野兴建的城郭兼宅邸，前后仅存在了 8 年。——译者注

[**]　上方，即都城周边，专指京都及其附近的地方。——译者注

画室是制作并销售画的店铺。俵屋出品的画作频频博得京都的城市居民和贵族的好评，宗达也因此成为有名的画家。桃山时代，画室出现在堺市、大阪、京都等地，是一种新兴产业，画室的存在本身说明城市中人们对绘画的需求量的增大。画室制作并销售以装饰工艺为中心的作品，例如，金银泥画的底样画、纸扇画、灯笼画、贝壳画、染织的底样画等。一般是将画好的现成作品放在店里卖，有时也根据客人的需要先定做，再售卖。无论是老板，还是在店里工作的伙计，恐怕都没有产生画家、艺术家等概念的强烈意识。

　　然而，正如上一章我们提到的，16世纪和17世纪堺市、京都的城市居民的教养和趣味，都是由自立和自信支撑起来的，极为洗练。宗达面向京都的城市居民、贵族经营画室，可见其画作无疑具有极高的教养和良好趣味。宗达的画作在城市居民的教养和趣味中诞生，他运用自己的才能和技术将实用的画的价值推上了无与伦比的高度。当我们眺望宗达多彩的画业足迹时，不禁要去思考，那个初具规模的时代的教养和趣味究竟有多丰富。

　　在宗达比较早期的作品中，能凸显其画家实力的有两幅，分别是《四季花草下绘和歌卷》（现藏于东京畠山纪念馆）和《鹤下绘三十六歌仙和歌卷》（京都国立博物馆藏）。两幅作品都是本阿弥光悦在宗达的金银泥画稿上，用墨书写王朝和歌的和歌绘卷。画卷单从形式上就已经暗示了它与王朝文化的关系，《四季花草下绘和歌卷》是在横向展开的和纸上画上竹、梅、杜鹃花、常春藤和其他花草，然后散写上《古今和歌集》中19首和歌的画卷作品，这样的构图重现了王朝的"典雅"之美。人们看后禁不住拍案叫绝，惊叹于这世间难得的美的和歌与画卷的完美结合。这一作品没有什么标新立异、别出心裁之处。当时广泛流传着对王朝文化的敬意和倾慕之情，而这一作品仅仅是反映了他们的喜好而已。在这个基础成就的正是这幅和歌画卷，它是具备沉稳气质的名作。这里流淌着的美学意识，与上一章论述的闲静美学有完全不同的方向。但追逐着由右向左慢慢展开的横长画卷时，人们会产生一种与侘寂之美相通的安宁感。

画卷中尤其引人注目的是"画"与"书"相交织对立的有趣之处。

纸上画好画，并写上和歌的这种表现形式自平安中期开始盛行。但当时以书写为主，作画为辅来创作，画只是为了让书法更加醒目的装饰。光悦和宗达的合作让书法与画处于平等的地位，拥有了对等的力量颉颃。宗达运用画室匠人磨练出的技能，巧妙地区分使用金泥和银泥，表现花瓣、叶子表面的手法也好，表现枝条藤蔓的粗细和柔软的方法也好，细腻的线条也好，都展现出了从容不迫的舒展笔锋和走势。他在展示着金泥和银泥可深可浅的各种变化的同时，将它们牢牢地固定在纸面，由四季的变化构成一个统一的世界，呈现在人们眼前。而且又薄又细的金线和银线，有着可摇动般的轻盈感，观者仿佛在画中世界能感受到时间流逝。纸上最后出现的常春藤的图案，仿佛让空间突然变大，同时也让时间的流动变得更加自如。

相比之下，光悦的书法比较温顺。字的布局、墨的浓淡深浅都经过了认真思考。人们虽能充分享受画作与书法间的竞争，但也许是因为过于注意书法与画之间的相互照应，所以人们会感觉书法自身气势略显不足。换种说法，在这卷书画作品中，与其说光悦是书法家，不如说他是整部作品的制作负责人。常春藤之处有两句和歌，在浓密的叶子上用浓墨写着"此是无双物"，在没有叶子的余白处用淡墨写着"不出在山端"，[*]我们从中能看出光悦对画稿的顾及与关照。光悦不仅擅长书法，还是从事陶艺、泥金画的工艺美术师，所以在书画卷的合作中，他也许是主动让自己置身于享受画与书法交织对立境界的。

　　与《四季花草下绘和歌卷》相比，《鹤下绘三十六歌仙和歌卷》中书法与图画的统一性较弱，彼此稍微背离的书法与绘画，又同时存在于横向展开的纸卷上形成图案，有一种不可思议的妙趣。

　　在吸引眼球这点上，比起光悦的书法，宗达画的鹤更胜一筹。画面始于聚集在水边的十几只仙鹤。它们顺着自己想法一只只飞向空中，最终周围的鹤也都围了过来，鹤群增加到原来的几倍。那壮观的庞大群体，犹如被前面几只仙鹤引导般，一齐朝着天空的方向，之后转换动作朝水平方向滑行飞去。仙鹤们相互配合默契地飞翔，不知何时失去了紧张感。而在这群仙鹤分散处，画卷也收笔结束了。

　　对铺满整个画面的群鹤缓急有致的动态描绘，让观赏之人感到仿佛也能随之而翱翔一般，心情非常愉快。当鹤的数量较少时，每一只的动作都不一样。然而，当它们结成群后，动作便产生了整齐的统一性，所以即使鹤的数量很多也不会让人产生杂乱之感。从画卷的开始到结尾，画家所描绘的鹤的数量，恐怕已经远远超过了100只。将如此庞大数量的鸟，收敛在具有统一性的动作和形态中，

---

[*]　上文两句原文作"婦多徒那幾""山乃ハならで"，是万叶假名写法，即《古今和歌集　杂　上》中"二つなき　物と思ひしを"一首的两句，全诗为"此是无双物，思之欲悟难。池中真有月，不出在山端。"——编者注

宗达、光悦《鹤下绘三十六歌仙和歌卷》

我们仿佛从画中看到了画家完成这一壮举后开心的样子。随着群鹤中仙鹤数量的增加，画家的心情也随之高涨，握着画笔的手仿佛也洋溢着热情。

　　鹤群的秩序不仅展示出了完美的统一性。如果近看你会发现，每一只鹤的端正姿态都不是毫无意义的。每一只鹤的嘴、两只脚、尾部羽毛都是用金泥画的，两侧的翅膀、从脖子到身子都是用银泥画的。几十只相似的鹤聚集在一起，构成鹤群，但它们各自的位置、身子的倾斜方式又有着微妙的不同，鹤群整体是轻快而又强大的。鹤的描绘虽然有固定模式，但用轻巧细致的线条描绘出的嘴和两只脚提高了鹤的动感。

　　画中群鹤向上向前奋进飞翔的跃动感，是书法所不能体现的。卷中 36 位歌仙的 36 首和歌，按照作者名字的顺序，以四列或六列一组散开书写。这种方式被重复了 36 次，作为图案的书法也必然变得单调。然而，淡淡的墨书中隐藏着的自在变化，从行首文字位置的上下变化，到文字线条的粗细变化，再到用墨的浓淡变化，都纤细而又精妙，可见其运笔的挥洒自如。

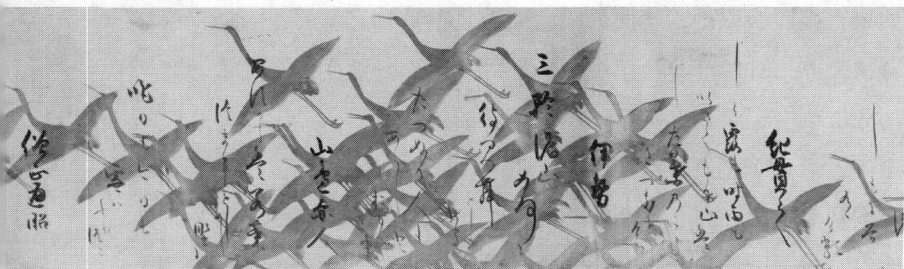

　　共同创作是一种不可思议的表现，我们欣赏《四季花草下绘和歌卷》和《鹤下绘三十六歌仙和歌卷》中配画与书法的交错时，这种想法变得越来越强烈。画卷中，书和画都各自走着自己的道路，同时，又创造出了与独立的书法世界和绘画世界不同的、独一无二的、真正称得上"书画"的世界，这就是不可思议的源泉。经营着画室的宗达也好，生于刀剑鉴定、研磨、擦拭世家的光悦也好，匠人之觉悟恐怕根深蒂固。共同创作既要顾及对方又要表现自我，抑制自我的同时表现自我的匠人之制作意识，这一点在创造未知世界时应当发挥了巨大的力量。

　　扇面画是在打开的弯曲的小扇子的纸面上作画，并不是共同合作的，而是独立创作的作品。扇面画能让我们清楚地看到宗达的高超技术。扇子与其说是美术品，不如说是实用品，大部分都是用完直接扔掉的。如今，我们只能在由多幅扇面画构成的扇面贴胶屏风、扇面散屏风中看到保留下来的宗达画作。

　　其中，有些作品取材于《保元物语》《平治物语》。这些画作都毫不客气地借鉴了平安末期至镰仓时代战记画卷的图案。然而，如果直接照搬原画，弯曲的小扇面上是很难画完整的。于是有的部分被舍弃，有的部分被改变了形态，有的部分被变换了位置，有的部分被改变了颜色，甚至还添加了新的银泥之云，经过如此这般的调整，形成了呈现在我们面前的扇形画。完成的一幅幅扇面画中，上下圆滑隆起，左右是用倾斜的直线切割出的异形画面，图案完美嵌入其中，战斗场面等也因变形而有了特别的跃动感，显得饱满。这些图案与画面的结合，仿佛是在画师接连不断完成扇面画的过程中，手法逐渐融入变形的画面中一般，可谓完美的结合、漂亮的呼应。

宗达熟练的技能，或者说设计布局的巧妙，在田园风景画中也发挥得淋漓尽致。其中，最有名的是藏于京都醍醐寺三宝院的《追牛图》。这虽是一幅土里土气的画，但风景的每一处核心都被牢牢抓住，其整体作为一个小世界展现了不多不少的完整性。走在弯弯曲曲乡间小路上的黑牛，和穿着白衣打着赤脚的放牛人，在他们的周围配上田地、田间小道、河流、绿色的山丘还有云彩。与其说这幅画真实描绘了田园一景，不如说是将田园风格的风景聚集在了一起，并把这些风景布置成不同图案的风趣。在让每个景物都流淌着土俗气息的同时，画家为了让人们感受到画的必然性，在景物与景物的关联中自然而然地建立起一个小世界。在与典雅相距甚远的题材中，宗达充分发挥了画面构图的技能。

说起宗达，任何人都会膜拜的是他晚年的杰作《舞乐图》（现藏于京都醍醐寺三宝院）和《风神雷神图》（现藏于京都建仁寺）。之所以这么说，不仅是因为这两幅画达到了宗达创作的最高峰。他的多方面的作画技能得以完全施展，还因为它们在漫长的日本画历

宗达《舞乐图》

史上占据着耀眼的位置。

我们先一起来看《舞乐图》。这是一个中间折起的双面屏风，其中一面贴了金箔，从右侧开始分别画着一人、二人、二人、四人的舞者。每个人都穿着讲究的衣服，色彩的对比非常鲜明。最右侧的一人穿白色，旁边的两人穿绿色和藏青色，再旁边的两人穿红色，最后的四人穿着以蓝色为基调的衣服，每一件衣服都施以细腻而又艳丽的花纹。除了最后围成一圈的四名舞者外，其他人的衣服在屁股附近设计成拖着尾巴般的长带状下摆，舞者一边努力让这下摆明显地摆动着，一边跳着舞。只有最右侧的白衣舞者露出了原本的面目，露出他有些上了年纪的样子。其他的八个人都带着和衣服相称的面具。

从服装、面具、舞蹈动作的任何一个角度来看，这个舞蹈都不是我们身边常见的日本舞蹈，而是从中国传来的、带有仪式感的舞蹈。观众一直看着也不会油然而生与其共舞的心情。我们从舞者的舞姿和形象中也看不出跳舞的热情或律动身体的喜悦。

这里宗达的目标是由九位舞者编织出形之趣、色之趣。比如中央的左侧、中央的右侧和右边的三个地方安置的五位舞者，他们拖着的长长下摆便是有趣之处。左上和右下舞者的下摆的摆动较大，且一边舞者的下摆从右向左摆动，另一边舞者的下摆从左向右摆动，弯曲起伏形成对比，而在稍近的位置上，位于左下和右上的舞者的下摆舞动幅度较小，构成了左右对称的弯曲起伏。我们若将视野放宽便会发现，这两对下摆的四条曲线一起构成了缓急有致的节奏，而右侧白衣舞者弯曲起伏较不明显的下摆，如同添加了舒缓的休止符般。我们再来看颜色，中央左侧二人组的下摆是红色的，中央右侧二人组是藏青色的，右侧的一人是白色的，三种颜色构成了鲜明的对比。

衣服下摆上体现出的形状和颜色的对比、节奏、呼应，不仅与下摆有关，也关乎舞者的整体姿态。与从中央到右侧这五个人姿态的统一性相对，左侧有四人围成了小圈跳舞的样子，这四人也构成了明与暗、开与合的对照。我们从整个画面中难以感受到热情与律动，多半是因为左侧这四人极为安静的状态。与右侧的五人相比，这四人的形态和颜色都稍显单调和朴素，只有在与其他人的对比中，才能感受到他们的生命力。

除了这九个人以外，这块铺了金箔的屏风的左上角绘有松树和樱树，右下角绘有火焰型大鼓和挂着帷幔的天棚。虽然这些都是非常适合舞乐之场的景物，但松树、樱树、大鼓、帷幔都只画了一部分，这种处理方式应该是考虑到了与舞者间的平衡。画面左上角是用茶色和绿色描绘的松树、樱树，右下角配有红色、白色、黑色、金色相交杂的大鼓与帷幔，这让舞动的空间瞬间浓缩，密度随之变大。因为左上和右下配有不大不小的、恰到好处的点缀，均匀铺开的金箔也稍微给画面增添了光辉。

这样看来，这幅屏风画之所以能成为杰作，最关键的原因是它在构图上的巧妙。由中国传来的模式化的舞蹈内容也好，礼仪的意义也好，每一个动作所表现的内容也好，舞者的热情和充实感也好，宗达关心的并不是这些。他关注的是舞蹈的形态和颜色，他将所有的心思集中在长 3.4 米、宽 1.6 米的画面上，关注应该画些什么、放在哪个位置、如何描绘等问题上。松树、樱树、大鼓、帷幔都是画家出于这样的想法和关心而描绘出来的画作内容。

可以说，宗达的这种关心就是装饰构思本身。描绘的对象乃至描绘主题的意义、内容、社会价值、人类的思想意义，这些都先放一边，装饰美学的基础是彻底地追求形态和颜色之美，将眼前的空间——大小、形状、用途，打造成具有节奏的、协调的、舒适的空间。装饰美学遍布《舞乐图》画面的每个角落，《舞乐图》是创造了无可厚非的装饰美之空间的杰作。九人舞者的舞蹈、松树、樱树、大鼓、帷幔，与其说这些是作为本身具有价值的东西而被描绘出来，不如说它们是被选为构成美之空间不可缺少的素材，在金箔打底的画面中被赋予了合适的形态、颜色、位置。如果说形态和颜色之美是绘画的基础，那么《舞乐图》是彻底追求了这个基础的杰作。

接下来，我们看宗达的另一个代表作——《风神雷神图》。金箔底的屏风上，右边是拿着风袋的风神，左边是背着圆形大鼓的雷神。

宗达《风神雷神图》建仁寺藏

　　我们不能像称赞《舞乐图》那样称这幅《风神雷神图》为空间
装饰美的杰作。虽然宗达对风神和雷神的形态和颜色有着充分的关
心和把握，面对面的两位神的均衡性也保持得很好，但恐怕不能说
这两位神的形态和颜色都调整得非常到位，也不能说它们被恰到好
处地嵌入画面之中。两位神怒视对方以及周围的世界，有着仿佛要
从画面中飞出般的气势。两神像仿佛充满了让装饰的整体性灰飞烟
灭般的生命力。装饰画，一般都是绘画安静的、具有秩序感的事物，
而这个风神和雷神互相挑衅与竞争的世界恰好与之相反，是一个生
命跃动的戏剧世界。宗达运用自己擅长的墨和银泥，用滴入式＊技巧
描绘了风神和雷神所驾之云，这云如同灵气升起，成了与戏剧相称

＊　滴入式，日本画绘画技巧之一，画上涂了颜色未干时，滴入其他颜色，从而产生渗入的效
果。——译者注

的内容。

　　整个画面涌出的生命跃动感，让人认为到达此种境界的宗达已成为一个不拘一格的自由表现者。画作中有一种超越了完美无瑕的《舞乐图》的自由。《舞乐图》可以说是一部杰作，京都城市中画师的技术性训练，京都的城市居民中广泛的对宫廷文化的憧憬和嗜好，金箔、金泥、银泥的流行，与本阿弥光悦共同创作的经验，等等，都被完美地汇集、整合、运用到画作中，才诞生了这样一部具有装饰之美的杰作。但是，如果这样评价《风神雷神图》则是不恰当的。这幅画基于宗达多种多样的绘画经验，我们从中确实能看出他运用技巧的确切性、色彩感觉的敏锐性、构想力的丰富性。但是，画的真正魅力在于超越这些因素的地方。我们可以称之为生命的跃动和自由自在。但如果稍改变下看法，你会发现，那种魅力可以说是画作超越了画家的个性，达到了绘画之普遍性时所产生的东西。

　　多方面追求装饰画之美的宗达，任手中之笔自由自在驰骋，向超越装饰之美框架的方向迈出了一大步。但是，不能忘了这种可能性是在追求装饰之美的延长线上被发掘出来的。可以说，正是装饰之美，孕育了超越装饰之美框架表现的可能性。宗达在江户初期，实际制作了和歌画卷、扇面画、杉板画、屏风画等各种形式的装饰画，并将这些作品送到了人们的身边。不仅如此，他还通过自身经久不衰的对美的向往，告知了人们装饰美的更大可能性。毫无疑问，时代的文化、教养、兴趣给宗达带来了好的影响，一个时代能够拥有宗达这样同时具备练达技巧、自由自在构想力、不屈不挠上进心的画家，实在是一种福气。

尾彬光琳《燕子花图》

　　展现在我们面前的《风神雷神图》，是同时刻画了宗达之幸运和时代之幸运的纪念碑般的作品。

· ·

　　在宗达之后的六七十年，尾彬光琳给装饰美术带来了新的风气。

　　《燕子花图》（东京根津美术馆藏）是光琳的代表作之一。在长6.8 米、高 1.5 米的大幅画作上，从左至右描绘了一排盛开的燕子花（水生鸢尾），很是壮观。

　　画面上有很多株燕子花，每一株都被描绘得很仔细，然而，这幅画完全没有给人带来压迫感，也没有阴郁感，反而给人留下了清

爽的印象。

　　画家光琳追求美的意识在于创作出流畅清爽的作品。光琳觉得应赋予这幅画一些轻快感，所以将两扇屏风中这么多株燕子花布置得具有节奏感。右扇屏风的燕子花被安排在稍高的位置，从三处向观赏人眼前伸展开来，而左扇屏风的整体构图呈向左倾斜的姿态。受此影响，在左扇屏风的右端低处，画家放了两株仅有叶子没有花朵的燕子花，然后在更低处开始描绘少量的花朵，并一点点向高处延伸，一直上升延伸到与右扇屏风画作高度差不多的地方停止；接着，画家再一次由低处开始描绘，燕子花向屏风的左端延伸过去，上升速度比右侧的速度更快。

　　刚才我们是从屏风的右侧向左侧追逐着燕子花所构成的画面节奏，相反，我们也可以从屏风的左侧向右侧欣赏，这时呈现的是另一种节奏（例如左扇屏风呈下降式）。不，我们没有必要拘泥于角落、边缘，无论从哪里开始，燕子花分别向左右延伸均能让我们感受到不同的节奏。节奏的轻快感允许人们自由地追逐、欣赏、体会。

　　流畅清爽的印象不单单是轻快节奏带来的，也来自颜色运用上的简单和单纯。这幅图由三种颜色构成：金色的屏风底，铜绿色的叶子，群青色的花。整幅图没有过多的浓淡处理。金色的屏风底色自然不用说了，叶子的铜绿色也完全可以说没有浓淡的变化，花的群青色也只分为深青色和浅青色，没有夹杂中间色，青色也没有做渐变色处理。这是果断的处理方法，可见当时的光琳一定有这样的信心——运用单纯的颜色，描绘出初夏时簇生于湿地的燕子花的清晰样子。无论是画作的构图还是颜色的运用，都是非常适合装饰艺术的，经过了深思熟虑，被明确地提炼出来，而提炼出的图像和预想中的一样，捕捉到了燕子花的特征。光琳认为单纯明快的构图以及对颜色的准确运用，能够提高画的装饰性和设计性，但不会因此想让燕子花变得不再是燕子花。

　　另外，光琳将题材仅限于燕子花，可以说是将这么大的一幅画打造得单纯明快的方法之一。说到燕子花，我们首先联想到的是平安时代《伊势物语》的第九段内容。主人公在经过三河国（现日本爱知县）一个叫八桥的地方时，看着眼前开得很美的燕子花，于是吟诵和歌一首，"抛却衣冠与爱侣，远游孤旅好凄凉"*。自这首和歌之后，每每说起燕子花便会让人不由自主地联想到《伊势物语》中燕子花开得很美的八桥，画家作画时将两者结合在一起描绘也成了

---

*　出于新文本译丛《伊势物语》第八段，丰子恺译，上海译文出版社。——译者注

一种定式。光琳自己也喜欢同时描绘这两者，然而，在这幅大作中，他特意选择了不画八桥。从传统的观念来看，这恐怕是一幅让人感觉缺了点儿什么的画，光琳却趁机尝试用燕子花创造出充实的空间。我们能从中看到光琳的自信与冒险之心——他自信即使没有八桥也能表现出充实之美的空间，也想为创造出摆脱传统的、新鲜之美的空间而冒险。

燕子花和八桥之间原本的关系源自《伊势物语》中的文学性的联系。这个联系被描绘在各种画中，作为王朝的典雅一景，形成了一种心照不宣的传统。光琳与这样的传统对峙，描绘一幅没有八桥的燕子花图，是特意让文学上的联系退位为某种若真若幻的背景，而着眼于燕子花本身，呈现出它作为花的美。这种做法提高了画的纯度。光琳选用没有八桥仅有燕子花的场面，以燕子花和八桥相结合的形式去叙述故事与吟咏和歌，为画中所描绘的王朝的典雅一幕进行造型，让典雅之情趣成为画的气质牢牢地固定在画面中。对光琳来说，《燕子花图》是一种别具意义的尝试。而江户的装饰艺术到了光琳的时代，也已经发展成熟，到了可以进行此类尝试的地步。

《红白梅图屏风》（现藏于静冈 MOA 美术馆）是光琳在寻求绘画的新美学之路上更进一步的大胆尝试。

这幅画乍一看是一幅奇异而崭新的作品。画面中央从上到下流过一条大河，河的右边画着红梅，左边画着白梅。

《燕子花图》中簇生的燕子花恰到好处地收敛在画面中，而这幅图中的红梅和白梅却没有做到同样的恰到好处，也没有收敛起来，而是仿佛要溢出画面般绽放着。尽管如此，右侧的红梅还是能让人想象到整棵树的样子。根部有树洞的粗壮树干坚实地扎根于土地上，

尾形光琳《红白梅图屏风》

弯弯曲曲地向上伸展着，从树干的很多处抽出枝条，枝条也向上伸展着，枝条上是无数朵红梅花和花蕾。树的描绘在画面右端和上端中断，但能感觉到它继续伸展的势头，也能让人朦朦胧胧地联想到它伸展的形态。有趣的是，中间生出树洞的、从地面向上伸展的粗壮树干，如同人的两只脚——脚后跟朝着观赏者的这边，脚尖则朝着画的深处。这样一来，树干的上半部分如同人稍微蜷曲的躯干，从脚到后背都长出了树枝，树枝上都开满了花和待开的花蕾。这虽是我一时的联想，但若作者光琳没有想戏弄一下描绘对象的嬉戏之心，没有想享受一下夸张歪曲的绘画之心，恐怕我作为观赏者也不会浮现出这样的联想吧。

　　我们从画面左侧的白梅中，能更清楚地看到光琳的嬉戏之心和大胆的绘画之心。白梅有比右侧红梅更加粗壮的树干，它盘踞在地面上，树干向左侧狠狠地倾斜且直接冲出了画面。我们完全不知道树干冲出画面后长成什么样子，仅能在画面的左下方，看到大小两根树枝以极大的角度垂了下来。这两根树枝生硬地弯曲并垂下来，其中细枝条很快向右弯曲成直角，向水平方向生长，垂下来的粗树枝在画面三分之二处突然弯曲向上伸展开来。从这一大一小两根树枝上抽出了数十条的细枝，枝头被白梅花和白花蕾热闹地缠绕着。画中仅描绘了粗壮树根的一部分和两根树枝，自然界中应该不存在仅有这两部分的白梅，虽然画只是截取了树的一部分的特殊模样，但这正是白梅的样子，不是其他树的样子。另外，左侧白梅的形状和颜色与右侧红梅的形状和颜色既冲突又和谐。黑墨的浓淡不同展示着树干和树枝的古老，加上运用了滴入式技巧的苔藓之浅绿，给屏风左右两侧的冲突与和谐增添了深度。

　　不过，画中对水流的描绘才是原原本本展示光琳出人意料的嬉戏之心和大胆的地方。水流从画面上端稍偏右侧位置开始流动，朝着左下方流淌至画面的五分之一左右后，突然向左右两侧大幅度地涌出，覆盖了画面的一大部分。右侧描绘的是近似于半圆的曲线，左侧是凹凸有致的、呈波浪形的曲线，画面也仿佛随着这样的水流慢慢流动。作者对水流宽度的描绘很不寻常。他仿佛自己也很享受这极端的宽度，让右侧的曲线延伸到红梅附近，与树干的动相呼应，让左侧伸出的波浪与白梅向上伸展的枝条的一部分互相重叠。如果水流的描绘破坏整体构图就不好了，所以，我们从中能感受到作者为了不伤害整体构图、让水流大幅度地弯曲流淌着。

　　另一方面，在画面中央占据着较大位置的河流必须是流动的。

尾彬光琳《白地秋草模样描绘》

作为流动的象征，左右的轮廓呈平滑的曲线。这与红梅、白梅的生硬曲线构成了鲜明的对比，但是，仅有这一点作为流动的表现还是不够的。于是光琳在整条河上都画了漩涡的花纹。这是被称为"光琳波"的独特花纹。细线与粗线层层叠叠，轻快地卷起漩涡。这花纹的复杂性让人怎么看也不觉得厌烦，光琳也一定是一边享受着一边转动着手中的画笔吧。原本是以奇异的形状在画面中央占据着很大位置的水流，因为有了漩涡的花纹而提高了动感，这个水流便有了不输甚至超过了此画主题的"红白梅"的吸引力，这就构成了画家光琳的美学意识。在夸张和歪曲中追求美和表现美的装饰之美意识，即使让绘画主题价值颠倒，但它只要与形和色的美相通，就会被接受。我们远远眺望过去，发现这幅画既可以以水流为主、红白梅为辅，又可以以红白梅为主、水流为辅，这不是赏画之难点，而应当被视为装饰画的有趣之处。

在一幅画中，既追求奔放的气势又追求画作整体的完整性，在危险尝试的边缘让这两点同时成立的正是《红白梅屏风图》。通过这幅画的尝试，创作之人和享受之人知道了，装饰画作为知性实验之地具有巨大的可能性。

从装饰的角度出发，这里还不得不介绍光琳的另一部作品——《白地秋草模样描绘》（现藏于东京国立博物馆）。这是一幅画在小袖*和服上的作品，因是江户木材商冬木家祖传的和服，所以取名"冬木小袖"。

白地的小袖上用蓝色、黄色、紫色、藏青色描绘出菊花、桔梗、芒草、胡枝子的清晰图案。我们看到博物馆里展示的小袖，不禁产生这样一种想法——非常想看这件和服被女性穿上后的样子。因为这件小袖能提高穿衣人的气质，同时，随着穿衣人动作的改变，图案所展现出的样子也会产生变化，应该会生出不同的韵味。

仔细想想，装饰画的最大特征是在动态的生活中绽放精彩。从这个意义来说，宗达的扇面画、光琳的和服画可以说是源于生活的工艺装饰画之典型。生于京都吴服商店的光琳，长期近距离地体会着源于生活的装饰画之魅力，他的和服绘画一定是基于这种经验创作的。光琳还参与了其亲弟弟尾形干山的烧制陶器绘画之创作，在陶器上绘制工艺画。描绘于《燕子花图屏风》《红白梅图屏风》中的画作是艺术鉴赏用的堂堂正正的装饰画，光琳在其中毫无保留地发挥了他的知性、感性、想象力；而他作为装饰画家的能力与力量，在生活中不经意间就能遇到的工艺品中，得到了虽然朴素却也淋漓尽致的表现。说回冬木小袖，它以腰带的位置为界，背部秋草图案

---

* 小袖，现代日本和服的原型，原本是指两片袖结构中较小的袖片，也被称为内袖或里袖。——译者注

酒井抱一《夏秋草图屏风》（2 曲 1 双）

的上下形态和颜色运用达到完美平衡，上半部多用浅色整合，下半部多用浓紫色而具有安定感，展示出了只有和服图案所能达成的洗练与格调。

　　光琳的画作继承了宗达的豁达自在，扩展了装饰美术的领域，努力开拓源于生活的创作样式，其崭新的设计被誉为"光琳图案"，广受世人的欢迎并成为许多工匠模仿的样板。模仿是装饰美术中常有的事情，不应被责备。更何况如果模仿的对象是光琳，那么会被认为是快速习得了光琳画作中的敏锐之感、美之格调，模仿者会被认为是同时代的兴趣爱好者和匠人中别具眼力的人。毫无疑问，光琳图案的流行，让通俗的装饰美术更加广泛地渗透到社会中。虽然光琳死后，浮世绘占据了绘画的整个世界，但光琳图案的流行一直与浮世绘齐头并进。

光琳图案得到了大众喜爱，形成模式的装饰画也在民间得到了广泛的认同。这期间，比光琳晚一百年出生的酒井抱一，试图通过具有个性的装饰画继承光琳的艺术。宗达和光琳都出生在京都，以京都为主要创作、活动的地点，而抱一出生在江户，是在江户进行创作、活动的画家。其代表作是《夏秋草图屏风》（现藏于东京国立博物馆）。

屏风右扇的下半部画着芒草的叶子、旋花、白百合、松萝，上半部画着鲜艳群青色的弯曲的图案，上面再用细细的金线勾勒出漩涡，构成流水的模样。在花草和流水的对比上，巧妙运用绿色、蓝色、白色、红色，我们承认这些都很"光琳"，而画面整体传达给我们的却是不同的感受。与光琳的知性明快、大胆的冒险心、享受超脱的嬉戏心的性质不同，抱一仿佛对自然界中的微小动态也敏锐做出反应，他有着细腻至极的感受性。由于抱一对光琳怀有强烈的尊敬之情，我们可以认为右上方的流水是作者想象着光琳的《红白梅图屏风》而创作的，然而，这些流水却缺少了光琳的豁达与果断。尽管如此，我们还是能在轮廓线的微妙起伏中感到作者内心的震撼。靠近观者这边的夏草，与随风摇曳的虚幻晃动相结合，装饰风格的画中充满了难以用"装饰风格"来概括的悲哀之情。

左扇屏风上的秋草也能让人感到同样的悲哀之情。和右扇的屏风一样，这边也是随风摇曳的秋草，左扇屏风上的风却与右扇上的夏草之风恰好相反，是从右侧吹过来的强风。其中，从右下方到左上方延绵不断的芒草叶子和穗子，爬山虎的叶子和果实，葛根的花和叶，它们的形状、颜色、叶脉都被描绘得非常清晰且具有装饰风格。从这一点来看，画面有着切实承接观赏人视线的明晰之处，不是流于抒情的纤弱之作。将两扇屏风摆在一起时，风从画面的中央向外吹去，使得整个空间变得宽敞而开阔。另外，银地上流着群青色的水，这种色彩上的鲜艳对比也显示了抱一色彩感觉的敏锐。

话虽如此，我们不能否认这幅《夏秋草图》作为一幅装饰画具有浓厚的主观意愿，甚至是一幅随心所欲的作品。我们不能仅仅将夏草和秋草视为画在那里的图案。花草的形状和颜色不是用来给图案带来华丽感的。我们不妨把它们看作悲哀或是宁静寂静的象征。

抱一对光琳的画作表现出格外的爱与尊敬，励志复兴光琳的画作，描绘着一幅幅充满着悲哀之情甚至宁静寂静的抒情画作，这恐怕说明，光琳画作在抱一眼中就是这般形象的吧。这里面可能有时代变化的原因，也可能有画家本身资质的原因，但作为画的内部条件，画作越是将时代的变化和作者的心情投射到花草的形状和颜色上，越是能说明装饰画与时代、与作者的关系变得广泛深入且密切了。装饰画既从时代中，也从作者的主观意愿中，获得了相对的独立，所以它看起来似乎超越了鉴赏功能和实用功能，具有了可以普遍适用在广泛领域的普遍性。再一次地，装饰画成为充满时代气息和主观思想的表现，可能因为这是绘画作为一种社会性的存在而必须追寻的结果，这种变化是一种必然的过程。

抱一的《夏秋草图屏风》似乎暗示着，从宗达传承到光琳的装饰画，正向着个性表现的方向转变，而这正说明了装饰画的样式将自由发展下去，其发展前景，人们尚未可知。

第十二章

江户的儒学

———

以伊藤仁斋、荻生徂徕为中心

儒学在江户时代有很大的发展，成为具有统治地位的学问。

中国从西汉武帝开始，"罢黜百家，独尊儒术"，此后历经两千年，直到清末都是王朝统治的体制教育内容。因为日本和中国的交流紧密而深入，儒学对日本政治、社会、文化等各个方面产生了广泛的影响。但是另一方面，儒教虽然使人们明确地认识到其学说并赢得了广泛的关注，也成为学术研究的对象，但人们的认识程度上却远远不及佛教。在日本历史上，以儒者、儒家、儒学者而闻名的人物，在16世纪以前可以说几乎没有。日本人虽然也阅读和研究作为儒教基本文献的经书，但他们并不将其当作宗教书或者思想书来对待，相反，我们倒不如说16世纪以前的日本人把儒学书当成教养书来看待。

而在江户时代，儒教却迎来了与以往迥然不同的局面，在社会上得到了广泛传播。为什么会产生这种变化呢？进入江户时代，战国时代的武斗终结，中央集权性的幕藩体制得以确立。作为儒教统治原理的德治主义，把身份制度作为基础的社会构造，可以很好地适应上述幕藩体制。这是儒学得以广泛传播的最大理由。君子（统治层）的任务就是教化人们以德修身，确立五种伦常秩序。这一统治思想既可以满足武士阶级的自尊心，同时对于农工商等被统治阶层来说，也比宣扬武力手段的暴力统治更容易接受。

　　另一方面，随着中国宋代的朱子学的登场，儒学在体系上也面目一新，这也是儒学后来在日本广泛地被接受的原因之一。朱子学的新颖之处在于，将长期作为体制教育而成为思想史主流的儒学，以哲学重构的方式进行严谨的讨论，构筑成圆满而宏大的思想体系，使存在论、人类论、修养论和统治论成为主体。

　　天地之间一切事物的根源是"气"，而规定万物之存在方式的是"理"，一切皆因"气"和"理"两者而成立并存在。这就是朱子学的存在论。将这个理论用在人身上，相当于"理"的东西被称为"本然之性"（人类本来的样子，具体来说是仁、义、礼、智），相当于"气"的东西被称为"气质之性"。本性为善的人接触外物，受情欲驱使，染上邪恶。如此一来，现实中的人所表现出的"气质之性"就出现了。如果说"本然之性"与"气质之性"之间存在的矛盾是人类论的基本，那么如何克服这个矛盾就自然而然成为问题，为应对这一点，就产生了以"居敬穷理"为口号的修养论，所谓"居敬"，就是对内心的敬意，集中精神，不为情欲所迷惑。"穷理"是穷尽原理，尤其是阅读记录圣人言行的经书，穷尽作为一个人生活的伦理。可是"居敬穷理"是理想，是努力的目标，而在现实世界上，人们根本不能简单地摆脱情欲。因此，那些积累修养、知理、有道德的君子成了统治者，而君子在以仁（关怀）为本进行统治的同时，还必须教育和陶冶不能摆脱情欲的"小人"。这就是统治论。

　　这种理论可谓具备广大的视野和胸襟，收纳尽人世间的生存方式，是一个无论在理论方面还是在实践方面都令人注目的、完美的体系。虽然日本与中国不同，儒教在日本没有那么广泛的、深入的社会根基，但统治者依然可以用它来说服人们，教给他们世界的形态、人的本性、正确的生活方式和优秀的政治方式。如果儒教能给人们提供一个如此规模宏大而完整的体系的话，那么它能够被顺利接受也是理所当然的。日本的各阶层，当然主要是上层阶级，长时间以中国的思想、制度、文化和文物为范本进行学习，而其中最为适合他们的，莫过于朱子学的体系了，因为它既有良好的统合，又前后一贯。

虽说如此，阅读、理解用汉文写的哲学性书籍并不是件容易的事情。通过与宋朝的贸易，朱子学的书籍很早就传到日本，人们还制作了抄本，但其学习者仅限于五山禅僧及其周边的人。藤原惺窝被称为"近世儒学之祖"，他原本是京都相国寺的禅僧，惺窝的弟子中受德川家康信任的林罗山，年轻时也在京都建仁寺熟习汉籍。

惺窝三十多岁时，与在文禄庆长之战*中成为俘虏的朝鲜朱子学者姜沆结为好友，从此大量学习儒学并下决心要成为一名儒学家。朱子学虽然体系性完备，但与佛教和道教相比几乎不沾地气，在中央集权秩序逐渐产生的时代氛围之中，应该如何适应形势？惺窝身边聚集了许多弟子，一同研讨此事，而林罗山就是其中之一。罗山致力将儒学与现实政治联系在一起，1605 年，他在京都的二条城拜见刚刚在江户开设幕府的家康，开辟了仕途。此后，罗山历经家康、秀忠、家光、家纲四代将军，一直担任武士侍讲一职。

惺窝和罗山等人，将他们在五山及其周边学习到的朱子学，推广到武士及商人之间，这一举措具有重大意义，但从学问内容来看，

---

*　即万历朝鲜战争（1592—1598 年），又称万历朝鲜之役、万历援朝战争。指明万历年间明朝和朝鲜抗击日本侵略朝鲜的战争。——编者注

他们并没有脱离中国书籍的传统领域，也就是欠缺开拓和创新。话虽如此，将异国雄伟的思想体系、文化风土和教养的传统用易懂的方式推荐给不同的人，让他们普遍接受，可不是一件容易的事。因此可以说，惺窝和罗山的工作，为之后日本独自展开儒学研究，起到了开辟道路的作用。

从江户初期到中期，伊藤仁斋和荻生徂徕等学者们努力将儒学与时代关联起来，对时代发展起到推动作用，下文将以此二人为中心展开。

　　·

伊藤仁斋于 1627 年出生于京都的商人家庭，在京都城里度过了他作为学者的一生，1705 年去世。

仁斋 11 岁时学习四书，不久后接触朱子学，遂倾倒于此。后来他认为朱子学将孔子、孟子的思想曲解了，因此试图戮一己之力将儒学本来的思想体系扶正。他一边在自己家开办私塾教授学生，一边和朋友一起组成了汉籍研究会"同志会"，以平等的立场反复讨论。据说门人有三千余人。朱子学已经在京都的城市居民之间有了一定程度的扩展，甚至已经发展到开始有人对其进行批判的程度。

仁斋将贯穿整个世界的真理命名为"道"，这个名称是从孔子、孟子那里承袭来的，他还浅显易懂地解释了以"道"为名的真理的本来面目。

　　孟子说："夫道，若大路然，岂难知哉？"大路是无论贵

贱尊卑谁都能通过的地方，日本的五畿七道、唐的十道、宋的
二十三路都是大路。上至王侯贵族下到行商人、小混混，无不
在大路上行走。王侯贵族可以通过而老百姓不能通过的"道"
不是真理。贤者和智者能通过，愚者和不成熟者不能通过的
"道"也不是真理。"若大路然"就是这个意思。

（"岩波日本思想大系"《伊藤仁斋 伊藤东涯》，第 28 页）

以"夫道，若大路然"这样的比喻为线索，展开论证大路给人
的印象，这样的文章写法是非常有趣的。如果抽象地对真理予以解
释，恐怕怎么说也说不明白。那么，就借助比喻的帮助来说吧。而
且通过比喻来丰满人对真理的印象，能唤起读者的共鸣，推进互相
的思考。这是一种可以切实地传达思想的文章写法。不是高高在上
地向下教诲，而是在街上的私塾里与学生共同思考，在"同志会"
中与学友们平等地进行讨论，俨然在野学者的活跃之相。假如真理
像一条人人都能走过的大路，那么追求真理的学者，就不应该只让
自己走上大路，而是应该努力让所有人都能走上大路。当真理成为
人人都能通过的大路时，真理就能成为真理。仁斋得出这一想法，
并为了把这一想法付诸实践而笔耕不辍。

刚才的引用是《语孟字义》中的内容，类似的观点在《童子问》
中是这样表达的：

人以外的地方没有真理，真理之外没有人。只要人存在，
人的真理就会发生。知之不易，行之不易……在人的生存方式
以外追求真理的人，如同捕捉风一般不可能实现。所以，了解

真理的人会在自身的身边寻求真理。认为真理在高远的地方，认为真理触手难及的人，其实已经脱离了真理，身陷迷惑，才会那样认为。

（"岩波日本古典文学大系"《近世思想家文集》，第 60 页）

如果用汉语表达真理的话，就集中在"仁""义""礼""智"四个字上，但是比起抽象地说明这四个字，仁斋始终强调这四个字所表示的不在远处，而是在身边，在浅近的地方。在人努力接近真理之前，真理已在人们身边。这是仁斋真理观的根本。在《童子问》中，也出现了下述文字，列举出浅近事物的具体例子：

诸如儿子、女儿、下人、婢女等身份低下的人们，甚至柴米油盐这些琐碎东西，所有身边的人和日常生活的物品，都与真理有关。俗世之间有真理，真理之中有俗世。

（出处同上，第 135 页）

相对于高远的真理，仁斋主张切近的真理；相对于神圣的真理，仁斋强调世俗的真理，即在日复一日的生活中，在眼前的现实中的真理。他对此寸步不让地贯彻着自己的思索。这也显示出他对于用"理""气""性"等抽象的概念说明真理的朱子学的厌恶。仁斋还不只针对朱子学，对佛教和道教也产生了强烈的不信任感。接下来，我们引用《语孟字义》中的一节来证明仁斋的此种倾向：

释迦牟尼以空为真理，老子以虚为真理。释迦牟尼认为，

山川大地这一切都是幻想或妄想，而老子说万物皆生于无。然
而，天地自古以来就覆盖上空，支撑脚下，日月自古以来就照
耀四野，春夏秋冬自古以来就会更替，山自古以来就高耸入
云，川自古以来就恒流不息，有翅膀的鸟，有毛的兽，有鳞的
鱼，不穿衣服的动物，向上生长的植物，在地面上爬的植物，
自古以来就一直保持着它的状态。

（"岩波日本思想大系"《伊藤仁斋　伊藤东涯》，第 29 页）

上文中并未出现"实"这个词。不过，相对于把眼前的现实
看作"空""虚""无"的佛教和道教，仁斋采取了正相反的态度，
他把眼前的现实中不可或缺的事物当作"实"。天地，日月，春夏
秋冬，山川，动物，植物，这些都是实在之物，它们存在于眼前，
坚固而不可摇动，看得见，摸得着，它们存在的现有样态，就是现
实，就是真实。

仁斋所述，处处充满确凿的证据。年轻的时候埋头于朱子学，
后又熟读佛典和《老子》，但这些统统不能使他从心底产生共鸣，
在提出自己的学说时，仁斋用"实"替代掉了"空""虚""玄"
那些经典里"不实"的概念。仁斋认为，经典里主张的那些把眼前
的自然和社会都看成是空虚的、虚幻的、虚无的观点是无法接受的。

佛教认为万物皆为空，道教认为万物皆为无。佛道二教都有强
烈的意向，要超越眼前的自然和社会，走向另一个世界。这两种宗
教无法满足于眼前的现实和日常生活，强烈地要求超越现实的世界
和现实的生活方式。如果我们把超越现实世界去寻求理想世界的意
向称为"超越意向"的话，那么这个世界上的许多宗教都可以说是

具有超越意向性的。

与之相对，仁斋的儒学思想，站在强烈肯定眼前现实和日常生活的立场上，认为现实和生活就是一切，世界就完结于此，因而理论和实践都应与现实世界相关。这完全是符合"现实主义"之名的思想。也是完全符合绵延 260 多年的江户时代特别其前半叶时期的现实主义思想。

人们常说，日本人的思维方式从古至今都集中于此岸世界，具有现实主义的特点。由此可见，日本原本就是个非宗教的民族。的确，十万亿土的极乐净土以及降临到这个世界的末日最后审判，不会让日本人产生什么亲切感。即使提到彼岸世界，人们也不过将其当作此岸世界空间的延续来看。而在时间上，日本人也很难理解和认同这个世界结束之后，会有另一个世界重新开始的想法。对日本人来说，这些观念都不是很亲切，很难引起什么共鸣。

在许多日本人共同的对此岸与现世性的思维方式之下，"空""虚""无"这些脱离现实的、属于另外的空间时间的观念，被日本人当成理想的世界、真实的世界、神的世界来理解。在这层设定之上，现实的"空""虚""无"并不是与理想世界对比而产生的，不如说正是现世的痛苦、艰难引出了"空""虚""无"等观念，人们比较容易接受这样的观念，期盼这能够宽慰现在尚存的痛苦、艰难。这体现了日本人在观念上或多或少地想要给"空""虚""无"现实寻找一个实体的思维方式。

当我们思考江户时代的前半期，如果将目光限于武士和城市居民的话，可以认为这个时代已经不再像以前那样让人感到痛苦和艰难了。政治上，幕藩体制的确立带来了没有战乱的、稳定的秩序。

经济上，生产力提高，商品流通活跃，这些都多少让人感到了生活的富足。富足的生活则诱导人们向享乐的方向发展。享受宗达、光琳及其他的画家的装饰艺术是享乐的表现之一，享受观看歌舞伎和人形净琉璃[*]，享受阅读浮世草子，以及坐在俳谐^{**}的座位上唱和诗歌，都是生活富足，可以享乐的体现。在仁斋的堀川补习班里学习的门人达到了三千多人，同样也可以说是因富足而有余力享受生活的体现。

　　生活在江户时代的仁斋也感受到了这样的时代风潮，他酷爱和歌并将其作为一种消遣方式。像这样将现世视作真实的思想，是这一批受到时代影响的城市居民学者肯定时代现实的一种表现。

　　像这样的时代学者，他们对现世的肯定思想很容易就失去了独立性，被体制思想同化。从而失去了独立思想的光辉，通篇只会罗列一些有关现实追求的词汇。

　　但是，就仁斋留下的著述而言，他的思想虽然有很大一部分和体制思想比较相似，但并不是失去了光辉的消极词汇的罗列。他的笔触清晰明了，在论述现实的字里行间我们可以感受到一种紧张感。这种紧张感到底从何而来呢？关于这个问题，我们可以从两个方面进行思考。

　　一方面，因为仁斋清楚地意识到了作为模板的孔孟之道——儒学的基础真理——和社会现实之间是有一定落差的。"圣人之道"或者说"先王之道"这样的理想社会与现实有落差是非常正常的，

---

　　*　　人形净琉璃，"人形"即人偶。人形净琉璃是日本江户时代的代表性音乐表演，表演人偶剧的同时使用净琉璃说唱。——译者注
　　**　俳谐，日本江户时代兴起的一种文学形式和作品。严格地讲应称为俳谐连歌，是从正统的连歌分支出来的、提高了游戏性的集体文艺。——译者注

问题在于到底应该怎样把握这个落差。若是仅仅着眼未来然后用理想的词汇来描绘理想，就很容易落入空洞的观念论的窠臼。正确的做法应当是一方面联系现实并将其套入先贤之言中，使之正当化，一方面还要批评它的不合理之处，这样才能体现出现实的复杂多变。若想将理想与现实放在同一个视野中还能保持冷静，就要一边谋划着怎样调和理想和现实，一边着眼于两者之间绝不会轻易妥协的对立和矛盾。这就是所谓的落差意识。仁斋选择暂时搁置朱子学，回溯历史，将孔孟之言作为真理和标准，而促使他走上这条道路的原动力，便是朱子学体系在将现实合理正当化时的无力。这也正是这种落差意识的深层次要求。

仁斋的文章带有紧张感的另一个原因便是他对学问的态度。仁斋追求的学问，是人人都可以自由思考、自由议论的开放式学问。仁斋在《童子问》中是这样阐述的：

问："世间学者为什么要以各自师门（自己老师的学派）为派，互相刁难呢？"

答："尊敬师门当然是件好事，但各自为派这种做法是不可取的。宋初有程颢、程颐学派和苏轼、苏辙学派，后来还有朱熹学派和陆九渊学派，但这种学派之间的争论自门人而起，并不是老师们的初衷。宋朝是学问的大繁荣时代，一直都存在着激烈的学派之争。这本身是一件非常遗憾的事情。学问本应为天下万人所共有，并不是这些门人弟子的私有物。这种私物化的行为是不可能真正了解真理的。我年轻的时候曾经看过朝鲜国李退溪编撰的《朱子书节要》，那里面曾出现过杨子直这个名字，这本书给这个名字的注释是朱子学的叛徒。我觉得这样的行为非常不妥，当时我便想'这是怎样低级又狭隘的想法啊，去者勿追，来者不拒，自古以来便是真理，完全没必要用叛徒这个词来形容，李退溪应当就是已经将朱熹学派当成私物，才会有这样的看法。'"

（"岩波日本古典文学大系"《近世思想家文集》，第129页）

学术界中各学派林立，学者以各自师承为正统互相攻击、刁难的现象贯穿了古今东西的学术发展史，与之相对，也有一种观点认为学问没有异端正统之分，是面向所有人敞开的。仁斋很明显认同后者，用他自己的话来说，"天下之公学"才是学问的应有面貌。虽然仁斋和以往的儒学家一样，重视君臣上下的礼节和秩序，但在学问方面，他的方法更加接近近代的学术观念，认为比起师徒关系和谱系，研究本身的内容和形式更加重要。这种学术观带有自主性，是仁斋在自己研究学问的过程中得出的，后来也为经验所证实。他和友人一同创立了可以平等讨论学问的"同志会"，这本身就是关于公学的一次实践。《童子问》中有这样一段话：

学者就应当不耻下问，跟随没有私心的师长学习……我所希望的仅仅是让孔孟之言重现于当今世上，至于我自己的言论是否为人所接受，我并不在意，而且也并不打算说服别人。若是有人能完全理解孔孟之言，还能清晰明了地解释出来，那么我非常希望能有机会聆听他的见解。即使他是马夫，我也愿意尊他为师……孔子曾说："丘也幸，苟有过，人必知之。"若是人们不信服我的说法，那一定是因为我还不够诚恳，我应该继续修身自省。若是面对他人的正确学说，还固执地坚持自我并拒绝它，那就相当于堵住了善之道。这种行为无异于自己伤害自己。虽然我生性略有愚钝，但也并没有愚蠢到这个地步。我认为即使是学生、门人的言论，若值得采用的话，也应当全盘接受。解读《论语》《孟子》这件事本身就应当是这样的。

（出处同上，第187—188页）

仁斋确信研究公开的学问就应当舍弃私心，诚恳地倾听，公学也正是在这样的平等的学问交流的过程中获得了生命力。"同志会"就是为了实现公学共同体的一次尝试。

然而，研究学问仅仅靠倾听他人的言论是完全不够的，自身也必须对知识有着深入的思考。上文引用段落有出现"修身自省"一词，这里的修身自省是指要不间断地努力充实自己。禅中有"顿悟"这一说法，指的是醍醐灌顶般的突然开悟，朱子学中称作"一旦豁然"。仁斋认为，研究儒学并不能将期望放在这样的顿悟上，除了不停努力、一步步脚踏实地走过来外别无他法。如下文所述：

儒学是用实在的语言去阐明实在的道理的学科。目之所见，耳之所闻，心之所得皆为收获。我们要做的就是找到切实的词汇将它表现出来，因此寄希望于顿悟是行不通的。研究禅的学者用空言说空理，耳闻目见皆为空，所以他们不得不顿悟……孔子曾说："仁者安仁，知者利仁。"孔子提出的目标可谓任重道远。这个任务一直到死前都要履行下去，死的那一瞬间才可以获得解放。

（出处同上，第 136 页）

对于我们这些 21 世纪的读者来说，仁斋对《论语》和《孟子》的尊崇，尤其是那句"用实在的词汇阐释实在的道理"或许有些难以理解，但在仁斋生活在 17 世纪后期的封建集权时代，这些经典一直被认为是能描述现实的书籍，这也是那个时代的人们的普遍想法。若非如此，儒学也不会成为当时的主流思想。

但是，仁斋确信儒学是用实在的词汇阐述实在的道理的学科，并且终生都在追求俗世的现实真理，这样的现实主义学术态度，是他充分发挥主观能动性，创造出的超越时代的产物。仁斋将耳之所闻、目之所见作为学问的根基，再一步步地推敲词汇，试图用准确的语言清晰地阐释真理。这是一个体现出近代的实证主义基本纲领的思想，能在中央集权的封建时代中主张这种思想，我们可以从中看出仁斋充分的学术自主性。也正是因为这种自主性，仁斋才能将耳之所闻、目之所见、心之所得、身之所感，一一用实证的态度丰富而准确地阐释出来。现实就是无止境的生命活动，这是仁斋世界观的基础，仁斋将天地称为"一大活物"，并用"生生不息"这个词来表述。《语孟字义》中有这样一段话：

生生不息是天地的真实存在方式。所以，天地既无生，也无死，既无集，也无散。死不过就是生的终点，散不过是集的结果。天地统一于生。祖辈虽然身殒，精神却传递给了子孙，子子孙孙无穷尽，这个精神便不曾断绝。如此想来，生命本不

会断绝，永生是存在的。换句话说，生命中本就不该有死这种
说法。所以说，"生必死，集必散"这句话是不对的。"有生必
有死，有集必有散"这种说法也不太准确。因为它们都将生与
死对立起来了。

（"岩波日本思想大系"《伊藤仁斋　伊藤东涯》，

第 16—17 页》）

仁斋认为不应该将现实分为生与死、集与散这样相互对立的同
位词。生中有死，死是生的一部分，集中有散，散是集的一部分。
所以，现实就是万物统一于生。这就是仁斋的世界观。对于仁斋来
说，这就是世界的样子，现实也正是如此丰富。在仁斋看来，学问
就是将隐藏在深处的现实，带着实证精神用实在的语言和实在的道
理一点点地阐述出来。我们将引用《童子问》的一节，试着用具体
的例子来解释这种认为现实即一切的世界观。

万物统一于生是天地之理。有动无静，有善无恶。静是动
的结果，恶是善的变化。善与生同类，恶与死同类，所以善恶
并不对立。万物统一于生，也就是说，生时无一刻不在动，至
死方静。动物虽然白日活动，夜间休息，但即使是在休息，动
物在熟睡的梦里也是动的。还有不分昼夜的呼吸，手、足、头、
脸也会在睡梦中无意识地活动……我们将目光转向大自然，就
会更加确信万物统一于生。太阳、月亮、星星东升西落，昼夜
不停地转动，一刻都未曾静止。日月交替带来光辉，寒暑交替
形成四季。天地日月都在生气中运动。像走马灯那样，兵列和

车马乘着火气来回，一直在进行这个循环。能被我们看见并触
碰到的流水，也是不分昼夜地流淌着的，有生命的草木，即使
在冬天也会绽放。此皆因有动无静罢了。

（"岩波日本古典文学大系"《近世思想家文集》，第 142 页）

不论是在自然界还是在人类社会，都存在着或大或小的运动。
年、月、日的更替，季节的推移，时间的流转。这样的运动在天地
万物中都有体现，而这种运动的本体或者说原动力就是被称为"生"
的东西。这个观点是仁斋一边学习中国古典一边观察自然，在尘世
生活中形成的世界观。方才所引段落，就是仁斋为了将这种世界观
传递给门人弟子、朋友和一些素昧平生的学生而写的。

世界统一于生，处处充满运动。"现实即一切"的世界观与认
为"丰富的生与运动形成了世界价值"的现实观有着很强的联系。
灭绝、衰败和死亡拼尽全力也不过占据了现实的一些边角位置。对
于仁斋来说，充满着生与运动的世界就是现实。仁斋用诚挚而冷静
的态度逐个发现这些真理，并找到了合适的字眼来描述。仁斋这种
面向学问孜孜不倦的努力，不仅让他拥有了一双洞察真理的眼睛，
也为这个世界添了几分灵动，同时也令他逐渐接近这个世界的真实。
就这样仁斋不断发现了许多蕴藏在自然界和人类社会中并且洋溢出
来的生命感和新鲜感。

仁斋对学问的热情，大概也和这种不断发现鲜活世界而产生
的喜悦有关。正如上面引文所言，在发现一个个真理并认真地把它
们描绘下来的过程中，我们可以感受到仁斋字里行间蕴藏着的知性
的紧张感和喜悦感。《语孟字义》和《童子问》都是仁斋在学问上

勤恳耕耘所得的硕果，他不断诘问真理，享受着知性与思考带来的愉悦。在某种意义上，仁斋和同在京都的宗达与光琳秉持着相似的精神。

·　·

仁斋在学习了新儒学——朱子学——后，追其根溯其源，认为孔孟经典《论语》和《孟子》才是真正的真理之书，此后他一直对朱子学持强烈否定态度。而在仁斋出生后的 40 年左右，荻生徂徕于江户出生，他后来也创立了一种独特的儒学思想，徂徕最初也是从朱子学出发来回溯历史的，他认为《古言》和《古文辞》所书才是根植于事实的真相，"先王之道"才是真理的最终归宿。仁斋将自己的学问称为"古义学"，而徂徕将自己的学问称为"古文辞学"。

当人们接触一种新的学问或思想时，被它吸引而追溯它的历史是学问研究或者说思想研究的常见现象。虽然仁斋和徂徕都强烈否定了朱子学，但不可否认的是，朱子学本身是一门充满魅力的学问，它不断地吸引着新的学者去找寻它的滥觞。但在找寻的过程中，作为源头的孔孟思想和先王之道，相比之下更加醒目。因为源头的光环太过耀眼，他们不禁回头来批判那个曾经吸引了他们的朱子学。这应该是仁斋和徂徕都经历过的心路历程。

对于过去的追溯，徂徕则进行得更为彻底。仁斋认为《论语》和《孟子》是表现最高真理的权威经典，而徂徕则追溯到比孔孟更早的唐虞三代，也就是所谓的先王之道的时代。这个"道"的语言表现形式便是六经——《诗经》《尚书》《礼记》《易经》《乐经》《春

荻生徂徕像

　　秋》，徂徕认为这六经才是最权威的经典。他甚至主张抛弃日本上百年来对中国古典的汉文训读翻译方法，即添加颠倒语序的符号点和送假名 * 的方法，让汉文回归汉语读法。

　　到底是怎样的魅力才能吸引徂徕如此锲而不舍地追根溯源呢？

　　这就不得不提起徂徕自己所说的一种发现汉文与汉语新方向的乐趣。根据徂徕的回忆，他曾从破产的藏书家那里购入一大批书籍，其中就有一本《古文辞》。徂徕从晦涩的文辞中发现了一种不可思议的魅力，他觉得或许这种难以读懂的文辞才是经典的真意所在，以此为突破口，他主张以《古文辞》为指导，用一种全新的眼光来重新解读经典，或许到那时，经典才能真正发出它应有的光彩。于是，徂徕主张将"古文辞学"作为新方法来重新读解经典，他将自

---

*　送假名，指在日语词汇中，汉字后面跟随的假名，用来指示汉字的词性或读音。——编者注

己与古文辞的邂逅称为"上天的宠幸"，他认为这一定会给予古典解读更大的可能性。自此之后，原本的经典在徂徕的面前又重新焕发了生机。虽然徂徕的代表作《论语征》受到了很多汉学家的指摘，但不可否认的是"上天的宠幸"确实为古典解读提供了一种新的、独创的可能性。

对于徂徕来说，经典重新焕发光彩，也就意味着孕育了经典的古代也开始重新散发魅力。而经典的卓越之处同时也是古代的伟大之处。在徂徕看来，古代的光辉伟大之处，就在于古代的先王或圣人的伟大之处。《辩道》中有如下说法：

> 先王之所以聪明绝顶、智慧非凡，都是因为上天的赐予。这是凡人无论如何也达不到的高度。在古代，并不存在通过后天学习成为圣人的说法。先王之德已然具备了数不胜数的优点。若要问先王为何被称为圣人，那就必须要提到初作礼乐之事了。
>
> （岩波日本思想大系《荻生徂徕》第15页）

徂徕所说的先王和圣人，具体来说指的应当是伏羲、神农、黄帝、尧、舜、禹、商汤、周文、周武和周公。根据现在的历史知识，从伏羲到禹在历史中的存在都是不能确定的，他们是只存在于传说中的圣王，商汤以后的诸王倒是确实存在的圣王，但他们事迹的真伪依然存疑，而徂徕的古代观和圣王观将古代先王视为理想王者，这就不允许出现实证存疑的情况。对于徂徕来说，用古言读经典是最接近书上所写事实的途径。徂徕对先王和圣人的褒奖，与其说是理论上的论述，不如说更像是一种信仰。徂徕本人也意识到了这一点，而他也未曾想过隐藏。《徂徕先生问答书》中有这样一段话：

> 我不信仰释迦，但我信仰圣人……我相信圣人的教诲已经涉及方方面面，并无不足之处，因此我并不是佛教轮回说的受众。
>
> （岩波日本古典文学大系《近世文学论集》第 201 页）

徂徕对于古代和古代圣人的推崇已经超越了学问上的尊敬，近乎信仰。到底是什么使徂徕如此斗志昂扬呢？要想回答这个问题，就必须先思考圣人和先王为什么可以等同。

古代有将优秀帝王叫作圣人的说法，尧、舜、禹都曾被称为圣人。但"圣人"的意思是"智慧和德行都很优秀的人"，所以圣人这个称号并不仅仅局限于帝王，比如孔子，他既不是帝王也不是小国王侯，但他也经常被称作圣人。

很明显，徂徕所说的圣人局限于伏羲等诸代先王。将孔子排除在圣人之外，以是否有足以载入史册的创造为基准来确定谁是圣人，这样的圣人也并不能完全使人信服。徂徕到底为什么将对圣人的称呼局限在先王中呢？我们回想一下引文中的说法，徂徕认为圣人之所以为圣人，是因为"初作礼乐"之事。《辩名 上》中有关于"圣"这个字的解释。

> 每个人所具备的德的形式都不尽相同。虽然都被称作圣人，但他们的德是多种多样的。而诸位圣人的共同点在于他们都有

独特的创造。这样我们就必须着眼于他们的创造，圣人之所以为圣人，是因为他们只见应见之物。不将德这种基础条件视作圣人的标准，是对圣人最高的尊重。这就是古道，在后世的儒者中，重视精神、轻视物质这种观念根深蒂固，大家早就忘记了只有礼乐才能被称作真正的道（真理）。不仅如此，大家也都忘了，成为圣人的标准应该是有自己的创造。现在大家都是只围绕着德来讨论某位历史人物是否符合圣人的标准，但大家并没有意识到，德会随着气质的不同而变化，圣人的标准并不在于他是否有大德。除此之外，大家似乎还产生了一种错觉，认为圣人的德都是完全相同的。

（"岩波日本思想大系"《荻生徂徕》，第 67 页）

徂徕认为"创造"与"德"是相互对立的两极，比起"德"来，"创造"更有价值。

先王创造出的东西，即徂徕经常说的"礼乐"。用现在的话来说，就是"政治制度"和"统治秩序"。因为制造出"礼乐"的是古代帝王，所以他们被称为"圣人"。他们并不是因为有大德才被称为圣人的。圣人制造的"礼乐"是超越"德"的存在。政治制度和统治秩序应该排在个人道德之前，这就是徂徕的基本主张。

在江户时期的儒学思想中，不论是解读《论语》和《孟子》，还是研究朱子学，都是将个人道德放在中心位置的，徂徕认为政治制度应该优于个人道德，这个主张在当时的儒学界占了一个特殊的位置。把朱子学当作封建统治维护工具的藤原惺窝和林罗山自不必说，他们为了维护封建秩序，教导人们从个人层面遵循忠孝之义。

就连身处京都，远离权力中心而醉心于学术研究的伊藤仁斋也认为，儒学的根本在于仁、义、礼、智这几项道德，圣人的教诲就是让大家在精神和行为上都以追求这种道德为目标去生活。在儒学世界里，这种重视个人道德的倾向，在徂徕之后的时代也未曾衰退，即使是到了整个社会都在大转向的明治时代，《教育敕语》*中还能看见"父慈子孝，兄友弟恭，夫妇相和"之类的话，可见儒教道德在维护国家秩序、教化人心方面起到了怎样的作用。

与此相对，徂徕认为孔子将唐虞三代先王创造的精髓总结成先王之道，并在先王之道与个人道德之间画了一个明确的分界线。接下来我们将引用徂徕 50 岁左右的作品，也是他思想成熟期的著作《辩道》来加以说明。

> 孔子之道就是先王之道，先王之道就是安天下之道。
>
> （出处同上，第 12 页）

> 先王之道就是先王所造之物，并不是天地间的自然之道。先王指的是一群聪慧过人，得天命治理天下的王。所以安天下是他们最重要的任务。为了使天下安定，他们都倾尽全力将自己智慧和所掌握的技术发挥到极致，创造出了理想之道，后世的人模仿即可。
>
> （出处同上，第 14 页）

---

* 《教育敕语》指日本明治天皇于 1890 年 10 月颁发的关于国民精神和各级学校教育的诏书。——编者注

　　　　开国作礼乐，虽然这仅仅是先王行动中的一部分，但这也
　　是先王之所以为先王的原因。

　　　　　　　　　　　　　　　　　　　　（出处同上，第 15 页）

　　　　先王之道即安天下之道。虽然此道涉及多个方面，但最主
　　要的还是安天下。

　　　　　　　　　　　　　　　　　　　　（出处同上，第 17 页）

　　诸如"安天下之道"一类的话曾频繁地出现在《辩道》和《辩
名》之中。从这样的高频率中，我们可以看出徂徕虽然也承认，不
重视个人道德的前代儒学无法改变重视个人道德的同时代儒学，但
在这种无力回天的局面下，他还是做出了应有的抵抗。徂徕就这样
不断将这种话说给他人听，也不断地用它说服自己，以此在与时代
主流抗衡的过程中艰难前行。

　　徂徕翻来覆去地提及相似的说法，除了能体现出他在修辞学上
颇有造诣之外，还能说明在与主流儒学进行思想对抗这方面，他对
儒学的核心道德"仁"有着独特的视角。

　　　　仁是架在民众之上的安民之德，也是圣人所拥有的大
　　德……孔子曾说"君子去仁，恶乎成名"。这句话是在说，君
　　子的衡量标准便是仁。所以，孔门的教诲一定都以仁为中心。
　　圣人和仁紧密联系不可分割……先王之道的基础也是"仁"。
　　因此所有的政治制度都应当围绕仁来制定并施行。在孔门的教
　　诲中，仁是最高的德，各种义务都应当围绕仁去制定……孟子

曾说"仁也者，人也，合而言之，道也"。道属于先王，而德属于众人，仁是令道和人结合的力量。

（出处同上，第53—55页）

　　大多数的儒学理论都主张"仁"是最高等级的德，这一点是为大部分儒学家所承认的。儒家思想认为人之所以为人就是因为以仁、义、礼、智、信为代表的诸多道德为约束，而在其中最重要的还是"仁"。

　　当时，人们认为"仁"是处理人际关系的准则，也是与人交往时心中应该一直秉持着的标杆。"仁"这个概念有些抽象，若是把它掰开揉碎了去品味，或许其中应该有"体谅""爱""慈善"等诸多味道，这些品质确实能在人们的心与心之间架起一座沟通的桥梁，在这个意义上"仁"确实难能可贵。

　　徂徕对"仁"的理解有很大的不同。他并没有从人心这个方面去思考，他从先王之道，也就是确立社会秩序的政治制度这个角度来解读"仁"的含义。他并不认为因为"仁"是这世间最重要的东西，而且"仁"最早脱胎于政治领域中先王制定的礼乐，所以先王之道才尊贵无比，徂徕认为正确的因果关系恰好相反，王最早接受了上天的任命，"安天下"是他们的命运也是他们的义务，于是他们制定出理想的礼乐，先王所作礼乐，或者说先王之道，是此后历代政治制度都难以比拟的。在理想的礼乐和世间接触磨合的过程中，产生了各种各样的德。而礼乐和人世之间最深的联系便是名为"仁"的德。因此，"仁"是最重要的德，也是君子应该具备的大德。在论述"仁"的过程中，徂徕还是将客观的政治制度和主观的个人道德进行了明显的区分，并没有动摇把政治制度置于个人道德之上的立场。

这个立场肯定了江户时代的封建制度和中国古代的封建制度，这和一些拥护体制的政治思想是共通的。徂徕本就是应幕府（老中格柳泽吉保）之召，领取幕府俸禄的学者，他一直坚持将自己的儒学思想和政治体制相结合。所以，他与反政治体制的思想并无缘分。而儒学作为当时政治社会的主流思想，也不太可能批判当前的政治。而徂徕将政治和个人道德区分开来，只论述客观的政治制度，换句话说，他在提纯政治思想这个领域倾注了极大的热情。

徂徕认为政治思想需要提纯，于是他想将先王的理想政治清晰地描绘出来。他所参照的文献便是孔子整理的六经。但只是单纯阅读六经的话，并不能了解先王之道。徂徕意识到了语言表达对事实的影响，于是他主张古言和今言之间差异巨大，并提倡古文辞学。

> 先王的教诲应该在事实中体现出来，而不是表现在已经被总结成形的道理中。对于注重事实的人来说，整理相关事实是非常重要的一个步骤。而注重道理说教的人的语言表达方式通常都非常丰富，他们对于一个事实，可以从多个角度去表述。所以置身于现实之中，通过长时间的经验积累得出的结论，才更加接近事实的真相。没有必要完全依赖已经总结好的描述。能用语言表述出来的只不过是道理的很小一部分而已。
>
> （出处同上，第16页）

这段话中所说用语言总结而成的道理指的就是六经，徂徕的目标是探索遥远的上古时代的中国古代先王之道。徂徕认为语言表达和事实之间有着很大的差别。准确地构建出先王之道是很困难的一件事情，方才所引段落就是在说此事之艰难。构建先王之道不仅对后世的学者来说非常困难，即使是对于亲手创作礼乐的圣人来说也是非常艰难的一个事业。

> 伏羲、神农、皇帝都在圣人之列。但他们的创造并没有立刻为日常生活带来极大的便利。后来又历经颛顼、帝喾两代，直到尧、舜时代礼乐才算初步确立起来。又经过夏、商、周三朝的发展，这个制度才初步成形。这个过程跨越了数千年的时光，耗尽了数位圣人的心血和努力，礼乐制度才最终成形。可以说每代圣人都为它倾尽了全部力量。
>
> （出处同上，第 14 页）

徂徕虽然明言自己不信仰释迦牟尼而信仰圣人，但他也承认，即使圣人拥有绝对存在的力量，唐虞三代的礼乐也是在数千年的人为努力下才建立起来的。我们可以从这句话看出他对理想政治制度的尊崇和憧憬。

但是，对于政治制度的具体样态，比如法律体系，或者官位制、土地制度和税制，以及仪式、演艺、宴会的举办方式、运作方式等，徂徕几乎没有谈到。他对于同时代幕府政治进行具体论述的著作《政谈》和《太平策》等则被他封为秘本，连高足弟子也无法自由取阅。他不在公开场合高谈阔论政治制度，有可能是出于对幕府权力的避讳。总之，徂徕对于先王礼乐的实际情况几乎没有具体记录，仅有的论述，可以说都是精神层面的。本文在此引用其晚年出版的《学则》中的一节：

　　大体上讲，养而不教是恶。教而不能很好地起到引导作用也是恶。养育并使之有所大成，能很好地发挥引导作用的，全部都是善。人与虎狼相伴虽是恶，稗与米相混虽是恶，但天地从不排斥虎狼，雨露从不歧视稗。圣人之道也是如此。无奈地抛弃或远离某些事物，鞭打或杀戮某些事物，恐怕是有害于仁的，但却不是出于憎恶。也就是说，痛恨不仁，与喜好仁还是有程度上的差别的……圣人之世，没有人才被埋没，没有一物无用处。"尧舜治下的人民，一律可以出任诸侯"，并不是说任何人都是可以成为诸侯的人才。更不是出于怜悯才那样夸奖他们的。尧舜的政治，培养和培育了人民的才能，使他们达到了与诸侯相称的高度。

　　　　　　　　　　　　　　　　　　　（出处同上，第195页）

　　所有人都过着安乐的生活，所有人的才能都能开花结果，所有人都成为对社会有用的人，这也可以说是一种理想社会。如果说唐虞三代的社会是那样的理想社会，也并非完全不叫人怀疑，不过徂徕的圣人信仰强烈地倾向于唐虞三代，他认为中国古代已存在那样的理想社会，并以此为依据，坚定了自己对这种政治论的观点和态度。

　　在笔者看来，徂徕所描述的理想社会的构想，有以下两点值得注意：

　　其一，徂徕坚持政治优越于个人道德这一思想。儒学在阐述理想的时候，往往会将目光转向仁、义、礼、智、信等分类，表彰人内心的纯粹，而这些纯粹是作为个人道德而存在的。但是，徂徕却丝毫没有因循这一结论。说到让人安居乐业的社会应有的样子，他就规定说，人民生活安乐的社会就是善，不安乐的社会就是恶，这几乎是一种放任的态度。他还认为社会性的善恶比个人内心的善恶扩散得快，意义和价值更大。他认为社会秩序中蕴含着人内在的善恶。能将个人的邪恶包容在内，营造一个安乐的社会，就是善的。这说明徂徕的确认为政治的共同性才是最高的真理。徂徕的政治思想，无论是参与幕府政治，为具体的方政策略献言，还是仰视中国古代的君主政治并以之为范本，都能完美地适应时代的封建统治需求。不过，由于其处在有权者的高位之上，与道学家提倡的下层民众的道德素质、日常生活及行动合乎伦理的姿态就相去甚远了。

其二，我们应该注意的另一点是，从理想社会引出现实改革的具体的实施策略时，徂徕所思考的政策即使有合理的成分，也依旧是偏离时代的。譬如，徂徕为幕府献策，认为应该实施中国周代的井田法，让城内的城市居民（市民）和武士都返回他们出身的乡村去。另外，他还主张根据身份来制定衣食住行和婚丧葬祭的方式，并制定礼法制度。他认为，坚守土地的田园生活、维持自然经济、持续稳定的身份制度才是先王之道的基础。而城市化以及货币经济的扩张等时代潮流，是徂徕所不能接受的。

徂徕献策要迎合时代，而时代却抛弃了他的献策，义无反顾地向前进。但因此而诟病徂徕的政治思想不光彩是不恰当的。可以说，徂徕的尝试与理想社会的构想难以分割地联系在一起，那么他的观点与时代产生偏差就是必然的。站在自己的政论与时代的分歧点上，徂徕选择了遵循其政论走向的道路。对于徂徕来说，这个选择虽然包含着过时的、腐朽的意味，却也是在思想和现实的矛盾中谋求生存的一种方法。

第十三章

元禄文化的游戏、清寂与人情

——

西鹤、芭蕉、近松

1680—1709 年，德川第五代将军纲吉掌管幕府、治理世间，这段时期被称为元禄时代。这个时代幕府政治安定，农业、商业不断发展，城市居民活跃，学问、文化等方面都充满了新气象，兴起了清新之风。在文学领域，井原西鹤、松尾芭蕉、近松门左卫门这些优秀的大作家们几乎同一时期出现，给小说、俳谐、人形净琉璃的世界带来了前所未有的厚度和深度。上一章中提到的伊藤仁斋、荻生徂徕是生于这个时代的儒学者，第二十九章提到的尾形光琳是这个时代的画家。

以将军为最高权力者的江户时代的政治体制，是由武士阶级统治的体制。但文化的主要承担者却不是武士，而是城市中的商人、工匠等城市居民和地方的富裕农民。在元禄文化上，这一点也没有变化。西鹤的浮世草子也好，芭蕉的俳谐也好，近松的人形净琉璃也好，都是将城市居民和富裕农民作为读者、伙伴、观众来进行创作和表演的。

·

井原西鹤生于大阪一个富裕的城市居民之家，年纪轻轻就将家业交给下人打理，自己则畅游在俳谐的世界里，创作浮世草子（小说的一种），过着随心所欲的日子。

　　由西鹤开创的浮世草子流派，与以往具有说教色彩、服务现实的假名草子[*]完全不同，为近世小说开启了新局面。但西鹤的第一部作品《好色一代男》是他 41 岁时才公开发行的，从传统意义上讲，这已是从壮年迈向老年时期的作品了。

　　那之前的西鹤以俳谐师的身份闻名于世，特别擅长"矢数俳谐"，即在规定的时间内尽可能多地创作俳句，西鹤是第一个在一天一夜内独吟 1 600 句俳句而让世人惊叹的俳谐师。该记录被其他俳谐师打破后，西鹤在生玉社^{**}内数千位听众前表演时，竟在一天一夜内成功独吟 4 000 句。4 年后，在摄津住吉神社的表演中，又创造了一天一夜独吟 23 500 句的超人记录。

　　一天一夜独吟 23 500 句，仅是这个数字就能让人联想到不寻常的能量。他的朋友芳贺一晶创作的西鹤肖像画，也画出了一个如"能量块"般的男人。他身着带有家纹的正装，右手轻叠在左手之上，呈现略微前倾的跪姿，剃光的头发、深深的皱纹、目光炯炯的大眼睛、大鼻子、大耳朵、粗壮的脖子、精悍的脑袋、肩膀、躯干、腿部保持着强有力且稳定的姿势……我们可以从中看出西鹤不轻易向世事妥协、积极果敢的态度。看到这幅画，23 500 这个数字多少有了些现实感。虽说"矢数俳谐"是在创作数量上竞争，与俳谐的文学价值没有关系，但它能成为一种演出形式登上舞台，或许可以看出元禄时期城市居民社会中娱乐之心的所在。城市居民的世界，在不断地积累余力和能量，至少有着能承担得起西鹤无穷无尽创造

力的余力和能量。

在这种社会背景下，西鹤面向大众创作了《好色一代男》。对西鹤来说，这是他的小说处女作；对日本文学史来说，这代表了"浮世草子"这种新体裁的问世。

以下引用该作品的开篇处文字：

> 樱花凋零令人叹，月亮有缺隐于山。且说此处的但马国[*]的银山附近，有位男子终日不问世事，一味沉迷于色道，与男女戏玩。人家给他起了个绰号，叫"梦介"。梦介与当时的风流男子如名古屋的三左、加贺的阿八等人结为兄弟，因为他们和服上同是有七处菱形家徽的，因而身份相同、臭味相投，终日沉湎于酒色。夜深时，他们常常走过京城一座河上的大桥，有时打扮成留前发的青年男子模样，有时又改头换面，变成身着墨染僧衣的出家人，有时头发直立，好像一群妖魔，真可谓恬不知耻，我行我素。梦介为当时的红妓葛城、薰和三夕这三位妓女赎了身，与她们在一起，或深居嵯峨别墅，或悄悄地住在东山之阴，或住在京都的藤之森，日夜沉溺。就这样，终于让其中一人怀了身孕，生下一子，取名"世之介"。[**]
> ("岩波日本古典文学大系"《西鹤集 上》，第 39 页)

世之介是整日沉溺于酒色的梦介和"太夫"（高级妓女）间的孩

---

[*]   但马国，据引文译者注，是日本旧地名，今兵库县的一部分。——译者注
[**]   本节出现的西鹤相关作品的现代汉语译文均引自王向远译《浮世草子》，上海译文出版社 DigitalLab。——译者注。

子，是《好色一代男》的主人公。这是为世之介专心度过"好色"的一生而量身定做的身世。

书中描写的世之介的"好色"生涯，始于 7 岁，终于 60 岁，包含主人公自己的交往游历经历和一些所见所闻，一年一章，细致描写陈述，共 54 章。这 54 章假托了《源氏物语》的 54 帖，但西鹤完全没有学习《源氏物语》中的"物哀"之意，假托只是为了"恶搞"。另外，一提到"好色"就让人联想到《伊势物语》中的在原业平，世之介与业平也有很大的不同。世之介的"好色"与"风雅"之"好色"相去甚远，是现实的、令人发笑的"好色"。

江户时代以京都、大阪、江户（现东京）为首，全国各地的主要城市设有官方批准的合法游廓*，因为是人们纵欲之地而分外热闹。世之介的"好色"游历中也充满了这些游廓的要素，全书如指南一般，充斥着各地游廓和女子的名字。但是，西鹤之笔并没停留在常识的范围内，仅追求性爱中的情趣和猎奇感，西鹤毫不犹豫地朝游廓之外飞去。特别是世之介成为情色达人之前的一至三卷，西鹤注重描写了游廓外的"好色"。如下文是第三卷的一节，是世之介 24 岁时，发生在京都市原春分之夜的故事。

　　在贵船神社回来的路上，世之介悄悄地告诉同伴说："按当地风俗，今天夜里在大原的乡村有'杂鱼寝'的活动。无论是村长的太太、女儿、女用人，还是男仆人，大家也不分男女老少，都睡在大殿里。这一夜可以为所欲为。喂，咱们去看看

---

*　游廓，日本江户时代的烟花柳巷。——译者注

怎样？"于是，他们从昏暗的清水河边，沿着山后的小路，拨开松树丛来到了大原村。夜色漆黑，但仔细观察就可以发现天真烂漫的少女四处奔逃。还有女人即便被抓住了手仍然不从，有的女人主动挑逗男人，也有的两人在一起喁喁私语，更有意思的是两个男人同时在争夺一个女人。有的男人抓住的是年过七旬的老妪，发现后大呼倒霉；有的男人制服了阿婆，有的男人故意让老板娘难堪。人们为所欲为，乱作一团，哭的笑的，不一而足，真可谓百闻不如一见。将近天亮的时候，人们返回自己的家，那样子看上去也是形形色色的。其中，有一位老女，手拄拐杖，躬腰驼背，头戴一顶棉帽子，把脸捂得严严实实的，有意避开人群，绕道而行。走得稍远一些了，脚步也变得轻快了，弯曲的腰也挺直了。她回头观望时，石灯笼的光照出了她的模样。

（出处同上，第 92 页）

此处完全没有丝毫阴郁之感，而是粗线条的描写。恐怕作者自己也是一边笑一边想着该如何诱导读者一起笑出来而写的吧，但这"笑"又是与冷笑、嘲笑无缘的笑。

贯穿《好色一代男》全篇的感觉是，从根本上对情爱的强烈肯定。神社大殿上这愉快的一夜，让人不禁觉得这是将古代村落共同体的"歌垣"（男女互吟诗歌、翩翩起舞交流的地方）换了个形式搬上来，但对西鹤而言，神明也好，共同体也好，诗歌的应答互吟也好，没有必要再翻出来，这仅是二维或三维的形式罢了。这里不得不说的是，包括世之介和他朋友在内的男女老少对情感的欲望和喜悦之态，豁达地肯定这些，伴着"笑"接受这些是《好色一代男》的基本立场。

上面引用部分最后出现的，扮成老女人躲避男人攻势的女子，实际年龄才二十一二岁，在回去路上的松荫之处被世之介逮到，此时正遇村里壮汉们追过来找人，两人藏起来，躲过骚乱后，世之介便说服了此女子，带着她投奔下贺茂一带的熟人家里住了下来。从众人热闹的夜晚的嬉戏，到静寂的二人世界，不得不说这是以肯定情爱为主轴的、精彩的场面转换。

坚持过静寂二人世界的世之介是非常认真的，对一路看过世之介"好色"嘴脸的读者来说，这也是笑料之一。前面我们有说，西鹤的"恶搞"精神是对《源氏物语》《伊势物语》毫无前兆的反转，同样的精神也被他自己创造出的世之介的角色所反转，笑与幽默成为叙述的基调，情爱的欲望与喜悦在幽默的笑声中得到肯定，使这部"好色"文学成了一部明朗、乐观、开放的作品。世之介并非内心坚定的人物，虽是任性的、没有常识的浪子，却没有让读者感到憎恨和愤怒的绝大部分原因，来自整部作品乐天、开放的性格。

世之介被父母断绝关系，穷困潦倒，在"色道"上也走不下去，竟摇身一变成了有钱人、前途顺畅。这之后的故事发展是最体现乐天、开放性的地方。因为曾经亲近的女人们都过来找他倾诉，世之介难以应付，便想出了用忘却往事的方法帮大家消除烦闷。于是，有一天，他让人将好几只小船连成排，带着女人们一起划向远方的大海。当时正值六月底，途中遇上电闪雷鸣，风雨大作，女人们乘坐的那几只小船都被打散了，不知所踪，只有世之介一人被冲回到了岸上。

世之介一个人在海上飘荡了两个时辰之后，被冲上了一个名叫吹饭的海滩。一时间，他完全昏迷了，被半埋在沙子中，多亏那些来拣漂流原木的人发现了他，大声呼喊，他才隐隐约约听到鹤鸣，好不容易过了生死关，保住了性命。他挣扎着来到了泉州的堺市那个地方。在大路边的柳町，他听说有一个从前他家雇用过的小伙计的父亲，他便一路找来，夫妇见了他，都很高兴，说道："我们刚才还在念叨你呢！你母亲派了很多人，分头到各地去寻你。这个月初六的晚上，你父亲已经去世了。"正说着，从京都那边又来了人，说道："简直没想到您到这儿来了！您母亲很难过，要您马上回家去！"说着，让他坐上了一顶快轿，不久便回到了老家。母子多年不能相见，相对泪眼汪汪，就像是炒熟的豆子又发出了芽似的。母亲说道："如今还有什么不该交给你的呢？"于是就把家里所有库房的钥匙都交给了世之介。长期以来，世之介一直着颠沛流离的生活，如今一下子时来运转了。母亲又放心地对他说："这些金银，你随意用吧！"便将两万五千贯目*都交给了世之介。母亲的话实实在在，没有虚假。世之介对神官发誓说："这些钱，我可以随时尽情地花了！我要把这些钱献给那些太夫们，我平生的心愿从今天起就可以实现了！我要将所有喜爱的女人都赎出来！所有名妓，我都一个不落地去嫖！"于是，世之介召集了一伙帮闲，帮闲们都口口声声"大老爷！大老爷！"地叫着他，开始了恣意游乐。

（出处同上，第 125—126 页）

---

*   贯目，据引文译者注，简称"贯"，日本重量单位，一贯约为三点七五公斤。——译者注

　　这都是些不可能的事情，但如果是世之介的话，也许会遇到这样的事儿吧，可能会这么做吧，这样一想就不免引人发笑。生活上的穷困潦倒、男女关系上的苦境，都变成笑料，一笑了之，这便是世之介的生存之道。西鹤认为这也是"好色"的生存之道，于是将现实中不可能存在的这种生存之道作为虚构内容——或者说观念——彻底追求下去后，诞生的便是《好色一代男》。

　　随着他一起出海的女人们个个下落不明，过去的种种羁绊全部消失，只剩下世之介活了下来。后面的故事中，下落不明的女人们也没有再出现。缓过气的世之介，要面对的是突然到来的荒唐遗产。世之介将担心自己和为他父亲离世而悲伤的身边的人们忘在一旁，鼓起勇气，欲用重金赎买妓女。虽让人"大跌眼镜"，很是无语，但正是作品本身的这种不合理，将父亲的离世作为悲伤的来源对准了世之介。世事一笑而过，独行"好色"之道是世之介的作风，阅读《好色一代男》正是将这样的世之介与"笑"一同接受。所谓情爱之喜悦，源于摆脱了尘世种种约束与喜怒哀乐，全身心地投入一对一关系而萌生的情感中，世之介也如此走着"好色"之道。以前的时代在描写娱乐化的情爱时，不得不将故事推入非现实的虚构世界，但元禄时代的社会具有了伴随着"笑"去接受娱乐化的情爱的娱乐之心。

　　故事结尾，60岁的世之介打造了一艘"好色丸"号船，装上春书、春画等，与志同道合的"好色"朋友们一同驶向了女护岛——只有女人居住的岛。到死为止都要"好色"是世之介的志向，将这个形象展现在人们面前是作家西鹤的志向。

　　《好色一代男》发行4年后的1686年2月，西鹤推出了《好色五人女》，6 月推出了《好色一代女》。这两部相继发行的作品都以男欢女爱为主题，但又都与《好色一代男》的主旨不同。"大笑的同时肯定男欢女爱"的姿态退到了背后，取而代之的是，真实地观察包含了负面的性爱之现实，并努力将其表达出来。

《好色五人女》由五个独立的恋爱故事构成，女主人公分别是小夏、阿选、阿山、小七和阿万。故事全部取材于现实中发生的事件，除最后的故事外，前面的四个故事都以悲剧告终，都是让人笑不出来的故事。这部作品冷静地进行观察，原来"好色"之道不是让人"生"得快乐且丰富多彩的缘由，很有可能导致"生"的破灭。自《好色一代男》博得人气后，步其后尘的庸俗"好色"作品不断涌现，西鹤或许因此改变了想法：既然大家都模仿我，那我换个视角好了，向人们展示恋之难、恋之悲好了。《好色一代男》让人印象深刻的是，它给人们带来了能将世事一笑置之的巨大能量，而《好色五人女》让人印象深刻的是，它对世事中的生活细节和人情的微妙之处进行了入微观察，并具有将这些贴切地描写表达出来的高超技艺。

紧随其后的《好色一代女》描述了一个女人充满辛酸的卖笑史，可以说是通过追踪一个女人的一生来揭露情爱生活之悲惨。

在洛北小庵安静度日的老妇人之处，某日有两位青年到访，喝醉了的老妇人向两人讲述了自己的一生，这是整个故事的框架。故事讲述了被生活苦难所折磨，被自己的欲望所折磨而渐渐凋零的可怜女人的一生。

西鹤赋予了一代男"世之介"这个名字，却没有给一代女一个名字。这或许是因为作者想描写一类女人——她们被"色道"玩弄的同时又不得不在此道活下去，随着年龄的增长渐渐地不受宠，失去地位。虽说他想把女性描写成一种类型，但在场景和场面里，一代女举手投足间，都充满了震惊四座、震惊读者的强烈存在感。

一代女从少女时代就出入娱乐场所，因其技艺和美貌而广受欢迎，被大名*看中迎娶为妾，并深得老爷的宠爱。这期间，老爷身体日渐衰弱，担心的家臣们认为这是一代女的缘故，故将一代女逐出了家门。她回到了家乡，但为了填补父母在金钱上的亏空，16 岁时被卖到了岛原的游廓。

一代女通晓色事，通达技艺，又适合艺妓的姿态，转眼间就登上了艺妓的最高级别——太夫——的位置。但好景不长，因为她自己的傲慢、失策，他人的嫉妒、恶意，也因为一些意想不到的不幸和障碍，从太夫到天神，从天神到围，甚至沦落为见世女郎**。离开游廓后，她先是嫁为人妻，再到绸缎庄的侍女、梳头的婆娘、陪嫁的伴娘、针线女，等等，一代女辗转在这些辛苦且不如意的环境中。不管处于怎样的境遇，一代女都被旺盛的欲望折磨着，与周围的感情纠纷也从未断过。种种不幸的经历让一代女变得性格扭曲、行为极端，下面是她做梳头婆娘时的一个场景。

在头发稀薄的女主人的请求下，一代女竭尽全力不让老爷察觉到女主人稀少的发量。但日子久了，女主人看着一代女乌黑的头发醋意大发，命令她剪头发，还让她把额头的碎发拔到几乎光秃。以下是一代女反击女主人的一段内容。

---

*　　大名，日本古时封建制度对领主的称呼。——译者注
**　太夫，天神，围，见世女郎皆为妓户称号，地位从高到低。——译者注

　　　　我千方百计想把太太头发的事告诉主人，使他厌弃太太。
办法是训练一只家猫，整天晚上让它抓挠我的头发。最后，那
只猫每夜都到我肩头来抓头发了。有一次，淫雨凄凄，景象寂
寥。主人晚上高高兴兴地和太太在一起。太太连弹琴弦。正在
此时，我把猫放了出去。猫毫不客气地抓挠太太的头发。头簪
和假发的发卡脱落下来。五年间的爱情毁于一旦。太太的美貌
也改变了，拉过被子闷闷不乐地蒙上头。后来，主人很少与太
太接近。太太托故返回了娘家。

（出处同上，第 391—392 页）

　　女主人因苦恼自己头发少而发狂，要求侍女剪头发甚至拔光前
额碎发，其嫉妒之心非比寻常。然而，训练猫、让猫乘机抓掉女主
人假发，从而离间了夫妻关系的一代女，其执着也不容小视，非同
一般。

　　这个场景我们能笑出来吗？将这些非比寻常的嫉妒心和复仇心
视为人间的悲伤之处，这也许能成为笑料。但笑也不是将世事一笑
而过、讴歌男欢女爱的开放的笑。反而是目睹了情爱的悲惨与苦闷
的苦笑。嫉妒心和复仇心，将被困住的当事人和成为目标的对方一
起拖入深渊，那是充满生存的痛苦和灰暗之深渊。即使是作为内心
深处无法无天之笑的诱因，这种笑也不会成为明朗的笑。

　　如果说《好色一代男》中粗犷的、游戏般的描写，将性爱中真
实的一面鲜明地映射出来，那么，《好色一代女》中所追求的，更
多的是痛苦而非喜悦，是酸涩而非甘甜，是灰暗而非明朗，这些描
写占据了大部分篇幅，也是经过了深度挖掘的、真实的一面。西鹤

之眼，无论在哪一种真相前都不会模糊；西鹤之笔，为实现真实的描写而不断书写。如果我们把江户时代的散文的特质，定义为将世界广阔地收在眼底，结合现实思考问题，将所思所想贴切地表达出来，那么，西鹤无论是描写粗犷的情感还是描写残酷的情感，都可以被称为散文作家。

一代女的落魄人生没就此止步，而是一路继续下滑。茶屋的女郎、澡堂女、莲叶女＊、暗娼、客栈女，职业地位呈直线下降，最后落魄到成为晚上在路边拉人袖子的野妓。

如何结束这女人跌入谷底的一生呢？我们不指望能看到一代男乘船驶向女护岛般的大团圆结局。但如果沦为野妓的一代女，最终因衰弱而死，就相当于给情爱定了罪，她人性的光辉恐怕也会一同归于虚无，一代女以情爱为轴心的一生恐怕也会堕落到毫无生命力和魅力的时光洪流中。这不是西鹤所希望的。西鹤最终选择了让一代女进入佛道的结局，也没有单纯地否定情爱。最后，一代女参拜大云寺时，仿佛看到了很多似曾相识的脸庞，都是她年轻时见过的男子。"我平心静气地看着这些罗汉，觉得每一尊都仿佛是过去的熟人"（出处同上，第453页）。她虽度过了灰暗凄惨的一生，却坚持走色道，活出了"好色"之徒的样子，这是符合一代女的完美结局。

出版了《好色一代女》的两年后，西鹤发行了《日本永代藏》，4年后发行了《世间胸算用》。与以男欢女爱为主题的"好色"系列作品相比，这两部作品主要描写生活在都市中的城市居民，是以

＊　莲叶女，日本江户时代批发店、旅馆等处雇用的接待客人的女性。——译者注

城市居民们在商业上的浮浮沉沉、维持生计为主题的短篇小说集。这类作品被称为"城市居民物"，代替情感上的欲望，将充满着物欲和金钱欲的世界展现在人们面前。西鹤从描写以拥有财富为前提、毫无忌惮地纵欲玩耍的《好色一代男》，转向真实地描写欲望和生活或欲望和金钱之间无法割断关系的"城市居民物"，将视角定位在构成社会基础的经济生活上，描写围绕着金钱的成功与失败，也描写成功与失败的悲喜和种种动向。

正如创造"好色物"的基本思想是肯定情爱的欲望和喜悦，认为其中充满了人性情感，西鹤推动"城市居民物"前进的基本思想是，将人们的物欲和金钱欲、维持日常生活经济的种种努力，看作具有人性价值、社会价值的东西。我们在"城市居民物"第一部作品《日本永代藏》的开篇之处能看到下面的文字。

> 人生第一要事，莫过于谋生之道。且不说士农工商，还是僧侣神职，无论哪行哪业，必得听从大明神的神谕，努力积累金银。除父母之外，金银是最亲近的。
>
> （"岩波日本古典文学大系"《西鹤集 下》，第 33 页）

"好色"（风雅）自古以来就有。与诗歌物语中反复表达出的风雅内容相比，西鹤通过自己的眼睛，真实精准地捕捉到了在金钱至上的商业资本主义（室町时代后期开始，以都市为中心扩展开来的新体制）中，什么是强大社会力量的源泉。西鹤非常清晰地认识到：人是与欲望共生的存在，时而被欲望困住、被欲望支配，这是一种社会事实。"好色"亦如此。在此基础上，西鹤谈到了与年龄相符的、具体的生活智慧。

> 人在十三岁以前都是天真无知的孩子，到了二十四五岁受父母指使而劳动，然后就要独立谋生。到了四十五岁积累供一生享用的财产，从此以后，可以吃喝玩乐了。
>
> （出处同上，第117页）

这里反映出了西鹤对城市居民们所期盼、所祈求的一生的看法，这是西鹤的标准。西鹤深知这个标准很高，很难简单地做到并遵守；而且他深知如果小说里的人物都按照这个标准活着就没意思了，人物就没有魅力了。《日本永代藏》收集并描写了家业长期繁荣昌盛的城市居民家，上面所说的这些基准在大多情况下是能够遵守的。但是，走隆昌之路的商人和手艺人们的智慧、觉悟、努力、幸运是远远超出了标准框架的不寻常之物。将这一切写活了的西鹤之笔，充满了不亚于好色物系列的魅力，现实且锐利。西鹤大胆地肯定了人的金钱欲和积累财富的行为，在这种肯定的背后，永远都有着一双捕捉真实世界的眼睛。下面这段描述了堺市城市居民与大阪城市居民之间的不同风气，西鹤的写实主义面貌跃然纸上。

> 堺这里的人都是温柔敦厚的。他们梦中也忘不了算盘，家中过日子精打细算。人们外观上喜欢华丽，做事严守礼节，是一个颇为风雅的地方。不过，这里有些古板，从外地来的人难以久待。从元月到年三十的预算一次完成，不另外多花一文钱。任何物品都在预算之内购置，过日子稳稳当当、踏踏实实。男

人的捻线绸缎外挂，三十四五年都不拆洗。一把平骨的扇子使用几个夏天。女人把出嫁时的衣裳原封不动地传给女儿，女儿再传给孙女。连折痕也没改变，小心地保存着。

仅有三里之隔的大阪与堺市竟有天壤之别。只要今日得到了满足，明日如何暂且不管。人们追求一时的奢侈豪华，这也是因为大阪的城市居民盈利巨大的缘故。女人的气量更大，除盂兰盆和春节的盛装以外，还临时做衣裳，毫不珍惜，穿破就当作布片弃置到针线箱中。堺市靠节约过日子，大阪则讲究奢侈排场。人们的风气因地而异，这都很有意思。

（出处同上，第 131 页）

虽在谈论着堺市与大阪的不同，但西鹤并没有站在某一方，也不是从客观的立场简单地记录事实。不同就是不同，把不同明确写出来的同时，将不同中反映出的人们生活方式、社会存在方式作为人世的怪异之处享受着，这才是西鹤的立场。上面这段引用出自《堺市町家——樋口屋》一篇，堺市的节俭风气是故事的着力点，但在描写大阪城市居民时，同样的好奇心将会朝着奢侈、浪费的癖好奔去。西鹤的好色物系列、城市居民物系列对人世万物抱有无穷尽的好奇心，毫不吝啬地给他所观察的、表达的内容注入能量。

西鹤晚年的杰作《世间胸算用》聚焦除夕夜这一天，将欲望、智慧、感情交织在一起的城市居民世界的悲欢离合，通过亲人们金钱纠纷的形式，活灵活现地展现出来。该作品由 20 篇短篇组成，无论哪一篇都交织了浮世的滑稽与苦闷，人的狡猾、愚蠢与温暖，能勾起读者浓厚的阅读兴趣。比如第一卷第四篇的《老鼠送书信》就是这样一个故事。

　　曾有一家很吝啬的母子，儿子们住在前面的正房里做些买卖，母亲一人住在后面的偏房里，过着隐居的生活。除夕那天，老太太突然号啕大哭着说："今年元旦的时候，妹妹给我的一包贺年银子当天晚上就被偷走了，都整整一年了，到今天也没有找到，让人很不舒服。这新年过得真是心神不安，什么都觉得没意思啊！"家里的人们都被怀疑了，大为扫兴。扫房快结束时，从正房屋梁的缝隙间找到了那包贺岁的银子。大家都说这是老鼠干的，老太太却难以相信他们的话。她拍打着铺席嚷嚷着说："我从没见过能走这么远的老鼠。一定是谁偷了银子后嫁祸给老鼠的。"这时正好有位医生路过，试图安慰老太太，引经据典地说明老鼠的能耐，列举古今老鼠搬走它们生活用具的故事，但老太太听不进去、仍不相信。众人冥思苦想后，将住在大阪长堀专门驯鼠的藤兵卫请了过来。让老鼠当场表演送书信、买年糕，老太太这才相信，不再闹了。但是，故事没有就此结束，最终的结局是这样的：

　　　"这么看来，老鼠也会拿走钱包。我的怀疑终于打消了。不过，真不该让这么一只爱偷东西的老鼠住在正房里。这整整一年，老鼠使用这包银子的利息，应该由正房的人如数付给我！"在她的讹赖之下，算定付出一成半的利息，老太太在十二月底的晚上收取了。她说："这回可以安心过年了。"然后心安理得地独自去睡了。

　　　　　　　　　　　　　　　　　（出处同上，第 215 页）

　　真是让人无语的刁难和找碴儿，但因为老太太找碴儿找得过于堂堂正正，又让人恨不起来。恐怕住在正房的儿子们也是同样的心情吧。这里让人眼前不禁浮现出儿子们一边心里嘀咕着"哎呀，服了"，一边掏钱付利息的样子。从头到尾都十分吝啬的母亲和儿子们，一边怀疑对方，给对方泼脏水，一边又想办法找解决问题的折中办法，这正是生活在俗世的普通百姓的样子。西鹤对这样的俗世和百姓的兴趣，成为观察万事万物的原动力，从而迎来了鲜明地反映时代之色的近世小说的问世。

　　最后，以除夕夜的寺院为舞台，西鹤津津有味地描写了跑来寺院的形形色色的人物，通过这些描写，我们可以看出作家西鹤的努力勤勉。下面这段描写了一个男人原本打算混进寺院偷东西结果却什么都没偷成，他一边讲着自己的境遇一边流下眼泪，僧人面对着他，正要劝他深刻反省，就在这时形形色色的人物纷至沓来。

　　　　此时，有个女人匆匆忙忙地跑来说："侄女刚才平安分娩了，我前来告知。"不久从女人身后又来一个人说："戒指店的九藏，刚才和要账人发生争吵，上吊死了。半夜过后举行葬礼，劳您大驾，请您去火葬场。"在千头万绪、一片喧嚣中，裁缝铺又差人来打招呼说："您送到铺里的白色窄袖便服眨眼间被人偷走了。要是无论怎么寻找也找不到，就用银子赔偿，不会让您吃亏的。"东邻来人说："实在是不情之请，今夜水井突然坏了。在过新年的这五天中，想从这里打水。"接着，有一个最要紧的施主家的儿子，因过分挥霍金银，弄得狼狈不堪，必须离家出走。按照母亲的主意，在这里寄居到正月初四，住持也不得拒绝。既然居住在浮世之上，腊月的僧人也不得闲暇。

（出处同上，第 305—306 页）

　　跑到寺院来的形形色色的人物形象，反映出了作者丰富多彩的想象力。西鹤能像这样发挥想象力，正是因为他对俗世的种种都很感兴趣，津津有味地观察着真实的浮世。

· ·

　　如果说西鹤是小说世界的革新者，那么比西鹤晚两年出生，又比西鹤晚一年离世的松尾芭蕉则是给俳谐世界带来了巨大变革之人。

　　前面我们介绍了，西鹤最早出名是因为"矢数俳谐"，一天一夜内吟出几千几万句，这种带有一部分游戏性质的演出是人们的一种消遣方式，这正是芭蕉所处时代中俳谐世界的现实。即使矢数俳谐（角逐一定时间内吟诵句子数量的多少）是非常极端的情况，但吟出句子的形式与内容，在当时确实是次要的，俳谐在一般情况下也多会被视为学习连歌、和歌之前的预备学习。使用俗语创造出即兴的诙谐与幽默是俳谐的有趣之处。从流派上讲，贞门派和谈林派收获了很多人气。芭蕉自身也曾隶属于谈林派一段时间，这里我们先看一下谈林派之祖西山宗因的句子：

　　　　赵钱孙李，如字轻薄
　　　　亲睹花芳泽
　　　　抬首观樱，痛扶我项

　　藤若开，露木上气色

　　多半是诸如此类的句子。接下来我们再看芭蕉的句子：

　　　　马上惊残梦，月远茶烟升。
　　　　瀑水滔滔下，山花纷纷落。
　　　　瀚海佐渡夜，高空横天河。
　　　　石山石上秋风白。[*]

　　这两句间情趣的不同是不言而喻的。从西山宗因到松尾芭蕉——用俳谐史的术语讲，从谈林风到蕉风——有一定的距离，需要一步一步扎实地走过来。在蕉风作品一度展现身姿后，芭蕉不懈地寻求更为新颖的、更富有俳谐风格的表现，继续前行，这正是芭蕉的一生。

　　有笑有戏有余裕，这是西鹤的风格，而芭蕉让人感觉不到太多的笑意、游戏和余裕。我们读芭蕉的句集、文集会发现，其中笑意与游戏并不显眼，而让人印象深刻的是伴随俳谐一路走过来的芭蕉的率真。我们读西鹤的小说时，常常会忍不住笑起来，想象也朝着意想不到的方向发展和膨胀，这是适合西鹤作品的。但读芭蕉的俳句、纪行文、俳文就很难发生类似的事情，读者会沉浸在芭蕉的语言中，或自然而然地被吸引到语言的深处。芭蕉的率真让读者不得不认真

---

[*]　本节前半部分内容中出现的松尾芭蕉相关作品的现代汉语译文均引自陈德文译《松尾芭蕉散文》，作家出版社，2008 年 9 月第 1 版。据引文原译者注，"残梦"出自杜牧《早行》，"垂鞭信马行，数里未鸡鸣。林下带残梦，叶飞时忽惊"。——译者注

起来。

芭蕉的率真源于他尽可能地拉近了钻研俳谐之心和生存之道间的距离。芭蕉选择了与技巧和诀窍无缘的、愚直的生存之道。对芭蕉而言，钻研俳谐就是愚直地生存，就是活下去。

都市的城市居民和地方的文人们，将芭蕉以前的俳句和连句视为时髦另类的娱乐，当成纯粹的社交来喜爱。仅用 5—7—5 节奏的一共 17 个音节来叙述内容的俳句，或是后面继续跟随着 7—7—5—7—5—7—7……节奏的连句，都能让人享受到俳句和连句的断中有续、续中有断的趣味，文人们将这些当作时髦另类的娱乐、纯粹的社交来喜爱，是完全没有问题的，或许应该说，这正是喜爱俳句和连句的恰当方式。芭蕉却对这样的俳句和连句有着强烈的不满。俳句和连句蕴藏着更丰富的可能性，芭蕉尝试将自己的感受性作为武器，去进一步开拓这种可能性。他对世上公认的、普遍的俳谐抱有强烈的不满，想创作出从"质"上就不同的高超作品。但若真要这么做，谁又能知道前路将会遭遇怎样的困难呢？芭蕉硬是选择了这样一条路挺进直行。直面俳谐，是芭蕉挖掘其资质和天赋的理所当然的生存之道。后来芭蕉达到的"清寂""轻妙"的境地，也是在这条率真的生存之道的延长线上，自然而然地体悟出来的。

1680 年，37 岁的芭蕉离开了之前生活的繁华都市江户，搬到了隅田川对岸的深川村，过起了隐居的生活。以贫苦为友的草庵生活就这样开始了，久而久之，人们习惯称其院子前面长满了芭蕉叶的陋屋为"芭蕉庵"，庵主自冠号"芭蕉翁"。芭蕉认为，如果作为兴趣和娱乐的俳谐与安乐的都市生活难以分离，那么，新的俳谐必须在与安乐相去甚远的草庵中诞生。这里也能看出芭蕉的愚直。

愚直的延长线上不仅有草庵的生活，还有旅行。芭蕉几乎没有将草庵的生活记录下来，但关于他的旅行，我们可以通过纪行文来大致了解。纪行文中不但记载了行程和芭蕉在旅途中的所见所闻，还有途中他吟过的俳句，以及芭蕉对旅行的想法与思考。

芭蕉进入草庵生活后的第一次旅行从深川出发，西行东海道[*]后回到故乡伊贺，再从伊贺返回，途中游历关西各地，再从尾张到甲斐，最后回到江户。这次旅行历时 9 个月，记录了这次旅行的纪行文是《野曝纪行》，书中这样写道：

> 旅行千里，不聚路粮。^{**}或曰："三更月下入无何。"^{***}假昔人之杖，于贞享甲子秋八月，出江上之破屋。风声呼号身犹寒。
> 决心死荒野，秋风吹我身。
> （"岩波日本古典文学大系"《芭蕉文集》，第 36 页）

"决心死荒野"的措辞不免有些夸张，但此行确实有些让人心里没底，暴尸荒野的可能性也是存在的，而芭蕉毅然决然地踏上了这次旅途。他暂定的目标是回到家乡给母亲扫墓，同时芭蕉作为文人的一个志向是置身于不安且不如意的旅途境遇，从而重新审视自己的俳谐和作为俳人的生存之道。所以，旅途不能是安逸的，必须是能让人产生暴尸荒野觉悟的旅途。

---

* 东海道，现日本三重县至茨城县间的太平洋沿岸地区。——译者注

** "旅行千里，不聚路粮"一句，据引文译者注，典故出自《庄子·逍遥游》，"适千里者，三月聚粮"。——译者注

*** "三更月下入无何"一句，据引文译者注，出自宋代诗集《江湖风月集》，广闻和尚偈："路不粮笑复歌，三更月下入无何。"——译者注

我们眼前不禁出现一个孤独的先驱者的形象。他强烈地否定俳谐的现状，预感到在现有俳谐的不同世界中，存在着真的俳谐，这是无法明确把握实际情况和前进道路的先驱者形象。追寻着未知的俳句境界的愚直先驱者，只能用自己的感性、思考、生存之道去探索。为了探索，芭蕉选中的是草庵的生活和做好了暴尸荒野准备的旅行。

我们继续引用《野曝纪行》中的文字。芭蕉完成扫墓后，途径大和、山城、近江、美浓，然后旅至大垣。文中出现的木因是芭蕉的故知、俳友。

> 宿于大垣之夜，到木因*家做客。出武藏野时原是吟咏着"决心死荒野"踏上旅途的。
>
> 长途安然身未死，旅夜梦醒秋已暮。
>
> ……
>
> 旅夜饱睡，于黑暗中动身向海边而行。
>
> 海上朦胧曙光里，网中白鱼一寸长。

诣热田

> 神社境内破败不堪，围墙倾圮，没入荒草丛中。彼处扯着绳子，以示境内末社之遗址吧。此地放着石头，好像是什么神座的样子。蓬蒿和相思草随意生长，反而比兴旺整饬之昔日更惹人心动。

---

*　木因，据引文译者注，指谷木因，他是大垣船具商人，后为芭蕉弟子。——译者注

相思草枯腹中饥，买饼略尝荒凉情。

去名古屋途中，作如下吟咏

朔风劲吹吟狂句，顾影自怜似竹斋。*

征旅枕上闻犬吠，寂寞难堪冷雨时。

徒步赏雪

唤声市中人，卖我积雪笠。

观旅人

晨起景色变，雪中观马行。

于海滨度过一日

日暮海水暗，但闻凫声白。

（出处同上，第40—41页）

  上面引用的 8 句俳句，每句都不是以诙谐为主旨的俏皮话儿，没有双关语、笑点包袱。芭蕉将注意力集中在瞩目的景物上，内心深处将这些景物与自己的心情相交错，并尝试着将交错而产生的共鸣融入在 17 个音节里。"朔风劲吹吟狂句，顾影自怜似竹斋"充满了自嘲的笑意；"唤声市中人，卖我积雪笠"中，能看出芭蕉在旅

---

* 竹斋，据引文译者注，指的是假名草子《竹斋》的主人公江湖医生竹斋，他曾一边吟诵着狂歌，一边沿东海道旅行，停驻于名古屋。"狂句"，芭蕉谦虚之词，犹言自己写的不合规则的俳句，或狂傲的文句。——译者注

途中说俏皮话儿的轻松怡然。这种搞笑与轻松仅限于口头，并不是作品中的搞笑与轻松，是与怀着"野曝"（暴尸荒野）觉悟的旅行十分遥远却又相关的搞笑与轻松。芭蕉对俳句作品精益求精，对于写好的俳句，或已经问世的俳句，也会反复推敲，我们虽不知上面 8 句中的每一句是否都达到了他满意的程度，但恐怕芭蕉已经意识到：旅途中日复一日不断创作的句子，已经到了一种新的境界，超越了世上现有俳句的境界。

住在大垣的老友木因家时，芭蕉再次想起了当时离开武藏野时"暴尸荒野"的觉悟。"野曝"才是本次旅行的基调，也必须成为本次旅行的基调。虽在老友处放松地住下了，但俳谐之道的严峻性从未离开过芭蕉的脑海。

热田神宫中萧条的神殿令人印象深刻。芭蕉的俳谐虽不是全面回避壮大华丽的东西，但更侧重从空寂、质朴、陈旧、平凡的事物中发现其独一无二的耀眼之处。

独立的俳句中引人注目的两句是，"海上朦胧曙光里，网中白鱼一寸长"和"日暮海水暗，但闻凫声白"。前面"白鱼"这句的前半节原本是"如雪轻薄"，后来改为了"海上朦胧曙光里"。"海上朦胧曙光里"的情景更加壮阔，与小白鱼的对比更加鲜明。"海上朦胧曙光里"铺开的悠然自得、轻松愉快的句子，最后用"一寸长"收紧。这种缓急的把握，与白鱼的"小"和"活"相呼应。而且，"网中白鱼"日语原文有 9 个音节，因音律破格而飘摇，接着用日语原文同样音律破格的 4 个音节的"一寸长"来结束，音律安排的顺序为这个场面增添了清爽的感觉。可以说这是作于冬末春初之时，同时反映了海边的寒气、生机及朝气的名句。

"日暮海水暗，但闻凫声白"，这句原文中5—7—5韵律所带来的余音令人印象深刻。暮色深沉，轮廓模糊，天与海的边界也变得不清晰，此时传来野鸭的声音。虽没能确认野鸭的样子，但声音清晰地传到耳畔。声音不仅仿佛传到读者耳畔，而且仿佛在朦胧的空间中扩散至远处。芭蕉将这种声音形容为色彩的"白"。读者虽不知如何凭借声音产生"白"之感，但当与这个字相遇的瞬间，读者便仿佛伫立在了慵懒与安静相伴的傍晚海滨。日文原文中结尾的7个音在末尾留下余音，貌似野鸭声，虽小却不绝于耳。

仅仅排列了17个音节构成的表述，就能呈现出一个完整的小世界。这虽令人惊讶，但正因为芭蕉预感到俳句的这种可能性，才对风雅之旅有了觉悟和决心，即使暴尸荒野也要走上这一遭。"海上朦胧曙光里"一句也好，"日暮海水暗"一句也好，在语言相互交错中，海边黎明的生命感，或是海边傍晚的怀念与悲伤，都被柔和的、纤细的、耐人寻味的文字表达出来，给读者带来了难得的经验。以俳句为媒介来获得经验的艰难，身为俳句之父的芭蕉本人应该比读者更加强烈地、真实地感受过，那种真实的感受成为芭蕉朝着情景深处、心情深处一步步迈进的驱动力。

《野曝纪行》问世后的第三年，结束了鹿岛短程之旅的芭蕉，立刻开始了为期6个月的旅行，途经东海道的尾张、三河、美浓，在故乡伊贺迎来新年，然后游览伊势、吉野、奈良、大阪、须磨、明石等地，最后回到江户。此行以接触自然、拜访名胜古迹、与老友重聚、与俳友举行俳句会为目的。《笈之小文》记录了此行的内容，开篇之处芭蕉是这样阐述自己对俳谐的想法的。

百骸九窍[*]之中有物。且自名为风罗坊。风罗者即形容其身犹如风吹即破的薄衣一般脆弱。彼好俳谐之狂句久矣，已成为毕生之事业。有时倦怠而欲抛掷，有时奋进自励，企图夸耀于他人。有时首鼠两端，心烦意乱，不能安住。其间曾打算立身处世，但为此种事业所阻，有时又想学佛以晓晤自愚。然而亦为此种事业所破。终于无能无艺，只是专此一道。西行之于和歌，宗祇之于绘画，利休之于茶道，虽各有所能，其贯道之物一也^{**}。然而，此类风雅人物，顺应造化，以四时为友。所见者无处不花，所思者无处不月。若人所见者不是花，则若夷狄，若心所思者不似花之优雅，则类鸟兽。出夷狄而离鸟兽，顺造化而归于造化。

十月之初，天欲雨而不稳，身如风叶心不宁。

时雨^{***}欲隆早起程，谁人呼我是游子？

（出处同上，第52页）

与《野曝纪行》的开篇相比，此处的文字让人感受到了作者的游刃有余。这是冷静地回顾过去，与俳谐之路保持距离，从远处眺望俳谐之路的芭蕉。他抓住了个人新境界的自信，让自己游刃有余地审视自己的行动成为可能。

引用的前半部分，简洁地总结了芭蕉至今为止的俳谐人生。虽

说将自己喜欢的事情作为人生事业来奋斗是幸福的，但这个过程也经历了很多的心灵波动、内心的煎熬与斗争，经历了这些后，芭蕉确认了要一心一意走的俳谐之路。"无能无艺"在当时是谦虚的说法，芭蕉在俳谐的路上自成一家的自信，反而让这样的谦逊成为可能。

引用的后半部分，用"风雅"这一概念更宽泛地定义俳谐，如用近代的说法来讲，这是"艺术论"。此段引用虽短，但能看出芭蕉思考的宽广与深远。

俳谐之道与现实社会中的金钱、地位、名誉无关，与学问之道、佛道等处于不同的领域，芭蕉将其称为"风雅"。深入大自然，与四季为友，所见之物皆有花之美，所想之物皆有月之美，用撼动心灵的准确语言、水墨画、动作行为将这些表现出来，就是风雅。接下来，他追寻风雅之道，回溯过去，让人们看到了风雅的主要谱系可追溯到具有悠久历史的西行和歌、宗祇连歌、雪舟的画、利休的茶。这样的追溯，让人们看到了俳谐之道扎根于自古以来的风雅传统，这是一次洋溢着骄傲情绪的追溯之旅。我们也可从中读出芭蕉的自负，认为自己的俳谐渐渐达到了前辈留下的名作的水准。

上面说的这些我们暂且放一下，有人指出西行、宗祇、雪舟、利休所体现出来的风雅——用近代的话讲是艺术——是顺从大自然。风雅在以四季为首的大自然的密切关系中成立，这种看法可以说是日本自古以来的艺术传统的核心（与之相对的西洋艺术，可以说其中大部分是与世事相关的）。风雅，或称艺术，归为一体之后就是芭蕉所说的大自然，自然并不是与人类、世事相对立的，或者说，自然没有排除人类和世事，而是包容了人类和世事（当然，大自然也包容了艺术）。相反，人类和世事不可能包容大自然。能包容的是大自然，被包容的是人类和世事。宏大无边的大自然，正因为其宏大无边，所以很难成为所指的对象。我们在此处称为"大自然"的东西，芭蕉在《笈之小文》中用汉语词"造化"来称呼它。当大自然被命名为"造化"时，芭蕉是如何将他所指的东西对象化的呢？

若要将包容了人类与世事的"造化"变成所指的对象，必须将自我、思考、感性全部注入其中，芭蕉无论如何都想用俳谐的语言表现出宏大无边的大自然，他为此不断地努力着。这对芭蕉来说就是以俳谐为生，以风雅为生。芭蕉想用语言表达的，不仅是大自然中的四季或花鸟风月，不仅是被大自然包容的人类和世事，而且是大自然本身的深奥之处。仅有 17 个音节的俳句，或者在俳句前后配上散文形成的短小俳文，虽不能将大自然完全地对象化，但它们以多彩的语言，多角度、多侧面地暗示了被大自然包容着的俳谐、风雅、草庵生活以及旅途的样子。不管怎么说，近千首的芭蕉俳句，无论是吟咏了四季或花鸟风月的句子也好，还是吟咏了人类和世事的句子也好，其创作都是以俳谐被大自然包容的真实感受为基础的，这充分显示了芭蕉风俳谐的文学性。上面引用的最后一句"时雨欲隆早起程，谁人呼我是游子"正是因为芭蕉确信"俳谐之旅即迈向大自然的旅程"而创作出来的，我们不得不说这是非常具有芭蕉特色的，为芭蕉独有的句子。

创作《笈之小文》之旅的 4 个月后，芭蕉踏上了行程更短的创作《更科纪行》的旅途。7 个月后，芭蕉毅然开始了大规模的创作《奥州小道》之旅。此行从江户朝着奥羽、北陆出发，经日本海，沿海途经出羽、越后、越中、加贺、越前、美浓，最后抵大垣。

《奥州小道》的开篇这样写道：

> 日月乃百代之过客，去而复来的旧岁新年也是旅人。浮舟
> 江海送走一生的船头，以及执辔牵马迎来老迈之人，日日都在
> 旅行，长久羁旅异乡。古人多有死于行旅之中者。予不知从何
> 年起，风吹片云，激起漂泊之思……

（出处同上，第 70 页）

这里引人注目的是，不仅是空间上的移动，时间上的来回游走亦为旅行。这次旅行既是空间旅行亦是时间旅行的实际感受，支撑了他在旅途中寻找歌枕*，寻找名胜古迹，将旅行给人的印象扩大了。寻求风雅的传统从而跨越时空，与西行相遇，与宗祇、雪舟、利休相遇，对芭蕉而言，这些也是可以被称为旅行的事情。如借用自然观的说法，可以说大自然甚至包容了时间和历史。

为了回归大自然，他既要在空间中行走，亦要在时间中行走。芭蕉最后的长途旅行就是这次《奥州小道》之行。他在途中吟咏了很多句子，我们从中挑选一些佳句。

> 夏草扶疏，将兵残梦难寻觅。
> 五月雨骤，光堂依稀留旧影。
> 四周多岑寂，蝉声入岩石。

---

*　歌枕，古代和歌中吟咏过的名胜。——译者注

偶同游女共宿馆，明月高照胡枝花。

烈日当头照，秋风已渐凉。

（出处同上，第 84—93 页）

　　这样将俳句罗列出来后，不知懈怠、不屈不挠创作俳句的俳人形象就浮现在我们眼前。如"所有事情均与这条一心一意的俳谐之路有关"所说，芭蕉对俳谐的专注如同求道般。但是，宗教色彩浓厚的求道又不适合芭蕉。芭蕉不是宗教世界的人，始终是一个俳谐世界之人。他们之间哪里不同呢？

　　我们可以列举出两大不同。

　　其一，俳谐的活动总是朝着 5—7—5 结构的俳句创作发展的，每当 5—7—5 结构形成时，所有的努力会自然而然地被画上休止符。把这个观点扩展到大众艺术领域来说，造型美术也好，音乐、电影、戏剧也好，文学也好，都有着作品的形成（或者说是上演、上映）这样一个明确的目标，当作品具有了有形的形式时，创作活动即刻完结。这是与宗教的决定性不同。宗教并非创作有形作品的活动，而是以主体的信仰、冥想、觉悟的持续、深化、发展为基础的活动。

　　将 5-7-5 结构的诗的形态作为活动终点，未免格局有些小，创作者应该将自己在大自然中的发现、感悟、思想固定在仅有 17 个音节的语言中，并使其成为能与传统的和歌、连歌、水墨画、茶道相抗衡的作品。芭蕉的俳谐之道正视了这样的困难。围绕着作品的辛苦分别以"执着"和"努力"的方式表现出来——当俳句初步成型时，改改这里，修修那里，直到自己认可为止，不断推敲的执着；当作品完成时，他志在超越本次作品达到新境界，从而进一步打磨自己的感受与感觉，打磨自己的语言。为作品的成形倾注全力，随着作品的完结整个人暂且从紧张中解放，又站在了新的起点上，自己掌握这种创作节奏的过程，对芭蕉而言即献身俳谐之道。

　　其二芭蕉的俳谐与宗教的求道相去甚远的另一个原因是，俳谐扎根的立足点是由志同道合的朋友伙伴一起进行创作的共同活动。芭蕉在草庵、在旅途中一个人勤奋写俳句的情况也不少，然而，他将连句的创作（和几位俳友同席、按照 5—7—5，7—7，5—7—5……的顺序一个接一个地吟咏下去）视为重要的表现形式，所以他不论身为作者，还是身为俳句会的主持人都尽心尽力。俳谐是个体表现的同时亦是共同表现，连句的形式将这一点直截了当地展示出来了，《猿蓑》中连句的超高完成度，无疑展示了以芭蕉为首的俳友们作为表现者的高度共同意识。而且这个共同意识的形成，只要是通过由音律数来支配的俳句形式为媒介来创作，那么就与宗教性无缘，因此必然是一种极大地倾向艺术性的共同意识。参加俳句会的人被称为"连众"，芭蕉格外喜欢连众聚集的俳句会，即使在漂泊的旅途中也到处举行俳句会，享受共同创作俳句。吟咏俳句的芭蕉也好，旅行的芭蕉也好，孤独的形象甚浓，但这份孤独不是常人那种被共同性排斥的孤独，而是以俳谐为媒介献身共同世界的人，因为进一步寻求共同性而产生的孤独。对共同性的顾虑与思考，一直环绕在与孤独深深相通的"空寂"境界里。"空寂"是一种向内在沉潜，将心灵深处微弱的动摇化为语言的心性，从中会生出幽静的情调，而不会将自己困在内心世界里。人的内心深处也是被大自然所包容的，人一直挖掘内心世界就会接近大自然，那里自然会打开与人相连的共同世界。

月冈芳年《月百姿》中描绘的松尾芭蕉

临近死亡的芭蕉吟咏了下面的句子。

　　　　此道，无人行，秋暮。[*]

这句传达出了孤高之人的寂寥感。这是在和田泥足主办的俳句会上连歌的第一句，这一句由芭蕉吟咏，当时芭蕉带了两个句子去，究竟用哪一个作为第一句，这个决定权交给了在场的众人。另一句如下：

　　　　人声，归此途，秋暮。

这是孤独与共同性完美融合的句子。

这之后仅仅过了两个星期，芭蕉便离世了。然而，这期间芭蕉一直在创作俳句。俳谐之道到死也未曾中断，不，即使死后也不会结束，会一直持续下去。这是芭蕉的自我认同，也像是他想展示给其他人的样子。同时，这仿佛也是芭蕉欲将正在逼近的死亡，用17个音节的形式记录下来的热情与执着的表现。作为献身于这一心一意之道的风雅之人，芭蕉将他预感到的死亡作为最后的创作主题，应该是令人满意的结束方式。即使面临死亡，他仍与俳谐同在，这是芭蕉的生存之道，对芭蕉而言，俳谐必须是这样一个宏大的、坚定的存在。

---

[*]　此句的现代汉语译文引自陈黎、张芬龄译《但愿呼我的名为旅人松尾芭蕉俳句300》，北京联合出版公司，2019 年 2 月第 1 版。下同。按原书译者注，此诗写于元禄七年（1694 年）九月二十六日的大阪。——译者注

羁旅病缠，

梦于枯野久盘桓。

"旅"一字非常适合芭蕉的辞世。期盼着"谁人呼我是游子"的芭蕉，其一生与旅行同在。这里的"旅"既唤起了用两条腿走过的现实之旅，也意味着超越了现实的观念之旅。无论在哪种旅行中，芭蕉都是贪婪而诚实的旅人，被大自然包容着，又不断地探索大自然。

展现在这个旅人面前的是广阔的枯野风景。这恐怕是衰老和死亡诱发的意象吧。但在枯野中徘徊的芭蕉之心并没有失去生机，他尝试着在枯野中发现美丽的气息，并将其以俳句的形式表达出来。这让人看到了即使弥留之际也不肯放手"空寂"美学的芭蕉。

・・・

比井原西鹤、松尾芭蕉晚 10 年左右出生的近松门左卫门，在从 1683 年出生到去世的约 40 年间创作了很多的剧本，是一位歌舞伎和人形净琉璃的剧作家。

近松生于福井县，是越前蕃某武士的二儿子。在近松 15 岁左右的时候，其父亲成为浪人*，全家移居京都。近松在京都因侍奉一条家等公家**，而有机会接触和汉古典教育并掌握了相关知识。另外，当时的公家中，喜欢人形净琉璃的人很多，近松也因此有了近距离

---

* 浪人，是指幕府时期失去禄位背井离乡谋生的武士。——译者注
** 公家，古代日本供职于朝廷的贵族和上级官员的总称。——译者注

接触戏剧的机会，从而与戏剧结下了缘分。即便如此，成为人形净琉璃、歌舞伎的剧作家，置身戏剧世界里，这对于武家出身的人来说还是个破天荒的选择。他的选择说明戏剧吸引着近松，戏剧对他来说有着超强的魅力，但从当时社会的一般观念来看，人们认为他转行去从事的工作与身份不相符，这也是没有办法的事情。

　　近松在 30 岁左右确立了他作为净琉璃剧作家的地位，不久后便开始创作歌舞伎的剧本。人形净琉璃需要作者与义太夫的紧密合作，歌舞伎需要作者与歌舞伎演员合作，剧本创作也需要剧作者与演员们共同工作才能完成。近松与人形净琉璃演员初代竹本义太夫、歌舞伎演员初代坂田藤十郎合作，成功创造出了充满人情味的舞台。

　　近松留下了几部名作，它们改写了日本戏剧史。与歌舞伎相比，净琉璃作品更能体现近松的特长。净琉璃的两大领域是时代物和世话物，近松在取材于同时代事件的世话物中，丰富且细腻地表现出他捕捉到的人的真实样貌。这里我们选取两个世话物代表，一是其初期的代表作《曾根崎殉情》，一是其晚年的名作《情死天网岛》，通过这两部作品一起探索近松的戏剧思想。

　　《曾根崎殉情》是近松为竹本义太夫写的第一部世话物净琉璃，在大阪竹本座上映，并大获成功。

　　实际上，在这部戏上映的一个月前，大阪确实发生了殉情事件。殉情是 1703 年 4 月 7 日发生的，《曾根崎殉情》的首日上映恰好是事件发生一个月后的 5 月 7 日。

　　在此之前，歌舞伎经常会将现实中的殉情事件搬到舞台上，戏剧也担负着传播世间气氛的功能，类似于新闻。以《曾根崎殉情》为开端，人形净琉璃也开始出现这种倾向。社会上正蔓延着这样一种文化意识，即将现实中的真人真事改编成戏剧来欣赏、消遣。《曾根崎殉情》的卖座正是由这种时代风潮所支撑的。

殉情的男女，分别是平野屋的伙计德兵卫和天满屋的妓女阿初，《曾根崎殉情》以这二位为主人公，故事慢慢拉开帷幕。

德兵卫与阿初私订终身，说将来要结为夫妇。但德兵卫的老板，也是他叔父的平野屋久右卫门，见德兵卫整日沉溺于情愫，与阿初的关系过于轻率，有些不妥，欲及时制止。所以，久右卫门给妻子的侄女一笔丰厚的彩礼，计划让她嫁给德兵卫。为了让德兵卫对这门亲事没有异议，叔父久右卫门事先给了德兵卫继母一大笔钱。想守护和阿初约定的德兵卫，断然拒绝了叔父提出的亲事。于是，久右卫门要求继母把那一大笔钱还回来。那么容易到手的钱她怎能轻易放手？德兵卫想方设法说服了贪婪的继母。拿到钱的德兵卫，正准备把钱还给久右卫门时，遇到了油店的九平次。九平次向德兵卫借钱，并说三天后一定还钱。德兵卫因为信任，放心地把钱借给了他，而九平次却不还钱。不仅如此，某日在生玉神社内游山玩水的九平次和他的友人们偶遇了德兵卫。德兵卫让九平次还钱，九平次竟找碴儿说，是德兵卫捡到自己不小心丢了的印章后伪造了借据，自己根本没有借钱，更不会还钱，他还和友人们把德兵卫毒打了一顿。照这样下去，德兵卫还不上钱，就得违心与老板的侄女结婚。被逼到走投无路的德兵卫，那天晚上去天满屋找阿初，向阿初说了自杀的想法。阿初看到德兵卫从未动摇过的真心，决定如果要死的话就一起死吧。于是，阿初下定决心和德兵卫共赴黄泉。两个人手牵着手走向曾根崎的森林深处，德兵卫割断了阿初的喉咙，再用剃刀自刎，双双离世。

　　当然，近松不会按照上面的故事梗概设计舞台上的每一场戏。德兵卫与阿初怎样决定共赴黄泉，怎样心意相通，怎样克服死亡的恐怖和悲伤完成自杀殉情，刻画出这些心境才是近松真正想做的事。为了更好地完成这些，舞台上的每一场戏，都是几经斟酌才甄选出来的。

　　阿初的第一次出场是在她陪乡下客人去观音寺时。乘着让人畅快的七五音律纪行文*，剧中列出了大阪当地三十三处观音寺的名字。这不仅让观众感到舞台世界距离自己很近，也为悲惨可怜的殉情男女准备了观音的救赎，这是一种非常巧妙的设定。

　　纪行文结束后，阿初和客人在生玉神社内的茶屋歇脚时，德兵卫刚好经过。阿初叫住了德兵卫，抱怨并问他为什么最近都不来玩。德兵卫诉说他没能去的原因：既是老板又是叔父的久右兵卫提了一门亲事，继母自作主张地收了人家的彩礼钱，他好不容易说服继母，把彩礼钱要了回来后又借给了九平次，而九平次借了钱又不还。这么长的经过，仅由德兵卫一人完成，久右卫门、久右卫门的妻子、德兵卫的继母直到戏剧最后都没出现在舞台上。

　　仿佛是在等德兵卫长长的诉说结束般，作为敌人的九平次终于出场了。德兵卫央求说："把借给你的钱赶紧还给我吧。"九平次却要赖说道："我没向你借过钱啊！难不成你想用计勒索我？"怒气冲天的德兵卫，没能忍住而动了手。这一动手不要紧，引来了九平次和他朋友们的拳打脚踢，众人打成一团。阿初本来是要过去劝阻的，反而被胆小的乡下客人推进了轿子里，匆匆走了。在众人的眼

———————————

*　纪行文，用以描述旅途中风景及旅情的韵文体。——译者注

皮底下，德兵卫被拳脚相加，被打得"落的散发披衿；腰带儿，早经断顿"*（新潮日本古典集成《近松门左卫门》，第 87 页）。身心均受到深深伤害的德兵卫，认为只有死才能解决问题。

上、中、下三卷中，让人深陷悲伤的场面较多，这部剧都以"静"为基调，仅有此处展开了"动"的戏份。从这个意义上讲，此处可以说是一个让人享受视觉的场面。但是，故事的创作却有些粗糙。其中，最说不过去的是九平次的人物形象过于寒碜。他说德兵卫捡到了自己弄丢的印章并伪造了借据，这强硬的说辞让人一看就知道是假的，九平次仗着有朋友们在场可以帮忙打架而故意找碴，让观众看尽了他的卑鄙无耻。虽然这作为一个敌对的形象是说得通的，但是，九平次和德兵卫间有着多年的交情，加之德兵卫是相信九平次有信用才把钱借给他的，这样前前后后一想，就很难让人认同他前面的行为了。因为德兵卫不可能没看出轻浮不靠谱的九平次的恶劣根性。德兵卫为人诚实，对买卖认真负责，深得老板信任。他在与阿初的关系上，也充满了诚意，却在对九平次的人物评价上，没能具有和常人一样的分辨力和判断力，不得不说这是这个人物创作上的最大缺陷。

如果是晚些年有经验的近松，恐怕不会有这样的疏漏吧。因为这是他创作的第一部世话净琉璃，作者对于九平次这个人物形象，也许只想满足两点——将德兵卫逼入困境和表演华丽的打斗场面。

这些暂且放下。接下来的场景切换到了中卷的同一天晚上，地点是位于新地烟花巷的天满屋。妓女们议论着白天发生在生玉神社

---

*　本节中出现的近松门左卫门作品的现代汉语译文均引自钱稻孙译《近松门左卫门选集》，上海书店出版社，2012 年 1 月第 1 版。——译者注

内的事情，阿初因为担心德兵卫而一副痛不欲生、魂不守舍的样子。这时，德兵卫躲过了大家的视线，偷偷地溜进了天满屋。阿初察觉到以后，将德兵卫藏在礼服的裙子里带了进来，让他藏在了正房套廊的下面。这时，喝醉了的九平次也走了进来，大声嚷嚷着德兵卫的坏话。廊下的德兵卫早已气得浑身发抖，咬牙切齿。阿初把脚伸出套廊木板，示意德兵卫不要生气，并倔强地反驳着九平次。

［阿初白］　　若说德郎，与我相好多年。彼此心里事，无话不谈。那真是，生可怜的，毫丝儿不好之处也没有的人呢——

［说书带腔］　单只为，有义气，横招了祸难。
　　　　　　　怎好没凭没据，冤枉他居心行骗？
　　　　　　　直恁般，周纳将人陷；
　　　　　　　量德郎，非死不白冤。
　　　　　　　敢则是，死志已坚；
　　　　　　　我倒要听他一言。"
　　　　　　　说着，伸足廊底试探；
　　　　　　　廊沿下，点头相招无人见；
　　　　　　　抱起她脚跟，抹过自家喉管；

［唱曲］　　　叫她知道：刎颈自甘。

（出处同上，第93页）

套廊木板下面的德兵卫，坐在正上面并伸出一只脚的阿初，坐在稍远的客厅席子上的九平次和他的朋友们，还有天满屋的老板。在这样的情况下，阿初确认了德兵卫对死亡的决心。阿初说的话，周围的人和德兵卫都能听到，但周围的人不知德兵卫藏在廊下，所以都以为阿初是在自言自语。而对德兵卫而言，这是对自己苦闷又严厉的提问。这是很难表演的一场戏。因周围有人，反而增强了阿初和德兵卫的亲密，让赴死之心变得不可动摇。

紧接着，在和上面同样的人物座位布局中，阿初说出了对死亡的决心——"反正德郎与我死同时，我与德郎死同地！"（出处同上，第 94 页）

阿初不合时宜地钻牛角尖，让大家感觉很不舒服，九平次他们悻悻地散了。老板也感觉很不安，让伙计们关店不做生意了。阿初对大家说了句"再见"，就回自己的房间去了。周围的人，谁也没想到这句"再见"将成为永别。

夜深人静后，阿初偷偷溜出房间，想去德兵卫藏身的套廊处找他，却见玄关处点着行灯，女佣睡在了楼梯下面。阿初想熄灭行灯的火，便把扇子绑在了棕榈扫帚上，哪知道好不容易熄了火，阿初却一不小心踩空了楼梯滚了下去，惊醒了女佣和老板。黑暗中，阿初和德兵卫摸索着寻找对方，终于紧紧相牵，借着女佣敲打火石的声音，他们轻轻打开大门逃了出去。之后，便是有名的"别矣斯世，别也今宵……"的私奔场面。从逃离天满屋到私奔，语言的内容与音律的交合让人拍手叫绝，以下引用原文。

　[唱曲]　　　脱门出来，心和心，两相照：
　　　　　　"啊呀，喜也！"面对面，同声笑。

　　　　　　　呜呼惨矣！淡忘了身便赴冥曹，

　　　　　　　余明只如：火石闪星一霎消。

　　　　　　　殉情路上。

［唱曲］　　　别矣斯世，别也今宵；

　　　　　　　投死之行，梦中梦杳。

　　　　　　　沉弦譬犹无常原上道旁霜，

　　　　　　　一步逐一步，行行去消。

［旁坐说书］　堪哀，报晓七声钟，

　　　　　　　已听第六声；

　　　　　　　剩得一声听竟，

　　　　　　　大夫说书便寂灭为乐，了却今生。

　　　　　　　……

　　　　　　　　　　　　　（出处同上，第 96—97 页）

　　虽是让人心醉的名文名调，但如果冷静地追寻其内容，一句
"淡忘了身便赴冥曹"是多么触目惊心。所谓"淡忘"从而欣然接
受死亡，是多么不合逻辑的心理，但从中卷天满屋场景的展开来看，
故事确实是朝着这种不合逻辑的方向发展的。

　　两个人想在一起。在二人世界里，他们彼此心意相通，沉浸在
彼此炽热的思慕中。这是中卷里，阿初和德兵卫的殷切盼望。从这
一点来看，无论在人物配置还是情节的发展上，中卷的舞台设定都
是朝着不能轻易实现两人愿望方向的。两人违背道义的恋情，不受
周围人的认可，不被理解，不被容忍。即使这样，两人还是拼了命

地确认彼此的心意，互相传达着对死亡的决心。正因为不被周围理解、容忍，这场恋爱变得愈加迫切且纯真。迫切与纯真构成了中卷戏剧魅力的核心，观众的内心也被震撼，对两人的悲叹感同身受。这样看来，围绕着剧中二人的世界，是极其普通、无处不在的世界，看起来却是那么的繁杂又不纯。夜深人静后，围绕着行灯的闹剧，是能让人捧腹大笑的滑稽场面，观众却又因担心会妨碍二人的恋情而笑不出口。所以，在两个人终于逃出了天满屋时，观众才终于释然。虽说这释然的感觉，可能孕育了"淡忘了身便赴冥曹"这种似非而是的论点。

以"别矣斯世，别也今宵"开头的下卷，始终都只是两个人的世界。在二人世界中你侬我侬的两个人，走向曾根崎的森林，走向死亡，以死而终。

离开世人成见的烦恼，离开世俗关系的繁杂，两人到达了远离这些的地方，处在与中卷完全不同的世界里。但是，死亡的恐怖再次笼罩了两个人。虽然已经决定双双赴死，双方都有了心理准备和觉悟，但是并不是说有了觉悟和决心，死亡的恐怖就会消失不见。忍受着对死亡的恐惧并且朝着死亡迈进的私奔之旅，一直持续到文章的最后。这也是下卷中两人不得不背负的宿命。

由于彼此爱慕之情的纯粹，两人必须克服对死亡的恐惧，认真对待死亡。如何在舞台上将这些表现出来呢？这正是展示世话净琉璃作者近松本领的地方。

两人过了梅田桥，沿着蚬河走过梅田堤，步入曾根崎森林。一进去，就看见人的魂魄在飘荡。这暗示着死亡就在眼前。两人边哭边相互依偎，嘴里念着"南无阿弥陀佛"。德兵卫渐渐将一起飘荡着的两个魂魄看成他们两人的魂魄。这是有着不惧怕向死亡迈进的心，才能看到的幻影。世人习惯阻止魂魄飘离自己的身体，而德兵卫并无阻止之意，他期盼着两人的灵魂在那个世界里可以在一起、变成一个。这是能唤起观众共鸣的愿望。

请愿的同时，两人到达了殉情的地点。象征着爱情契约之深的连理棕榈树，就是他们的最后地点。为了让死后的姿态不凌乱，他们将各自的身体紧紧地系在两棵树上。做好了一切准备工作后，德兵卫向老板兼叔父的久右卫门道歉，阿初也因不能给家乡的父母送终而道歉。这个场面，似乎让迈向死亡的步伐变得缓慢，又像是在积蓄面向死亡的激昂行为的爆发力。紧接着迎来的便是德兵卫割断了阿初的喉咙后用剃刀自刎的惨剧。这是让人禁不住想遮住眼睛的残酷场景，但是，敢于闯入这种残酷之地的，正是近松和他的戏剧创作技术。演绎这些的，不是有血有肉的演员，而是用木头和布做成的人偶。这种演绎形式让舞台的残酷更加显而易见，同时，依照人类的想法，残酷的程度可轻可重，这对观众来说是唯一的救赎。因为表演的是人偶，所有的残酷都被非现实化，并被升华成观念上的残酷。人偶所演绎的残酷殉情之美，是让这部戏大卖的原因之一，也是让近松在之后的岁月中将同样残酷的场景一遍又一遍搬上舞台的原因之一。

两人死后，整部剧以这样一段话结束。

［带腔］ 这曾根崎的林下风声，

不知是谁传的，布遍了通城；

无分贵贱，都来香火吊亡灵。

　　［带腔］　再无疑，未来成佛显可证；

　　　　　　　做了相思的范本垂型。

（出处同上，第 104 页）

　　"未来成佛"，即来世成佛，这个词引人注目。近松毫不犹豫地写出了"成佛"的话，然后让整部剧落下帷幕。这句话清晰地表达出近松对一对殉情男女之爱恋的看法。

　　现实中，听了殉情男女故事的人们，并不会认为两人就这样未来成佛了。即使有人觉得能成佛，但现实事件在一个月前才刚刚发生，即使有人认为他们成佛了，这个感想恐怕很难这么快就传到近松的耳朵里。我们从中可以看出，在以现实事件为蓝本来构想酱油店伙计和新地妓女的殉情故事时，近松认为决心以死来捍卫爱情的二人的纯粹，与"未来成佛"的结局是相配的。这是违反了世间常识的恋爱，无法给当事人带来幸福的恋爱，但相恋的两人只要能将人情的纯粹坚持到底，就会诞生具有价值的、两人的共同世界。即使他们死了，价值也不能被否定——结尾的这句话表明了近松的恋爱思想。而且《曾根崎心中》的大卖意味着近松的恋爱观多多少少是被时代所接受的。在义太夫节、三味线、人偶相交错编织的世话净琉璃中，近松向生活在封建社会的人们展示了全新的恋爱思想和形象。如果说西鹤通过"好色"的素材开辟了男女物语的新局面，那么，我们不得不承认，近松通过恋爱与死亡相结合的殉情剧，开辟了不逊于西鹤的新领域。

　　《情死天网岛》是《曾根崎殉情》问世 17 年后创作的戏曲。与《曾根崎殉情》相比，《情死天网岛》在故事的结构和展开上都更复杂，文学的成熟度也明显增高。

在大阪天满开纸铺的治兵卫，自两年前开始，经常去新地的妓女小春处玩耍，渐渐地两人变得相思相爱。但是治兵卫是有家室的人，他有妻子阿三、幼子勘太郎、幼女阿末，而且他也没有能为妓女赎身的重金。在这种情况下，情敌太兵卫正稳步进行着给阿春赎身的事情。

在大阪新地，光头的江湖艺人欢快地唱着短歌和流行歌徐徐走来，这是上卷的开篇场景。江湖艺人走了之后，有钱人太兵卫去茶馆找小春，妄自尊大地说了一堆治兵卫的坏话。这时，走来一个带着草笠的武士，赶走了太兵卫，并倾听小春说的话。心情低落的小春说自己想死，武士听了急忙制止。仗着这位客人的好意，小春出乎意料地说："一想到只能依靠我的老母亲，我又不想死了。求您帮忙想个法子，能不让他自杀，又能断了这姻缘。"说来真是巧，这些话刚好被外面的治兵卫听到，他以为小春背叛了自己，很是愤怒，他拔刀穿过纸门，朝着小春的侧腹刺了过去。因为刀短没能刺到，治兵卫反被武士擒住了胳膊。治兵卫被武士反压双手，绑在房间的柱子上。待治兵卫情绪稳定下来后，武士摘下了头巾，他竟然是治兵卫的哥哥孙右卫门。哥哥责备弟弟的肤浅与轻率——被女人迷惑了的肤浅和不顾妻儿的轻率，强迫他和小春断绝关系。治兵卫恨小春的背叛，将小春给的 29 张守信誓约书扔给小春，小春也将治兵卫的 29 张守信誓约书扔给治兵卫。只是小春装誓约书的袋子里还有一张上款提"小春惠览"、下款署"纸店内阿三"的信，这是治兵卫妻子写给小春的信。这封充满谜团的信，由孙右卫门收进怀里。上卷也在此处落下了帷幕。

　　中卷的开场舞台，是数日之后的治兵卫的纸店。治兵卫借着被炉的热气，迷迷糊糊地打着瞌睡，妻子阿三手脚麻利地照顾着孩子。阿三是一个干净利落、细致周到、可靠的妻子。这时，孙右卫门带来了阿三的母亲。阿三母亲听说天满的大财主要给小春赎身，就来确认这个大财主是不是治兵卫。一头雾水的治兵卫，为了让岳母和兄长放心甚至写了起誓文。但是，二人走后，治兵卫钻进被炉，泪流不止。看着这一切的阿三，将治兵卫拽出来让他坐在被炉边上，问他是不是还忘不了小春。看清治兵卫后，阿三开始抱怨。

［阿三白］　　阿三白你也太那个了啊，治郎呀！既然是这么丢她不开，就不该写什么起誓文哪！自从前年十月的中亥日，生起了熏笼火，指望着暖和和并枕闺房；哪知你，把个房中人的怀里，宿着个牛鬼么蛇神也怎的——

［说书带腔］　　自来两载的韶光，
　　　　　　　　只令我守着个空房。
　　　　　　　　实指望，得今日。
　　　　　　　　母亲大伯赐提携；
　　　　　　　　畅好道，夫夫妻妻，
　　　　　　　　自今还相契。
　　　　　　　　却怎的？喜无片时，
　　　　　　　　咋这般，忍相欺；你忒虚皮！
　　　　　　　　既然你，撇她不得；

哭吧，哭吧，哭个淋漓！

叫泪水儿淌到蚬河，

等小春喝进肚里！

啊呀，我好恨也好气！

抱住他双膝伏泣，怨言絮絮。

（出处同上，第 292 页）

　　戏剧中很少有能让人如此感受女人魅力的场景。舞台上，一个人，一个女人凛然而立，不慌不忙地说出自己的想法。此处阿三的形象是娇艳美丽的年轻妻子。"抱住他双膝伏泣"，这是人形净琉璃中常见的动作，但此处不是在表达软弱或撒娇。这里有的是坚强——和对方面对面对决，一步都不退缩的人类的坚强。怨恨与嫉妒，也通过这种坚强表达出来。我们从中不难看出作者近松对人类情感确切而深刻的把握，还有他熟练的表现技巧。一个普通女性的愿望——一边守护着家庭，一边享受着与丈夫的爱情——通过充满热情且透彻的语言直接表明。塑造出阿三这般具有魅力的女性形象，不仅是近松的荣誉，更是人形净琉璃的荣誉。

　　听完了阿三的控诉和叹息，治兵卫是这么回答的。他说自己并不是因为还留恋着小春而哭，而是因为将小春赎出来的太兵卫得意忘形，到处和人说治兵卫在金钱上的窘迫，生意上打交道的人都知道了，这让治兵卫感到丢人，便忍不住哭了。这个回答让人很意外。

　　在同行之中丢人，相当于男人的颜面丢尽，确实让人有些难以承受。但是，治兵卫的这个回答多少有些自我辩解的味道，作为对阿三凛然控诉的回答，未免太没分量了。在阿三的怨恨和治兵卫的丢人仍留在观众心中时，故事却朝着意想不到的方向发展。治兵卫说出了小春曾当着他面说的背叛的话——"如果他把钱来买，买得鸨儿逼着嫁，便有一死干脆"。这句话深深震撼了阿三。这时，阿三说出了原本打算这辈子都不讲出来的秘密。

［阿三白］　　若说小春薄幸，其实却芥子些儿也没有。使你二人分开手，原本是我阿三的计谋。只因见你那恍恍惚惚的情形，显得有着戕身之意；因此上——

［说书带腔］　我心忧伤甚，

修书寄小春：

你我同为妇女身，

定能互相体谅妇人心；

尚祈割断心难舍，

保我夫君性命，感荷不尽。

［阿三白］　　她受了感动，回我信道："虽则是拼了身命的情郎，却推不开的是人情义理，甘心忍痛断割。"这封信是我白天黑夜守在身边一刻不离的。她可是这等待的一个贤惠女子，哪便会昧却初心，违背她对你说的话，高高兴兴地去嫁那太兵卫呢？

［说书带腔］　妇女心情一矢真，

思量窄，我亦如人；

这今番，她一准，

将死自寻，将死自寻！

阿呀呀，劫运已来临；

如何挽救？莫逡巡，莫逡巡！

……

啊啊，那可惨凄哩！

她若死，不啻因我而死；

论妇道，我可负了她的义气。

儿夫呀，你快救她去，

切莫叫，死了这人儿！

（出处同上，第 294—295 页）

　　上卷最后场景中出现的信件之谜，此处终于被揭晓了。那是阿三写给小春的信，拜托小春断了和治兵卫的关系。小春将这封信和治兵卫的起誓文放在小袋子中，一刻不离地放在身边，谨慎地保管着。另一边，发誓要与治兵卫了断关系的小春的回信，也被阿三放在了小袋子中，一刻不离地放在身边妥善地保管着。这是怎样打动人心的心灵相通啊！在中卷，我们至今看到的妻子阿三，是一个黑白分明、意志坚定的凛然女性。仿佛是和这个形象并驾齐驱般，此处小春的纯洁女性形象跃然纸上。斩断了比生命还重要的与男人的情丝，与其和不喜欢的人相伴，不如用死来拒绝。这就是小春的生存之道。

　　近松将阿三和小春间的羁绊称为"义理""义气"。"推不开的人情义理""她的义气""义理""义气"等词在上面引用的文字中分别出现。说到封建社会的义理，多半会被解读为来自外部的、妨碍自然人情流露的东西。但是，阿三和小春间的义理是为了回应对方的信赖，首先让自己成为值得信赖之人，是一种源于内在世界的主体的心理活动。这是两人之间流淌着温暖的、人与人的情感。和对方讲义气——回应对方的信赖——这种心理活动，是在向对方要求对等的人格。阿三与小春，超越了纸店老板娘与妓女这种身份上的差距，作为两个具有独立思考和独立意志的存在出现在观众的面前，即使双方处于尴尬的关系中，也因彼此信赖而结成了地位平等的同伴。

为了让治兵卫活下去，小春放弃了山盟海誓的爱情，这是小春对阿三的义气。阿三要回应这份义气，为了让小春活下去，为赎出小春而东奔西走地筹钱。紧接着坦白秘密书信的一场戏的是阿三筹款的场景。阿三将店里预收的所有款项都拿了出来，当掉自己和孩子们全部衣物来凑齐仍然不够的部分。这是何等离谱的筹款方法。衣柜、大箱子等都变得空无一物，舞台上悲剧的气氛更加浓厚。这时，阿三的父亲五左卫门来了。看到此情此景，岳父误会治兵卫被疯狂的恋爱洗了脑，准备抛妻弃子一心投奔妓女。于是，他强拉硬拽地把不情愿的阿三带走了。中卷在此停笔。

下卷共有三个场景，分别是茶馆的大和屋、历数桥名的殉情之路、网岛殉情。

深夜，更夫击柝巡夜，治兵卫躲在大和屋的暗处。哥哥孙右卫门过来寻人，没能找到便回去了。这时，小春悄悄地溜了出来。因赎身没能顺利进行，他们走上了深夜殉情之旅。

七五音律的纪行文，伴着三味线的音乐，历数蚬河至堂岛河间的桥名，悲伤愈来愈浓。出场人物也仅剩下这二人。

标题中的网岛是两人殉情的地方。两人下定决心，手牵着手坐在地上。这时小春忽然说出了对阿三的想法。如果她就这样和治兵卫死了，将辜负阿三的义气。这台词让观众回想起中卷内容，并让仅有两个人的舞台在观念上变得更加宽广，这段台词也是将小春逼上绝路的台词。因为回想中卷剧情，阿三为给小春凑赎金而预支了纸店的所有款项，将自己和孩子们的衣服都送到了当铺，所以放弃自杀殉情让治兵卫回到阿三身边，才符合小春的义气。但是如果真的这样做，小春与治兵卫的爱情便会消失，所谓的恋爱剧也会随之崩溃。成就殉情，无论对小春和治兵卫来说，还是对近松来说，甚至对观众来说，都是必须做到的。

小春说想分开死。但治兵卫说，即使分开死，对于被岳父强行带走还离了婚的阿三来说，这样的义气是无用的。分开死的想法是不适合纯粹恋慕的、诡辩的应对。这强烈地映射出诡辩的小春被爱情与义气撕裂的内心挣扎。紧接着，小春剪下了自己的头发。小春的这个行为，再次表明了自己对阿三的歉意和为爱去死的决心。小春内面化的义理与义气，是无论什么样的行为都不能拒绝和排除的，她为了没能完成的承诺而表达深深的歉意，仿佛只有以这样的方式才能这种处理这种处境似的。

《曾根崎殉情》中的阿初，勇敢地背离俗世，脱离俗世之魔掌，毅然殉情。这是纯粹爱情的生存之道。观众被这份真情打动，毫无顾虑地产生共鸣而泪流满面，真真切切地感受到了由死亡而结束的爱情圆环的情感之美。

但《情死天网岛》中的殉情，没有这种透明感，没有这种安宁与美丽。小春和阿三间建立起的信任，成了纯粹爱情的绊脚石。对小春而言，信任与爱情一样重要，很难找到两全其美的办法。如果要保持信任，只有放弃爱情；如果想活在爱情里，只能背叛信任。近松将小春逼进了这样的窘境。这里表现出的矛盾，与爱情和世俗绝不两立的矛盾是不同的。信任之情与恋慕之心，两者在小春的内心深处都占据着一定的位置，内心的挣扎一直持续着。这份挣扎，既没有结果又不能被解决。剧中人物在与世间阻碍他们成就恋情的种种内外因素斗争后，终于用死亡保护了恋慕之心的纯粹。这是近松式殉情悲剧的基调，但凝视着悲剧的作者，从此处观察到了恋爱当中就连死亡也解决不了、克服不了的矛盾。近松在不断创作殉情剧的过程中，已经达到了刻画"爱情是人类无法解决之恶魔"的高度。

死在网岛的小春，被爱情恶魔夺走了生命。只要殉情带着这个不可能解决的矛盾，那么这场死亡必定会留下沉重的东西。作品最后的最后，因没刺中要害，小春临终的苦痛持续了很久。结尾处的"成佛解脱"部分模仿了《曾根崎殉情》的最后一场戏，却没了《曾根崎殉情》里的解放感和释放感。不能释放的沉重，正是追求爱情真相的现实主义的重量。近松的悲剧达到了一种新的境界——用爱情的不合理来表达人生的不可思议和人际关系的深奥。

男女之情，自古以来无论是在和歌和物语之中，还是在戏剧之中，都是重要的主题之一，一直被吟咏、描写、演绎。爱情中既有充满了满足感的幸福之恋，也有弥漫着悲伤的不幸之恋；既有让人开怀大笑的恋情，也有让人泪流不止的恋情。爱情中纠缠的种种情绪，时而被称为典雅之美，时而被称为怜悯之美，时而又被称为悲哀之美。如此广阔深奥的男女之情，在近松的殉情故事里，成了尖锐的、直指感情中的不合理之处的令箭。我们回头看一下，可以说自古以来被歌唱、叙述、演绎的爱情，几乎都是与不合理形影相随的。在以死亡为必然的殉情故事中，近松给爱情深处隐藏的不合理性打上了强光。在那里，让人禁不住退缩的深渊正凝视着我们。但是近松并没有退缩。他紧紧地盯着深渊，将爱情的不合理化为充满丰富人性的情感剧表现出来，这便是近松流派的写实主义。

第十四章

南画及其周边

—

池大雅和与谢芜村

在江户时代的约 260 年间，绘画领域出现了诸多不同体系的流派，这个时代是各流派共存的百家争鸣的时代。狩野派从室町末期延续到安土桃山时代，在各座城郭和寺院的屏风画上挥动着粗犷豪放之笔。即使进入江户时代，作为将军家的御用画师，狩野派仍然继续扩张着势力。狩野派的周围分别有继承了大和画传统的土佐派，土佐派的分支住吉派，还有擅长表现新题材的风俗画家。时间稍往后推移，俵屋宗达开创了装饰画，自成一派，也跻身于各流派中参与共存与竞争。江户中期出现的尾形光琳，还有江户后期出现的酒井抱一和铃木其一，都让画作在构图和色彩上产生了新的可能性。

尾形光琳是活跃在江户中期的大画家，几乎与他处在同一时期的，有学习中国南宗画的南画、圆山应举的清新明快的写生画、依据西洋风格采用透视写实法的西洋画等新流派。被称为"锦绘"的浮世绘是一种多色折木版画，其登上历史舞台也是同一时期的事情。多个流派共存，当然会相互影响，而画风也会因此发生变化，出现新的主轴或中心。如此一来，既成流派间不断相互对立、融合、变化、消长，就构成了江户后期的绘画史。在这个过程中，绘画的创作者与欣赏者群体都在不断扩大。绘画，曾经与文学一样，是专属于上流社会的，但渐渐地拓展到了普通百姓的层面，成为人人都可享受、欣赏、玩味的存在。

　　以上述总体发展历程为背景，本章主要关注南画之集大成者——池大雅和与谢芜村。

·

　　池大雅可以说是一位放任、豁达的画家和书法家。悠然自得、落落大方，是人们讨论和评价大雅时经常会用的两个词。大雅代表作中的任何一幅画一幅字，都没有辜负过这种评价。画中的风景、人物、笔墨的处理，字中所见的运笔、节奏的强弱，都做到了悠然自得、落落大方。

　　南画又被称为文人画。因为在中国，南画主要由生活富裕的知识精英（士大夫）来创作，所以被称为文人画。从书画的风格来看，大雅好像是活在兴趣爱好中的知性精英。然而，他的实际生活却与之相去甚远。大雅生于京都北山的一户农家，幼年丧父，他之所以能发挥出书画方面的才能，是因为母亲以卖扇画为生的经历。大雅在二十多岁时，画了很多手画——不用笔，而以手指、指尖、手掌作画的作品。手画的创作需要在众多观众面前，现场接单，现场作画，他也因此而出名。这让他想到用这种方法多赚些钱。年轻的大雅，是以卖画为生的职业画家，并不是一个因兴趣而嗜画之人。大雅成名之后，依旧进行着扇面画、画册、卷轴画、屏风画、隔扇画等多种形式的创作，在这些创作中，他充分发挥着职业画家的经验。

　　大雅40岁左右时的名作有两幅，也就是《山水人物图》（又称《山亭雅会图》，现藏于和歌山边照光院）和《楼阁山水图屏风》（又称《醉翁亭》，现藏于东京国立博物馆）。

边照光院收藏的《山水人物图》是一幅隔扇画，是中国画风格的作品，描绘了一群风雅之人在环绕着岩石和树木的山庄里度日。这是一幅恬静的山水人物画，以黑墨和绿色颜料为基调，偶尔施以朱墨。虽以中国画作为范本，但无论风景还是人物的描绘，都没有让人感觉到这幅画有源于异国的陌生和冷淡。喜欢旅行的大雅，曾画过富士山等日本的各大名胜，所以这幅山水人物图让人感到亲切和怀念，实质上与那些实景图让人感到亲切和怀念是一样的。其实画的本身并没有构成另一个远离观赏者的世界，画中的场景就像在面前一般，让观者想主动走进去。从图案的角度来说，这些风景和人物都是悠然自得的、落落大方的。

大雅对岩石和树干的描绘是充满力量的、粗犷豪放的。但这不是说画风凌厉而粗野，而是说画家原原本本地再现了岩石和树干本身的那种充满力量、粗犷豪放的感觉。作者运用皴笔点画法描绘了岩石的褶皱和树干周围厚厚的、柔软的树叶。这种感觉与岩石和树干的充满力量的、粗犷豪放的感觉并不矛盾，也没有与它们冲突，二者构成一种中庸般恬静的存在。空间上的深幽之处，像是穿过了隔扇，延伸到没有尽头的远方，进一步缓和了岩石和树干的尖锐印象。画的深幽，主要源于颜料和墨的浓淡调节，其精湛技法让人赞叹。无数浓淡程度不同的黑色、绿色、青色的微小的点和细细的线，让人不禁用目光追逐着它们，而这种追逐是非常有趣的。点和线构成了群，也就是分布在各处的针叶树与阔叶树树叶的色块，观赏者凝视这些群的有趣程度也毫不逊于追逐点和线。色块的浓淡不同，有些跃然纸上，有些隐于深处。浓淡的程度分成很多等级，其微妙的变化让人赏心悦目。深幽的空间里没有一丝浑浊，让人感觉周围仿佛流动着清凉的空气。

　　岩石和树木环绕着宁静的大山，山中有两间简陋的山庄，一大一小，都是稻草屋顶。大山庄里有三位长者，小山庄里面有一位长者，大家抛开工作，在山庄中悠闲度日。小屋里的老人，左手拿着筷子，好像正在放着水壶的火盆旁边夹着什么，同时他面朝斜前方，露出笑容。大山庄里的三个人，大致位于四面隔扇的中央。如果说刚才的那个老人是配角，那么这三个人是被赋予了光环的主角。他们仿佛在看着划过天空的鸟儿，谈笑间，将目光投向右上方的远处。三个人都穿着白色的宽松衣服，头顶都已经秃了，眼睛因皮肤下垂而显得很大，颧骨突出，蒜头鼻，嘴的周围和下颌都是没来得及刮掉的胡子。无论是相貌还是打扮，让观赏者一看就知道是中国人，但就像前面说的那样，观赏者丝毫没有因为他们是外国人而产生陌生感。三人营造出的祥和氛围，让岩石和树木的风景也一起变得祥和，让站在隔扇前的观赏者也一起平静下来。在描绘山水的作品中，让人物有这般存在感的画很少见。周文、岳翁、雪舟等人，曾在室町时代的水墨山水画中描绘过人物，那些人物虽然或多或少地让人感受到人情味，但人物像被风景整体吞没了一般，人的存在感不足以展示出不输风景的力量，人是作为风景的点缀甚至添景出现的。然而，对于这幅画中在朴素山庄内谈笑风生的三个人，我们却不能说他们是点缀，更不能说他们是添景。

　　三人中，最右侧的长者腰间系着朱红色的细腰带。这朱红色很引人注目，让人禁不住想称赞它的漂亮。本应脱俗的文人系着朱红色腰带，这种组合让人想笑。这是源于大雅嬉戏之心的一笔，而大雅的嬉戏之心也体现在画中文人的身上。创作者和被创作的对象之间的气脉相通，正是由大雅落落大方的画风带来的。

说到朱红，我们还能在山庄左侧斜下方的灌木丛中看到朱红色的花丛。此处也是大雅源于嬉戏之心的着色，也成了收紧整幅画的点睛之笔。这体现了大雅 20 年来练就出的纯熟技能。

同一时期的作品《楼阁山水图屏风》，是一幅华丽之作，与藏于边照光院的隔扇画截然不同。隔扇画是在白色和纸上施以淡淡彩色，而《楼阁山水图屏风》是在铺满了金箔的底上施以多种颜色——朱红、铜绿、群青和白——形成一幅宛如画面本身就会发光的作品。

虽然如此，大雅悠然自得、落落大方的风格，也一如既往地体现在这幅画中。刚才的隔扇画中，首先有岩石和树木营造出的深幽空间，然后才有被这些环绕着的房子和人。如刚才隔扇画中的有力的、粗犷的岩石和树木般，这幅《楼阁山水图屏风》中矗立着威严庄重的楼阁。楼阁里里外外的人们，经营着独立于自然的生活，20 多人的举止动作沉稳有余，营造出了悠然自得、落落大方的氛围。

楼阁大厅里摆着一张朱红色的大桌子，围着桌子坐的四个男人谈笑风生。从正殿向右侧深处延伸着弯弯曲曲的回廊，这条曲线让楼阁的庄严之感得以缓和，成了轻快的一笔。

在楼阁的外面，位于画面右下角近处的是山中少见的宽阔道路，路上有十五六个人，大多是老人和孩子，没有女人。这些人大多在悠闲地散步，也有人坐下来享受美食，还有人用扁担挑着货物。人们穿的都是用大块布做的宽松裹身的便服，有白色、绿色、青色、朱红色，色彩多样不拘一格。悠闲自在的人们，各自享受着自然风光，享受着生活。

　　楼阁周围的空间也是由岩石和树木填充的，另外右前方和左前方还画了河流。河水隆起巨大的波浪，右侧的河上架着横跨两岸的平桥，左侧的河上架着有三个拱门的厚重石桥。

　　作者将岩石和树木描绘成向左右两侧扩展的样子，因此，这幅画的景深并不深。画面下端从左到右延绵不断地描绘着许多人物。观赏者的视线追随着这些人物从左向右、再从右向左不断移动。随着视线的移动，你会发现岩石、树木、河流，出现了又消失，消失了又出现。这样具有动感的自然，与边照光院的隔扇画中的自然一样，既不冷淡又不粗暴。无论是岩石还是树木的形状，很多地方都可以用凸凹不平、枯瘦、粗糙来形容，然而包容着这一切的山间空气是明朗祥和的，让人能以亲切之感眺望整个画面。

　　尽管这样，站在纸本淡彩的《山水人物图》前的感受，和站在纸本金地着色的《楼阁山水图屏风》前的感受有很大不同。这边是朴素之作，描绘文人们在清凉空气包围着的大自然中，在朴素的山庄中低调地生活，另一边是热闹之作，画作一边彰显山水自然，一边构建威严庄重的楼阁、道路、桥梁，人类形成了小的生活共同体。淡彩与金地着色的不同，完美地照应了图案的不同。即使单拿朱红色所带来的效果来说，隔扇画中的朱红色是一不小心便会错过的、有节制的、不起眼的红色，而屏风画中有四处朱红色，包括左侧男子穿的和服的朱红色，稍偏右侧少年穿的裤子的朱红色，立于中央的大桌子的朱红色，非常靠近右侧的扁担上货物的朱红色，这些颜色在任何人眼中，都是清晰鲜明的，让画面变得明亮且华丽。这华丽能让人们联想到俵屋宗达和尾形光琳。

　　但屏风画表现出的热闹和华丽，与装饰画的又不同。设计的崭

池大雅《楼阁山水图屏风》

新之处、形状的跃动感、色彩的鲜艳对比等并不是在表现热闹与华丽。当人们日常生活中的快乐和喜悦得到表达时，热闹与华丽也就应运而生了。所以这是一种沉稳的热闹，是一种温和的华丽。人们的日常生活在大雅的眼中，一定是明亮、愉快、恬静、安详的。不论中国人还是日本人的生活都是如此。大雅将从周围生活中看到的恬静、安详的愉悦，看作是无处不在的、皆有可能的愉悦，所以他将中国的山野生活也表现为这样的世界。大雅所描绘的自然，我们一旦看习惯了，就能感到它如同故乡的自然景色般怀念。这种心境意味着大雅内心深处的自然与生活之间，有着深厚的关系。即使眺望风景，也要让人不自觉间将景色与人们的生活重叠起来欣赏，这就是大雅。

《十便帖》是与隔扇、屏风上的大幅作品齐名的大雅名作，它是由一组十张、每张长宽都不到20厘米的小画组成的。与谢芜村创作的《十宜帖》和大雅的《十便帖》构成一对，合称为《十便十宜画帖》（现藏于神奈川县川端康成纪念馆）。中国诗人李渔（李笠翁）以自己的别墅伊园为题，用20首诗讴歌了隐居生活之妙处，分为以人事为主题的"十便诗"和以自然为主题的"十宜诗"。受到李渔的诗作影响，大雅和芜村各用十幅画呼应了这些诗的画帖便是《十便十宜画帖》。

《十便帖》中有一幅《钓便图》。这幅画是基于一首诗描述的内容创作的，笠翁在别墅伊园里钓鱼，不需要蓑衣、斗笠，更不需要乘船，只要坐在园内河畔的小屋里垂钓就可以了；如有客人来，请大家一起喝酒度过时光。大雅充分发挥了嬉戏之心，画出了一幅幽默、愉快的作品。

池大雅《十便帖·钓便图》

　　看上去应是别墅主人的老者，在小屋里朝着观赏者这边盘腿而坐，向河里挥出渔竿。屋里面有两位客人，面对面地聊着些什么，看起来很开心。虽然是随处可见的生活中的一个场景，但从整幅画中传出了隐居生活中时光悠闲流逝之感。画家用粗笔画出的柔和曲线，让观赏者的心情舒畅。让人印象特别深刻的是渔线的曲线和流水的曲线。从渔竿的前端到老者手边的渔线缠绕着渔竿，在渔竿正中央附近垂入水中，这是渔线的曲线，河面上的流水的曲线仿佛与渔线最前端相接。除此之外，横着的地板围栏轮廓线，竖着的柱子轮廓线，三人的衣服、头部的轮廓线等，都是随心所欲、无所拘泥地画出来的。观赏者感到作者也如画中三位老者般处于悠闲自在的环境中。作者在这样的小画中，也具备轻松运笔的作画条件，这是这幅画唤起舒畅心情的一个主要原因。但更重要的是，作者在人们年老后乍看上去无所事事的生活中，发现了略带新鲜感的喜悦，而且将它作为日常生活的一个场景表现出来。大雅的这种构想力和技术，赋予了画面宽裕感。大雅的画风，随着他年龄的增长，自由的程度也终于得以提升。

与《钓便图》旨趣略有不同的是《灌园便图》。这幅图描绘了别墅伊园中的田间工作。

用点描法画出的树叶和草原，密密麻麻地覆盖了这幅画的大部分地方。画面前端的田地里，老者挽着胳膊，手里拿着喷壶，正在给长着大叶子的田地浇水。老者与其说是在努力工作，更像是在享受工作，他脸上挂着笑容。仿佛正笑着对庄稼说："好！好！长得很好！"老者的身后有一棵大树，树干弯弯曲曲，树叶茂密繁盛。这棵树弯曲的形状，与老者从腰到肩前倾的曲线相吻合，给老者在菜园里的氛围增添了安定感。草原从脚下一直延伸到画的另一端，成为适合老人踱步或偶尔驻足眺望周围的、陈旧而又平缓的自然景色。

隐居的老者给田地浇水，也是日常生活的一个场景。老者没有什么特别的想法，需要浇水或是想起来时便提着水桶或喷壶，去田里浇水。大雅以这么浅显的内容为题，在小画面上创造出幸福的世界。画家将充满爱意的目光投向了人们的晚年生活，如不是喜欢将这些用画来表达出来，恐怕很难完成对这个世界的构筑。这十幅连作充满了豁达的幽默感，再也找不出类似作品，它们映射出晚年的大雅兜兜转转寻觅到的无与伦比的心境。

《十便帖》让绘画与书法出现在同一张纸上，但是，书法仅占了右侧的一小部分，没能超出对绘画内容进行解释说明的领域。画，无论如何都是主体。而在大雅的临终之作《东山清音帖》中，书法则成为与绘画并驾齐驱的存在。《东山清音帖》的基本结构，是纸面的上半部扇面内为画画，下半部扇面内为墨笔书写的七言绝句。在上半部扇面的中央，或靠近左右两侧之处，用墨笔大大地写上四字画题。纸面中的书画交织感，给人留下了强烈的印象。这是一幅非常复杂的作品，上半部首先是墨画与四字墨书的交织，然后是上半部扇面画与下半部扇面墨书（七言绝句）的交织。绘画和书法对比与交织，但一眼望去并无冲突之处，这种飘然非常符合大雅的风格。

我们在由八面构成的书画帖中选取一面题为《洞庭秋月》的作品，来仔细品味绘画和书法之间相互对比又彼此交织的情形。

扇面画的中央，画着一个盘腿而坐、身体右倾、正吹着笛子的孩童。孩童周围用细线画着许多由右向左或由左向右延伸开来的波浪。向左右延伸的细线恐怕有四五十条，仿佛随着笛声在微微颤抖。画中仅描绘了小朋友和波浪。秋月本应出现在某处，但没有被画进画面。

代替秋月——或许不能称为代替——的是孩童背后的水面，水上没有了波浪的黑色线条，如在月光照耀下发着白光。然后，作者用沾满了墨水的笔，在这里粗壮、舒畅地写下了"洞庭秋月"四个大字。从画面整体恬静的氛围来看，我们不能否认这里的书法给人突兀的感觉，但并不是说书法破坏了笛声环绕着湖面的平静傍晚景色。随身而动的、舒畅的书写方法，让文字融入到了自然的傍晚景致中。文字没有脱离周围的景色，像是浮现在景色中一般；另一方面，风景仍是风景，构成了一个即使浮现出文字也不奇怪的半幻想式的风景世界。画面以左右的动态为主体，书法以上下的动态为主体，从这点来看，画是画，书法是书法。二者之间的区别还是明显存在的，在承认这种区别的基础上，这个扇面仿佛在告诉我们，它正尝试着让画靠近书法，尝试着让书法靠近画。

上段扇面的画作，与下段扇面上用墨笔书写的元末明初学者鲍恂的诗作相呼应。下段 28 个字的大小和字体，均与上段的《洞庭秋月》相同。上下段都是扇面形，文字也随着这个形状变化，上边呈圆弧扩展，下边逐渐变窄收紧。下段按照扇形的形状书写文字，不但强调出上段画中波浪向左向右的动态，而且给幻想般的气氛增添了一丝安定感。

与这些相比，更有意思的是扇形纸面与书法间的关系。与正方形或长方形纸面不同，扇形纸面中文字的大小不一，字形也需要向右或向左倾斜，我们从这幅画中完全看不出大雅为此感到困惑或辛苦。下段的文字也采用舒畅的写法，与上段中的四个字保持一致。不，应该说，相对于上段顺着纸面形状竖着写的两行四个字，下段中文字的大小、倾斜角度虽各不相同，但整体上收敛在纸面上，没有丝毫勉强的感觉。这让人再次感受到了大雅在书法上的自在与豁达。纸面形成一个上下加起来长 53 厘米、高 40 厘米的小空间，游走在上段的 4 个字和下段的 28 个字之间，有一种放松的感觉。

大雅是一个在书法上享受乐趣与悠闲的同时，找到通往美之路的人。

. .

　　与谢芜村比大雅早出生 7 年，晚离世 7 年。大雅活了 54 年，而
芜村活了 68 年。

　　我们前面介绍了两人合作的《十便十宜画帖》，当时大雅 49
岁，芜村 56 岁。但是与年龄相反的是，年纪稍小的大雅的《十便
帖》，让人感到悠闲自在之老成感；而稍年长的芜村的《十宜帖》，
充满了耿直的青春气息。《十便帖》是以生活中的场面为主题的，
而《十宜帖》是以四季、天气等自然为主题的。《十宜帖》中的风
景被当成从稍远处描绘的客观对象，因此，观赏者不能像欣赏《十
便帖》一样轻松地进入画中。像《宜晓图》中的白衣老人，我们就
很难将他看成芜村。大雅的画将作者的思绪自然而然地投射到画面
中，而芜村的《十宜帖》却不是这样的。

　　《十宜帖》问世后 7 年，芜村以"谢寅"为画号，陆续创作了
很多抒情性质的作品。其中一幅名为《竹林茅屋柳荫归路图屏风》
（六曲一双，由个人收藏）的作品，在颜色使用和运笔方面，虽然
与《十宜帖》没有太大的区别，却让人感到芜村日益浓厚的对画
的依恋以及寄托在画中的情绪。大雅描绘的是人与自然间豁达、放
任的交流，与大雅不同，我们从芜村清爽的画面中感到的是一种交
感——拥有着孤独心灵的人，各自感受着与自然间的微妙共鸣。人
们普遍认为大雅和芜村成就了南画，而南画将重点放在内在表现上，
这种看法是正确的。

　　晚年的芜村，在与中国的南宗画旨趣不同的水墨风格作品中，
完成了独立的自我表现。代表作有《峨眉露顶图卷》和《雪夜万家

图》（个人收藏）。

《峨眉露顶图卷》是以唐代诗人李白的《峨眉山月歌》为主题的画作。嶙峋的岩石，有的高耸，有的低沉，从右向左形成了大大小小、各种各样的凹凸石块。作者用 2.4 米长的卷轴，描绘出了连绵不断的山峰。天空用淡墨涂满，在卷轴的末尾处，天空低处挂着的月牙，被描绘成白色。在李白的诗中，有一位像是作者的人，一边眺望着峨眉山，一边感叹着山脚下的河流。但芜村的画卷中，既没有出现河流，也没有出现船，只描绘了和天空相接的山顶和月亮。

以被黑暗笼罩的夜空为背景，山脊的线条反复剧烈地起伏着，一块块大小不一、凹凸不平的岩石隐藏在山脊中。初看之下这并不是美丽、舒适的风景，甚至让人毛骨悚然。但是毛骨悚然中又蕴含着吸引观赏者的力量。在观赏的过程中，观看者不知不觉地感受到这才是自然真实的样子。具有一定速度的笔尖，在石块上画出了各种各样的墨线。画上既有在纸上疾驰的模模糊糊、断断续续的线条，也有强而有力的浓厚粗壮的线条。淡墨尚未干时便叠加上浓墨，产生层层叠叠的山峦。观者追逐着在上下左右、四面八方中来来回回、时浓时淡、时肥时瘦、时柔时刚的墨迹时，山的石块带着坚固的立体感袭来。运用叠笔描绘出的斜面和曲面上，有些地方的岩石、砂、土，看上去好像在呼吸，或是像活的一样在动。刚才说的毛骨悚然之感，恐怕也是源于这一点吧。

亲自挥动画笔的芜村，一定是被岩石的原始生命力驱使着的。他用手中的画笔描绘出岩石模糊、朦胧的姿态，岩石的生命力又感染了画家，成为让画笔不断前行的活力。跃动的墨线节奏，是山的节奏，同时也是画家身体的节奏。因为画家没有描绘河流、船、船上的人，所以山的节奏与身体节奏的交融让人感觉更加紧密。

卷尾处画着月亮，那是一道挂在天空低处的、卧着的月牙。月牙成了宣告山的节奏结束的终止符，同时，与卷首"峨眉露顶谢寅"的墨书和朱印相呼应。让人感到与山的节奏产生共鸣的画家身体，仿佛以月牙为终了，重新返回现实中。这对于画的流动还有画家心中的悸动，都可以说是理智划分界限的方法。

同时期水墨画风格的作品中，《雪夜万家图》也是一幅优秀画作。这是一幅没有毛骨悚然的感觉、没有粗暴的感觉而让人感到恬静的画作。远处低矮的雪山连绵不断，近处无数覆盖着雪的屋顶，都是很有亲切感的夜景。作者描绘的应该是自己长期居住的京都的样子。在屋顶的重叠排列之中，有几栋较高的房子，还有柱子、窗户、屋里亮着的灯。

这幅画的构图比例是，上面的三分之一画着夜晚的天空，中间的三分之一画着连绵的雪山，下面的三分之一画着街上的家家户户。夜空比《峨眉露顶图卷》的颜色更深，在夜空的衬托下，雪山的白清晰地浮现于纸上。作者用粗而软的曲线圈出山的轮廓，山的上面是白色的，从中间开始施以淡淡的灰色，这灰色就这样成了夜景的主色。在灰色的基调上，画面浮现出覆盖着雪的白色屋顶，和家家户户漏出的黄褐色灯光。屋顶和房子浓厚的轮廓线，与淡淡的灰色、黄褐色交融在一起，给雪夜的街道增添了些许温暖。

夜空中则运用了如大片乌云卷入般的强劲笔触描绘。仅是这夜空，就已经与《峨眉露顶图卷》相似的毛骨悚然。而处于画面中间的是舒缓的、横长深邃的群山，群山稳稳地承受住了这一切，没有搅乱画面下方的平稳。安静而又寒冷的雪夜里，山和往常一样静静地横亘在那里，家家户户的窗子后面，一定是那些结束了白天工作的人们团聚在一起或者静静休息。这样的夜晚情景，固定在黑色、白色、黄褐色的朴素画面中。

虽然我们不清楚，这幅画是否是对芜村所见实景的写生，但芜村确实感到这样的夜晚世界才是适合人们生活的。这样说来，这幅画表现了芜村所捕捉到的人们生活的原始风景。或者可以说这是将芜村的期盼——希望人们生活本该如此的期盼——转化为画作的情景。峨眉山不食人间烟火，作为真实的大自然矗立在那里，而画中的雪山则与人们的生活十分接近。雪山的白色与家家户户屋顶的白色平稳相连，与微弱的灯光和谐共处。画面的右半部分，随着山向后退去，房屋也向画的深处延伸；左半部分，随着山脊从中央向左侧渐渐升起，房屋也朝左上方延伸过去。这种节奏，表现出了生活与山之间安稳的呼应，让人非常舒服。

描绘出这般安详夜景的同时，画家自身肯定也处于安详的心境。进一步说，芜村也许正是因为安详的风景进驻了自己的内心，才感受到了长寿带来的喜悦。大雅的画作仿佛在告诉我们，画家的幸福源于那份豁达与悠然自得，而芜村的那份幸福，需要我们在他画作的宁静中探求。《雪夜万家图》让我们联想到老画家在孤独中奋笔疾书的样子。芜村孤独的内心深处，不仅有孤单、寂寞，还流淌着体谅人们生活的温暖气息。

同样的气息，也流淌在画出《鸦图》的芜村的心中。《鸦图》是描绘寒冷景色绘画之杰作，现藏于京都北村美术馆。画中两只乌鸦，在飘雪中忍耐着寒冷，肩并肩一动不动地站在树上。

这里的雪，与《雪夜万家图》中湿润、柔软的雪完全不同。雪

与谢芜村《鸦图》

花，如纸片般干爽、轻盈，飞舞在画面右上方至左下方，在用淡墨
描绘的空间里，静静地、轻轻地飘落。画家上淡墨时，只要将雪花
处留白，便可表现出雪花飘落的样子。然而数百片雪花的大小、形
状、相互间的间隔都各不相同，画家完美地完成这烦琐的作业后，
无数雪花飞舞的空间便呈现在我们眼前。这惊人的构想力和技巧，
让人禁不住赞叹。

　　在右上方至左下方雪花飘落的空间里，一根粗壮的树干从右下
方朝着左上方使劲儿伸展过去。近处的树干被白雪覆盖，远处的树

干被施以淡墨作为阴影，用浓黑的笔墨清晰描绘出树干周围的枝条。在白色、灰色、黑色的尖锐对比中，我们能感受到画家坚定的信念，即必须让冬天的情景定格在画面中。大树没有输给冬天的寒冷，毅然伫立在风雪中。

大树上的两只乌鸦，肩并肩地朝着斜对面站着。作者用了和枝条一样的浓黑笔墨来描绘这两只乌鸦，它们站在画面的中央，像是在凝视着雪花飘落的空间。色彩的强度和乌鸦站立的位置，使两只乌鸦成了整幅画的中心。

我们能看到近处乌鸦牢牢抓住树干的两只爪子，这是一对努力承受寒冷与风雪的、充满力量的爪子。另一只看不到爪子的乌鸦，同样忍受着寒冷和风雪，脸稍稍偏向观赏者一侧，正在和近处的乌鸦对话。近处的乌鸦是听到了，还是没听到呢？两只乌鸦没能融合到自然风景中，它们脱离了自然，成了与自然相对立的存在。也正因如此，我们才能感受到它们在忍受寒冷、承受风雪，才能将感情移入其中。两只乌鸦在画家的画笔下，充满了人类的情感，具有人情味。

这样想来，我们再看两只乌鸦的关系是很耐人寻味的。俳句、书简中反映出的芜村在与俳友或其他人的人际关系上具有一种特点，即一边接受孤独，一边寻觅朋友；既相信人与人之间的关系，又玩味着孤独。这种心情，仿佛映射到了两只乌鸦的存在状态上。两只乌鸦依偎着面对寒冷与风雪，它们只能各自忍耐和承受寒冷，而且它们也确实在用力地保持站立，撑着身体，努力地承受着。但同时它们又互相依偎着，"三言两语"地交流着，互通着意志，一起承受寒冷与风雪。自立又相关联，相关联又自立，这仿佛就是两只乌鸦的关系。

　　因为这些不是通过人与人的关系而是通过鸟与鸟之间的关系表现出来的，所以自立与关联、孤独与相伴的双重性，反而被看得更清楚。在人与人的关系中，年龄、性格、身份等往往与人际关系纠缠在一起，所以孤独与相伴的双重性往往不明显，很难被看出来。这幅描绘冬天的画作，之所以能给人留下难以忘怀的印象，是因为依偎着的两只乌鸦的形象，很大程度上象征着人与人之间的关系。芜村紧紧抓住了这两只作为人际关系象征的乌鸦的形象。芜村作为画家也好，作为俳人也好，作为生活中的一员也好，都处于一种能够静静地以丰富的构想接受一切的境地。接受潜伏在人际关系中的自立与关联、孤独与相伴的双重性，这就是芜村的迟暮之境。

　　上面介绍的三幅作品，都是将自然界中的原始风景、生活中常见的形象固定在画面之中的作品。在芜村晚年，他轻松愉快地创作了一种与这些都不同的作品——俳画。用芜村自己的话说，这叫"俳谐式草画"。其代表性作品多是一些画卷和屏风，誊写《奥州小路》《野曝纪行》等芭蕉纪行文的全篇或一部分，在文字中间添加一些插画，这就是芜村的俳画。

　　上一章中我们介绍过，芭蕉所经历的旅行，不是悠闲的游山玩水，而是为了寻求俳谐的真相而充满浓厚求道氛围的旅行。然而，芜村俳画中所描绘的旅行，无论人物还是风景都悠然自得，充满了享受旅行的气氛。芜村生活的时代，旅行尚不自由，不能随心所欲。所以，芜村在画中描绘了让人想要一试的旅行。

　　在轻松愉快的插画中，我们能清楚地看出芜村对芭蕉一成不变的敬爱之情。而且这种感情让他的俳画变得具有品格。例如，《奥州小路》中有这样一个场面，正在加贺国山中与芭蕉同行的曾良，因患了腹疾而提前与芭蕉分别，先朝着朋友家前进。针对这个场景，芜村在《奥州小路画卷》(现藏于东京平山家)中画出的画面却极其简单。脖上挂着袋子、身着旅行装束的曾良，正向身着旅行装束、端坐着的芭蕉告别。作者完全没有描绘周围的家具陈设，在什么都没有的空间里，只画了芭蕉和曾良。芭蕉的神情中有着说不出来的温暖和亲切。他对曾良的顾虑和分别的寂寞，都直接地表现在他的脸上了。因为曾良正在行礼，我们看不到他的脸。但从他低头、弯腰、伏地的方式中，我们能看出他对师长的敬意。毫无疑问，信赖之线将他们连接在一起，这种自然的信赖感让插画变得整洁且有格调。

芭蕉想必是曾良敬爱不已的师长，对芜村而言，芭蕉也是必须尊敬的俳谐师。这样一来，芜村会非常自然地代入画中的曾良，画中描绘的二人间的信赖感，在芭蕉和芜村之间也是相通的。《峨眉露顶图卷》《雪夜万家图》《鸦图》所描绘的都是芜村难以置身其中的世界。芜村把与芭蕉相关的俳画描绘成画家本人置身其中都不奇怪的画中世界。誊写芭蕉的文章，缩短了芜村与芭蕉间的距离。在此之上，芜村对芭蕉的俳句、连句作品怀有的深深敬爱之情，产生了一种仿佛与芭蕉生活在同一世界的真实感。俳画中描绘的芭蕉，与其说是活在距离他 90 年以前的人物，不如说是仿佛就在身边的人，打下招呼就会立刻回头。

芜村像是在和芭蕉打招呼，现实中的他在芭蕉的基础上创作了很多俳句。这里举两个显而易见的例子。

集拢霎霎，
五月雨，汹涌湍
猛最上川。*

基于上面芭蕉的句子，芜村吟诵了下面的句子：

连绵梅雨乌云暗，人家两栋大河前。**

又或是芭蕉写下：

此道，
无人行。
秋暮。

针对上面的句子，芜村写下了下面的句子：

秋日黄昏独出门，我亦路上一行人。

芜村的这两句，都是与值得尊敬的前人之作相呼应的。但是，芜村并不是抛弃了自我去盲目呼应芭蕉的。他在呼应的同时诚实地表达出自己的想法，这正是芜村的作风。芜村非常清楚地认识到，

---

* 此句的现代汉语译文引自陈黎、张芬龄译《但愿呼我的名为旅人松尾芭蕉俳句300》，北京联合出版公司，2019年2月第1版。——译者注
** 本章出现的与谢芜村俳句的汉语译文引自王岩译《汉译与谢芜村俳句集》，人民文学出版社，2015年3月第1版。下同。——译者注

自己的诗风与芭蕉的诗风相差甚远，呼应并不是为了消除这种差异，而是因为有这种差异才发出呼应。两人在诗风上的不同，一经比较就能立刻感觉到。这里，我们拿上一章第二节中分析过的芭蕉的句子，和作为优秀句作经常被引用的五首芜村俳句进行比较。

> 狩衣袖口内，自在流萤飞。
> 飞奔直向鸟羽殿，五六轻骑踏秋风。
> 牡丹花谢缤纷散，落英叠作二三片。
> 碧波轻轻拍纤胫，苍鹭亭亭立晚风。
> 明月中空悬，穷街夜行人。

前两句作者将自己置身于遥远的过往世界，一边是典雅的情景，一边是人与自然的强烈互动，这两句像是描述了一个从画中剪下来的画面。虽然在绘画（无论是题材还是美意识）上，芜村更倾向于中国古典风格，但在俳谐方面，他游走在日本古代和中世之间，想要呈现出圆润、光鲜的美的世界。

接下来的两句，看似是一句捕捉了眼前场景的白描，但我们好像也不能断言这就是白描。若说是白描，描写的场景之美，特别是色彩之美，恐怕有些太过强烈。虽说芜村可能在过去的某个时候、某个地方曾经看到过这种场景，但从自身经验到创作俳句，中间还是有一段距离的，即想象力和审美意识一起工作的距离。我们不得不承认，所谓"芜村是写生第一人"的评价不够准确。与其说这两句原原本本地记录下了眼前的场景，不如说是将眼前的场景构筑到美的世界中，而且芜村毫不掩饰构筑的手段（即这个世界是人工世界）。

　　最后一句曾经有过改动，最后改成了"明月中空悬"。从这个
修改中，我们能看出芜村崭新且果断的想象力。而且从句子的调子
来看，这里的"穷街"与《雪夜万家图》的街道一样，有种让人安
详的亲切感。

　　这里介绍的芜村创作俳句的态度，与芭蕉有着明显的不同。芭
蕉以"清寂"为题一路追寻，他回归自然，具有求道般的精神，然
而这些并不是芜村的任务。芜村同时具有画家身份，承认感官世界
中丰富多样的美，认为与其朝着感官世界的深处甚至对立面去寻求
什么，不如以安详的心境接受世界原原本本的样子。而且芜村认识
到了他与芭蕉彼此不同，将芭蕉视为无比宝贵、不可替代的前辈，
发自内心地尊敬并热爱着这位前辈。在孤独中品味着与世界的关联，
在与世界的关联中品味着孤独，这是芜村式的生存之道。当然，他
与芭蕉的关系也不例外。

　　参照了芭蕉的名句"羁旅病缠，梦于枯野久盘桓"，芜村的辞
世之句是这样的：

　　　　初春，
　　　　依稀白梅影，慢慢夜瞳眬。

12 月 25 日，芜村去世。白梅是芜村特别喜爱的早春之花。

第十五章

本居宣长

——

国学的立场

　　江户时代初期到中期，日本儒学学者主要学习用汉文记载的中国儒家思想。这一时期的儒学在武士、城市居民和富商中间广为流传，相关内容可以参照本书第十二章"江户的儒学"。在第十二章中，我们谈论了两个儒学家伊藤仁斋和荻生徂徕，他们在京都的崛川广开私塾，是带着市井之气的亲民派儒学家，虽然与老中格*柳泽吉保手下那些为将军纲吉讲学因而处于权力中心的学者们有着些许不同，但他们思想当中积极而现实的意趣，非常适合中央集权的封建体制并帮助构建乐观的生活情调，所以吸引了很多门人和信奉者。以上便是当时的儒学能够发展成为学术主流的社会根基。

　　与解读、研究和应用中国古典作品的主流相对，日本古典作品研究一直被视为旁支。后来这门学问被称为"国学"。户田茂睡（1629—1706 年）和契冲（1640—1701 年）是此脉的开山人物，他们的研究倾向于将古典研究与和歌的吟咏方式相结合。

　　若是说起在古典研究方面取得跨时代成果的人物，则非江户后期的民间学者本居宣长莫属。他的一些见解甚至在当代也可以作为重要的参考资料。接下来我们便一起探讨一下宣长以"源氏物语论"和"古事记研究"为中心的研究思想和研究方法。

---

*　老中格即老中候选人。——译者注

《本居宣长六十一
岁自画自赞像》

　　宣长在 1757 年，也就是在他 28 岁的时候，在伊势松坂开了一家儿科诊所，在此之后他每天都在医学和国学研究这两方土地上勤恳耕耘着。但是在此之前，大概是在 25 岁到 28 岁这个阶段，他曾在京都过着自由的游学生活。那期间他跟随老师学习了儒学、医学与和歌，并且亲自去名胜旧址考察，接触到了古代的文化和文物。在这个过程中，他的古典造诣不断加深，形成了自己独特的文学观，这些都可以参照他的歌论著作《排芦小船》，据传这本书就是他在游学时或者刚结束游学时所作的。

　　　歌之本，非在于辅政，非在于修生，唯言心中所思，而别

　　无其他。歌或有助政事，或易于修身，亦可为国之害，为身之

祸。歌言心之所思，可为善所用，亦可为虎作伥，喜怒兴愁皆
可言，万事万物皆可成歌。

　　　　　　　　　（《本居宣长全集　第二卷》，筑摩书房，第 3 页）

　　和歌到底是什么呢？宣长给出的答案是，和歌本来就和政治与
道德无关。这是贯穿他整个学术生涯的基本思想。若是说主流的儒
学大多倾向于政治论和道德论，那么宣长就明确地表达了态度：自
己的研究是和主流不同的另一条路。

　　阐述"歌之本"的这段话也可以套用在"物语之本"上。在《排
芦小船》写成的六七年后，宣长撰写了《紫文要领》，其中以《源
氏物语》为主题，给物语在广义上的普遍存在形式下了一个明确的
定义。请看下文：

　　我国有很多被称为物语的书籍，它们和儒家或佛家的书籍
不同，那么被称作物语的东西，到底写了些什么，又是为什么而
写的呢？它是将世间的善事、恶事、珍奇之事，有趣之事，令人
心神触动之事，统统都用女性文字以一种纤细柔软的笔触记录下
来的。这类书中插画繁多，是无聊之时或心情低落时排遣烦闷的
上佳读物。物语中掺杂着大量的和歌，属于我国的独特流派。因
为歌是咏心之言，所以才会用歌来表达处于事物深层次的东西，
只用一小段歌便能达到触动人心的效果。不管读什么样的物语，
基本上都能看到关于男女之间情感的描写，这与歌中恋歌比例较
大的原因是一样的，没有什么比爱恋之情更能拨动人的心弦了。

　　　　　　　　　（《本居宣长全集　第四卷》，筑摩书房，第 16 页）

　　刚刚我们了解了将和歌与政治和道德区分开来的思想，接下来就来看看将物语和儒家书籍与佛家书籍相区分的观点。物语并不只谈论家国天下、行侠仗义和善恶有别，所有的世情、人情都是它的材料，将这些用女性文字（平假名）写下来，很容易引起人们共情。在人类所有的情感中，爱情是最容易触人心弦引起人们共鸣的情感，因此很多物语都在书写爱情。

　　宣长熟读并精读了《源氏物语》后，在《紫文要领》中将他的物语观记载下来，他引用了很多《源氏物语》的原文，都可以佐证他的物语观与紫式部本人的观点十分接近。引用部分所属卷名依次是"蓬生""总角""蝴蝶""若菜下""夕雾""桥姬""宿木""蜻蛉""手习""梦浮桥""绘合"。物语在玉鬘与光源氏之间的恋情上多着笔墨，其中就交杂一些属于紫式部的深层次的物语观，在"萤"这一卷尤为突出，宣长对这一部分内容进行全文引用，并加上了详细的注解。宣长用高度的文学感性确定了关于物语本质的论点，还用精细的文献学考察方法作为支撑，这些都能显示出他过硬的学术本领。因为源氏和玉鬘之间的对话既有表层含义，又有隐藏在深处的本心，所以相关记述比较繁杂，在此就不全部引用，只列举其中关于"物哀"的表述：

　　　　若是在这个世界上经历了前所未有的奇事、怪事，人在心中就会不停地想：怎么能这么稀奇，怎么能这么怪异呢？但仅仅自己在心中想是完全不够的，还会想要将这件事告诉别人。

　　　　尽管倾诉的对象是他人，但其中并不存在什么利益关联，因此也并不会出现有所保留的情况。这可真稀奇啊，真怪异啊，真有趣啊，真可怕啊，真难过啊，真伤感啊。诸如此类的情绪，只停留在自己的内心深处是不够的，人还会产生一种强烈的倾诉欲，说出来和写出来都是一样的。对于所见之事产生伤感和难过的情绪，这就是心理活动的过程，而这样的心理活动也可以看作是知"物哀"的表现。因此，《源氏物语》所书内容除知物哀以外别无他物。不仅仅满足于看到和听到，还要将其记录下来，想让看到文字的人也能够知物哀，这就是物语文学的本意。"萤"这一卷所书内容正是如此。

（出处同上，第26—27页）

宣长将"物哀"作为《源氏物语》的核心观点提出来，这个词也因此广为人知。但需要注意的是，此处所说的"物哀"指的是物哀和表现主体之间的关系。

所谓物语，即是语物、言物，宣长没有直接将所语之物作为问题提出，而是将所语之物与语物之人之间的关系作为研究课题。心灵有所触动也可以说是心中生出了很多种浓烈炙热的情感，这些情感可以是珍奇、古怪、有趣、可怕、悲伤、可笑、高兴、伤感。以上所列包含了上文所引段落中提到的所有情感，除此之外还有遗憾、羞耻、情不自禁、忧愁等诸多情绪，不胜枚举。所有的微妙复杂的情感都可统称为"心灵有所触动"，能够引起这样触动的事物，也都可以称作物哀。简单来说，心灵触动的源头便是物哀。

但这并不是说有物哀的存在就会产生心灵上的触动。为了心灵有所触动，人作为主体就必须要知物哀。用宣长自己的话来说就是"心有所感即知物哀"。

　　"知"这件事是一种心中的主观动态，因此有时也会有心中没有感觉而不知物哀的状态存在。在这样的状态下，心灵便无所触动。所谓不知物哀便是心灵无所触动。那么在这种心无所感的情况下物哀到底还存不存在呢？这个问题的回答并不绝对，哪一种答案都不完全正确。若是将物哀看作客观存在的事物，对于不知物哀的心来说，物哀也应当是存在的，若将物哀看作一个主观的过程，那么在不知物哀的心里，它就应当是不存在的。物哀是介于主观和客观之间的，不能单纯地用客观或者主观来概括形容它，也就是说，"知"这个动作有些类似于主体与客体未分化的"感觉"，"不知"（物哀）、"感觉不到"和"不存在"这三者是互相混杂在一起的。换句话说，在不知物哀的心里，物哀大概是没有意义的。

　　这样很容易就产生"物哀是没有意义的"的想法，若是果真如此，那么歌和物语也要濒临灭绝了，关于这些宣长也有思考。能够知（感觉到）物哀，心中有所触动的人，并不会孤芳自赏，反而想要将它说出来、写下来，期盼着将物哀传递出去，能够让更多的人体会到这种情绪。古代的和歌和物语就这样被传颂下去，感染了更多的人。这是宣长的歌论和物语论的根基。更进一步来说，宣长确信这种满溢于胸的情绪被记录下来后，就拥有了动人心弦的力量，作为在那个时代最容易心有触动的人，宣长将这种触动传递给了同时代的人们，延展了共情的范围。若是像宣长那样，将《源氏物语》看作是知（能深刻感觉到）物哀的紫式部为了让更多的人能像她一样知物哀才写出的作品，那么宣长的《紫文要领》和《源氏物语玉之小节》则是继承了紫式部的遗志，为了让缠绵于物语的物哀重现人间并为更多人所理解而作的。宣长作源氏物语论，就是因为他感怀于《源氏物语》在成书时代就成立的、读者与作者都不言自明的、以物哀为内核的情感的共通性，他想让与他同时代的其他人也能感受到这种共通情感。脱胎于物语的物哀，包含着跨越时代的、动人心弦的力量，这就是宣长流派解读《源氏物语》的方法。

宣长流派解读方法的特色，可以从下文所引《源氏物语玉之小节》的赞美中略窥一二：

> 毫无疑问《源氏物语》是一部非常杰出的作品，书中涉及事物的描写都非常用心，文笔自不必说，世人的日常生活，风景的四季交替，各式各样的花草，都描写得十分细致。除此之外，关于男女之间的暧昧恋情的描写更是十分精彩。书中男男女女，角色众多，每个角色的性格都十分立体，对某个人物的称赞都非常符合该人物的神态和性格，描写得十分细致，似乎合上书，人物就会栩栩如生地出现在眼前。在这一点上别的作者都难以望其项背……说起来人心这个东西……当人碰到一些不如意之事时，左思右想之后很容易就钻了牛角尖，人也变得怯懦起来，心头千般情绪摇摆不定，像这样隐藏在内心深处，暧昧难言的情绪数不胜数，《源氏物语》将这样暧昧的、处于暗处的情绪细致地刻画出来，力求每一个细节都描写到位，这种描写真实得就像是用一面清晰的镜子映照出来的一样。在人的内心情感描绘方面，放眼中日两国，不论过去、现在还是将来，我认为都没有任何一部作品比得上《源氏物语》。
>
> （出处同上，第 233—234 页）

　　这段文字充满了对《源氏物语》的赞美之情，这种程度的称赞甚至会让人觉得宣长失去了辩证态度，根本没有站在批评的角度上去看待它。实际上，对于上文所讲"世人的日常生活，风景的四季交替，各式各样的花草"，宣长并不是在具体评价每个人物、每个景色，而是将其看作是一个整体进行褒奖。

　　实际上若是将宣长的源氏物语论全部展开来看，不论是《紫文要领》还是《源氏物语玉之小节》，都大量地引用了《源氏物语》的原文，并且配上翔实的注释，宣长注释的实质相比于批评，更接近共鸣。宣长的源氏物语论最具魅力的一点，也正是他在文学上的对紫式部深层次的共鸣。物哀这个情感不仅是《源氏物语》的核心情感，还是宣长这种文学共鸣的核心情感。

　　知（感觉到）物哀就是心中有所触动，或情不自禁有所感悟，而心中最强烈、最多样、最本质的触动便是有关爱恋的情绪，接下来我们来看一下宣长一直在宣扬的观点：

　　　　最能触动人心的情感除爱恋之外别无他物。因此，凡是饱满的物哀，几乎都涉及爱恋，自神代以来各个时代吟咏爱恋的和歌数量最多，而和歌中最动人心弦的优秀作品也是恋歌居多。即使是现在，就连身份低微的樵夫之歌，也是恋歌居多，这是非常符合人性的现象。关于爱恋的情绪也有很多种，有厌倦悲伤，有遗憾愤怒，也有滑稽欢喜，爱恋基本上包含了人类能产生的全部情绪。所以，《源氏物语》为了尽可能多地书写世间的物哀，给读者深层次的感动，就必然会选择爱恋作为主题。若是非爱恋的主题，就很难表现出人心中的细腻情绪，也

很难让人深切地体味到物哀，只有于爱恋方面多着笔墨，将恋
人之间那种令人心醉的心理和欲拒还迎的情趣，细致入微地刻
画出来，才能触及极致的物哀。藤原俊成曾写过这样一首和歌
"人若无爱，与无心无异，有心方能知物哀"，物哀的本质正
在于此。

（出处同上，第 215 页）

爱恋是物哀中最深刻、最广泛的领域，这是宣长从《源氏物
语》中得出的根本命题。光源氏作为物语的主人公，同时也是爱恋
领域的英雄。不论是在《紫文要领》中还是在《源氏物语玉之小节》
中，宣长都将物语中的源氏称为"好人"，宣长说源氏是个好人，
因为他是个被爱神眷顾的人，他风流多情，将自己的爱恋送给了很
多人，也被很多人爱恋着，并为爱恋时而苦恼烦闷，时而喜悦非常。

对于爱恋成为物语主题这件事，比较合理的解释是因为它符合
时代的文学潮流。以西鹤的"好色"文学和心中物为开端，一种新
的以爱恋为主题的文学形式逐渐展开，在宣长的时代，洒落本、黄
表纸（均为江户时代的通俗小说）盛行，人们自然而然地接受了爱
恋与文学的结合形式。当然这种文学时代风潮不能原封不动地套用
在宣长以古代文学为研究对象的物语论上，但是宣长对于爱恋逐渐
以通俗的形式占领文学领域这件事是持肯定态度的。上文所引段落
是在探讨男女之间的关系，直接用了"爱恋"这个词来表示，在
《紫文要领》中，还出现了"好色""淫事""色欲"等字眼。

这些字眼对于有着高雅审美意识的王朝文学来说，是不合适
的，也可以说是相对下流低俗的，但宣长的物哀论并没有避讳这些

词，直接将它们融入自己构建的审美观中。这一点可以看出，宣长是受到当时时代风潮的影响的。宣长认为，以爱恋或以"好色"为轴，过去的王朝时代和当今时代就可以进行情感上的交流。

宣长谈论爱恋时甚至说爱恋可以连接时代，让人不禁疑问宣长是否过于重视这种情感。《源氏物语》是爱情的物语，光源氏因为对爱恋的领悟被宣长称作"好人"。在光源氏死后，《源氏物语》就是围绕着薰大将和匂宫展开的恋之物语。《源氏物语》出场人物众多，是一部需要花费很多时间才能读完的大长篇。其中的人际关系错综复杂，故事情节在不断溯回的时空里曲折展开。这样的故事到底能不能用概括为爱恋的物语呢？在承认书中展现出的爱恋之情广泛深邃的同时，我们也认识到这也是一个难以回答的问题。

《源氏物语》所展现的男女关系，有顺利流畅的，也有曲折艰涩的，但不论是哪一种，其细腻优美的描述都扣人心弦。毫无疑问书的主角大多是恋爱中的男女，与此同时，作者在恋爱的男女之间投下催化剂，比如人物的死亡和因死亡而产生的种种蝴蝶效应，或者是随着时间的流逝各种男女角色都逐渐老去，还有一些人物决定皈依佛门、出家为僧，等等，这些在研究时都要纳入考虑。爱恋或者说男女之间的关系这个概念的范围是大是小，并不是最主要的问题。方才列举的死亡、衰老和出家才是在这个世界上生活时必须切实面对的问题。这些难题和爱恋之间的关系，才是最具吸引力的本质问题。不论是死亡、衰老还是出家，都是人生中非常重要的节点。人作为在时间中生活的个体，在这些节点上不论与其他人具备多么深厚的关系，当然也包括和异性之间的关系，都有分崩离析的危险。实际上，宣长的源氏物语论，倾向于将爱恋中的喜乐悲苦直接升华

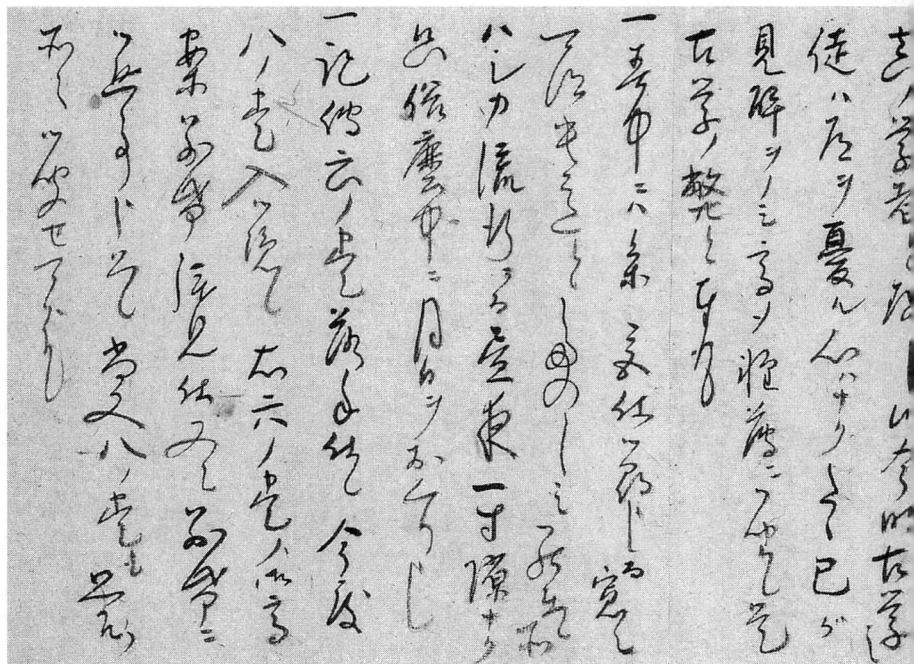

本居宣长迹

　　为人生的喜乐悲苦。因此不可否认的是，紫式部的物语世界会给人一种格局狭小的、不够丰富的印象。宣长对人物登场的时间顺序并不感兴趣，他更关心的是人物和人物之间的关系，还有与之相对的人物心理和行为。因此，宣长通过细致解读爱恋或者"好色"，从很多方面获得了阅读和研究的乐趣。

　　在物语论的最后提到，将人生价值在于知物哀、有爱才能知物哀作为最高信条的文学思想，与表现为武士阶层的支配统治的时代思想，这两种思想的是矛盾的，宣长对这种矛盾也有一些自己的看

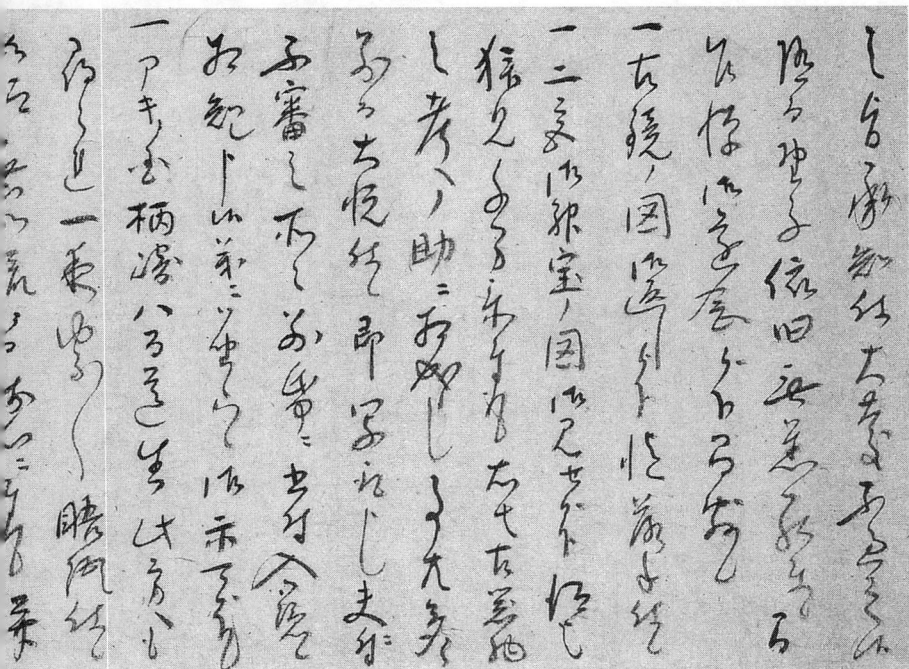

法。下面我们就来看一下宣长对于这个问题的认识：

问：以源氏为代表，那些"好人"的性格无一例外地都有些像女人和孩子，面对所有的事情都优柔寡断，没有一点男人该有的果决，感觉非常柔弱不可靠甚至还有些蠢笨。为什么要认为这样的人是好的呢？

答：实际上人类最本真的心就应该像女人和孩子那样优柔寡断、蠢笨糊涂。像男人那样的果决并不是人心最真实的样子，这只是本心上面的装饰罢了。若是窥视一下人的内心深处，不论怎样聪慧贤明的人，都和女人孩子没什么两样，区别只在于有没有把本心隐藏起来罢了……尤其是《源氏物语》中关于人情的描写都非常真实，就像是用一面清晰的镜子映照出来的一样，所以像女人和孩子那样脆弱不堪、优柔寡断、蠢笨糊涂的情况是比较多的。特别是好人更容易感知物哀，产生的情绪更加深刻，也更不会掩藏，所以就很容易让人觉得他们柔弱而愚蠢。

（出处同上，第94—95页）

自处女作《排芦小船》后，宣长就非常喜欢用问答的形式写作。这对于喜欢追求条理清晰的宣长来说是非常合适的。这一段也非常清楚明了地表达了宣长的想法。

身陷恋情的人不是更加女性化、优柔寡断、脆弱不堪、愚蠢糊涂的吗？这个疑问正是站在武士信奉的儒家伦理的立场上发出的。宣长直面这个问题，他回答说确实如此，"诚心"确实就是一种优柔糊涂的状态，但是他不认为男性化的果敢就一定是个好东西。宣长认为像男人一样勇敢果断并不是人心最真实的样子，只是本心上的装饰而已，他的立场认为优柔寡断、愚蠢糊涂本为好事，他认为与努力向时代的支配思想靠拢相比，遵从人情最本真的样子更为可贵。这是知物哀者的自负。男性化的果敢不过是虚假的装饰而已，在这层装饰下的虽然是优柔寡断、愚蠢糊涂性格，却是无比丰富的真实。

对于宣长来说，亲近《源氏物语》就是在享受这样丰富的真实。

· ·

　　宣长对《古事记》的研究与源氏物语论的着眼点不同。宣长在研究《古事记》时，关注点并不在知物哀，以及使人知物哀这一点上。在《源氏物语》这个世界里，重要的是凝视自己内心的触动，并进一步挖掘，直到抵达内心深处。但《古事记》是与它完全不同的世界。《古事记》的世界是很难对物哀情感有共鸣的，所以，若是想要研究它就必须探索一个新的方法。

　　《古事记》与《日本书纪》和《万叶集》一样，都是在平假名和片假名尚未发明的奈良时代（8世纪）成书的作品。作品使用的文字是汉字，却使用日语的表达方式来排列，与汉文书写方式完全不同，被称作"变体汉文"。《古事记》是由稗田阿礼口述，由太安万侣用异国文字——汉字——记录下来的。

　　本居宣长想要置身于《古事记》写成的8世纪，亲身去感受它是被口述和记录下来的过程。换句话说，他想要用古代人的心去理解《古事记》。为此，他撰写了巨著《古事记传》，这本书分为序和上、中、下三卷，将《古事记》全文录入其中，并一字一句标注了每个字的训读方式。宣长花费了大约35年的时间来完成这本书，这是他在文字这块土地上的艰苦劳作。在这本巨著完成之前，《古事记》被看作间或记载一两段历史的低价值的历史书籍，相关研究也非常有限，宣长挖掘了《古事记》作为古典著作的价值，并使其广为人知，这是一项划时代的研究成果。

　　宣长孜孜不断地研究《古事记》的原文，记载在《古事记传》中的成果达到了一个前所未有的高度，即使在200年后也有人追随他的脚步，西乡信纲以宣长的研究为基础，融合自己的成果出版了大作《古事记注释》（全四卷），他是这样称赞《古事记传》的：

> 《古事记传》不仅在学术上细致周到，其中的记载接近活物一般的"言"，在这一点上，不论过去还是未来，都不可能有哪本《古事记》的注释书籍能够超越它。我之前评价《古事记传》，说它是一种艺术，并不是言过其实……古代的"言"是古代人经验的结晶，《古事记传》在全世界范围内都是闪闪发光的存在……若是同时阅读《古事记》原文和《古事记传》的话，每个人都不得不承认，这本著作完全是学术史上的奇迹。可以说它是一本完美的作品，在我怀着惴惴不安的心情来进行《古事记》的相关研究时，《古事记传》是我的最佳伴侣，我从中获益良多。
>
> （《古事记注释　第一卷》，平凡社，第14—28页）

宣长和变体汉文之间的战争到底有多艰难，为了让读者有一个直观的认知，下文将直接引用《古事记传》中上卷前言部分：

> 天地初发之时。于高天原成神名。天之御中主神。次高御产巢日神。次神产巢日神。此三柱神者。并独神成坐而。隐身也。
>
> 天地即阿米都知（アメツチ）的汉字，天为阿米（アメ）。……天位于虚空之上，是天神坐镇的御国。地为都知（ツチ）。……原为坚硬泥土聚合而成，地也因此得名，可以说它大，

也可以说它小。小则只有一抔泥土，大则为与海相对的陆地，言天地之时，与天相对的地则为大，大到可将整片海洋包裹。

初发之时，标记为"波自米能登伎"（ハジメノトキ）。《万叶集》卷二就记载了"天地之初时之"（アメツチノハジメノトキシ）等语，卷十也记载"乾坤之初时从"（アメツチノハジメノトキユ）等语，《日本书纪孝德纪》御卷中有载，"与天地之初"（ヨリニアメツチノハジメ）等语。这些皆可为"初发之时"即"天地乃波自米"的古老说法的证据。这里的"发"字，即"初"之意。

高天原即天。天与高天原的区别只在表达方式不同，天这个说法取自天神坐镇之国，山川草木，琼楼玉宇，万事万物皆在御孙命管辖之中，下面列举相关记载……众神管辖的万事万物，都位于这个国之上。……高天原，则是对天的另一种称法。……然则这样称呼的理由缘于何处，高是在形容天，但和单纯的高又有些许不同。……日的枕词是高光，和天照的意味相同，高御座就是天之御座，这里的"高"和高天原的"高"同意。除此之外还有高行和隼别……虚空即为高……现在也有天之虚空这样的说法。……原，形容的是广阔且平坦的地方。海原、野原、河原、苇原皆是如此。万叶歌中也有国原这种说法。在书写时，也会将天写成天原。……在原前加一高字，则为高天原，也是国的另一种称法。……这是天照大御神于天石屋中隐坐之处的正式说法……《日本书纪》中记载，须佐之男命登天之时，高天原也是御誓之处的天照大御神的正式说法……除此之外，其他皆为天原。这是对天的正式说法。……

根据其余典籍的记载，高天原也都是国的另一种说法，凡是与古文相关，基本上都会用这个称法。

　　　　　（《本居宣长全集 第九卷》，筑摩书房，第 121—124 页）

　　引文中有些考据过于详细晦涩，本书有一些省略，省略部分的长度大概是引文的五六倍左右。仅就"天地""初发之时""高天原"这 9 个汉字就附带了大量的注释，这样翔实的风格贯穿了《古事记传》整本书。西乡信纲"接近奇迹的作品"所言非虚，这不愧是宣长追求思想性和真实性，埋头苦干 35 年才写成的作品。

　　引文为《古事记传》卷三的内容，卷一作为总论探讨了《古事记》这本书的特质，它与同类历史书《日本书纪》的异同、文体、假名使用和基本思想特质。宣长的研究不仅关注原文的每字每句，细致入微地考据其训读读法和含义，还能从细节中抽身出来，用全局视野考察作品和读者之间的关系。根据第一卷，我们可以清楚地看到宣长眼里的《古事记》为何物，古事记研究又为何种作品。

　　宣长将《古事记》与《日本书纪》做比较，阐述《古事记》特色的段落如下：

　　　　《日本书纪》确实是一本记载内容广泛，年月日详细的周密的史书，《古事记》在很多方面上都不能与之相比。但另一方面，《古事记》也有很多优秀的地方。因为前代并没有书籍这种形式的记载，大多都是口口相传，所以比起《日本书纪》里的文章，《古事记》的用词可能更贴近实际一些。《日本书

纪》将中国的风格视为标杆，矫饰文章，与此相对《古事记》
并没有拘泥于中国的风格，也更多地使用词汇的古老说法。意、
事、言也和每个时代相匹配，前代有前代的意、事、言之风，
后代有后代的意、事、言之风，中国的故事则有中国的意、
事、言之风，《日本书纪》用后代的意、事、言来记前代事，
用中国风格的词汇来记皇国（日本）事，像这样意、事、言与
时代不符的情况有很多。《古事记》基本上没有什么中国气息，
直接使用了古老的言辞来记述，所以意、事、言都很恰当，能
让人感觉到前代的真实性。其中事物的称法大多古老且原汁原
味。说到底意与事还是得寄托在言上才能表达出来，所以对于
书籍来说，措辞才是最重要的。

（出处同上，第 6 页）

从这段话中，我们可以看出宣长对古老的词汇和称呼有热切的
关注。可以说这种精神构成了宣长《古事记》研究的血肉。仅仅 9
个字就标注了数千字的注释，这样的刻苦勤勉足以表现出宣长对古
词汇的重视。关于古代典籍和古代语言并重的研究方法，在伊藤仁
斋和荻生徂徕的古文辞学中都有体现，但宣长的语言观无疑将其贯
彻得更加彻底。

上文所引段落中，"言"的重要性体现在它与"意"和"事"
的关系上。据《古事记》所载，"意"在古代有心中感受的意思，
"事"指的是被文字记录下来的事件和事情，根据宣长的说法，将
"意"和"事"区分并把它们联系起来的正是"言"。

宣长是在阅读《古事记》并一词一句地进行注释的过程中提出

这个理论的。这不仅显示了宣长客观的语言观，还展现了读解《古事记》的古典研究者坚定的信念——通过对"言"的研究，自然就能了解古代的"意"与"事"。

即使是在我们的日常生活中，语言（言）、与之密切相关的含义（意）与其指代的事件和事情（事）之间的关系是密不可分的。宣长特地将它们割开，指出分离后的"意""事""言"在本质上的联系。表现出他对"言"在不同方向上展现出来的可能性怀着追根究底的态度。

对于致力于《古事记》研究的宣长来说，首要工作就是收集《古事记》中的"言"。他用收集"言"的方法来攻克《古事记》这个大难题，一字一句地查明其中文字的训读法、用法和含义。在注意每个词的多面的同时，会逐渐揭开古代的"意"和"事"的庐山真面目。宣长确信，一旦将"言"与"意"和"事"割离开，把"言"本身当作研究对象，也就逐渐接近了"意"和"事"的真实面目。这个信念也随着宣长《古事记》研究成果增加而逐渐加深。

我们单说这本书在语言学上的成果，即它确定了每个词的训读和含义，至今还有不少研究人员将《古事记传》作为精密的实证参考书来使用。即使在如同总论一般的第一卷中，也有"假名篇"这一项，列有以ア（a）、イ（i）、ウ（u）エ、（e）オ（o）为始，以ワ（wa）、ヰ（wi）、ヱ（we）、ヲ（wo）为终的使用汉字列表，比如"カ"（ka）可以写作"加""迦""訶""甲""可"，"シ"（shi）可以写作"斯""志""師""色""紫""芝"，"ミ"（mi）写作"美""微""弥""味"。书中以"训法篇"为题的一项内容，列

举了很多注意事项，比如要注意テ（te）、二（ni）、ヲ（wo）、ハ（ha）
的区分，清浊音的区分，还有音调的上下，还列记了助字训读的读
法，比如"之"是"ノ"，"於"是"二"，"者"是"ハ"，"而"
是"テ"，"故"可读作"ユヰ""ユヰニ""カレ"等，宣长对一字
一词的细致研究几乎包含了所有可能的读法。

　　以意、事、言三者相辅相成的语言观为基础，以言为依据，探
索同时代的意和事，这是宣长研究《古事记》的基本方针。而在逐
渐接近自然率真的古典的道路上，"汉意"成了不可忽视的阻碍。

　　从他对《源氏物语》的研究中已经能看出宣长对汉意的批判态
度。他认为"物哀"是《源氏物语》的本质，拒绝将道德论和政治
论掺杂在对歌和物语的评价理解中，这一点是和中国风格的儒学相
对立的。在源氏物语论中，作品的道德解释和政治评价等汉意，是
作为一种敌对的观点出现的，而在《古事记论》中，与《古事记》
并肩的史书《日本书纪》的文体和思想，也正是汉意的具体表现形
式。宣长将汉意作为纯粹的敌对势力进行了批判。褒《古事记》，
贬《日本书纪》，批判汉意正是《古事记传》第一卷的特色。

　　　　万事万物都以中国风格为标准来判断好坏这一套已经成为
　　一种风潮，但这是非常愚蠢的。我的老师贺茂真渊曾在江户倡
　　导古道复兴，在人们被汉籍观念浸染了一千年之后，终于有人
　　陆续开始认识到汉意对我们的腐蚀，也认识到了《古事记》的
　　珍贵……我也是拜恩师所赐，才领悟到了古道的重要性，随着
　　年龄的增长，我越来越深刻地意识到汉意对我们的侵蚀，若想
　　了解到最本真、最清澈的前代的真实样貌，那么《古事记》是

　　上佳选择，《日本书纪》必然要被排在后面。

（出处同上，第 7 页）

　　所谓"汉籍观念"指的是在中国代代相传的、在江户时代的日本也被当成封建统治思想的儒教，或者说儒学。源氏物语论认为"儒佛之论"是不知道"物哀"也无法理解"物哀"的，所以宣长批判这样的汉意，但在《古事记论》里这种批判尤为显眼。宣长的立场很鲜明，他认为汉籍观念是污浊的（宣长称之为秽物），日本的前代是清明的。

　　宣长到底抓住汉籍观念的哪一处把柄，将其判定为污浊之物呢？其实按照他的论据来看，我们很难斩钉截铁地认同它就是污浊之物，比如宣长这样批判用中国的阴阳五行之说来解释伊耶那岐和伊耶那美两位神明的说法：

　　　　若是想完全摒弃汉籍观念的影响来思考，那么天地就只是天地，男女就只是男女，水火也只是水火而已，它们各自有各自的性质和形状，但这些都是神造之物，这上面所蕴含的道理非常之奇特玄妙，不是人类所能推论的。然而，中国人很喜欢自作聪明地思考万物的道理，于是他们创造出了阴阳这个说法，认为天地万物都是在阴阳的支配下运行的。

（出处同上，第 10 页）

　　神造之物是人间的理论无法涉及的领域，这个说法也是不可知论的一种。宣长便站在这样的不可知论立场上，深入研究人而非神书写的《古事记》的真相。从这个立场上来看，用人造的阴阳之说来解释神造之物是一种自作聪明，被自作聪明玷污了的《日本书纪》就比《古事记》要逊一筹。

是否认同汉籍观念和《日本书纪》就是污浊之物？是否前代日本的意和《古事记》就是清明的？其实这只是研究学问的方法不同而产生的分歧罢了，或者说是因为观点和立场的不同而产生的分歧。若是将这两者摊在桌面上，并没有一个绝对的对错判断基准来让我们从中进行选择。这二者都有自己在历史上或逻辑上的存在理由，认识到这一点才是正确的学术态度。

但是宣长已经被一种强烈的敌意缠上了，这使他无法保持学术态度，在第一卷的最后一项内容"直毗灵"中，这种敌意更是呼之欲出：

因为别国不是天照大神的国家，不存在固定的君主，邪神暴虐横行，人心无处安放，因而乱世频发。只要夺取到这个国家，即使是卑贱的人也能够做君主，下位的人可以推翻上位的人，掠夺他们的社会地位和身份，只要一有机会他们就谋划着上位，每个人都对对方有敌意，自古以来国家便无安宁之日。于是，有一些人，他们有能力有智慧，能够招揽人才壮大自己，最后成功窃国，为了不被别人推翻，他们在一定时期内会好好治理国家，并成为后代的榜样，这样的人在中国被称之为圣人……于是乎，圣人所作之物，所定规则变成了道，在中国被称作道的东西，不过是汲汲营营，窃他人之国，并使窃来之国不为他人所窃的方法。

（出处同上，第50—51页）

这是一段与平时冷静实证的宣长的气质完全相悖的文字。这当中既有现实主义的想法——被称作圣人君子的人必然被卷入丑恶的政治斗争当中——也有狭隘的爱国情绪——贬低人人尊崇的邻国，并宣称自己的母国是这样恶劣的国家望尘莫及的。这篇"直毗灵"里的宣长的形象，和前一篇的"训法篇"与更前面的"假名篇"中的宣长，还有在原文后追加详细注释的宣长完全不同。前后章节之间强烈的割裂感，让我们不禁发出一声感叹，那个参照《日本书纪》和《万叶集》的标记法和语法逐字逐句进行考察，精细诚实地确定每个词的训读和含义的宣长到底去了哪里？"直毗灵"完全像在吹牛皮一样浮夸。

下面再追加一段：

> 圣人之道原本是为治国而生的，却成了扰乱国家的根源。一个好的方法应该不论从哪个方面都能在大体上让事态稳定发展。虽然在古代皇国（日本）没有什么麻烦的圣人之道被奉为圭臬，但从来没有波及最下层人生活的动乱发生过，天下稳定统治长久，皇位也一代代顺利地继承下去。相比于中国的风格，这才应该是最高明的道。事实上，正因为道是存在的，所以道是无法被总结提出的，而道虽然无法被总结提出，但它是真实存在的。

（出处同上，第 52 页）

"道"这个观念对于儒教或者说儒学来说，是最基本的观念。"仁义礼智信"这样的道德和"修身、齐家、治国、平天下"这样的实践理论也包含在大道之中。从儒教或者说儒学的思想特质来看，道与政治和道德紧密相连，而歌和物语与政治和道德毫无关系，在宣长确立自己独特精神理论并赋予其意义和价值的过程中，在《排芦小船》、《紫文要领》和《源氏物语玉之小节》之中，他一直采取的是尽量避免讨论道的策略。然而，在涉及国家的话题时，在以权力和政治为主题的《古事记传》中，这个策略已经行不通了。道是必须要讨论的话题。但是在《古事记》中其实并不存在直接从汉籍引用而来的道，所以宣长提出一个新的观点，即没有道的道，也就是说不去探讨道才是真正的道。

从修辞学的角度来看这是非常漂亮的一段话，也不能说和阅读《古事记》完全没有关系。但是显然这和逐字逐句进行严密的文献学考证的实证观念不同，也难自圆其说。所以这一段议论到底目的何在呢？下面这一段文字或许会给我们提供一些线索：

> 我国的天皇，从建国的祖神之处得到了继承皇统的授权，自天地初生之时起，就是天皇在治理国家。既然天照大御神不曾留下诸如"天皇作恶之时不必服从"这样的指示，所以我们也不应当围绕天皇的统治措施推测其善恶，天皇的地位就像天地、日月那样历经几万年都不曾改变。所以按照古训应该将当代天皇也视若神明，既然是真正的神，那么就不需要议论他统治的善恶，只要带着敬畏侍奉就可以了，这也是真正的道。

（出处同上，第56页）

人在谈论道的时候就会成为道学家，之前一直在避讳谈道的宣长也不例外。宣长将神代的传说当作真实的，他认为现在也应当延续这份真实。"敬畏""侍奉"这样的词汇非常引人注目，宣长认为不仅自己敬畏作为神的天皇，还将这当作日本自古以来的道，要求人们都敬畏天皇、侍奉天皇。从中我们可以看到身为道学家才有的高昂热情，甚至有些接近宗教的意味。但说出这些话的人是宣长，一个用严密的实证研究做出了令人惊叹的成果的学者。我们必须认识到宣长既是写出十几页的"直毘灵"的人，也是写出两千多页其他内容和注释的人，《古事记传》中真真切切地存在着这样两个迥然不同的宣长。

第十六章

浮世绘的出现与发展

—

春信、歌麿、写乐、北斋、广重

在江户时代的绘画中，浮世绘是最有资格被称作大众绘画的绘画形式。关于江户时期的绘画，我们已经介绍了以俵屋宗达和尾形光琳为代表画家的装饰画（第十一章），也介绍了以池大雅和与谢芜村为代表画家的南画（第十四章），这些绘画形式都以古代传统文化底蕴丰厚的上方地区*为大本营，浮世绘则以江户为大本营，在江户的城市居民中备受欢迎。可以说浮世绘是在新生城市中发展出来的新兴绘画。

浮世绘的鼻祖是活跃在元禄时代的菱川师宣。师宣的作品并非被称为锦绘的多色印刷木版画。在他的作品中，描绘穿着红色和服的女子突然停步回眸的《回首美人图》最为有名，但这幅画也不是木版画，而是肉笔画**。除去这幅画，师宣还亲笔画了很多美人画和风俗画，那么师宣为什么被称作浮世绘的鼻祖？这是因为他创作了很多物语的插图，还有取材于江户本地风俗的绘本和艳本。这些画都用了木版印刷的小册子形式发行。师宣不只创作插画，他还使木版画以"一枚绘"的形式从物语中独立出来，将多张画作制成合集出售。其中的代表作便是收录了12张画作的《吉原之体》。这里面包含了最能代表"浮世"的花街柳巷和曲艺元素，是描绘江户游乐

---

*   上方地区，指京都附近，亦指京都、大阪地方和广阔的近畿地区。——译者注
**   肉笔画，指并非复制和印刷，由画家本人亲自书画。——译者注

风俗的作品，另外，《吉原之体》并不是全黑墨迹印刷品，而是足以被称作浮世绘的彩色艺术品。

　　与菱川师宣同时代的还有井原西鹤和近松门左卫门。师宣是江户人，而西鹤和近松是上方人，这便是他们之间产生差异的原因。他们三位都是表现浮世，或者说表现花街柳巷和曲艺游乐的大家。不论是在游乐中还是在曲艺中，人们都能暂时从严格的社会秩序中解脱出来，虽说这其中也不乏颓靡和危险的元素，但也正因如此，创作者们才不断被吸引。或许受影响的并不只有创作者，也有流连于花街柳巷和曲艺游乐之中，受到安逸享乐氛围影响的城市居民们，还有虽然和这些玩乐保持距离但也心怀憧憬的居民们。当时的人们如此喜爱描绘游乐氛围的小说、戏曲和绘画作品，大概是因为它们能将大家带入繁缛富丽的俗世中吧。

　　不论是西鹤的"好色"系列，还是近松的殉情系列，都是这样的作品。作为大众绘画代表的浮世绘，也逐渐沾染了这些和现实社会相关的元素，并且不断探索着合适的表达方式，力图把它们表现出来。

·

　　菱川师宣死后，鸟居清信接替他作为首屈一指的版画画家活跃在绘画的舞台上。

　　清信跟随歌舞伎演员的父亲从大阪迁居到江户，他从江户的公演海报和节目单中获得灵感，创造出了被俗称为"瓢箪足蚯蚓描"的新技法。"瓢箪足"是指作画时为了表现肌肉的夸张隆起，将脚画成葫芦一样中间细两头短粗的形状，"蚯蚓描"是说勾勒的线条有粗细变化，看起来像蚯蚓爬行出的线条，于是这种技法便有了这个形象的名字，用来描绘歌舞伎演员那夸张的动作再合适不过了。

清信将海报中用来引人注意的绘画方法融入版画中，其代表作是《上村吉三郎的女三宫》。这幅画用大篇幅描画了女形*上村吉三郎出演女三宫时的画面，生动地表现出穿着华丽又沉重戏服的女形，却像是未曾负重一般充满爆发力的演技。

演员只有脖子以上的部分和双手从衣服中露了出来，但头部和双手就像是有血管在跃动一样鲜活。画中的女形双手握着一根绳子，顺着这根绳子向下看，便能发现另一端拴着一只猫，猫头向后扭转，正好和女三宫的俯视视线汇合。这是一幅充满着戏剧张力的画作。

作为背景的柳树枝层叠的柔软曲线与和服上衣襟、衣袖、衣袂和衣摆翻飞的曲线，共同形成一种轻快的节奏，最大限度地展现了演员的美。

浮世中最鲜明的要素便是游乐和戏曲，所以取材于浮世的画作中，最常见的就是美人图和演员图，而且这两种画又是十分相近的。比如清信的《上村吉三郎的女三宫》，从题目上看我们或许可以把它归类为演员画，但若是考虑这幅画的实质，说它是美人画也未尝不可。实际上，清信还用同样的画法创作了一幅名为《立美人图》的美人画。

清信将新技法带入演员画和美人画中，他创作的版画却不是多色印刷木版画（锦绘），而是全黑的墨色木版画，或者是在墨色木

---

*　女形，歌舞伎中扮演女性角色的男演员。——编者注

版画上添加一些简单的手绘色的丹绘和漆绘。

多色印刷木版画（锦绘）在江户时代后半期才被发明出来，它的发明者是浮世绘画师铃木春信和一些协助铃木春信的雕刻师与印刷师。

当时，带画的日历（画历）非常流行。在一些追逐潮流的人之间，画历交换会盛行一时。春信拼尽全力想要在画历的竞争中拔得头筹，1765 年，他在雕刻师和印刷师的协助下，准备了各种版木，试着将七八种颜色叠加印刷。这与之前在墨色印刷版画上手工添加一些简单颜色的方法截然不同。在锦绘出现之前，虽然就有过有色印刷木版画，即使用红色和绿色的红色印刷木版画，但这和含有七八种颜色的、细腻开放的锦绘是完全不能比的。随着锦绘技术的普及，红色印刷木版画便自然而然地消失了。画家准备数块版木，在一块版木上只雕刻同一颜色的部分，比如只刻梳子、发簪、和服纹样、衣带，然后将整幅画分成几部分上色印刷。以这种技术制作出来的多色印刷木版画（锦绘），要求画师对色彩要有着敏锐的感知能力，而且对画面整体的构图和色彩搭配都有细致的掌控。于是一直热衷于收藏墨色印刷木版画、丹绘、漆绘和红色印刷木版画的江户浮世绘爱好者们，兴趣都转向了锦绘，他们为画面中那随处可见的色彩的鲜艳和精细而惊叹。"锦绘"（就像豪华纺织物一般的画）这个称呼，就表达了人们饱含赞叹之意的夸奖。

铃木春信的多色印刷木版画（锦绘）为浮世绘的样式和风格注入了新的血液。春信的代表作是题为《座敷八景》的八幅中幅（长28 厘米，宽 21 厘米）组图。

八景来自传统中国画的"潇湘八景"，指的是选材自中国湖南省的潇湘一带的八处名胜，分别为山市晴岚、渔村夕照、远浦归帆、潇湘夜雨、烟寺晚钟、洞庭秋月、平沙落雁、江天暮雪。画家将室内一些触手可及的景象比拟成这八景描绘出来，就成了"座敷八景"。春信将座敷（铺着榻榻米的房间）与潇湘扯上关系，足以体现春信那四溢的闲情。比如，与远浦归帆对应的是以"手拭归帆"为题的画作。不论是在廊下洗手的女子，还是在室内做缝纫的女子，画中的内容都十分贴近生活。因为画面左下角的手拭巾随风飘扬的样子就像是被风吹起的船帆，画家便将此景比作归帆。

这八幅图中还有一幅叫作"琴路落雁"，是仿平沙落雁的一幅作品。

在屋子的正中央，一把大古筝占了画面的大部分空间，两个女子分别坐于琴两侧，将琴夹在中间。琴路（通常写作琴柱）是指在琴体正中间放置的那个木质器具，每一根弦都对应着一个琴路，它的作用是支撑弦，并使弦更有张力。十几个支撑弦的琴路，就像是排列整齐的落雁一般，因此画家将其命名为琴路落雁。

两名女子中，坐主位的是年轻的女主人，穿着红黑灰相间的华丽和服，正在给右手的拇指带上义甲。那女子十指纤纤，凝视着义甲的样子充斥着梦幻般的雅致，这是明显的春信的风格。

另一女子坐在另一边，像是女主人的侍女。手里捧着一本题为《琴曲集》的线装书在读。她下着红色和服下装，上着土色短外褂，和女主人比起来就有一丝土气了。线装《琴曲集》的另一册，已经从木箱中取出，横向放置在侍女膝前。

如此这般，女子二人、琴、义甲与《琴曲集》交织而成的室内景象，不仅取材于当时风俗，还加入了一些古王朝所独有的雅致氛

铃木春信《座敷八景·琴路落雁》

围。从此便可看出春信画作中的清新感。与此同时，若是考虑到锦
绘初期春信的画作人气颇高，就会发现他的画作中也有许多江户城
市居民绘画的特点。

　　其实这幅画并不是只有女子二人、琴、义甲和琴曲集而已，画
中还细致地描绘了它们所处的场景。比地面高出一截的壁龛，在前
放置的屏风，屏风外的外廊，还有在外廊盛开的荻花，这些事物的

细致程度，丝毫不逊于对琴与那两名女子描绘的程度。《座敷八景》的构图大多基于日本画传统的俯瞰构图法、侧视构图法，在"琴路落雁"中，侧视视角通过壁龛中的柱子，屏风上的骨架，外廊上的板缝清楚地表现出来。观者刚一接触这幅画，映入眼帘的便是这种明晰的几何结构。图中还有只出现一部分的荻花枝叶，呈现出没有被修剪过的完全舒展的自然状态，这也中和了几何结构中直线的生硬感。除此之外，荻花土色的枝叶和女子的土色上衣相呼应，平添了一分平和宁静之感。

色彩方面值得注意的是灰色和黄色占据了大部分画面。这两种颜色都和纸张原本的颜色很好地融合在一起，色调清新平淡，给画作带来一种中规中矩的安定感。灰色有着浓淡的区别，在描画时有些细微的变化。室内这一侧空间和屏风都是纸黄色，一种木版画特有的黄，凡是没有墨迹的地方都是这样均匀的黄色。这和画作清淡明快的色调相辅相成，为这两名朝向着琴面对面而坐的女子的世界带来了一丝清楚的透明感。屏风只开了半扇，如此一来，清爽的秋风便可掠过外廊的荻花吹进室内。

这幅画在写实的基础上，于长28厘米、宽21厘米的画面上构筑了一个清晰的世界。每一个细微之处都注意了家具物品的摆放角度，使画富有雅致的情趣，画面也有意让人物的动作和表情都充满梦幻般的抒情感。《座敷八景》就是这样一幅组图，向人们展示了多色木版画对美的可能性的无数种阐释。

1765年春信的多色木版画画历出版，并在画历交换会中流通，春信逝于1770年，也就是说春信的锦绘创作生涯仅有五年而已。但在这五年中，春信创作了约900幅高质量作品，满足了人们对他

铃木春信《雪中相合伞》

的期望。而他最喜欢的主题是青春之恋，代表作之一是《雪中相合伞》。

在这幅画中，春信一改《座敷八景》中常用的纵、横、斜的直线画法，在《雪中相合伞》中，几乎看不到直线的影子，多用柔和的曲线描绘其中的风景和人物。画中央是共执一把唐伞漫步于雪中的男女二人，四周分别是积雪的地面，飘雪的空中和挂雪的树木，但这些要素的存在感并没有人物的存在感那么强，而是退居其次，成了烘托人物的背景。画作的立体感很强，共执一把伞的男女二人明显是画中主要部分。这使整幅画有了主次之分，抒情性变得更加集中，也更加浓厚。

男女和服颜色的对比也十分鲜明。男子头巾和上衣为黑色，衣带、里衬和下摆点缀着些许红色和茶色。女子头巾和上衣为白色，衣带为黑色，只剩下摆为茶色和红色。这样的组合虽说是很抢眼的，但也绝不能说是华丽的，这样黑色和白色的对比，或许正反映了年轻男女间爱恋的淳朴和简单。

这段爱恋虽然前途未卜，二人都很苦闷，却又拼了命去相信恋情会延续下去。身着黑色的男子像是引导着女子，他先行一步并回首望向女子，身着白色的女子略低头向前行进。

已经积雪的唐伞和伞上空垂下的树枝，像是守护着年轻男女，将他们与外界隔开。外界的地面和空中涂满了银白色和灰色，这使整个画面非常宁静。

春信关于爱恋的画作中，还有一幅以"谈心"为题的锦绘。

与《雪中相合伞》相比，《谈心》的画面构图和描绘手法更接近《座敷八景》。上了些年纪的女子蹲伏着，靠向走廊上坐着的年

铃木春信《谈心》

轻男子，似乎正在和他说些什么。廊下与室内隔着屏风，但那屏风
又稍稍打开了一点，从缝隙中隐约可见一名身着红色和服的女子的
脸。紫衣黑带的年长女子右手搭着年轻男子的右手手腕，左手从他
背后绕过搭在他的左肩上虚抱着他。女子用这个大胆又亲昵的姿势，
凑在男子耳边说着悄悄话。男子左手握着一把闭合的折扇，折扇扇
尖指向远方，他的左脚微微上抬，露出了脚尖和脚踝，正听着女子
说话。从男子有些不安的表情可以推测，这个"谈心"指的可能是
恋人间的窃窃私语，但屏风后面偷窥的女子又让人物关系变得复杂
起来。年轻女子是恰巧碰见了别人的恋爱场景正在偷听吗？或许年
轻男子的恋人本就是她，年长女子在替他们传话，而她躲在屏风后

面确认这次传话成功与否。

在三人的附近还有洗手池、荻花和木编围栏，这些事物共同交织出了一种秘密的氛围。周围的情景将在三名男女之间酝酿着的恋爱情绪很好地渲染出来。春信的锦绘中很多都有着浓厚的恋爱情绪。不论是井原西鹤的"好色"系列，还是近松门左卫门的世话物系列，或是菱川师宣和鸟居清信的美人画，对于恋爱世界的描写，都是在描绘爱恋欢乐有趣的同时，还夹杂着恋爱中的不确定和苦闷的，但铃木春信和他们有些不同，他以城市居民社会为主舞台，在城市居民喜爱享受的传统上，通过多色印刷木版画这个媒介，将一种澄明、格调高雅的爱恋情绪表现在清晰又惹人怜爱的版画美的世界里。爱恋情绪本是在普罗大众中非常常见的情感，但在春信的画里，这种情感并没有落入俗套，而是在表达这种普通的情绪时保证了抒情的质量，从这一点也可以看出春信高雅的审美观。

· ·

春信在 46 岁英年早逝，但他的中幅锦绘的制作，不论是在整体的构图上，还是在色彩搭配上，还是在气氛的掌控上，已经确立了明显的春信风格。在春信去世后，反映他特有的个性与审美观的版画样式，很难原原本本地维持下去。浮世绘将追求更多可能性，春信逝去之后，浮世绘迎来发展的第二个起点，在造型方面蓬勃发展。

这个发展的大方向之一出现在"美人画"的领域。美人画从仿佛遨游虚幻世界般优美抒情的《座敷八景》和男女恋图中走出来，将活生生的美女搬到画纸上来，给人一种直观上的美的冲击，华丽

鸟居清长《大川端夕凉》

的美人画就此登场。在春信逝去十几年后的天明时期（1781—1788年），鸟居清长因确立新的美人画样式而在江户广受欢迎。

　　与春信擅长的中幅画作（长 28 厘米，宽 21 厘米）相比，清长将舞台搬到了大幅画作（长 38 厘米，宽 26 厘米）上，在这样的大画面上，身量纤纤、体态舒展的高挑女性一般以三人为一组出现。在此种画中出现的女性再也不是存在于梦幻般虚构的世界里，不论是艺伎还是街上闲逛的女子，都如同感受到了观赏者的视线，深知自己的美并以此为傲。画家用流畅的线条勾勒出舒展的身体和高挑的身材，明明白白地展示出女性的身体美，以这种方式被描绘出来的女性是作为独立的人堂堂正正地出现在画作中的。

　　清长的代表作之一便是《大川端夕凉》（东京平木浮世绘财团收藏）。这幅画描绘了夏日黄昏隅田河畔，三名女子在长凳附近悠闲乘凉的画面。

　　在色泽鲜艳的长凳右侧，一名女子坐在上面，另外两名女子分别于长凳两端侧身而立，三人形成了一个稳定的三角形构图。三名女子同时望着右侧远方，或许那个方向正在举行祭礼吧。

　　画中的时间应该是一日工作后的闲暇时光，虽然三人都穿着松松垮垮的带花纹的浴衣，却没有给人散漫的感觉。观看者从三人身上可以感受到认真生活的充实感，最前面那个亭亭玉立的女子身上，这种感觉尤为强烈，使整幅黄昏乘凉图有一种积极现实的明快感。

　　三人靠拢在长凳边，而在长凳不远处的对面，隅田川大面积铺展开来。平静的河面和三人之间弥漫的安定感相呼应。河面上有数只小舟缓缓而行，河对岸的房屋和仓库鳞次栉比。这是一幅偷得浮生半日闲的远景。对于在江户生活的普通人来说，不论是近景还是远景，都像是就发生在身边一样无比亲切。这幅画很好地描绘出了生活中的烟火气。

　　清长的美人画线条流畅舒展，色彩明快且张弛有度，我们从画面中能感受到女性健康向上的积极气氛。他还将两张或三张的大幅锦绘横向接连摆放，用这样的方法构建了更加有趣多彩的群像。一眼望去，不论是室内的群像还是室外的群像，都能让观赏者感受到人们在俗世中生活的热闹。从字面上看，浮世绘原本就有这个世界不是艰难坎坷的而是热闹繁华的意义，它是肯定这样的享乐倾向的，而清长的画作给浮世绘添加了一些健康的生命力，使画面更加具有积极向上的正面意义。

登上浮世绘美人画艺术最高峰的是喜多川歌麿。

清长和歌麿在年龄上只差了一岁，是同时期的画家。但清长的美人画得到世人认可的时间更早一些。

清长的美人画中，女子一般都并排而立，身体舒展、充满着健康的活力，他创造出的是一个明朗开阔的世界，与此相对，歌麿把焦点从团体转向个人，从外形转向内在，创造了一种新形式的美人画。他只画人物的上半身，并将其铺满画纸，这种画法最开始是用在演员画上的，歌麿将这种大头像的形式带入了美人画中，致力于表现女性纤细微妙的表情和心中隐秘的纠葛心思，毫无疑问歌麿就是在进行这样的大头像尝试。

歌麿的美人大头像的代表作是题为《歌撰恋之部》的大幅锦绘系列。这个系列模仿了《类题和歌集》中的"恋之部"，通过女性的神态表情，优雅地展现恋爱中女子的百态，这是一次大胆的尝试。现今还留存有五幅，分别是《物思恋》《深忍恋》《每夜相逢恋》《甚少相逢恋》《显现恋》。

《物思恋》描绘了一个少妇模样的女子，她的头发挽成了一个大大的岛田髻，身着有着圆点和小鸟展翅图案的复合花纹上衣，正慵懒地托着脸颊，眯着眼睛向上看。她的嘴唇和右肘提起来的衣摆，均是明亮的浅红色，为画面平添一丝慵懒之感。这里的"物思"指的不是春信画作中那些纯情可怜的少女情怀，也不是清长画作中那些扎根于生活的积极情绪，若要给这种情感一个明确的定义，绞尽脑汁思虑过后，却会发现它飘忽不定、若有若无，但观者的心神就不知不觉被引入画中，等回过神来发现自己已经沉浸在这种情绪之中了。从春信到清长，从清长到歌麿，美人画也随着时代的发展不

喜多川歌麿《歌撰恋之部·物思恋》   喜多川歌麿《歌撰恋之部·深忍恋》

断地变化，注重表现外在画面的女性人物像向着更关注人类复杂性的人物像转变，在这个过程中，情感阴影变得越来越浓厚，还逐渐加入了一些疲倦慵懒的意味。当时的浮世绘爱好者们，也追随着这样的变化，无形中深化着自己的女性观和恋爱观。

《深忍恋》中描绘的女子与《物思恋》不论年纪还是样子都有些相似，《深忍恋》中的女子不是面朝左上而是面朝右下，右手的动作也有些变化，原本托着脸颊的右手改为拿着烟管。和《物思恋》中女子似乎在发呆的眼神相比，这个女子的眼神明显有了焦点，是蕴含着情绪的。薄红色的嘴唇微微张开，可以看见她的黑齿，还有她握着烟管的手，这些无不表明她是一个在隐忍爱恋的女子，这幅

喜多川歌麿《每夜相逢恋》

画将这种女性情趣表现得淋漓尽致。

　　不论是描绘思绪繁多的爱恋，还是描绘默默隐忍的爱恋，画中都展现出一个城市居民妻子模样的女子沉浸于爱恋的样子，展现给观者优雅美丽的画面。虽说这些都是理想化、类型化的美人像，但画中的女子栩栩如生，沉浸在爱恋中，因恋情而喜忧，让人移不开眼。

　　从清长的女性像中可以感受到强烈的生命力，但歌麿女性像中的女性拥有着独立完整的情感，每一个女性都是一个独立的个体，活灵活现、有血有肉。因为歌麿想展示的是为爱而活的女性的样子，所以比起保持距离从外部鉴赏美，直接深入内心捕捉她们内心的活动更加可行。我们经常谈论从西洋传入的近代个人主义把思想上的人格看作独立个体，实际上歌麿描绘的女性，在爱恋的场景里，就像近代个人主义所提倡的那样，是作为独立个体而存在的。歌麿通过描绘饱含情感的双眸、口与手指的小动作，让一个个正沉浸在爱恋中的女性形象变得触手可及。

《每夜相逢恋》中描绘的女性，不是苦闷不已的样子，而是明亮而喜悦的艺伎形象。她正展开恋人传来的卷轴，不论是望向前方的双眼，还是她的眉毛、鼻子、嘴唇，都满含着期待之情。用了云母印刷技术（在背面掺加云母使纸张更有光泽）的红褐色纸张，被束起的大团黑发，还有因抹粉而泛白的脸颊，形成了鲜明的色彩对比，强调出恋爱中的少女明朗欢快的心情。画面下方的卷轴和双手都是白色，这与脸颊的白相呼应，同样下方短褂上翻领的大面积黑色也和上方束起的黑发相呼应。

以上对系列作品《歌撰恋之部》的三幅画作进行了较为详尽的解说。歌麿的美人大头像最显著特征便是将女性的美毫无疑问地、明确地定格在画面上。江户中期的大众审美观是以城市居民阶级为中心的，持有这样审美观的人们能从歌麿的美人画中找到对美的色彩和形态的普遍定义。

但是，歌麿并不是一个只满足于追求普遍意义上的色彩和形态美的画家。在描绘美丽的女性角色时，他将目光落在了美女的爱恋心情上，他想画出的是带着爱恋心情的美女。若是说得更具体一点，他想将爱恋当中的摇摆不定细致地分类，比如物思恋、深忍恋、每夜相逢恋、甚少相逢恋，等等。他想将这些爱恋之间复杂微妙的变化通过色彩和形态的变化表现出来。可以说他对此有着极其强烈的探究心。

画作通常被视为更能准确地表达多样而纤细的感情的艺术形式，和雕刻相比就是如此。

但是，将物思恋与深忍恋，每夜相逢恋与甚少相逢恋做好区分，并用图像的形式表达出来是一份非常艰难的工作。实际上在歌麿之前，将恋爱中复杂而微妙的心理波动分门别类地描绘出来，无论是浮世绘领域还是浮世绘以外的绘画领域，都没有画家尝试过。《歌撰恋之部》这个名字本身也不是取自绘画世界，而是从和歌世界而来的，这本身就能很好地说明问题。

然而，恐怕歌麿就是想挑战一下绘画历史上公认的难题。他并不满足于只描绘美人外在美的形态，而是将笔伸向了带着个性、带着自己独特感情的美人，他将这种摇摆不定的情绪优雅而生动地表现出来。歌麿作为画家的志向就是向着这个方向不断深入探索。若是重新将《物思恋》和《深忍恋》放在一起来观赏，能明显看出这两幅画分别描绘了不同的心理活动。虽说两幅都是魅力无限的美人图，但二名女性的情绪却绝对不是同一种。但是，若只看这两幅图，也很难区分哪一个是物思恋，哪一个是深忍恋。若是执着于区分这两种心情到底哪里不同而钻牛角尖，这种行为是有些危险的。我们在欣赏的时候，要配合着题名，将"物思恋"与"深忍恋"这两个题目分别带入两幅画作中，才能获得鉴赏的乐趣。

但是歌麿本人却没有拘泥于将题名和画作一一对应。他热衷于探究这个题名所代表的爱恋情绪的形态，或者具体点来说，他热衷于细致地观察这世界上虚实相间、多种多样的爱恋，然后用色彩和形状将它们具象化。这种理想与实际相结合的高水平作品能在江户民众中广为流传，也说明了当时的人们的审美水平也是比较高的。整理一下以爱恋为主题的江户精神史，如果说西鹤的浮世草子（"好色"系列）和近松的人形净琉璃（殉情系列）在文学领域将爱恋主题引入了更深的层次，那么歌麿的《歌撰恋之部》就是通过描画活生生的爱恋中的女性形象，在绘画领域将这个主题带入了更深的层次。

与《歌撰恋之部》齐名的美人画作品还有《娘日时针》《青楼十二时》和《妇人相学十体》。

虽说这些画作没有像《歌撰恋之部》那样对细微的感情波动进行区分，但它们捕捉到了日常生活中那些富有女性美的片段，将其具象在大幅画纸上，也是非常富有情趣的画作。

其中最能使普通人产生亲切感和好感的便是《妇人相学十体》组图，这组图中最出彩的要数《吹线轴的女人》和《浮气之相》。

线轴是一种玻璃制的形状似笛的玩具，《吹线轴的女人》便描绘了一个姑娘吹线轴时候的样子。画中的女子穿着市松样式花纹的振袖和服，上面还点缀着一些樱花图案，发髻梳得工工整整，是个容姿尚佳、穿着得体的姑娘，但她用严肃的表情认认真真地吹着玩具笛子，不管怎么看，都有一些反差的幽默感。那姑娘自己却好像并没有意识到这种幽默感。从她认真的表情上能看出她终于得到心仪玩具的满足感，这也令这幅画充满了生机。歌麿在作画时始终将精力放在描绘那种纤细微妙的情感上，他好像和画中的姑娘一起享受着玩玩具的乐趣。收藏这幅画的江户人，一方面被吹笛姑娘的美所吸引，一方面也和姑娘一起感受着玩乐的悠闲气氛。这是一幅贴近普通人生活的名作。

《浮气之相》则是一幅兼顾大众性和情趣美的佳作。

喜多川歌麿《吹线轴的女人》

画中的主角是一名刚出浴的女子，她随意地披着一件绿色的单衣，身上系着一条黄色的宽衣带，右肩上搭着一条手拭巾，手拭巾的一端握在右手中，而她的身体微微向左扭转，视线望向左后方。因为左肩稍稍下沉，所以她左肩上的浴衣滑落下来，左侧胸部从中间的空隙中露了出来。柔软丰满的胸部还有左肩柔和的曲线，无一不优雅动人。或许画中女子也清晰地意识到自己的美，才能摆出这样的姿势吧。画家只用舒展的一笔便勾勒出从面部到胸口雪白的肌肤轮廓，而浴衣上烦琐的波浪线条和成对的孔雀起舞纹样，与之形成了鲜明的对比。这样的简繁对比是歌麿画作中无处不在的设计感的体现。

于是，这个充满魅惑的女子便从画纸上活了过来。轻浮妖媚包含的不都是贬义，它也能使女性充满女人味。歌麿作品之美正在于它充满着这种生动鲜活的力量。观赏这幅画的普通人，不自觉就嘴角上扬，享受着这种魅惑的氛围。歌麿浮世绘中的人物就像是活在人们的日常生活中一样真实。

歌麿作为春宫图作者同样声名远扬，其实他的春宫图也有浮世绘的一些特征。

歌麿一直致力于探索怎样优美地用画作表现出蕴含着人类生命力的种种状态，在画春宫图的时候他也一如既往地是一个美的探索者。春宫图的主题是男女关系的快乐和欢愉，但歌麿并没有选择从外部形态去描绘它，而是选择优雅地描绘出男女互相靠近厮磨的过程中所展现出来的生命力和欢愉。我们也可以说，他的风格是将男女关系看作人与人之间发生的、符合人性的活动。歌麿的春宫图中有一点给人留下了深刻印象——画中的男女并不是为了被人观看而出现的，他们是作为活生生的性行为的实施者出现的。一般的春宫图会突出对性器官的描绘，而观者也首先会关注那里，但歌麿的春宫图却将观者的视线引导到整个画面上，不论是对场景的描绘、男女主角的性格，还是他们之间的心理变化，他都一一仔细考虑过后才最终画出成品。歌麿的画作即使是春宫图，也能将绘画之美与生活之美勾连起来。由十二幅图组成的名作《歌枕》中有一幅画，画中的扇子上还写着"蛤之狂歌"，是一幅夏日图景，它基本上没有直白描绘出性器官，却又是一幅蕴含色情气息的春宫图。

歌麿晚年的优秀作品是以山姥和金太郎为主题的系列作品，他一改之前美人大头像中的优美纤细画风，转而去描绘充满着野性的、粗犷的母亲和淘气的捣蛋鬼儿子之间惹人发笑的互动，歌麿描绘出了一个独特、健康、天真又任性的金太郎，金太郎的眼神和一举一动都充满了新鲜感。我们从中能清晰地感受到歌麿敏锐的观察力。

虽然歌麿才华横溢又名满江户，但幕府的奢侈取缔令还是波及了歌麿的浮世绘，1804 年，歌麿因《太阁五妻洛东游览之图》（大幅锦绘、三幅装）而受到惩罚，要入狱 3 天并戴手铐 50 天。这件事充分地体现出平民世界和权力阶层之间的巨大鸿沟。当时歌麿已经五十有二。即使是歌麿这样的大家，在经历这次牢狱之灾后也失去了抵抗幕府的压力来继续创作的精力，两年后，也就是 1806 年，他终止了创作生涯。

· · ·

演员画是可以与美人画相提并论的浮世绘中的另一大分类。

演员画这个类别可以说是由随着父亲从大阪移居到江户的鸟居

清信开创的。上文也有提过，清信因父亲的缘故成为一名江户歌舞伎剧场的画师，主要负责海报和节目单的制作，在这个过程中他产生了用丹绘的方法来画演员画的想法。与重视和事的上方地区歌舞伎相比，江户地区的观众更喜欢高潮迭起的荒事（歌舞伎表演的一种形式，以脸谱或夸张的动作来表现超人的力量），清信是鸟居派画法的祖师爷，这种技法就是为了生动地表现出荒事艺术而创造的，被称为"瓢箪足蚯蚓描"。

演员画这个领域里很长一段时期都由鸟居派独占鳌头，一直到18世纪后半期，也是锦绘（多色印刷木版画）快速扩散的时期，以一笔斋文调和胜川春章为代表的画家们开始尝试和鸟居派不同的绘画方式，于是带有写实性的新式演员画开始出现。后来很多画师争相模仿这种画法，于是演员画成了一个独立的浮世绘类别并为人们所喜爱。

文调和春章能准确地捕捉到演员的动作和身段特点，将演员的招牌动作用些许夸张的画法定格在画纸上。但这些演员画大多数都是全身像，基本上没有特写面部或者特写上半身的画作出现。而与美人大头像有些类似的演员大头像，必须要等到春章的弟子胜川春好和胜川春英出现后才有所发展。春好和春英的大头像与歌麿的美人大头像是同时期的作品，具体的先后顺序已不可考。但这两个领域相似的绘画手法都受到了人们的喜爱，可以说这两个领域的作品都带有一些大众性，或许当时这两派的画家们就已经互相意识到了对方的存在，很多作品可能都是在好胜心的驱使下完成的。

如果要找出一位能与歌麿的美人大头像相媲美的演员大头像的作者，那么就不得不提起东洲斋写乐这个名字了。这是一位谜一

东洲斋写乐《市川虾藏的竹村定之进》

样的人物，他不光是在绘画领域表现突出，在其他领域也同样出类拔萃。

　　出生年份不详，出身不明的写乐，在 1794 年 5 月到 1795 年 1 月这段时期共发表了大概 140 种作品，他也因此在浮世绘领域青史留名。这仅仅 10 个月的创作期也与歌麿的黄金创作时期相重合。出版人茑屋重三郎偏爱歌麿并经常给予他帮助，同时也是写乐作品的出版商。

　　写乐的代表作之一是《市川虾藏的竹村定之进》。

　　市川虾藏（第五代市川团十郎）是当时江户歌舞伎的第一人，也是河原崎座的首座。在他饰演《恋女房染分手纲》中的竹村定之

《大谷鬼次的奴
江户兵卫》

进的时候，也就是写乐画这幅画的时候，虾藏正好 53 岁。这幅画中的脸部特写，清晰地刻画出了他额头和脸颊上的青筋与褶皱。

但是这个样子并没有令人觉得他已年老体衰，反而能让人感受到一个老演员随着岁月流转台风更加威严而富有气势。他作为这场演出的核心人物，面对座无虚席的观众席，却丝毫不露怯，不论是表情还是肢体都显得气势十足。他左右两边眉尾高高吊起，突然瞪大双眼怒视前方，硕大的鹰钩鼻十分醒目，嘴角用力向左弯曲，因为左边嘴角扯开的弧度过大，他的嘴唇出现了一些缝隙，露出赤红的口腔，就像是他内心升腾着的火焰一般。

画面下端，他的双手紧紧贴合在一起似乎未留一丝缝隙，正和他面部的气势相呼应。左手手掌摊开，右手攥拳沉入左手手心，因右手下沉的力道，左手手掌微微变形，双手本就各自用力，交叠在一起便因互相受力而更加变形，这些细节都通过简洁纤细的曲线完美地表现出来。单是造型的逼真之处就足够令人惊叹不已。画家为了展现在面部和双手之间流动的紧张感，在红褐色的上衣下面叠加了数层内衬，我们可以看到那些层叠着的蓝色衣襟从领口露出来。自上而下流淌着的粗线条，在展现面部和双手的紧张感的同时，也使画面整体更加稳定，显现出演员身体上的统一感。这种统一感也正是构成虾藏气势十足的台风的基石。

类似写乐为虾藏饰演《恋女房染分手纲》中竹村定之进一角而作的演员画还有很多，写乐总共画了 10 幅左右，其中与《市川虾藏的竹村定之进》齐名的画作还有《大谷鬼次的奴江户兵卫》。大谷鬼次非常擅长饰演反派角色，可以说是当时反派角色演员的中坚力量，而奴江户兵卫是个诱骗下属劫掠公金的大反派。

画中人下颌前凸，双手正向两侧展开，似乎要脱掉身上的短外褂，怎么看都是个不折不扣的坏人。作为背景的云母印刷画纸的一部分也是黑色的，再加上墨黑的头发、和服上黑色的襟领，黑色的画面营造出符合坏人身份的气氛。但整个画面并没有因为全部为黑色所掌控而变得模糊不清，脸部、胸口和双手都是色彩鲜明的白色，将演员营造出来的紧迫感和跃动感淋漓尽致地传递出来。画中人眉尾高高上挑，整条眉毛扭曲不平，一双用红色晕染的眼睛中，眼瞳向内侧聚合，长长的鼻子向下低垂，抿成一条线的嘴唇显示了他强烈的决心。他的发髻松散，有一两缕头发垂到了右侧脸颊旁，这也昭示了一心向恶的奴江户兵卫内心斗志昂扬。

充满着戏剧色彩的面部和他同样充满着戏剧色彩的双手动作相呼应。右手手背对着观者，指甲露出，五指张开向前送去，左手手掌面对观者，也呈五指张开状向前送出。双手的形状略微有些奇怪，尤其是左手弯曲的角度稍有些不自然，还有手指的排列也有些不自然，手指与手掌之间也有点不协调，这不禁令人想到是不是画家的手法还不够娴熟。但其实并不是这样，画家应该是故意让人意识到这些不自然的扭曲，写乐应该是想表现坏人谋划作恶的瞬间，演员突然做出的动作令身体变得扭曲。内心翻涌蒸腾的邪念扭曲了面部，令人通体生寒，白色部分自上而下从头部穿过胸口一直到达双手，给人一种扭曲的感觉。这种夸张的表现方式正是歌舞伎表演的圭臬，写乐的画作就是捕捉到了演员在瞬间想表达的东西，并使它融入了演员的动作里。

作为大众艺能的歌舞伎本来就是将夸张、扭曲、不自然作为自己的特点发展起来的演艺活动。歌舞伎的创立，从女歌舞伎过渡到若众歌舞伎，后来又从若众歌舞伎发展到野郎歌舞伎，再后来发展到在京都、大阪、江户三个大城市定期举行的歌舞伎。在歌舞伎的发展历史里，令人惊异的夸张、扭曲、不自然一直是不可或缺的表现方式。即使是在男性演员饰演女性角色时，演员穿着华丽的衣裳，画着浓厚的妆容，顶着以假乱真的扮相，也没有放弃这种夸张、扭曲、不自然的表演方法，将这些带入他们的表演中，这样有趣又令人开心的美才是歌舞伎的本体。所以，写乐的《大谷鬼次的奴江户兵卫》中展现出来的夸张、扭曲和不自然正是他逐渐接近歌舞伎的本质后所创作的。也正因如此，这幅作品并没有脱离歌舞伎本身，而是一幅十分接近歌舞伎本质的作品。

但是歌舞伎在舞台上演出和将饰演角色的演员画下来根本就属于两个不同的领域。到底怎样才能将演员定格在大幅的版画上，并表现出歌舞伎的本质呢？换句话说，作为演员画画家的写乐，到底是怎样使画中人如同在舞台上的演员一样栩栩如生的呢？

让我们回到最初，也就是演员画的标题本身来思考一下。写乐所作演员画的标题大多数都是"XX 的 YY"这种形式。比如《市川虾藏的竹村定之进》《大谷鬼次的奴江户兵卫》《市川男女藏的奴一平》《四世岩井半四郎的乳人重之井》，等等。前半部分是演员名，后半部分是角色名，在戏剧表演中演员要根据不同的剧目扮演不同的角色，因此这样起名非常自然。

然而，前后两个人名到底哪一个更重要一些呢？不论是对于演员来说还是对于观众来说，这都是个非常有趣的问题。对于画家来说这个问题就更加有趣了，甚至还有些麻烦。在我们欣赏写乐的两个作品时，基本上第一反应就是《市川虾藏的竹村定之进》的重点在演员市川虾藏，而《大谷鬼次的奴江户兵卫》的重点则在角色奴江户兵卫。当我们不假思索地说出这句话的时候，其实这两个名字孰轻孰重的问题并没有被解决，若是继续探索，我们会发现在这个疑问的尽头便是演员画的本质问题。对于画家来说这两个人名带来的分裂和对立就近在眼前，而画家的任务便是凝神静气地观察在演员具体的表演中，这种分裂和对立是怎样展现出来的，不论将重点放到哪一个名字上，都要将这种含有矛盾的表演统一在一张画纸上，这个过程也正是检验画家有没有真本事的过程。

以上文那两幅画为例，《市川虾藏的竹村定之进》很好地展现了演员虾藏的个人风格，演员和角色基本上达到了高度的统一。《大谷鬼次的奴江户兵卫》中的分裂和对立相比之下则表现得更强烈一点，很难说达到了高度的统一。在这一点上，关于这幅画的争论一直就未曾停歇。演员鬼次没有完全消化掉奴江户兵卫这个角色，使角色和自己的表演很好地融合。

但是，我们换一个角度，演员和角色难以完美达成统一，便会产生破绽，这样潜在的危险才是演员画成为演员画的原因。这种分裂对立和矛盾是戏剧的原动力和生命之源，不可否认，这一点也被带进了演员画中。这就是演员大头像与另一种大头像——美人大头像——的不同之处。

歌麿的美人大头像中的人物以自己的方式接受已经发生的现实，调整心态带着积极的态度面向未来，而歌麿的美人大头像的魅力也正在于这种自然的状态。画中的女性就活灵活现地站在画里，这种真实感便逐渐转化成一种独特的美感。虽然不同的美人画的颜色、形态都不尽相同，美也是多种多样的。但这些女性美的共通点便是用沉着的本真姿态面对生活的独特风情。

但是对于演员来说，保持沉着的本真姿态是不可能的，这种沉着时时刻刻都可能被不安和混沌打破，而戏剧的魅力也正在于此。演员将精力都用在思考怎样在变化中开拓自己独特的风格上，但是演员画必须把这种动态的过程定格在静态的画纸上。

所谓演员，就是用表演来塑造一个非我的人物，这个定义本身就已经远离本真姿态这个概念了。因此在演员身上不论怎样都会有一些不自然的紧张感。著名演员能把这种不自然的紧张感当作动力，将原本的自己隐藏在另一个维度中，用自己的表演不间断地带领观众走近角色。

　　写乐的演员画捕捉到了演员怀着极致紧张感时的状态。若是没有和本真的自我拉开遥远的距离便达不到这种状态。在时间有限的舞台表演中，演员时而大喊，时而低语，动作幅度也忽大忽小，有时还会不动不语，屏声静气，张弛有度地控制着整个舞台的节奏。写乐捕捉到了演员在把控节奏时注意力最集中的那一瞬间，将其定格在了画面上。

　　这种时候演员的气势最足，也是他最像演员的时候，更是他最贴近角色人物的时候。对于写乐来说，将演员这一瞬间的样子定格在大幅锦绘上，就是让画中人物永远活在舞台上的办法。而演员这一瞬间的状态就是被紧张感压迫到了极致的样子。从鸟居清信开始的演员画的传统中，尽管也有一些描绘演员的脸部和身体的固定模式，但是为了在上半身的特写画中表现出演员本身的气势，画家必须用柔软清新的感知，将舞台上的节奏融入自己的节奏中，为此必须要有在细微之处掌控全局的敏锐观察力。

　　写乐就是同时拥有着感知力和观察力的画家。尽管已经掌握了这两种技术，将两个人物——演员和角色——稳定并统一地表现在画纸上也是非常难的。即使是一些著名的大头像作品，已经具有了足够的趣味，其中还是有一大部分是因画家想超越前作而被创作出来的，这清楚地昭示了将演员和角色统一到画纸上到底有多么艰难。写乐的画法就是牺牲了一定的稳定性和统一性，将演员表演中的气势和专注表现出来。演员和角色在舞台上是很难统一的，写乐在发现这个矛盾后，舞台剧与画作之间也生出了一个很难统一的矛盾吧。

　　关于写乐画作的同时代评价，只有《浮世绘类考》中有一段描述，下面便引用这段原文。

　　（写乐）虽善画歌舞伎肖像，然其作品多有失真，故难大
成，恐一二年便止矣。

（《浮世绘类考》，岩波文库，第 118 页）

　　这是说写乐的画作过于追求真实，最终画出的作品反而与演员
的真实状态之间有一些不同，还有一些不和谐感在里面。与此同时，
因为过于追求真实反而失真，写乐对于演员画的执着反而扰乱观者
的内心。我们从这段话中也可以看出那些以挖掘舞台剧中最真实的
一面为目标的画家所遵循的准则。但是，不包含夸张和跳脱要素的
画作却没有顺利地被人们接受，人们在欣赏写乐画作的时候也必定
会发现这种不和谐感。换句话说，这种画是会扰乱观者内心的恐怖
画作。

　　同时期取材于其他演出的演员画还有《松本幸四郎的肴屋五
郎兵卫》和《中山富三郎的宫城野》。第一眼看去这些画作确实完
成得还算不错，但欣赏的过程中就会发现这些画中残留着一些不和
谐感。

　　幸四郎所饰演的五郎兵卫左手握着一把短粗的烟管，手握在烟
管上与烟嘴离得稍远的地方，额头、眉间和下颌处都有一些皱纹，
他像是在思考一样微微低着头。虽说这幅图描绘的是舞台上人物动
作的一瞬间，但是把它看作是肴屋五郎兵卫的扮演者幸四郎的肖像
画也未尝不可，这是一幅具有稳定性的作品。演员画有时也会作为
收藏相卡，向歌舞伎爱好者们售卖，这是一幅幸四郎的粉丝看到了
就一定会买下来的作品。

　　虽然粉丝可以把这幅画当作幸四郎的买下来赏玩，但写乐并不

是把它当作衍生收藏品去创作的。这幅画中关于手的描绘特别出彩，右手从袖子里伸出来，又插进了左手袖口，左手则从袖口向上伸展，两只手的曲线都很流畅柔和，左手的拇指隐于手心，食指微微立起抓住烟管，中指、无名指和小指依次呈波浪状向下排列。我们可以从中看出写乐极其纤细的创造性审美。在双手流畅柔和的曲线之上，是两条黑色的宽襟，一直从肩膀延展到胸口，宽襟上还有两条细细的白线条，正和双手的曲线相呼应，写乐对画面节奏的把握令人叹为观止。单从这幅画的雅致程度中就能看出画家高雅的审美和娴熟的技巧。人物面部并没有太多夸张的扭曲，这也能体现出幸四郎的性格。除此之外，画中人沉思的样子充满着成熟的魅力，这种魅力与其说是肴屋五郎兵卫的魅力，不如说是演员幸四郎本人的魅力。人物双手周围柔美的情趣和上了年纪后的人格魅力之间并没有达到完美的和谐，这中间还是能看到一丝分裂和对立，但对于写乐来说这也是舞台剧真实感的一部分。

《中山富三郎的宫城野》是一幅描绘女形舞台风姿的演员画。虽说它和美人画也有一些相似之处，比如画中女性端正的容貌和华丽的衣裳，但写乐画的并不是类型化的美人画，他描绘的是扮演年轻女性的富三郎。写乐还画过很多幅以富三郎为主角的演员画，和那些画作比起来，很明显能看出写乐在画这一幅的时候，尽力追求写实，希望能画出富三郎真实的样子。这也能看出写乐想将演员画师的身份贯彻到底。若是看惯了歌磨的美人画，我们便很难说这幅画中的女性具备正统的美，不论是从表情还是肢体动作上，都能看出一丝拘谨的男性气息。但写乐一直致力于描绘演员和角色形成的复合体，对他来说，以牺牲演员和角色的个性为代价去追求美是不可能的。他所描绘的人物首先是个在舞台上的活生生的人，其次才是个美人，他追求的首先是那种演员的真实的男性气息，或者说个性的表达，其次才是美。实际上，中山富三郎饰演的宫城野并不是个传统意义上的美人，在他的表演中，那种独特的气质和坚定的自信贯穿始终，这也让他塑造出了一种独特而另类的美。

这种美在大众中的接受度可能并不是很高。写乐作为画师的创作生涯也只有十个月，很可能与这种美并不为人接受有一定的关系。戏剧和绘画之间的矛盾一直贯穿着他的绘画创作生涯，毫无疑问他是画家中的异端。在写乐从演员画的世界里销声匿迹后，人气最高的是歌川丰国的演员画，这种画的特色便是在已经类型化了的美的基础上，根据演员的样貌不同而稍做改动。

· · · ·

在美人画和演员画之后，描绘风景的浮世绘成了人们的新宠。

若是回溯风景画的历史，早在平安时代、镰仓时代就有画在屏风和拉门上的"名所绘"*。因为这种画旨在描绘经常出现在和歌中的名所，所以一般都与和歌放在一起鉴赏。嵯峨野、吉野山、武藏野都是具有代表性的"名所"。

和这个系列不同的另一个分支是从中国传来的山水画。这种山水画随着禅宗一起传入日本，作者通常都是禅僧，一般意在寄情山水，由此脱离凡尘，追求更高的精神境界。到了室町时代，因周文

---

*　名所绘指描绘在歌枕中经常出现的风景名胜的画作，这种名胜被称为名所。——译者注

和雪舟的出现，中国山水画才逐渐向日本风格的山水画转变。江户时代开始流行南画，虽说这类画中飘逸着玩乐气氛，但还是残留了一些宗教特有的脱俗气息。

不论是与和歌紧密相连的王朝的高雅气息，还是宗教性质的脱俗气息，浮世绘的风景画都和它们干脆地切断了联系，只专注于展现风景在视觉上的美来供人们欣赏。

风景画作为娱乐产品而广受欢迎，与当时的社会条件有着密不可分的联系。当时的人们可以自由地出门旅游，也能尽情地享受景区特有的风俗和风景，这些都为风景画的流行打下了基础。交通和住宿设施的完备，出行安全得到保障，还有经济的发展，富足的收入允许人们停工外出几日，这些都是风景画能为大众所接受的社会条件。十返舍一九以旅行为主题的滑稽本《东海道中膝栗毛》在1802年初次发表，立刻收获了超高的人气，为响应观众的需求，一九后来又发表了几篇续集，这与旅行逐渐成为民众生活的一部分，人们越来越喜爱风景画也有着脱不开的联系。

在这样的时代风气下，葛饰北斋和歌川广重作为风景画画家做出了杰出的贡献，为风景画开辟了多种可能性。

北斋作为风景画画家的成就并没有轻易地就获得大众认可，他是一个才华横溢且不自满的画师。年轻的时候他拜入胜川春章门下学习演员画和戏剧插图，但他并不满足，又跑去学习与浮世绘完全不同的另一个派别——狩野派——的画法，于是被胜川一门逐出师门。之后他又先后学习了琳派、土佐派、洋风画的手法，频繁地更改笔名挑战新领域。他拜在胜川门下学习演员画和戏作插图入门，后来涉足的领域非常广阔，包括风景画、花鸟画、历史画、美人画等。

在这些领域中，最具北斋风格的名品是风景画系列作品《富岳三十六景》。

和风雅的名所绘与宗教性质浓厚并注重抒情的山水画不同，《富岳三十六景》单纯描绘令人赏心悦目的风景。这是 1831 年前后发行的作品，当时北斋已经 70 多岁了，这也是他画风成熟期的作品。

富岳是富士山的别名，富士山对于江户的民众来说，虽然距离遥远但确实是每天都能看到的风景。除了江户城和显眼的神社佛寺以外，那个时代基本上没有什么遮挡视野的大型建筑，只要身在江户就能看见富士山。而且江户还有很多视野开阔的山丘和高台，站在那上面还能更好地领略富士山的美。它乍起于平地，直上云霄，从山顶到山脚之间线条舒缓而形状简洁，自古以来富士山就被人们当作灵山来信仰，同时它还是一处优美的景观，令人赏心悦目。这么一名山座既有神性又风景宜人，而且因为人们平时就能看到而充满亲切感。

北斋一直都将江户的平民当作他作品的受众，所以他选择以富士山为题材创作系列作品也就不那么稀奇了。但基于这个构想最后画出的成品，却超出了人们以往对风景画的认知，画中的富士山也与人们心中富士山的形象截然不同。这是一组非凡的、革命性的作品。单看这组作品中的每一幅画都是如此，若将它们作为一个整体来看，这种刚毅的革命性会变得更加明显。虽然我们现在并不能很清楚地知道每一幅画中的富士山到底处在什么季节、气候和时间，到底是从江户的具体哪个地点来观察绘画的，但毫无疑问的是，北斋以多种视角，跨越了多个季节，让不同时间的富士山与不同的景物相结合，尽最大的可能描绘了多样多面的富士山。在这样一个可以出门旅行的年代，去东海道旅游的人很多，在路上就能近距离地欣赏到富士山的各种面貌，即使是这些旅行经验丰富的人看到《富岳三十六景》也能产生"原来富士山还可以这样"的惊叹。这组作品在描绘现实中的富士山的同时，也向人们展现了只能在画中领略到的风景。

为了领略这组作品中的妙处，我们一起来看看两幅感觉上很相似的画。

首先，这两幅画中的富士山都位于画面的右侧并占据了很大的篇幅，在山的对面只有云朵浮动的天空，没有任何人或与人相关的事物出现，它们分别名为《凯风快晴》和《山下白雨》。

这两幅画都原原本本地描绘了山峰高耸入云的样子。从画中我们可以感受到富士山的巍峨高大。若将二者做一个比较，那么《凯风快晴》应该是更加典型的富士山。凯风，就是初夏柔和的南风，富士山沐浴在微风的吹拂下，静静地矗立在那里。虽然对于居住在江户的人来说，他们从来没有在如此近的距离下观察过富士山，但是他们相信，若是走近了看，富士山就应该是这个样子。所谓典型，大抵就是如此。在这样一组充满着新奇构思和奇妙灵感的画作里，《凯风快晴》可以说是对奇思妙想稍加克制，仅用单纯明快的构图展现了最典型的富士山的样子。

所谓快晴，说的并不是天气晴朗、万里无云，而是说横云缭绕、长短不一。空中横向飘荡着的数朵云彩，和山顶附近积雪的纵向纹路正好形成对照，也与左右两边富士山向下延伸的轮廓相融合，

葛饰北斋《富岳三十六景·凯风快晴》

这些细节都显示出，富士山是和周边的风景共存在画中的。不论是左边山麓边缘缓坡上锯齿状的树林，还是从山顶向山麓由红到绿的过渡，都让富士山和周边的环境更好地融合在了一起。在描绘富士山冠绝天下之美的同时，也暗示了这种美并不是高高在上的，而是触手可及的。

《山下白雨》（白雨就是骤雨）中富士山的外形和《凯风快晴》中的差不多，但天空和山麓的缓坡又有一些细微的变化。空中环绕着朦朦胧胧的雾霭，下面是数朵蓬松的雨云，虽然画中并没有很明显地表现出雨丝，但应该就是下着雨的。山坡从山腰开始变成黑色，在那上面可以看见雷电锐利的折线。雨云和雷电对于富士山来说，是具有一定的攻击性的，所以并不能说这幅图中的富士山依然与周围的自然环境和谐共处，悠闲地坐落在那里。但它并不畏惧这种攻击性，雨云和闪电，尤其是闪电为画面增添了一些紧张感，在这样的紧张感中，富士山还保持着一丝悠然。若是比较这两幅画中，从山坡到山脚的山麓颜色的过渡，以黑色为主色调的《山下白雨》显然没有富有层次感的红绿过渡的《凯风快晴》更具有自然的明快感。

但北斋的目标是描绘多种多样的富士山，对于他来说，描绘与周围环境达到稳定和谐的富士山的作品，只《凯风快晴》这一幅便已足够。《山下白雨》中的富士山必须被放在一个充满紧张感的环境里。山麓附近的闪电，与其说是用写实的画法画的，不如说是用掺杂着符号性的艺术画法画的。从这一点也可以看出北斋求新的冒险精神。

接下来便说说《神奈川冲浪里》和《甲州石班泽》这两幅作品。《神奈川冲浪里》是一幅让人难忘的作品，左上方是太平洋上高高卷起的怒涛，下面行驶的船只正要被掀翻，整幅图的气氛十分激烈。怒涛顶端飞溅出的水花，就像是狰狞猛兽的利爪，充满着攻击性，若是被它瞄准，似乎就无力回天了。画面中还出现了三艘船，一艘处于怒涛的正下方，一艘在稍远一点的另一边，还有一艘就在眼前。在这样的惊涛骇浪中，人类的力量如此微不足道。但是观赏者对船上的人产生同情，波涛如此激烈，观赏者看到的仿佛是一个半幻想半现实的画面。若是换个角度来看，那气势汹汹袭来的波涛，

葛饰北斋《富岳三十六景·山下白雨》

就像是一个个运动的小浪花伴随着不可思议的节奏在跳舞。画家只
用浓淡两种蓝色在白纸上画出这样的怒涛，这种作画手法也会增加
运动的密度。

　　怒涛就像是要从画中喷涌出来一般，在这样充满跃动感的画面
深处，有一座小山，就像是丝毫没有感受到那怒吼的波涛一般，静
静地横卧在那里，这就是这幅画中的富士山。与《凯风快晴》和《山
下白雨》这两幅画中雄伟的富士山不同，这幅画中的富士山可以说

是非常质朴保守的。而且，对面那两艘小船遮掩住了富士山大半的山麓。北斋将怒涛描绘得如此激烈，应该就是想将富士山放到一个不起眼的角落里。

但是作为《富岳三十六景》中的一幅，鉴赏者在欣赏这幅画的时候，不可能完全把富士山忽视掉。若我们留心画中的富士山再来品鉴这幅画，就会发现略显保守的富士山在这幅画中是一个非常重要的存在。

画面左上方，汹涌的波涛前端最高的那一朵浪花，指向的正是富士山的方向。最高的那一朵浪花向着右下方落去，这个方向的不远处便是富士山。浪花与富士山画在一个平面上，给了我们这样一种错觉，但实际上的波涛不应指向富士山，而应砸向正下方的海面和船只。虽说如此，一旦我们感受到了怒涛和富士山形成的对比，在波涛汹涌的运动衬托下，依然岿然不动、悠然自得的富士山可以说象征着一种隐藏在自然深处的奥秘。

海面上波涛汹涌，远处的对岸坐落着富士山。我们从这样的构图也可以想象画家的视角，应当是从离波涛更远一些的海面出发的。这是在现实中不可能实现的视角。画家以虚构的视角为基础，画了一幅想象中的画面，这幅画却能带给观者一种身临其境的感觉。这与画家丰富的想象力和娴熟的技巧是分不开的。

《甲州石班泽》描绘的是一个捕鱼人站在凸起的岩石上撒网捞鱼的画面，岩石下面是比海浪规模小一些的河上泛起的波涛。捕鱼人穿着粗制的工作服，下身系着蓑衣，小腿绑着草席，正努力地向河中撒网，但那网却像是马上就要随波流走一般。后面还跟着一个小男孩，背对渔夫而坐，看着手里的鱼笼。河面上泛起激烈的波涛，

葛饰北斋《富岳三十六景·神奈川冲浪里》

葛饰北斋《富岳三十六景·甲州石班泽》

拍向岸边凹凸不平的岩壁。这幅画的激烈程度却并不能和海上的怒涛相比,与神奈川海面上就要被海浪掀翻的船和船上的人不同,在画面中央向河中撒网的渔夫站在岩石上微微前倾,与波浪形成了一种对峙的局面。

河中的景象占据了画面的下半部分,而画面的上半部分只有站在高高凸起的岩石上的渔夫。画面的上半部分是大面积的白色雾霭,还有在雾霭上方露出了山顶的富士山。山顶偏离了画的中心线,稍稍偏右一点,从山顶向下延伸出两条轮廓线,左边的那一条刚一出现便马上就被雾霭淹没,右边那条倒是透过了雾霭一直清晰地延伸到了画面右端。渔夫向河中撒下的四张网大致呈 45 度角,与此相比,富士山轮廓线的倾斜要更平缓一些,以一个很小的角度向下延伸。这样柔和的曲线和紧挨着的淡蓝色阴影形成了一种令人窒息的美。这里面当然也有雕刻师和印刷师高超技术的功劳。

在一起欣赏了无人的富士山的雄姿,波涛汹涌的海面和富士山之间的形成的对比之后,接下来,我们将讨论两幅街头巷尾随处可见的富士山图作为结束。这两幅画就是《东海道程谷》和《远江山中》。

《东海道程谷》描绘的是一群行走在大路上的旅人。这一群旅人在画中被分成了三组,两名放下舆轿暂时休息的轿夫和轿上的一名客人三人一组,牵马人和马上的客人两人一组,一名带着深斗笠反向而行的虚无僧算作一组。悠闲的旅人们在种着行道松树的大路上,或休息,或行进,路的左右两边各植四棵枝叶向天空伸展的松树,观者透过树之间的缝隙,可以看到坐落在远方被雪覆盖大半的富士山。或许是为了和旅人之间悠闲的气氛相呼应,在树与树之间夹着的富士山也悠闲地坐落在远方。作为作者的北斋，大概是有意让富士山被旅人之间的气氛同化，将富士山也画出了悠闲感。画面整体都笼罩在一股闲适的氛围中，这幅画的氛围可以说是与整个组图标新立异的气氛不同的。北斋将这幅相对比较普通的风景作为多面的富士山中的一面画出来，从中也可以看出北斋冷静理性的一面。

相比之下，《远江山中》是一幅构图清奇、引人注目的画。画面左上到右下的对角线上有一条巨大方木材贯穿了画面。这根木材目测横纵切口都有1米多宽，长度约为15米，是根又粗又长的木材。两个巨大的支撑木材的三角形支架，一高一矮，沉稳地占据了画的正面。这是一个非常出人意料的构图。

木材上还站着一个男人，双手握着一个巨大的木锯，正在从上至下切割这块木材。他全身的力量都集中在锯上，身影充满力量。北斋曾经在插图和漫画中画过各式各样的人的活动，他也认真观察过人的动作，正因为有大量的练习作为基础，他才能将这幅画中的人画得栩栩如生。这些人从头顶到脚尖都充满匀称的力量，颇具美感。

木材下方还有一个人也在锯木，他跪在巨木下方，身体向后仰，向上举起锯正在切割。因为他后仰向上的姿势看上去很不自然，所以在力道上就稍差了一些。在不远处，还有一个坐着的男人，将锯插入一个木桩的缝隙里，正锉着锯齿。这就是画中的三把锯。三个使锯的男人有三种不同的姿态，每一种都和山村的风景十分和谐，令人见之便觉内心平和。画中还有两个人，一个是背着孩子包着头巾的妇人，她正在和锉锯齿的男人说话，另一个是在稍远处背对着我们正在生火的男人。这两个人也和周围的景色很好地融合到了

葛饰北斋《远江山中》

一起。

北斋描绘了一幅洋溢着温馨之情的乡村景色，他将富士山放在了三脚架箭头状的空隙中。这又是一个出人意料的安排。观者大概会发出"啊，竟然将富士山放在了这里"的感叹，这是一幅非常有趣的作品。在日常生活中大概很难见到这样的富士山，让人强烈地感到画家是故意为之的。这种做法让人们知道富士山竟然还能以这样意想不到的亲切形态出现，这样的富士山也依然惹人喜爱。这幅图在出乎江户民众意料的同时，还让大家一同欣赏到了与众不同的富士山与宁静的乡村生活。

从雄伟的富士山到亲切的富士山，从司空见惯的富士山到从未见过的富士山，北斋发挥了自己无与伦比的想象力，将各种各样的富士山展现在了大幅画纸上。这种多面的富士山不仅展现了富士山各种各样的状态，而深受当时民众的喜爱，还将风景画引入了一个崭新的境界里。

· · · · ·

最后想说的浮世绘画师是歌川广重，他和葛饰北斋风格不太一样，但也评价颇高。

歌川广重是江户的一名定火消同心*的儿子，他对绘画的兴趣十分浓厚，15岁时便成了浮世绘画师歌川丰宏的弟子。他最初入门时学习的是美人画和演员画，但后来还是逐渐转向了风景画，他以描

---

*   定火消，江户消防警备员，负责江户市内防火和紧急防卫。同心，江户时代幕府的下级官员，在与力之下，主要负责庶务，警察等工作。——译者注

绘江户名胜的风景画组图《东都名所》为世人所知，这幅组图大概和北斋的《富岳三十六景》同时期面世，都是 19 世纪 30 年代中期左右的作品。从这幅组图的构图等方面，我们也能看出他受到了北斋的影响。

广重完全摆脱北斋的影响后的作品，还要是数年后的《东海道五十三次》，以这幅图为转折点，他形成了完全属于自己的绘画风格。1832 年，广重随幕府的御马进献队伍从东海道上京。后来他以旅途中所绘写生为基础，在 1833—1834 年，以《东海道五十三次》为名发表了 55 幅画作。他将充满了抒情气息的风景和人们的生活分别画在多张画纸上，很容易引发人们的乡愁。

这个系列中有一幅名为《三岛》的画，广重在这幅画中描绘了一幕罕见的拂晓景色。这幅画中，只有中央的六个人物和右手边大大小小的五棵树涂上了鲜明的彩色，这以外的部分都用了像影绘那样的晕染印刷法。这是一个黑夜未消散的拂晓世界。中间六个人中，三个人是旅人，其中一人骑马，一人坐轿，一人步行，或许是为了抵御晨曦的寒气，三人全部戴了斗笠，看不清脸。剩下的还有轿夫两人，牵马人一人，他们倒是全都露着脸，但因为又冷又困，目光都没有焦点。在这一组人的后面，还有反向而行的两名旅人，后面还有一名稍稍落后正向前追赶的巡礼者，这三个人的身影都用了影绘的手法来画。他们低垂着头走路的样子有几分寂寥之感。

在这三人所行的街道上，还有一户户同样用影绘手法描绘的人家，那后面通向深处的树木和山丘也同样用了影绘的手法。这幅图里的影绘用了淡茶色和蓝色，为模糊的世界增加了几分立体感。这幅画中令人印象深刻的还有右手边在黑色树木对面的淡蓝色神社鸟

歌川广重《东海道五十三次·三岛》

居、灯笼和围栏。平日里非常引人注目的建筑，在这幅画中却影影绰绰，让人看不清楚，这反而会吸引人们的注意力。由这些建筑也可以猜测出，画中所绘之地是建有神社的，这使影绘的世界有了一些安定感，也更令人安心。

　　广重是否真的随着御马进贡的队伍在三岛看到了这样的晨曦景象呢？因为他写生的手稿并没有留存下来，所以这个问题现已不可考。但这幅画中所展现出来的真实感，让人觉得他一定见过以鸟居为中心的神社，也感受过它周边的氛围。在寒冷的清晨，因赶路而途径一个神社时，他就这样隐隐约约地看见了它的一角，这是一种饱含旅情的真实感。作为阴影或者说背景描绘的部分，就是画家真实地将旅途中的自己的感受画了出来的结果，《三岛》就是这样一幅风景画中的佳作。

歌川广重《东海道五十三次·沼津》

　　《沼津》则是一幅描绘三岛附近驿站的作品，它展示的是黄昏时的景色。画家应该是先画了拂晓动身的晨曦，后画了日落歇息的黄昏吧。

　　这幅画中描绘了在河边蜿蜒小路上，步履沉重的三名旅人的背影。走在前面的是一对巡礼的母子，后面跟着一个要去金毗罗参诣的男子，他还背着一个放着一个巨大天狗面具的箱子。那个天狗面具仿佛正目光锐利地盯着黄昏时刻略微有些昏暗的四周，面具上还长着一个长长的鼻子，像是在不安地刺探着周围的一切。河的对岸是一片密集的黑色杉树林，另一边的小路旁也有几棵杉树孤零零地矗立着，这条小路的尽头架着一座太鼓桥，过了桥便是房屋林立的沼津町。沼津町的对面是一片海，自海中央升起一轮满月。但人间却并没有月光皎皎的景象，高大的杉树枝叶遮住了一半的月亮，有一种说不出的寂寥。广重应该是为了让月亮和眼前那三人沉重的步伐相呼应，有意将月亮画成了这个样子的。

月亮用白色画成，除此之外，前方房屋的侧壁是白色的，那一对母子从斗笠上垂下来的头巾、男子穿着的衣裳也是白色的，这些和淡淡的茶色小路一起，为画面保持了一丝微弱的明亮感。但这份明亮却并没有持续多久，三名旅人似乎必须找到借宿的地方赶紧休息一下，填饱肚子准备睡觉。这幅画中幽静的黄昏景色就给人一种这样的感觉。

用不同浓淡的蓝色描绘出的河流、海面和天空给这幅画带来了幽静感。虽然河流、海面和天空基本上是静止不动的，但色彩浓淡的微妙变化，为它们带来了一丝微弱的生命气息。这种气息和已经奔波了一日的三名旅人的心绪相合，也和沼津町内的居民心绪相通，这种用色方式也使《东海道五十三次》充满了抒情性。

说起满月时的黄昏景色，那便不得不提在《东海道五十三次》后发表的《木曾街道六十九次》中的佳作《洗马》。据说这个系列本来是擅长美人画的溪斋英泉和出版者保永堂合作策划的作品，但英泉中途放弃，于是广重接笔完成了余下的部分。《洗马》这幅画描绘了河流、原野和悬月的天空，是一幅充满着旅途寂寥感的名作。虽说广重一定是带着寂寥凝视着当时的风景的，但如果心情全部被寂寥淹没，那也就画不出画了。他一定是怀着寂寥的心情又压抑着寂寥的心情来观察景色中的细枝末节的，在他的心底也一定生出了同时作为旅人和画家的矛盾感，这幅风景画就反映出了广重超凡脱俗的境界。这幅画中表现出的黄昏光线有一种闲寂的美感。太阳倾斜，一部分景物便带上了些许阴影，还有一部分因残余的光而变得

歌川广重《木曾街道六十九次·洗马》

显眼起来，虽然那光亮有些微弱。这样有趣的黄昏时刻的明暗，在别的时候是看不见的，《洗马》就出色地捕捉到了这种有趣的明暗。

黄昏的余光还未完全散去，在中央那堆满柴火的小船的船舷上，在船和前方木筏之间的海面上，在离河岸不远处的原野上，在对面的五户人家上，在右边天空飘荡着的云彩上，到处都是夕阳恬淡沉静的光晕。在这样的余光里，还有一轮散发着浅淡月光的满月。虽然撑船的人和撑筏的人都是以背影出现的，但船和筏却很好地和周边的景色相融合。日落时分也正是他们结束了一天劳作的时候，从他们的身影中也可以感受到，他们因安稳度过一天而安心。

说完《洗马》后，让我们回到《东海道五十三次》，下面就来说说描绘雪景的那幅《蒲原》。

画中的季节应当是由秋入冬的过渡时节，但这幅画描绘的并不

歌川广重《东海道五十三次·蒲原》

是这个时节的雪景。广重的构思也并非让从驿站之间的移动与季节之间的过渡并行发展。《东海道五十三次》的路线中，驿站的顺序应当是从有天狗面具的沼津开始，接着经过原、吉原到达蒲原，之后依次是由比、兴津、江尻几个地方，但有雪的地方只有《蒲原》，它前后的两个驿站都没有。（在已经离蒲原很远的《龟山》那幅画里才再一次出现了雪景。）

　　虽然可以说《蒲原》中的雪景有些突然，但这幅画中的小山丘、一排屋顶、树枝和对面山上的积雪都透露出一股沉默的气息，这幅画就是一幅沉默的画。

　　小镇的对面是一片黑色的海，海面上空白色雪花在无声地飞舞着。这边的山坡上有三个男人，右手边的两个人都戴着斗笠，其中一人穿着合羽（16世纪中叶由东南亚传入日本的防雨斗篷，流行于江户时代和明治时代），另一人穿着蓑衣，两人向着坡上踉跄地行走着。在稍远处有一个人朝着反方向半撑着唐伞，右手挂着一根拐杖，就那样静静地站着，好像也没有什么移动的欲望。再细看，他脚边有零星的木屐印，右脚也稍稍向前迈出了一点，大概是因为他是朝着下坡方向站立的吧。在这样一个沉默的世界里，出现这样一个静静站立的男人好像也并不是特别奇怪。在这一点上，这幅风景画是包含了一些幻想因素的。

与极静的《蒲原》相比，《四日市》则是一幅动态中带着些诙谐的作品。

画面中的主要场景是离海很近的三重河河畔。在中央横向的水平线上有一个防波堤，将画面分成了两部分，一边是海面和海边的小镇，另一边是流淌着的河流。河里有一座巨大的丁坝，丁坝前端的右侧还建有一座桥。丁坝的左侧有一棵大柳树，右边的河面上有一艘系在岸边的船，但在画面中只能看见它的一角。

丁坝上有一个男人，样子十分滑稽。他看起来应当是个旅人，海上吹来的大风吹走了他的斗笠，他正追着在地面上不停打滚的斗笠跑。他还背着一个巨大的行李，弯着膝盖，低下身子，仿佛下一秒就要向前栽倒。大概广重画这幅画的时候也是在笑的吧。画中还有一个男人，他站在木桥上，飓风将合羽吹得猎猎作响，仿佛下一秒就要随风飘走，因此他不得不死死地抓住身上的合羽。这个人呈现给观者的也是背影，但他身上没有什么诙谐感，与他身上被吹起的合羽不同，他本人站得很稳，不论是斗笠和手杖还是他自己的双脚都保持着原样。他就像是舞台上身段挺拔的演员一般。其实追着斗笠的诙谐男人也有一种在舞台上的感觉，若是这么想的话，那么画中的宽丁坝，还有只有三块木板并列的窄桥，看起来都像是舞台上布置的背景一般。这样的风景画让人理解起来有些困难，实际上若不考虑画面中央的大柳树，这幅风景的整体都是比较沉静的。这就是与北斋的风景画相比的广重风景画的特色，他的画也很容易勾起大家的乡愁。在《四日市》中，这种沉静的气氛和强风之间也有着些许不和谐。画中只有柳树和水边的杂草是动的景物，但杂草的律动却十分温和，看起来绝对不像是强风下的样子。柳枝的律动倒是十分强烈，柳枝被画得柔韧顺和又色彩鲜艳，确实让它看起来很美，但正因为它的动态十分激烈，反而从周围的风景中凸显出来，我们完全不能将它当作衬托两个人物的戏剧感的道具。所以，其实这幅画也算不上广重的上乘作品。

《东海道五十三次》这个系列中描绘静的作品非常多，那么描绘动的上乘作品又是哪一幅呢？描绘雨景的《庄野》就是这个问题的答案。

"庄野"的题名旁有一个"白雨"字样的朱印。所谓白雨就是夏日急雨。整个画面中都充斥着斜落的雨丝，可以看出雨势十分激烈，山路的左侧有三个人（加上轿上的客人应当是四人），右侧有两个男人，正冒着大雨急行。在画面右下角的山路对面，是一片竹林，一直蔓延到画面深处，画家用浓淡不同的颜色分了三段描绘，一眼望去，顺序分别为黑色、浓灰色和淡灰色。第二段和第三段的竹子都是用影绘的方法画的，但眼前那一片黑色竹子却是叶叶分明的。在这片黑竹林中还能看见五个稻草屋顶。

画面右下角的五户人家互相依偎着静静地立在那里，但那三段

歌川广重《东海道五十三次·庄野》

竹林却因为每一片叶子都遭受雨打风吹而大幅度晃动着。"白雨"不正是狂风骤起、暴雨忽落的样子吗？从竹林的摇动就能看出风雨让整个空间都晃动起来，竹林在抵抗风雨的过程中化为一个整体，在这个整体中每根竹竿又互相对立。这样的风雨和风雨中的竹林正是它们在自然界中最本真的样子。

　　这五个路人不得不冒着风雨前进，向左侧前进的三个人中，最前面那个男人戴着斗笠、穿着蓑衣，左脚向后抬起，身子稍微前倾，急急向前走去；跟在后面的两个人将轿子牢牢地扛在肩上，两脚紧踩住地面一步一步地向前挪动。轿顶盖了一张防雨布，透过被风吹起的防雨布空隙能看见轿上客人的左手。

　　画中还有两人反向而行，这个方向是下坡方向，向下跑的那个人用向前迈出的右脚抑制住了下冲的惯性，斗笠和蓑衣都与上坡那几个男人的相同。在他旁边有一个撑伞走路的男人，在他身上就看不出匆忙的样子，与向下跑的那个男人形成了对比。

这五个人都没露脸，但也没有必要露脸，重要的是他们在风雨中行进的样子。左侧三人，右侧两人的人物配置应该也是为了展现动态而安排的。用左右两个方向不同的运动使动的趋势更加强烈，同时也将自然和人之间的对比展现出来。而倾斜的道路贯穿整个画面，这个设计也加速了运动的趋势。

画中有路，有竹林，山中各处都飘着雨丝。雨都被画成了淡淡的细丝状，像是包裹着整幅画面的一层薄膜。这层薄膜为风景增加了一些寂寥感，让乡愁味道更浓。风景和雨的浓淡配合堪称绝妙，延展的空间令这幅《庄野》成了一幅带着温情的、动态的风景。广重在将丝线状的雨一笔一笔画出来的时候，就已经将这份调料加了进去。

广重有很多关于雨的画作，其中最有名的是《名所江户百景》中的佳作《大桥安宅骤雨》。这是广重晚年的作品，并不是关于旅行的风景画，而是描绘了住在江户的居民都很熟悉的场景。它描绘了风景的沉静之美，还有居住在风景中的人们的朴素生活，是一幅富含抒情性的作品。近景有大桥与河中的竹筏，远景有影绘的建筑物和森林，它们被雨包裹着，一起构成了一个富有深意的沉静世界。我们从中可以感受到广重贯穿整个绘画生涯的取景风格。

这幅画比较难得，因为广重的画大多都是横幅的，这幅是少见的纵幅画。但并不是说广重就不擅长画纵幅画。画面下方牢牢扎根河中坚实的木架组和架在上面威风凛凛的大桥成了整个画面中最坚固的支撑物，与对面的木筏和更远处的仓库、森林形成了一个巧妙

歌川广重《名所江户百
景·大桥安宅骤雨 》

　　的平衡。因为是纵幅画，所以画中的雨脚更长，雨的眷恋和感伤更
浓郁，仿佛从画中溢出。

　　广重因《东海道五十三次 》在风景画领域获得的人气并没有随
着时间的推移而衰减，出版商的约稿一直未曾断绝。他为了回应约
稿，画了许多城乡各处名所的大幅风景画，在这个过程中，他于生
活中展现自然美的风格一直未曾改变。他的风景画不仅支撑着江户

时代晚期大众的审美观，并将其带入了更深的层次，还超越了时代，引导着后代人的审美观，促成了许多优秀的造型美术诞生。因多色印刷木版画技术的扩散，浮世绘在江户民众中广受欢迎，不断在美人画、春宫图、演员画、风景画的领域取得进展，广重抒情风的风景画为这个旅程画上了圆满的句号。

第十七章

鹤屋南北的《东海道四谷怪谈》

恶的魅力

　　1825 年，即明治维新前 40 年左右，江户的中村座 * 首次上演了一部叫作《东海道四谷怪谈》的戏剧。这部戏剧比葛饰北斋的《富岳三十六景》和歌川广重的《东海道五十三次》的问世时间要稍早一些。

　　《富岳三十六景》以奇绝的构图描绘了富士山多彩姿态，《东海道五十三次》以连接在江户与上方之间路上驿站的四季往复之景为主题，表现旅途中的闲情，而鹤屋南北的《东海道四谷怪谈》与这两者的旨趣完全不同。《东海道四谷怪谈》并不是要让人们将生活的劳苦和不安抛在脑后，目瞪口呆地在美的世界中游览。南北将那些为非作歹者的残忍恶行陆续搬上舞台，这当中有的不是风景画的洗练、秩序和知性的美，而是无比丑陋，恶贯满盈，如同漆黑的地狱。能够轻松享受欣赏浮世绘的江户的大众，同时也是走进剧场去享受欣赏恶的地狱构图的大众。鹤屋南北将目光投向蜷缩在人们心中的不安意识，并把它引进全新的、凶狠残暴的戏剧表现领域。他的最佳成果便是这部《东海道四谷怪谈》。

　　若将南北的《东海道四谷怪谈》的剧本原封不动地表演出来，恐怕需要五六个小时。其出场人物多至数十名，明暗线交叉，多个

---

*　中村座，江户时代的歌舞伎剧院，宽永元年（1624 年）由猿若勘三郎创建，是当时幕府认可的江户三大剧院之一，1893 年在火灾中烧毁。——译者注

情节复杂缠绕，将整部戏收拢在一个统一的视角之下可不是件容易的事。作者南北对作品的整体把握并不是没有前瞻性的，他早已看透全局，并认为应该提升精彩场面的紧张感。于是，顺着手中之笔的气势，他毅然踏上了过激描写之路。观众们要跟上故事情节的展开并不难，但落幕后走出剧场，回想这是一出怎样的戏时，却很难有一个统一的形象浮现出来。这五幕戏给人留下的印象是分散的、相互脱节的。

　　这部戏的主线清晰明了，讲的是浪人*民谷伊右卫门与妻子阿岩的关系。一户有钱人家的女儿阿梅爱上了有妇之夫伊右卫门，虽然他过着穷苦的日子，但这户有钱人家还是认为应该让女儿实现愿望，策划让伊右卫门与他的妻子阿岩离婚，好另娶自家女儿。这户有钱人家的一家之主过来看望正在坐月子的阿岩，送了些调理血脉的药便走了。然而，这药并不是调理血脉的，而是让人脸变形、变丑的毒药。喝了这些药的阿岩，不出意料变得很丑，当她在屋中徘徊时，不小心被插在柱子上的刀刺中了喉咙，在痛苦中死去。准备花重金迎娶阿梅的伊右卫门，诬陷下人小平与亡妻阿岩通奸，还说他偷了东西，将他残忍杀害，并让下人把小平和在痛苦中死去的阿岩一起钉在门板上，扔进了河里。之后，伊右卫门马上和阿梅举行了婚礼仪式。死后的阿岩变成面目丑陋的幽灵在伊右卫门和阿梅的新婚之夜出现。伊右卫门拔刀相向，原本想杀了幽灵阿岩，没想到却错杀了阿梅。阿岩的幽灵一直是一副丑陋面容，之后又因她属鼠而化身老鼠，一直纠缠着伊右卫门，直至第五幕的最后一场，才终于打倒伊右卫门。

----

*　　浪人，日本幕府时代脱离藩籍，到处流浪居无定所的武士。——译者注

这是整部戏的主线。而这部戏的副线是阿岩的妹妹阿袖与直助相互纠缠的故事。第一幕，阿袖的父亲和丈夫同时被杀，她认为想报仇就需要找个男人做帮手，而与直助结为夫妻。然而，阿袖原来的丈夫与茂七实际上并没有死，下手杀人的正是她的新婚丈夫直助，但直助当时错将庄三郎当成与茂七杀死——这边的故事展开亦是跌宕起伏，波澜万丈。直助亲手杀了与茂七（当然不知道他杀错了人），整天骗阿袖，嚷嚷着要为死去的与茂七报仇，还成了与茂七妻子的下一任丈夫。这样的直助是相当坏的。但他再坏也赶不上伊右卫门。日常生活中的直助，时常能让人看到他有人情味的一面，也能暴露出的弱点。只是表面夫妻的两个人，并没有同床共枕。然而，听说阿岩也死了之后，阿袖变得胆怯，对直助的依赖心也越来越强。就在两人刚刚有了肌肤之亲后，本应死了的与茂七突然出现在两个人的面前。知道了实情的阿袖，因为没能守住贞操而后悔，亲自用计让自己死在了两个人的手上。临死前，阿袖递给直助一封信，直助方得知自己不仅是杀人的主谋，还与亲妹妹乱伦。犯下了滔天大罪的直助，当场自杀。

这是阿袖与直助间的故事梗概。此外还有一条线，是关于忠义之士小盐田又之丞的，此处我们不再过多展开。

阿岩与伊右卫门的主线，阿袖与直助的副线，仅从这些梗概我们便可知道，这个作品讲述了一个深深沾染了丑与恶的世界，一个凶器飞舞，血光四溅，怨恨、恐怖、猜忌肆意交缠的黑暗世界。作者尝试着将这样的世界，打造成舞台上华丽而又充满魅力的场景。这体现了剧作家南北的重要的戏剧创作方法。

仅将这些令人惊恐的场面串联起来，还不足以成为一部吸引人的优秀剧作。不，是根本不能成为一部剧作。如果一直是这样的场面，观众会厌腻地转身而去。为了让恶之残忍、恶之苛刻能给人留下深刻而又强烈的印象，必须要好好地表现出不善不恶、平平凡凡的日常生活。剧作家南北，是一个哪怕在表现平凡日常方面也能展现出卓越才华的人。

第一幕的开场，是极其平凡的日常情景。以浅草寺的院落为舞台，茶馆、杨枝店*等商店有序排列着的一角，杂七杂八的人，三三两两、闲聊着些有的没的路过。游手好闲的人、商店的伙计、地痞、药贩子、酒馆儿的学徒、游走在游廊的富豪、下人、乞丐、浪人，等等。这部剧的主角、配角也混杂在其中，但此处没有突出表现他们，在这一幕中，他们也只是偶尔经过这里的芸芸众生中的一员。焦点不定的聊天内容和人物的动向，出现了又消失，消失了又出现，这酝酿出名胜之地人山人海的热闹气氛。观众在这种轻松的氛围中，也能继续追逐舞台上进一步展开的故事。

我们来看一个场景。先来介绍一下出场人物：喜兵（卫），是那户有钱人家的长者，具有一定社会地位，着外褂、袴，并带大小两刀；阿梅，是喜兵（卫）的孙女，着振袖和服，名叫阿桢的乳母陪伴着她；尾扇，阿梅的随行医生；阿政，茶馆的老板娘；桃助、石头，游手好闲、四处闲逛的两个人。

> **喜兵**　阿梅呀，今天看起来气色不错，但也不要勉强。要
> 　　　　不别走了，我给你叫个轿子吧。

---

* 杨枝店，当时江户市中心常见的卖牙签、牙膏等口腔用品的商店。一般都选用年轻漂亮的女性店员。——译者注

阿梅   不用不用，我这样走走没问题的，反而是您，为什么总是这么担心呢？

阿桢   老爷之所以什么事情都这么细心、周到，还不是因为小姐的老毛病。今天是过来求健康的，小姐就走个痛快吧。回去的时候，若是看到喜欢的木偶娃娃，就缠着老爷买一个吧。

尾扇   是呀是呀。小姐的这个病，散心是最关键的。我们去那边休息一下怎么样？

喜兵   这个主意不错，我们过去休息休息。走吧，走吧。

（所有人进入到舞台正面，在长凳落座）

阿政   客官里面请！

（上茶、上烟灰盆）

阿桢   快看，这么多人！来拜观音菩萨的人永远都不会停！今天我们也都好好求求菩萨！小姐，快到这边来，求菩萨保佑好事连连，早些痊愈。

阿梅   我们是这么想，可菩萨未必也这么想呀！谁知道会怎样呢。唉，还是抽个签吧。

阿桢   知道了，小姐。我会守口如瓶的。

尾扇   哎呀，即使是我，这样一个阅万卷医书的尾扇，诊断起小姐的病来还不如一个乳母！《千金方》中也有论述，您这病看起来是相思之苦呢。

（阿梅害羞地若有所思）

阿桢   你个尾扇，又在这里胡说八道！

桃助   石头，你听到了吗？那边那个小姐好像得了相思病呢。她相思的究竟是谁呢?

石头　是呀! 若真是相思病，得让他们抖落抖落看看呢。

（新潮日本古典集成《东海道四谷怪谈》第 18—20 页）

说着台词的演员们，一个一个地进入舞台。虽说聊的内容有些跳跃、偏离主题，却顺畅地连在了一起，安详亲切的日常聊天氛围呼之欲出。最后的桃助、石头，位于距前面众人稍远的位置，两人是在稍远的地方听到这些聊天内容的，那两句台词是两人的内部交流。不近不远的这两句台词，轻轻地转移了观众的视线，游刃有余地承接住了闹市的繁华。据说这部戏是南北 71 岁时创作的，这两句台词，成功地波及舞台之外，这个过渡实在是太妙了! 不难看出，这是南北丰富的人生经验在发挥作用。

恶魔或恶意突然闯入了这种平平淡淡的、不经意的日常世界。这种有趣而有惧是南北剧作的特色。伊右卫门的岳父（阿岩的父亲）四谷左门，也出现在第一幕，即浅草寺院落内的这一场景中。他被下人、乞丐们敲诈勒索，这为伊右卫门下决心杀害岳父左门做好了铺垫，也埋下了伏笔。这里，我们转换一下注意力，将场景切换至第二幕，杂司之谷四谷町场景的一节。

刚被伊右卫门雇用的小平，在伊右卫门的家里发现了能治旧主人痼疾的有效药，于是偷药逃亡，却被伊右卫门的朋友长兵（卫）、官藏、伴助逮住并押到伊右卫门这边来。小平辩解说，偷药乃是出于忠义之心的一时冲动，之后的对话如下:

　　伊右　一时冲动也好，忠义之心也罢，偷人东西的就是小

偷。出于忠义的小偷就可以活命吗？天下间哪有这
种道理！你个混账东西！每一粒药我都要收回来，
你要是能拿出银子来，大爷今儿就放你一马。否则，
今儿就把你的手指，一根根地掰断！

长兵　这个主意不错！话说有十根手指，一根不剩地掰下
试试呀？

官藏　拿十根手指换条命。哎呀，还是很值的呀！

伴助　我也练练手儿，活动活动筋骨，掰掰试试。

伊右　来来来，帮把手，帮把手。

（众人起身朝着小平走去，即兴表演。小平，表情复杂）

小平　啊，大爷饶命！大爷饶命！小的伤了手指，手就废
了，就不能养家糊口了。

三人　我们可管不了这么多！

小平　大爷们发发慈悲，可怜可怜小的吧！行行好吧！饶
了小的吧！

伊右　吵死了！找个东西把这厮的嘴堵上！

三人　同意！同意！

（三人围过来，伴助拿出手帕，捂住小平的嘴）

伴助　这样好多了吧。

官藏　作为预演练习，我们先从鬓角的头发拔起如何呀？

长兵　好主意！

（众人围过来，动手拔小平鬓角的头发，朝着小平吹烟气，
各种虐待折磨）

（出处同上，第 133—135 页）

南北的戏剧中，这种惩戒、教训、欺负人，多如家常便饭。伊右卫门暂且不说，单看长兵卫、官藏、伴助，其实都不是十恶不赦之人，可以说只是普通世间的小喽啰。在日常生活中，他们不经意地伤害着他人，让别人痛苦，从中找到乐趣。如果观众能接受这种场面，说明当时的世态中，暴力与邪恶，并不是远离人们日常的存在。南北发现了戏剧的可能性——在这种世事中对邪恶追究到底，通过构筑彻头彻尾恶贯满盈的故事，通过塑造十恶不赦的人物形象，创造出前无古人的戏剧美的世界。

正在长兵卫一伙人欺负小平的时候，附近的伊藤喜兵卫差人过来了，对小平的虐待也因此被打断。伊藤家的下人，送来了民谷家制作的各种祝福新生儿的贺礼，并为产妇阿岩送上调理产后血脉的妙药。这是充满了企图的贺礼。伊藤家的阿梅爱上了有妻室的伊右卫门，家里疼爱阿梅，于是想离间伊右卫门夫妇的关系，好让阿梅嫁过去。这厢对小平的虐待作罢，那厢对阿岩的虐待即将开始。

为了答谢伊藤家过多的贺礼，伊右卫门带上长兵卫一伙人亲自去伊藤家道谢。从此处开始，事态将发生巨大的变化。伊藤家的各位和伊右卫门之间，逐渐建立起了应该被称为恶的共性。

当然，起初伊右卫门不答应和阿梅的婚事。于是，阿梅从和服腰带中取出剃刀，念着往生咒试图自尽，被大家拦下。朋友长兵卫说着抛弃阿岩迎娶阿梅的各种好处，伊右卫门听不进去。这时，伊藤家主人喜兵卫倾出箱中全部财产，放在伊右卫门面前。

喜兵 伊右卫门大人，杀了我吧。杀了我喜兵卫吧，啊？杀了我吧！

（伊右卫门表情复杂）

伊右 老人家您这钻牛角尖的劲儿上来了，好不容易安抚
好那边了，您这为何又嚷嚷着砍砍杀杀的？

喜兵 正是此事。我可怜的孙女，想找个上门女婿，哪承
想你是个有妻室之人。我思前想后的，背着阿梅的
母亲，找到了能让人毁容的药。只要阿岩小姐喝了
这药，马上就会毁容。到那时，你厌倦了阿岩，两
个人离了婚，就可以迎娶我们家的孙女了。我起了
这样的险恶之心。我告诉你个秘密，刚才派人送过
去的调节产后血脉的药，其实是毁容药。这药不要
人命。仅凭这些，也不至于犯罪，所以才差人送过
去的。如果你不能和我孙女结婚，那我也只能用死
来忏悔了。所以，动手吧！杀了我吧！

阿弓 啊，太可怕了！所有险恶之心都是因为你这个
孩子！

阿梅 让我遭天谴吧！

喜兵 只要你答应，这家里的钱财都是你的！

长兵 这坐享其成的事情，你都不干，那就是你的不
对了。

喜兵 你要是咽不下这口气，就杀了我吧！

阿弓 既然话已至此，你就答应了吧！

阿梅 别吵了！

（欲自尽。阿弓阻拦。）

喜兵 不答应是吧？

伊右　啊……那个……

阿弓　你救救这个一心寻死的孩子吧！

伊右　话虽如此……

喜兵　所以你到底是？

伊右　嗯……那个……

喜兵　阿弓那个？

伊右　啊……

三人　啊？……

喜兵　你到底想说什么？

阿弓　赶紧说话啊！

（大家紧逼，伊右卫门表情复杂）

伊右　好吧。我会离开阿岩迎娶你家阿梅的。

喜兵　他终于想通了！答应了！

阿弓　这孩子的心愿终于……

长兵　终于实现了！

……

阿弓　他下了决心了！今晚是个好日子！

喜兵　趁着你的朋友都在，不如今晚就把婚事办了吧，怎么样？

伊右　听您的安排。

（出处同上，第159—163页）

　　站在阴谋中心的是喜兵卫。虽然喜兵卫嘴里说着"起了险恶之心""虽然邪恶"这样的台词，但我们也并不是完全看不到他的良心发现的，他自己察觉到了自己的险恶用心。但他的心理上的挣扎与犹豫被搁置在一旁，故事继续向前发展。喜兵卫自身如同自我鼓励般，在邪恶的道路上一路狂奔，阿弓、阿梅也被影响，一发不可收拾。中途阿梅拿出剃刀欲自尽，真不知是演的还是真心的。根据剧本上的描写，两种情况都有可能，但在这之后故事的展开中，阿梅的行为举止都是朝着邪恶的方向奔流而去，并汇入了那方湍流。故事进一步前进，丝毫没有在这里做片刻停歇。伊右卫门的抵抗，只能让人觉得进一步助长了邪恶势力的气势。邪恶的可怕能量步步紧逼过来，伴随着强烈的节奏，变得愈来愈强大。伊右卫门答应了和阿梅的婚事后，喜兵卫紧接着说"今晚就把婚事办了吧"，与其说这里淋漓尽致地表现出了喜兵卫的坏心思，不如说是舞台上充斥着的邪恶能量，正借着喜兵卫之口喷发出来。这股能量，已经不是出场人物中任何一个人能承担得了得，只能通过舞台转换的方式来控制。

舞台一变，转到伊右卫门家。服毒变丑的阿岩趴在床上，忍受着脸上的灼热感。这时，伊右卫门回来了。和伊藤家约定抛弃阿岩、迎娶阿梅的伊右卫门，骨子里都是邪恶。杀了岳父左门的是伊右卫门，下令掰断下人小平手指的也是伊右卫门，很明显这是一个果断的恶徒。从伊藤家回来后面对着虚弱的阿岩，伊右卫门暴露了他骨子里的坏。从伊右卫门的嘴里，一句接一句地蹦出非常过分的台词，他原本可以不用说到那个份儿上。每一句恶语都深深刺痛着伤害着阿岩的心。

药劲儿上来后，奄奄一息的阿岩说，"即使我死了，你暂时也不会续弦吧"。接着阿岩的这句话，两人展开了对话。

伊右　老婆马上就会娶。而且我想娶更出色的女人。娶了，
　　　你又能怎样？世间这种事情比比皆是。

（直言不讳的伊右卫门，让阿岩失望，演绎失望的表情）

阿岩　伊右卫门先生，素来没有人情味，生于邪恶，这我
　　　是知道的。知道这一切，我还跟你继续过着日子。

伊右　想让我帮你报杀父之仇吗？啊，好烦。都这个年代
　　　了，报杀父之仇也未免太守旧了。断了这个念头吧。
　　　我不干了。虽然曾答应过帮你报仇，但现在不想了，
　　　不愿意干了。

阿岩　现在才和我说这种话，你！

伊右　嗯，不想干了。不愿意了，你又能怎样？如果不合
　　　你意，你走吧。去找别的男人，让他帮你报仇好了。
　　　报仇我是真不想干了。

阿岩　即使你说不干了，我也找不到其他人帮忙呀，那我
　　　一个人来吧。这样一来，恐怕我的这个夙愿很难实
　　　现了吧。即便这样，如果你还是希望我离开，我也
　　　可以走。我走以后，你打算给孩子找个继母，让继
　　　母来养我们的孩子吗？

伊右　又说这些，如果不想把孩子交给继母，那你带着孩
　　　子一起走吧。一个乳臭未干的娃娃和一个将要过门
　　　的老婆，怎样取舍还用我说吗？

阿岩　啊？你居然为了个女人连自己的孩子都……

伊右　我不这样做能怎样做呢！你也见异思迁了，我也得
　　　自求活路呀，这怎么了？

阿岩　啊？你说我见异思迁了？我看上谁了？我……

伊右　你看上的那个男的……

阿岩　谁呀？谁呀？

伊右　啊！那个那个！那个按摩店的小伙子！你，你和那个小伙子有奸情！有奸情！

阿岩　你在胡说八道些什么！你为什么要这么对我？我整日守着本分，你为什么要将这些不道德的事情嫁祸给我？

伊右　别说了！如果我在外面有人，你打算怎么做？

阿岩　啊，那关乎男人的名声。不管是因为什么，只要能找到人帮我报仇，不管后果怎样……

伊右　居然不说不介意，反而要找人报仇！说不准你怀的是别人的种呢，原本想帮你一把的，算了。你也知道我缺钱。来，借我点钱吧。突然有了点儿事儿，需要用钱。我又没什么可以当的东西。

（边说边环视着四周，看到掉落在地上的梳子）

那我就借用下这个吧。

（边说着边捡起来，拿在手里）

阿岩　啊！那是我死去的母亲留给我的！不能给别人！

伊右　不能给别人？哎呀，我外面的女人说没有梳子，让我给买个梳子，我想把这个送给她不行吗？

阿岩　这个绝对不行！

伊右　那你给我些能买梳子的东西吧。而且，我今晚要从当铺赎东西出来，必须得放进去些什么。什么都行，

　　　　快给我凑些放进当铺的东西!

（边说着边推搡着阿岩。阿岩表情复杂）

阿岩　家里哪还有什么能拿得出手的东西呀! 干脆, 我……

（说着脱下和服, 只剩下内挂）

　　　　虽然我还生着病, 但既然你求我, 那就把这身衣服拿去吧。

伊右　就这身衣服根本不够! 再凑点儿! 什么都没有吗? 啊, 我可以拿那个蚊帐!

（说着便走过来, 拿下挂着的蚊帐, 准备要走。阿岩紧随其后）

阿岩　啊, 不能拿走蚊帐。没了蚊帐, 孩子晚上会被蚊子围攻的。

（说着便去抢蚊帐）

伊右　你当妈的是干什么的呀? 如果怕蚊子, 你就给他轰蚊子呀! 啊, 放手! 放手! 快放手! 快放手!

（粗暴地抢着。阿岩被拽得踉踉跄跄, 招架不住, 说了放手, 没承想蚊帐刮到了指甲, 指甲被硬生生地扯了下来, 顿时指尖流血不止, 阿岩倒在地上。伊右卫门回头看了一眼）

伊右　你看到了吧? 还抢? 你个小气鬼! 只是这些也不够呀!

（唱。报时的钟声。抱着蚊帐和小袖的和服, 边走边掂量着这些东西的价钱, 朝花道走去）

　　　　　　　　　　　　　　（出处同上, 第170—174页）

我们知道歌舞伎有它特有的戏剧夸张性，我们必须剔除这些夸张之处再来考虑问题。但是在这幕戏中，即使剔除这些夸张之处，变着法子折磨阿岩的伊右卫门的邪恶和劣根性仍然令人瞠目结舌。剧中不断转移的话题，轻快的节奏，到两个人的动作，特别是演员对伊右卫门动作的幅度、快慢的把握，都是戏剧中罕见的，这出戏是邪恶戏剧中的知作。话题从要迎娶的新妻子开始，到放弃为父报仇，到离婚后孩子的问题，到诬陷阿岩不守妇道，到伊右卫门在外面的风流账，最后到典当梳子、小袖和服、蚊帐的争夺，让人眼花缭乱。伊右卫门也在邪恶的路上极速前进着。在以邪恶为诱饵的歌舞伎戏剧中，如此多面、明确、简洁地展示邪恶的场景的也是不多见的。以"倾"为词源的歌舞伎是一种戏剧，所谓的"倾"具有"偏离一般轨道""任性、为所欲为"的语义，习惯了这种偏离一般轨道的、异常的歌舞伎的观众，提心吊胆地观赏着前面越来越邪恶的、残忍的场面，但与此同时也享受着这场戏。

我想，无论是前面伊藤家中达成邪恶共识的场面，还是此处伊右卫门刁难欺负阿岩的场面，邪恶的繁殖和邪恶对人的攻击才是整部剧的原动力，是所有有趣之处的点睛之笔。总之，在伊右卫门家里的这场戏中，如果问伊右卫门和阿岩哪一个更具有魅力，我相信彻头彻尾地变得邪恶的伊右卫门会获胜。当然，阿岩的悲哀与可怜，也博得了同情。但这种静静地忍辱负重、不敢摆脱现状的一举一动，让人感到她作为戏剧角色的缺憾。

死亡在慢慢逼近。阿岩自己意识到了，观众也意识到了。阿岩究竟是怎么死的呢？

剧作家南北不想让有缺憾的阿岩就这么死去，他没有让阿岩的死亡继续助长邪恶的能量。阿岩脱下自己穿的衣服交给伊右卫门，让他拿去当掉，她与伊右卫门抢孩子的蚊帐抢到手指血流不止。南北没有让阿岩就这么悲惨地、可怜地迎接死亡。

当阿岩从按摩师宅悦处得知，自己变丑是喜兵卫出的坏主意时，她拿出镜子凝视了自己许久，然后她像下定决心般，想梳理好自己凌乱的头发后出门去见喜兵卫一家，斥责他们并抒发出满腔的怨恨。然而，头发却怎么也梳理不好，梳子一碰到头发，头发就大把大把地掉落。

（阿岩梳一下，头发也随之掉落，看着像小山一样堆起来的头发，拿着梳子和这一大把头发）

阿岩　不知道我会不会有明天，如果死了，估计他真的会马上迎娶那家的姑娘阿梅吧。可恨的伊右卫门和喜兵卫一家！我怎么会饶了你们！越想越气！可恨！

（狠狠地将那一把头发和梳子攥成一团，用力拧断。从头发里面渗出血来，一滴滴滴落下来，然后滴到了前面的白底屏风上。宅悦看到此景）

宅悦　啊！流血了！

（颤抖着）

阿岩　我绝对不会饶了他们的！

（晃晃悠悠地站起来，盯着花道的方向，表演站着就要断气。宅悦抱起孩子跑过去）

宅悦　阿岩小姐，阿岩小姐

（宅悦情不自禁地把手放在阿岩的身上，晃了晃阿岩，阿岩的身子摇摇晃晃的，朝着前面的舞台布景突然倒了下去。刚才扔出去的明晃晃的刀顺势被弹起，正好落下来插在阿岩的喉咙处，刀刺穿喉咙，血溅到阿岩脸上，身体继续踉踉跄跄地砸向屏风倒了下去，咽了气。宅悦被吓得惊慌失措，躲到一旁偷偷地看）

宅悦 啊！那明晃晃的刀是小平的，没想到就这么刺透了喉咙。啊！出事了！出事了！

（惊慌失措。此时，响起了令人毛骨悚然的三味线声和报时钟声。这时，一只道具猫出场，朝着开场摆放的食盒中的酒菜走去。宅悦见状）

这个畜生，死人最忌讳猫了。一边去！一边去！

（宅悦驱赶猫离开。猫跳起跑到了纸拉门的里面。宅悦追了过去。这时，伴着大鼓的轻轻敲击而发出的怪异声音，血顺着纸拉门滴滴答答地往下流。突然，格窗处窜出一只老鼠，这只老鼠有猫那么大，嘴里叼着刚才那只猫。猫已经死了。宅悦见状，浑身发抖。这时，老鼠伴着大鼓的声音化作鬼火消失了。）

（出处同上，第183—185页）

阿岩将对伊右卫门和伊藤家的仇恨，发泄在"一定不会饶了你们"的台词中，她手里攥着头发和梳子，血滴滴答答地往下流。这是充满了执念的仇恨之血。然后，她吐出一句情绪激烈的台词"我绝对不会饶了他们的！"，此刻阿岩不再是那个脆弱的、让人心生怜悯的阿岩。弥留之际，她像个复仇之鬼，仇恨充满了全身，摇身一变，就成了个情绪激昂的、有攻击性的女人。但虚弱的身体承受不住这激昂的仇恨和如火般强烈的复仇意志。她跟跟跄跄地走了几步就倒向了舞台布景纸拉门，恰好插在柱子上的刀就这么刺穿了阿岩的喉咙，让她断了气。这死亡虽出于偶然，但归根结底是伊藤家和伊右卫门导致的死亡。可一想到刚刚激昂的怨念和执念，我们就不能接受这被动的死亡。不能否认，是燃烧起来的怨念和执念，逼着阿岩走向了死亡。弥留之际的阿岩，不惜毁灭自己的身体，采取具有行动力的、具有攻击性的姿态，再一次将自己展现在我们面前。让人心生怜悯的死亡形象，不适合这种姿态。

　　断了气的阿岩，虽然肉体已经消失，但怨念没有消失。作家南北没有让它消失。死于非命的灵魂难以平复怨恨——这个日本自古以来的共同幻想，支撑着南北的戏剧创作。逝去的阿岩的满腔怨恨充斥着她的灵魂，因为阿岩属鼠，所以她化为老鼠出现在舞台上。通过咬死猫这一行为，表现出其怨念的激昂程度，之后又化为鬼火离去。但是，无论是对周围的出场人物还是对观众而言，鬼火的消失并不意味着这件事情就这么结束了。只要有怨念在，魂魄随时都有可能化为老鼠、鬼火或其他形态的东西，因为阿岩的怨念不是那么容易平复的。

　　阿岩死后，伊右卫门把小平也杀了。在同一个地方接着就举行了伊右卫门和阿梅的小型婚礼。这是从阴到阳的、令人惊愕的场面变换。婚礼之后，刚刚还是阿岩和孩子睡觉的床和使用的房间，转眼间就成了伊右卫门和阿梅的新婚洞房。此时，阿岩的脸出现了，朝着伊右卫门咯咯地笑。被吓到的伊右卫门，拿起旁边的刀，朝着阿岩就砍了过去。然而，飞出去的，不是阿岩的头而是阿梅的头。迷迷糊糊的伊右卫门，跟跟跄跄地朝旁边房间走去，里面睡着喜兵卫和孩子。但展现在伊右卫门面前的却是明明已经死了的小平，吃了孩子，满嘴鲜血地站在那里。伊右卫门又一刀下去，砍下的却是喜兵卫的脑袋。

这个场面中，阿岩也好、小平也好，谁都没输给伊右卫门。两个人都成了可以与伊右卫门相抗衡、相匹敌的强大存在。而且，这种强大并不是善之强大——比如说，源于阿岩贞淑的强大，源于小平忠义的强大。虽然说他们是"因邪恶侵染而强大"有些言过其实，但阿岩的出现导致了阿梅的死亡，小平的出现导致了孩子和喜兵卫的死亡，他们的强大很难摆脱邪恶一面。虽说伊右卫门存在于现实中，而阿岩和小平存在于幻想中，这是他们的不同，但他们共处于同一个背负着邪恶和暴力的世界中，在那个世界中竞争着谁更强大。

这之后的三幕戏，不论是十万坪隐亡堀的那场，或著名的门板送逝者那场，情况都没有什么变化。门板的两面分别钉上了阿岩和小平的尸体，两人都睁着眼睛，死死地凝视着伊右卫门。观众足以看出，阿岩和小平在同一个阵地里，想要扳倒伊右卫门的决心。

然后，在第五幕戏的最后，上演了伊右卫门和阿岩的最后对决。帮助阿岩的与茂七，砍下了伊右卫门的头，双方终于分出胜负，事件得以了结。

但是这个结局并不能说是善良战胜了邪恶的结局。虽有戏剧结束了的释然，却不是恢复了良好秩序、皆大欢喜的释然。杀了伊右卫门后，与茂七对阿岩说出了"你也成佛解脱吧"这句惯例的台词。追逐着华丽而又丑恶的惨案的观众，不会因为这最后一句台词就真的觉得阿岩可以成佛解脱了。"成佛解脱"这句台词，唤起的恰恰

歌川国芳绘《东海道
四谷怪谈》

是质疑——阿岩想要的、所求的，真的是成佛吗？阿岩所求的，其实只是伊右卫门的死。然而，即使是大恶之人，如果希望他死掉，也是与成佛背道而驰的。邪恶繁殖、扩张，此时已经包裹了原本贞淑、忠诚、老实的阿岩。我们不得不说，阿岩不是朝着成佛方向去的，而是选择了地狱般的强大和攻击性。

这种邪恶的繁殖与扩张的最终结局，是作为邪恶主轴的伊右卫门落得死亡的下场。这是符合邪恶自我崩溃的大快人心的情景。伊藤家与伊右卫门联手，造成了邪恶之洪流，并扩大、深化了它。它超越了每个人的思想和行动，像具有了自身的必然性与主体性一样。邪恶与其说是被某人掌控的，不如说是在有人吸收它后，它像生灵般推动着那些人朝着更加邪恶的方向前进。原本处于邪恶洪流之外的阿岩和小平，也不知不觉地被卷进这股洪流，变成了时而积极推动邪恶洪流前进的力量。这是邪恶召唤邪恶，死亡召唤死亡的洪流。

继左门之死、庄三郎之死、阿岩之死、小平之死、阿梅之死、喜兵卫之死后，伊右卫门也难逃死亡的命运。这是邪恶的连锁反应，死亡的连锁反应。虽说伊右卫门之死确实是这个连锁的最后一环，但人们感到，连锁的尽头不是通往成佛解脱的路。但是，自我不断繁殖的邪恶最终自我崩溃，仅留下冰冷的死亡的虚无感。

　　这恐怕也是南北的想法。幕藩体制*已经到处都是破绽，如果哪里有脱离常规的过激行动、谋反，都将转化为邪恶，也许还会生出邪恶的连锁反应。南北正是生在这样一个动荡的年代。生于同一时代的北斋、广重，用风景画体现出包容了人类世界的自然之美；而剧作家南北，将意味着时代可能性的某种邪恶之连锁，视为人类活着的奇妙之处，也视为对立又纠葛的美。既然是邪恶的奇妙、邪恶的美，那它一定是阴暗的奇妙、阴暗的美。南北在这种奇妙和美的表现中，注入了自己作为剧作家的热情与能量，并在此后迎来虚无的结局。

　　南北所看到的虚无的前方，又是什么呢？虚无之后留下的，恐怕是超越了善恶的自然和日常的生活。然而，南北曾经有过最终回归自然、回归日常的想法吗？

　　再进一步说，距离南北生活的时代将近二百年后的今天，在虚无之后，我们的眼中能够看到文化和精神——这是近代人的概念，南北和他同时代的人们看到这些了吗？

　　时代正在发生着巨变。

---

*　幕藩体制，是十七世纪时由德川家康建立的由幕府和藩国共同统治的封建制度。——译者注

后记

　　从三内丸山的绳文遗迹，到江户时代晚期的《东海道四谷怪谈》，日本精神史长达数千年的旅行终于告一段落，不禁令人长出一口气。

　　我在原稿完成以后，反复关注其中可能产生疑问的语句、记述不正确之处、议论不充分的地方，经过初校、二校和困难重重的修改。在文字中大量加入插图，这在我的著作中尚属首次，选择插图与安排插图位置的过程令人既兴奋又紧张。

　　精神史的旅行途中能感受到的精神的丰富性，直到旅行结束时我的内心仍能感受到同样的丰富。漫长的精神旅行中的丰富性也如同解放了我的精神。但是这种丰富性，并不是日本精神与其他的精神比较而得出的。自从我产生这个念头，想要追溯从绳文时代开始到江户时代为止日本精神的演变，内心就预感到这种演变将是丰富多彩的。随着写作的进行，我意识到这种丰富性成为驱使我下笔的巨大力量，回过头想一想，我恐怕已经认识到，我所面对的精神已经超过了一个国家、一个地域的精神，成为一种普遍的精神。精神史的旅途中，有迷失方向的时候，有与风景不期而遇的时候，有对自己的热情感到困惑怀疑的时候，一度停下脚步的情况也不少见，但在这些情况下也能切实感受到精神的丰富性，支撑了我摇摇欲坠的姿势。

　　日本精神史讲到江户时期就结束了，当然读者会问，那之后日本近代的精神史又是什么样的呢？我虽已年迈，但如果精力和体力允许，也想继续追寻更近时候的精神的变迁。

　　十几年研究中的每一天都得到了周遭许多人的帮助和鼓励。特别是在积累创作原稿的过程中，朋友、熟人在阅读未校稿和校对付印的稿件后，向我提出了严格的批评与温和的鼓励。还有美学学会与读书会的朋友们，在仔细阅读之后对大大小小的问题提出直言不讳的指摘，对此我表示由衷的感谢。

　　最后，我一定要感谢讲谈社编辑部的上田哲之，最初与他定下要写的是日本思想史，结果是作为同一主题下不同内容来写的日本精神史拦在它前面，形成了崭新的美术、思想与文学集合起来论述的形式。让编辑等待良久之外，内容的编辑也令他劳心，对此我感激不尽。

2015 年 7 月 3 日长谷川宏

译者后记

冯唐最近写了一篇关于日本的文章，他是这样开头的：

> 我周围有很多朋友喜欢日本，隔三岔五就去日本吃喝玩乐，有的甚至在日本买了房子，有的甚至听到四个字的日本名字，就觉得那人一定是个伟大的艺术家。逢年过节，朋友们在东京的集中程度甚至超过在北京的集中程度。樱花季，在京都岚山或是花见小径遇上朋友的概率超过在北京国贸或是三里屯。

由此可见，日本确实开始引人注目起来。大部分的人已经去过日本，于是他们把旅游由东京、京都深度到了金泽，而那些仅存的没去过日本的人，也从吴晓波那里了解并热爱上了精准投放式马桶盖。你可以有很多理由喜欢日本，干净整洁、井然有序、谦恭有礼、方便发达，或者——一部分二次元的动漫天堂，另一部分文艺青年的大唐遗风。我就有个平素内敛的建筑师朋友在奈良没忍住大叫了一声，因为，他终于用肉眼看到了唐代榫卯结构！真的！

可是，如果你有冯唐那样的好奇心，你可以再进一步，思考一下，到底要怎样理解或者总结日本呢？冯唐给出的是一个不错但也不太精彩的答案——侘寂。像我们这样日语专业的人，只好不置可否，但也还是要撇撇嘴，因为实在是太老套了。

就像那些永远不错但永远老套的道理一样，侘寂的确可以某种程度上概括日本。但有没有更具深度、更精准的答案呢？除了小清新、漫画或者大唐遗风之外，日本还有怎样的层面？日本的精神到底是什么？

为了回答这些问题，我们向您推荐这本《珍宝中的日本精神》。我想，冯唐一定会为没有读到这本书而感到遗憾。精神，是文化的精髓。文化是包罗万象的，比如婚丧嫁娶的习俗，甚至可以指人类的一切活动。但我们每次提到哪里的文化，更多的是指精神。而精神是很难被书写的，蒋丰、姜建强、唐辛子等人都试图书写日本精神。他们的阅读显然更充分，经历更长久，感触更丰沛，可供分析的真实案例也更多。但是日本精神依然难以书写。更何况精神成史。

精神成史，简直像恋爱时的思念成灾。

书写无形的精神，首先需要一个有形的寄托之物。长谷川宏通过诗歌、绘画、文学、戏剧、建筑甚至法典等有形之物，精准捕捉到那里面折射出的日本精神，并把它诉诸语言，形成这部皇皇巨著。从历史的角度看，侘寂不过是一个短暂又片段的次要概念。

日本精神史的第一要义，大约是对自然的亲爱之情——亲近、热爱乃至崇拜。日本的传统诗歌——和歌——几乎没有一首不在描写诗人对四季更替时那纤细变化的敏感察觉，并乐此不疲地表达着他们的眷恋。而长谷川宏阐述了日本人对自然的情感。

> 日本自古以来崇拜自然，信奉"自然所及之处皆有神灵行
> 走其中"。神灵是令人畏惧的，拥有神力的，正因如此，他们
> 才能改变自然，驱动人类。对于日本人来说，那就是神的原型，
> 人们承认大自然中的神灵，同时畏惧他、尊敬他、崇拜他、信
> 仰他。神灵不仅存在于人类周围，还存在于人体内部，对神灵
> 的畏惧、尊敬、崇拜、信仰是自然的神灵与人体内部的神灵相
> 互交流的过程，也是因相互交流而相互感知的过程。

> ……我们拥有的、自己触手可及的自然，就是我们的
> 身体，只要身体还在现实中存在，人类的历史就不可能脱离
> 自然。
> ……但是，即使将灵作为神来崇拜的信仰变得淡薄，自然
> 的灵和人体内部的灵相互感知的经验也不会随之消亡……只要
> 身体还在现实中存在，人类的历史就不可能脱离自然。

而日本精神史的第二个驿站，也许要来到王朝时代贵族世界的
"雅"，表面上呈现出一种华贵典雅、明朗清亮、繁缛富丽、绚烂堂
皇的姿态，但在这层面纱之下，一定又会暗藏着寂寥、哀伤、黑暗
和一种难以言传的悲凉。王朝时代虽然大规模引入了中国文化，但
那更侧重在政治、经济、制度等方面，在切实的生活和情感方面，
日本人却没有迅即做出改变——王朝美学的一大特色便是承继自史
前日本的好色之心。"好色"在现代汉语中大约是个带有贬义的词，

但日语里这个词的意思大约相当于汉语的"风雅"。风雅也不完全对应得上，因为好色是明确指向男女之情的，所以可能"风月"是个更合适的词，当然也还是不够准确。其实，任何一个文化的核心概念，都很难在另一个文化中找到一个百分百对应的词语，否则也就不成其为特色了。长谷川宏这样形容好色：

　　在王朝的贵族社会里，"好色"被认为是美的典型，与季节变迁之美一起构成了"典雅"美学的核心内容。"好色"虽然多以男性为主，但女性也理所当然有"好色"之处，与丈夫之外的男性拥有肉体关系，是不会被认为有罪的。"好色"之男女，并不总是快乐幸福的。因"好色"而生的烦恼与苦闷绝对不少，但正是由于包含了这些烦恼苦闷所带来的伤心与痛苦，"好色"之事才是美好的。"好色"的心情和行动，在物语与和歌的世界里，被赋予了典雅的、有深度的、复杂微妙的色彩，同时，在被不断叙述、歌唱的过程中，这种美学也加深了其洗练的程度。

这样的"好色"有些像我们的《诗经》中所说的"寤寐思服，辗转反侧"，写尽了恋慕之苦，但又那样纯净清亮，思无邪。其后中国两千年，再没有这样歌咏过情爱了。想来不无道理，在与中华文明产生碰撞之前的日本，正处在如《诗经》般自然的、原始的、蓬勃的、思无邪的阶段上。所以有一些学者认为，是汉文明被强行导入打乱了日本自然进化的步伐，日本虽然走了捷径，一下子进入了高度文明期，但也失去了依靠自己的力量慢慢发展出自己的文字、自己的制度、自己的技术乃至自己的文明的机会，好一场揪着自己头发的揠苗助长。

无论是自然四季之美还是思无邪的"好色"，都透露出贵族的某种孱弱。随着历史来到中世，武士阶级当道，王朝精神被武家风范近乎无情地扫荡了。如果说王朝之美是无限感性的，那么武家崇尚的则是理性。同样以男女之情为例，武家颁布的法典规定，与已婚女性私通是有罪的，必须没收其一半的领地。这可以说是与王朝的好色美学完全对立的。长谷川宏认为：

> "好色"之事的美与不美，"好色"之事有怎样的欢喜雀跃，有怎样的烦恼苦闷，这些一概不问。既然与已婚女性私通，会动摇一个家庭，使社会秩序的稳定遭到破坏，那就不能置之不理。这样的思考方式是武家社会的"道理"。
>
> 这里出现的是与王朝的"典雅"美学意识明显不同的，对男女关系的把握方式。这与其说是美学意识，不如说是伦理意识。此处的伦理意识指的是，由一对一的男女结合而产生夫妻关系，两人之间因孩子的出生而形成家庭，维持这个家庭是社会稳定和发展的基础。这种伦理意识，既是以恩惠（领地的发放与拥有）与奉公（服兵役、看守役）为轴心的封建武家社会的伦理意识，同时也是武士们曾经生活过的农村社会的伦理意识。

尚武之士的理性，更多地体现在作战时的果敢与决绝上。作战时每一个瞬间的判断与反应都关系着生死存亡，所以武士们练就了迅速出招、迅速对应的机敏，以及形成此种机敏所必要的心性上的果敢与决绝。《平家物语》中有位名叫妹尾的战将，"在逃命之际，他抛下没能跟上的独子狂奔，然而途中如梦初醒、原路折回"。长谷川宏说，"即使是在残酷的战斗过程中，父子之情也是活生生地存在着的。这让听众安心，也让听众感到其实武士的世界也并非遥不可及。这样温馨的父子之情，却在最后的最后，以父亲亲手砍下儿子的首级、凛然赴死收场。这里极端地展示出战争的惨烈，非比寻常的惨烈"。这也表现出武士的勇猛果敢、壮烈凄绝、残暴无度。

老舍回忆日军侵华时提到，虽然彼时"城头变换大王旗"，军阀、外国人、战乱、纷争已经让中国百姓见怪不怪，但日军的残暴还是格外令人发指。而这种残暴可以在中世时代的武家精神中找到起源。

此外，武家精神还为日本深埋下现实主义的种子——崇尚强者，不问对错。二战后日本国民种种匪夷所思的表现，都可以在这里找到根源。比如原本誓与天皇共荣辱，密谋以奇招暗杀美军的那些人，转过脸来就极尽友好卑微之能事，如拥戴天皇一般拥戴起了美国驻军来，倒让后者彷徨不知所措。他们需要强者，需要征服者，需要一个为之服务的对象，至于这个对象到底是谁，都已经不重要了。

接下来我们可以说说"侘寂"了。侘寂是町人的精神。町人可以粗略地理解为市民，而市民社会在日本历史和精神史上出现，是非常晚的事了。在后期武家掀起的奢靡之风过后，相对安稳内敛的市民社会登场，同时"外向、华丽又嘈杂的北山文化，逐渐变成因疲于外部世界的繁华和纷乱而面向自己内心、寻求自我和世界之间稳定与调和的东山文化。认为内心平静才是价值所在的禅的精神，逐渐为人们所接受"。

先是被后世称为"闲寂茶之祖"的村田珠光使用"冷枯"和"冷瘦"两个词来展示闲寂茶的意境。后由武野绍鸥将茶的精神发展为"枯寂孤寒"。最终，茶道的集大成者——千利休——出于对简朴、粗糙、平常而素雅物品的偏爱，而提出了"侘"，形成了日本独有的侘之美学。长谷川宏这样形容千利休的待庵：

> 壁龛更能使我们感受到清寂精神。壁龛的三面墙壁都是由稻草泥糊的粗糙墙壁，掺有稻秸的壁灰一直涂抹至壁龛内部，连壁龛内侧的两根柱子都挡住了。这个土墙向着棚顶的方向一直延伸过去，很难说这是一个与室内其他部分不同的地方。壁龛本应是悬挂贵重挂轴、放置珍贵宝物的地方，而待庵中壁龛的粗糙做工令人困惑。待庵清寂得如此彻底，甚至让壁龛都变得不像壁龛了。在这样的壁龛里到底应该放些什么东西好呢？这是对于茶人来说也具有挑战性的一件事。我们会在心里的某处觉得这样质朴枯寂的茶室是美的，或者说这也是侘之美学的一种极端展示。

我们与日本人同在东亚，同样黑头发、黑眼睛、黄皮肤，同用汉字书写和表达，同受儒家文化熏陶，我却会觉得：怎么适应起日本来，比适应美国还要难？我完全无意赞美美国是个具有亲和力和高适应度的国家，我只是想说，看起来越是相似，差异其实越大。

中日两国总是被说成"一衣带水"，差异之中又交杂着相同和相通。比如对于自然的亲近、崇拜和敬畏，其中哪一点不是我们可以共情的呢？谁人的身体里不住着一个随时准备跳出来跟自然共鸣、互融的灵呢？

而《珍宝中的日本精神》可以带你深度徜徉日本的精神世界，一边品读，一边回望自身。我们又具有着怎样的精神？

《珍宝中的日本精神》洋洋千页，五十万言，作者长谷川宏毕业于东京大学，却坚持做一名在野学者，正因如此，他的文字有浩瀚的知识储备和深渊般的意境，却没有学院派的拘谨与匠气。长谷川宏原本是研究黑格尔和西方哲学的，却在年长之际，沉下心来，回顾自幼年起熟稔的日本事，信笔写来，就写得荡气回肠。

作为译者，我们很荣幸向中国读者译介这本书。同时，我们也认为这本书可以带给中国读者的思考，还可以再延长下去。

刘　剑

译者简介

刘剑，日语语言学专业，北京大学硕士，日本筑波大学博士，现供职于东北财经大学。
李晶，日本筑波大学语言学博士，现为华南理工大学外国语学院日语系讲师。

参考文献

第一章 《新古今和歌集》与《愚管抄》——生逢乱世的贵族的骄傲

安東次男《藤原定家》筑摩書房・日本詩人選 11，1977 年

大隅和雄《愚管抄を読む》講談社学術文庫，1999 年

岡見正雄・赤松俊秀校注《愚管抄》岩波・日本古典文学大系 86，1967 年

風巻景次郎《中世の文学伝統》岩波文庫，1985 年

加藤周一《日本文学史序説 上》ちくま学芸文庫，1999 年

亀井勝一郎《中世の生死と宗教観——日本人の精神史研究》文藝春秋新社，
　　1964 年

久保田淳校注《新古今和歌集 上・下》新潮日本古典集成，1979 年

黒田俊雄《王法と仏法——中世史の構図》法蔵館，2001 年

小西甚一《日本文藝史 Ⅲ》講談社，1986 年

相良亨・尾藤正英・秋山虔編《講座 日本思想 3 秩序》東京大学出版会，1983 年

久松潜一・西尾実校注《歌論集 能楽論集》岩波・日本古典文学大系 65，1961 年

久松潜一・山崎敏夫・後藤重郎校注《新古今和歌集》岩波・日本古典文学大系
　　28，1958 年

藤原定家《明月記 第一・第二・第三》国書刊行会，1973 年

堀田善衛《定家明月記私抄（全）》新潮社，1993 年

第二章 《平家物语》——战乱与破灭的文学

石母田正《平家物語》岩波新書，1957 年

亀井勝一郎《中世の生死と宗教観——日本人の精神史研究》文藝春秋新社，
　　　1964 年

唐木順三《無常》筑摩叢書，1965 年

木下順二《平家物語》岩波書店・古典を読む 18，1985 年

高木市之助・小沢正夫・渥美かをる・金田一春彦校注《平家物語 上・下》岩
　　　波・日本古典文学大系 65，1960 年

高橋貞一校注《平家物語 上・下》講談社文庫，1972 年

永積安明《中世文学の成立》岩波書店，1963 年年

永積安明《中世文学の可能性》岩波書店，1977 年

永積安明《軍記物語の世界》岩波現代文庫，2002 年

益田勝実《火山列島の思想》筑摩書房，1968 年

水原一校注《平家物語 上・中・下》新潮日本古典集成，1979—1981 年

第三章 御成败式目——新兴武士的合理性

石井進《日本の歴史 7 鎌倉幕府》中央公論社，1965 年

石井進・石母田正・笠松宏至・勝俣鎮夫・佐藤進一校注《中世政治社会思想 上》
　　　岩波・日本思想大系 21，1972 年

石母国正・佐藤進一編《中世の法と国家》東京大学出版会，1960 年

上横手雅敬《北条泰時》古川弘文館・人物叢書，1985 年

黒田俊雄《日本中世の国家と宗教》岩波書店，1975 年

相良亨・尾藤正英・秋山虔編《講座 日本思想 3 秩序》東京大学出版会，1983 年

佐藤進一《日本の中世国家》岩波野店・日本歴史叢書，1983 年

佐藤進一《日本中世史論集》岩波書店，1990 年

堀田善衛《定家明月記私抄（全）》新潮社，1993 年

《丸山真男講義録 第五冊 日本政治思想史 一九六五》東京大学出版会，1999 年

第四章 《一遍圣绘》和《蒙古袭来绘词》——云游、死和战斗

石井進《鎌倉武士の実像——合戦と暮しのおきて》平凡社選書，1987 年

石井進・石母国正・笠松宏至・勝俣鎮夫・佐藤進校注《中世政治社会思想 上》

　　　岩波・日本思想大系 21,1972 年
大橋俊雄校注《法然　一遍》岩波・日本思想大系 10，1971 年
大橋俊雄校注《一遍聖絵》岩波文庫，2000 年
栗田勇《一遍上人——旅の思索者》新潮社，1977 年
黒田俊雄《日本の歴史 8 蒙古襲来》中央公論社，1965 年
小松茂美編集・解説《一遍上人絵伝》中央公論社・日本の絵巻 20，1988 年
小松茂美・松原茂・日下力《平治物語絵詞》中央公論社・日本絵巻大成 13，
　　　1977 年
小松茂美・源豊宗・荻野三七彦《蒙古襲来絵詞》中央公論社・日本絵巻大成 14，
　　　1978 年
澁澤敬三・神奈川大学日本常民文化研究所編《新版　絵巻物による　日本常民生活
　　　絵引　第二巻》平凡社，1984 年
辻善之助《日本仏教史　第二巻　中世篇之一》岩波書店，1947 年
林屋辰三郎《中世文化の基調》東京大学出版会，1953 年
柳宗悦《南無阿弥陀仏》岩波文庫，1947 年

第五章　《徒然草》——内省、明察与无常观

加藤周一《日本文学史序説 上》ちくま学芸文庫，1999 年
亀井勝一郎《中世の生死と宗教観——日本人の精神史研究》文藝春秋新社，
　　　1964 年
唐木順三《中世の文学》筑摩叢書，1965 年
神田秀夫・永積安明・安良岡康作校注・訳《方丈記 徒然草 正法眼蔵随聞記 歎
　　　異抄》小学館・日本古典文学全集 27，1971 年
佐竹昭広・久保田淳校注《方丈記 徒然草》岩波・新日本古典文学大系 39，
　　　1989 年
杉本秀太郎《徒然草》岩波書店・古典を読む 25，1987 年
冨倉徳次郎《卜部兼好》吉川弘文館・人物叢書，1964 年
永積安明《中世文学論》同心社，1953 年
永積安明《中世文学の成立》岩波書店，1963 年
永積安明《中世文学の可能性》岩波書店，1977 年
永積安明《徒然草を読む》岩波新書，1982
西尾実校注《方丈記 徒然草》岩波・日本古典文学大系，1957 年
西尾実《日本文芸史における中世的なものとその展開》岩波書店，1961 年

西尾実・安良岡康作校注《新訂 徒然草》岩波文庫，1985 年

第六章　《神皇正统记》——一本失败之书中的现实主义

岩佐正・時枝誠記・木藤才蔵校注《神皇正統記 増鏡》岩波・日本古典文学大系
　　30，1957 年
相良亨・尾藤正英・秋山虔編《講座 日本思想 4 時間》東京大学出版会，1984 年
佐藤進一《日本の歴史 9 南北朝の動乱》中央公論社，1965 年
《丸山真男講義録 第五冊 日本政治思想史 一九六五》東京大学出版会，1999 年
和辻哲郎《日本倫理思想史・下巻》岩波書店，1952 年
《岩波講座 日本歴史 22 別巻 1》岩波書店，1963 年

第七章　能与狂言——幽玄与滑稽

市村宏全訳注《風姿花伝》講談社学術文庫，2011 年
表章監修《特集 能・世阿弥の生涯》平凡社，《太陽》1976 年 3 月号
表市・加藤周一校注《世阿弥 禅竹》岩波・日本思想大系 24，1974 年
加藤周一《日本文学史序説 上》ちくま学芸文庫，1999 年
亀井勝一郎《室町芸術と民衆の心——日本人の精神史研究》文藝春秋，1966 年
唐木順三《中世の文学》筑摩叢書，1965 年
河竹繁俊《概説日本演劇史》岩波書店，1966 年
ドナルド・キーン《能・文楽・歌舞伎》（吉田健一・松宮史朗訳）講談社学術文庫，
　　2001 年
小西甚一《日本文藝史 Ⅲ》講談社，1986 年
佐竹昭広《下剋上の文学》筑摩書房，1967 年
小山弘志校注《狂言集 上・下》岩波・日本古典文学大系 42・43，1960—1961 年
茂山千之丞《狂言役者——ひねくれ半代記》岩波新書，1987 年
高野敏夫《世阿弥——〈まなざし〉の超克》河出書房新社，1986 年
戸井田道三《観阿弥と世阿弥》岩波新書，1969 年
能勢朝次《世阿弥十六部集評釈 上・下》岩波書店，1940—1944 年
横道万里雄・表章校注《謡曲集 上・下》岩波・日本古典文学大系 40・41，
　　2001 年

第八章　禅宗的造型之美——鹿苑寺金阁、慈照寺银阁和龙安寺石庭

上田篤《日本人の心と建築の歴史》鹿島出版会，2006 年

太田博太郎《日本の建築——歴史と伝統》筑摩叢書，1968 年

太田博太郎・松下隆章・田中正大《原色日本の美術 10 禅寺と石庭》小学館，
　　1967 年

亀井勝一郎《室町芸術と民衆の心——日本人の精神史研究》文藝春秋，1966 年

佐藤進一《足利義満——中世王権への挑戦》平凡社ライブラリー，1994 年

林屋辰三郎《歌舞伎以前》岩波新書，1954 年

林屋辰三郎《日本史論聚 1 日本文化史》岩波書店，1988 年

第九章　宿于山水画中的灵气——《那智瀑布图》、雪舟与松林图屏风

伊藤信吉《高村光太郎詩集》新潮文庫，2005 年

高田修・柳沢孝《原色日本の美術 7 仏画》小学館，1969 年

武田恒夫《原色日本の美術 13 障屏画》小学館，1967 年

田中一松・米沢嘉圃《原色日本の美術 11 水墨画》小学館，1970 年

辻惟雄《日本美術の歴史》東京大学出版会，2005 年

寺田透《わが中世》現代思潮社，1967 年

東京国立博物館・京都国立博物館編《没後五〇〇年特別展 雪舟》毎日新聞社，
　　2002 年

宮家準《熊野修験》吉川弘文館・日本歴史叢書，1992 年

山本健吉《いのちとかたち——日本美の源を探る》新潮社，1981 年

《岩波講座 日本歴史 9 近世 1》岩波書店，1963 年

《国宝と歴史の旅 9 客殿と障壁画》朝日百科・日本の国宝 別冊，2000 年

《国宝と歴史の旅 11「天橋立図」を旅する——雪舟の記憶》朝日百科・日本の国
　　宝 別冊，2001 年

《美術特集 日本の山水画展》朝日新聞社《アサヒグラフ》増刊，1977 年

第十章　茶道——侘之美学

岡倉覚三《茶の本》（村岡博訳）岩波文庫，1961 年

岡本良一《国民の歴史 12 天下人》文英堂，1969 年

加藤周一《日本その心とかたち》スタジオジブリ，2005 年

亀井勝一郎《室町芸術と民衆の心——日本人の精神史研究》文藝春秋，1966 年
唐本順三《中世から近世へ》筑摩書房，1961 年
唐本順三《千利休》筑摩書房，1987 年
熊倉功夫編《柳宗悦茶道論集》岩波文庫，1987 年
野上弥生子《秀吉と利休》新潮文庫，1969 年
芳賀幸四郎《千利休》吉川弘文館・人物叢書，1963 年
林屋辰三郎校注《古代中世芸術論》岩波・日本思想大系 23，1973 年
林屋辰三郎・横井清・楢林忠男編注《日本の茶書 1・2》平凡社・東洋文庫
　　201・206，1971—1972 年
久松真一《茶道の哲学》講談社学術文庫，1987 年
山本健吉《いのちとかたち——日本美の源を探る》新潮社，1981 年

第十一章　装饰艺术的扩展与洗练——宗达与光琳

石川九楊《日本書史》名古屋大学出版会，2001 年
加藤周一《日本その心とかたち》スタジオジブリ，2005 年
千沢禎治編《宗達》至文堂・日本の美術第 31 号，1968 年
千沢禎治編《光琳》至文堂・日本の美術第 53 号，1970 年
辻惟雄《日本美術の歴史》東京大学出版会，2005 年
林屋晴三編《光悦》至文堂・日本の美術第 101 号，1974 年
水尾比呂志《日本美術史——用と美の造型》筑摩書房，1970 年
山根有三《原色日本の美術 14 宗達と光琳》小学館，1969 年

第十二章　江户的儒学——以伊藤仁斋、荻生徂徕为中心

家永三郎・清水茂・大久保正・小高敏郎・石浜純太郎・尾藤正英校注《近世思想
家文集》岩波・日本古典文学大系 97，1966 年
石田一良《伊藤仁斎》吉川弘文館・人物叢書，1960 年
石田一良・金谷治校注《藤原惺窩 林羅山》岩渡・日本思想大系 28，1975 年
中村幸彦校注《近世文学論集》岩波・日本古典文学大系 94，1966 年
野口武彦《荻生徂徕——江戸のドン・キホーテ》中公新書，1993 年
日野龍夫《江戸人とユートピア》岩波現代文庫，2004 年
丸山真男《日本政治思想史研究》東京大学出版会，1952 年
吉川幸次郎《仁斎・徂徕・宣長》岩波書店，1975 年

吉川幸次郎・清水茂校注《伊藤仁斎　伊藤東涯》岩波・日本思想大系 33，1971 年
吉川幸次郎・丸山真男・西田太一郎・辻達也校注《荻生徂徠》岩波・日本思想大系 36，1973 年
渡辺浩《日本政治思想史［十七～十九世紀］》東京大学出版会，2010 年

第十三章　元禄文化的游戏、清寂与人情——西鹤、芭蕉、近松

麻生磯次・板坂元・堤精二校注《西鶴集　上》岩波・日本古典文学大系 47，1957 年
上野洋三《芭蕉論》筑摩書房，1986 年
上野洋三《芭蕉、旅へ》岩波新書，1989 年
氏家幹人《江戸の性風俗——笑いと情死のエロス》講談社現代新書，1998 年
大谷篤蔵・中村俊定校注《芭蕉句集》岩波・日本古典文学大系 45，1952 年
尾形仂《松尾芭蕉》筑摩書房・日本詩人選 17，1971 年
尾形仂《座の文学——連衆心と俳諧の成立》講談社学術文庫，1997 年
尾形仂《芭蕉・蕪村》岩波現代文庫，2000 年
加藤周一《日本文学史序説　上》ちくま学芸文庫，1999 年
ドナルド・キーン《能・文楽・歌舞伎》（吉田健一・松宮史朗訳）講談社学術文庫，1957 年
小西甚一《日本文藝史 IV》講談社，1986 年
小西甚一《俳句の世界——発生から現代まで》講談社学術文庫，1995 年
相良亨・尾藤正英・秋山虔編《講座　日本思想 3　秩序》東京大学出版会，1983 年
佐竹昭広《絵入　本朝二十不孝》岩波書店・古典を読む 26，1990 年
重友毅校注《近松浄瑠璃集　上》岩波・日本古典文学大系 49，1958 年
信田純一校注《近松門左衛門集》新潮日本古典集成，1986 年
守随憲治・大久保忠国校注《近松浄瑠璃集　下》岩波・日本古典文学大系 50，1959 年
白石悌三・上野洋三校注《芭蕉七部集》岩波・新日本古典文学大系 70，1990 年
杉浦正一郎・宮本三郎・荻野清校注《芭蕉文集》岩波・日本古典文学大系 46，1959 年
諏訪春雄訳注《曽根崎心中　冥途の飛脚　心中天の網島》角川ソフィア文庫，2007 年
野崎守英《芭蕉という精神》中央大学出版部，2006 年
野間光辰校注《西鶴集　下》岩波・日本古典文学大系 48，1960 年

萩原恭男校注《おくのほそ道 付曽良旅日記・奥細道菅菰抄》岩波文庫，1979 年

日野龍夫《江戸人とユートピア》岩波現代文庫，2004 年

廣末保《増補 近松序説——近世悲劇の研究》未来社，1963 年

廣末保《元禄期の文学と俗》未来社，1979 年

廣末保《西鶴の小説——時空意識の転換をめぐって》平凡社選書，1982 年

廣末保《古典を読む心中天の網島》岩波同時代ライブラリー，1997 年

松崎仁・原道生・井口洋・大橋正叔校注《近松浄瑠璃集 上・下》岩波・新日本
　　古典文学大系 91・92，1993—1995 年

源了圓《義理と人情——日本的心情の一考察》中公新書，1969 年

森銑三《井原西鶴》吉川弘文館・人物叢書，1958 年

山本健吉《芭蕉全発句》講談社学術文庫，2012 年

祐田善雄校注《曽根崎心中・冥途の飛脚 他五篇》岩波文庫，1977 年

渡辺保《江戸演劇史 上》講談社，2009 年

第十四章　南画及其周边——池大雅和与谢芜村

安東次男《与謝蕪村》筑摩書房・日本詩人選 18，1970 年

石川九楊《日本書史》名古屋大学出版会，2001 年

尾形仂《古典を読む 蕪村の世界》岩波同時代ライブラリー，1997 年

尾形仂《座の文学——連衆心と俳諧の成立》講談社学術文庫，1997 年

小西甚一《俳句の世界——発生から現代まで》講談社学術文庫，1995 年

佐々木丞平編《与謝蕪村》至文堂・日本の美術第 109 号，1975 年

鈴木進編《池大雅》至文堂・日本の美術第 114 号，1975 年

辻惟雄《日本美術の歴史》東京大学出版会，2005 年

暉峻康隆・川島つゆ校注《蕪村集 一茶集》岩波・日本古典文学大系 58，1959 年

山本健吉《与謝蕪村》講談社，1987 年

吉沢忠・山川武《原色日本の美術 18 南画と写生画》小学館，1969 年

《美術特集 日本の山水画展》朝日新聞社《アサヒグラフ》増刊，1977 年

第十五章　本居宣长—— 国学的立场

家永三郎・清水茂・大久保正・小高敏郎・石浜純太郎・尾藤正英校注《近世思想
　　家文集》岩波・日本古典文学大系 97，1966 年

大野晋・大久保正編集校訂《本居宣長全集》(全二十巻)筑摩書房，1968—

　　　1975 年

小林秀雄《本居宣長》新潮社，1977 年

小林秀雄《本居宣長　補記》新潮社，1982 年

西郷信綱《国学の批判——方法に関する覚えがき》未来社，1965 年

西郷信綱《古事記注釈》(全四卷)平凡社，1975——1979 年

相良亨・尾藤正英・秋山虔編《講座　日本思想 4　時間》東京大学出版会，
　　　1984 年

平重道・阿部秋生校注《近世神道論　前期国学》岩波・日本思想大系 39，1972 年

村岡典嗣《本居宣長》岩波書店，1928 年

村岡典嗣《新編　日本思想史研究——村岡典嗣論文選》平凡社・東洋文庫 726，
　　　2004 年

吉川幸次郎《仁斎・徂徠・宣長》岩波書店，1975 年

吉川幸次郎・佐竹昭広・日野龍夫校注《本居宣長》岩波・日本思想大系 40，
　　　1978 年

第十六章　浮世绘的出现与发展——春信、歌麿、写乐、北斋、广重

加藤周一《日本その心とかたち》スタジオジブリ，2005 年

菊地貞夫《原色日本の美術 17 浮世絵》小学館，1968 年

菊地貞夫編《北斎》至文堂・日本の美術第 74 号，1972 年

相良亨・尾藤正英・秋山虔編《講座　日本思想 5 美》東京大学出版会，1984 年

タイモン・スクリーチ《春画——片手で読む江戸の絵》(高山宏訳)講談社選書
　　　メチエ，1998 年

田中優子《春画のからくり》ちくま文庫，2009 年

辻惟雄《日本美術の歴史》東京大学出版会，2005 年

永井荷風《江戸芸術論》岩波文庫，2000 年

仲田勝之助編校《浮世絵類考》岩波文庫，1941 年

楢崎宗重編《広重》至文堂・日本の美術第 104 号，1975 年

山根有三・鈴木重三・辻惟雄・小林忠・池上忠治《原色日本の美術 24　風俗画と
　　　浮世絵師》小学館，1971 年

渡辺保《東洲斎写楽》講談社，1987 年

渡辺保《江戸演劇史 下》講談社，2009 年

第十七章　鹤屋南北的《东海道四谷怪谈》——恶的魅力

加藤周一《日本文学史序説 下》ちくま学芸文庫，1999 年

河竹繁俊校訂《東海道四谷怪談》岩波文庫，1956 年

河竹繁俊《概説日本演劇史》岩波書店，1966 年

郡司正勝校注《東海道四谷怪談》新潮日本古典集成，1981 年

相良亨・尾藤正英・秋山虔編《講座 日本思想 5 美》東京大学出版会，1984 年

廣末保《四谷怪談——悪意と笑い》岩波新書，1984 年

渡辺保《江戸演劇史 下》講談社，2009 年